普通高等教育“十三五”规划教材

全国普通高等教育基础医学类系列教材

供基础、临床、预防、口腔、护理等医学类专业使用

医学微生物学

（第 二 版）

李明远　宝福凯　主编

科 学 出 版 社
北 京

内 容 简 介

本书第一版为科学出版社普通高等教育“十二五”规划教材(基础医学类),在使用过程中得到使用单位好评,本版教材组织我国西部地区20所高等院校的29位教师参与编写。全书分为医学细菌学、病毒学和真菌学三篇,共35章。本书主要介绍了细菌学基本知识及常见的病原性细菌、病毒学基本知识及常见的致病性病毒、真菌学基本知识及常见的致病性真菌。本书密切联系医学类专业和临床实际,突出西部地区特色,合理安排教材编写内容,并注重启发读者的创新性科研思维。

本书可作为医学及相关专业本科生的教学用书,也可作为医学院校教师、研究生和进修生的参考用书。

图书在版编目(CIP)数据

医学微生物学 / 李明远,宝福凯主编. —2版. —北京:科学出版社,2016.8(2021.1重印)
普通高等教育“十三五”规划教材 全国普通高等教育基础医学类系列教材
ISBN 978-7-03-049201-2

Ⅰ.①医… Ⅱ.①李… Ⅲ.①医学微生物学—高等学校—教材 Ⅳ.①R37

中国版本图书馆CIP数据核字(2016)第146974号

责任编辑:潘志坚 朱 灵
责任印制:谭宏宇/封面设计:殷 靓

科学出版社 出版
北京东黄城根北街16号
邮政编码:100717
http://www.sciencep.com
南京展望文化发展有限公司排版
江苏省句容市排印厂印刷
科学出版社发行 各地新华书店经销

*

2013年8月第 一 版 开本:889×1194 1/16
2016年8月第 二 版 印张:25 1/2
2021年1月第十八次印刷 字数:802 000

定价:60.00元

(如有印装质量问题,我社负责调换)

专家指导委员会

《医学微生物学》（第二版）编辑委员会

第二版前言

2013 年 8 月，在科学出版社“基础医学类专家指导委员会”的指导下，在科学出版社和西南地区 12 所高等医学院校的大力支持下，《医学微生物学》顺利发行。三年来在参编单位中得到广泛使用，获得了读者的认同并取得了较好的发行量。2015 年底，科学出版社组织和启动了第二版的编写工作，将参编单位扩大到西部 20 所高等医学院校，参编教师人数增至 29 人，均来自教学第一线，为本版教材编写提供了有力的保障。

本版教材仍坚持强调“三基”（基础理论、基本知识和基本技能）、“五性”（思想性、科学性、先进性、启发性和适用性）和“三特”（特定对象、特定要求和特定限制），并顺应医学教育由单纯的生物医学模式逐步转向社会-生物医学模式的发展需要，做到既有传承也有创新，力求建设好本教材，为西部医学人才培养作出更好的贡献。

《医学微生物学》全书分三篇，共三十五章。全书贯穿了四个主要特点：第一是紧密结合临床实际，努力做到早临床、多临床和反复临床，注重启发性和实用性内容的介绍，如在介绍微生物结构的同时，引导学生了解抗微生物药物的作用靶点，启发学生知道如何寻找新的药物靶点和研发新药；在介绍微生物致病物质的同时，介绍微生物代谢产物的医学应用价值，如将链球菌的链激酶可作为溶栓剂治疗血栓性疾病，白喉杆菌的白喉毒素作为生物导弹的细胞毒分子等。第二是针对西南地区医学教育的特殊性，努力凸显教材的西南特色，强调突出具有西部特色的一些感染性疾病的病原体介绍，比如鼠疫杆菌、钩端螺旋体、基孔肯雅病毒等，为西南地区工作的医学生学有所用。第三是适当补充近年较成熟的分子生物学的新内容，如微生物基因组学和基因工程、病毒准种等，使同学们对分子生物学在医学中的应用有初步的了解。第四是适当增加专业英语词汇的介绍，并在全书后面做了英中文名词对照索引。这样做既方便了读者查阅，也可使读者有更多机会接触专业英语词汇，以提高读者掌握专业英语的能力。另外，为了方便读者学习，在每章的前面有“学习要点”，在每章后附有“小结”和“复习思考题”，以方便读者学习后掌握重点内容。

在本版教材的编写过程中，得到了各地同行和前辈专家们的关心和鼎力帮助，提出了不少宝贵意见；尤其是得到了科学出版社和第一版编委的大力支持，对顺利完成本书的编写工作提供了方便，谨在此一并致以衷心地感谢。

这本教材是参编者集体智慧的结晶，但限于我们的学术水平和写作能力，以及医学知识不断更新的客观情况，本教材中难免还有错误或疏漏之处。我们热情希望广大师生和读者在使用过程中提出宝贵意见或建议，以使本教材在修订过程中日臻完善。

主　编

2016 年 5 月

目　录

第二篇 病毒学

第二十七章 虫媒病毒 307

第二十八章 出血热病毒 317

第二十九章 疱疹病毒 324

第三十章 腺病毒 335

第三十一章 反转录病毒 339

第三十二章 其他重要病毒 348

第三十三章 朊粒 358

第三篇 真 菌 学

第三十四章 真菌学概述 366

绪　论

学习要点

掌握：① 微生物的概念及其主要特征；② 按细胞结构的微生物分类；③ 微生物与人类的关系。

熟悉：① 微生物学和医学微生物学的基本概念；②《医学微生物学》学习的整体内容及学习目的。

了解：① 医学微生物学的发展简史；② 现代微生物学时期的主要标志及其未来发展。

医学微生物学是一门重要的基础医学课程，它既与临床众多感染性疾病密切有关，也与人们的日常生活息息相关，所以学习和掌握医学微生物学的基本知识，有利于控制或消灭微生物引起的感染性疾病，实现保护人类健康这一宏伟目标。

第一节　微生物与病原微生物

微生物(microorganism，microbe)是指自然界中存在的一大群结构简单、个体微小、肉眼不能看到，必须借助光学显微镜或电子显微镜放大几百倍、几千倍、甚至几万倍才能看到的微小生物。这群微小的生物有数十万种之多，广泛分布于土壤、空气、水、植物、人和动物体表及其与外界相通的腔道中，形成一个十分庞大的微生物群，对生命科学和医学都有着重要的意义。

一、微生物的分类与特点

(一) 微生物的分类

微生物有数十万种之多，根据其生物学特性分为八大类，包括真菌、细菌、放线菌、衣原体、支原体、立克次体、螺旋体和病毒。根据微生物有无细胞基本结构、分化程度和化学组成等特性，将微生物分为非细胞型、原核细胞型和真核细胞型微生物三大类。若将生物分为病毒界、原核生物界、真菌界、原生生物界、植物界和动物界六个界，则微生物涵盖了除动物界和植物界以外的四个界，由此也可以反映出微生物在生命科学中的重要性。

1. 非细胞型微生物　非细胞型微生物(acellular microbe)无细胞结构，个体极微小，能通过细菌滤器；仅由一种类型的核酸(DNA 或 RNA)和蛋白质衣壳组成；只能在活细胞内寄生，通过复制的方式进行增殖。病毒(virus)属于此类微生物。由于病毒必须在活细胞内才能增殖，所以效果更好的抗病毒药物需要深入研究。

2. 原核细胞型微生物　原核细胞型微生物(prokaryotic microbe)只具有原始的拟核(nucleoid)，即由单一裸露的 DNA 分子盘旋而成，无核膜、核仁等结构；除核糖体外无其他细胞器，但同时含有 DNA 和 RNA 两种核酸。这类微生物包括了细菌、放线菌、衣原体、支原体、立克次体和螺旋体等六大类微生物。另外，这类微生物还包括在极端环境下生存的古生菌(archaea)，如嗜热嗜酸菌(thermoacidophile)和极端嗜盐菌(extreme halophile)，目前尚未在古生菌中发现致病菌。原核生物与真核生物的细胞结构差异较大，所以有助于寻找抗菌药物的作用靶点。

3. *真核细胞型微生物* 真核细胞型微生物(eukaryotic microbe)是分化程度最高的微生物，有核膜、核仁和染色体，细胞质内有多种细胞器，同时含有 DNA 和 RNA 两种核酸。真菌、藻类等即属于这类微生物。真核细胞型微生物与人体细胞的结构相似，所以目前使用的抗真菌药物中大部分毒副反应较大。

(二) 微生物的特点

微生物是一种微小的生物，它具有一般生物的共同特征，即新陈代谢、生长繁殖和遗传变异等。此外，微生物还具有以下重要特点。

1. *微生物多以独立生活的单细胞或细胞群体形式存在* 动植物细胞是多细胞统一生物体的基本单位，某个细胞只执行着生命活动的某一生理功能。而单细胞的微生物却实现着它的全部生命活动过程，如生长、呼吸产能、繁殖等。加之细菌细胞没有明显的分化，所以微生物的细胞是明显有别于高等动植物细胞的。

2. *微生物代谢能力强、生长繁殖速度快* 微生物个体微小，又多以独立生活的单细胞而存在，所以代谢极其活跃。为了适应其活跃的代谢，细菌有极大的比面积(表面积/体容积)。例如一个直径为 0.5 μm 的球菌其比面积可达 120 000，而人体的比面积仅为 0.3 左右。细菌体积小表面积大，满足了细菌吸收营养物快和排泄代谢废物多的需要。从单位体重来看，微生物的代谢活力要比人大得多，如有的细菌 1 h 内分解糖的重量可为自身体重的 100～1 000 倍，但人要吃掉自身体重 100 倍的糖或粮食，需要花几十年的时间。

微生物新陈代谢能力强、生长繁殖速度快。多数细菌在适宜的条件下，每 20 min 左右就分裂一次，一个细菌经 10 h 就可以繁殖成 10 亿个，所以多数感染性疾病都呈急性过程。掌握好微生物生长繁殖规律，对研究微生物的生物学特性和开发利用都具有重要意义。

3. *微生物容易发生变异、适应性强* 微生物大多以独立生活的单细胞而存在，通常都是单倍体，而且基因组相对较小，加之它们新陈代谢旺盛、繁殖快、数量多以及与外界环境直接接触等原因，容易发生变异，可在短时间内产生大量变异的后代。在外界环境条件发生剧烈变化时，大多数微生物死亡而被淘汰，而发生了变异的微生物则因适应新的环境条件而生存了下来，这就是自然界的物竞天择，适者生存。微生物具有极其灵活的适应性，这是高等动植物所无法比拟的。例如微生物对环境条件，尤其是“极端环境”的适应力是极其惊人的，堪称生物界之最，在一般生物无法生存的高温或低温、酸、碱、高盐等条件下都有微生物的存在，可以说微生物将永远伴随人类的存在而存在。

4. *微生物种类繁多、分布广泛* 微生物是一个种类繁多，十分庞杂的生物类群。除前述与医药关系密切的八大类微生物外，还包括蓝细菌、古生菌、藻类和原生动物。各大类群的微生物各自又有千万种，例如真菌都有十多万种。它们适应能力强，几乎可以利用世界上所有的物质，一般动植物无法生存的极端环境中也有微生物的存在。微生物广泛分布于土壤、空气和水等自然环境中，动植物和人的体表以及与外界相通的腔道中也有微生物存在，其中土壤是微生物分布最多的地方，一克肥沃的土壤中，微生物的数量可达到数十亿之多。微生物在土壤中不仅数量最大，而且种类也多，它们对自然界各种物质的转化和循环起着非常重大的作用。

二、微生物与人类的关系

自然界中的微生物不仅种类繁多、数量巨大、分布广泛，而且所起的作用也多种多样，其中大多数微生物对人和动植物是无害或有益的。地球上所有的生物能如此生机勃勃延续发展，一方面依赖组成有机体的重要生命元素，如碳、氮元素等的不断转化和循环，一方面绿色植物依靠太阳能量，吸收 CO_2 和 H_2O 进行光合作用，合成含碳有机化合物，将光能转化为化学能，直接或间接地供给动物和人类使用。那么大气中的 CO_2 又是从何处来的呢？其实主要是微生物的矿化作用产生的。CO_2 可以通过燃烧和动物呼吸产生，但主要还是通过微生物分解动植物尸体所产生。据有关资料报道，在地球的生物活动范围内，90%以上的 CO_2 都是微生物生命活动的产物。换而言之，如果没有微生物的分解作用，那么地球上的有机物就会堆积得越来越多，而植物所需要的营养物质就会越来越少，一切生物都将无法生存，也就没有我们人类的今天。微生物除了参与碳元素的循环外，还参与了氮、磷、硫、铁等元素的转化作用。

微生物与人类的生产活动也密切相关。在工业上，如食品、皮革、纺织、石油化工、冶金以及污水处理等方面，微生物都发挥了巨大的作用。在农业上可用于造肥、防治病虫害等。在医药工业中利用微生物生产抗生素、维生素、激素、氨基酸、核苷酸以及有机溶媒、生物碱和酶制剂等。总之，自然界中的微生物绝大多数对人是有益的，充分开发和利用微生物资源就能更好地造福于人类。

在人类和动物口、鼻、咽部以及消化道中，定植着不同种类和不同数量的微生物，总共达到 10^{14} 个细菌，是人体组织细胞数量的 10 倍。在正常情况下它们对人体是无害的，有些还是有益的，被称为正常菌群(normal flora)。生活在人肠道中的微生物能合成人类需要的维生素、氨基酸，供人体吸收利用，所以它们可作为微生态制剂进行开发利用。少数微生物具有致病性，能引起人类的痢疾、结核、流感、病毒性肝炎、艾滋病、鼠疫和霍乱等传染病，这些具有致病性的微生物被称为病原微生物(pathogenic microbe)。此外，微生物的危害性还表现在引起医药原料、药品以及食品和生活用品的腐败霉烂等，给人类健康带来危害。

第二节 微生物学与医学微生物学

1. *微生物学* 微生物学(microbiology)是研究微生物在一定条件下的形态、结构、生理、遗传变异和分类等，以及与人类、动植物、自然界之间的相互关系的一门科学，是生命科学的一个重要分支。微生物学工作者的主要任务，一是改造、控制或消灭对人类有害的微生物，使人类的感染性疾病得到有效的预防和治疗；二是将对人类有益的微生物用于人们的生产和生活实践，延长人类的生命周期和提高生活质量。

2. *微生物学的分支学科* 微生物与生命科学关系非常密切，研究领域和范围日益广泛和深入，从而微生物学又形成了很多分支学科。着重于微生物学基础理论研究的有普通微生物学、微生物生理学、微生物分类学、分子微生物学等。按应用范围的不同可划分为：工业微生物学、农业微生物学、海洋微生物学、医学微生物学、药学微生物学等。按研究对象划分有细菌学、真菌学、病毒学、放线菌学等。此外，还有微生物学与细胞生物学融合形成的交叉学科——细胞微生物学(cellular microbiology)。随着科学技术的不断进步，将来还会出现一些新的微生物学分支学科。

3. *医学微生物学* 医学微生物学(medical microbiology)主要研究与人类疾病有关的病原微生物的基本生物学特性、致病机制、机体的抗感染免疫，以及相关的感染性疾病的特异性诊断、防治措施，以达到控制和消灭感染性疾病，提高人类健康水平的目的。

医学微生物学是基础医学中的一门重要学科，能为学习临床各科的感染性疾病、传染性疾病、超敏反应性疾病以及肿瘤等奠定重要的理论基础。医学微生物学分为细菌学、病毒学、真菌学三篇，每篇内容分为总论和各论两个部分，分别讲述原核细胞型微生物、非细胞型微生物和真核细胞型微生物的形态结构、生长繁殖、遗传变异等生物学特性，常见的病原微生物的致病物质及其致病机制，感染与机体抗感染免疫的相互关系，以及相应疾病的微生物学检查方法和防治原则。

第三节 医学微生物学发展简史

医学微生物学是人们在与各种感染性疾病的长期斗争中逐步发展起来的，已经为我们积累了丰富的经验和教训，对本学科的发展有了深厚的积淀。回顾医学微生物学的发展历程，我们将受到深刻的启迪，应当学习前辈科学家们从偶然现象当中去发现它的必然，培养严谨的创新思维和求是的科学精神，把医学微生物学与其他学科紧密联系在一起，为感染性疾病的诊防治打下坚实基础。医学微生物学的发展历程分为经验时期、实验时期和现代时期。

一、经验时期

经验时期就是指人类还没有观察到微生物或开展实验研究的阶段。公元前 17 世纪(殷商时期),我国就有了酒、醴(甜酒)等的记载,这说明早在三千多年前,我国就已将微生物应用于生活实践了。北魏(公元 386～534 年)贾思勰的《齐民要术》一书中,详细记载了制醋的方法;在 18 世纪清乾隆年间,师道南在《天愚集》中就生动描述了当时的鼠疫流行情况;我国在很早就应用中草药治疗传染病了,并且发明了用人痘苗预防天花(公元 998～1022 年),到 16 世纪明隆庆年间(1567～1572),人痘已经有了很大改进并普遍应用,先后传至周边邻国及英国。人痘苗接种可以说是免疫学的开端,而抗感染免疫是免疫学的核心内容之一。

二、实验时期

实验时期则是指人类开展医学微生物学实验研究的阶段,并有了重大发现和进展。1676 年,荷兰人列文虎克(Antony Van Leeuwenhoek, 1632～1723)用自制的能放大 266 倍的显微镜,观察了牙垢、粪便、井水及各种污水,首次在显微镜下观察到球状、杆状、螺旋状的微小生物,证实了微生物的客观存在。

19 世纪中后期,由于法国的巴斯德(Louice Pasteur, 1822～1895)和德国的郭霍(Robert Koch, 1843～1912)的卓越成就,更繁荣了微生物学实验时期。巴斯德根据著名的曲颈瓶实验(goose neck test)彻底推翻了自然发生学说,并建立了病菌学说(germ theory),认为活的微生物才是传染病、发酵和腐败的真正原因。他创立了巴氏消毒法、研制了鸡霍乱杆菌和炭疽芽胞杆菌减毒菌苗以及狂犬疫苗。巴斯德把微生物学的研究从微生物形态描述推进到了微生物生理学研究的新水平,使之成为一门独立学科,他不愧是微生物学的奠基人。郭霍是另一位微生物学奠基人,他对微生物学的贡献主要有三方面:① 他创用了固体培养基,使从标本中分离细菌的纯培养物成为可能,并创立了细菌染色方法和实验动物感染方法。② 他分离得到多种病原菌,如结核杆菌、霍乱弧菌等,对医学微生物学发展作出了重要贡献。③ 他提出了确定病原菌的郭霍法则(Koch postulate),即病原微生物总是在患传染病的机体中发现而不存在于健康个体中;可以在体外获得病原菌的纯培养物,并能传代;这种纯培养物接种于易感动物能引起同样疾病,并从感染的实验动物中重新分离出相同的病原菌。

1892 年,俄国学者伊万诺夫斯基(Ивановский ДИ,1864～1920)发现了第一个植物病毒——烟草花叶病毒(TMV),从此开创了病毒学研究的新领域。1897 年,德国学者勒夫勒(Loeffler)和弗施(Frosch)发现了第一个动物病毒——口蹄疫病毒。1901 年,美国学者里德(Reed)成功分离第一个人类病毒——黄热病毒。1951 年,英国学者 Twort 发现了细菌病毒——噬菌体(bacteriophage),使病毒学领域的研究得到迅速发展并进入高潮。他们对病毒学的建立、对医学微生物学的发展起了积极的推进作用。由此可见,病毒是发现最晚的、研究最难的、存在未知数最多的微生物,也是当今医学微生物学领域的研究热点。

为了控制微生物感染,欧立希(Ehrlich)于 20 世纪初合成了治疗梅毒的化学疗剂——砷凡纳明(编号 606)和新砷凡纳明(编号 914),开创了化学治疗(chemotherapy)的新时期。1935 年,杜马克(Domagk)发现百浪多息(prontosil)可治疗链球菌感染,很快证明这是由于百浪多息在体内转化为磺胺所致,由此开始合成一系列磺胺药物,形成了目前应用的磺胺类抗菌药物。1929 年,英国学者弗莱明(Alexander Fleming)从纯培养平板上污染的青霉菌中发现了青霉素(penicillin),Florey 等将青霉素提纯并于 1940 年成功应用于临床。1944 年,美国瓦克斯曼(Waksman)发现链霉素(streptomycin),接着又发现氯霉素、金霉素、土霉素等,开创了寻找抗生素的黄金时代。物转星移,当年的黄金时代早已不复存在,现在人们把寻找新抗生素的目光转向了极端微生物。

在此时期,医学微生物学还为核酸的生物学作用研究提供了重要资源。1944 年,Avery 等通过著名的肺炎球菌转化实验,证明了使其发生遗传性改变的转化因子是 DNA 而不是蛋白质,这一发现极大地推动了核酸结构与功能的研究。

三、现代时期

现代时期是指人类可以从分子水平和基因水平认识微生物的阶段。从1953年Watson和Crick提出了DNA结构的双螺旋模型开始，整个生物科学就进入了分子生物学研究的新时代，同时也是医学微生物学发展史上成熟期到来的标志。这一时期的医学微生物学，从一门在生命科学中以应用为主的学科，迅速成长为一门十分热门的前沿基础学科，渗透到许多生命学科的研究领域，尤其是分子生物学、分子遗传学、生物化学等，并取得了巨大成就。1960年，Jacob等通过对大肠杆菌乳糖发酵过程研究，提出了乳糖操纵子模型(lac operon model)，开创了基因表达调控机制研究新领域；1988年，Mullis和Saiki等从嗜热杆菌(*Thermus aquaticus*)中提取到一种耐热DNA聚合酶，建立了稳定的体外核酸扩增技术——聚合酶链式反应(polymerase chain reaction, PCR)，成为生物学领域中核酸扩增技术的一场革命。在基础理论的研究方面，力求从分子水平去揭示微生物形态结构、生理代谢、生长繁殖、遗传变异等生命活动的规律和机制。医学微生物学已成为分子生物学的三大支柱(生物化学、遗传学和微生物学)之一。在应用方面，向着更自觉、更有效和可人为控制的方向发展。自20世纪70年代初，发酵工程的研究与遗传工程、细胞工程和酶工程等紧密结合，使微生物已成为新兴的生物工程的主角。基因工程中包括基因供体，基因载体、工具酶和基因受体等四种主要元素，其中除基因供体可以是来自任何生物的基因外，至今所用的基因载体、工具酶和基因受体，都与微生物有密切关系，由此显示出微生物在当代基因工程中的突出地位。微生物学的实验技术也应用到高等生物的研究中，例如将动、植物体内原来联系紧密的细胞群在人为条件下各自分离、使之单细胞化，再在发酵罐中进行大规模深层培养，包括烟草单细胞、人参或洋地黄细胞、小鼠肿瘤细胞都已可像微生物那样进行深层液体培养。又如HeLa细胞、白血病细胞或杂交瘤细胞等都可以在人工培养基平板上，像微生物的菌落那样进行克隆化生长和单克隆制备。另外，显微镜技术、无菌操作技术、纯种分离和克隆化技术、突变型标记和筛选技术、菌种保藏技术、原生质体融合技术以及DNA重组技术等，也已成为生命科学领域研究的必要手段，使医学微生物学为整个生命科学的发展作出了巨大贡献。表0-1列举了与医学微生物学有关的诺贝尔奖获得者及其主要贡献，由此反映本学科对生命科学的重要贡献，激发大家探索和研究医学微生物的热情。

表0-1 与医学微生物学相关的诺贝尔奖获得者

获奖时间	获 奖 者	主 要 成 就
1901	Emil von Behring(德国)	1890年，制成白喉抗毒素血清，建立血清治疗感染疾病的方法
1905	Robert Koch(德国)	1882年，分离和鉴定结核分枝杆菌、霍乱弧菌；提出确定病原体学说
1928	Charles Nicolle(法国)	1910年，发现斑疹伤寒的传播媒介是体虱
1939	Gerhard Domagk(德国)	1935年，发现磺胺的抗菌作用
1945	Alexander Fleming(英国) Emst Chain(英国) Howard Florey(澳大利亚)	1929年，发现青霉素及其抗菌作用 1940年，分离纯化了青霉素，开创了抗生素时代
1946	Wendell Stanley(美国) John Northrop(美国)	1935年，发现纯化结晶的烟草花叶病毒仍具有感染性，制备出病毒晶体
1951	Max Theiler(南非)	1937年将黄热病病毒经鼠传代制成黄热病疫苗
1952	Selman Waksman(美国)	1944年发现链霉素，并推动抗生素研究热潮
1954	John Enders(美国) Thomas Weller(美国) Frederick Robbins(美国)	1949年，建立了脊髓灰质炎病毒体外培养方法
1958	Joshua Lederberg(美国)	1952年，通过影印培养方法证明细菌的耐药性和抗噬菌体变异是自发产生的，促进了细菌遗传学研究
1965	Francois Jacob(法国) Jacques Monod(法国)	1960年，提出乳糖操纵子模型(Lac operon model)
1966	Peyton Rous(美国)	发现鸡肉瘤病毒，并证明Rous病毒可致肿瘤

续表

获奖时间	获 奖 者	主 要 成 就
1969	Max Delbruck(美国) Alfred Hershey(美国) Salvador Luria(美国)	1943 年,通过噬菌体研究提出病毒的感染机制
1975	David Baltimore(美国) Renato Dulbecco(美国) Howard Temin(美国)	1970 年,发现某些肿瘤病毒含反转录酶,证明遗传信息可从 RNA 流向 DNA
1976	Baruch Blumberg(美国) Carleton Gajdusek(美国)	1963 年,发现"澳抗",后证实为乙型肝炎病毒表面抗原 发现 Kuru 病和羊瘙痒病是由慢病毒引起的
1978	Daniel Nathans(美国) Wemet Arber(瑞士) Hamilton Smith(美国)	1962 年,用 *E. coli* 培养物提取物表达的 f2 噬菌体衣壳蛋白 1967 年,发现细菌 DNA 甲基化酶 1970 年,发现细菌内切酶,后广泛用于分子生物学研究
1980	Paul Berg(美国)	1972 年,将 λ 噬菌体基因和 *E. coli* 的半乳糖操纵子模型(galactose operon)插入到 SV40 DNA 中,开创基因重组技术
1984	Kohler G(德国)	用杂交瘤技术制备单克隆抗体
1989	J. Mechael Bioshop(美国) Harold Varmus(美国)	1976 年,在于动物和人类细胞中发现 Rous 鸡肉瘤病毒的癌基因,提出原位癌基因(proto-oncogene)的概念
1993	Kary Mullis(美国)	1988 年,从嗜热菌 *Thermus aquaticus* 中分离出耐热 DNA 多聚酶(Taq 酶),创立稳定的 PCR 技术
1997	Stanley Prusiner(美国)	提出朊粒(prion)是羊瘙痒病和疯牛病的病因
2005	Barry J Marshall(澳大利亚) J. Robin Warren(澳大利亚)	1983 年,从胃炎和胃溃疡组织标本中分离出幽门螺杆菌,并证实该菌是消化道溃疡及胃炎的病原菌
2008	Harald Zur Hausen(德国) Francoise Barre-Sinoussi(法国) Luc Montagnier(法国)	发现 HPV 是宫颈癌的病原体 1983 年,分离到 AIDS 的病原体——HIV
2011	Bruce A Beutler(美国) Jules A Hoffmann(法国) Ralph M Steinman(加拿大)	发现可以识别微生物的 TLR 受体,参与机体在受到病原体感染时做出的免疫防御反应 发现了树突状细胞及其在适应性免疫中的作用

此外,由于各学科的相互渗透,新技术的广泛应用,使医学微生物学也得到迅速发展。一是新现(emerging)的病原微生物在不断地被发现,自 1973 年以来,已经发现数十种新病原体,如 HIV、埃博拉病毒、西尼罗病毒、SARS 冠状病毒、肠出血性大肠杆菌 O157、霍乱弧菌 O139 血清型、幽门螺杆菌、H7N9 禽流感病毒等(表 0-2),严重危害人类健康。二是诊断技术在不断更新,特别是 PCR 和测序技术在病毒和生长缓慢的细菌检查中得以广泛应用,敏感性达到 Pg 水平,并使微生物学检验逐渐趋于微量化和自动化。三是疫苗研究的突破,已从传统的全菌疫苗,发展到亚单位疫苗、基因工程疫苗、治疗性疫苗和核酸疫苗等。四是微生物基因组学研究进展迅速,目前已完成上千种微生物的核酸测序工作,我国微生物学工作者也在其中做出了重要贡献。

表 0-2 新现的重要病原微生物

时 间	病原微生物	所 致 疾 病
1973	轮状病毒(rotavirus)	婴幼儿腹泻
1975	细小病毒 B19(Parvovirus B19)	慢性溶血性贫血
1977	埃博拉病毒(Ebola virus)	出血热
1977	嗜肺军团菌(*Legionella pneumophila*)	军团菌病(Legionaire's disease)
1977	空肠弯曲杆菌(*Campylobacter jejuni*)	肠炎(enteritis)
1978	汉滩病毒(Hantaan virus)	肾综合征出血热(HFRS)
1980	嗜人 T 淋巴细胞白血病毒 Ⅰ 型(human T lymphotropic virus, HTLV-1)	成人 T 淋巴细胞白血病(adult T cell leukaemia)
1982	大肠埃希菌 O157(*Escherichia coli O157: H7*)	溶血性尿毒综合征(hemolytic uremic syndrome)
1982	嗜人 T 淋巴细胞白血病毒 Ⅱ 型(HTLV-Ⅱ)	毛细胞白血病(hairy cell leukaemia)
1982	伯氏疏螺旋体(*Borrelia burgdorferi*)	莱姆病(Lyme disease)

续表

时　间	病原微生物	所　致　疾　病
1983	人免疫缺陷病毒(human immunodeficiency virus, HIV)	艾滋病(AIDS)
1983	肺炎衣原体(*Chlamydia pneumoniae*)	肺炎衣原体病
1983	幽门螺杆菌(*Helicobacter pylori*)	胃炎及消化道溃疡
1986	朊粒(prion)	变异型克-雅病(疯牛病)
1986	人疱疹病毒-6(human herpesvirus6, HHV-6)	突发性蔷薇病(exanthem subitum)
1988	戊型肝炎病毒(hepatitis E virus)	戊型肝炎(hepatitis E)
1989	丙型肝炎病毒(hepatitis C virus)	丙型肝炎(hepatitis C)
1992	霍乱弧菌 O139(Vibrio cholerae O139)	霍乱(epidemic cholera)
1992	汉氏巴尔通体(*Bartonella henselae*)	猫抓病(cat scratch disease)
1993	辛诺柏病毒(Sin nombre virus)	呼吸窘迫综合征(hantavirus pulmonary syndrome)
1994	人疱疹病毒-8(HHV-8)	Kaposi 肉瘤(Kaposi's sarcoma)
1994	Sabia 病毒	巴西出血热
1995	庚型肝炎病毒(hepatitis G virus)	庚型旰炎(hepatitis G)
1999	西尼罗病毒(West Nile virus, WNV)	西尼罗热
1999	尼派病毒(Nipah virus)	病毒性脑炎
2003	SARS 冠状病毒(SARS coronavirus)	严重急性呼吸道综合征(SARS)
2004	高致病性禽流感病毒(H5N1)	人感染高致病性禽流感
2006	变异猪链球菌	猪链球菌病
2009	新甲型 H1N1 流感病毒	甲型 H1N1 流感
2010	超级细菌(super bacteria)	难治细菌性感染
2013	H7N9 禽流感病毒	H7N9 禽流感
2015	寨卡病毒(Zika virus)	寨卡病毒病

综上所述,人类已经在感染性疾病的诊防治方面取得了巨大的成就,但离消灭和控制感染性疾病的目标还有较大差距,尤其是新现和再现(re-emerging)微生物不断涌现的今天,就更加任重而道远。据世界卫生组织(WHO)报道,全球每年有上千万人死于感染性疾病,所以感染性疾病的发病率和死亡率在所有疾病中居第一位。通过对医学微生物学的深入学习和研究,必将加深对病原微生物和感染性疾病的认识,使与感染及其相关的人类疾病得到更好的控制,开发出更多有益人类健康的微生物制剂,使医学微生物学更好地服务于人类健康,并为生命科学领域作出更大贡献。

小　结

微生物是指自然界中存在的一大群结构简单、个体微小、肉眼不能看到,必须借助光学显微镜或电子显微镜放大几百倍、几千倍、甚至几万倍才能看到的微小生物。按照微生物的生物学性状,可以把微生物分为真菌、细菌、放线菌、衣原体、支原体、立克次体、螺旋体和病毒八大类。微生物学是研究微生物在一定条件下的形态、结构、生理、遗传变异和分类等,以及与人类、动植物、自然界之间的相互关系等问题的一门科学。微生物学对生命科学的发展起到了积极的推动作用,成为当今生命科学与分子生物学研究的重要组成部分,与医学有着密切的关系。医学微生物学是研究与人类疾病有关的病原微生物的基本生物学特性、致病机制、机体的抗感染免疫,以及相关的感染性疾病的特异性诊防治措施的一门科学,与临床感染性疾病的发生、发展和诊治有着密切联系,其中无菌操作技术,细菌遗传变异和耐药性研究等方面,在转化医学中有着良好的应用前景。

【复习思考题】

1. 简述微生物与人类的关系。
2. 简述微生物学在医学中的作用和应用。

(李明远　宝福凯)

第一篇

细菌学

第一章

细菌的形态与结构

学习要点

掌握： ① 细菌大小的测量单位及形态学特征；② 细菌细胞的基本结构及特殊结构；③ 细菌 L 型的生物学特性。

熟悉： 细菌的染色方法。

了解： 细菌的显微镜观察法。

细菌（bacterium）是原核细胞型微生物，有广义和狭义两种范畴。广义的细菌泛指各类原核细胞型微生物，包括细菌、放线菌、支原体、立克次体和螺旋体，狭义的细菌专指数量最大、种类最多、最具代表性的细菌，也是本章主要的讨论对象。

细菌形体微小、结构简单，有细胞壁及无定形的核质，除核糖体外无其他细胞器，在适宜的培养条件下，具有相对恒定的形态与结构。作为以二分裂方式进行无性增殖的单细胞型微生物，细菌的营养需求、新陈代谢、生长繁殖都与其细胞结构有关。了解细菌细胞的形态结构，不仅有助于细菌的鉴别，而且有利于研究细菌独特的生理活动、致病性及免疫性，对细菌感染性疾病的诊断、预防和治疗具有重要的理论和实际指导意义。

第一节　细菌的大小与形态

细菌形体微小，不同种类的细菌大小不同，同一种细菌的大小也会因生存环境的改变和培养时间的延长而出现差异。细菌形态主要有球形、杆形和螺旋形三大类。

一、细菌的大小

细菌形体微小，一般以微米（μm，1 μm＝10^{-3} mm）作为其细胞大小的测量单位。因此，观察细菌通常要借助于光学显微镜的油镜镜头，将其放大 1 000 倍以上。显微镜下，可以用测微尺对细菌大小进行测量。

球菌的大小一般以其直径表示，多数球菌的直径在 1.0 μm 左右；杆菌的大小一般以其长度和宽度表示，不同杆菌长短、粗细很不一致，多数杆菌长 2～3 μm，宽 0.3～0.5 μm，但形体较大的杆菌如炭疽芽胞杆菌可长达 3～10 μm，而形体较小的杆菌如布鲁氏菌仅长 0.6～1.5 μm；螺形菌的大小一般以其长度表示，多数螺形菌的菌体长 2～6 μm。

二、细菌的形态

细菌的基本形态主要指幼龄细菌在营养丰富的人工培养条件下培养 8～18 h 所呈现的整齐、特定的正常形态，一般相对稳定。按其外形，细菌主要有球菌、杆菌和螺形菌三大类(图 1－1)。

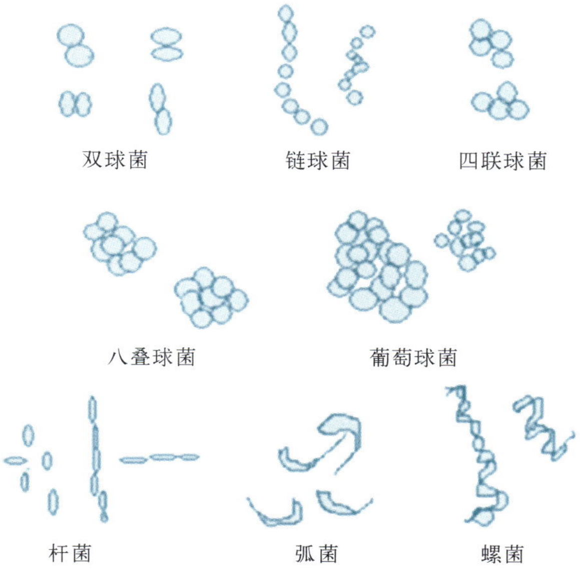

图 1－1　细菌的基本形态和排列

(一) 球菌

球菌(coccus)的外观呈圆球形或近似球形。由于繁殖时细菌的分裂面不同和分裂后菌体之间的黏附程度不同，不同种的球菌分裂后，其子代细胞会形成不同的空间排列方式，这对某些球菌的鉴别具有一定意义，常被作为球菌的分类依据之一。

1. 双球菌(diplococcus)　菌细胞在一个平面上分裂，分裂后两个子代菌细胞成对排列，如淋病奈瑟菌。

2. 链球菌(streptococcus)　菌细胞在一个平面上分裂，分裂后多个子代菌细胞粘连呈链状，如乙型溶血性链球菌。

3. 四联球菌(tetrad)　菌细胞在两个相互垂直的平面上分裂，分裂后四个子代菌细胞黏附在一起，排列呈正方形，如四联球菌。

4. 八叠球菌(sarcina)　菌细胞在三个相互垂直的平面上分裂，分裂后八个子代菌细胞黏附在一起，呈包裹状立方体，如藤黄八叠球菌。

5. 葡萄球菌(staphylococcus)　菌细胞在多个不规则的平面上分裂，分裂后多个子代菌细胞无规则地黏附在一起，呈葡萄串样排列，如金黄色葡萄球菌。

显微镜下观察各类球菌标本或培养物，除了上述典型的排列方式外，还会观察到分散的单个菌体。

(二) 杆菌

杆菌(bacillus)在细菌中种类最多。杆菌的外观多呈直杆状，也有的菌体稍弯。多数杆菌菌体两端呈钝圆形，少数两端平齐(如炭疽芽胞杆菌)或两端尖细(如梭杆菌)。有的杆菌末端膨大呈棒状，称为棒状杆菌(corynebacterium)，如白喉棒状杆菌；有的杆菌菌体短小，近似球形，称球杆菌(coccobacillus)；有的杆菌具有分枝生长的趋势，称为分枝杆菌(mycobacterium)，如结核分枝杆菌；有的杆菌末端常呈分叉状，称为双歧杆菌(bifidobacterium)。

杆菌大多分散存在，也有的呈链状排列，被称为链杆菌(streptobacillus)。但杆菌的排列方式多数是由菌体的不同生长阶段或培养条件等因素造成的，一般不作为细菌分类或形态学鉴别的指标。

(三) 螺形菌

螺形菌(spiral bacterium)菌体呈弯曲状。有的螺形菌菌体长 2～3 μm，只有一个弯曲，外观呈弧形或逗点状，称为弧菌(vibrio)，如霍乱弧菌；有的螺形菌菌体长 3～6 μm，有多个弯曲，外观呈螺旋状，称为螺菌(spirillum)，如鼠咬热螺菌；也有的螺形菌菌体细长、弯曲柔软，呈弧形或螺旋形，称为螺杆菌(helicobacterium)，如幽门螺杆菌。螺形菌在标本或培养物中大多呈分散排列。

细菌的形态受温度、pH、培养基成分及培养时间等外界理化因素影响较大。一般来说，细菌在适宜的生长条件下培养 8～18 h(对数生长期)，形态比较典型。如细菌在不利的环境中生长或培养时间过长，可出现梨形、气球状或长丝状等不规则形态，称为衰退型(involution form)。因此，观察细菌的大小与形态，最好选择其适宜生长条件下的对数生长期为宜。

第二节 细菌的细胞结构

细菌虽小，却具有典型原核细胞的结构和功能。根据细菌细胞结构在生长过程中的作用不同，可将其分为基本结构和特殊结构两大类(图 1-2)。

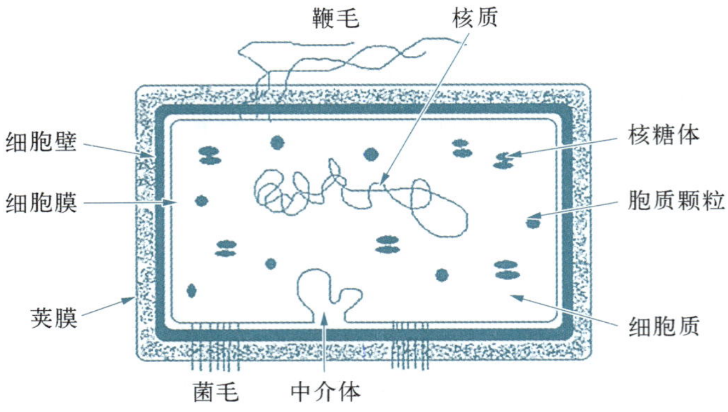

图 1-2 细菌细胞的结构模式图

一、细菌细胞的基本结构

基本结构是指所有细菌细胞共同具有的结构，它们是维持细菌基本生命活动所必需的。细菌细胞的基本结构由外到内依次为细胞壁、细胞膜、细胞质和核质。

(一) 细胞壁

细胞壁(cell wall)位于细菌细胞的最外层，包绕在细胞膜周围是无色透明、坚韧而有弹性的膜状结构物，占细胞干重的 10%～25%。一般光学显微镜下不易看到细胞壁，需用高渗溶液浓缩胞质，使细胞膜和细胞壁分离，再经特殊染色后方可观察到，也可直接利用超薄切片技术和电子显微镜进行观察。

细胞壁的化学组成较为复杂，并随菌种不同而异。用革兰染色法可将细菌分为革兰阳性菌(Gram-positive bacteria，G^+菌)和革兰阴性菌(Gram-negative bacteria，G^-菌)两大类。两类细菌的细胞壁都具有肽聚糖这一共同组分，但各自又有其特殊组分。

1. 肽聚糖 肽聚糖(peptidoglycan)又称黏肽(mucopeptide)或胞壁质(murein)，是细菌细胞壁的主要组分，也是原核细胞所特有的一类复杂多聚体。G^+菌的肽聚糖由聚糖骨架(backbone)、四肽侧链(tetrapeptide side chain)和五肽交联桥(peptide cross-bridge)三部分组成；G^-菌的肽聚糖仅由聚糖骨架和四肽侧链两部分组成。目前已发现 100 多种不同的肽聚糖类型，它们的最大不同主要表现在四肽侧链的连接方式上，但从其分子结构上都可归为以上两大类。

聚糖骨架由 *N*-乙酰葡糖胺(*N*-acetylglucosamine)和 *N*-乙酰胞壁酸(*N*-acetylmuramicacid)交替间隔排列，经 β-1,4 糖苷键连接而成，不同细菌细胞壁的聚糖骨架在结构和化学组成上都是相同的。四肽侧链的组成和连接方式则随菌种不同而有差异。在金黄色葡萄球菌(G^+菌)的肽聚糖中，四肽侧链的氨基酸排列依次为 *L*-丙氨酸、*D*-谷氨酸、*L*-赖氨酸和 *D*-丙氨酸，其第 3 位的 *L*-赖氨酸通过由五个甘氨酸组成的交联桥连接到相邻四肽侧链末端的 *D*-丙氨酸上，构成了坚韧而致密的三维空间结构(图 1-3a)。而大肠埃希菌(G^-菌)的肽聚糖由于缺乏五肽交联桥，多数四肽侧链都呈游离状态，少部分侧链可通过其第 3 位的二氨基庚二酸(diaminopimelic acid，DAP)与相邻侧链末端的 *D*-丙氨酸直接交联，但构成的只是疏松的单层二维平面结构(图 1-3b)。所有细菌肽聚糖的四肽侧链中，变化最大就是其第 3 位氨基酸，大多数 G^-菌四肽侧链的第 3 位氨基酸为 DAP，而 G^+菌四肽侧链的第 3 位氨基酸可以是 *L*-赖氨酸、DAP 或其他 *L*-氨基酸。DAP 是赖氨酸合成的前体，为细菌细胞壁的特有组分，迄今为止在古细菌或真核细胞中尚未发现。

从细胞壁的结构来看，肽聚糖是保证细菌细胞壁具有坚韧机械强度的主要化学成分，凡能破坏肽聚糖结构或抑制其合成的物质，均能损伤细胞壁而使细菌变形或裂解。一些抗生素及酶对细菌的抑制和杀灭作用就是通过作用于肽聚糖而实现的，如溶菌酶(lysozyme)、葡萄球菌溶酶、青霉素(penicillin)等。溶菌酶和葡萄球菌溶酶的作用靶点是聚糖骨架中连接 *N*-乙酰葡糖胺和 *N*-乙酰胞壁酸的 β-1,4 糖苷键，它们可通过打断 β-1,4 糖苷键，破坏聚糖骨架而引起细菌细胞的裂解死亡。青霉素的作用靶点是肽聚糖合成过程中的转肽酶(也称青霉素结合蛋白，penicillin-binding protein，PBP)，它能与细菌竞争转肽酶，干扰四肽侧链上 *D*-丙氨酸与五肽交联桥或 DAP 之间的连接，使细菌肽聚糖的合成受到抑制，在一般渗透压环境下细菌裂解死亡。

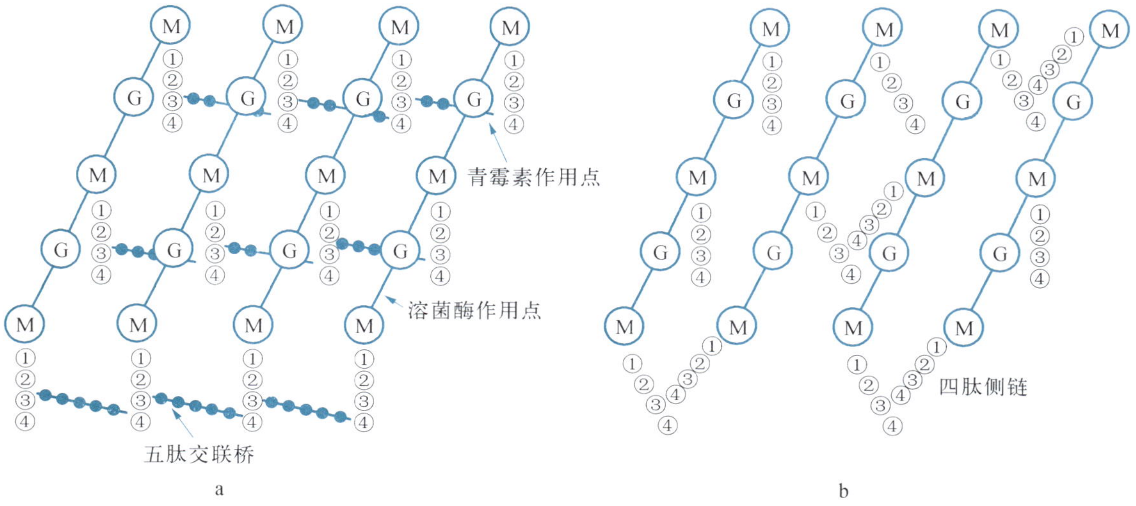

G：N-乙酰葡糖胺　M：N-乙酰胞壁酸　—：β-1,4糖苷键
①②③④：L丙-D谷-L赖-D丙；-●-：甘氨酸　①②③④：L丙-D谷-DAP-D丙

图 1-3　细菌细胞壁的肽聚糖结构示意图

(a) 金黄色葡萄球菌的肽聚糖结构；(b) 大肠埃希菌的肽聚糖结构

2. G^+菌细胞壁的特殊组分　G^+菌的细胞壁较厚，为 20～80 nm。除含有 15～50 层的肽聚糖外，大多数尚含有大量的磷壁酸(teichoic acid)，少数含有磷壁醛酸(teichuroic acid)，约占细胞壁干重的 50%，菌细胞干重的 10%。

磷壁酸是由核糖醇残基或甘油醇残基经磷酸二酯键相互连接而成的长链状聚合物，穿插于肽聚糖层中。磷壁酸链状结构中的少数基团也可被氨基酸或糖基取代。主链含有核糖醇的磷壁酸称为核糖醇型，含有甘油醇的磷壁酸称为甘油型。

按磷壁酸与细胞壁的结合部位不同，可将其分为壁磷壁酸(wall teichoic acid)和膜磷壁酸(membrane teichoic acid)两类(图 1-4)。壁磷壁酸的化学组成以核糖醇型为主，内端通过磷酸二酯键与肽聚糖上的 N-乙酰胞壁酸共价相连，另一端伸出细胞壁游离于细胞外；膜磷壁酸又称脂磷壁酸(lipoteichoic acid, LTA)，化学组成基本为甘油型，其内端与细胞膜外层的糖脂共价相连，另一端穿越肽聚糖层伸出细胞壁表面呈游离状态，与磷壁酸并列。

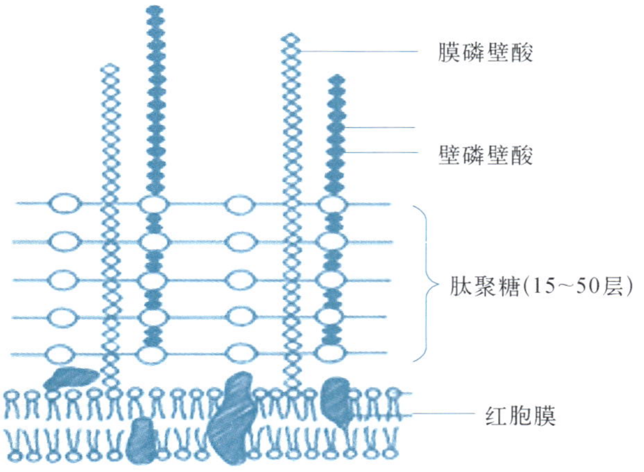

图 1-4　革兰阳性菌细胞壁的结构模式图

作为 G^+菌细胞壁上的特殊组分，膜磷壁酸和壁磷壁酸共同组成了带负电荷的多聚物基质，使得 G^+菌的细胞壁具有良好的弹性、抗张力性、通透性及静电性。磷壁酸的免疫原性较强，是 G^+菌重要的表面抗原。某些细菌(如 A 族链球菌)的磷壁酸具有黏附宿主细胞的功能，与细菌的致病性相关。磷壁酸还具有提高细菌细胞膜表面酶的活性、作为噬菌体的吸附受体、调节细胞内自溶素的活力等重要的生理功能。

磷壁醛酸与磷壁酸具有相似的结构及功能，其结构中以糖醛酸取代了磷酸集团。此外，某些 G^+菌的细胞壁表面尚有一些特殊的表面蛋白，如金黄色葡萄球菌 A 蛋白(staphylococcal protein A, SPA)，A 群链球菌的 M 蛋白等，通常与细菌的致病性和抗原性相关。

3. G^-菌细胞壁的特殊组分　G^-菌的细胞壁较薄，为 10～15 nm，但结构复杂。除含有 1～2 层肽聚糖外，表面还覆盖着结构复杂的外膜(outer membrane)，约占细胞壁干重的 80%。

外膜由脂蛋白、脂质双层和脂多糖三部分组成(图 1-5)。

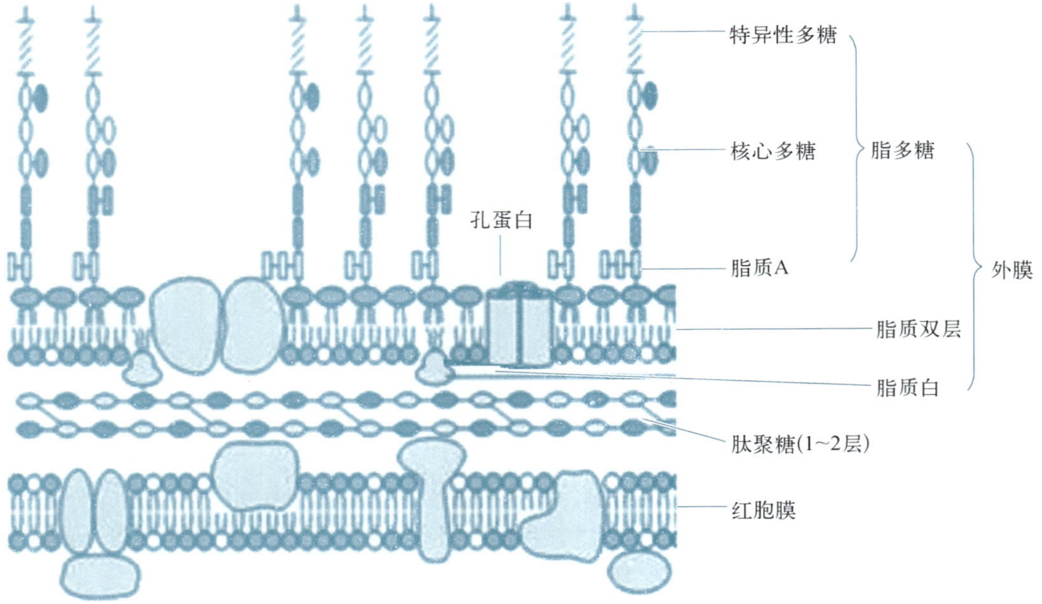

图 1-5 革兰阴性菌细胞壁的结构模式图

(1) 脂蛋白(lipoprotein):位于肽聚糖层与脂质双层之间,其蛋白质部分与肽聚糖侧链上的 DAP 相连,脂质部分与脂质双层以非共价键结合,使外膜层与肽聚糖层构成一个整体,具有稳定外膜结构的功能。

(2) 脂质双层:结构类似于细胞膜,液态的双层脂质中镶嵌着多种功能丰富的外膜蛋白(outer membrane protein, OMP)。有的 OMP 为孔蛋白(porin),允许相对分子量小于 600 的水溶性分子通过;有的 OMP 为诱导性或去阻遏蛋白,能参与特殊物质的扩散过程;有的 OMP 可作为噬菌体、性菌毛或细菌素等的吸附受体。外膜的脂质双层结构与细胞膜不同的是其内外两层脂质不对称,内层结构类似于细胞膜,外层脂质中则含有大量脂多糖。

(3) 脂多糖(lipopolysaccharide, LPS):由脂质双层向细胞外伸出,由脂质 A、核心多糖和特异性多糖三部分组成,是 G^- 菌的内毒素(endotoxin)。

1) 脂质 A(lipid A):镶嵌在外膜脂质双层的外层脂质中,将 LPS 锚定在外膜表面。脂质 A 是结构复杂的糖磷脂链,其基本骨架由 β-1,6 糖苷键相连的 D-氨基葡糖双糖组成,双糖骨架的游离羟基和氨基可携带多种长链脂肪酸和磷酸基团。不同种属细菌的脂质 A 骨架基本一致,主要差别在于其携带的脂肪酸种类及磷酸基团的取代上有所不同,故脂质 A 的结构无种属特异性。脂质 A 是细菌内毒素发挥毒性和生物学活性的主要成分,因此不同细菌产生的内毒素具有相似的毒性作用。

2) 核心多糖(core polysaccharide):位于脂质 A 的外层,由己糖(葡萄糖、半乳糖等)、庚糖、2-酮基-3-脱氧辛酸(KDO)、磷酸乙醇胺等组成,经 KDO 与脂质 A 共价联结。不同属的细菌含有不同的多糖重复单位,通常为线性三糖或分支的四糖。核心多糖具有属的特异性,同属细菌的核心多糖结构相同。

3) 特异性多糖(specific polysaccharide):位于脂多糖的最外层,是由数个到数十个寡聚糖(3~5 个单糖)重复单位连接而成的多糖链,不同种细菌寡糖重复单位中单糖的种类、位置、排列和空间构型各不相同。特异性多糖是 G^- 菌的菌体抗原(O 抗原),因此,G^- 菌的 O 抗原具有种特异性。特异性多糖的缺失,可导致细菌菌落从光滑型(smooth, S 型)转变成粗糙型(rough, R 型)。

外膜是 G^- 菌细胞壁的特殊组分,其 LPS 作为 G^- 菌的内毒素,是 G^- 菌重要的毒力因子。位于 LPS 最外层的特异性多糖具有良好的免疫原性及种特异性,是 G^- 菌的菌体抗原。位于脂质双层中的 OMP 在细菌营养物质的摄取发挥着重要作用。此外,带负电的 LPS 分子通过二价阳离子(Ca^{2+}、Mg^{2+})的非共价键桥连,可稳定外膜结构,并对溶菌酶、抗生素、碱性染料、去污剂等疏水大分子物质具有屏障作用。因此,用螯合剂去除二价阳离子，或用多价阳离子抗生素如多粘菌素和氨基糖苷类抗生素改变外膜的通透性，均可发挥抗菌作用。

也有少数 G^- 菌（如脑膜炎奈瑟菌、流感嗜血杆菌等）的 LPS 结构不典型，其外膜糖脂含有短链多分枝状的聚糖组分，该组分与粗糙型细菌的 LPS 截短体（O 抗原缺失）相似，被称为脂寡糖（lipooligosaccharide，LOS）。LOS 的结构非常类似于哺乳动物细胞膜的鞘糖脂成分，这种相似性有助于细菌获得逃避宿主免疫细胞识别的能力。LOS 作为细菌重要的毒力因子正受到研究人员的关注。

G^- 菌的细胞膜和外膜之间存在着占细胞体积 20%～40% 的狭窄空间，被称为周浆间隙（periplasmic space）。周浆间隙含有多种蛋白酶、核酸酶、碳水化合物降解酶、解毒酶等，以及作为细菌毒力因子的胶原酶、透明质酸酶等，以及 β-内酰胺酶，在细菌获取营养、解除有害物质毒性等方面都发挥着重要作用。

G^+ 菌和 G^- 菌的细胞壁结构具有显著差异（表 1-1），导致这两类细菌在染色性、抗原性、致病性及对某些药物的敏感性等方面都存在着较大差别。

表 1-1　G^+ 菌和 G^- 菌细胞壁结构的比较

细胞壁	G^+ 菌	G^- 菌
强度	坚韧而致密	较为疏松
厚度	厚，20～80 nm	薄，10～15 nm
肽聚糖层数	可多达 50 层	1～3 层
肽聚糖含量	占细胞壁干重 50%～80%	占细胞壁干重 15%～20%
肽聚糖结构	有五肽交联桥	缺乏五肽交联桥
糖类含量	多，约 45%	少，15%～20%
脂类含量	少，1%～4%	多，11%～22%
磷壁酸	有	无
外膜	无	有
溶菌酶的作用	敏感	不敏感
青霉素的作用	敏感	不敏感

4. *细胞壁的主要功能*　细菌细胞壁包裹在细胞膜周围，在维持细菌固有生物学活性方面发挥着重要作用。其主要功能包括以下几方面。

（1）维持细菌形态，抵抗低渗环境：细胞壁坚韧而富弹性，可维持菌体固有的基本形态，并保护细菌抵抗外界相对低的渗透压环境。细菌细胞质内含有高浓度的无机盐和大分子营养物质，使其渗透压高达 506～2 533 kPa（5～25 个大气压）。正因为细胞壁的保护作用，才使细菌能承受内部巨大的渗透压而不会破裂，并能在相对低渗的环境中生存。

（2）参与细胞内外物质交换：细菌细胞壁上有许多孔道和转运蛋白，具有非选择的通透性，可允许水分子和直径小于 1 nm 的小分子物质自由通过或参与特殊物质的扩散过程。

（3）诱发机体免疫应答：G^+ 菌细胞壁的磷壁酸组分和 G^- 菌细胞壁的 LPS 组分均具有较好的免疫原性，是细菌重要的表面抗原，不仅可诱发机体产生免疫应答，还与细菌的血清型分类有关。

（4）与细菌致病性相关：壁磷壁酸具有黏附素活性，能帮助细菌黏附于宿主细胞；乙型溶血性链球菌表面的 M 蛋白与膜磷壁酸结合，在菌体表面形成微纤维结构，可介导菌体与宿主细胞的黏附，是该菌的致病因素之一；LPS 具有内毒素活性，是 G^- 菌重要的致病物质。

（5）是抗菌药物的重要作用靶点：溶菌酶、葡萄球菌溶酶、青霉素等的作用靶点都在肽聚糖上，它们通过抑制肽聚糖的合成或破坏其基本骨架而导致细菌死亡。多黏菌素、氨基糖苷类抗生素能改变 G^- 菌细胞壁外膜的通透性，发挥抗菌作用。由于 G^+ 菌和 G^- 菌细胞壁的结构存在差异，不同抗生素对两类细菌的抑菌效果也存在差别。

（6）与细菌耐药性有关：由于肽聚糖是某些抗菌药物的作用靶点，G^+ 菌肽聚糖结构的缺失可使作用于细胞壁的抗菌药物失去疗效；G^- 菌外膜形成的屏障结构可使细菌不易受到体液中杀菌物质、肠道中胆盐及消化酶等的作用，并可阻止某些抗生素进入菌体，是细菌的固有耐药机制之一；外膜中的某些 OMP 还可形成外排泵，主动排出菌体内的抗菌药物，是细菌重要的获得性耐药机制之一。

此外，细菌细胞壁还与细菌的表面静电性和染色特性有关，LPS也可作用于机体固有免疫系统的各种细胞，增强机体的固有免疫力。

5. 细胞壁缺陷型细菌　细菌细胞壁的肽聚糖结构受到理化或生物因素的直接破坏或合成受到抑制可造成细胞壁缺损，这种细胞壁缺损的细菌在普通环境下大多会因不能耐受菌体内部较高的渗透压而胀裂死亡，只有在高渗环境中才能存活，被称为细胞壁缺陷型细菌或细菌L型(bacterial L form)。1935年，Klieneberger在英国Lister研究院研究念珠状链杆菌时首次发现了这种细胞壁受损却仍然能生长和分裂的细菌，故取该研究所的第一个字母命名为细菌L型。现在发现几乎所有的细菌、螺旋体和真菌均可形成L型。G^+菌的肽聚糖被破坏后，其细胞壁基本缺失，原生质仅被一层细胞膜包绕，称为原生质体(protoplast)；G^-菌的肽聚糖被破坏后，其细胞膜外尚有外膜保护，对低渗环境仍有一定抵抗力，称为原生质球(spheroplast)。

细菌L型由于缺乏完整的细胞壁，其菌落形态类似于天然缺乏细胞壁的支原体。与原型菌相比，细菌L型表现出许多独特的生物学特性。

(1) 形态与染色性：由于缺乏细胞壁，细菌L型呈现出高度的多形性，有球形、杆状、丝状等，且大小不一。无论原型菌是G^+菌还是G^-菌，形成L型后大多染成革兰阴性，且着色不均。

(2) 培养特性：细菌L型培养困难，其营养要求与原型菌基本相似，但需在高渗(补充3%～5%的NaCl或10%～20%的蔗糖)软琼脂(0.8%～1%)含血清(加入10%～20%的人或马血清)的培养基中生长。细菌L型生长速度比原型菌慢，一般需培养2～7 d，才能在软琼脂平板上形成中间较厚、四周较薄的“荷包蛋”样细小菌落，也有的长成颗粒状或丝状菌落(图1-6)。细菌L型在液体培养基中生长后呈较疏松的絮状颗粒沉于管底，培养液一般较为澄清。

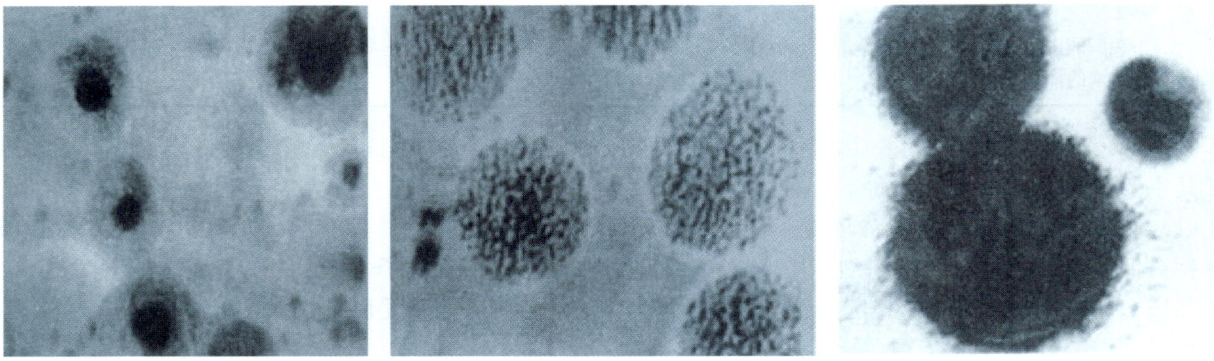

A　　B　　C

图1-6　细菌L型的菌落类型

A. “荷包蛋”样菌落；B. 颗粒型菌落；C. 丝状菌落

(3) 诱导与回复：细菌L型在体内或体外、人工诱导或自然情况下均可形成。诱发细菌L型的因素很多，包括：① 溶菌酶、葡萄球菌溶素、抗体、补体、胆汁等破坏细胞壁结构的因素；② β-内酰胺类抗生素等抑制细胞壁合成的抗菌药物；③ 培养基中缺乏合成细胞壁所必需的二氨基庚二酸、赖氨酸等组分；④ 亚硝基胍、紫外线、氯化锂等诱变剂。去除诱发因素，某些细菌L型仍可回复成原型菌，能否回复主要取决于L型菌是否含有残存的肽聚糖残基作为自身再合成的引物。

某些细菌L型仍有一定的致病能力，在临床上常引起慢性感染和反复发作性感染，如尿路感染、骨髓炎、心内膜炎等。L型感染一般发生在作用于细胞壁的抗菌药物治疗原有疾病的过程中。因此，临床上遇到感染症状明显，反复迁延不愈，而标本中常规细菌培养阴性者，应首先考虑细菌L型感染的可能性，并宜进一步采用高渗培养基进行L型细菌的专门分离培养，以明确诊断。同时更换抗菌药物，不宜再使用作用于细胞壁抑制肽聚糖合成的药物(如青霉素等β-内酰胺类抗生素)，而应换用作用于核酸或干扰蛋白质合成的抗菌药物，如链霉素、红霉素等。

（二）细胞膜

细胞膜(cell membrane)又称胞质膜(cytoplasmic membrane)，位于细胞壁内侧，紧包着细胞质，厚约7.5 nm，占细胞干重的10%～30%，是一层柔软致密、富有弹性并具有半渗透性的生物膜。细菌细胞膜的结构与真核细胞膜的基本相同，由磷脂(20%～30%)、多种蛋白质(50%～70%)和少量多糖按二维排列方式构成了流体镶嵌模式(图1-7)，流动的磷脂双分子层构成了膜的连续体，而蛋白质或多糖像孤岛一样无规则地漂流在磷脂的海洋中。但与真核细胞细胞膜相比，细菌细胞膜中不含胆固醇。

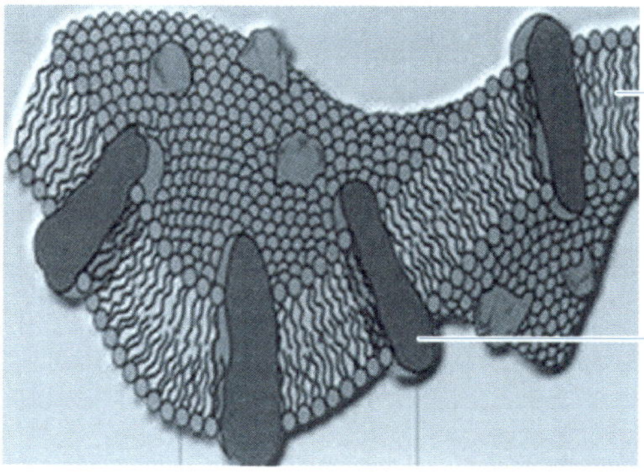

图1-7 细胞膜的液态镶嵌结构模式

1. 细胞膜的功能 细胞膜是细菌赖以生存的重要结构之一，在细菌的生命活动中发挥着重要的生理功能。其主要功能包括：

(1) 物质转运功能：细菌细胞膜上有许多微孔，具有选择通透性，能选择性地控制细胞内外营养物质及代谢产物的进入及排出。近年来，存在于细胞膜中的一类高度保守的疏水性膜整合蛋白(水通道蛋白)在细菌水代谢中的作用受到了研究人员的广泛关注。

(2) 呼吸功能：细菌无线粒体，有氧呼吸所需的细胞色素、细胞色素氧化酶等均定位在细胞膜上，可进行电子转运和氧化磷酸化作用，直接参与细菌细胞的呼吸过程。因此，细胞膜是细菌的产能基地，在需氧菌的呼吸和能量代谢中发挥着重要作用。

(3) 生物合成功能：细菌细胞膜上含有多种生物合成酶，参与肽聚糖、磷壁酸、磷脂、脂多糖、鞭毛、荚膜等大分子物质的合成。细胞膜上的转肽酶或转糖基酶不仅是细菌合成细胞壁肽聚糖组分的重要酶类，也是青霉素的主要作用靶点。

(4) 分泌功能：细菌向胞外分泌出水解酶，将蛋白质、多糖、类脂质等大分子营养物质分解为简单的小分子化合物，再摄入细胞内供营养所需。G^-菌的细胞膜上还含有多型(Ⅰ型～Ⅶ型)由多种细胞膜蛋白、外膜蛋白和辅助蛋白(信号肽酶或伴侣蛋白等)组成的蛋白分泌系统，直接参与细菌合成蛋白的分泌过程，病原菌合成的致病性分泌蛋白大多通过不同型别的蛋白分泌系统排出菌体外。

(5) 信号传导功能：细胞膜上存在的多种受体和某些蛋白质，参与了细菌的趋化和外界信号的感应与传导。例如，存在于细胞膜上的组氨酸蛋白激酶与细胞质中的反应调节蛋白一起组成了能感受外界环境变化并对环境信号作出反应的双组分信号转导系统。该系统广泛存在于G^+菌和G^-菌中，不仅参与细菌的基本生命活动，还与病原菌的毒力和致病性密切相关。

(6) 参与细菌分裂：细胞膜形成的特殊结构中介体还参与了细菌细胞的分裂过程。

2. 中介体 中介体(mesosome)是部分细胞膜内陷、折叠、卷曲而形成的囊状物，内含板状、泡状或管状结构，常位于菌体侧面或靠近中部，多见于G^+菌(图1-8)。一个菌细胞可形成一个或多个中介体。中介体实质上就是细胞膜的延伸、卷曲，它的形成有效地扩大了细胞膜的表面积，相应增加了呼吸酶的数量和能量的产生，其功能类似于真核细胞的线粒体，故又被称为拟线粒体(chondroid)。中介体一端与细胞膜相连，一端与核质相连，细菌分裂时中介体也一分为二，各自携带一套核质进入子代细胞，有类似真核细胞纺锤体的作用，与细菌细胞的分裂相关。

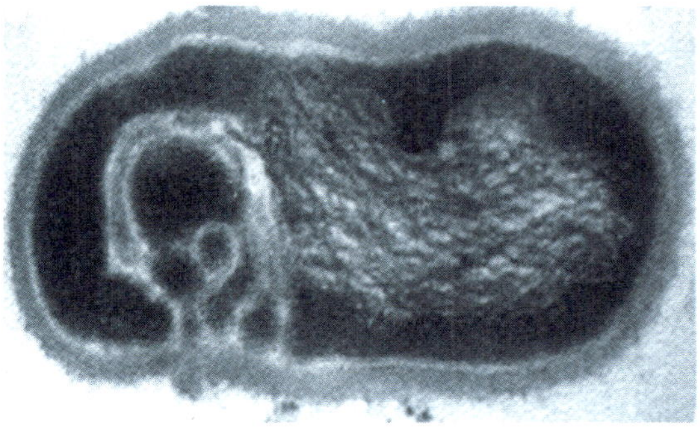
图1-8 细菌中介体的示意图

（三）细胞质

细胞质(cytoplasm)又称为原生质(protoplasm)，是细胞膜所包裹的除核质以外的溶胶状物，由水、蛋白质、脂类、核酸及少量糖和无机盐组成，内含多种酶系统，是细菌新陈代谢的主要场所。细胞质内还含有多种重要结构。

1. 核糖体　核糖体(ribosome)是游离存在于细胞质中的细菌亚微颗粒(10～20 nm),由蛋白质(30%)和核糖体核酸 rRNA(70%)组成,每个菌细胞内可达上万个,是细菌蛋白质合成的场所。在生长活跃的菌细胞内,核糖体通常与正在转录的 mRNA 相连形成“串珠”状的多聚核糖体,使蛋白质的转录和转译偶联在一起,提高了细菌蛋白质的合成速率。

作为细菌蛋白质合成的场所,核糖体也是某些抗生素作用的靶位。细菌核糖体的沉降系数为 70S,由 50S 的大亚基和 30S 小亚基在一定浓度的 Mg^{2+} 存在时聚合而成(图 1－9a),有的抗生素(如红霉素、氯霉素)可与 50S 亚基结合,而有的抗生素(如链霉素、庆大霉素)则与 30S 亚基结合,干扰细菌蛋白质的合成,从而抑制细菌的生长繁殖。而真核细胞核糖体的沉降系数为 80S,由 60S 和 40S 的两个亚基组成(图 1－9b),因此,作用于细菌核糖体的抗生素对真核细胞核糖体无作用。

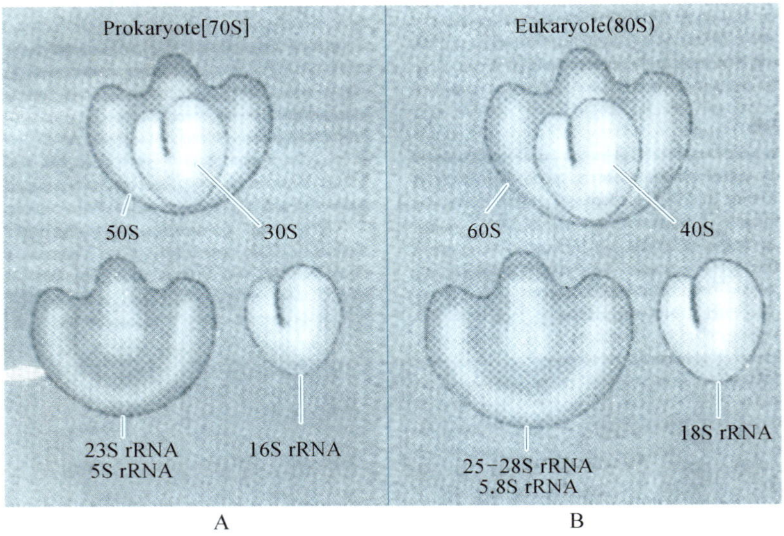

图 1－9　原核细胞与真核细胞核糖体结构模式图

A. 原核细胞核糖体结构模式图;B. 真核细胞核糖体结构模式图

2. 质粒　质粒(plasmid)是细菌染色体外的遗传物质,多为闭合、环状的双链 DNA 分子,存在于细胞质中。质粒可携带遗传信息,控制着细菌某些特定的遗传性状,如编码性菌毛、耐药性、毒素、细菌素或代谢酶等的产生。但质粒不是细菌生命活动所必需的,失去质粒的细菌仍可生存。质粒能独立自我复制,并随细菌分裂转移到子代细胞中,还可通过接合、转导等方式在细菌间传递。有关质粒的介绍详见第三章“细菌的遗传与变异”。

3. 胞质颗粒　胞质颗粒(cytoplasmic granule)是指细菌细胞内的一些颗粒状内含物,多为细菌贮存的营养物质,也有的属于细菌代谢产物,包括糖原、淀粉等多糖、脂类、磷酸盐等。胞质颗粒不是细菌的恒定结构,常随菌种、菌龄、生存环境不同而增加或减少。当营养充足时,胞质颗粒数量较多;养料和能源缺乏时,胞质颗粒会减少甚至消失。

由于胞质颗粒的化学组分复杂多样,可作为细菌鉴定的参照依据。如聚 β－羟丁酸是类脂性的碳源贮藏物,易被脂溶性染料如苏丹黑着色;糖原粒与淀粉粒均为碳源的贮藏物,用稀碘液可将糖原粒染成红褐色,淀粉粒染成蓝色。有一种胞质颗粒的主要成分是 RNA 和多磷酸盐,嗜碱性强,用亚甲蓝染色时着色较深呈紫色,称为异染颗粒(metachromatic granule)或迂回体。异染颗粒常见于白喉棒状杆菌、结核分枝杆菌等,染色后镜下观察异染颗粒的形状与位置有助于细菌鉴别。

(四) 核质

核质(nuclear material)是原核细胞内无定形的原始细胞核,由单一、闭合、环状 DNA 分子反复回旋卷曲盘绕成的松散网状结构物,集中于细胞质的某一区域,多位于菌体中央,也称为原核(prokaryon)或拟核

(nucleoid)。核质没有典型的细胞核结构，无核膜、核仁、组蛋白和有丝分裂器，功能与真核细胞的染色体相似，故也将其称为细菌的染色体(chromosome)。

正常情况下，细菌细胞内的核质数目一般为 1 个，处于分裂期的细菌，由于 DNA 复制先于细菌分裂，可导致一个菌细胞内含有 2～4 个核质。核质的化学成分以 DNA 为主，还含有少量 RNA 和组蛋白样蛋白。细菌经 RNA 酶将 RNA 水解后，再用 Feulgen 法染色，光学显微镜下可观察到呈球形、棒状、哑铃状等多形态的核质。电镜观察可见核质中央有一电子稠密的骨架，由 RNA 和蛋白质组成，骨架周围附着 30～50 个超螺旋的 DNA 环，长度约 20 nm，一般由数百万个碱基对组成。如大肠埃希菌的核质 DNA 伸展后基因组总长度可达 1.1～1.4 mm，序列分析证实其 DNA 约含有 4.6×10^{3} 个碱基，共携带 3 000～5 000 个基因。

细菌核质为单倍体，含有细菌的全部核基因，控制着细菌的各种遗传性状，决定着细菌的生命活动，是细菌遗传物质的基础。如果细菌的核质 DNA 发生突变或损伤，细菌的遗传性状就会发生变异甚至死亡。

二、细菌的特殊结构

特殊结构是某些细菌细胞在一定情况下才具有的、非细菌生活所必需的结构，包括荚膜、鞭毛、菌毛和芽胞。

（一）荚膜

某些细菌在自然环境或宿主体内生长时，能向其细胞壁外分泌一层疏松、透明的黏液状物质，多为疏水多糖或蛋白质的多聚体，用理化因素除去该层结构并不影响细菌的生命活动。其中，凡是能与细胞壁牢固结合、分界清晰、厚度≥0.2 μm的黏液状物被称为荚膜(capsule)(图 1-10)；虽能与细胞壁牢固结合，但厚度＜0.2 μm 被称为微荚膜，如伤寒沙门菌的 Vi 抗原、大肠埃希菌的 K 抗原等；只能疏松附着于菌细胞表面、边界不明显且易被洗脱者称为黏液层(slime layer)。

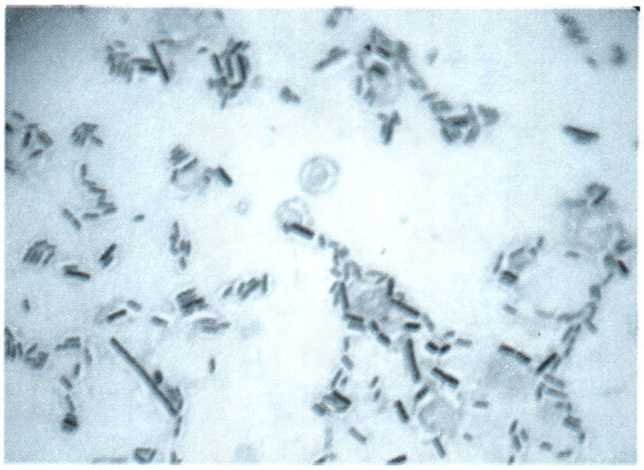

图 1-10 产气荚膜梭菌的荚膜(荚膜染色，×1 000)

1. *荚膜的化学组成* 荚膜的化学组成随菌种而异，多数细菌的荚膜成分为多糖，少数细菌如炭疽芽胞杆菌、鼠疫耶氏菌等的荚膜成分则为多肽。荚膜多糖为高度水合物，含水量可达 95%以上，与菌细胞表面的磷脂或脂质 A 共价结合。荚膜多糖分子组成和构型的多样化使其结构极为复杂，成为细菌血清学分型的基础。例如，目前依据肺炎链球菌荚膜多糖抗原，至少可将其分为 85 个血清型。荚膜抗原与同型抗血清结合发生反应后会逐渐增大，出现荚膜肿胀反应，借此可确定细菌的血清型，用于细菌的鉴别。

荚膜含水量丰富，对一般碱性染料的亲和力较低，不易着色。观察荚膜通常采用负染色法，即将菌体和周围背景染色，显微镜下可观察到着色的菌体周围包绕着透明、发亮的荚膜层。也可采用特殊的荚膜染色法将荚膜染成与菌体不同的颜色，再进行观察。

2. *荚膜的形成* 荚膜的形成除了受遗传控制，还与外界环境条件关系密切。一般在动物体内或营养丰富(含有血清或糖分)的培养基中生长，细菌容易形成荚膜，在普通培养基上或连续传代后荚膜则易消失。荚膜消失后，细菌仍可正常生长，但其菌落特征会发生变化，有荚膜的细菌在固体培养基上形成的菌落通常是黏液(M)型或光滑(S)型，失去荚膜后其菌落可变为粗糙(R)型。

3. *荚膜的功能* 荚膜和微荚膜具有相同的功能。

(1) 抗吞噬功能：荚膜能保护细菌抵抗吞噬细胞的吞噬和消化，增强细菌的侵袭能力，是病原菌重要的毒力因子。当细菌失去荚膜后，其致病能力会下降或消失。例如，有荚膜的肺炎球菌注入小鼠腹腔，只需数个菌即可引起实验小鼠发病，甚至死亡，而无荚膜的肺炎球菌则需几亿个才能达到同样的效果。

荚膜多糖具有亲水性且带负电荷，能阻止吞噬细胞的活性，降低吞噬细胞的表面吞噬效果。此外，菌细胞表面的荚膜黏液层不仅可阻止补体 C3b 组分的沉积，还可遮蔽细菌激活补体旁路途径所需的表面结构，从而抵抗补体介导的调理吞噬作用。

(2) 黏附功能：荚膜多糖可使细菌之间彼此粘连，也可介导细菌黏附于宿主组织或生物材料表面，参与细菌生物被膜的形成，提高菌体的免疫逃逸能力和耐药性。例如，变异链球菌(*Streptococcus mutans*)正是依靠荚膜黏附于牙齿表面，利用口腔中的蔗糖产生大量的乳酸，导致其黏附部位的牙齿珐琅质破坏，形成龋损。有些产荚膜菌株(如铜绿假单胞菌等)常黏附在各种医疗植入物(如导管、人工瓣膜等)上形成生物膜，是目前引起医院内感染的重要原因。

(3) 抗有害物质的损伤：荚膜位于细菌细胞最外层，能保护细菌免受补体、抗体、消化酶和抗菌药物等有害物质的损伤。

此外，荚膜还能贮藏一定的营养物质，以备营养缺乏时供细菌利用。其丰富的含水量有利于细菌在干燥环境中生存。荚膜还具有堆积细菌代谢废物的作用。

(二) 鞭毛

鞭毛(flagellum)是许多细菌，包括所有的弧菌和螺菌、大约半数的杆菌和个别的球菌，在菌体表面附着的细长、呈波状弯曲的丝状物。鞭毛的长度一般为 5～20 μm，是菌体的 4～6 倍，但直径仅为 12～13nm。由于鞭毛较纤细，需用电子显微镜观察，或经特殊的鞭毛染色使其增粗后再用光学显微镜观察(图 1-11)。

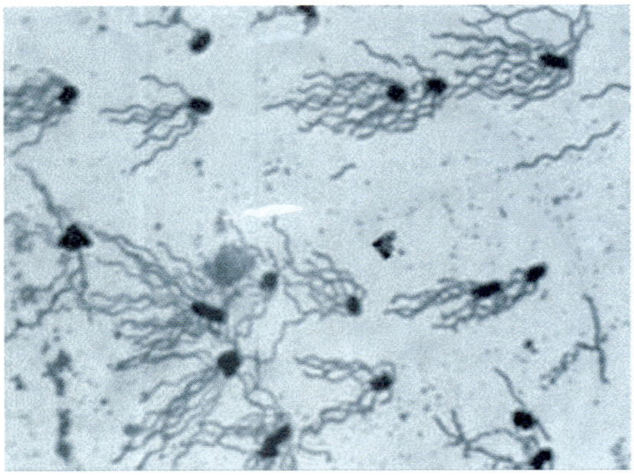

图 1-11 变形杆菌的周鞭毛(鞭毛染色，×1 000)

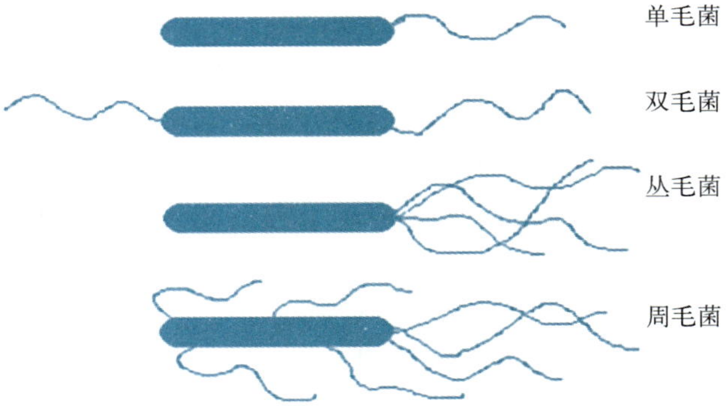

图 1-12 鞭毛菌的类型

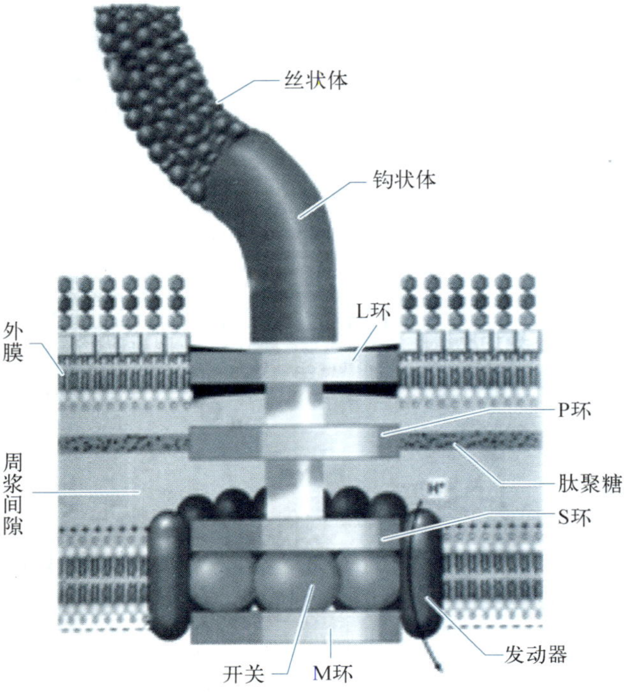

图 1-13 革兰阴性菌鞭毛的结构模式图

1. 鞭毛的分布　不同细菌附着的鞭毛数量不等，少的仅有 1～2 根，多的可达数百根。依据鞭毛的数量和在细胞表面的着生位置可将鞭毛菌分为 4 类(图 1-12)。① 单毛菌：只有一根鞭毛，位于菌体一端，如霍乱弧菌(*Vibrio cholerae*)；② 双毛菌：菌体两端各有一根鞭毛，如空肠弯曲菌(*Campylobacter jejuni*)；③ 丛毛菌：菌体一端或两端有一丛鞭毛，如铜绿假单胞菌(*Pseudomonas aeruginosa*)；④ 周毛菌：菌体周身遍布许多鞭毛，如伤寒沙门菌(*Salmonella typhi*)。

2. 鞭毛的结构　鞭毛是细菌的运动器官，自细胞膜长出，游离于菌细胞外，由基础小体、钩状体和丝状体三部分组成(图 1-13)。

(1) 基础小体(basal body)：位于鞭毛根部，嵌入细胞壁和细胞膜中。G^- 菌鞭毛的基础小体由一根圆柱、两对同心圆环和输出装置组成，其中，一对是附着于细胞膜上的 M 环和 S 环，另一对是附着于细胞壁肽聚糖和脂多糖上 P 环和 L 环。G^+ 菌的细胞壁无外膜，其鞭毛的基础小体只有 M 环和 S 环一对同心圆环。基础小体的基底部是鞭毛的输出装置(export apparatus)，位于细胞膜内面的细胞质中，基底部圆柱体周围的发动器(motor)为鞭毛的运动提供能量，近旁的开关(switch)决定鞭毛运动的方向。

(2) 钩状体(hook)：位于鞭毛伸出菌体之处，约呈 90°的钩状弯曲。鞭毛由此转弯向菌体外伸出，成为丝状体。

(3) 丝状体(filament)：呈纤丝状，伸出菌体外，由鞭毛蛋白(flagellin)紧密排列并缠绕而成的中空管状结构体，其作用犹如船舶或飞机的螺旋桨推进器。鞭毛蛋白是一种弹性纤维蛋白，其氨基酸组成类似于骨骼肌中的肌动蛋白，可能与鞭毛的运动相关。鞭毛是从尖端开始生长的，菌体内合成的鞭毛蛋白分子不断的添加到鞭毛末端。如果用机械的方法除去鞭毛，新的鞭毛会很快合成，3～6 min 细菌就会恢复运动能力。

3. 鞭毛的功能　作为细菌菌体表面的附属结构，鞭毛与细菌的运动性、致病性、抗原性相关。

(1) 细菌的运动器官：具有鞭毛的细菌能在液体环境快速地自由游动，如单鞭毛的霍乱弧菌每秒的运动速度可达 55 μm，周毛菌的运动速度较慢，每秒可移动 25～30 μm。鞭毛的运动性往往具有化学趋向性，常使细菌朝着有营养物质的方向运动，而避开有害物质。由于鞭毛菌运动活泼，采用穿刺法将鞭毛菌接种于半固体培养基培养后，穿刺线周围会出现云雾状扩散的生长现象，由此可判断细菌是否具有鞭毛。半固体穿刺法是实验室观察细菌动力最常用的方法。

(2) 细菌的致病性：有些细菌活泼的鞭毛运动与其致病性有关。如霍乱弧菌、空肠弯曲菌等能借助于鞭毛的快速运动穿透小肠黏膜表面覆盖的黏液层，有利于菌体黏附于肠黏膜上皮细胞表面，产生毒性物质导致病变发生。

(3) 细菌的鉴定与分类：鞭毛的主要成分鞭毛蛋白是一种仅在原核生物中才出现的蛋白质，具有较强的免疫原性和抗原性，又被称为鞭毛(H)抗原。由于不同菌种鞭毛蛋白的结构不同，依据鞭毛的抗原性可鉴别细菌。

最新研究表明，某些细菌的鞭毛与细菌毒素的分泌相关，有的还具有黏附宿主细胞的功能。

(三) 菌毛

菌毛(pilus 或 fimbriae)是许多 G^- 菌和少数 G^+ 菌菌体表面附着的比鞭毛更细、更短、更直硬的丝状物，只有在电子显微镜下才能观察到(图 1－14)。菌毛的主要组分是菌毛蛋白(pilin)，该蛋白围绕中心轴展开呈螺旋状排列，形成了菌毛中空的管状结构。菌毛蛋白具有免疫原性和抗原性，其编码基因位于细菌的染色体或质粒上。

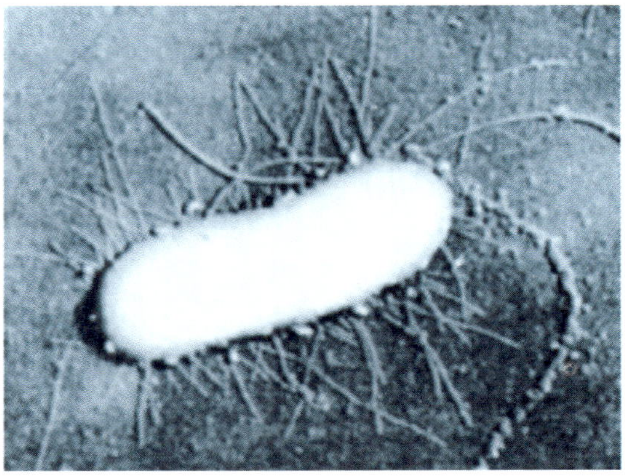

图 1－14　大肠埃希菌的普通菌毛和性菌毛(透射电镜，×42 000)

依据功能不同，可将菌毛分为普通菌毛和性菌毛两类。

1. 普通菌毛　普通菌毛(ordinary pilus)较纤细，长为 0.2～2 μm，直径仅为 3～8nm，遍布菌细胞表面，数量可达数百根。普通菌毛是细菌的黏附结构，能与宿主细胞表面的特异性受体结合，介导细菌的黏附定植。菌毛菌株的黏附可抵抗肠蠕动或尿液的冲刷，有利于细菌定居，一旦失去菌毛，细菌的致病力也会随之下降或消失。菌毛的黏附作用还有利于细菌在宿主细胞表面或医用生物材料表面形成生物被膜。以菌毛蛋白制成的疫苗对某些细菌感染具有一定的预防作用。

菌毛的受体通常是宿主细胞表面的糖蛋白或糖脂，它们与菌毛结合的特异性决定了细菌对宿主的易感部位。例如大肠埃希菌的Ⅰ型菌毛能黏附于肠道和下泌尿道的黏膜上皮细胞表面，引发肠炎或尿道炎；致肾盂肾炎大肠埃希菌(UPEC)的 P 菌毛常黏附于肾脏的集合管和肾盏，是上行性尿路感染的重要致病菌；霍乱弧菌、肠致病性大肠埃希菌(EPEC)和淋病奈瑟菌的菌毛都属于Ⅳ型菌毛，在其所致的肠道或泌尿生殖道感染中发挥着关键作用。

如果红细胞表面具有菌毛受体的相似成分，不同菌毛就会引起不同类型的红细胞凝聚，这种现象称为血凝(hemagglutination，HA)。例如大肠埃希菌的Ⅰ型菌毛能凝聚豚鼠红细胞，但可被 D-甘露糖所抑制，被称为甘露糖敏感型血凝(MSHA);UPEC 的 P 菌毛能凝聚 P 血型阳性红细胞,且不会被 *D*-甘露糖所抑制,被称为甘露糖抗性血凝(MRHA)。血凝试验有助于菌毛的鉴定和分型。

2. 性菌毛　性菌毛(sex pilus)仅见于少数 G^- 菌,数量少,每菌仅有 1～4 根,比普通菌毛长而粗,大小为 0.9 μm×(1～20)μm,略带弯曲,中空呈管状。性菌毛由致育因子质粒(fertility factor,F factor)编码,故又将其称 F 菌毛。通常把带有性菌毛的细菌称为 F^+ 菌,无性菌毛的细菌称为 F^- 菌。通过性菌毛的连通,F^+ 菌可将其质粒或部分染色体基因传递给 F^- 菌,实现细菌遗传物质的转移,因此,性菌毛被认为是细菌基因水平转移的途径之一,在细菌的毒力及耐药性播散中发挥着重要作用。此外,性菌毛也是某些噬菌体吸附于细菌表面的受体。

(四) 芽胞

芽胞(spore)也称内芽胞(endospore),是某些细菌在生长达到稳定期后,细胞质脱水浓缩,在菌体内形成的圆形或卵圆形小体。产生芽胞的细菌都是 G^+ 菌,重要的有需氧芽胞杆菌属(炭疽芽胞杆菌等)和厌氧芽胞梭菌属(破伤风梭菌等)。

1. 芽胞的结构及生理特点　成熟芽胞是由多层厚膜包绕核心形成的坚实圆球体。核心为芽胞的原生质体,含有细菌原有的核质、核糖体、酶系统等主要生命基质,保存了细菌的全部生命必需物质。核心外层依次是内膜、芽胞壁、皮质、外膜、芽胞壳和芽胞外衣等多层厚膜结构(图 1-15)。

其中,内膜和外膜由细菌原有的细胞膜内陷形成;芽胞壁(spore wall)含肽聚糖,发芽后可形成细菌的细胞壁;皮质(cortex)是芽胞所有包膜中最厚的一层,占芽胞体积的 36%～60%,由一种特殊的肽聚糖构成,呈纤维束状排列,其中含有的大量吡啶二羧酸钙盐(calcium di picolinate,DPA-Ca)可增强芽胞对热的抵抗能力;芽胞壳(spore coat)是一种类似角蛋白的疏水性蛋白质,致密,通透性差,能抵抗化理化因素的渗入和辐射的损伤;芽胞外衣(exosporium)是一层疏松的脂蛋白膜。从结构而言,芽胞含水量低,酶活性差,代谢缓慢或处于停滞状态,是细菌维持生命的休眠形式。

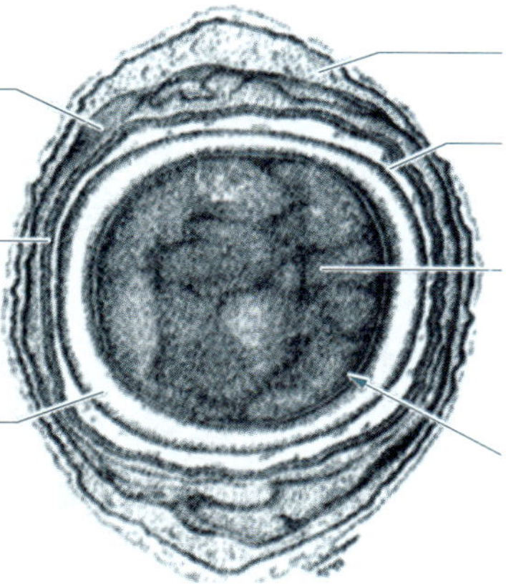

图 1-15　细菌芽胞的结构模式图

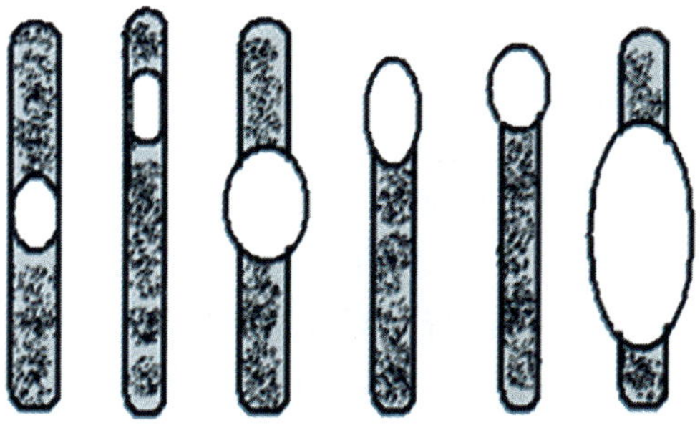

图 1-16　细菌芽胞的形状、大小和位置

芽胞的折光性强,壁厚不宜着色,染色时需经酶染、加热等处理,因此观察芽胞需进行特殊的芽胞染色。芽胞的大小、形状、位置等因菌种而异,在细菌的鉴别中具有重要意义(图 1-16)。如炭疽芽胞杆菌(*Bacillus anthracis*)的芽胞为卵圆形,比菌体小,位于菌体中央;破伤风梭菌(*Clostridium tetani*)的芽胞为正圆形,比菌体大,位于菌体顶端,状似鼓槌;肉毒梭菌(*Clostridium botulinum*)的芽胞为椭圆形,比菌体大,位于菌体次极端。

2. 芽胞的形成与发芽　细菌芽胞的形成受遗传因素控制和外界环境影响,通常在动物体外、对细菌不利的环境条件下形成,具体形成条件因菌种而异。当细菌生长环境中营养物质缺乏,特别是在碳、氮、磷等元素不足,乌苷酸减少,嘌呤代谢产物积聚时,染色体上的芽胞基因被激活,转录出参与芽胞形成的酶和蛋白质,菌体内开始形成芽胞。也有的细菌,其芽胞形成与外界环境的温度和氧气含量直接相关,如炭疽芽胞杆菌需在有氧条件下才能形成芽胞,而破伤风梭菌则在厌氧条件下才形成芽胞。

芽胞的形成始于细菌的对数生长末期,细菌细胞膜进行性地内陷生长,逐渐形成双层膜结构,包被核质等重要生命基质，形成芽胞的核心、内膜和外膜。细胞膜继续合成特殊物质，在内膜和外膜之间形成芽胞壁和皮质，外膜周围再形成致密的芽胞壳和疏松的芽胞外衣。芽胞从开始形成到成熟一般需要 6～8 d。芽胞成熟后，菌体即成为空壳，有的芽胞从菌体脱落游离，单独存在(图 1－17)。

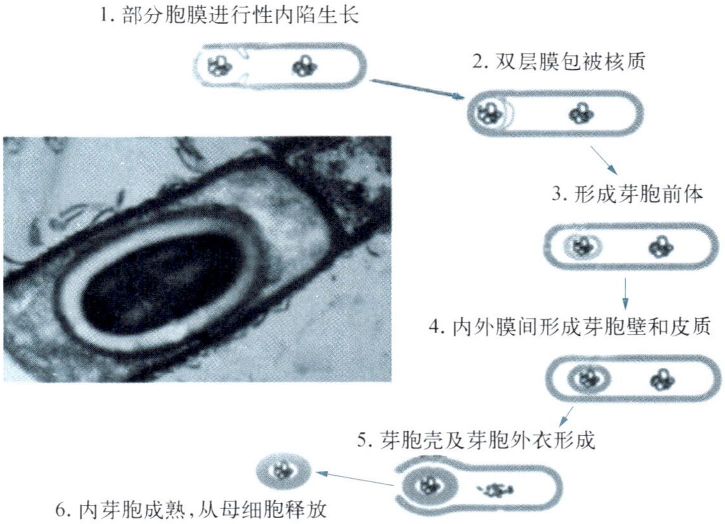

图 1－17　细菌芽胞的形成过程

芽胞形成后，若外界环境中营养充足，并受到机械力、热、pH 改变等刺激，芽胞的代谢活性和呼吸增强，生物合成加速，核心体积增大，皮质溶解，芽胞壳破裂，牙管长出并逐渐长大，最终发育成新的菌体。然而，一个细菌只能形成一个芽胞，一个芽胞也只能发育成一个菌体，细菌数量不会增加，因此，芽胞不是细菌的繁殖方式，只是细菌的休眠形式。相对芽胞而言，未形成芽胞而具有繁殖能力的菌体通常被称为繁殖体(vegetative form)。

3. 芽胞的功能及医学意义

(1) 强大的抵抗力：细菌芽胞对热、干燥、辐射、化学消毒剂等理化因素均有强大的抵抗能力。大多数细菌繁殖体在 80℃ 水中能迅速死亡，但有的细菌芽胞可耐 100℃ 沸水数小时。研究表明，巨大芽胞杆菌(*Bacillus megaterium*)的芽胞抗辐射能力比大肠埃希菌强 36 倍。芽胞抵抗力强与其结构及其特殊化学组分密切相关：① 芽胞的多层厚膜结构，可阻挡水及各种理化因子的渗透和损伤；② 芽胞含水量低，仅占繁殖体的 40%，菌体蛋白受热后不易变性；③ 芽胞皮质层和核心含有的大量 DPA-Ca，可提高芽胞内多种酶的热稳定性，增强芽胞的耐热能力。

(2) 惊人的休眠力：作为细菌的休眠形式，芽胞在普通条件下可保持生命活性达数年、数十年甚至更长。研究表明，被炭疽芽胞杆菌污染的草原，其传染性可维持 20～30 年。细菌芽胞并不直接引起疾病，但在条件适宜的情况下，芽胞可发芽成为繁殖体，并迅速大量增殖而致病。例如，土壤中常有的破伤风梭菌芽胞，一旦遇到伤口厌氧的微环境，即可能在适宜条件下发芽形成繁殖体，产生外毒素，引起破伤风。

(3) 是判断灭菌效果的指标：由于芽胞具有强大的抵抗能力和惊人的休眠能力，故微生物实验器具、培养基、外科手术器械及注射剂等必须以杀死芽胞作为判断灭菌效果的指标。一般情况下，芽胞在 121℃ 下可耐受 12 min 左右，因此，目前杀灭芽胞最可靠的方法是高压蒸汽灭菌法，即在 121℃ 下维持 15～20 min 以彻底杀死芽胞。

第三节　细菌形态与结构检查方法

检查细菌的形态和结构除借助于光学显微镜和电子显微镜外，还需对细菌进行染色。细菌形态学观察中，最常用的染色方法是具有鉴别意义的革兰染色法和抗酸染色法，特殊染色法主要用于观察某些细菌的特殊结构。

一、显微镜观察法

细菌形体微小，肉眼一般不能直接观察，必须借助于显微镜放大上千倍后才能观察到。显微镜的种类很多，其原理、构造及使用目的也各不相同，常用的有普通光学显微镜、暗视野显微镜、相差显微镜、荧光显微镜、电子显微镜等。细菌形态学检查中最常用的是普通光学显微镜。

（一）普通光学显微镜

普通光学显微镜（light microscope，LM）根据光学透镜成像的原理制成，能将物体放大 1 000～2 000 倍。LM 以波长 0.5 μm 左右的自然光或灯光为光源，在最佳条件下其分辨率为波长的 1/2，即 0.25 μm。0.25 μm 的微粒经 LM 油镜镜头放大 1 000 倍（物镜×100 倍，目镜×10 倍）后为 0.25 mm。细菌个体一般都大于 0.25 μm，故通过 LM 可清楚观察到。用普通光学显微镜观察细菌形态，通常需对细菌进行染色，增加其与周围环境的对比度，以便观察。

（二）暗视野显微镜

暗视野显微镜（dark-field microscope）装有一个暗视野聚光器，使光线不能透过聚光器中央，只能从聚光器边缘及未遮暗的部位斜射到达标本上，故背景视野黑暗无光。但斜射到菌体上的光线由于散射作用可使菌体发出亮光，反射到物镜内，因而在黑暗的视野中就能观察到发亮的被检物体。暗视野显微镜是利用被检物体表面的反射光线和衍射光线来观察物体的，只能看到物体的存在和运动，不能认清其构造，主要用于检查未染色标本的形态及运动能力。

（三）相差显微镜

相差显微镜（phase-contrast microscope）是一种能将光线通过透明标本后产生的光程差（即相位差）转化为光强差的特种显微镜。其原理是利用相差板的光栅作用，改变直射光的光位相和振幅，把光位相差异转化为光强度的差异，从而使原来透明的物体表现出明显的明暗差异，增强对比度，使我们能比较清楚地观察到活细胞及细胞内的细微结构。相差显微镜弥补了普通显微镜很难观察清楚无色透明生物体及暗视野显微镜看不清发光体内部结构的不足，可以观察细菌的形态、内部结构、运动方式及繁殖过程，主要用于活的未染色微生物的观察或在组织切片中检查微生物。

（四）荧光显微镜

荧光显微镜（fluorescent microscope）是利用一个高发光效率的点光源，经过滤色系统发出一定波长的光作为激发光，激发标本中的荧光物质发射出各种不同颜色的荧光，再通过物镜和目镜的放大进行观察。其光源通常采用能发射很强紫外光和蓝紫光的超高压汞灯，足以激发各类荧光物质。凡染有荧光染料的细胞样品可选择性吸收接近紫外的光线，而后大部分吸收的能量又以低频、长波光的形式辐射，即出现可见的荧光，敏感性极高。主要用于细胞结构、功能及其化学成分等的研究。

（五）电子显微镜

电子显微镜（electron microscope，EM）因利用电子流代替光学显微镜的光束使物体放大成像而得名。以电子流代替光源，其波长与可见光相差上万倍，因而分辨率大大提高。目前，电子显微镜的分辨率已提高到 0.1～0.2 nm，放大倍数已达 100 万倍，可用于观察细菌的超微结构及其他比细菌更微小的微生物。但用电子显微镜观察标本，需进行特殊的制片，无法观察到活体微生物，因而在细菌的形态学观察中不常使用。

二、细菌染色法

细菌不仅形体小，而且呈透明或半透明状，当其悬浮在水溶液时，对光线的吸收和反射与周围背景没有显著明暗差，不便于观察其形状，更无法识别其细微结构。借助于染色技术可以增强微生物成像的对比度，使视野更加清晰，在普通光学显微镜下清楚观察细菌的形态与结构。

细菌染色方法是染色剂与细菌细胞质的结合。细菌的等电点较低，在 pH 2～5 之间，在中性、碱性或弱酸性溶液中菌体蛋白质电离后通常使细菌带阴电，容易与碱性染料中带阳电的有色分子结合，而使细菌着色。所以,在细菌学上常用碱性染料进行染色。细菌染色的方法有多种,根据染色中使用染料的数量,可将其分为单染色法和复染色法,其中最常用的是复染色法中的革兰染色法。

(一)单染色法

选用任何一种碱性染料使细菌着色,在同一张染色片上将所有细菌染成同一种颜色。方法简单且省时,可观察不同细菌的大小、形态及排列,但不能达到鉴别细菌的目的。

(二)复染色法

用两种以上染料染色的方法。包括鉴别染色法和特殊染色法。

1. 鉴别染色法 因不同细菌的着色性不同,通过多种染料将不同种细菌或同一细菌的不同结构染成不同的颜色,称为鉴别染色法。此类染色法不仅可以观察细菌大小、形态及排列,还可以通过染色性来鉴别细菌。常用的鉴别染色法有革兰染色法及抗酸染色法。

(1) 革兰染色:革兰染色(Gram stain)是丹麦细菌学家 Christain Gram 于 1884 年建立的细菌染色方法,包括结晶紫初染、碘液媒染、95%乙醇脱色和稀释复红复染四个染色步骤,最终,不被乙醇脱色仍保留紫色的为 G^+ 菌,被乙醇脱色复染后呈红色的为 G^- 菌。革兰染色法在鉴别细菌、选择抗菌药物、研究细菌致病机制等方面均具有重要意义。

革兰染色的原理至今尚未彻底阐明,目前主要倾向于细胞壁学说。G^+ 菌细胞壁结构比较致密,肽聚糖含量高且交联度大,脂质含量少,乙醇脱色虽能溶解细胞壁的脂质,在壁上形成小孔,但脱水作用使细胞壁收缩构成屏障,通透性降低,阻止细胞内的碘-紫复合物溢出,反而会将碘-紫复合物牢牢锁在细胞内,即使经过复染,细胞仍会保留结晶紫初染的紫色。而 G^- 菌细胞壁结构较为疏松,肽聚糖层较薄且交联度差,厚厚的外膜层含有丰富的脂质,遇到有良好溶脂作用的乙醇后,以脂质为主的外膜迅速溶解,薄而松散的肽聚糖网不能阻挡碘-紫复合物的溶出,细菌脱色,经稀释复红复染后即呈红色。

(2) 抗酸染色:抗酸染色(acid-fast stain)是 1882 年由埃利希(F. Ehrlich)首创,并经 F·齐尔(Ziehl)改进的一种细菌鉴别染色法,主要用于鉴定细菌的抗酸性。结核杆菌、麻风杆菌等分枝杆菌属的细菌及少数放线菌的细胞壁内有大量脂质,即使用浓石炭酸复红对其染色也不易着色,需要在染色的同时进行加热或延长染色时间来促进其着色。一旦着色,该类细菌细胞壁脂质中的主要成分分枝菌酸即可与石炭酸复红结合,形成牢固复合物,很难被酸性脱色剂脱色,被称为抗酸性细菌。再加碱性美兰进行复染,抗酸性细菌会保持初染液石炭酸复红的红色,而其他非抗酸性细菌及背景成分则会被染成蓝色。抗酸染色法主要用于结核分枝杆菌、麻风分枝杆菌等少数抗酸性细菌的鉴别。

2. 特殊染色法 细菌细胞的一些特殊结构,如荚膜、鞭毛、芽胞等,用一般的染色法难以观察,必须用相应的特殊染色法才能着色分辨。荚膜染色通常是将背景染色,而将不易着色的荚膜衬托出来,在显微镜下呈现透明的荚膜层,又称为负染色法;鞭毛染色一般先用媒染剂处理标本,让媒染剂沉积在鞭毛表面,导致鞭毛直径加粗,达到普通光学显微镜的辨析范围;为了使致密的芽胞体着色,芽胞染色必须先处理芽胞壁,增强芽胞壁的通透性,使染料不仅进入菌体也能进入芽胞。

小 结

细菌是一类单细胞的原核型微生物,微米是其细胞大小的测量单位,普通光学显微镜下借助于油镜镜头放大 1 000 倍以上可观察到细菌有球形、杆形、螺旋形三种基本形态。细菌细胞的基本结构由外到内依次是坚韧而有弹性的细胞壁、通透性和生物学活性较好的细胞膜、液态的细胞质以及原始核质。细菌细胞壁的基本组分是肽聚糖,但不同细菌细胞壁的结构不同。依据细胞壁结构的差异,通过革兰染色可将细菌分为革兰阳性菌(G^+ 菌)和革兰阴性菌(G^- 菌)两大类。磷壁酸是 G^+ 菌细胞壁的特殊组分,外膜是 G^- 菌细胞壁的特殊组分。某些细菌在一定条件下还可形成功能各异的荚膜、鞭毛、菌毛、芽胞等特殊结构。荚膜包绕在细菌细胞壁外,是细菌重要的毒力因子;鞭毛是细菌的运动器官,某些细菌的鞭毛与其致病性相关;菌毛是比鞭毛还纤细的细菌附属结构,其中,普通菌毛是细菌的黏附结构,性菌毛是细菌遗传物质转移的载体;芽胞是细菌的休眠形式，具有强大的抵抗能力及休眠能力，是医学上判断灭菌效果的指标。观察细菌的形态和结构不仅要借助于光学显微镜，还需对细菌进行染色。革兰染色法是细菌形态学观察中最常用的染色方法。

【复习思考题】

1. G^+菌和G^-菌在细胞壁结构上有何主要异同？请简述它们在医学实践中的意义。
2. 什么是细菌L型？请简述其独特的生物学性状及在医学上的意义。
3. 细菌有哪些特殊结构？简述它们的功能及在医学上的主要意义。
4. 请简述革兰染色的原理、步骤、结果及其意义。

（李婉宜）

第二章

细菌的生理

学习要点

掌握：① 细菌生长繁殖的条件；②细菌生长曲线的概念、分期及各期的意义；③ 细菌代谢产物在医学上的意义；④ 细菌在培养基中的生长现象。

熟悉：① 细菌的理化性状；② 培养基的概念、分类及各类培养基的用途。

了解：① 细菌的营养类型及营养摄取机制；② 细菌能量代谢的特点；③ 细菌的分类方法及命名方法。

细菌与其他生物细胞一样，从外界环境中摄取营养物质，合成自身成分并获得能量，同时排出代谢产物，不断地进行着新陈代谢和生长繁殖。掌握细菌的生理特征及生长规律，有助于对其进行培养和鉴定，有助于了解病原菌的致病性，对感染性疾病的诊断、治疗及预防也有重要意义。

第一节　细菌的理化性状

一、细菌的化学组成

细菌细胞和其他生物细胞一样，含有碳、氢、氧、氮、磷、硫、钾等元素，这些元素构成了细菌细胞的各种化学物质，如水、无机盐、蛋白质、糖类、脂质和核酸等。细菌还含有原核细胞型微生物特有的化学组分，如肽聚糖、胞壁酸、磷壁酸、D 型氨基酸、二氨基庚二酸等。

水分占细菌细胞总重量的 75%～90%，是细胞维持正常生命活动必不可少的成分。细菌细胞内的水分以结合水和游离水两种形式存在，结合水是蛋白质等复杂有机物的组成成分，游离水是细菌物质的溶媒。

除去水分外，细菌的固形成分占细胞重量的 10%～25%，包括蛋白质、核酸、糖类、脂类及少量的维生素和无机盐。其中蛋白质含量最多，占细菌固形成分的 40%～80%，多以复合物的形式存在，如核蛋白、糖蛋白、脂蛋白等。蛋白质是细菌细胞结构的基本成分，也是酶的重要成分，参与细菌的各种生命活动。

细菌含有核糖核酸（RNA）和脱氧核糖核酸（DNA）两种核酸。DNA 存在于染色体和质粒中，占细菌干重的 3%左右，是细菌的遗传物质。每种细菌 DNA 中的 G+C 含量摩尔百分比（mol %），变化不大，也不受菌龄和外界环境因素的影响，是细菌分类的重要依据。RNA 主要存在于胞质中，占细菌干重的 10%，多与蛋白质结合形成核蛋白体，参与蛋白质的生物合成。

糖类占细菌固形成分的 10%～30%，以复合物和游离形式存在，前者如肽聚糖、脂多糖等，为细胞的结构成分；后者是细胞的能量来源。

脂类占细菌固形成分的1%～7%，主要包括脂肪酸、磷脂和糖脂。脂肪酸可游离存在，也可与糖、蛋白质结合。游离脂肪酸是细胞的能源物质；脂蛋白和糖脂是细胞壁的重要成分，磷脂是细胞内各种膜的主要成分。

细菌细胞还含有少量的无机盐离子，如钾、镁、钙、钠、铁、铜、锌、氯等，它们参与构成细胞的某些结构、维持酶的活性和菌体渗透压。

二、细菌的物理性状

（一）光学性质

细菌为半透明体，当光线照射至细菌悬液时，部分光线被吸收，部分光线被折射，细菌悬液呈混浊状态。细菌数量越多，浊度就越大。因此，使用比浊法或分光光度计可以粗略地估计细菌的数量。利用细菌的光学性质，也可使用相差显微镜观察细菌的形态及某些内部结构。

（二）表面积

细菌为单细胞生物，体积虽小，但表面积相对很大，如葡萄球菌直径约1 μm，1 cm^3体积的葡萄球菌的表面积可达60 000 cm^2；而1 cm^3体积的多细胞生物体，其表面积仅为6 cm^2。相对较大的表面积，大大提高了细菌细胞内外界物质的交换速率，因此，细菌的代谢旺盛，繁殖迅速。

（三）带电现象

蛋白质是细菌的主要固形成分，组成蛋白质的氨基酸是兼性离子，在一定pH的溶液中，可电离成带阳离子的氨基（NH_4^+）和带阴离子的羧基（COO^-）。在某一pH的溶液中，当氨基酸或蛋白质解离成阳离子和阴离子的趋势或程度相等时，则成为兼性离子，呈电中性，此时溶液的pH被称为该氨基酸或蛋白质的等电点（isoelectric point，pI）。G^+菌pI为2～3，G^-菌pI为4～5。在一般生理条件（中性或弱碱性）下，溶液的pH一般高于细菌的pI，氨基电离受阻，羧基电离，使细菌带负电荷。由于G^+菌和G^-菌的pI不同，G^+菌所带负电荷通常较G^-菌更多。细菌的带电现象与其染色反应、抗菌物质的抑菌和杀菌作用等密切相关。

（四）半透性

细菌的细胞壁和细胞膜都具有半透性，允许水和部分小分子物质自由通过，而对其他物质的透过具有选择性。这种半透性有利于细菌营养物质的吸收和代谢产物的排出。

（五）渗透压

细菌细胞内含有高浓度的营养物质和无机盐，一般G^+菌的渗透压可达20～25个大气压，G^-菌的可达5～6个大气压。相对于细菌内部，细菌所处的外部环境一般属于低渗，由于菌体有坚韧的细胞壁保护，才能使其在相对低渗的环境中生存不致崩解。如果将细菌置于比菌体内渗透压更高的环境中，菌体内的水分就会逸出，胞质浓缩，细菌则死亡或无法生长。

第二节　细菌的营养与生长繁殖

一、细菌的营养类型

不同种类的细菌具有不同的酶系统，代谢类型存在差异。按照细菌生长繁殖所需的碳源、能源和电子供体的不同，其营养类型主要分为以下四种（表2-1）。

（一）自养型细菌

自养型细菌也称自养菌（autotroph），是指能以简单的无机物为原料合成菌体成分的细菌。该类细菌能利用CO_2或碳酸盐作为碳源，利用N_2、NH_3、硝酸盐或亚硝酸盐作为氮源。其中，利用光能进行生长的细菌称为光能自养菌，如绿硫细菌、蓝细菌等；利用无机物氧化过程中产生的化学能进行生长的细菌称为化能自养菌，如硝化细菌、铁细菌等。

表 2－1　细菌的主要营养类型

营养类型	能　源	主要碳源	电子供体	代表菌种
光能自养型	光源	CO_2	无机物	绿硫细菌等
化能自养型	无机物	CO_2 或碳酸盐	无机物	硝化细菌等
光能异养型	光源	有机物	有机物	红螺细菌等
化能异养型	有机物	有机物	有机物	绝大多数细菌

（二）异养型细菌

异养型细菌也称异养菌（heterotroph），是指必须以多种有机物为原料，如蛋白质、糖类等，才能合成菌体成分并获得能量的细菌。该类细菌只能以有机物作为碳源和供氢体，其中利用光能进行生长的称为光能异养菌，如红螺菌等；利用有机物氧化过程中产生的化学能进行生长的称为化能异养菌，绝大多数细菌属于化能异养菌。依据所利用的有机物的性质不同，化能异养细菌又分为腐生菌（saprophyte）和寄生菌（parasite）。腐生菌主要以腐烂的动、植物尸体或腐败食物为营养物质，如枯草芽胞杆菌；寄生菌常寄生在活的有机体内，以宿主体内的有机物为营养物质，绝大多数病原菌属于寄生菌。

细菌营养类型的划分不是绝对的，不同营养类型之间存在交叉。在特定环境条件下，有些自养型细菌也能利用有机含碳化合物；而一些异养菌也可利用 CO_2 或碳酸盐作为碳源。

二、细菌的营养物质

与其他生物相似，细菌生长繁殖所需的营养物质主要包括水、碳源、氮源、无机盐和生长因子等（表 2－2）。

表 2－2　细菌生长所需营养物质及其主要生理功能

营养物质	主要营养成分	主要生理功能
水	水	组成菌体成分，参与营养的吸收与代谢
碳源	糖类	合成菌体成分，供给能量
氮源	氨基酸、蛋白胨	合成菌体成分
无机盐	磷、硫、钾、钠、钙、镁、铁、钴、锌、锰、铜等	组成菌体成分，维持酶活性，调节渗透压，参与能量储存和转运，某些元素与致病性有关
生长因子	维生素、氨基酸、嘌呤、嘧啶、呼吸辅酶等	补充细菌自身不能合成的有机营养成分

（一）水

水是维持细菌细胞结构和生存必不可少的物质。水的主要功能包括：① 作为溶媒，参与细菌营养物质的吸收及代谢废物的排泄；② 游离水直接参与细菌代谢过程中的生化反应；③ 结合水是细菌细胞的组成成分，维持核酸、蛋白质等生物大分子的天然构象，有助于生物大分子发挥生物学效应；④ 作为热的良导体，能传递热量，调节细胞内的温度。

（二）碳源

碳源主要用于合成菌体的细胞骨架，也是细菌重要的能量来源。碳源分无机碳源和有机碳源两种类型。无机碳源主要包括 CO_2 或碳酸盐，只有少数细菌能利用；有机碳源的种类多，包括糖类及其衍生物、脂类、醇类、有机酸和烃类等，大多数细菌需要有机碳源。在各种有机碳源中，最易被细菌吸收利用的是糖类。

（三）氮源

氮源主要为细菌细胞合成蛋白质、核酸、酶等生物大分子提供氮元素，一般不作为能源。氮源包括无机氮源、有机氮源和氮气分子三种类型。常见的无机氮源主要有铵盐、硝酸盐、尿素等，只有少数细菌能利用；有机氮源主要指动植物蛋白质及其降解产物，如牛肉膏、蛋白胨等，大多数细菌需利用有机氮源；个别细菌能利用环境中的氮气，借助一些特殊的酶将分子态的氮转变成氨或其他含氮化合物，具备这种固氮能力的细菌被称为固氮菌。

（四）无机盐

无机盐主要为细菌生长提供必需的金属元素和微量元素。其中，需要浓度大约为 50 mg /L 的元素称为常用元素，如钾、钠、钙、镁、硫、磷、铁等；需要浓度在 0.1～1 mg /L 的元素称为微量元素，如钴、锰、铜、锌、钼等。一般细菌只需其中的一种或几种微量元素。

无机盐主要的生理功能包括：① 参与构成菌体组分，维持生物大分子和细胞结构的稳定性；② 作为酶和辅酶的组成成分，维持酶的活性；③ 参与能量的储存与转运；④ 调节并维持细胞内的渗透压和氧化还原电势；⑤某些元素与细菌的生长繁殖和致病作用密切相关，如白喉棒状杆菌产毒量的高低与其生存环境中的铁含量密切相关。

（五）生长因子

某些细菌由于缺乏一种或多种基本的酶，其生长所需的某种物质无法自我合成或合成量不足，必须依靠外界提供。这类必须依靠外界提供的有机物质称为生长因子(growth factor)，往往微量即可满足细菌的生长繁殖需要，如 B 族维生素、某些氨基酸、嘌呤、嘧啶等。少数细菌需要一些特殊的生长因子，如流感嗜血杆菌需要 X 因子(高铁血红素)和 V 因子(辅酶Ⅰ或辅酶Ⅱ)。以牛肉膏、酵母浸液等为材料的天然培养基含有足够的生长因子，无需添加。

三、细菌摄取营养物质的机制

细菌细胞壁和细胞膜共同组成了细菌细胞的屏障结构，对细胞内外物质具有自由或选择通透的作用。营养物质可通过被动扩散和主动转运两种方式进入菌体。

（一）被动扩散

被动扩散是指营养物质从高浓度侧向低浓度侧扩散，其驱动力是浓度梯度差，整个过程无需消耗能量。被动扩散包括简单扩散和促进扩散。

1. 简单扩散　简单扩散仅借助细胞内外营养物质的浓度梯度差，无需任何细菌组分参与，就能使营养物质通过壁膜屏障进入细胞，其扩散速率会随浓度梯度的降低而减慢。简单扩散是可逆的，营养物质也能反向从细胞内向细胞外扩散。借助简单扩散进入细菌细胞的营养物质并不多，常见的有水分子、脂肪酸、乙醇、某些氨基酸及一些气体分子。

2. 促进扩散　促进扩散除需借助细胞内外营养物质的浓度梯度差，还需特异性通道蛋白的帮助，才能使营养物质通过壁膜屏障进入细胞。参与促进扩散的特异性通道蛋白属于渗透酶类，通道蛋白与相应的被转运物质之间具有亲和力，其在细胞内外表现出的亲和力强弱不同。一般情况下，通道蛋白在细胞外对被转运物质的亲和力大于在细胞内，使营养物质进入细胞后能与之分离。如甘油的转运，进入细胞内的甘油要被甘油激酶催化形成磷酸甘油才能在菌体内积累。

（二）主动转运

主动转运是细菌吸收营养物质的主要方式，其特点是需要特异性通道蛋白的参与和能量的驱动，营养物质会逆着浓度差从低浓度侧向高浓度侧转运。主动转运对被转运物质有高度的选择性，运输方向总是从细胞外到细胞内，因此，营养物质经主动转运后，胞内浓度要远远大于胞外。依据能量来源的不同和通道蛋白的差异，细菌的主动转运系统有不同的类型。

1. 依赖周浆间隙结合蛋白的转运　营养物质与位于 G^- 菌的周浆间隙或 G^+ 菌细胞膜表面的特异性通道蛋白结合形成复合物，使通道蛋白发生构型的改变，继而将营养物质转送给细胞膜上的 ATP 结合型载体，导致 ATP 水解，释放能量，打开膜孔，使营养物质通过细胞膜进入细胞内。

2. 化学渗透驱使转运　利用细胞膜内外两侧质子或离子浓度差产生的质子动力或钠动力作为驱使营养物质跨膜转移的能量，以电化学离子梯度透性酶作为转运物质的载体。该酶是一种能进行可逆性氧化还原反应的疏水性膜蛋白，在氧化状态下能与营养物质结合，在还原状态下因其构象的改变可促使营养物质释放进入细胞内。这种转运方式在需氧菌中极为常见。

3. 基团转移　基团转移是一种特殊的主动转运形式，是将营养物质的转运与代谢相结合，能更有效地利用能量。如大肠埃希菌摄入葡萄糖所需的磷酸转移酶系统，就是由细胞膜上的载体蛋白先从胞质中的磷酸烯醇丙酮酸获得磷酸基团，在细胞膜表面与葡萄糖结合将其转运入胞质，再以 6-磷酸葡萄糖的形式释放。经过磷酸化的葡萄糖能在细胞内积累，不再逸出。该转运系统的能量供给者是磷酸烯醇丙酮酸。基团转移的主要运输对象是糖类、脂肪酸、碱基、核苷等。

4. 特异性转运 几乎所有细菌的生长都需要铁元素，大多数细菌可通过自身分泌的载铁体（以异羟肟酸衍生物为主）与铁螯合，形成可溶性铁-异羟肟酸复合物，再通过贯穿细胞外膜、周浆间隙和细胞内膜的蛋白质协同作用，使铁进入细胞内。部分病原菌也可通过特异性受体蛋白与宿主的转铁蛋白或乳铁蛋白直接结合，依赖细胞提供的能量将铁转运到菌体内。

四、细菌生长繁殖的条件

虽然细菌种类繁多，但不同细菌生长繁殖所需的基本条件大致相同。

（一）充足的营养物质

细菌生长所需的营养物质主要包括水、碳源、氮源、无机盐和生长因子。在一定范围内，细菌的生长速度与所提供的营养物质浓度呈正相关。当营养物质缺乏时，菌体一方面降低代谢速度和能量消耗，另一方面激活特定的转运系统，吸收环境中微量的营养物质以维持基本的生命活动。

（二）合适的酸碱度

细菌的生长是借助于细胞内的各种代谢活动完成的，代谢活动是由酶催化的一系列生化反应，而酶的活性必须在一定的酸碱度和温度下才能有效发挥，因此，每种细菌都有一个可生长的 pH 范围及最适生长的 pH 范围。大多数细菌最适生长的 pH 范围为 7.2～7.6，在此范围内酶的活性最强，生长繁殖速率最快。少数细菌在偏酸性或偏碱性的环境中生长最好，如结核分枝杆菌的最适 pH 范围是 6.5～6.8，霍乱弧菌是 8.4～9.2。

依据细菌生长的最适 pH 范围可将其分为嗜中性菌（neutrophiles）、嗜碱性菌（alkaliphiles）和嗜酸性菌（acidophiles）三类，其中嗜中性菌的最适生长 pH 是 6.0～8.0，嗜碱性菌的最适生长 pH 可高达 10.5，嗜酸性菌的最适生长 pH 可低至 3.0。多数病原菌为嗜中性菌，最适生长 pH 通常为 7.2～7.6，在宿主体内极易生存。

细菌在代谢过程中产生的有机酸往往会导致培养环境的 pH 下降，不利于细菌的继续生长。因此，在进行细菌培养时，不仅要注意调节培养基的 pH，还应加入适宜的缓冲物质，如磷酸盐、碳酸盐等，以保持环境中合适的 pH。

（三）适宜的温度

温度对细菌生长速度的影响最大，在适宜的温度范围内细菌才能生长繁殖。

不同细菌对温度的要求不同，据此将细菌分为嗜冷菌（psychrophiles）、嗜温菌（mesophiles）和嗜热菌（thermophiles），三类细菌生长温度范围见表 2-3。绝大多数病原菌在长期进化过程中适应了人体环境，均为嗜温菌，最适生长温度通常为人的正常体温 37℃。但也有例外，如空肠弯曲菌的最适生长温度为 36～43℃，耶尔森菌为 20～28℃。

表 2-3 细菌生长的温度范围

细菌类型	最低生长温度	最适生长温度	最高生长温度	代表类型
嗜冷菌	−5～0℃	10～20℃	25～30℃	极地和冷藏环境的细菌
嗜温菌	10～20℃	25～37℃	40～50℃	腐生菌，寄生病原菌
嗜热菌	25～45℃	50～55℃	70～95℃	温泉或火山口的细菌

当细菌突然暴露在高于其最适生长温度的环境中时，可暂时合成热休克蛋白，以稳定菌体内对热敏感的蛋白质。相反，当细菌突然暴露在低温环境时，则会表现为冷休克现象，如大肠埃希菌从 37℃ 突然冷却到 5℃，90% 的细菌细胞会被杀死，为此，菌种保存中常用甘油或二甲亚砜保护细菌不受冻结或冷休克的影响。

（四）气体环境

与细菌生长有关的气体主要是 O_2 和 CO_2。多数细菌在代谢过程中不同程度地需要 O_2，也有部分细菌只能在无氧环境下生存。依据细菌生长时对 O_2 的需求不同，可将其分为四种类型。

1. 专性需氧菌　专性需氧菌（obligate aerobe）具有完善的呼吸酶系统，需以分子氧作为受氢体才能完成有氧呼吸。这类细菌只能在有氧环境中生长，如结核分枝杆菌、铜绿假单胞菌等。

2. 微需氧菌　微需氧菌（microaerophilic bacterium）在低氧压（5%～6%）环境中生长最好，当氧浓度>10%时，细菌的生长反而被抑制，如空肠弯曲菌、幽门螺杆菌等。

3. 兼性厌氧菌　兼性厌氧菌（facultative anaerobe）既能进行有氧呼吸也能进行发酵，在有氧或无氧环境中均能生长，但以有氧时生长较好，大多数病原菌属于此类。

4. 专性厌氧菌　专性厌氧菌（obligate anaerobe）缺乏完善的呼吸酶系统，只能利用氧分子以外的其他物质作为受氢体，通过发酵获取能量。氧分子的存在不仅不能被细菌利用，反而会抑制细菌的生长，甚至导致细菌死亡，如破伤风梭菌、脆弱类杆菌等。专性厌氧菌在有氧环境中不能生存的原因可能是：① 专性厌氧菌缺乏氧化还原电势（Eh）高的各种呼吸酶，在有氧环境中无法利用 Eh 偏高的营养物质；② 专性厌氧菌缺乏超氧化物歧化酶、过氧化氢酶、过氧化物酶等，无法清除细菌在有氧环境中产生的具有强烈杀菌作用的超氧阴离子（O^{2-}）或过氧化氢等代谢产物。

细菌生长还需要一定量的 CO_2，进行核酸中嘌呤和嘧啶的合成。一般情况下，细菌代谢过程中产生的 CO_2 即可满足自身的需要，但有些细菌在初次分离培养时，需提供 5%～10%的 CO_2 才能生长，如脑膜炎奈瑟菌、淋病奈瑟菌等。

（五）渗透压

细菌细胞坚韧的细胞壁能抵抗来自外界环境相对较低的渗透压，一般培养基的盐浓度和渗透压对大多数细菌是安全的。少数细菌，如嗜盐菌（halophilic bacterium）、缺乏细胞壁的 L 型细菌，需要在高浓度（3%～5%）氯化钠的环境中才能生长。

五、细菌的生长繁殖

（一）细菌个体的生长繁殖

细菌一般以简单的二分裂方式进行无性繁殖。细菌细胞的繁殖包括染色体的复制、横隔膜的形成和子代细胞的分裂三个连续的过程。细菌分裂后，有的很快分开，分散存在；有的则按一定方式粘连在一起，形成固定的排列方式，如脑膜炎双球菌、链球菌等。

在适宜条件下，多数细菌的繁殖速度很快，一般 20～30 min 就能分裂一次，即繁殖一代。人们常用细菌数量倍增所需时间，即代时（generation time），来表示细菌的生长速度。由于细菌种类和营养条件等方面存在差异，细菌的代时也不同，多数细菌的代时为 20～30 min，个别细菌繁殖速度较慢，如结核分枝杆菌的代时可达 18～20 h。

（二）细菌群体的生长繁殖

如果按照单个细菌的生长繁殖速度计算，一个细菌经 10 h 的繁殖可达 10 亿个以上，但事实上，细菌不能始终保持高速度的无限繁殖状态。随着细菌的繁殖，环境中的营养物质逐渐耗竭，毒性代谢产物不断堆积，一段时间后，细菌繁殖的速度会逐渐减缓，死亡菌数慢慢增多，活菌的增长呈下降趋势。

将一定数量的细菌接种于适宜的液体培养基中，连续定时取样检查活菌数，可发现细菌的生长过程中表现出一定的规律性。以培养时间为横坐标、培养物中活菌数的对数为纵坐标，可绘制出一条曲线，该曲线可以反映细菌群体生长繁殖的规律，称细菌的生长曲线（growth curve）。根据生长曲线，可将细菌群体的生长繁殖过程分为四个期（图 2－1）。

1. 迟缓期　迟缓期（lag phase）通常被认为是细菌进入新环境后的短暂适应阶段，主要为细胞分裂做准备。此期细菌体积增大，代谢活跃，为细菌的进一步增殖积累足够的酶、辅酶和中间代谢产物，但繁殖缓慢。细菌迟缓期的长短受菌种、菌龄、接种菌量及培养基组分的影响，一般为 1～4 h。

2. 对数生长期　对数生长期（logarithmic phase）又称指数期（exponential phase），一般出现在培养后的 8～18 h。细菌在该期生长迅速，活菌数以几何级数倍增，生长曲线图上细菌数的对数呈直线上升，此期细菌代谢活性高而稳定，生物学性状典型，对外界因素的作用敏感。因此，常选择该期细菌进行生物学性状的研

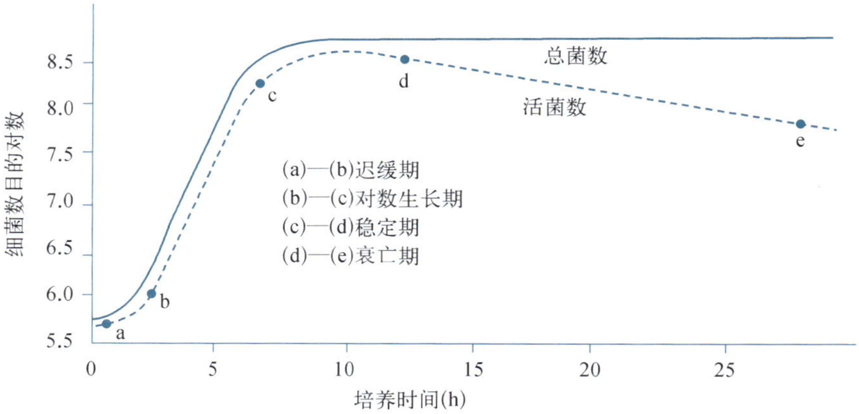

图 2-1　细菌的生长曲线

究，如观察细菌的形态学特征，进行生化反应、体外抑菌试验等。

3. 稳定期　随着细菌数量的迅速增加，培养基中的营养物质逐渐消耗，有害产物不断积累，环境 pH 也发生了变化，细菌繁殖的速度渐减，死亡菌数逐渐增加。当细菌繁殖增加的细胞数与死亡的细胞数基本持平时，细菌的生长进入了稳定期(stationary phase)。此期活菌数相对稳定，细菌的形态、染色性等生物学性状常有改变，细菌的次级代谢产物如抗生素、外毒素等大量积累，某些细菌的芽胞也会在此期形成。因此，可在此期收获细菌的代谢产物、观察芽胞等。

4. 衰亡期　稳定期后，细菌的繁殖速度越来越慢，死亡菌数越来越多，并超过活菌数，细菌的生长进入衰亡期(decline phase)。该期细菌形态发生显著改变，生理活动也趋于停滞，出现衰退型或菌体自溶。因此，陈旧培养基中的细菌通常难以鉴定。

第三节　细菌的新陈代谢

细菌的代谢过程始于胞外酶对胞质外的糖、蛋白质等大分子营养物质的分解，分解产生的单糖、小肽或氨基酸等经过主动或被动转运机制进入胞质内，在胞内经氧化或分解形成菌体可利用的成分，同时伴随能量的产生和释放，此过程称为分解代谢(catabolism)；合成代谢(anabolism)是指细菌利用能量将简单的小分子营养成分，合成菌体成分及相应代谢产物的过程。分解代谢和合成代谢相辅相成，同时进行，前者为合成代谢提供原料和能量，后者为分解代谢提供物质基础。

一、细菌的能量代谢

细菌利用吸收的物质，在细胞内进行氧化分解、释放能量的过程称生物氧化。生物氧化包括加氧、脱氢和脱电子反应，依据细菌生物氧化过程中最终氢和电子受体的不同，其能量代谢分为发酵、需氧呼吸和厌氧呼吸三种形式。以分子氧为最终氢和电子受体的为需氧呼吸；以硝酸盐、硫酸盐等无机物为最终氢和电子受体的为厌氧呼吸；以有机物为最终氢和电子受体的为发酵。大多数细菌进行需氧呼吸和发酵。大多数细菌以糖类物质作为其生物氧化的底物，通过糖的氧化和酵解释放能量，并通过底物磷酸化或氧化磷酸化合成三磷酸腺苷(ATP)，以高能磷酸键的形式储存能量。

(一) 需氧呼吸

需氧呼吸过程中，底物按常规方式脱氢后，需要经过完整的呼吸链进行电子传递，最终将氢和电子传递给氧分子，使之还原成水分子。在电子传递过程中，释放的能量与 ADP 的磷酸化相偶联，产生 ATP。1 分子葡萄糖在有氧条件下彻底氧化，可以合成 38 分子 ATP。需氧菌和兼性厌氧菌在有氧条件下主要通过需氧呼吸获取能量。

（二）厌氧呼吸

厌氧呼吸是一种在无氧条件下进行的、产能效率较低的特殊呼吸方式。专性厌氧菌缺乏需氧电子传递链和完整的三羧酸循环，虽然在能量的逐级释放中也有 ATP 的生成，但由于部分能量随电子转移传给最终电子受体，所以产生的能量明显少于需氧呼吸。1 分子葡萄糖经厌氧呼吸只能产生 2 分子 ATP。专性厌氧菌和兼性厌氧菌在无氧条件下可通过厌氧呼吸获取能量。

（三）发酵

发酵过程中，有机物只能部分被氧化，最后受氢体是未被彻底氧化的中间代谢产物，产能效率较低，如 1 分子葡萄糖经乳酸发酵只能产生 2 分子 ATP。常见的发酵类型有乳酸发酵、乙醇发酵、丙酸发酵、混合酸发酵等。专性厌氧菌和兼性厌氧菌在无氧条件下可通过发酵获取能量。

二、细菌的分解代谢

（一）分解代谢过程

1. 糖的分解　糖是多数细菌良好的碳源和能源。多糖类物质需要在胞外酶作用下水解成单糖后，才能被吸收利用。最易被细菌吸收利用的单糖是葡萄糖，细菌对葡萄糖的分解主要通过以下两条途径。

(1) 葡萄糖-丙酮酸代谢途径：在有氧或无氧条件下，细菌可通过糖酵解途径、磷酸戊糖途径和 ED 途径将葡萄糖分解为丙酮酸。

(2) 丙酮酸代谢途径：细菌的种类和环境条件不同，从丙酮酸开始的代谢途径也各不相同。需氧菌和兼性厌氧菌在有氧条件下，先将丙酮酸氧化脱羧生成乙酰辅酶 A，再进入三羧酸循环，被彻底氧化生成水和 CO_2，同时释放出大量的能量。厌氧菌和兼性厌氧菌在厌氧条件下，则以丙酮酸为底物进行发酵，细菌种类不同，发酵产物也不同。

2. 蛋白质的分解　蛋白质一般是在胞外蛋白酶的作用下先分解为短肽，再转运到细胞内，在胞内蛋白酶作用下分解成氨基酸。细菌对氨基酸的分解主要通过脱氨、脱羧、转氨等方式实现。不同细菌对不同种类的蛋白质及氨基酸的分解能力不同，蛋白酶又具有较强的专一性，因此，可依据细菌对蛋白质及氨基酸分解能力的差异来鉴别细菌。

（二）分解代谢产物及其应用

不同种细菌具有的酶不完全相同，对营养物质的分解能力不同，其代谢产物也不尽相同。利用生物化学的方法检测细菌对各种物质的代谢作用及代谢产物，称为细菌的生化反应。细菌的生化反应对于那些形态、结构、染色性等特性相同或相似的细菌的鉴别尤为重要。以下介绍几个常用的生化反应。

1. 糖发酵试验　不同细菌对糖的分解能力不同、分解后产生的产物也不同。如大肠埃希菌能发酵葡萄糖和乳糖；而痢疾志贺菌只能发酵葡萄糖，不能发酵乳糖。即使两种细菌均能发酵葡萄糖，其代谢产物也不尽相同。如大肠埃希菌含有甲酸脱氢酶，能将葡萄糖发酵生成的甲酸进一步分解为 CO_2 和 H_2，表现为产酸又产气；痢疾志贺菌缺乏该酶，发酵葡萄糖只产酸不产气。

2. 甲基红试验　肠杆菌科细菌均可发酵葡萄糖产生丙酮酸，但不同细菌进一步的代谢途径则有不同。如大肠埃希菌可将丙酮酸分解为乳酸、琥珀酸、甲酸、乙酸等大量酸性产物，使培养基 pH 降至 4.5 以下，使甲基红指示剂呈红色，为甲基红试验(methyl red test)阳性；而产气杆菌则使丙酮酸脱羧生成乙酰甲基甲醇，使培养基 pH 保持在 5.4 以上，使甲基红指示剂呈黄色，为甲基红试验阴性。

3. V-P 试验　某些细菌如产气杆菌分解葡萄糖产生丙酮酸后，可使之进一步脱羧，生成中性化合物乙酰甲基甲醇，该化合物在碱性环境中可被空气中的 O_2 氧化为二乙酰，二乙酰再与指示剂中含胍基的化合物反应，生成红色化合物，为 V-P 试验(Voges-Proskauer test)阳性；大肠埃希菌等细菌分解葡萄糖后不能产生乙酰甲基甲醇，V-P 试验为阴性。

4. 枸橼酸盐利用试验　某些细菌如产气杆菌，能以铵盐作为唯一氮源，并以枸橼酸盐作为唯一碳源。这类细菌在枸橼酸盐培养基上生长，可分解培养基中的枸橼酸盐产生碳酸盐，分解铵盐生成氨，使培养基由中性变为碱性，导致含有溴麝香草酚蓝(BTB)指示剂的培养基由绿色变成深蓝色，为枸橼酸盐利用试验

(citrate utilization test)阳性；而大肠埃希菌等细菌不能以枸橼酸盐作为唯一碳源，在该培养基上无法生长，培养基颜色不变，为枸橼酸盐利用试验阴性。

5. 吲哚试验　某些细菌如大肠埃希菌、变形杆菌、霍乱弧菌等含有色氨酸酶，能分解色氨酸产生吲哚(又称靛基质)，后者能与对二甲基氨基苯甲醛(吲哚试剂)作用生成红色的玫瑰吲哚，为吲哚试验(indole test，又称靛基质试验)阳性；而产气杆菌、伤寒沙门菌等细菌因不能分解色氨酸，表现为吲哚试验阴性。

6. 硫化氢试验　某些细菌如变形杆菌、沙门菌等能分解含硫氨基酸(如胱氨酸、半胱氨酸等)产生硫化氢，硫化氢遇到铅离子或亚铁离子生成黑色硫化物，为硫化氢试验阳性。

7. 尿素酶试验　某些细菌如变形杆菌含有尿素分解酶，能分解培养基中的尿素产生氨，使培养基变碱性，以酚红为指示剂检测呈红色，为尿素酶试验阳性。

细菌生化鉴定中，常以几个生化反应组合在一起进行，如吲哚(I)、甲基红(M)、VP(Vi)和枸橼酸盐利用(C)四项试验组合在一起称 IMViC 试验，常用于肠道杆菌的鉴定，如大肠埃希菌的 IMViC 试验结果为“＋＋－－”，产气杆菌的试验结果为“－－＋＋”。

目前，微量、快速的生化鉴定方法被普遍用于临床细菌学检查。数值编码鉴定系统就是以生化反应为基础的鉴定法，全自动细菌鉴定分析系统则将数值编码鉴定系统与计算机分析技术相结合，实现了细菌生化鉴定的标准化和自动化。

三、细菌的合成产物

细菌利用分解代谢产物和能量合成蛋白质、多糖、脂肪酸、核酸等，这些物质有的构成菌体结构成分，有的存在于细胞内或分泌到细胞外，其中有的产物与细菌的致病性相关，有的可用于细菌的鉴定分型，有的在医学及制药工业中有重要的应用价值。

(一) 热原质

热原质(pyrogen)的主要成分是 G^- 菌细胞壁的脂多糖(LPS)。热原质具有致热性，又称致热原，微量热原质进入人体或动物体内，即可刺激巨噬细胞、单核细胞、内皮细胞等合成并释放 IL－2、IL－6、TNF－α 等内源性致热原，导致体温升高。某些 G^+ 菌分泌的外毒素及部分 G^- 菌的其他外膜组分也具有致热活性。

热原质的耐热性强。常规高压蒸汽灭菌法(121℃，20 min)不能破坏热原质，一般需经 250℃高温干烤 30 min 或 180℃处理 4 h，才能将其破坏。在制备和使用注射药品、生物制品或输液用的蒸馏水时应严格无菌操作，防止细菌及热原质污染。可采用吸附剂吸附、特殊石棉滤板过滤或蒸馏法除去液体中存留的大部分热原质，蒸馏法效果最好。

(二) 毒素和侵袭性酶

毒素(toxin)是细菌的毒性代谢产物，在细菌致病性中发挥重要作用。有内毒素(endotoxin)和外毒素(exotoxin)两种类型，内毒素是 G^- 菌细胞壁的脂多糖组分，只有当细菌死亡裂解后才能释放到细胞外；外毒素是多数 G^+ 菌和少数 G^- 菌在生长繁殖过程中产生并释放到菌体外的毒性蛋白质。

某些细菌在代谢过程中产生多种侵袭性酶(invasive enzyme)，能降解和损伤机体组织细胞，破坏宿主防御机能，促使细菌或毒素从入侵部位向周围组织侵袭扩散。如 A 群溶血性链球菌产生的透明质酸酶、链激酶和链道酶，能降解细胞间质的透明质酸、溶解固态的纤维蛋白、液化脓液中高黏度的 DNA 分子，利于细菌向周围组织扩散，引起扩散性很强的化脓性感染。

(三) 抗生素

抗生素(antibiotic)是某些微生物在代谢过程中产生的、能抑制或杀死其他微生物或肿瘤细胞的物质。大多数抗生素由放线菌和真菌产生，细菌产生的抗生素较少，仅有多黏菌素(polymyxin)和短杆菌肽(tyrothricin)等。

(四) 细菌素

细菌素(bacteriocin)是某些细菌在代谢过程中合成的一类具有抗菌作用的蛋白质。细菌素的抗菌作用始于与敏感菌表面相应受体的结合，因此，其抗菌作用谱狭窄，仅对与产生菌有亲缘关系的细菌有杀伤作用。细菌素一般不用于临床抗菌治疗，常用于细菌的分型。

细菌素的产生主要受质粒控制，一般按其产生菌来命名。如大肠埃希菌产生的细菌素称为大肠菌素（colicin），其编码基因位于Col质粒上；铜绿假单胞菌产生的细菌素称为绿脓菌素（pyocin）。

（五）维生素

多数细菌能合成自身生长所需的维生素，其中某些细菌还能将合成的维生素分泌到周围环境中，如寄居在人体肠道中的大肠埃希菌能合成较多的B族维生素和维生素K，并分泌到细胞外，供给人体吸收利用，维持肠道的生理功能。

（六）色素

某些细菌在一定条件下，如营养丰富、氧气充足、温度适宜的情况下，能合成不同颜色的色素。色素分脂溶性和水溶性两种，脂溶性色素不溶于水，仅使菌落显色而培养基的颜色不变，如葡萄球菌产生的各种色素；水溶性色素可弥散到培养基或周围组织，使培养基呈一定颜色，如铜绿假单胞菌产生的色素不仅能使菌落显色，还能使培养基呈绿色。细菌产生色素的特性是固定的，可作为细菌鉴定的依据。

第四节 细菌的人工培养

目前，绝大多数细菌都可在体外进行人工培养。细菌的人工培养，可用于细菌学研究、感染性疾病的病原学诊断、流行病学调查和生物制品制备等。

一、培养基

培养基（culture medium）是用人工方法配制的、专供微生物生长繁殖的混合营养基质。培养基的pH可按照细菌生长的需要调整，一般在7.2～7.6。许多细菌在代谢过程中能分解糖类物质产酸，可在培养基中加入缓冲剂，以保持稳定的pH。培养基制备好后必须经灭菌处理。

培养基的种类很多，有不同的分类方法。

（一）按培养基的性质及用途分类

1. 基础培养基　基础培养基（basal medium）含有细菌生长所需的基本营养成分，用于一般细菌的培养，也是配制其他培养基的基础成分。常用的基础培养基是牛肉浸膏培养基，其组分为牛肉膏、蛋白胨、氯化钠和水。

2. 营养培养基　营养培养基（nutrient medium）也称增菌培养基，是在基础培养基中添加合适的生长因子或微量元素（如葡萄糖、血液、血清、酵母浸膏等）配制而成的，用于对营养要求较高或特殊的细菌生长。最常用的营养培养基是血培养基。

3. 选择培养基　选择培养基（selective medium）是利用不同细菌对化学物质的敏感性不同，在培养基中加入适量抗菌物质，能抑制某些细菌生长，而利于目的菌的生长，主要用于将目的菌从众多细菌混杂的样品中分离出来。如分离肠道致病菌的沙门菌-志贺菌琼脂培养基（Salmonella Shigella agar，SS琼脂）就利用胆盐能抑制G^+菌生长、煌绿和枸橼酸钠能抑制大肠埃希菌生长的特性，分离出粪便标本中的沙门菌和志贺菌。

4. 鉴别培养基　鉴别培养基（differential medium）依据不同细菌对糖或蛋白质分解能力不同的原理，在培养基中加入特定的作用底物和指示剂，通过观察细菌生长后对底物的分解情况，以达到鉴别细菌的目的。常用的鉴别培养基有糖发酵管、双糖铁培养基等。

5. 特殊培养基　特殊培养基（special medium）主要包括厌氧培养基、L型培养基。厌氧培养基营养丰富，含有特殊生长因子，氧化还原电势低，专门用于厌氧菌的培养，如庖肉培养基、巯基乙醇酸钠培养基等。L型培养基是高渗、低琼脂、含血清的培养基，含3%～5%NaCl或10%～20%蔗糖，同时含有10%～20%人或马血清，主要用于培养缺乏细胞壁的细菌L型。

（二）按培养基的物理状态分类

1. 液体培养基　将细菌生长繁殖所需的营养成分溶于水中、调节适宜pH，即制成液体培养基（liquid

medium)。常用的液体培养基为肉浸液培养基，主要用于细菌的大量繁殖，也用于观察细菌的生长动态或生化反应。进行液体培养时，一般要求接种纯种细菌。

2. 固体培养基　在液体培养基中加入1.5%～2%的凝固剂（如琼脂、明胶等），待其凝固后即制成固体培养基(solid medium)。固体培养基制作成平板，主要用于细菌的分离、纯化、鉴定、计数等，也用于药敏试验；固体培养基在试管中可制作成斜面培养基，用于菌种的短期保存。

3. 半固体培养基　在液体培养基中加入0.2%～0.8%的琼脂，可制成半固体培养基（semi-solid medium)，多用于细菌动力的观察和菌种的保存，也用于检测细菌的生化反应。

二、细菌的培养方法

根据标本类型、细菌种类和培养目的的不同，可采用不同方法进行细菌培养。常用的细菌培养方法有一般培养法、CO_2培养法、微需氧培养法和厌氧培养法。

（一）一般培养法

一般培养法又称需氧培养法，常用于需氧菌和兼性厌氧菌的培养。将已接种细菌的培养基置于35±2℃的普通培养箱内培养18～24 h，一般细菌均可生长。标本中菌量很少或生长缓慢的细菌（如结核分枝杆菌等）则需培养较长时间。

（二）CO_2培养法

有些细菌如脑膜炎奈瑟菌、布鲁菌等需要在环境中增加一定量的CO_2才能生长，特别是初次分离时需在含5%～10% CO_2的环境中才能生长良好。常用的方法有CO_2孵箱培养、烛缸法和化学法（重炭酸盐-盐酸法）。

（三）微需氧培养法

有些细菌如空肠弯曲菌、幽门螺杆菌等微需氧菌在大气中或绝对无氧环境中不能生长，只有在含5%～6% O_2或6%～10% CO_2的环境中生长，称为微需氧培养法。

（四）厌氧培养法

厌氧菌对氧敏感，需在无氧环境中才能生长，可通过生物法、化学法和物理法去除细菌生长环境中的氧。具体的培养技术有庖肉培养法、气袋法、厌氧罐法和厌氧手套箱法等。前三种方法不需特殊的设备，适合小规模的厌氧菌培养；厌氧手套箱法能提供严格的厌氧环境、恒定的温度和工作区域，适合厌氧菌的大量培养。

三、细菌在培养基中的生长现象

（一）液体培养基中的生长现象

大多数细菌在液体培养基中生长繁殖，培养物呈均匀混浊状态；少数链状排列的细菌则呈沉淀生长；枯草芽胞杆菌、结核分枝杆菌等专性需氧菌可浮于液体表面呈菌膜生长。

（二）固体培养基中的生长现象

1. 平板培养基上的生长现象　将标本或培养物划线接种于平板培养基表面，由于划线的分散作用，使许多混杂在一起的细菌在平板表面分散开，有的成单个细菌，一般经18～24 h培养后，单个细菌分裂可形成肉眼可见的细菌集落，称为菌落(colony)。进行标本活菌计数时，常以平板培养基上形成的菌落数来间接确定标本中的活菌数，活菌数用菌落形成单位(colony-forming unit，CFU)表示。在平板培养基上分离培养是临床细菌学鉴定的第一步。

不同种细菌在平板培养基上形成的不同特征的菌落，如大小、形状、颜色、透明度、表面光滑度、湿润度、边缘整齐程度以及在血琼脂平板上的溶血情况等方面均有不同（图2-2）。因此，观察菌落的形态特征有助于细菌的鉴别。依据菌落的形态特征，细菌菌落有三种主要类型。

(1) 光滑型菌落：光滑型菌落（smooth colony，S型）表面光滑、湿润、边缘整齐，多数新分离的菌落为S型。

(2) 粗糙型菌落：粗糙型菌落（rough colony，R型）表面粗糙、干燥、有皱纹和颗粒状，边缘不整齐。R型菌落多由S型菌落的细菌失去表面多糖或蛋白质形成，其免疫原性、毒力、抗吞噬能力等都比S型的弱。也有少数细菌新分离的毒力株就是R型,如炭疽芽胞杆菌、结核分枝杆菌等。

(3) 黏液型菌落:黏液型菌落(mucoid colony,M型)表面黏稠、有光泽,似露滴状,多见于有肥厚荚膜或丰富黏液层的细菌,如肺炎克雷伯菌。

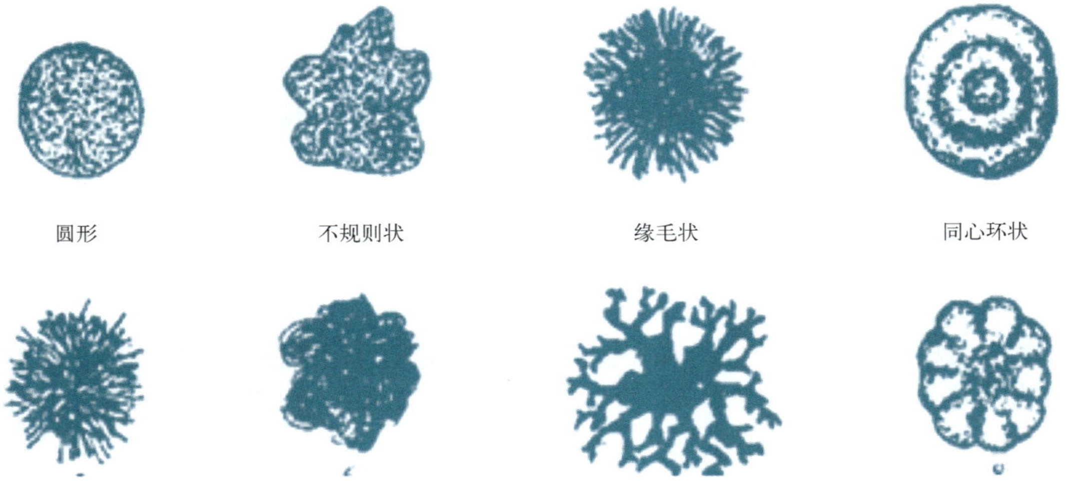

图2-2 不同细菌的菌落形态特征

2. 斜面培养基上的生长现象 挑取单个菌落划线接种于琼脂斜面上,由于划线密集重叠,长出的细菌会融合成片,称为菌苔(lawn)。

(三) 半固体培养基中的生长现象

半固体培养基质地软、黏度低。挑取单个菌落穿刺接种于半固体培养基,有鞭毛的细菌能沿穿刺线向周围游动,呈羽毛状或云雾状生长;无鞭毛的细菌则只能沿穿刺线呈线状生长。

第五节 细菌的分类

细菌分类学(bacterial taxonomy)是对细菌进行分类、鉴定和命名的一门学科,在全面了解细菌生物学特征的基础上,研究细菌的种类、特征,探索其起源、演化以及类群之间的亲缘关系,进而提出能反映细菌自然发展的分类系统。细菌分类学是细菌学研究及细菌鉴定的基础,为细菌资源的开发利用提供理论依据。

一、细菌的分类方法

细菌的分类原则有生物学分类和遗传学分类。生物学分类的主要依据是细菌的生物学性状;遗传学分类的主要依据是细菌发育进化的关系和规律。

(一) 生物学分类法

长期以来,细菌分类是依据细菌生物表型特征进行的,有传统分类法、数值分类法和分析分类法。

1. 传统分类法 传统分类法选择细菌较为稳定的生物学性状,如形态结构、染色性、培养特性、生化反应、免疫原性等作为分类依据,再将其表型特征按照主次顺序逐级区分。该法简便,分类较为明确,但对分类性状的选择具有一定的主观性。

2. 数值分类法 数值分类的基本原则是对所选的细菌表型特征都给予同等重要(等重要原则),所以具有一定客观性。一般需选取50项以上的表型特征,大约80%相似度的细菌群视为同一种,相似度65%以上者可归入同一属。20世纪60年代随着计算机的应用,借助计算机将所选的性状进行相似度比较,再依据相似度划分和确定细菌的种属。目前通过计算机辅助,采用数值分类法实现了细菌鉴定的自动化。

3. 分析分类法　20世纪70年代以来,化学分析法被引入细菌分类学研究,使细菌种群的划分更为客观。该法采用电泳、色谱、质谱等化学分析手段对细菌的菌体成分、代谢产物的组成或质谱等特征进行分析,如细胞壁脂肪酸分析、全细胞脂质和蛋白质分析、多点酶电泳等。分析分类法为揭示细菌表型差异提供了更科学的手段。

(二) 遗传学分类法

遗传学分类法是以细菌遗传物质为主要依据的分类方法,主要包括细菌碱基组成(G+C mol%)分析、DNA-DNA同源性、DNA-rRNA同源性、16S rRNA同源性分析和蛋白质组成及其同源性分析。由于16S rRNA在细菌进化过程中比较保守,很少发生变异,在细菌遗传学分类中具有重要意义。遗传学分类法反映了细菌的进化关系,所运用的分析方法及分析指标客观精准,使分类不会出现经常性或根本性的改变,利于制定可靠的细菌鉴定方案。

随着细菌研究方法学的发展,细菌分类将不断完善。目前国际上最权威的细菌分类系统专著是《伯杰系统细菌学手册》和《伯杰鉴定细菌学手册》。2004年再版的《伯杰系统细菌学手册》收集了4 000余种模式菌株的16S rRNA序列,力求将细菌的分类学模式与种系发育模式相统一,更准确地对细菌进行分类。该手册将原核生物分为古生菌域和细菌域,其中古生菌域被分为2个门,细菌域被分为24个门。在新近出版的《伯杰鉴定细菌学手册》(第九版)中,依据细胞壁的结构特征,细菌被分为4大类目,35个群。

二、细菌的分类层次

细菌分类的层次与其他生物相同,按照界、门、纲、目、科、属、种进行。细菌学中最常见的分类层次是属、种。

种(species)是细菌学分类的基本单位,某种细菌是由生物学性状基本相同的细菌群体构成。目前人们广泛接受的观点是DNA同源性>70%或数值分类相似度>80%的细菌群被归为同一种。同一种细菌,生物学性状基本相同,但在某些方面仍存在一定差异。细菌分类学上将在某些方面表现出明显差异的同一种细菌称为亚种(subspecies),将在某些方面表现出较小差异的同一种细菌称为型(type),如血清型(serotype)、噬菌体型(phage-type)和生物型(biotype)等。血清型的分型依据是同种细菌抗原结构上的不同,噬菌体型的分型依据是同种细菌对噬菌体的敏感性不同,生物型的分型依据是同种细菌在某些生物学性状上的差异。

菌株(strain)是指不同来源的同一种菌,如从临床标本中分离到的菌株称临床分离株。

每种已经定名的细菌都会有一个模式菌株,一般就是该种细菌最早发现的那株菌,又称为标准菌株(standard strain),用来作为和其他细菌之间比较的对照物。新种鉴定时必须以标准菌株作为参比菌株。

属(genus)是由生物学性状相似且关系密切的若干种菌组成。

三、细菌的命名方法

细菌的命名采用拉丁文双名法,每个菌名由两个拉丁字母组成。第一个字是属名,用名词,表示细菌的形态特征、发现者或有贡献者,首字母大写;后一个字是种名,用形容词,表明细菌的性状特征、寄居部位或所致疾病等,小写。全名用斜体字印刷。有时属名也可不将全文写出,只用第一个字母代表,如*S. aureus*,*E. coli*。而细菌的中文译名与拉丁文相反,种名在前,属名在后。例如*Staphylococcus aureus*为金黄色葡萄球菌,*Escherichia coli*为大肠埃希菌。也有些细菌采用大家都接受的通用俗名,如tubercle bacillus为结核杆菌,typhoid bacillus为伤寒杆菌,meningo coccus为脑膜炎球菌。

小　结

细菌细胞以二分裂的方式进行无性繁殖,常用生长曲线描述细菌群体的生长规律。细菌的生长繁殖本质上是分解代谢和合成代谢的结果。分解代谢主要为细菌提供能量和用于合成生物大分子的前体物质,某些分解代谢产物在细菌鉴别中具有重要意义。细菌在合成代谢中,不仅能合成菌体自身成分,还可以合成在医学上有重要意义的产物，如热原质、毒素、侵袭性酶、细菌素、维生素、色素等。在营养物质充足、pH 合适、温度适宜和一定的气体环境中，可进行细菌的人工培养。在不同类型的培养基中，细菌可表现出不同的生长现象。

【复习思考题】

1. 什么是细菌的生长曲线？简述生长曲线各期的特点及意义。
2. 简述细菌代谢产物在医药实践中的意义。
3. 简述培养基的概念、分类及各类培养基的用途。

（杨维青）

第三章

细菌的遗传与变异

学习要点

掌握：① 质粒和噬菌体的概念；② 细菌基因转移与重组的方式和途径。

熟悉：① 与细菌遗传变异相关的物质；② R 质粒的组成及其通过接合转移的特点；③ 普遍转导和局限转导的异同点；④ 溶原性转导中前噬菌体的作用特点；⑤ 原生质体融合的特点及意义。

了解：细菌的变异现象。

遗传与变异是所有生物所共有的基本特征。细菌与其他生物一样，其形态结构、新陈代谢、致病性、耐药性等性状均由细菌的遗传物质所决定。细菌通过 DNA 的复制，将亲代的各种性状传递给子代，使子代与亲代相似从而保持了种属性状的稳定性，这就是细菌的遗传(heredity)。而子代与亲代以及子代不同个体之间在性状上出现差异，这就是变异(variation)。变异使细菌产生了变种和新种，以不断适应环境的变化，而新的性状又靠遗传得以巩固，有利于物种的进化和发展。

近年来，对细菌全基因组核苷酸序列测定已成为研究微生物基因结构和功能的重要内容之一。自 1995 年首次完成了流感嗜血杆菌的全基因组测序以来，至今已有数百种细菌的全基因组序列测定完成，尚有多种微生物的基因测序工作正在进行。这一工作将使人们从分子水平上了解细菌的致病性及耐药性机制，为细菌感染的快速诊断及其防治提供了新的研究思路。因此，对细菌遗传及变异的研究具有重要的理论意义和实践价值。

第一节　细菌的变异现象

细菌的变异分为遗传型变异和非遗传型变异。遗传型变异是细菌的遗传物质结构发生改变而引起的变异，新的性状可遗传给后代，又称基因型变异。非遗传型变异是由于外界环境因素作用所引起的变异，细菌遗传物质的结构未改变，新的性状不能遗传给子代，故又称表型变异。

一、形态结构的变异

细菌的形态、结构在外界因素(如环境、药物等)影响下可发生变异。如在β-内酰胺类抗菌药物、溶菌酶、抗体等因素影响下，细菌的细胞壁合成受阻，失去细胞壁成为 L 型细菌；有鞭毛的伤寒沙门菌变异后可失去鞭毛，称为 H-O 变异，细菌在固体培养基上由弥散生长(H 来自德语 hauch，意为薄膜)变为单个菌落生长(O 来自德语 ohne hauch，意为无薄膜)；肺炎链球菌在体内或含有血清的培养基中能够形成荚膜，在普通培养基上培养传代则可失去荚膜，其毒力也相应减弱。

二、毒力变异

细菌的毒力变异包括毒力增强和毒力减弱。例如，白喉棒状杆菌感染β-棒状杆菌噬菌体后变成溶原性细菌，获得了产生白喉毒素的能力，由无毒株变为有毒株。Calmette 和 Güerina 将有毒力的牛型结核分枝杆菌接种在含甘油、胆汁、马铃薯的培养基上，经历 13 年 230 次传代，获得了毒力减弱而保留免疫原性的变异株，即卡介苗(Bacillus of Calmette Güerina, BCG)，用于结核病的预防。

三、抗原性的变异

肠道杆菌的鞭毛抗原和菌体抗原常发生变异。沙门菌属 H 抗原可发生由Ⅰ相变Ⅱ相或由Ⅱ相变Ⅰ相的相变异。革兰阴性菌如果丧失细胞壁上的 LPS，则细菌将失去特异性 O 抗原。

四、菌落变异

在固体培养基上生长的细菌菌落可以发生变异。从患者体内新分离的菌落多为光滑型(smooth, S 型)，经过多次人工培养后可逐渐变异为粗糙型(rough, R 型)，称为 S-R 变异。该种变异是因为失去细菌脂多糖的特异性多糖所致。S-R 变异时，还可涉及毒力减弱或消失、生化反应不典型、免疫原性减弱等多种性状的改变。

五、酶活性变异

某些细菌发生变异后其酶活性也可能发生改变，不能合成某种营养成分，在缺乏该营养成分的最低营养培养基上不能生长，这类细菌被称为营养缺陷型(auxotroph)；或某些细菌失去发酵某种糖的能力，在以该种糖为唯一碳源的培养基上该细菌不能生长。

六、耐药性变异

耐药性变异是指细菌对某种抗菌药物由敏感变为耐受，成为耐药菌株。自抗菌药物广泛应用以来，不断增长的细菌耐药性已经成为全球日益关注的问题。例如，金黄色葡萄球菌对青霉素的耐药菌株已从 1946 年的 14%上升至目前的 90%以上；耐甲氧西林金黄色葡萄球菌(methicillin resistant *Staphylococcus aureus*, MRSA)逐年上升，20 世纪 90 年代后我国已达 70%以上。有的细菌还表现为同时耐受多种抗菌药物，即多重耐药性(multiple drug resistance, MDR)；甚至还有的细菌变异后产生了对抗菌药物的依赖性，如痢疾志贺菌链霉素依赖株(SmD 株)，离开链霉素则该细菌不能生长。

第二节 噬菌体

噬菌体(bacteriophage or phage)是感染细菌、放线菌、螺旋体等微生物的病毒，因其能导致宿主菌的裂解而得名。噬菌体具有病毒的基本特性：个体微小，可以通过细菌滤器；只有一种核酸类型，即 DNA 或 RNA；无细胞结构，只能在活的、有感受性的宿主细胞内复制增殖，是一种专性胞内寄生的微生物。

噬菌体分布广泛，凡是有细菌的场所就可能存在相应的噬菌体。在土壤中，有土壤细菌的噬菌体；在人和动物的排泄物或其污染的水源中也可发现肠道细菌的噬菌体。

噬菌体具有严格的宿主特异性，只寄居于易感宿主菌体内，故流行病学利用其进行细菌的鉴定与分型，以追查感染源。此外，由于噬菌体基因数目少、增殖速度快而易于培养，在分子生物学中常被作为外源基因的载体。

一、噬菌体的生物学性状

(一) 形态与结构

电子显微镜下噬菌体呈三种形态，蝌蚪形、微球形及细杆形。大多数噬菌体为蝌蚪形，由头部和尾部两部分组成(图 3－1)。头部为二十面体立体对称的蛋白质衣壳包绕核酸组成;尾部是由蛋白质构成的管状结构,呈螺旋对称,由尾领、尾鞘、尾髓、尾板、尾刺及尾丝等构成。

(二) 化学组成

噬菌体主要由核酸和蛋白质组成。核酸是噬菌体的遗传物质,多数噬菌体的核酸为双链 DNA,仅少数为单链 DNA 或 RNA。噬菌体的基因组大小为 2～200 kb。某些噬菌体的基因组中含有稀有碱基,如 T 偶数噬菌体含 5－羟甲基胞嘧啶,而不含胞嘧啶;某些枯草杆菌噬菌体含尿嘧啶或羟甲基尿嘧啶,而不含胸腺嘧啶。这些异常的碱基不会出现在宿主菌基因组中,因此,在研究噬菌体与细菌相互作用时可作为噬菌体 DNA 的标记。蛋白质构成噬菌体的头部外壳和尾部,起到保护核酸的作用,并决定噬菌体的外形和表面特征,此外还参与识别宿主菌表面的噬菌体受体。

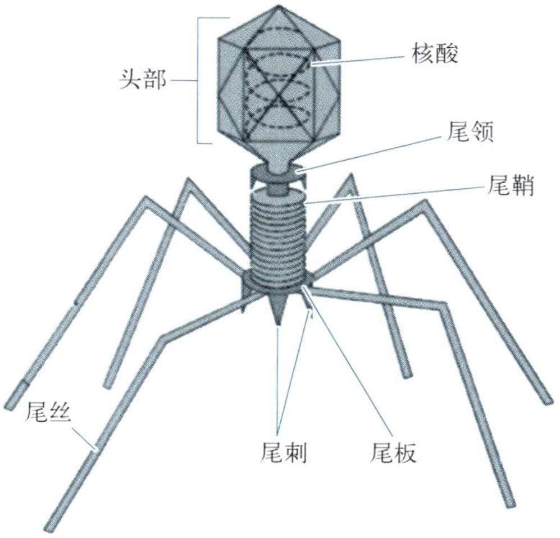

图 3－1　蝌蚪形噬菌体结构示意图

(三) 免疫原性

噬菌体具有免疫原性,能刺激机体产生特异性抗体,该抗体与相应的噬菌体结合后使其失去对敏感细胞的感染能力,但对已吸附或已进入宿主菌的噬菌体不起作用。

(四) 抵抗力

噬菌体对理化因素的抵抗力比一般细菌强。加热 70℃ 30 min 仍不失活,也能耐受低温。多数噬菌体可抵抗乙醇、乙醚和氯仿。但对紫外线、X 射线敏感,经紫外线照射 10～15 min 即失去活性。

二、毒性噬菌体

噬菌体必须寄生在活菌细胞内,并具有严格的宿主种属特异性。根据与宿主菌的相互关系,噬菌体感染细菌后将产生两种结果:一是噬菌体在宿主菌细胞内复制增殖,产生许多子代噬菌体,细菌最终被裂解,建立溶菌性周期(lytic cycle),这种噬菌体称为毒性噬菌体(virulent phage);二是噬菌体基因与宿主菌染色体整合,不产生子代噬菌体,也不引起细菌的裂解,而且噬菌体 DNA 还可随细菌基因组的复制而复制,并随着宿主菌的分裂而分配至子代细菌基因组中,细菌变为溶原性细菌(lysogenic bacteria),建立溶原性周期(lysogenic cycle),这种噬菌体称为温和噬菌体(temperate phage)或溶原性噬菌体(lysogenic phage)。

从毒性噬菌体吸附至宿主菌开始直至宿主菌裂解释放出大量子代噬菌体为止,称为噬菌体的溶菌性周期。这一过程与动物病毒在宿主细胞内的增殖过程相似,包括吸附、穿入、生物合成、成熟与释放四个阶段。

(一) 吸附

吸附是噬菌体上吸附位点与宿主菌表面受体发生特异性结合的过程,其特异性取决于噬菌体蛋白与宿主菌表面受体分子结构的互补性。不同形态的噬菌体其吸附方式不同,蝌蚪形噬菌体通过尾丝、尾刺吸附;细杆形噬菌体以其末端吸附;某些细杆形噬菌体如 M13、f1 等及微球形噬菌体如 MS2 等可吸附于细菌的性菌毛上,所以只感染有性菌毛的 F^+ 菌。只要细菌具有特异性受体,不论活菌或死菌,噬菌体都能吸附,但噬菌体不能进入死亡的宿主菌体内。

(二) 穿入

有尾噬菌体吸附宿主菌后,释放尾板内所含的溶菌酶,在宿主菌细胞壁上溶出小孔,再通过尾鞘的收缩将头部的核酸经中空的尾髓注入细菌体内,而蛋白质衣壳留在细菌细胞壁外。无尾噬菌体与细杆形噬菌体则以脱壳的方式进入宿主菌细胞内。

(三) 生物合成

噬菌体核酸进入宿主菌细胞后,一方面以噬菌体核酸为模板,大量复制子代噬菌体的基因核酸,另一方面利用细菌的代谢机制合成噬菌体的各种酶、调节蛋白和结构蛋白。而细菌蛋白质、DNA、RNA 等各种大分子的合成则被噬菌体基因组编码的产物关闭。

（四）成熟和释放

子代噬菌体的蛋白质与核酸分别合成后，立即在宿主菌胞质内按一定程序装配成完整的成熟噬菌体。当子代噬菌体达到一定数目时，由噬菌体编码产生的溶菌酶溶解细菌细胞壁，导致宿主菌细胞裂解而释放出大量子代噬菌体，后者又可感染新的敏感宿主菌。但某些丝状噬菌体是以出芽的方式逐个释放子代噬菌体。通常，每个被感染的细菌可释放 50～200 个子代噬菌体。

在液体培养基中，噬菌现象可使菌液由浑浊变为澄清透明。在固体培养基上，若用适量的噬菌体和宿主菌液混合后接种培养，培养基表面可出现透亮的溶菌空斑，每个空斑系由一个噬菌体在宿主菌中复制增殖并裂解细菌后形成，称为噬斑（plaque）。不同噬菌体噬斑的形态、大小和透明度不尽相同，对噬菌体的鉴定有一定意义。若将噬菌体按一定倍数稀释，通过计数噬斑的数量，可测知一定体积内的空斑形成单位（plaque forming unit，pfu）数目，即噬菌体的数量。

三、温和噬菌体

温和噬菌体感染宿主菌后不增殖，不引起细菌裂解，但能将其基因组与宿主菌基因组整合，并随细菌正常分裂传至子代细菌的基因组中。这种整合在细菌染色体中的噬菌体基因组称为前噬菌体（prophage），带有前噬菌体基因组的细菌称为溶原性细菌，建立溶原状态。溶原状态通常十分稳定，能经历许多代。但前噬菌体偶尔可以自发地或在某些理化和生物因素的诱导下，脱离宿主菌染色体终止溶原状态而进入溶菌周期，产生新的成熟噬菌体，导致细菌裂解。溶原性细菌能表达噬菌体基因控制的某些生物学性状，称为溶原性（lysogeny）。当溶原性细菌遭遇某些不利条件，如干燥、紫外线、电离辐射或暴露于某些化学诱变剂时，其溶原状态可能终止，这一过程称为诱导（induction）。溶原状态的自发终止频率为 10^{-5}～10^{-2}，紫外线照射或丝裂霉素的诱导可使 90%的溶原性细菌释放出前噬菌体。因此，温和噬菌体可有三种存在状态：① 游离的具有感染性的噬菌体颗粒；② 宿主菌胞质内类似质粒形式的噬菌体核酸；③ 前噬菌体。由此可见，温和噬菌体可有溶原性周期和溶菌性周期，而毒性噬菌体只有一个溶菌性周期（图 3－2）。

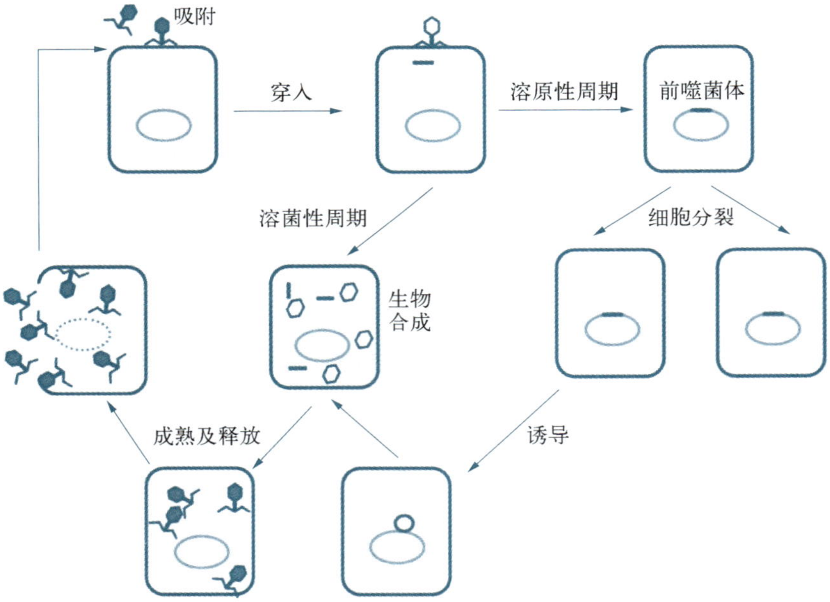

图 3－2　噬菌体的溶菌性周期和溶原性周期

溶原性细菌对其本身产生的噬菌体或具有亲缘关系的噬菌体处于一种免疫状态，即能抵抗这些噬菌体的重复感染。这是由于前噬菌体基因组编码的阻遏蛋白能抑制后进入细胞内的噬菌体大部分基因功能的表达，故可使细菌免受毒性噬菌体裂解。这种免疫性不同于细菌对噬菌体的抗性，后者是使噬菌体不能吸附于细菌表面的特异性受体。

某些整合于宿主菌基因组的前噬菌体并不沉默，其编码基因在宿主菌转录和翻译机制的作用下表达编码产物，使宿主菌基因型和性状发生改变，称为溶原性转换(lysogenic conversion)。例如白喉棒状杆菌产生白喉毒素，是由于β-棒状杆菌噬菌体感染白喉棒状杆菌后，前噬菌体 DNA 体携带编码白喉毒素的基因，从而使无毒的白喉棒状杆菌转变为有毒株。此外，肉毒梭菌产生的肉毒毒素、化脓性链球菌的红疹毒素、金黄色葡萄球菌的溶素等都是由前噬菌体编码，因此只有携带前噬菌体的菌株才能产生上述毒素而成为致病株，一旦丢失前噬菌体则相关的性状也随之消失。

第三节 细菌遗传与变异的物质基础

核酸作为一切生物遗传的物质基础，有 DNA 和 RNA 两种类型。细菌的遗传物质是 DNA，DNA 分子是基因的载体，携带着各种遗传信息。细菌基因组是指细菌染色体和染色体以外遗传物质所携带的基因的总称，它决定了细菌所有的特性。染色体外的遗传物质是指质粒 DNA 和转位因子等。

一、细菌染色体

细菌染色体(chromosome of bacteria)是细菌主要的遗传物质，由一条双螺旋环状 DNA 分子组成，紧密缠绕成较致密的不规则小体，外无核膜包裹，附着在横隔中介体或细胞膜上，又称拟核(nucleoid)。与真核细胞染色体不同，细菌染色体具有以下特征：① 相对较小，非编码 DNA 序列很少；② 除了 rRNA 基因是多拷贝以利于快速装备大量核糖体满足细菌的生长要求外，绝大多数基因为单拷贝形式，重复序列较真核细胞少；③ 功能相关的基因高度集中，组成操纵子结构，转录一条 mRNA 链，再分别合成各自的蛋白；④ 基因是连续的，不含内含子，因此转录后一般不需要加工剪切即可产生成熟的 RNA；⑤ 细菌染色体 DNA 的复制，在大肠埃希菌(*E. coli*)已被证明是双向复制，即从复制起点开始，按顺时针和逆时针两个方向进行，复制到 180°时汇合，全过程约需 20 min；⑥ 细菌染色体无组蛋白包绕。

大肠埃希菌是目前研究最深入的代表性细菌，其染色体长度 1 000～1 300 μm，DNA 相对分子质量约为 3×10^9，约含 5 000 个基因，编码 2 000 多种酶及其他结构蛋白。但是，近年来研究发现细菌染色体较复杂，很难用统一的结构来描述。除了常见的环状结构外，某些细菌的染色体呈线状或同时具有环状和线状结构。

随着细菌全基因组测序工作的进展，证实了许多病原性细菌染色体中存在着致病岛(pathogenicity island)，它们是编码细菌毒力因子的基因簇，通常为染色体中相对分子质量较大(10～200 kb)的 DNA 片段，编码整合酶、转座酶等，两侧往往含有重复序列或插入序列。一种病原菌可以同时具有一个或几个致病岛，例如泌尿道致病性大肠埃希菌就有八个致病岛，主要编码 α 溶血素、细胞坏死因子、菌毛等，在金黄色葡萄球菌中也发现了编码肠毒素、毒性休克综合征毒素及耐药性的致病岛。细菌在失去致病岛后致病性往往下降或消失。

二、质粒

质粒(plasmid)是细菌染色体以外的遗传物质，由双链闭合环状 DNA 组成，以超螺旋状态存在于细胞质中。细菌质粒的相对分子质量通常较小，为 $3\times10^6\sim1\times10^8$。质粒可分为大小两类：大质粒可含几百个基因，占染色体的 1%～10%；小质粒仅含 20～30 个基因，约为染色体的 0.5%。

(一) 质粒的基本特性

1. 具有自我复制能力　质粒可独立于细菌染色体外自主复制，一个质粒是一个复制子(replicon)。质粒复制后在细胞分裂时能随染色体一起分配至子细胞中，继续存在并保持固有的拷贝数。有的质粒在细胞质内的拷贝数只有 1～2 个，其复制往往与染色体的复制同步，称为严紧型质粒(stringent plasmid)，此类质粒通常是分子量较大的接合型质粒，如 F 质粒；有的质粒拷贝数较多，染色体与质粒拷贝数的比例为 1∶(10～30)或更大，与染色体的复制不相关，可随时复制，称为松弛型质粒(relaxed plasmid)，如 ColE1 质粒。基因工程中为获得大量的基因产物所用的载体质粒即为此类松弛型质粒。

2. 质粒基因可赋予细菌某些重要的性状　如致育性、耐药性、致病性、某些生化特征等。质粒编码的这些特性有利于细菌在特定环境中生存，当宿主菌离开这些特定环境时，所携带的质粒可能丢失。

3. 质粒可自行丢失或经人工消除　质粒并非细菌生命活动必不可少的遗传物质，带质粒的细菌失去质粒后即失去其控制的生物学性状，但不影响细菌的生存。质粒可自行丢失，但消除频率很低，如果人为应用理化因素如紫外线、高温、吖啶橙、溴化乙锭等处理后，质粒的消除频率可大大提高。

4. 质粒可发生转移　质粒可以经接合、转化或转导等方式在细菌间转移，其携带的性状也随之转移。质粒不仅可在同种、同属的细菌间转移，有的甚至还可以在不同种属的细菌之间转移。根据质粒能否通过细菌的接合作用进行传递，可将其分为接合性质粒（conjugative plasmid）和非接合性质粒（nonconjugative plasmid）。接合性质粒带有与接合传递相关的基因（如 *tra* 基因），一般相对分子质量较大，如 F 质粒和 R 质粒；非接合性质粒较小，不能通过接合方式进行传递，但在一定条件下通过与之共存的接合性质粒的诱动（mobilization）或通过转导性噬菌体而传递。

5. 质粒具有相容性与不相容性　两种不同的质粒同时共存于一个宿主菌细胞内，即使多次传代后，每个子代细胞内仍然含有这两种质粒，此现象即质粒的相容性（compatibility）。相反，两种结构相似、密切相关的质粒不能稳定共存于同一个宿主菌内的现象称为质粒的不相容性（incompatibility）。不相容性的出现主要是由于两种质粒具有相同或相似的复制元件，在复制过程中相互竞争所致。反之，不同质粒在复制时所需的复制酶、在菌体中的复制部位等均不产生竞争抑制，故可相容。由于质粒的不相容性与它们之间的亲缘关系有关，因此可以将质粒分类为若干不相容组，如肠杆菌科的细菌质粒已划分为 30 余个不相容组，假单胞菌属 11 个不相容组，葡萄球菌属 7 个不相容组。

（二）常见的质粒类型

质粒基因可赋予细菌某些重要的生物学性状，据此可将质粒分为不同类型。

1. 致育质粒　亦称 F 质粒（fertility plasmid），可编码性菌毛、介导细菌之间的接合传递。F 质粒可在染色体外游离存在，也可整合入宿主染色体。有游离 F 质粒的细菌有性菌毛，为雄性菌，无 F 质粒的细菌无性菌毛，为雌性菌。

2. 耐药性质粒　此类质粒编码细菌对抗菌药物或重金属盐类的耐药性。耐药性质粒分为两类，其中可以通过细菌间的接合方式进行基因传递的称接合性耐药质粒，又称 R 质粒（resistance plasmid），多存在于革兰阴性菌，由耐药转移因子（resistance transfer factor，RTF）和耐药决定子（resistance determinant，r 决定子）组成，RTF 的功能类似于 F 质粒，决定自主复制和接合转移功能，而耐药决定子决定该细菌的耐药性；另一类不能通过接合进行传递的称非接合性耐药质粒，在革兰阳性菌中多见，在结构上无 RTF，但耐药决定子基因可通过噬菌体传递。

3. 毒力质粒　又称 Vi 质粒（virulence plasmid），编码与细菌致病性有关的毒力因子。如肠产毒性大肠埃希菌中存在编码不耐热肠毒素的 LT 质粒和编码耐热肠毒素的 ST 质粒；K 质粒决定了细菌黏附定植于肠黏膜表面等。

4. 细菌素质粒　编码各种细菌产生的细菌素，如 Col 质粒（coliciogenic plasmid）编码大肠埃希菌产生大肠菌素。细菌素仅对近缘细菌具有抑制作用，每一种 Col 质粒同时也赋予宿主菌对该种大肠菌素的免疫能力，故产生某种大肠菌素的菌株对自身分泌的大肠菌素有免疫力，而对其他类型的大肠菌素仍敏感。

5. 代谢质粒　代谢质粒（metabolic plasmid）编码产生与代谢相关的许多酶类，如沙门菌发酵乳糖的能力通常是由质粒决定的。代谢质粒编码的某些酶能将复杂的有机化合物降解成可被其利用的简单形式，尤其是对一些有毒化合物的降解，因此在环境保护方面具有重要意义。

细菌携带有何种质粒，就有其相应的功能。但也发现某些质粒可同时决定几种功能，如 F 质粒除产生致育功能外，还能提供辅助质粒转移的能力，而某些耐药性质粒上还带有编码毒力的基因，故带此种质粒的细菌，不仅获得了耐药性，其致病性也得到了增强。

三、转位因子

转位因子（transposable element）是一类可以在细菌的染色体、质粒或噬菌体基因组中从一个位置转移到另一个位置上的独特 DNA 片段，也有人形象地称之为跳跃基因(jumping genes)。目前发现几乎所有的细菌中都存在转位因子，其转位行为主要依赖于自身合成的特异性转位酶。由于转位因子的转位行为，使 DNA 分子发生了插入突变和广泛的基因重排，在促使生物变异以及进化上具有十分重要的意义。同时，转位因子也可以作为遗传学和基因工程中的重要工具。

根据结构及生物学特性的不同，转位因子分为以下三类。

(一) 插入序列

插入序列(insertion sequence, IS)是最简单的一类转位因子，长度一般不超过 2 kb，在其两端具有长度不一(10～40 bp)的反向重复序列(reverted repeat, IR)，中心序列能编码转座酶及与转录有关的调节蛋白(图 3－3)。IS 可单独存在于细菌染色体、质粒或噬菌体 DNA 中，也可成为转座子的一部分，且每种 IS 还可有多个拷贝，这是导致基因重组的条件之一。细菌中常见的 IS 见表 3－1。转位过程由 IS 编码的转位酶识别反向重复序列，并催化转位因子发生删除作用，进而从基因组上解离出来。

图 3－3　转位因子结构示意图

A. 插入序列；B. 转座子

表 3－1　细菌中常见的插入序列(IS)

IS 种类	长度(bp)	两端 IR(bp)	来　源
IS1	768	20/23	大肠埃希菌
IS2	1 327	32/41	大肠埃希菌
IS3	1 300	29/40	大肠埃希菌
IS4	1 426	16/18	大肠埃希菌
IS5	1 195	15/16	大肠埃希菌
IS6	820	14/14	Tn6(肠杆菌)
IS10	1 329	17/22	Tn10(肠杆菌 R100)

(二) 转座子

转座子(transposon, Tn)是一类分子量较大的转位因子，长 2～25 kb。除携带与转位有关的基因外，还携带耐药性基因、抗金属基因、毒素基因及其他结构基因等(表 3－2)。有的 Tn 两端接一个短的反向重复序列，中央为与转位功能有关的基因和抗性基因(图 3－3)，这类 Tn 总是作为一个整体进行转位；而有的 Tn 两端接的就是 IS，IS 可以带动整个 Tn 转位，也可单独进行转位。转座子的转座有两种方式：① 保留型转座(conservative transposition)：转座子从原位点上删除，转移到另一个位点上；② 复制型转座(replicative transposition)：转座子的一个拷贝转移到靶点，而原位点保留转座子母版。当 Tn 插入某一基因时，一方面可引起插入基因失活产生基因突变，另一方面可因带入新的基因(如耐药性基因等)而使细菌获得新的生物学性状，细菌的多重耐药即与此有关。

表 3－2　常见转座子及所携带的耐药基因

转座子	携带耐药或毒素基因
Tn1　Tn2　Tn3	AP(氨苄西林)
Tn4	AP、SM(链霉素)、Su(磺胺)
Tn5	Km(卡那霉素)
Tn6	Km
Tn7	TMP(甲氧苄啶)、SM
Tn9	Cm(氯霉素)
Tn10	Tc(四环素)
Tn551	Em(红霉素)
Tn971	Em

(三)转座噬菌体

大肠埃希菌 Mu 噬菌体(mutator phage)是一类温和噬菌体,但与一般的温和噬菌体不同的是它含有与转位功能有关的基因和反向重复序列,可随机插入宿主菌染色体的任意位置,导致宿主菌的变异。因此,Mu 噬菌体已成为研究细菌变异的工具之一,常用作生物诱变剂。

四、噬菌体

噬菌体是感染细菌、放线菌、螺旋体等微生物的病毒。温和噬菌体基因组可以整合至细菌的基因组中,成为细菌基因组的一部分,即前噬菌体,赋予宿主菌某些特定的生物学性状,因而也是细菌的遗传物质(详见本章第二节)。

五、整合子

整合子(integrin, In)的概念在 1989 年首次由 Strokes 和 Hall 提出。整合子是细菌基因组中保守的、常通过转座子或接合性质粒作为移动工具的转座子样 DNA 元件,可捕获和整合外源性基因,使之转变为功能性基因,以增强细菌生存的适应性。整合子的基本结构由两端的保守末端和中间的可变区构成,可变序列含有一个或多个基因盒,但其并非整合子所必需的组分。一个基因盒含一个结构基因(多为耐药基因)和一个重组位点 attC。整合子含有 3 个功能元件:整合酶基因、重组位点和启动子,均位于 5′保守末端。整合酶催化基因盒在重组位点上的整合及切除,整合于整合子上的基因盒由启动子负责表达。

第四节 细菌的变异机制

细菌表现出来的生物学性状称为表型(phenotype),表型由基因组和环境决定。表型变异是环境因素所致的细菌性状变化,基因结构无改变,为非遗传型变异,如大肠埃希菌乳糖操纵子的表达;基因型变异是细菌的基因结构发生了变化,为遗传型变异。遗传型变异主要是通过基因突变、基因损伤后的修复、基因的转移与重组来实现。

一、基因的突变与损伤后修复

(一)基因突变

突变(mutation)是细菌遗传物质的结构发生突然的改变,导致细菌发生遗传型变异。细菌在生长繁殖过程中经常发生突变,突变包括基因突变和染色体畸变。若细菌的一个基因中由于一对或几对碱基置换、插入或丢失而引起的突变即为基因突变,其涉及的变化范围很小,故又称为点突变(point mutation);若涉及大段染色体的缺失、重复、易位或倒位,导致大范围内遗传物质的结构改变,称为染色体畸变(chromosome aberration)。发生突变后性状改变了的菌株称为突变株(mutant),从自然界获得的未发生突变的原始菌株称为野生型(wild type)菌株。细菌以基因突变较为常见。

1. 基因突变的规律

(1) 自发性和不对应性:细菌的突变可以在无人为诱变因素的情况下自发产生,此即自发突变(spontaneous mutation)。研究发现,自发突变并不是没有原因的,它可能是受到诸如宇宙中普遍存在的短波辐射、高温效应等作用,也可能是细菌细胞内自身的化学反应或 DNA 分子内部自身运动等所致。就细菌的某一群体而言,基因突变的发生,从时间、个体、位点和所发生的表型变化等方面都带有明显的随机性。不对应性是指突变的性状与引起突变的原因之间无直接的对应关系。例如,细菌在有抗菌药物的环境下出现耐药的突变菌株,在高温培养条件下出现耐高温的突变体,在紫外线作用下出现抗紫外线的突变体。表面上看,抗菌药物、高温和紫外线似乎正是导致细菌发生相应突变的原因,但事实上,细菌发生的这些突变都可以通过自发或其他任何诱变因子诱发而产生,这里抗菌药物、高温和紫外线的存在仅只是起一个选择作用,它们淘汰了非突变型(敏感型)的细菌个体,而把具有适应该条件能生存的突变株选择了出来。

(2) 稀少性:细菌自发突变率极低(10^{-9}～10^{-6}),即细菌每分裂 10^{6}～10^{9} 次可发生一次突变。而且在一定条件下,某种细菌某一性状的自发突变率是稳定的。

(3) 可诱发性:用人为的理化因素处理方法(如 X 射线、γ 射线、紫外线、高温、金属离子及化学试剂等)可提高上述自发突变的概率,称为诱变(induced mutation)。通常诱变可提高突变率 10^{1}～10^{5} 倍。

(4) 独立性:突变的发生通常是独立的,在某一个体中可以发生任何基因的突变,而且某一基因的突变不影响任何其他基因的突变率。

(5) 可遗传性:由于基因突变的实质是遗传物质发生改变的结果,因此突变型的基因和野生型的基因一样,具有相对稳定的结构,能够遗传给后代。

(6) 可逆性:细菌由野生型变为突变型是正向突变(forward mutation),有时突变株经过又一次突变可重新获得野生型的表型,这第二次突变称为回复突变(back mutation)。回复突变株所表现的性状与野生型菌株无差异,但从基因型来分析,真正的原位回复突变恢复到野生型 DNA 序列的概率非常低,再一次突变可以是一个抑制基因突变代偿了第一次突变在性状上的改变。若再次回复突变发生在同一基因的不同部分,称为基因内抑制;若回复突变发生在不同的基因,则称为基因间抑制。

2. 基因突变的分子机制　DNA 序列改变的主要机制包括碱基置换、移码突变等。碱基置换是指 DNA 中核苷酸的一个碱基被另一个碱基所取代,可分为转换(transition)和颠换(transversion)两种类型,如不同嘌呤之间或不同嘧啶之间的替代称为转换,若是嘌呤与嘧啶之间的相互交换则称为颠换。由于密码子的简并性,若某个碱基的改变没有引起产物氨基酸序列的改变,称为同义突变(samesense mutation);若碱基序列的改变引起产物氨基酸序列的变化,甚至影响了表型,则称为错义突变(missense mutation)。当 DNA 序列中一对或几对核苷酸发生插入或丢失,必将引起该部位其后的序列移位,由于遗传信息是以三联密码子的形式表达,移位必导致后面的密码意义发生错误,此称移码突变(frameshift mutation)。这一读码变化的结果通常导致无功能肽类或蛋白质的产生。

(二) DNA 的损伤修复

当细菌 DNA 受到损伤时,由于细菌细胞内存在有效的 DNA 修复系统,因此能清除或纠正不正常的 DNA 分子结构,阻止突变发生以使损伤降为最小,修复机制对维持细胞的生命非常重要。但损伤修复本身也会出现错误,如对损伤 DNA 片段进行切除修复时可能附带将正常 DNA 序列一起切掉;在 DNA 严重损伤或 DNA 复制的休止期,由 SOS 反应诱导产生了缺乏校对功能的 DNA 聚合酶,它能在损伤部位进行复制但却因产生较多差错而造成细菌的变异。

二、基因的转移与重组

细菌的进化需要不断产生基因型变异,但就单个细菌细胞而言突变的概率还是很小的,如果细菌只有突变而没有细菌细胞之间遗传物质的转移,则很难迅速产生适应环境的基因组合。细菌之间 DNA 的转移与重组可在短时间内产生不同基因型的个体,以便更快更好地适应环境的变化,这是形成细菌遗传多样性的重要原因之一。基因转移(gene transfer)是指外源性的遗传物质由供体菌(donor)进入受体菌(recipient)的过程。但仅有基因的转移尚不够,受体菌必须能容纳外源性基因。进入受体菌的外源 DNA 片段与宿主菌 DNA 整合在一起称为重组(recombination),成功的遗传重组要求供体 DNA 能在发生重组的细胞内进行复制,并使受体菌获得供体菌的某些特性。细菌基因转移与重组的方式包括转化、接合、转导、溶原性转换和原生质体融合。

(一) 转化

转化(transformation)是受体菌直接摄取供体菌游离的 DNA 片段,并将其整合于自己的基因中,使受体菌获得新的遗传性状。

转化现象最早于 1928 年由 Griffith 在肺炎链球菌中被发现。肺炎链球菌ⅢS 型为有荚膜的光滑型(S)菌落,有毒力;肺炎链球菌ⅡR 为无荚膜的粗糙型(R)菌落,无毒力。分别用ⅡR 型菌和ⅢS 型菌注射给小鼠,前者存活,后者死亡,而且从死鼠心血中分离到ⅢS 型菌。如将ⅢS 型菌杀死后再注射小鼠,则小鼠存活。

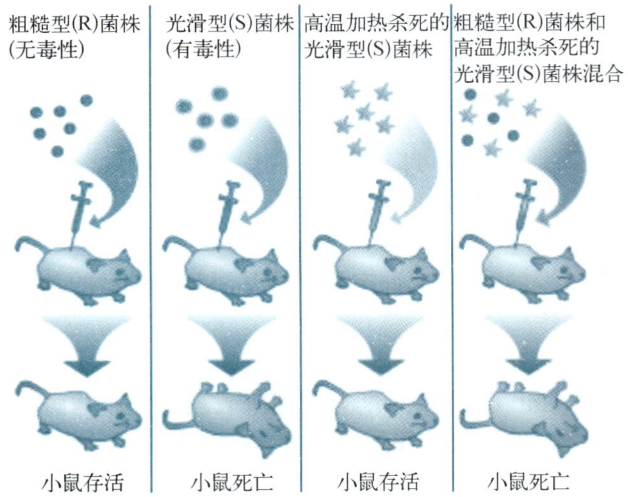

图 3-4 肺炎链球菌转化试验

若将杀死的ⅢS型菌与活的ⅡR菌混合在一起给小鼠注射，则小鼠死亡，并从死鼠心血中分离出活的ⅢS型菌。这表明活的ⅡR型菌从死的ⅢS型菌中获得了产生ⅢS型菌荚膜的遗传物质，使活的ⅡR型菌转化为ⅢS型菌(图 3-4)。1944 年，Avery 等人用ⅢS型菌的 DNA 代替加热杀死的ⅢS型菌重复上述实验，得到了相同的结果，进一步证实引起转化的物质是 DNA。如应用 DNA 酶处理转化物质，可破坏转化。

除了肺炎链球菌外，现已发现枯草芽胞杆菌、流感嗜血杆菌等都能够发生转化作用。转化的发生与供体 DNA 片段的大小、性质及受体菌的生理状态有关。通常，只有受体菌处于"感受态"时才能捕获外源的转化 DNA。所谓感受态(competence)是指受体菌有从周围环境中吸收 DNA 分子进行转化的能力，感受态细胞结合的 DNA 数量比非感受态细胞多 1 000 倍。感受态一般出现在细菌对数生长期的后期，仅保持数分钟至 3～4 h。并非所有种类的细菌都能自然出现感受态，通过人为诱导的方法，如加用 Ca^{2+} 或 Mg^{2+} 处理、电穿孔等，可使许多不具有自然转化能力的细菌(如大肠埃希菌)细胞获得摄取 DNA 的能力。

转化发生时，供体菌 DNA 首先吸附在受体菌表面的受体上，结合在细菌表面的 DNA 一条链被受体菌细胞膜上的内切酶降解，降解中产生的能量协助另一条链进入处于感受态的受体菌细胞内。此后，进入的供体菌 DNA 片段被转运到受体菌染色体同源区段，在细胞 RecA 蛋白、核酸酶、聚合酶、连接酶等作用下，与受体菌 DNA 进行同源区段的置换性重组，供体 DNA 整合入受体菌一条链中，形成杂合双链。当重组菌繁殖，DNA 复制时，与原型菌一样的 DNA 序列链仍保持原来的性状，而整合有外来供体菌 DNA 序列的链则获得新的性状，成为转化菌突变株。

(二) 接合

接合(conjugation)是指供体菌和受体菌通过性菌毛相互连接沟通，将遗传物质(主要是质粒 DNA)从供体菌转移给受体菌。一般可将接合看作是细菌的不完全"有性"生殖过程。能通过接合方式转移的质粒称为接合性质粒，包括 F 质粒、R 质粒、Col 质粒和毒力质粒等，不能通过性菌毛在细菌间转移的质粒为非接合性质粒。接合作用广泛存在于革兰阴性菌中，在某些革兰阳性菌(如链球菌、枯草芽胞杆菌)中也有报道。

1. *F 质粒的接合* F 质粒存在时可编码产生性菌毛，若 F 质粒以染色体外质粒 DNA 形式存在时，这种带有性菌毛的细菌称为雄性菌(F^+)，接合时作为供体菌；无 F 质粒的、不编码产生性菌毛的为雌性菌(F^-)，接合时作为受体菌。与有性生殖类似，在 $F^+ \times F^-$ 的接合作用中，首先是 F^+ 菌性菌毛末端与 F^- 菌表面受体接合，随后性菌毛逐渐缩短使两菌之间靠近并形成通道，F^+ 菌的质粒 DNA 中的一条链断开并通过性菌毛通道延伸入 F^- 菌内。几乎在转移的同时，两菌细胞内的单股 DNA 链分别以滚环模式进行复制，各自形成完整的 F 质粒。因此，供体菌虽然转移 F 质粒但并没有失去，仍为 F^+ 菌，而受体菌获得 F 质粒后即可长出性菌毛，由原来的 F^- 菌转变为 F^+ 菌(图 3-5)。$F^+ \times F^-$ 的接合过程中，仅仅是 F 质粒转移而 F^+ 菌的染色体转移频率极小。

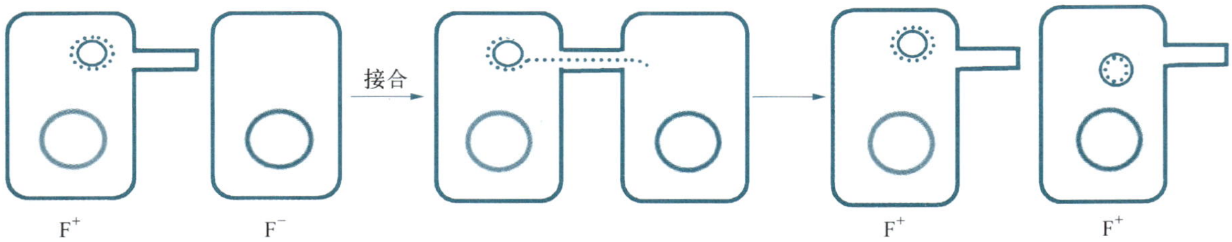

图 3-5 F 质粒接合转移模式图

有时，少数F质粒可整合到受体菌的染色体中，与染色体一起复制。整合后的细菌能高效地转移染色体上的基因给另一 F^- 菌，故此菌被称为高频重组菌(high frequency recombinant, Hfr)。Hfr与 F^- 的接合，其过程基本同 $F^+ \times F^-$ 的接合过程。当Hfr与 F^- 紧密接近形成相互沟通后，首先是F质粒的转移起始位点及小部分F质粒DNA先进入受体菌，然后是染色体DNA，最后才是剩下的大部分F质粒DNA的传递，整个转移需时约100 min。然而，细菌间的接合桥并不稳定，可随时自发解离或因震动等外界因素的影响而中断接合过程。故在Hfr转移中，可有不同长度的供体菌染色体片段进入 F^- 菌进行重组。但 F^- 菌获得完整F质粒的机会却是很少的，因为它位于染色体末端，最后才进入 F^- 受体菌。于是，在 $Hfr \times F^-$ 的接合中，其结果往往是受体菌仍然是 F^- 菌。

Hfr菌中的F质粒有时会从染色体上脱离下来，终止其Hfr状态。从染色体上脱离下来的F质粒有时可携带相邻染色体基因或DNA片段，称为F′质粒。$F' \times F^-$ 的接合过程与 $F^+ \times F^-$ 的接合过相同，F′转入 F^- 菌，结果F′仍然是F′菌，而 F^- 菌转变为F′菌。F′质粒可携带染色体上编码乳糖酶基因的Lac操纵子(Lac operon)，当F′ Lac质粒转移到不发酵乳糖的菌株中，可使受体菌获得发酵乳糖的新性状，所以F′质粒有类似基因转导中的温和噬菌体的基因载体作用。

2. R质粒的接合　细菌的耐药性与染色体基因突变及R质粒的接合转移等有关。1959年，日本学者首先从痢疾患者粪便中分离到抗多种药物的宋内志贺菌多重耐药株，而且发现耐药性的传播迅速，这种多重耐药性的产生很难用基因突变解释。细菌对一种抗菌药物产生耐药性的频率按 10^{-6} 计算，则双重耐药的突变率应为 10^{-12}，以此类推，耐三种药物以上的多重耐药突变率会更小。研究发现这些细菌中存在编码对抗菌药物耐药的基因，并且可通过类似于F质粒的方式在细菌间进行转移，这就是R质粒。耐药质粒从一个细菌转移到另一个细菌中，若在有足够的潜在受体菌的情况下，就像连锁反应一样，质粒可转移至各受体菌饱和为止，这种情况在早期R质粒(如R1、R100)的转移动力学研究中已观察到。

R质粒通常由耐药转移因子(RTF)和耐药决定子(r决定子)两部分组成。耐药传递因子可编码性菌毛，功能与F质粒相似；耐药决定子能编码产生一种或多种对抗菌药物的耐药性，可由几个转座子连接相邻排列，如Tn4带有氨苄西林、磺胺、链霉素的耐药基因，Tn5带有卡那霉素的耐药基因，Tn9带有氯霉素耐药基因。两端的插入序列(IS)可使耐药决定子整合入质粒，也可与质粒分离，但只有二者结合时耐药决定子才能通过RTF编码的性菌毛接合传递给受体菌。例如，金黄色葡萄球菌的R质粒只带有耐青霉素的r决定子，而无RTF，故该细菌不能以接合方式向其他细菌传递耐药性；而肠杆菌科细菌的R质粒具有RTF及r决定子，故可以接合方式在不同种属细菌间直接传递。受体菌在获得耐药性的同时也转变为雄性菌，又能够把R质粒再转移给其他细菌，从而使耐药性迅速传播。

(三) 转导

转导(transduction)是以噬菌体为载体，将供体菌的遗传物质转移到受体菌内，使受体菌获得供体菌的部分遗传性状的过程。所用的噬菌体称为转导噬菌体(transducin phage)，通过转导而获得新遗传性状的受体菌称为转导子(transductant)。转导在革兰阳性菌和革兰阴性菌中都可发生，由于噬菌体具有宿主特异性，故转导现象仅发生在同种细菌内。根据转导基因片段的范围可分为以下两种类型。

1. 普遍性转导(generalized transduction)　噬菌体感染宿主菌后，在菌细胞内进行增殖。在溶菌周期早期，噬菌体核酸酶对宿主菌染色体进行切割，产生许多大小不一的DNA片段；到晚期时，噬菌体的DNA已大量复制并合成子代噬菌体结构蛋白。当装配成新的子代噬菌体时，在 $10^5 \sim 10^7$ 次装配中会发生一次装配错误，误将细菌的DNA片段装入噬菌体的头部，成为转导噬菌体。当供体菌裂解后，释放出大量正常的噬菌体和极少数的转导噬菌体，当这些噬菌体再感染其他的受体菌时，转导噬菌体即可将其头部的DNA片段注入受体菌内(图3-6)。由于这种错误包装是随机的，被包装的DNA片段可以是供体菌染色体上的任何基因甚至是质粒基因，故称为普遍性转导。转导比转化可转移更大片段的DNA，而且由于被包装在噬菌体的头部可免受DNA酶的降解，故比转化的效率高。

供体DNA片段进入受体菌后可发生两种结果，一种是外源性DNA片段与受体菌的染色体整合，并随染色体而传代，称完全转导(complete transduction)；另一种是外源性DNA片段游离在胞质中，既不能与受体菌染色体整合，也不具有独立复制功能，随着细胞分裂，该供体DNA片段只能沿着单个细胞传递下去，称为流产转导(abortive transduction)，而后一种结果属大多数。如编码色氨酸的外源性基因(trp^+)转导至

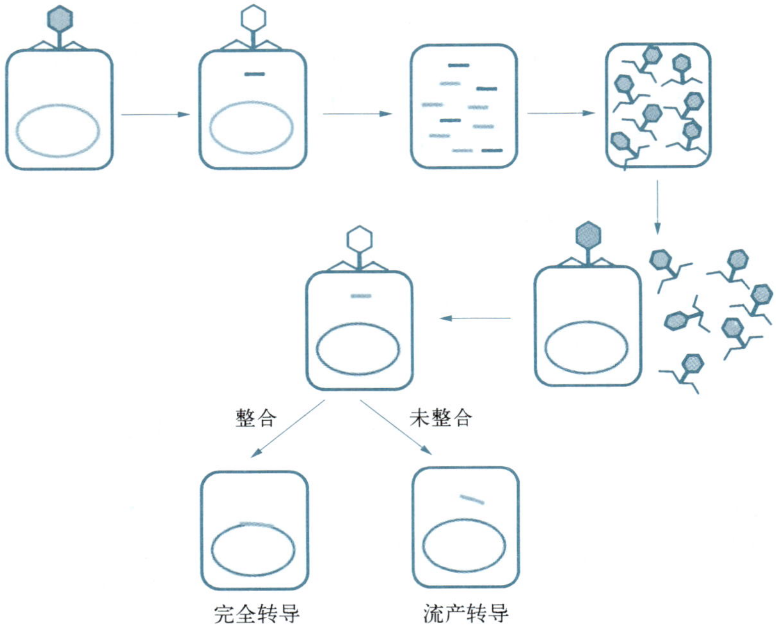

图 3-6　普遍性转导

trp^-的受体菌中，*trp* 基因虽呈游离状态，但可使细菌产生色氨酸合成酶，故此菌能在无色氨酸的培养基中生长。但因 trp^+ 基因不能自身复制，故随着细菌分裂始终只有一个子细胞有 trp^+ 基因，另一个没有 *trp* 基因的子细胞不能在无色氨酸的培养基中生长，所以流产转导的细菌菌落比正常菌落小得多，易于识别。

2. 局限性转导(restricted transduction)　或称特异性转导(specialized transduction)，温和噬菌体进入溶原周期后，以前噬菌体形式整合于细菌染色体的某一位置，当其自发或经诱导后可从细菌染色体上脱落下来。通常，前噬菌体的切离是较精确的，但偶尔也会发生不正常的切离，携带着与其紧密连锁的细菌 DNA 片段一起脱落，随后被包装入子代噬菌体的外壳中。当它们再感染受体菌时，带有供体菌基因的噬菌体 DNA 可整合入受体菌的染色体，使受体获得了供体菌的某种遗传性状。由于所转导的只限于供体菌 DNA 上个别的特定基因，故称局限性转导。如 λ 噬菌体感染大肠埃希菌 K12 时，噬菌体 DNA 整合在宿主菌染色体的特定部位，即在半乳糖基因(*gal*)和生物素基因(*bio*)之间，当溶原菌受到诱导(如紫外线照射等)，噬菌体 DNA 可从细菌染色体上分离，将有 10^{-6} 概率发生偏差分离。其结果是噬菌体将其本身 DNA 上的一段留在细菌染色体上，却带走了细菌 DNA 上两侧的 *gal* 或 *bio* 基因(图 3-7)。这样的噬菌体基因转导并整合到其他受

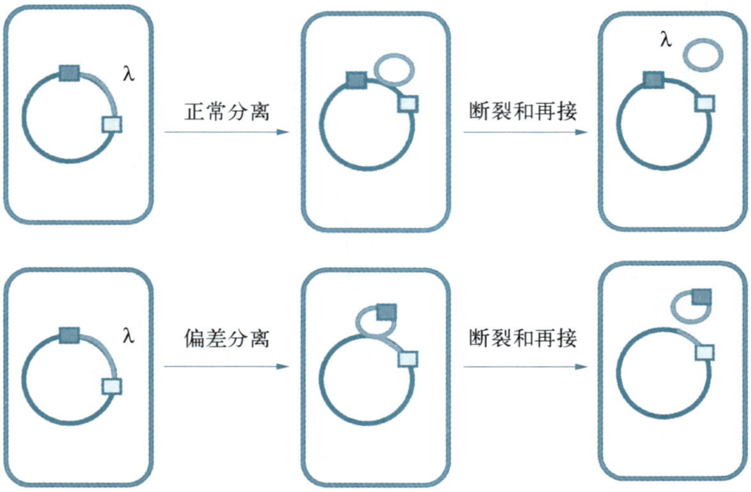

图 3-7　局限性转导示意图

gal 基因；*bio* 基因

体菌中时，可使受体菌获得供体菌的 *gal* 或 *bio* 基因，但这类噬菌体由于缺少某些本身的基因，因而影响其相应功能，属于缺陷性噬菌体。

普遍性转导与局限性转导的区别见表 3－3。

表 3－3　普遍性转导与局限性转导的区别

	普遍性转导	局限性转导
转导的发生时期	裂解期	溶原期后期
转导发生的原因	装配错误	前噬菌体偏差切离（切离错误）
所转导的遗传物质	供体菌染色体 DNA 任何部位或质粒	噬菌体 DNA 及供体菌 DNA 的特定部位
转导的后果	完全转导或流产转导	受体菌获得供体菌 DNA 特定部位的遗传特性

（四）溶原性转换

溶原性转换（lysogenic conversion）是温和噬菌体感染宿主菌后，噬菌体基因整合于宿主菌染色体，整合的前噬菌体可表达其携带的基因产物，从而使溶原性细菌获得了新的遗传性状。溶原性转换可使某些细菌发生毒力变异或免疫原性变异。如白喉棒状杆菌、肉毒芽胞梭菌、产气荚膜芽胞梭菌可因溶原性转换而分别获得产生白喉毒素、肉毒毒素及 α 毒素的能力；某些沙门菌属细菌的抗原结构和血清型别也可由于溶原性转换而发生变化。

（五）原生质体融合

原生质体融合（protoplast fusion）是将两种不同的细菌经溶菌酶或青霉素等处理，使其失去细胞壁成为原生质体后进行彼此融合的过程。将两种细菌的原生质体混合，滴加聚乙二醇可促使原生质体间的融合，融合后的双倍体细胞可以短期生存，染色体之间可发生重组，从而获得多种不同表型的重组融合体。融合可发生于不相关的两细胞间，甚至不同种类细胞间，因此，原生质体融合技术作为一种人工基因转移系统，可以使一些原来不具备基因转移条件的细菌实现基因的转移与重组，现已证明它是一种有价值的实验方法。

第五节　微生物基因组学

一、微生物基因组与微生物基因组学

随着医学研究进入分子水平，生命科学界逐渐认识到，是遗传信息决定了生物体具有的生命特征，包括形态、结构，生命活动及物种进化等，而生物体的基因组正是这些遗传信息的携带者。因此阐明生物体基因组携带的遗传信息，将大大有助于揭示生命的起源、进化、物种间关系的奥秘。同样，在分子水平上研究微生物病原体的变异规律、毒力和致病性，对于传统微生物学来说是一场革命。

在生物学中，一个生物体的基因组（genome）是指包含在该生物的 DNA（部分病毒是 RNA）中的全部遗传信息，又称基因体。基因组包括生物体的全部基因和非编码 DNA。1920 年，德国汉堡大学植物学教授汉斯・温克勒（Hans Winkler）首次使用基因组这一名词。

微生物基因组（microbial genome）是指某一微生物染色体的全部 DNA 序列。微生物基因组学（microbial genomics）是一门对微生物有机体全基因组序列进行分析、比较和注释，在基因组水平上认识微生物结构、功能和进化的新兴学科。微生物基因组学研究领域包括微生物 DNA 测序、在物种内进行基因组多样性的采集以及基因转录调控的研究，因此，微生物基因组学覆盖了从微生物 DNA 序列分析到研究微生物对环境干扰的响应这样比较广的范围。

二、微生物基因组研究的意义

以人类基因组计划为代表的生物体基因组研究成为整个生命科学研究的前沿，而微生物基因组研究又是其中的重要分支。世界权威性杂志《科学》曾将微生物基因组研究评为世界重大科学进展之一。通过基因组研究揭示微生物的遗传机制，发现重要的功能基因并在此基础上研制新疫苗，开发新型抗病毒、抗细菌、真菌药物，将对有效地控制新老传染病的流行，促进医疗健康事业的发展产生巨大影响。

从分子水平上对微生物基因组进行研究也为探索微生物个体以及群体间作用的奥秘提供了新的线索和思路。为了充分开发微生物（特别是细菌）资源，1994 年美国发起了微生物基因组研究计划（microbe genome project，MGP）。通过研究完整的基因组信息，开发和利用微生物重要的功能基因，不仅能够加深对微生物的致病机制、重要代谢和调控机制的认识，更能在此基础上发展一系列与我们的生活密切相关的基因工程产品，包括接种用的疫苗，治疗用的新药、诊断试剂和应用于工农业生产的各种酶制剂等。通过基因工程方法的改造，促进新型菌株的构建和传统菌株的改造，全面促进微生物工业时代的来临。

三、微生物基因组研究现状

由于微生物相对于其他生物体而言结构简单、基因组较小，因此研究周期短，进展迅速。世界各国普遍参与并关注该领域的发展。目前病毒基因组研究已全面进入功能基因组的研究阶段；细菌基因组研究全面展开，在大量测序工作进行的同时，功能基因组的研究也已在进行之中；部分真菌和小型原虫的基因组研究也逐渐展开。从 1995 年国际上第一个细菌——流感嗜血杆菌全基因组测定完成，在随后的几年中，微生物（包括细菌和真菌）的全基因组序列测定进展很快，仅 2000 年一年就公布了 15 种微生物的完整序列。截止到现在，总共完成了微生物基因组研究 1 000 多项，基因组大小从几百 kb（千碱基对）到十几个 Mb（百万碱基对），还有多种微生物的测序工作正在进行之中。

鉴于微生物在多领域发展中具有重要价值，因此国际上许多国家纷纷制订了微生物基因组研究计划，对微生物基因资源的开发展开了激烈竞争。发达国家和一些发展中国家首先对人类重要病原微生物进行了大规模的序列测定，随后又对有益于能源生产、改善环境以及工业加工的细菌开展了基因组序列测定工作。

在此期间，我国在侯云德院士、闻玉梅院士等科学家的倡导下，也及时开展了微生物基因组研究。已完成了福氏痢疾杆菌 2a301 株的全基因组序列测定，这是我国第一个向国际上发布并率先完成的微生物基因组项目。对病原微生物钩端螺旋体、滕冲嗜热菌及黄单胞菌等的全基因组序列测定也先后完成，后续的功能基因组研究正在进展之中。工业菌株氧化葡萄糖酸杆菌、青霉菌等的基因组也已经公布。这标志着我国在微生物基因组研究领域中已经占据了一定的国际地位，同时也为发展我国有自主知识产权的微生物基因资源的开发和产业化奠定了基础。

四、微生物基因组研究的目标

1. *深化病原微生物致病机制的研究* 将不同微生物间进行基因组结构和功能基因的比较，促进对结构改变与功能变异之间的相关性研究，不断引导发现新的核心序列、特异序列及耐药位点，推动致病因子存在、发生、变异和调节规律的研究。毒力基因的改变将导致微生物致病性的改变，如，霍乱弧菌由自由生活的环境生物转变为人类病原菌的关键因素，就是毒力基因的水平转移；而基因在不同种属、甚至不同域之间转移，就更增加了生物的多样性和进化的复杂性。从整体的角度以完整基因组序列为基础结合功能基因组学研究的实验方法（包括芯片技术、二维电泳技术、各种功能基因的筛选技术等）有助于快速、大量的鉴定新的致病相关因子，结合生物信息学构建各种生理过程的数学模型进行研究，将深化对致病机制、耐药机制的认识，为防病治病奠定基础。

技术的进步使我们的研究能力得以提高，研究范围不断拓展。新的技术手段和研究方法使我们可以在最接近自然的状态下研究病原微生物与宿主的相互作用，还能在大量的候选基因中快速有效地筛选发挥关键作用的基因，探索哪些基因与毒力有关、与定居有关、与持续感染有关等，有待开展的工作还很多。对幽门螺杆菌、空肠弯曲菌、结核杆菌以及一些寄生性的病原体，如支原体、立克次体和麻风杆菌等与宿主及生存环境相互关系的研究已经是良好的开端。例如，幽门螺杆菌遗传信息的解析，不仅为其特殊代谢提供了信息和线索，阐明了该菌如何生活在宿主的胃酸环境中，并且有助于研究长期带菌者体内的病原微生物与宿主的相互关系，在此基础上还有望识别对致癌有重要作用的因素；而对麻风杆菌基因组的分析，则可能有助于寻找到在实验室中培养麻风杆菌的方法，便于科学家对它进行更深入的研究。

2. *推动生命进化的研究* 基因组遗传信息的解析推动了生命进化的研究。目前广泛为人接受的是伯杰氏分类法，他将生物分为三域：真核生物、真细菌和古生菌。古生菌与真核生物的关系要比与真细菌的关系更为密切。微生物基因组测序的信息进一步验证了生命进化的三域理论。大量致病和非致病性微生物基因组的研究证明，基因的水平转移机制致使很多基因可在生物体中跨域分享，这对于研究生物的系统发生很有意义，相信越来越多的基因组信息的积累和分析，将对绘制科学的生命进化提供更丰富的信息和更有力的证据。

3. *开发诊断试剂、构建疫苗、筛选药物，为防病治病服务* 完整基因组的序列测定带给我们有关微生物详尽的遗传学和生物学信息，是其他任何一种研究方法所不能比拟的。以完整的基因组序列为基础，预测和筛选出新的更特异的保护性抗原基因，在此基础上发展高效疫苗；鉴定新的毒力相关因子、调节因子，经过遗传学操作改造疫苗菌株、构建活疫苗以及发展基因工程菌载体的构建。以分子模拟等生物信息学方法对小分子药物进行设计和筛选，以期获得针对性强、不良反应小的药物。微生物的特异序列还可用以制备疾病的诊断试剂，结合大规模的检测方法，如基因芯片技术等，应用于疾病快速及时的诊断和分型，以及研究基因突变和多态性的存在。可以预见，这一领域的发展潜力巨大，前景广阔。

4. *促进传统工艺的改良、传统工农业的改造* 一直以来，利用菌体进行发酵或直接利用菌的代谢产物，在化工、制药及食品等工业部门应用广泛。基于微生物基因组的研究，将不断发现新的关键基因，明确关键的代谢机制尤其是相关酶基因及其蛋白产物，将蛋白制剂直接应用于生产过程，或对基因进行遗传操作，改造菌株或构建新的基因工程菌，对扩大应用领域，改良或简化传统工艺步骤，提高生产效率，甚至以新的生物技术手段对传统工业的现代化改造，将产生深远影响。

对经济作物致病菌的基因组研究应逐渐加强，从分子水平上掌握致病规律，发展防治新对策；将微生物中抗冻、抗虫、耐盐碱、固氮等优良基因转入经济作物体内，减少化肥和农药的使用，同时发展生物杀虫剂，从而减少污染，不断提高农产品的产量和质量、促进传统农业的现代化改造。

总之，微生物基因组研究成果，不仅可以极大推动理论科学的发展，还能以疫苗、新型药物、诊断试剂、各种酶制剂、工程菌等多种形式广泛应用于生物医药、工农业生产、生物除污、传统工艺改良改造等诸多领域。一种以微生物为研究和开发主体的工业时代即将来临。其中，微生物基因组研究开辟和发展的丰富资源，对于这种新的微生物工业的形成和发展将产生巨大的推动作用。

第六节 细菌遗传与变异在医学上的应用

一、在细菌分类上的应用

一直以来，细菌的分类是按照形态、抗原特异性、生化反应、噬菌体分型等方面进行，这些方法至今仍具有不可忽视的实用价值。近年来，随着细菌基因组学的飞速发展，出现了一些新的分类方法。例如，细菌DNA分子中的G+C含量分类，即不同种的细菌基因型的差别程度可用细菌DNA分子中所含的鸟嘌呤和胞嘧啶在四种碱基含量中所占的成分比所反映。若亲缘关系密切，细菌DNA中G+C含量的含量相同或很接近；若关系远，则G+C含量相差较大。除作G+C含量测定外，还可以采用DNA分子杂交技术来比较两种细菌的DNA链核苷酸序列间有无同源性。如果为同一种细菌则同源性杂交率可为100%。因此，根据细菌基因组的相对稳定性，可鉴定出细菌间的相互关系。

二、在疾病的诊断、预防和治疗中的应用

在临床细菌学诊断工作中，有可能会遇到一些变异菌株，其形态结构、染色性、生化特性、毒力或免疫

原性都表现为不典型性，常给细菌鉴定带来困难。因此，要做出正确的诊断，不仅要熟悉细菌的典型特性，还要了解细菌的变异规律。例如，在有些使用抗菌药物的患者体内可分离到L型细菌，用常规方法分离培养呈阴性，必须采用含血清的高渗培养基进行培养；随着金黄色葡萄球菌耐药性菌株的增加，绝大多数菌株所产生的色素也由金黄色变为灰白色，目前从病灶中分离出的葡萄球菌已很少能见到典型的金黄色菌落，而且许多血浆凝固酶阴性的葡萄球菌也成为致病菌，这使得对葡萄球菌致病性的判断已无法再依赖于原有的各种指标；又如，分解乳糖的基因转移到沙门菌，出现能够分解乳糖的伤寒沙门菌，按常规细菌鉴定方法则容易被忽视；从伤寒患者分离到的伤寒沙门菌中10%的菌株不产生鞭毛，检查时无动力，患者也不产生抗鞭毛(H)抗体，故进行血清学(肥达)试验时，不出现H凝集或O凝集效价很低，影响正确的判断。

研究细菌的遗传变异对预防疾病具有极其重要的意义。现在使用的活菌苗，如卡介苗、炭疽疫苗及鼠疫疫苗，都是由病原微生物的减毒株制备而成。目前，通过条件选择和基因工程技术来获得新的变异株，用以制备更理想的疫苗。除了预防性疫苗外，近年还出现了治疗性疫苗，拓宽了疫苗的应用范围。

细菌的耐药性变异是临床细菌学感染面临的重要问题之一。目前，金黄色葡萄球菌对青霉素的耐药株达90%以上，肠道感染细菌中也发现了多药耐药菌株，而且有些耐药质粒同时带有编码毒力的基因，使其致病性增强，这些变异的后果给疾病的治疗带来很大的困难。因此，深入地研究细菌耐药的机制以及对临床分离菌株进行耐药性监测，都将有利于指导正确地选择抗菌药物和防止耐药菌株的扩散。

三、在测定致癌物质方面的应用

肿瘤的发生一般认为是细胞内遗传物质发生了改变，使正常细胞变为转化细胞，因此导致细菌发生突变的物质都被认为是可疑的致癌物质。Ames试验就是根据能导致细菌基因突变的物质均为可疑致癌物的原理设计的。选用鼠伤寒沙门菌的组氨酸营养缺陷型(his^-)作试验菌，以被检测的可疑化学物质作诱变剂。因his^-菌在组氨酸缺乏的培养基上不能生长，若发生突变成为his^+菌则能生长。比较含有被检物的试验平板与无被检物的对照平板，凡能提高突变率、诱导菌落生长较多者，即认为被检物有致癌的可能。

四、在流行病学方面的应用

近年来，在流行病学调查中应用分子生物学分析方法，可从基因水平来追踪遗传物质的转移与播散。如用质粒指纹图(plasmid fingerprinting, PFP)的方法来检测不同来源细菌所带质粒的大小，以及用同一种限制性内切酶切割质粒所产生的片段数目和大小是否相同或相近，调查引起某一疾病暴发流行的流行菌株与非流行菌株，也可用于调查医院感染的各种细菌的某种耐药质粒的传播扩散情况。

五、在基因工程方面的应用

基因工程是在分子生物学和分子遗传学基础上综合发展起来的一门综合技术。它包括从生物体基因组中分离出带有目的基因的DNA片段，将其连接到能够自我复制的质粒、噬菌体或其他载体分子上，形成重组DNA分子，然后将重组DNA分子转移到受体菌并进行筛选，使之实现功能表达，获得人类所需的物质。质粒因具有耐药性，作为载体进行筛选时极为方便；噬菌体则可利用其溶解细菌后在固体平板培养基中形成的噬菌斑予以克隆化。通过这些载体的利用，目的基因可被转入宿主细菌进行基因产物的表达，从而获得用一般方法难以获得的产品，如胰岛素、生长激素、干扰素等生物制品。基因工程技术还可应用于生产具有免疫原性的无毒性新型疫苗，为预防传染病开辟了新的途径。

小结

细菌与其他生物一样具有遗传性和变异性。细菌的遗传物质主要是染色体DNA，此外也可以是染色体外的质粒和转位因子、前噬菌体等基因组。

细菌的变异可表现为形态结构的变异，以及毒力、菌落、免疫原性、酶活性、耐药性等的变异。变异使细菌产生变种和新种，更能适应外界环境的变化。细菌变异的机制包括基因突变及基因的转移和重组。细菌的基因转移和重组可通过转化、接合、转导、溶原性转换、原生质体融合等方式进行，常常导致细菌耐药性的扩散和毒力的变异。

细菌遗传变异的理论知识与技术在医学微生物学、临床医学以及预防医学等方面已被广泛应用。以分子遗传学为基本原理的基因工程技术中，应用了质粒、噬菌体等多种载体，为人类控制遗传特征，改造现有生物品系，生产新的生物制品开辟了前景。同时，正在开展的细菌基因组计划能够测序细菌的基因组并解读这些序列的生物学意义。细菌基因组学的发展使人们在病原菌致病性、药物靶位、新型疫苗等领域取得了极大进展。

【复习思考题】

1. 细菌的遗传物质有哪些?
2. 细菌通过什么方式进行基因的转移与重组?
3. 简述噬菌体的溶菌周期与溶原状态及二者的主要区别与联系。

（宝福凯）

第四章

细菌的耐药性

学习要点

掌握：① 耐药性的概念；② 细菌耐药的遗传学机制。

熟悉：① 抗菌药物的作用机制；② 细菌耐药的生化机制。

了解：细菌耐药的现状及控制策略。

1941年抗生素真正应用于临床以来，各类抗菌药物层出不穷，使许多威胁人类生命的感染性疾病有了特效的治疗，但随之出现的细菌耐药性问题也日趋严重。细菌耐药性(drug resistance)又称抗药性，是指细菌对于抗菌药物的相对不敏感性和抵抗性，细菌一旦产生耐药性，抗菌药物对其的化疗作用就明显下降。目前细菌耐药已成为全球关注的问题，研究细菌耐药发生的原因与机制、制定遏制耐药的策略显得尤为重要。

第一节　抗菌药物的种类及其作用机制

抗菌药物(antibacterial agent)是指能够选择性抑制或杀灭机体内病原生物的各种抗生素和化学合成药物的总称。其中抗生素是由微生物产生(也可人工合成)，极微量就具有选择性抑制或杀灭其他微生物或癌细胞作用的天然有机化合物。临床使用抗菌药物主要用于治疗由细菌等病原微生物引起的感染性疾病。

一、抗菌药物的种类

目前可供临床选择使用的抗菌药物种类繁多，分类方法亦有多种，其中根据化学结构与性质不同，可将抗菌药物分为以下几大类。

(一) β-内酰胺类

β-内酰胺类(β-lactams)是一类化学结构中含有β-内酰胺环的肽类抗生素，其结构具有与D-丙氨酰-D-丙氨酸相似的结构，因此可竞争结合细菌的转肽酶和羧肽酶而抑制肽聚糖的交联，造成细菌细胞壁合成障碍导致细菌破裂死亡。β-内酰胺类抗生素侧链的改变可形成许多不同抗菌谱、不同临床药理学特性的抗生素。

1. *青霉素类*　主要由青霉菌属的点青霉菌、产黄青霉菌、皮壳青霉菌产生，是人类最早发现和应用于临床的抗生素，主要种类有青霉素G，苯氧青霉素，耐酶青霉素(甲氧西林、苯唑西林)和广谱青霉素(氨苄西林、阿莫西林、替卡西林等)。

2. *头孢菌素类*　又称先锋霉素，是由头孢菌属的顶头孢霉菌产生的肽类抗生素，根据抗菌谱和对革兰阴性杆菌抗菌活性不同，头孢菌素可以按“代”进行分类。第一代主要用于产青霉素酶的金黄色葡萄球菌和某些革兰阴性菌的感染，如头孢唑啉、头孢拉定、头孢氨苄等。第二代对革兰阴性菌的作用较第一代增强，如头孢孟多、头孢呋辛等。第三代对多种β-内酰胺酶稳定，对革兰阴性菌和铜绿假单胞菌有良好的作用，如头孢噻肟、头孢曲松、头孢他啶、头孢哌酮等。第四代增强了对第三代头孢菌素耐药的肠杆菌和枸橼酸杆菌等的抗菌活性，如头孢匹罗。

3. 头霉素类　如头孢西丁(也称头霉甲氧噻吩)。

4. 单环β-内酰胺类　如氨曲南、卡卢莫南。

5. 碳青霉烯类　如亚胺培南(也称亚胺硫霉素)。亚胺培南与西司他丁合用称为泰能。

6. β-内酰胺酶抑制剂　如克拉维酸(也称棒酸)、青霉烷砜(也称舒巴坦)，它们具有弱的抗菌活性，能与β-内酰胺酶发生不可逆的反应后使酶失活。

(二) 大环内酯类

大环内酯类(macrolides)是由放线菌目、链霉菌科、链霉菌的某些菌种产生的一类具有大环内酯环的广谱抗生素，主要包括红霉素、螺旋霉素、交沙霉素、罗红霉素、阿奇霉素等。

(三) 氨基糖苷类

氨基糖苷类(aminoglycosides)是由放线菌目、链霉菌科、链霉菌属的某些菌种产生的一种含有氨基环多醇环的聚阳离子化合物，主要包括链霉素、庆大霉素、卡那霉素、妥布霉素、阿米卡星等。

(四) 四环素类

四环素(tetracyeline)是由放线菌目、链霉菌科、链霉菌属的某些菌种产生的一类含四个熔合环的羟基萘核抗生素，包括四环素、多西环素(也称强力霉素)、米诺环素等。

(五) 氯霉素类

氯霉素(chloramphenicol)是由放线菌目、链霉菌科、链霉菌属的委内瑞拉链霉菌产生的唯一天然含硝基苯的抗生素，包括氯霉素、甲砜霉素。

(六) 化学合成的抗菌药物

化学合成的抗菌药物是指只能用人工方法合成用于杀灭各种病原生物或癌细胞的各种化学药物，常见的种类有：

1. 磺胺类　是人工合成的一种含氨苯磺胺的有机化合物，常见的有磺胺嘧啶(SD)、磺胺甲噁唑(SMZ)、甲氧苄啶(TMP，磺胺增效剂)、复方新诺明(SMZco)等。

2. 喹诺酮类　是人工合成的以喹诺酮为基本结构的化学药物，常见的有诺氟沙星、环丙沙星、氧氟沙星、依诺沙星、培氟沙星、洛美沙星等。

3. 硝基呋喃类　是人工合成的在呋喃环第5位含硝基的呋喃衍生物，常见的有呋喃妥因(呋喃坦定)、呋喃唑酮(痢特灵)等。

(七) 其他

包括抗结核药物、多肽类和糖肽类抗生素以及一些天然抗菌药物。抗结核药物包括利福平、异烟肼、乙胺丁醇、吡嗪酰胺等。多肽类和糖肽类抗生素如多黏菌素、杆菌肽、万古霉素。目前发现某些中草药中也具有选择性抑制或杀灭细菌、真菌、病毒等微生物的活性成分，可称为天然抗菌药物，例如，获自黄连或黄柏的小檗碱(黄连素)或黄柏碱，获自黄芩的黄芩苷与黄芩苷元，获自大青叶的靛苷，获自白头翁的白头翁皂草苷，获自穿心莲的黄酮类、获自四季青的总黄酮苷等。

二、抗菌药物的作用机制

抗菌药物一般是指具有杀菌或抑菌活性的药物，包括各种抗生素、磺胺类、咪唑类、喹诺酮类等化学合成药物。抗菌药物通过不同的机制达到杀灭或抑制病原生物或某些肿瘤细胞的目的，根据抗菌药物对细菌作用的靶位不同，将抗菌药物的作用机制分为四类。

(一) 抑制细菌细胞壁的合成

除支原体等少数细菌外，细菌具有哺乳动物所没有的细胞壁，革兰阳性细菌和革兰阴性细菌细胞壁具有共有组分——肽聚糖，抗菌药物可通过干扰肽聚糖的合成，使细菌在相对低渗环境中变形、裂解而死亡。例如，β-内酰胺类抗生素与细菌竞争肽聚糖合成过程中所需要的转肽酶，抑制四肽侧链与五肽交联桥或二氨基庚二酸(DAP)之间的连接,阻断肽聚糖的合成,使细菌无法形成坚韧的细胞壁;环丝氨酸通过抑制丙氨酸消旋酶,使 L-丙氨酸不能转变成 D-丙氨酸,影响肽聚糖的合成;糖肽类抗生素(万古霉素)可特异性地抑制肽聚糖聚合酶,通过抑制肽链交联,干扰细胞壁的合成。

(二)损伤细胞膜的功能

有些抗菌药物通过破坏细菌细胞膜的结构来达到杀灭细菌的目的,例如多黏菌素类抗生素具有两极性,亲水性多肽端与细菌细胞膜的蛋白质部分结合,疏水性的脂肪端则能与细胞膜内磷脂相结合,致使细胞膜分子的定向排列发生改变,导致细胞膜裂开,细菌内成分外漏,最终细菌死亡;多烯类抗真菌药物两性霉素和制霉菌素能与真菌细胞膜上的固醇类结合,咪唑类抗真菌药物酮康唑抑制真菌细胞膜中的固醇类生物合成,导致细胞膜通透性增加。细菌细胞膜缺乏固醇类,所以抗真菌药物对细菌无效。

(三)影响蛋白质的合成

许多抗生素能干扰细菌核糖体的 50S 和 30S 亚基功能,抑制细菌蛋白质合成,导致细菌死亡。例如氨基糖苷类及四环素类抗菌药物能与细菌核糖体 30S 亚基结合,而大环内酯类、氯霉素和林可霉素类抗菌药物则主要作用于 50S 亚基,导致细菌蛋白质合成受阻。

(四)抑制核酸的合成

部分抗菌药物可通过影响细菌核酸合成来发挥抗菌作用。例如利福平可与依赖于 DNA 的 RNA 多聚酶结合,从而抑制 mRNA 的转录;喹诺酮类药物主要作用于细菌 DNA 复制过程中的 DNA 旋转酶而抑制细菌繁殖;磺胺类药物与对氨基苯甲酸(PABA)的化学结构相似,两者竞争二氢叶酸合成酶,使二氢叶酸合成减少,影响核酸的合成,抑制细菌生长繁殖;甲氧苄啶(TMP)与二氢叶酸分子中的蝶啶相似,能竞争抑制二氢叶酸还原酶,使四氢叶酸的生成受到抑制。因此,TMP 与磺胺药合用(如复方新诺明)有协同作用。

综上所述,抗菌药物的作用机制与分类参见表 4-1。

表 4-1 抗菌药物作用机制与分类

抑制细胞壁合成	损伤细胞膜	影响蛋白质合成	抑制核酸合成
青霉素类	多黏菌素类	氨基糖苷类	磺胺类
头孢菌素类	多烯类	四环素类	喹诺酮类
糖肽类	咪唑类	大环内酯类	利福霉素类
多肽类		氯霉素类	
环丝氨酸		林可霉素类	

第二节 细菌耐药机制

抗生素进入细菌细胞后,细菌为了生存和繁殖,减少药物对自身的危害,可以通过不断调整自身的代谢以适应不利的环境压力。因此在抗生素的选择性压力下,细菌为了生存便通过各种耐药机制与抗生素对抗。目前认为细菌耐药性的产生包括三个方面,即非遗传机制、遗传机制和生化机制。这些机制相互作用共同决定细菌的耐药水平。细菌耐药机制的研究对耐药菌的控制和新药开发具有深远的指导性意义。

一、细菌耐药非遗传机制

非遗传性来源(nongenetic origin)的耐药性指细菌有耐药性的表现型,但遗传结构没有改变。主要与细菌的生长状态、药物靶位存在与否、感染部位等因素有关。

(一)细菌生长状态

许多抗菌药物需要细菌处于快速生长繁殖状态才能发挥作用,如果细菌处于代谢不活跃或不繁殖状态,则对抗菌药物耐药,但其子代可以恢复为药物敏感表现型。例如,结核分枝杆菌进人机体后,受机体免疫功能的影响并不繁殖。这种存活的细菌对抗结核药物耐药，不能被清除；一旦细胞免疫功能下降，存活在机体内的结核分枝杆菌开始繁殖，对同样的治疗药物完全敏感。

（二）药物靶位存在

细菌丢失特异性药物靶位结构，也会表现出耐药性，例如，在青霉素治疗期间，敏感菌变为细胞壁缺陷型细菌即“细菌L型”，对抑制细胞壁合成的药物耐药，一旦恢复为有细胞壁的细菌后，则仍然对青霉素敏感。

（三）细菌存在的部位

当细菌感染发生在体内抗菌药物不能发挥作用的部位时，细菌也表现出耐药性。例如伤寒沙门菌体外试验对氨基糖苷类抗生素（庆大霉素）敏感，但治疗沙门菌肠热症无效，因为沙门菌是胞内菌，氨基糖苷类药物不能进入细胞内。同样，嗜肺军团菌感染的治疗也要选择能够进入细胞内的药物。

二、细菌耐药遗传机制

遗传性来源的耐药从遗传学的角度来看，可分为固有耐药性（intrinsic resistance）和获得耐药性（acquired resistance）。前者指细菌对某些抗菌药物的天然不敏感，故也称为天然耐药性；后者指细菌的遗传结构发生了改变导致其获得耐药性表型。

（一）固有耐药性

固有耐药性又称为天然耐药性，指细菌在长期的生物演化过程中形成的对某些抗菌药物的天然不敏感。耐药基因来自亲代，存在于染色体上，是细菌的种属特性所决定的。从作用机制上看，天然耐药是细菌缺乏抗菌药物作用的代谢机制或靶位，如革兰阴性杆菌对万古霉素和甲氧西林天然耐药，这种耐药性是始终如一并可预测的。

（二）获得耐药性

细菌的获得耐药性是细菌在生活过程中发生耐药性变异，以致对原来敏感的抗菌药物变为不敏感或敏感性降低。在对药物敏感的细菌群体中出现了对抗菌药物耐药的细菌是获得性耐药与固有性耐药的重要区别。获得性耐药依靠细菌DNA的改变使细菌获得耐药表型，DNA的改变后产生的耐药基因通常来源于基因突变或获得新基因。

1. 染色体突变（chromosomal mutation） 细菌群体会发生低频自发的基因突变，有些突变可导致抗菌药物作用靶位的结构改变，使抗菌药物不能与之结合发挥抗菌作用，这种突变赋予细菌的耐药性。突变的频率与抗菌药物的使用无关，但药物存在形成的选择性压力则有利于耐药突变株的存活，最终成为优势群体。例如，链霉素的作用靶位是细菌核糖体30S亚基上的P12蛋白，当细菌染色体上的 *str* 基因突变后，P12蛋白的构型发生改变，链霉素不能与其结合从而产生了耐药性。

利福平可与结核杆菌的DNA依赖性RNA聚合酶结合，干扰细菌RNA的合成，一旦结核杆菌染色体上的 *rpoB* 基因发生了突变，可导致RNA聚合酶的β亚单位结构改变，以致利福平不能与之结合，从而产生耐药性，且结核杆菌的 *rpoB* 基因突变率相对较高，所以临床上单独使用利福平治疗结核常常失败，故结核治疗应采用联合用药，每种药物都可以杀死其他药物耐药的菌株。

2. 可传递的耐药性（transferable antibiotic resistance） R质粒、转座子、整合子是常见的与细菌耐药性有关的染色体以外遗传物质，这些遗传物质所携带的耐药基因不但可以随细菌分裂传递给子代细菌，而且还可通过接合、转化、转导等方式在细菌之间传递。

（1）R质粒（resistance plasmid）：是细菌中广泛存在耐药质粒，携带一种或多种耐药基因。在各种细菌耐药性传播方式中质粒介导是最常见的一种，在临床上占有非常重要的地位。细菌质粒能在细胞中自我复制，并随细菌分裂稳定地传递给后代，也能在不同细菌间转移传播。在体内，质粒能编码多种酶，对多数抗生素进行生化修饰而使之钝化。一种质粒可带数种耐药性基因群，通过细菌间接合、转化作用而将耐药质粒转移到细菌群中，产生多重耐药菌株，这种多重耐药菌株所致的感染给临床治疗带来极大的困难。

（2）转座子（transposon，Tn）：又名跳跃基因，是比质粒更小的DNA片段，它可以在染色体中跳跃移动，实现细菌间的基因转移和交换，使结构基因的产物大量增加，最终宿主细菌失去对抗菌药物的敏感性。

（3）整合子（integrin）：是20世纪80年代末发现的与耐药性获得和传播相关的移动性DNA序列，它可捕获外源基因并使之转变为功能性基因的表达单位。整合子在细菌耐药性的传播和扩散中起到了至关重要的作用。在同一类整合子上可携带不同的耐药基因盒,同一个耐药基因又可出现在不同整合子上。细菌的耐药基因可以在不同的整合子中移动,在医院细菌中播散多重耐药,介导多重耐药的形成。

三、细菌耐药的生化机制

细菌对于药物产生耐药性的生化机制是染色体或质粒上耐药基因的表达过程,可以通过产生钝化酶、改变药物的作用靶位、改变细胞壁的屏障功能或主动外排机制来实现。

(一)钝化酶的产生

细菌的耐药菌株可由染色体或质粒编码产生钝化酶,钝化酶通过破坏或修饰抗菌药物的结构而使其丧失抗菌活性,常见的钝化酶包括以下三类。

1. β-内酰胺酶(β-lactamase) 对青霉素类和头孢菌素类抗菌药物耐药的菌株可产生β-内酰胺酶,该酶能够打开抗菌药物分子结构中β-内酰胺环,使其完全失去抗菌活性,也称为灭活酶(inactivatedenzyme)。β-内酰胺酶可由细菌染色体编码,也可以是质粒编码。当前,在革兰阴性杆菌中,对β-内酰胺类抗生素的耐药性主要由两种β-内酰胺酶介导:超广谱β-内酰胺酶(ESBLs)和AmpC β-内酰胺酶。已发现AmpC β-内酰胺酶基因位于可传递的质粒上,可持续产酶,并与质粒上其他耐药基因组合在一起形成多重耐药菌株并导致耐药性的传播。

2. 氨基糖苷类钝化酶(aminoglycoside-modified enzymes) 由质粒编码产生的一种钝化酶,可通过羟基磷酸化、氨基乙酰化或羧基腺苷酰化改变氨基糖苷类抗生素结构而失去抗菌作用。目前已发现30多种氨基糖苷类钝化酶。一种氨基糖苷类抗生素可被多种钝化酶所作用,同一种酶又可作用于几种结构相似的药物。由于氨基糖苷类抗生素结构相似,故常出现明显的交叉耐药现象。

3. 氯霉素乙酰转移酶(chloramphenicol acetyl transferase, CAT) 是由细菌耐药质粒编码产生的一类钝化酶,可使氯霉素乙酰化而失去抗菌活性。

(二)药物作用的靶位改变

细菌可通过改变抗生素作用靶位的蛋白结构和数量,导致其与抗生素结合的有效部位发生改变,影响药物的结合,使细菌对抗生素不再敏感。这种改变使得抗菌药物失去作用靶点或亲和力降低,但细菌的生理功能正常。例如青霉素结合蛋白(PBP)具有酶活性,参与细胞壁的合成,是β-内酰胺类抗生素的作用靶位,细菌能够改变PBP的结构或产生一种新的低亲和力的PBP,导致耐药。这种PBP介导的耐药性在肺炎链球菌、淋病奈瑟菌、葡萄球菌等中均有报道,其中最常见的是耐甲氧西林金黄色葡萄球菌(methicillin-resistant *Staphylococcus aureus*, MRSA)。MRSA菌株有一种新的PBP称为PBP2'或PBP2a,由染色体*mecA*基因编码,具有转肽酶和转糖基酶活性。PBP2a与β-内酰胺抗生素的亲和力低,在高浓度抗生素存在时,正常PBP失活,此时PBP2a可代替正常的PBP来行使功能,参与细胞壁肽聚糖的合成,从而使细菌表现出对β-内酰胺类抗生素的耐药性。

(三)抗菌药物的渗透障碍

抗菌药物必须进入细菌内部到达作用靶位后,才能发挥抗菌效果。细菌的外膜渗透性的改变和主动外排作用均可使菌体内的药物浓度不足,难以发挥抗菌作用,这也是细菌对一些结构互不相同的药物(如β-内酰胺类抗生素、喹诺酮类药物、氯霉素、四环素等)产生多重耐药性的重要机制。

1. 细菌外膜渗透性的改变 革兰阴性菌耐药性突变后,其细胞壁外膜上孔蛋白丢失或表达降低,从而影响药物从细胞外向细胞内的转运。耐药菌株通过这种其制损伤其外膜的主动运输功能,使药物不能进入细菌细胞内达到有效的浓度,影响抗菌效果的发挥。例如,铜绿假单胞菌对抗生素的渗透性比其他革兰阴性菌低,是该菌对多种抗生素固有耐药的主要原因之一。

2. 细菌主动外排系统 该系统由外排转运蛋白、外膜通道蛋白和连接蛋白(或辅助蛋白)组成。外排转运蛋白捕获抗生素,在连接蛋白的辅助下,从外膜通道蛋白将抗生素排至菌体外,胞内药物成分减少,难以达到抗菌效果。

3. 生物被膜的耐药机制 细菌附着在无生命的物体或机体黏膜组织表面后,由细菌及其所分泌的胞外多聚物（主要是胞外多糖）共同组成的蘑菇样的膜状细菌群体结构，称为生物被膜。由生物被膜细菌形成的耐药性是引起感染难以治疗的原因之一。有体外实验证明，同一株肺炎克雷伯菌对氨苄西林的最低抑菌浓度值，浮游状态菌为 2 mg/L，生物被膜状态菌为 5 000 mg/L，相差 2 500 倍。目前对生物被膜的耐药机制不完全清楚，有以下几种解释：① 生物膜形成了渗透性屏障，阻止抗生素的渗入，使其不能达到有效的药物浓度；② 生物膜内营养供给受限制，细菌生长缓慢，导致对某些抗生素不敏感；③ 生物膜的内环境有利于细菌之间耐药基因传递和信息交换；④ 生物膜表层的细菌率先被抗生素杀死，深层存留的细菌一旦停止治疗仍然会迅速繁殖。

第三节 细菌耐药性的防治

细菌耐药性是一个全球性问题，由细菌耐药性带来的危害不容忽视。从生物角度来看，细菌耐药性产生的速度一旦超过抗菌药物的研发速度，那么在将来的某一天我们将回到前抗生素时代，“感染”可能会再次成为不治之症。从经济学角度来看，细菌耐药性增加了治疗社区和医院获得性感染的控制难度，继而影响着发病率、病死率和经济成本。遏制细菌耐药性需要完善的使用策略，特别是控制抗菌药物滥用、降低耐药性细菌感染传播的公共卫生策略，并进一步加强耐药细菌的流行病学监测、新型抗菌药物的开发和实验室检测等。

一、合理使用抗菌药物

在制度上和技术层面上科学、全面地规范临床医生合理使用抗菌药物。综合患者病情、病原菌种类及抗菌药物特点，应尽可能选择针对性强、窄谱、安全、价格适当的抗菌药物。细菌耐药性一旦产生后，停用有关药物一段时间后敏感性有可能逐步恢复，有计划地将抗菌药物轮流交替使用。积极开展耐药性监测，为临床服务并指导临床。针对药店，执行零售药店出售抗菌药物须凭医生处方的规定。同时，提高病原学诊断水平，改善临床用药的针对性和选择性。

二、妥善处理细菌的耐药菌株

对耐药菌感染的患者应予隔离，严格执行消毒隔离制度，防止耐药菌的交叉感染。加强对耐药菌株感染患者排泄物和污染物的管理和处理。医务人员应定期检查带菌情况，以免医院内感染的传播。目前，在整合子上已经发现有消毒剂抗性的基因，密切关注细菌耐药性和消毒剂抗性联合传播的发展动向，合理选择高效的消毒方法。

三、加强药政管理

加强抗菌药物生产、销售、保藏和使用的药政管理工作，严格监管抗菌药物在医院、药店等流通的过程和环节。农牧业应尽量避免使用供临床应用的抗菌药物作为动物生长促进剂或用于牲畜的治疗，以避免对医用抗菌药物产生耐药性，同时加强对于食品类残留抗生素的监测。

四、加强细菌耐药性形成与扩散机制及其对策研究

加强与细菌耐药性形成相关的细菌学、分子生物学、生物化学、药理学、药物学、流行病学等学科的基础和应用研究。根据细菌耐药性的机制及其与抗菌药物结构的关系，寻找和研制具有抗菌活性，尤其对耐药菌有活性的新抗菌药物，同时，针对耐药菌产生的钝化酶，寻找有效的酶抑制剂。耐药性质粒在细菌耐药性的产生和传播方面占有重要的地位，筛选可用于人体的质粒消除剂或防止耐药性转移的药物。

五、建立与健全细菌耐药性监测和通报机制

加强细菌耐药性的监测，掌握本地区重要致病菌对抗菌药物耐药性变迁的趋势，及时为临床提供信息，

建立细菌耐药性通报机制和网络系统，对医院内外病原菌耐药性的状况进行及时监测和报告，有利于发现和分析细菌耐药性产生规律及其发展趋势，为预防细菌耐药性的产生提供参考，可有效避免因细菌耐药性带来的严重医疗危机。

小　结

抗菌药物的发展与细菌耐药性的研究在感染性疾病治疗中是一个永恒的课题。目前应用于临床抗菌药物种类繁多，可通过影响细菌细胞壁和细胞膜功能、干扰细菌蛋白质和核酸合成等作用机制来达到抑制或杀灭病原生物的目的。但是在抗菌药物的应用过程中，细菌也可通过产生钝化酶、改变抗菌药物作用靶位、增加抗菌药物渗透障碍来逐渐表现出对抗菌药物的抵抗性。细菌耐药机制的研究涉及细菌结构、生理代谢、遗传学、药理学等多个学科，随着这些学科的发展，细菌耐药性的研究深入到分子水平。加强抗菌药物分级管理和临床应用，建立长效机制有效遏制细菌耐药，提高合理用药水平，保障医疗安全，不断提升医疗服务水平是一项长期而艰巨的工作任务。

【复习思考题】

1. 细菌耐药性产生的主要危害是什么？
2. 抗菌药物如何杀灭细菌？
3. 临床医师在预防细菌耐药性产生方面能做些什么？

（李冰雪）

第五章

细菌的感染与抗细菌免疫

学习要点

掌握: ① 正常菌群、菌群失调和机会性致病菌;② 细菌的致病机制、内毒素和外毒素的主要区别要点;③ 菌血症、毒血症、败血症和脓毒血症的概念。

熟悉: ① 微生态平衡与微生态失调感染、毒力的概念;② 胞外菌感染、胞内菌感染及外毒素致病的免疫特点;③ 细菌感染的来源和途径;④ 医院感染的来源与医院感染的预防和控制。

了解: ① 正常菌群的分布、引起机会感染的常见细菌;② 人体抗细菌免疫的主要机制。

细菌侵入宿主后,在宿主体内生长繁殖并与宿主的防御功能相互作用,引起不同程度的病理过程,这一现象称为细菌的感染(bacterial infection)。能使宿主致病的细菌称为致病菌(pathogenic bacterium)或病原菌(pathogen),不能造成宿主致病的细菌称为非致病菌(nonpathogenic bacterium),或非病原菌(nonpathogen)。病原菌从某个宿主到另一个宿主体内并引起感染的过程称为传染(infection)。致病菌与非致病菌二者并非是绝对的,有些细菌在正常情况下并不致病,在某些特定条件下,它们才会致病,这类细菌称为机会致病菌(opportunistic pathogen)或条件致病菌(conditioned pathogen)。

致病菌入侵人体后,在建立感染的同时,宿主免疫系统能产生一系列免疫应答以对抗细菌的感染。感染的发生、发展和结局,取决于病原菌的致病性和宿主免疫力的强弱。

第一节 正常菌群与机会致病菌

正常菌群(normal flora)是指存在人体内,当人体免疫功能正常时,这些微生物对宿主无害,有些对人还有益的微生物群。机会致病菌是指在某些特定条件下才会致病的微生物群。

一、正常菌群

自然界中广泛存在着大量的多种多样微生物。人类与自然环境接触密切,因而正常人的体表和与外界相通的腔道(如口腔、鼻咽腔、肠道、泌尿生殖道等)中寄居着不同种类和数量的微生物。当人体免疫功能正常时,这些微生物对宿主无害,有些对人还有益,这类微生物群通称正常菌群或正常微生物群(normal microbial flora)。一个健康成年人大约由 10^{13} 个体细胞组成,而全身定植的正常微生物总数高达 10^{14}。人体各部位常见的正常菌群见表 5-1。

表 5-1 人体常见的正常菌群

部位	主要菌类
皮肤	葡萄球菌、类白喉棒状杆菌、铜绿假单胞菌、丙酸杆菌、白假丝酵母菌、非致病性分枝杆菌
口腔	葡萄球菌、甲型和丙型链球菌、肺炎链球菌、奈瑟菌、乳杆菌、类白喉棒状杆菌、放线菌、螺旋体、白假丝酵母菌、梭杆菌
鼻咽腔	葡萄球菌、甲型和丙型链球菌、肺炎链球菌、奈瑟菌、类杆菌
外耳道	葡萄球菌、类白喉棒状杆菌、铜绿假单胞菌、非致病性分枝杆菌
眼结膜	葡萄球菌、干燥棒状杆菌、奈瑟菌
肠道	大肠埃希菌、产气肠杆菌、变形杆菌、铜绿假单胞菌、葡萄球菌、肠球菌、类杆菌、产气荚膜梭菌、破伤风梭菌、双歧杆菌、真杆菌、乳杆菌、白假丝酵母菌
尿道	葡萄球菌、类白喉棒状杆菌、非致病性分枝杆菌
阴道	乳杆菌、大肠埃希菌、类白喉棒状杆菌、白假丝酵母菌

正常菌群对构成微生态平衡起着重要作用，其生理学意义有：

1. *生物拮抗* 致病菌侵犯宿主，首先需突破皮肤和黏膜的生理屏障作用。而寄居在人体皮肤和黏膜的正常菌群通过受体竞争和营养争夺，以及产生有害代谢产物（如乳酸、脂肪酸、细菌素、抗生素）等机制，使致病菌不能定植（colonization）或被杀死。研究发现，以鼠伤寒沙门菌攻击小鼠，需 10 万个活菌才能引起 50% 感染小鼠死亡；若先给予口服链霉素以抑制大多数的正常菌群，则口饲 10 个活菌就能引起 50%感染小鼠死亡。可见，宿主正常菌群的失调，将大幅减弱宿主的免疫防御能力。

2. *营养作用* 正常菌群参与宿主的物质代谢、营养转化和合成，形成一些宿主容易吸收和利用的物质。例如肠道中的大肠埃希菌能合成维生素 K 和维生素 B 族等，除满足细菌自需外，还可提供给宿主吸收利用。

3. *免疫作用* 正常菌群作为抗原能刺激宿主的免疫系统，促进宿主免疫器官的发育，产生的免疫物质对具有交叉抗原组分的致病菌还有一定程度的抑制或杀灭作用。例如无菌鸡的小肠和回盲部的淋巴结比普通带菌鸡的少 80%左右，若将无菌鸡暴露在普通有菌环境中饲养，使之建立正常菌群，则两周后，其免疫系统的发育和功能就可与普通鸡群相近。

4. *抗衰老作用* 肠道正常菌群中的双歧杆菌、乳杆菌等具有抗衰老作用。一般认为，衰老是由于体内积累了过多的有毒的化学物质——氧自由基（O_2^-）。双歧杆菌、乳杆菌等肠道正常菌群产生的超氧化物歧化酶（SOD），可以催化宿主体内自由基的歧化反应，消除自由基的毒性，保护细胞免受活性氧的损伤，因此具有一定的抗衰老作用。

此外，正常菌群可能有一定的抑瘤作用，其机制是转化某些致癌物质成非致癌物，以及激活巨噬细胞的免疫功能等。

二、微生态及微生态平衡与失调

微生态学（microecology）是一门从细胞水平或分子水平上研究微生物与宿主、环境三者之间相互关系的综合性学科，也是研究微生态平衡（microeubiosis）、微生态失调（microdysbiosis）和微生态调整（microecological adjustment）的一门新兴学科。医学微生态学是微生态学中重要的分支学科，主要研究寄居在人体体表和与外界相通腔道中的微生物与微生物、微生物与人体，微生物和人体与外界环境之间的相互依存、相互制约的关系，其研究对象主要是正常微生物群及其在特定机会下引起感染的机会致病菌。

微生态平衡是指正常微生物群与其宿主生态环境在长期进化过程中形成生理性组合的动态平衡。在不同年龄、不同发育阶段、不同生态环境的机体内都存在特定的微生态平衡。当宿主的免疫力以及营养和代谢、正常微生物群的种类、数量、位置或外界环境的物理、化学和生物因素发生变化时，又可形成新的平衡，因而微生态平衡是一种动态的平衡。微生态平衡是在自然条件下自我形成的，在受干扰的情况下可以通过自我调节再度重建，但当受到的干扰和破坏超过自我调节限度时，则会出现微生态失调。

微生态失调是指在外界环境影响下，正常微生物群之间、正常微生物群与其宿主之间的微生态平衡，由生理性组合转变为病理性组合的状态。诱发微生态失调的因素主要有：① 长期滥用抗生素，使正常微生物群的种类和数量发生了大幅度的改变，超过了微生态的自动调节限度；② 正常微生物群的定位转移，如肠道定居的大肠埃希菌转移到肾盂，引起肾盂肾炎；③ 机体免疫防御功能减弱，如免疫抑制剂、激素、细胞毒药物的使用、射线照射以及部分外科手术和插管等侵入性诊疗操作等。

三、机会致病菌

正常菌群之间以及正常菌群与宿主之间的微生态平衡在某些特定的情况下有可能被打破，形成微生态失调而导致疾病，在正常时不致病的正常菌群就成了机会致病菌。这种特定的情况主要有：

1. *寄居部位的改变*　又称定位转移，例如大肠埃希菌从原寄居的肠道进入泌尿道，或手术时通过切口进入腹腔、血流等，即可引起尿路感染、腹膜炎或败血症。

2. *宿主免疫功能低下*　应用大剂量皮质激素、抗肿瘤药物或放射治疗以及 AIDS 患者晚期等，可造成机体免疫功能降低。从而使一些正常菌群在寄居部位穿透黏膜等屏障，进入组织或血流，引起感染，严重的可导致败血症而死亡。

3. *菌群失调*　菌群失调(dysbacteriosis)是宿主某部位正常菌群中各菌种间的比例发生较大幅度变化而超出正常范围的状态。由此产生的病症，称为菌群失调症或菌群交替症(microbial selection and substitution)。菌群失调时，往往可引起二重感染或重叠感染(superinfection)，也就是在抗菌药物治疗原感染性疾病过程中，发生了另一种新致病菌引起的感染。原因是长期或大量应用抗菌药物后，大多数正常菌群被杀灭或抑制，而原处于劣势的少数菌群或外来耐药菌趁机大量繁殖而致病。引起二重感染的常见菌有金黄色葡萄球菌、白假丝酵母菌和一些革兰阴性杆菌。临床上主要表现为假膜性肠炎、肺炎、鹅口疮、尿路感染或败血症等。若发生二重感染，除停用原来的抗菌药物外，对检材培养中优势菌类需进行药敏试验，以选用合适类型的敏感药物；同时，亦可使用有关的微生态制剂，协助调整菌群类型和数量，加快恢复正常菌群的原来生态平衡。

第二节　细菌的致病机制

细菌能引起宿主感染的能力称为致病性(pathogenicity)。由于不同种类细菌有不同的生物学活性和感染对象，其致病性也不同。毒力是指细菌致病性的强弱程度，常用半数致死量(median lethal dose, LD_{50})或半数感染量(median infective dose, ID_{50})表示，即在一定的时间内和一定的条件下，能使 50%某种实验动物死亡，或 50%的实验动物发生感染的最小细菌数或毒素剂量。不同种的细菌或同种不同型的菌株的毒力常不一致，并可随不同宿主而异。

决定细菌毒力的物质基础主要包括侵袭力(invasiveness)和毒素(toxin)。侵袭力包括黏附素、荚膜、侵入性物质和细菌生物膜等，主要涉及菌体表面结构和释放的侵袭蛋白和酶类；毒素包括内毒素和外毒素。

致病菌的毒力因子大多是由质粒、转座子和噬菌体所编码，亦可由细菌染色体 DNA 或致病岛(pathogenicity island, PAI)编码。

细菌的致病机制主要与细菌的毒力强弱、侵入机体的数量和门户相关。此外，宿主免疫力强弱、自然环境和社会因素对细菌感染的发生和发展亦有明显的影响。

一、细菌的毒力

(一) 侵袭力

致病菌能突破宿主皮肤、黏膜生理屏障，进入机体并在体内定植、繁殖和扩散的能力，称为侵袭力。侵袭力包括荚膜、黏附素、侵袭性酶类和细菌生物被膜等。

1. *菌体的表面结构*　病原菌突破了宿主的皮肤和黏膜屏障后，一般需先黏附在宿主的呼吸道、消化道或泌尿生殖道等黏膜上皮细胞表面，以抵抗呼吸道的纤毛运动、肠蠕动、黏液分泌、尿液冲洗等活动的清除作用，而后才能在局部定植、繁殖和扩散。

（1）黏附素：细菌特异性黏附至宿主靶细胞由黏附素（adhesin）介导。黏附素是细菌细胞表面的蛋白质，可分为菌毛黏附素和非菌毛黏附素两大类。菌毛黏附素由菌毛分泌并存在于菌毛顶端，如大肠埃希菌的Ⅰ型菌毛、定植因子抗原Ⅰ（colonization factor anigen，CFA/Ⅰ）和淋病奈瑟菌的菌毛黏附素等；而非菌毛黏附素是与黏附有关的细菌的其他表面组分，如革兰阴性菌外膜蛋白（outer membrane protein，OMP）和革兰阳性菌细胞壁表面的毛发状突出物。金黄色葡萄球菌的脂磷壁酸（LTA）、A群链球菌的LTA－M蛋白复合物及F蛋白、肺炎支原体的P1表面蛋白等属非菌毛黏附素。

细菌黏附素与宿主上皮细胞表面黏附素受体的相互作用具有高度特异性，从而决定感染的组织特异性，即感染不同宿主或部位的细菌可能具有不同的黏附素（表5－2）。例如致腹泻大肠埃希菌通过Ⅰ型菌毛黏附素与肠黏膜上皮细胞的D－甘露糖受体结合，而尿路致病性大肠埃希菌则通过P菌毛黏附于泌尿生殖道黏膜上皮细胞的P血型抗原。

表5－2　部分致病菌的黏附素及其受体

类　型	产 生 细 菌	靶细胞受体
菌毛黏附素		
Ⅰ型菌毛	致腹泻大肠埃希菌	D－甘露糖
定居因子抗原（CFA/Ⅰ、CFA/Ⅱ）	大肠埃希菌	GM－神经节苷脂
P菌毛	尿路致病性大肠埃希菌	P血型糖脂
Ⅳ菌毛	淋病奈瑟菌	GD1神经节苷脂
非菌毛黏附素		
脂磷壁酸（LTA）	金黄色葡萄球菌	纤维连结蛋白
LTA－M蛋白复合物	A群链球菌	纤维连结蛋白
表面蛋白质	B群链球菌	N－乙酰氨基葡糖
P1、P2、P3蛋白	苍白密螺旋体	纤维连结蛋白
表面血凝素	衣原体	N－乙酰氨基葡糖
P1蛋白	肺炎支原体	唾液酸

（2）荚膜和微荚膜：荚膜具有抗吞噬和抵抗体液中杀菌物质的作用，使致病菌能在宿主体内大量繁殖和扩散，产生病变。例如将无荚膜的肺炎链球菌注射至小鼠腹腔，细菌易被小鼠吞噬细胞吞噬、杀灭；但若接种有荚膜的菌株，则细菌大量繁殖，小鼠常于注射后24 h内死亡。A群链球菌的M蛋白、伤寒沙门菌的Vi抗原，以及大肠埃希菌的K抗原等都是位于这些细菌细胞壁外层的微荚膜，其功能与荚膜相同。

（3）细菌生物膜：细菌生物被膜（bacterial biofilm），简称生物膜，是许多细菌附着于物体表面，由细菌及其所分泌的胞外多聚糖基质（主要是胞外多糖）所包裹，内部包含众多输送养料的管道的一种呈膜状的细菌群体。自然界中绝大多数细菌并不是以单个浮游状态的形式存在，而是以细菌生物膜的形式存在。细菌一旦形成生物被膜可通过产生群体感应分子以调整细菌的代谢活动，监控细菌群体的密度，还能使细菌彼此之间发生信号传递、质粒的结合转移、毒力因子的产生以及耐药基因和毒力基因的捕获和水平转移。同时由于细菌生物膜的屏障作用，对抗菌药物、消毒剂表现出更强的抗性，可抵抗免疫系统的杀伤作用。

细菌生物被膜的形成是一个动态过程，可分为四个阶段：最初的定植与黏附阶段、发展阶段、成熟阶段和细菌脱落与再定植阶段。在最初的定植与黏附阶段中，浮游的细菌在环境信号的作用下，通过鞭毛运动移行至有生命或无生命的物体表面（如病变组织、人工心脏瓣膜、气管插管、人工关节等），借助菌毛等黏附素黏附固着；随后进入发展阶段，即通过调整基因表达，在生长繁殖的同时分泌大量的胞外多糖，吸引和黏附周围的同种细菌，形成微菌落（microcolony）；多个微菌落相互融合形成成熟的生物被膜，此时在微菌落之间围绕着疏水的通道，可以运送养料、酶、代谢产物等，并有助于化学信号的传递和基因的水平转移；成熟的生物被膜在其内在机制或外部流体的冲刷力等作用下部分脱落，脱落的细菌又转变成浮游生物状态，可再黏附到合适的表面形成新的生物被膜(图 5-1)。

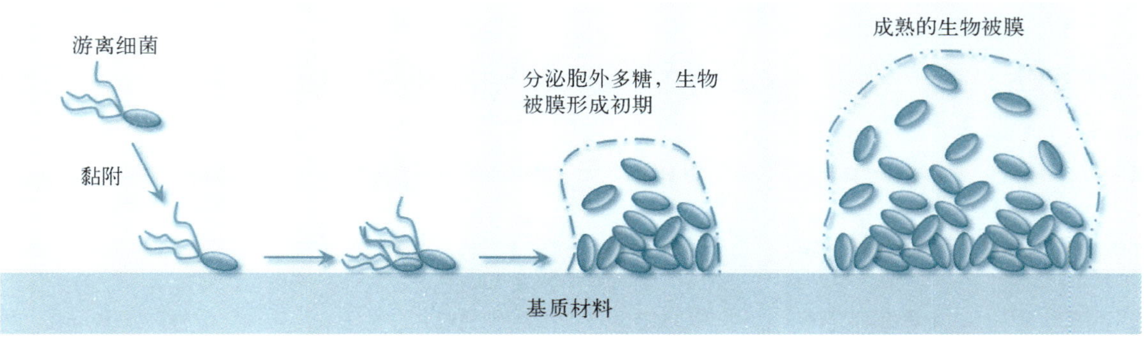

图 5-1　细菌生物膜形成过程

细菌的感染性疾病大多与生物膜的形成有关。细菌生物膜易于固着在异物和坏死组织表面，由于现代疹疗技术的发展，植入和介入性操作逐渐增多，医源性细菌生物被膜感染占据了很大的比例。生物膜形成后，可阻断抗菌药物、免疫细胞、免疫分子的渗入和杀伤作用，是细菌引起慢性持续性感染和感染难以控制的重要原因。例如，由大肠埃希菌因导尿管而引起的尿路感染，金黄色葡萄球菌和其他革兰阳性病原体引起的导管内感染，由流感嗜血杆菌引起的儿童中耳炎、牙菌斑形成和牙龈炎等。此外，还有一些感染可危及人类的生命，如人工关节或心脏瓣膜置换后，金黄色葡萄球菌感染引起的感染性心内膜炎以及肺囊性纤维化患者易感染铜绿假单胞菌性肺炎等。

2. 侵袭性物质

黏附只是细菌感染过程的第一步。除少数细菌可在表面引起局部感染外，大部分细菌还会侵入细胞内并扩散到其他细菌、组织或全身而引起侵袭性感染。

(1) 侵袭素：细菌的侵袭能力是由侵袭素(invasin)介导的，侵袭素由侵袭基因(invasion gene，inv)所控制和编码。一些致病菌的黏附素与宿主细胞表面受体特异性结合后，侵袭过程即被启动，在这一过程中可产生各种侵袭素。例如肠致病型大肠埃希菌可通过Ⅲ型分泌系统将某些效应蛋白注入宿主上皮细胞，介导细菌与细胞的紧密结合，使细菌和宿主细胞间发生信号传导、细胞内肌动蛋白重排，导致微绒毛的破坏。福氏志贺菌的侵袭基因所编码的 IPaA、IPaB、IPaC 等侵袭性蛋白，能使该菌向邻近细胞扩散。

(2) 侵袭性酶：当致病菌侵入机体，在局部定植，并向其他部位扩散时，有些致病菌可产生降解和损伤组织细胞的侵袭性胞外酶(invasive extracellular enzyme)破坏宿主的生理屏障，协助细菌扩散。例如金黄色葡萄球菌产生的血浆凝固酶具有抗吞噬作用；A 群链球菌产生的透明质酸酶、链激酶和链道酶，能降解细胞间质透明质酸、溶解纤维蛋白、液化脓液中高黏度的 DNA 等，利于细菌在组织中扩散，引起扩散性很强的化脓性感染，病灶与周围组织界限不清，脓汁稀薄。同时，链激酶也可应用于治疗急性心肌梗死、脑血栓等。

(二) 毒素

根据细菌毒素的来源、性质和作用机制不同，可分为外毒素(exotoxin)和内毒素(endotoxin)两大类。

1. 外毒素

(1) 来源：产生菌主要是革兰阳性菌，如破伤风梭菌、肉毒梭菌、白喉杆菌、产气荚膜梭菌、A 群溶血性链球菌、金黄色葡萄球菌等。少数革兰阴性菌如痢疾志贺菌、霍乱弧菌、肠产毒素型大肠埃希菌、鼠疫耶尔森菌等也能产生外毒素。大多数外毒素是在菌体内合成后分泌至菌体外；也有的存在于菌体内，待细菌死亡溶解后才释放出来，如痢疾志贺菌和肠产毒素型大肠埃希菌的外毒素(表 5-3)。

表 5-3 外毒素的种类和作用机制

类型	产生细菌	分子结构	作用机制	疾病：症状和体征
1. 神经毒素				
破伤风痉挛毒素	破伤风梭菌	A-B	阻断抑制性神经元释放甘氨酸等抑制性神经介质	破伤风：骨骼肌强直性痉挛
肉毒毒素	肉毒梭菌	A-B	抑制胆碱能运动神经释放乙酰胆碱	肉毒中毒：肌肉松弛性麻痹
2. 细胞毒素				
白喉毒素	白喉棒状杆菌	A-B	抑制靶细胞蛋白质合成	白喉：假膜形成、心肌损伤、外周神经麻痹
毒性休克综合征毒素	金黄色葡萄球菌	单肽链	激活过量的T细胞，诱生大量细胞因子	毒性休克综合征：发热、皮疹、休克
表皮剥脱毒素	金黄色葡萄球菌	单肽链	表皮与真皮脱离	烫伤样皮肤综合征：表皮剥脱性病变
致热外毒素	A群链球菌	单肽链	破坏毛细血管内皮细胞	猩红热：发热、皮疹 葡萄球菌单肽链
百日咳毒素	百日咳鲍特菌	A-B	阻断G蛋白介导的信号传导，激活腺苷环化酶	百日咳：支气管痉挛，阵发性咳嗽
葡萄球菌溶素	葡萄球菌	单肽链	细胞膜穿孔，细胞裂解	化脓性炎症：组织损伤
链球菌溶素O	A群链球菌	单肽链	细胞膜穿孔，细胞裂解	化脓性炎症：组织损伤
3. 肠毒素				
霍乱肠毒素	霍乱弧菌	A-5B	激活腺苷环化酶，增高小肠上皮细胞内cAMP水平	霍乱：严重的上吐下泻，米泔样粪便
不耐热肠毒素肠	产毒型大肠埃希菌	A-5B	不耐热肠毒素同霍乱肠毒素，耐热肠毒素使细胞内cGMP增高	腹泻：水样便
葡萄球菌肠毒素	葡萄球菌	单肽链	作用于呕吐中枢	食物中毒：以呕吐为主
志贺样毒素	肠出血型大肠埃希菌	A-5B	抑制靶细胞蛋白质合成	出血性肠炎：血性腹泻

（2）热稳定性：绝大多数外毒素不耐热，例如白喉外毒素在58～60℃经1～2 h，破伤风外毒素在60℃经20 min可被破坏。但葡萄球菌肠毒素是例外，能耐100℃ 30 min。

（3）化学成分和结构：外毒素的化学成分是蛋白质，依据其分子结构特点可分为A-B型外毒素和单肽链毒素两大类。① A-B型外毒素，即由A和B两种亚单位组成。A亚单位是外毒素活性中心，决定其毒性效应。B亚单位无毒性，但能与宿主靶细胞表面的特殊受体结合，介导A亚单位进入靶细胞，决定外毒素对宿主细胞的选择亲和性。A或B亚单位单独对宿主无致病作用，因而外毒素分子的完整性是其致病的必要条件。常见的A-B型外毒素有白喉棒状杆菌产生的白喉毒素和霍乱弧菌产生的霍乱肠毒素等。利用B亚单位能与宿主靶细胞受体结合的特性，通过阻止靶细胞受体与完整外毒素分子的结合，可阻止A亚单位的毒性效应。由于B亚单位免疫原性强，可将B亚单位提纯制备成疫苗，用于预防相关的外毒素性疾病。② 单肽链毒素与A-B型外毒素不同，其仅有1条肽链，无A、B亚单位的区分。常见的有A群链球菌的致热外毒素和链球菌溶素O、金黄色葡萄球菌的毒性休克综合征毒素和表皮剥脱毒素等。

（4）免疫原性：大多外毒素具有良好的免疫原性。经0.3%～0.4%甲醛液的作用，外毒素可以脱去毒性（A亚单位活性），但仍保有免疫原性（B亚单位结构不变），称为类毒素（toxoid）。类毒素注入机体后，可刺激机体产生具有中和外毒素作用的抗体，称之为抗毒素。类毒素可用于人工主动免疫，抗毒素常用于治疗和紧急预防。

（5）毒性作用：外毒素的毒性强。1 mg肉毒毒素纯品能杀死2亿只小鼠，毒性比氰化钾强1万倍，是目前已知的最毒物。外毒素对机体的组织器官具有选择作用，可引起特殊的病变。例如肉毒毒素能阻断胆碱能神经末梢释放乙酰胆碱，使眼和咽肌等麻痹，引起眼睑下垂、复视、斜视、吞咽困难等，严重者可因呼吸麻痹而死。又如白喉毒素对外周神经末梢、心肌等有亲和性，通过抑制靶细胞蛋白质的合成而导致外周神经麻痹和心肌炎等。

根据外毒素对宿主细胞的亲和性及作用靶点，可分成神经毒素（neurotoxin）、细胞毒素（cytotoxin）和肠毒素（enterotoxin）三大类（表 5－3）。① 神经毒素：主要作用于中枢神经系统和（或）外周神经，引起神经传导功能异常，如肉毒毒素引起的食物中毒和破伤风等。② 细胞毒素：主要通过作用于靶细胞的某种酶或细胞器，致使蛋白合成抑制或细胞功能异常而死亡，引起相应组织器官炎症和坏死等，如白喉毒素和致热外毒素等。③ 肠毒素：可引起胃肠道各种炎症、呕吐、水样腹泻、出血性腹泻等局部或全身性症状，如霍乱肠毒素和葡萄球菌肠毒素等。

2．内毒素

（1）来源：内毒素来源于革兰阴性菌细胞壁，通常只有当细菌死亡裂解或用人工方法破坏菌体后才释放出来。

（2）热稳定性：内毒素耐热，加热 100℃经 1 h 不被破坏；需加热至 160℃经 2～4 h，或用强碱、强酸或强氧化剂加温煮沸 30 min 才灭活。因此，当注射液或药品被革兰阴性菌污染后，虽经高压蒸汽灭菌法杀灭细菌，但内毒素不会被破坏，仍可引起临床不良后果。

（3）化学成分和结构：内毒素是革兰阴性菌细胞壁中的脂多糖（lipopolysaccharide，LPS）组分，由 O 特异性多糖、核心多糖和脂质 A 三部分组成（图 5－2）。LPS 游离后才作为毒素起作用。螺旋体、衣原体、支原体、立克次体亦有类似的 LPS，有内毒素活性。

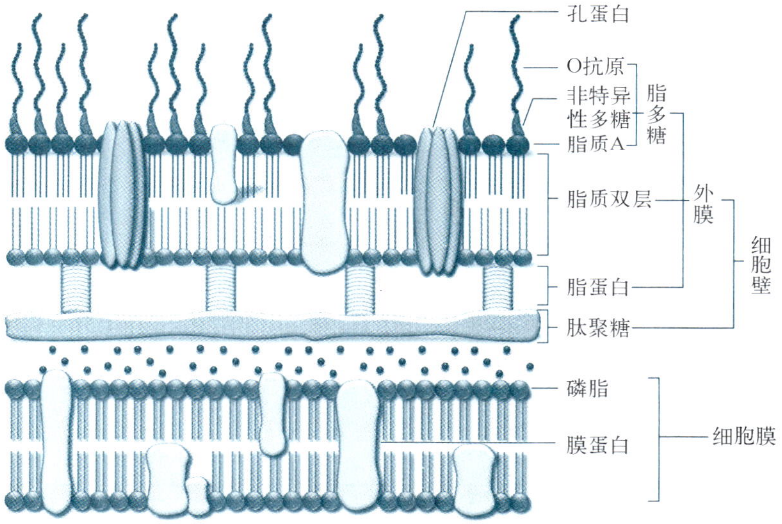

图 5－2　革兰阴性菌细胞壁内毒素

脂质 A 是内毒素的主要毒性组分。不同革兰阴性菌的脂质 A 结构虽有差异，但基本相似。因此，不同革兰阴性菌感染时，由内毒素引起的毒性作用大致类同。

（4）免疫原性：较弱，不能经甲醛液处理而形成类毒素。内毒素注射机体可产生相应抗体，但中和作用较弱。

（5）毒性作用：内毒素的毒性作用相对较弱。不同革兰阴性菌感染时，由内毒素引起的毒性作用大致相同。LPS 一般不直接损伤各种组织器官，其致病机制：一是 LPS 的脂质 A 通过亲脂性疏水作用于细胞膜磷脂发生非特异性结合，使细胞的状态和功能受到改变或影响；二是 LPS 中的脂质 A 与血液中的 LPS 结合蛋白（lipopolysaccharide binding protein，LBP）结合；然后，与单核细胞和巨噬细胞表面的受体 CD14 分子结合，形成 LPS－LBP－CD14 复合物，并与 Toll 样受体 4（Toll-like receptor4，TLR4）及辅助受体髓样分化因子 2（myeloid differential factor－2，MD－2）相互作用，触发细胞信号传导级联反应，激活巨噬细胞产生和释放 TNF－α、IL－1 等细胞因子，继而刺激各种免疫细胞、内皮或黏膜细胞，产生一系列细胞因子、炎症因子、急性期蛋白（acute phase protein）等，引起多种组织器官或全身性多种病理生理反应。主要临床症状有：

（1）发热反应：极微量（1～5 ng/kg）内毒素注入人体即可引起体温上升，维持约 4 h 后恢复。其机制是：

内毒素刺激巨噬细胞等，使之产生 IL-1、IL-6 和 TNF-α 等内源性致热原(endogenous pyrogen)，这些细胞因子再作用于宿主下丘脑体温调节中枢，促使体温升高而发热。

(2) 白细胞反应：注射内毒素的初期，内毒素使中性粒细胞移动并黏附至组织毛细血管壁，导致血循环中的中性粒细胞数骤减。1～2 h 后，LPS 诱生的中性粒细胞释放因子(neutrophil releasing factor)刺激骨髓释放中性粒细胞进入血流，使白细胞数量显著增加。但伤寒沙门菌内毒素例外，始终使血循环中的白细胞总数减少，其机制尚不清楚。

(3) 内毒素血症与内毒素休克：大量内毒素(感染病灶内或输液中的革兰阴性菌死亡后释放出)进入血液后，可过度激活单核-巨噬细胞、中性粒细胞、内皮细胞、血小板、补体系统、凝血系统等，并诱生过量的 TNF-α、IL-1、IL-6、IL-8、组胺、5-羟色胺、前列腺素、激肽、NO 等生物活性物质，导致毛细血管扩张和通透性增加，组织器官毛细血管灌注不足，引起局部水肿、充血和微循环障碍等，称之为内毒素血症(endotoxemia)。严重时则出现以高热、低血压和微循环衰竭为主要特征的内毒素休克(endotoxic shock)，甚至死亡。

(4) 弥散性血管内凝血(disseminated intravascular coagulation, DIC)：是指微血栓广泛沉着于小血管中，是革兰阴性菌败血症的一种常见综合征。发生机制是当发生严重的革兰阴性菌感染时，高浓度的内毒素可直接激活补体替代途径，活化凝血系统，也可通过损伤血管内皮细胞间接活化凝血系统，亦可通过激活血小板和白细胞使其释放凝血介质，加重血液凝固，形成微血栓，并启动纤溶系统，引起全身小血管广泛的出血和渗血，多器官衰竭。

外毒素与内毒素的主要区别见表 5-4。

表 5-4 外毒素与内毒素的主要区别

区别要点	外 毒 素	内 毒 素
来源	革兰阳性菌与部分革兰阴性菌	革兰阴性菌
存在部位	从活菌分泌出，少数菌死亡裂解后释出	细胞壁组分，菌体死亡裂解后释放出
化学成分	蛋白质	脂多糖
稳定性	60～80℃，30 min 被破坏	耐热，160℃，2～4 h 才被破坏
毒性作用	强，对组织器官有选择性毒性效应，引起特殊临床表现	较弱，各菌的毒性作用大致相同。引起发热、白细胞增多、微循环障碍、内毒素血症休克、DIC 等
免疫原性	强，刺激机体产生抗毒素；甲醛处理脱毒形成类毒素	弱，刺激机体产生中和抗体作用弱；甲醛处理不形成类毒素
基因定位	常由质粒、噬菌体等染色体外基因编码	由染色体基因编码

综上所述，所有致病菌攻击人体主要是利用菌体表面结构(如菌毛、荚膜)和代谢产物(侵袭性酶类和内、外毒素)使人致病。多数致病菌兼有侵袭力和毒素，如霍乱弧菌；有的以产生毒素为主，如破伤风梭菌、肉毒梭菌；有的则以侵袭力为主，如肺炎链球菌。由于细菌结构、代谢产物、生长繁殖所需条件、侵入和定植部位，以及毒力因子的不同，各种细菌的致病性有很大的差异。

二、细菌侵入的数量

感染的发生，除致病菌必须具有一定的毒力物质外，还需有足够的数量。感染所需菌量的多少，一方面与致病菌毒力强弱有关，另一方面取决于宿主免疫力的强弱。一般是细菌毒力愈强，宿主免疫力越弱，引起感染所需的菌量愈小；反之则菌量愈大。例如毒力强大的鼠疫耶尔森菌，在无特异性免疫力的机体中，仅需数个菌侵入就可发生感染；而毒力弱的某些引起食物中毒的沙门菌，常需摄入数亿个菌才会引起急性胃肠炎。

三、细菌侵入的部位

有了一定的毒力物质和足够数量的致病菌，若侵入易感机体的部位或门户不当，仍不能引起感染。例如伤寒沙门菌必须经口进入；脑膜炎奈瑟菌应通过呼吸道吸入；破伤风梭菌的芽胞进入深部创伤，在厌氧环境中才能生长繁殖等。也有一些致病菌的合适侵入门户不止一个，例如结核分枝杆菌，呼吸道、消化道、皮肤创伤等部位都可以造成感染。各种致病菌都有其特定的侵入部位，这与其生长繁殖的所需特定的微环境有关。

第三节　人体抗细菌免疫

人体内存在着较完善的免疫系统，由免疫器官、免疫细胞和免疫分子组成。在感染免疫过程中，各免疫器官、组织、细胞和免疫分子间互相协作、互相制约、密切配合，共同完成复杂的免疫防御功能。致病菌侵入人体后，首先遇到的是固有免疫功能的抵御。一般经 7～10 d 后，才能产生获得性免疫；然后两者配合，共同杀灭致病菌（图 5－3）。

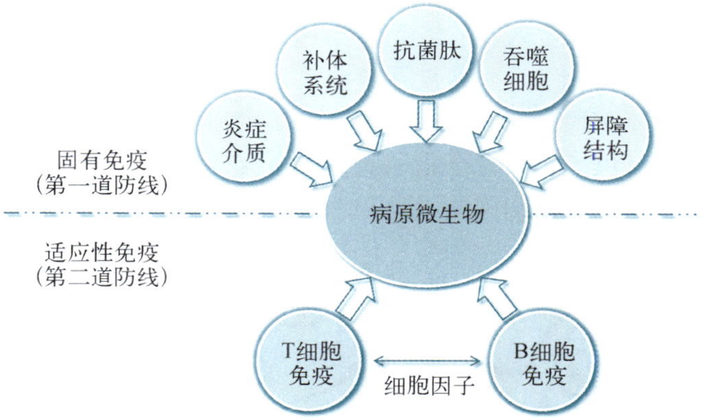

图 5－3　人体抗细菌感染免疫的组成

一、固有免疫

固有免疫（innate immunity）是人类在长期的种系发育和进化过程中，逐渐建立起来的一系列防御病原微生物等抗原的功能，是监视和清除任何病原微生物的快速反应系统。担负“第一道防线”作用，并可启动适应性免疫应答，其作用范围比较广泛，不是针对某一特定致病菌，故又称非特异性免疫（nonspecific immunity）。

固有免疫主要由物理屏障、化学屏障、微生物屏障和吞噬细胞、免疫分子等组成，可阻止致病菌侵入体内，或在致病菌进入体内生长繁殖和造成感染之前将其破坏，从而抵御大多数致病菌的感染。与此同时，诱发宿主一系列炎症反应（inflammatory response），出现红肿、发热和疼痛等，以破坏入侵的致病菌，阻止致病菌在体内进一步侵袭。

（一）屏障结构

1. 物理屏障

（1）皮肤与黏膜屏障：人体与外界环境接触的表面，覆盖着一层完整的皮肤和黏膜结构。皮肤表皮层由结构致密的扁平上皮细胞组成，并含有不易被微生物降解的角蛋白，能阻挡致病菌的穿透。当皮肤损伤（如创伤或烧伤）时，细菌便可侵入引起感染。黏膜表面有多种附件和黏液层，可阻碍致病菌侵入到细胞表面。例如呼吸道黏膜上皮的纤毛运动、口腔唾液的吞咽、肠蠕动和尿液冲洗等，可将入侵的致病菌排出体外。当机体受寒冷、有害气体刺激或插入性诊治操作，造成黏膜屏障的缺损，许多病原体则趁机侵入，与黏膜表面紧密结合，或者侵入更深层组织，易引起气管-支气管炎、肺炎、阴道炎等疾患。

（2）血-脑脊液屏障：血-脑脊液屏障由软脑膜、脉络丛的毛细血管内皮细胞和星状胶质细胞等组成，主要借助脑毛细血管内皮细胞层的紧密连接和微弱的吞饮作用，阻挡致病菌及其毒性产物从血流进入脑组织或脑脊液，从而保护中枢神经系统。婴幼儿的血-脑脊液屏障发育尚未完善，故易发生脑膜炎、脑炎等中枢神经系统疾病。

（3）胎盘屏障：由母体子宫内膜的基蜕膜和胎儿绒毛膜组成。正常情况下，母体感染时的病原体及其有害产物不能通过胎盘屏障进入胎儿。但若在妊娠 3 个月内，因胎盘屏障尚不完善，母体中的病原体有可能经胎盘侵犯胎儿，干扰其正常发育，造成畸形甚至死亡。药物影响亦然。因此，在怀孕期间尤其是早期，应尽量防止发生感染并尽可能不用或少用不良反应大的药物。

2. 化学屏障　皮肤和黏膜分泌多种杀菌物质，抑制和杀灭入侵的病原微生物。例如皮肤的汗腺分泌乳酸使汗液呈酸性（pH 5.2～5.8），可抑制大多数致病菌的生长；皮脂腺分泌的脂肪酸，有杀细菌和真菌作用。

不同部位的黏膜能分泌溶菌酶、胃酸、蛋白酶等多种杀菌物质。

3. 微生物屏障　正常菌群构成的菌膜屏障是宿主抵御外籍菌感染最重要的防御系统之一。正常菌群通过与致病菌竞争黏附部位、竞争生存空间和营养物质，或者产生抗菌物质，可抑制致病菌的黏附与繁殖。例如口腔中唾液链球菌产生的 H_2O_2，能杀死脑膜炎奈瑟菌和白喉棒状杆菌；肠道中大肠埃希菌的大肠菌素(colicin)和酸性产物，能抑制志贺菌、金黄色葡萄球菌、白假丝酵母菌等；咽喉部甲型溶血性链球菌能抑制肺炎链球菌的生长等。当给患者长期使用抗菌药物时，正常菌群可能受到抑制，就会诱发菌群失调症，可见，保持正常菌群之间、正常菌群与其宿主之间的微生态平衡，对于防止致病菌感染十分重要。

（二）吞噬细胞

当致病菌突破宿主物理、化学和微生物屏障后，首先与致病菌接触并发动攻击的是吞噬细胞。人类的吞噬细胞(macrophage)分两类，一类是小吞噬细胞，主要是外周血中的中性粒细胞(neutrophil)；另一类是大吞噬细胞，主要是血中的单核细胞(monocyte)和各种组织中的巨噬细胞(macrophage)。

当致病菌侵入皮肤或黏膜到达体内组织后，中性粒细胞首先从毛细血管中逸出，聚集到致病菌所在部位，多数情况下，致病菌被吞噬消灭。若不被杀死则经淋巴管到附近淋巴结，在淋巴结内的吞噬细胞进一步将之吞噬杀死。淋巴结的这种过滤作用在机体免疫防御功能上具有重要地位，一般只有毒力强、数量多的致病菌才有可能不被完全阻挡而侵入血流或其他器官，然后再由血液、肝、脾或骨髓等处的吞噬细胞继续进行吞噬杀灭。吞噬细胞能吞噬和杀灭大多数种类的致病菌，同时释放多种细胞因子，引起炎症反应，并进一步协调宿主的获得性免疫应答。

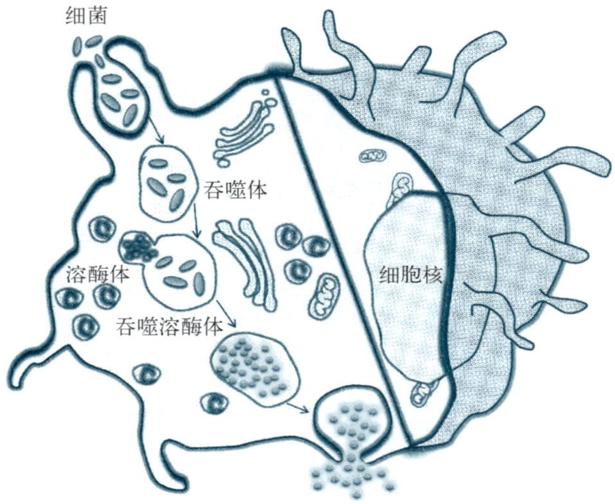

图 5-4　吞噬细胞对细菌的吞噬和消化过程

1. 吞噬和杀菌过程　吞噬和杀菌过程包括以下几个步骤(图 5-4)。

(1) 游走和趋化：入侵的致病菌可刺激吞噬细胞、内皮细胞等产生趋化因子(chemokine)，如 IL-1、IL-8、中性粒细胞激活蛋白 2(neutrophil activating protein-2, NPA-2)、巨噬细胞炎性蛋白(macrophage inflammatory protein, MIP)、单核细胞趋化蛋白(monocyte chemotactic protein, MCP)等。在趋化因子的作用下，吞噬细胞穿过毛细血管定向聚集到局部炎症部位。

(2) 识别与结合：吞噬细胞主要依靠其表面的模式识别受体(pattern recognitionreceptor, PRR)识别病原体表面的病原相关分子模式(pathogen-associated molecular pattern, PAMP)，并与之结合。吞噬细胞的模式识别受体有 Toll 样受体、脂多糖受体(CD14)、甘露糖受体、清道夫受体(scavengerreceptor)、核苷酸结合寡聚化结构域样受体(nucleotide-binding oligomerization domain like receptor, NOD-like receptor, NLR)等。

PAMP 是指病原微生物所共有的高度保守的特定分子结构，如革兰阴性菌的脂多糖(LPS)、革兰阳性菌的肽聚糖和膜磷壁酸等。吞噬细胞的 PRR 能够识别病原微生物表面相应的 PAMP，例如 Toll 样受体可通过胞外区的富含亮氨酸重复序列(leucine-rich repeat, LRR)功能区识别各种 PAMP。不同的 Toll 样受体识别不同的 PAMP。迄今为止，已发现十余种 Toll 样受体，几乎涵盖了人类所能遇到的所有病原体及其产物，从而赋予人类先天性抵抗感染的能力。再例如，革兰阴性菌细胞壁的 LPS 可被血清中的 LBP 结合，LPS-LBP 复合物又可被中性粒细胞上的 CD14 分子识别和结合。

PAMP 为微生物生存和致病性所必需，很少发生变异。PAMP 仅由微生物产生，不存在于高等哺乳动物中，免疫系统可借此区分“自己”与“非己”成分，即 PAMP 可作为病原微生物入侵的“危险信号”，诱发宿主免疫应答。

另外，吞噬细胞还可通过表面的抗体 IgG Fc 受体和补体 C3b 受体，借助二者的调理作用，识别并结合致病菌，从而促进吞噬。

（3）吞入：吞噬细胞识别致病菌后，细胞膜内陷，伸出伪足，将致病菌包围并摄入细胞内，形成由部分细胞膜包绕的内体（endosome）或吞噬体（phagosome），此为吞噬（phagocytosis）。对于病毒等较小物体，只在其附着处的细胞膜向细胞质内陷形成吞饮体（pinosome），将病毒等包裹在内，则为吞饮（pinocytosis）。

（4）杀灭：当吞噬体形成后，溶酶体（lysosome）与之靠近、接触，二者融合成吞噬溶酶体（phagolysome）。溶酶体内的溶菌酶、髓过氧化物酶（myeloperoxidase，MPO）、乳铁蛋白、防御素（defensin）、反应性氧中介物（reactive oxygen intermediate，ROI）和反应性氮中介物（reactive nitrogen intermediate，RNI）可杀死致病菌，而蛋白酶、多糖酶、核酸酶、脂酶等能将致病菌降解，绝大部分降解产物以胞吐方式排至吞噬细胞外，但其中有些被加工处理成抗原肽（表位），形成抗原肽-MHCⅡ类分子复合物，表达于巨噬细胞膜表面，提呈给 $CD4^+$ T 细胞识别，启动适应性免疫。

目前认为，吞噬细胞的杀菌机制分为以下三大类：

1）氧依赖性杀菌系统：致病菌与吞噬细胞接触进入胞内后，引起呼吸爆发，氧消耗量急剧上升，细胞内许多氧依赖性酶活化，将 O_2 还原成多种 ROI，对致病菌发挥高效杀伤活性。ROI 包括超氧阴离子（O_2^-）、过氧化氢（H_2O_2）、单态氧（$^1O_2$）、游离羟基（OH^-）等。O_2^- 和 H_2O_2 对细菌有直接毒性作用，$^1O_2$ 和 OH^- 均属作用短暂的强氧化剂，能严重破坏细菌的 DNA、膜脂类和蛋白质。在酸性条件下，髓过氧化物酶（myeloperoxidase，MPO）利用 H_2O_2 和氯化物，产生 HOCl 和 NH_2Cl，两者通过卤化作用破坏菌体蛋白。

2）氮依赖性杀菌系统：激活的中性粒细胞、巨噬细胞产生 NO 合成酶，合成 RNI（NO）。NO 具有高度抗菌活性，当其与 O_2^- 结合后可卤化成 NO_2^- 和 NO_3^-，主要在厌氧条件下发挥效应，具有更强大的抗细菌和抗真菌的作用。

3）氧非依赖性杀菌系统：即不需要分子氧参与的杀菌系统。主要包括溶菌酶、阳离子蛋白、弹性蛋白酶、防御素、乳铁蛋白、核酸酶的杀菌作用以及吞噬溶酶体内的因糖酵解产生的酸性产物的杀菌作用。

2. 吞噬后果　致病菌被吞噬细胞吞噬后，会出现以下两种结局。

（1）完全吞噬：大多数致病菌在吞噬溶酶体中会被杀灭和消化，未消化的残渣被排出细胞外，称为完全吞噬。例如，化脓性球菌被吞噬后，一般 5～10 min 内死亡，30～60 min 内被破坏。

（2）不完全吞噬：胞内寄生菌（如结核分枝杆菌、布氏菌、伤寒沙门菌、嗜肺军团菌等）在免疫力缺乏或低下的宿主中，虽被吞噬却未被杀死，称为不完全吞噬。不完全吞噬可使致病菌在吞噬细胞内得到保护，免受机体体液中非特异抗菌物质、特异抗体或抗菌药物等作用。有的致病菌甚至能在吞噬细胞内生长繁殖，导致吞噬细胞死亡，或随游走的吞噬细胞经淋巴液或血液扩散到人体其他部位，造成广泛病变。此外，吞噬细胞在吞噬过程中，溶酶体释放出的多种水解酶也能破坏邻近的正常组织细胞，造成组织的损伤和炎症反应。在巨噬细胞吞噬消化处理病原体的同时，还可将一些病原体的抗原决定簇经过加工、处理并提呈给 T 淋巴细胞，从而激活机体的适应性免疫应答。

（三）免疫分子

正常体液和组织中含有多种杀伤或抑制致病菌的物质，主要有以下几类。

1. 补体（complement）　是存在于血清和组织液中的经活化后具有酶样活性的一组球蛋白质，由巨噬细胞、肠上皮细胞、肝细胞和脾细胞等产生。在感染的早期，抗体尚未产生，补体可通过旁路途径或甘露糖结合凝集素途径，由肽聚糖、甘露糖残基、脂多糖和酵母多糖等活化。抗体产生后，抗原抗体复合物可激活补体的经典途径（classical pathway）。补体系统激活后产生的多种生物活性产物，可发挥趋化、炎症反应、促进吞噬、增强抗体介导的免疫应答、免疫黏附和溶解细菌等效应。

2. 急性期蛋白　是在细菌脂多糖等刺激下，由肝细胞产生的一组血浆蛋白，其主要功能是最大限度地激活补体系统和调理吞噬入侵的致病菌。包括 C-反应蛋白（C-reaction protein，CRP）、脂多糖结合蛋白、甘露糖结合凝集素（mannose-binding lectin，MBL）、血清淀粉样蛋白 A（serum amyloid A protein，SAA）和蛋白酶抑制剂等。MBL 能直接与致病菌表面甘露糖残基结合，介导调理吞噬作用，还可活化 MBL 相关的丝氨酸蛋白酶，激活补体系统。蛋白酶抑制剂可抑制吞噬细胞所释放酶类的活性，减少由致病菌感染所致的组织损伤。

3. 细胞因子　是指宿主受到致病菌感染后，由免疫细胞和非免疫细胞产生的具有免疫学活性的低分子量可溶性蛋白质，参与固有免疫的有 IL－1、IL－6、IL－12、IL－15 和 TNF－α 等，可引起发热、炎症反应、急性期反应等。

4. 抗菌肽(antibactrial peptid)　是由人和动物细胞产生的一类小分子多肽，是机体炎症反应的组成部分，具有广谱的抗菌活性。人体的能产生多种抗菌肽，其中以防御素(defensin)为主。防御素是一类富含精氨酸的小分子多肽(18～42 个氨基酸残基)，可分为 α-防御素、β-防御素和 θ-防御素三大类，主要由中性粒细胞、小肠潘氏细胞和上皮细胞产生。防御素是天然抗菌免疫中的直接效应分子，其杀菌机制是单体或双体的防御素分子以其疏水端插入致病菌细胞膜而形成离子孔道，造成细胞膜通透性增加，内外物质交换失控，细菌死亡。

5. 其他　正常人血液中还有阳离子蛋白、乙型溶素(β－lysin)、吞噬细胞杀菌素、白细胞介素、乳铁蛋白、血小板溶素等杀菌或抑菌物质。

二、适应性免疫

适应性免疫(adaptive immunity)是个体出生后，在生活过程中与致病菌及其毒性代谢产物等抗原分子接触后产生的，或通过人工免疫而获得的一系列免疫防御功能，担负“第二道防线”作用。其特点是针对性强，具有特异性，也称特异性免疫(specific immunity)；为后天获得，不能遗传给后代，需个体自身接触抗原后形成；具有免疫记忆性，再次接触相同抗原刺激，其免疫效应明显增加。

适应性免疫能识别不同种类的致病菌，而固有免疫只能识别为数不多的具有病原相关分子模式的致病菌。一般情况下，固有免疫能清除入侵的致病菌，如不能清除则诱发适应性免疫应答，以清除侵入的致病菌。适应性免疫可分为黏膜免疫(mucosal immunity)、体液免疫(humoral immunity)和细胞免疫(cell-mediated immunity)。

1. 黏膜免疫　黏膜免疫系统(mucosal immune system, MIS)又称为黏膜相关淋巴组织(mucosal associated lymphoid tissue, MALT)，主要包括呼吸道、消化道和泌尿生殖道黏膜上皮内和黏膜下固有层中弥散分布的无被膜淋巴组织，以及某些带有生发中心的器官化淋巴组织，如扁桃体、小肠派氏小结(Payer's patches)和阑尾。肠壁中的派氏小结在诱导黏膜免疫应答中起重要作用。分布于黏膜上皮细胞之间的 M 细胞(microfold cell)是一种特化的上皮细胞，其可作为抗原捕获细胞或抗原转运细胞，以吞饮方式将致病菌等抗原吞入胞内，再将其转运到黏膜上皮下方的 Payer 集合淋巴结中，抗原再被巨噬细胞或树突状细胞等抗原提呈细胞摄取。在 Payer 集合淋巴结中，抗原递呈细胞、T 细胞、B 细胞等发生相互作用，B 细胞活化、分化为浆细胞，合成和分泌大量特异性抗体。其中主要是 IgA，与分泌片结合后成为分泌型 IgA(sIgA)，可在第一时间阻断致病菌在黏膜上皮细胞表面的黏附与定植。由于大多数致病菌感染是从黏膜侵入或仅发生在黏膜局部，故黏膜免疫在抗菌免疫的作用日益受到重视。

2. 体液免疫　体液免疫是由 B 细胞介导，主要由特异抗体发挥免疫效应的免疫应答，在抵御胞外菌的感染及其产生的毒素中起重要作用。当机体受到某些致病菌和(或)其产物刺激后，在抗原提呈细胞和 $CD4^+$ Th2 细胞辅助下，B 细胞活化，分化增殖为浆细胞。随抗原性质、进入途径、应答过程等不同，浆细胞可合成和分泌 IgG、IgM、IgA、IgD 和 IgE 五类免疫球蛋白。根据它们在抗菌免疫中的作用，可分为抗菌抗体(调理素)和抗外毒素抗体(抗毒素)。

3. 细胞免疫　细胞免疫是由 T 细胞介导的免疫应答，在抵御胞内菌感染中起主要作用。当某些胞内菌侵入人体后，经抗原递呈细胞加工处理后，形成抗原肽(表位)－MHC 分子复合物，递呈给 T 细胞识别，在协同刺激信号和细胞因子的作用下，T 细胞活化，分化为效应 T 细胞(主要是 $CD4^+$ Th1 细胞和 $CD8^+$ CTL 细胞)。$CD4^+$ Th1 细胞可分泌多种细胞因子，激活中性粒细胞、巨噬细胞、NK 细胞和 CTL，诱发慢性炎症反应或迟发型超敏反应，破坏受胞内菌感染的细胞；而 CTL 可直接、连续、特异性地杀死胞内菌感染的靶细胞。

三、抗菌感染的免疫特点

根据致病菌与宿主细胞的关系，可分为胞外菌(extracellular bacteria)和胞内菌(intracellular bacteria)。

宿主免疫系统对胞外菌的抗感染免疫主要依靠体液免疫和黏膜免疫，而对胞内菌的抗感染免疫主要依赖 T 细胞免疫。

（一）抗胞外菌感染的免疫

胞外菌寄居在宿主细胞外的组织间隙和血液、淋巴液、组织液等体液中。大多数致病菌属胞外菌，如葡萄球菌、链球菌、肺炎链球菌、脑膜炎奈瑟菌、淋病奈瑟菌、霍乱弧菌、白喉棒状杆菌、破伤风梭菌和流感嗜血杆菌等。胞外菌的致病机制主要有：① 产生内、外毒素等毒性物质；② 引起炎症反应。入侵的胞外菌主要由中性粒细胞、单核细胞和巨噬细胞杀灭和清除，特异性体液免疫和黏膜免疫是抗胞外菌感染的主要适应性免疫机制。特异性抗体的作用有：

1. 阻挡致病菌黏附与定植　黏膜免疫系统可产生 sIgA，释放到多种黏膜分泌液中，如乳汁、泪液和唾液。乳汁中的 sIgA 可将母体有关抗体传递给乳儿，使新生儿免受感染等。sIgA 与黏膜表面相应的致病菌结合后，可阻断致病菌在黏膜上皮细胞表面黏附与定植。

2. 调理作用　IgG 可作为调理素，其 Fab 段与致病菌或抗原结合，Fc 段与中性粒细胞、巨噬细胞表面的 Fcγ 受体结合，促进吞噬。例如有荚膜的致病菌因荚膜的抗吞噬作用而不易被吞噬，但在特异性的荚膜抗体的协同作用下，能被吞噬细胞调理吞噬。

3. 激活补体溶菌　IgM 和 IgG 抗体与致病菌结合后形成抗原抗体复合物，可激活补体经典途径，形成攻膜复合体(membrane attack complex, MAC)，导致细菌溶解；补体激活过程中的 C3a、C5a 等产物能介导急性炎症反应；产生的 C3b 和 C4b 可覆盖于致病菌表面，它们分别与吞噬细胞上的补体受体 CR1 和 CR3 结合，从而进一步促进吞噬细胞的吞噬作用。补体与抗体两者联合，调理作用更强。

4. 抗体依赖性细胞介导的细胞毒效应(antibody dependentcell-mediated cytotoxicity, ADCC)　感染胞内菌的细胞可在细胞表面表达病原菌的特异性抗原，可被 IgG 类抗体的 Fab 段识别和特异性结合，而 Fc 段可与 NK 细胞等表面的 Fc 受体结合，增强或触发 NK 细胞对靶细胞的杀伤作用，称之为抗体依赖性细胞介导的细胞毒效应，其主要发挥破坏胞内菌感染的作用。

5. 中和外毒素　外毒素刺激机体产生的抗毒素是一种中和抗体，与外毒素结合后，可封闭外毒素的毒性部位或阻止其与敏感细胞表面的受体结合，所形成的免疫复合物最终为吞噬细胞等吞噬清除。

细胞免疫在某些胞外菌感染的免疫中也起到一定的作用。参与胞外菌免疫应答的 T 细胞主要是 $CD4^+$ Th2 细胞。它们除辅助 B 细胞对 TD－Ag 产生抗体外，尚能产生多种细胞因子，如 IL－4、IL－5、IL－6 和 IL－10 等细胞因子，促进巨噬细胞的吞噬和杀伤，募集和活化中性粒细胞等，引起局部炎症反应，以阻止致病菌从感染部位扩散。但是，若产生过量的细胞因子，可对机体造成严重危害，甚至死亡。有些胞外菌与人体某些组织、细胞存在着交叉抗原，这些病菌诱生的抗体有可能与这些组织、细胞发生超敏反应而致病。最具代表性的疾病是 A 群链球菌感染后的风湿热和肾小球肾炎。

（二）抗胞内菌感染的免疫

胞内菌又分兼性和专性两类，兼性胞内菌(facultative intracellular bacteria)在宿主体内主要寄居在细胞内生长繁殖；亦可在体外无活细胞的适宜环境中生存和繁殖。在医学上重要的兼性胞内菌有结核分枝杆菌、麻风分枝杆菌、伤寒沙门菌、布鲁菌、嗜肺军团菌、产单核细胞李斯特菌等。专性胞内菌(obligate intracellular bacteria)则不论在宿主体内或体外，都只能在活细胞内生长繁殖，立克次体、柯克斯体和衣原体等属于专性胞内菌。

胞内菌的感染有低细胞毒性、呈慢性过程的特点，主要通过病理性免疫损伤而致病。由于胞内菌的毒力低，利于病原菌和宿主细胞长期共存，否则宿主细胞快速死亡就会使胞内菌失去赖以生存的微环境。而胞内菌在宿主体内的长期存在，就会产生持续的抗原刺激，形成胞内菌感染常有的肉芽肿病变特征。肉芽肿既可阻挡致病菌的扩散，亦对宿主局部造成一定的病理损伤，最具代表性的疾病是结核分枝杆菌引起的肺结核。

由于特异性抗体不能进入细胞内发挥作用，故抗胞内菌的感染主要依靠以 T 细胞为主的细胞免疫。其特异性细胞免疫应答主要依靠 Th1 细胞和 CTL。$CD4^+$ Th1 细胞可产生 IFN－γ、IL－1、TNF－α 等细胞因子介导迟发型超敏反应和活化 CTL。IFN－γ 是巨噬细胞最强激活剂，可增强其吞噬杀菌能力。活化的巨噬细胞释放的 IFN－γ、IL－1 和溶酶体酶等炎性因子，可促进感染部位的血管内皮细胞黏附分子的表达，募集大量的吞噬细胞移向炎症部位，加重炎症反应（迟发型超敏反应），有利于对胞内菌的清除。活化的 CTL 能分泌穿孔素（perforin）和颗粒酶（granzyme），破坏受胞内菌感染的细胞，亦可激活半胱天冬氨酸蛋白酶（caspase），或提供 Fas 配体与靶细胞上的 Fas 受体结合，诱导受感染的细胞发生凋亡，释放出致病菌，再由抗体或补体等调理后，由吞噬细胞吞噬消灭。

第四节　感染的发生与发展

细菌感染的发生、发展和结局，取决于细菌的致病能力和机体的抗感染能力，这两个力量的消长和变化决定了感染的发生、发展和结局。

在感染性疾病中，根据病原体来源分为外源性感染（exogenous infection）和内源性感染（endogenous infection）；依据感染发生场所，可分为社区感染（community-acquired infection）和医院感染（nosocomial infection）。

一、感染的来源

（一）外源性感染

病原菌来源于宿主体外的细菌感染称外源性感染。由外界致病菌侵入而致病的，多见于有毒力病原菌引起，如细菌性痢疾和病毒性肝炎等。外源性传染源主要有：

1. *患者*　患者从疾病潜伏期一直到恢复期，都有可能将病原菌传播给他人，大多数感染是在人与人之间传播的。

2. *带菌者*　有些传染病患者恢复后的一定时间内仍处于带菌状态，不时地向体外排菌，称为恢复期带菌者，也有一些健康人携带某种致病菌，因其不出现临床症状，称为健康带菌者。健康带菌者和恢复期带菌者是很重要的传染源，因不易被人察觉，难以控制，故其作为传染源的危害性大于患者。如伤寒和痢疾的恢复期带菌者可不断地排除病原体而污染环境。

3. *病畜和带菌动物*　病畜和带菌动物携带的病原体可传播给人，这些病原菌可引起人畜共患病。如炭疽芽胞杆菌、鼠疫耶尔森菌、布鲁菌和鼠伤寒沙门菌等可经动物传播给人。

（二）内源性感染

来自患者自身体表或体内的细菌引起的感染称为内源性感染。多由体内寄生的正常微生物群引起的，因为必须在特定的条件下才能致病，故又称条件致病菌或机会致病菌，如肠道中的大肠埃希菌的感染。

二、感染的途径

1. *消化道感染*　经消化道摄入了被某些病原菌污染的饮水、食物引起的感染，如伤寒、细菌性痢疾和细菌性食物中毒等。

2. *呼吸道感染*　致病菌在患者或带菌者咳嗽、喷嚏、高声说话时而随唾液、痰液等排出体外，播散到空气中，经呼吸道传播给易感人群。如肺结核、白喉等。

3. *创伤感染*　致病菌通过破损的皮肤和黏膜或皮肤的细小裂隙而引起人体的感染，如皮肤的化脓性感染、破伤风和气性坏疽等。

4. *节肢动物叮咬感染*　有些致病菌可通过吸血昆虫为媒介而传播疾病。例如人类鼠疫由鼠蚤传播，恙虫病由恙螨幼虫传播等。

5. *性接触感染*　主要通过人类的性行为方式而引起的感染，这些疾病称为性传播疾病（sexually transmitted diseases，STD）。如梅毒、淋病、软下疳、性病淋巴肉芽肿、非淋菌性尿道炎、尖锐湿疣和生殖器疱疹等。性病的种类多、传播快，危害人类的健康和生命，已成为人类面临的重大公共卫生问题。

6. *多途径感染*　有些致病菌的可经呼吸道、消化道和皮肤创伤等多种途径传播。例如结核分枝杆菌、炭疽芽胞杆菌等。

三、感染的类型

感染的发生、发展和结局取决于人体的抗菌免疫力和致病菌的致病能力，是二者相互作用的复杂过程。根据两者力量的对比，感染类型可以出现隐性感染（inapparent infection）、显性感染（apparent infection）和带菌状态（carrier state）等不同临床表现。感染的类型可随着双方力量的消长而相互转化或交替出现。

（一）隐性感染

当宿主的抗感染免疫力较强，或侵入的病菌数量不多、毒力较弱，感染后对机体损害较轻，不出现或出现不明显的临床症状，是为隐性感染，又称亚临床感染（subclinical infection）。在大多数传染病流行中，隐性感染者一般约占人群的 90%或更多。隐性感染后，机体常可获得足够的特异性免疫力，能抵御相同致病菌的再次感染。结核、白喉和伤寒等常有隐性感染。

（二）显性感染

当宿主体抗感染的免疫力较弱，或侵入的致病菌数量较多、毒力较强，机体的组织细胞受到不同程度的损害，出现一系列的临床症状和体征，是为显性感染。

临床上按病情缓急不同，显性感染可分为：

1. *急性感染*（acute infection） 发作突然，病程较短，一般是数日至数周。病愈后，致病菌从宿主体内消失。如脑膜炎奈瑟菌、霍乱弧菌等可引起急性感染。

2. *慢性感染*（chronic infection） 病程缓慢，常持续数月至数年。胞内菌往往引起慢性感染，如结核分枝杆菌、麻风分枝杆菌等。

临床上按感染的部位和性质不同，显性感染可分为：

1. *局部感染*（local infection） 致病菌侵入宿主后，仅局限在一定部位生长繁殖，引起局部病变。例如化脓性球菌所致的疖、痈等。

2. *全身感染*（generalized infection；systemic infection） 感染发生后，致病菌或其毒性代谢产物向全身播散引起全身性症状。临床上常见的有下列几种情况：

（1）毒血症（toxemia）：致病菌侵入宿主体后，只在机体局部生长繁殖，不进入血循环，但其产生的外毒素入血，经血液到达易感的组织和细胞，引起特殊的毒性症状。例如白喉、破伤风等。

（2）内毒素血症（endotoxemia）：革兰阴性菌侵入血流，并在其中大量繁殖、死亡崩解后释放出大量内毒素；也可由病灶内大量革兰阴性菌死亡后释放的内毒素入血所致。在严重革兰阴性菌感染时，常发生内毒素血症，例如小儿急性中毒性菌痢。

（3）菌血症（bacteremia）：致病菌由局部侵入血流，但未在血流中生长繁殖，只是短暂的一过性通过血循环到达体内适宜部位后，再进行繁殖而致病，例如伤寒早期有菌血症期。

（4）败血症（septicemia）：致病菌侵入血液并在其中大量繁殖，产生毒性产物，引起全身性中毒症状，例如高热、皮肤和黏膜瘀斑、肝脾肿大等。例如鼠疫耶氏菌、炭疽芽胞杆菌等可引起败血症。

（5）脓毒血症（pyemia）：指化脓性病菌侵入血液并在其中大量繁殖，除引起原发感染外，还通过血流扩散至机体的其他组织或器官，产生新的化脓性病灶。例如金黄色葡萄球菌的脓毒血症，常导致多发性肝脓肿、皮下脓肿和肾脓肿等。

（三）带菌状态

致病菌在显性或隐性感染后并未立即消失，在体内继续留存一定时间，与机体免疫力处于相对平衡状态，是为带菌状态，该宿主称为带菌者（carrier）。例如伤寒、白喉等病后常可出现带菌状态。由于带菌者没有临床症状，但能不断地或间歇地排出致病菌，故带菌者是重要的传染源之一。

四、环境因素对感染的影响

感染的轻重除取决于致病菌和宿主两方外，自然因素和社会因素对感染的发生、发展亦有明显影响。

自然因素包括气候、季节、温度、湿度和地理条件等诸方面。例如季节不同，流行的传染病种类就不同。

冬季易发生呼吸系统传染病，因寒冷能降低呼吸道黏膜的抵抗力；同时室内活动较多，门窗经常关闭，空气流通少，增加了与致病菌接触的机会。夏季易发生消化系统传染病，人体因天热而大量饮水，胃酸被稀释，使其杀菌效率降低；又因夏季气温高，利于苍蝇等昆虫孳生，增多传播机会。有些传染病有地区性，例如原始森林地区或未开垦地带存在着野生动物或吸血昆虫间流行的人畜（兽）共患传染病，一旦人类进入这些自然疫源地，就有可能传播给人，甚至在人群中造成流行。

社会因素对感染的发生和传染病的流行影响也很大。战争、灾荒、贫困等促使传染病的发生和流行。保护人类的生存环境，避免空气、水源的污染，开展防病、治病的卫生健康运动，提高人民的身体素质和健康水平，则有助于传染病的控制和消灭。

第五节　医院感染

医院感染又称医院获得性感染（hospital acquired infection），是指患者或医院工作人员在医院内获得并产生临床症状的感染。由于感染有一定的潜伏期，因此医院感染也包括在医院内感染而在出院后才发病的感染。若患者在入院前已发生感染或已处于感染的潜伏期，则不属于医院感染，而属于社区感染。

医院感染的判定标准是：① 对于有明确潜伏期的疾病，自入院第一天算起，超过平均潜伏期后所发生的感染；对于无明确潜伏期的疾病，发生在入院 48 h 后的感染；② 患者发生与上次住院直接有关的感染；③ 在原有感染的基础上，出现新的与原有感染无关的不同部位的感染，或者在原感染部位已知病原体的基础上，又培养出新的病原体（包括菌株的新种、属、型）；④ 新生儿经产道时发生的感染，或发生于分娩 48 h 后的感染；⑤ 由于诊疗措施激活的潜在性感染，如疱疹病毒、结核杆菌等的感染；⑥ 医务人员在医院工作期间获得的感染。

随着现代医疗技术的快速发展，侵入性诊疗操作、器官移植、化疗以及糖皮质激素、免疫抑制剂和抗生素的广泛应用，加之社会人群构成的老龄化以及慢性疾病患者的增加等因素，随之而带来的医院感染问题也日益突出，并呈现增多趋势。目前医院感染发生率高达 5%～20%，已成为全球性公共卫生问题。

一、医院感染的类型

根据感染来源的不同，可将医院感染分为外源性医院感染（exogenous nosocomial infection）和内源性医院感染（endogenous nosocomial infection）二大类，以内源性感染为主。

（一）外源性医院感染

外源性感染是指患者受到医院内非自身存在的微生物侵袭而发生的感染。根据感染来源和方式又可分为：

1. 交叉感染（cross infection）　由医院内患者、病原携带者或医务人员直接或间接接触引起的感染。感染性疾病患者与病原携带者体内的病原微生物以自然或人为方式排出，一旦侵袭适当宿主（主要是患者）即可引起感染。例如巨细胞病毒感染者如做供肾者，可使受肾者发生感染。

2. 医源性感染（iatrogenic infection）　在治疗、诊断和预防过程中，由于所用器械消毒不严或医护用品被污染而造成的感染。医院环境干燥，常有葡萄球菌、肠球菌、结核分枝杆菌、非发酵革兰阴性杆菌（如假单胞菌、不动杆菌等）和肠杆菌科细菌（如克雷伯菌、肠杆菌、沙雷菌）等存在于医院的公共设施，如紫外线灯的灯架、肥皂盒中的液体、水池、水龙头、拖把，甚至空调机等处。这些致病菌常常引起医院感染。将被微生物污染的各种插入性诊治器材直接接触体内组织或无菌部位，亦可造成感染。革兰阴性杆菌（如肠杆菌科菌）还常常污染输液用液体，引起输液反应的流行。

（二）内源性医院感染

内源性医院感染又称自身感染（self-infection），是指患者自身的正常菌群由于机体免疫功能下降、体内微生态失衡或接受侵（介）入性诊治措施而引起菌群失调或定位转移，进而导致的医院感染。例如寄居在肠道或口咽部的条件致病菌引起的医院获得性肺炎；尿道口处细菌经导尿管上行后引起的尿路感染；与抗菌药物相关的假膜性肠炎等菌群失调症等，均与患者自身的正常菌群密切相关。

二、医院感染常见病原体及其特点

（一）常见病原体

随着治疗方法、药物种类、诊断技术的发展变化，医院感染的病原体种类亦随之改变。目前，医院感染常见的病原体有大肠埃希菌、铜绿假单胞菌、金黄色葡萄球菌、肠球菌、克雷伯菌属和凝固酶阴性葡萄球菌（表5-5）。其中，革兰阴性杆菌感染发生率超过50%。真菌感染逐年增长，至20世纪90年代中期已占病原体的15%，主要是白假丝酵母菌。由于现代医疗技术的发展，植入和介入性诊疗操作逐渐增多，由细菌生物被膜引起的医院内感染的发生率也在不断增高。

表5-5 医院感染的常见病原体

感染部位	常见病原体
肺部感染	铜绿假单胞菌、肺炎克氏菌、金黄色葡萄球菌、大肠埃希菌、阴沟肠杆菌、产气肠杆菌、沙雷菌属、嗜肺军团菌等
泌尿道感染	大肠埃希菌、表皮葡萄球菌、变形杆菌属、肠球菌属、铜绿假单胞菌、肺炎克氏菌、白假丝酵母菌等
感染性腹泻	
非侵袭型腹泻	霍乱弧菌、产毒素性大肠埃希菌、金黄色葡萄球菌等
侵袭型腹泻	志贺菌、沙门菌、空肠弯曲菌等
抗菌药物相关性腹泻	艰难梭菌、白假丝酵母菌等
手术部位感染	葡萄球菌、大肠埃希菌、甲型链球菌、肠杆菌、铜绿假单胞菌、克雷伯菌、类杆菌和真菌等
菌(败)血症	葡萄球菌、肠球菌、大肠埃希菌、肠杆菌、肺炎克氏菌、铜绿假单胞菌、不动杆菌
与输血相关的传染病	人类免疫缺陷病毒、丙型肝炎病毒、乙型肝炎病毒、梅毒螺旋体等

（二）常见病原体特点

医院感染的常见病原体具有以下微生态学特点：

1. *大多为机会致病菌* 引起医院感染的病原微生物多种多样，但更多的是患者自身体内的毒力较低的、甚至是无致病力的机会致病性微生物，如凝固酶阴性葡萄球菌、大肠埃希菌、白假丝酵母菌等，以及来自医院环境中的非致病微生物。

2. *常常具有耐药性* 由于在医院环境内的微生物长期接触大量抗生素，医院内耐药菌的检出率高，部分还是多重耐药菌株，使许多抗生素失效。对于同一种细菌，在医院内和医院外分离的菌株有不同的耐药性，前者耐药性较强，且涉及抗菌药物的种类较广。

3. *具有特殊的适应性* 一些细菌在获得耐药性质粒的同时，也可能获得侵袭力及毒素基因，从而增强其毒力，更容易攻击免疫力低下的宿主。例如表皮葡萄球菌具有黏附于塑料表面的能力，如果塑料静脉插管受到该菌污染，可使心脏手术和插静脉导管的患者引起败血症和感染性心内膜炎；铜绿假单胞菌常侵袭用呼吸机治疗的患者，该菌在新鲜蒸馏水中经48 h培养，仍能繁殖，经蒸馏水传代后，对一些常用消毒剂产生抵抗力。

4. *常发生耐药种类的变迁* 医院感染的微生物种类随着抗菌药物品种及其使用年代的不同而发生变迁。医院感染病原菌总的变迁趋势是由毒力高的药物敏感株向毒力低的多重耐药株发展。

在抗生素应用以前，医院感染以化脓性链球菌和肺炎链球菌为主；20世纪50年代青霉素开始应用于临床后，金黄色葡萄球菌取代链球菌成为主流；70年代，随着耐β-内酰胺酶等新型青霉素应用，革兰阴性菌感染增多，且以肠杆菌科细菌为主，同时耐甲氧西林金黄色葡萄球菌（MRSA）感染增多；氨基糖苷类和广谱青霉素问世后，铜绿假单胞菌感染增多；80年代后期第三代头孢菌素开始大量应用，耐药的革兰阳性球菌和真菌逐渐成为医院感染的主要病原菌；90年代以后，除MRSA感染继续增多外，耐万古霉素肠球菌（vancomycin-resistant enterococci, VRE）、耐青霉素肺炎链球菌、多重耐药结核杆菌也日渐增多；近年来，产超广谱β-内酰胺酶（extended spectrum β-lactamase, ESBL）的大肠埃希菌和肺炎克雷伯菌引起的感染日趋严重。

三、医院感染的传播方式

医院感染的传播途径与医院这一特殊环境、患者这一特殊群体密切相关。

（一）接触传播

1. 直接接触传播　在医院、患者之间、患者与医护人员之间通过直接接触，易发生医院感染，如痢疾志贺菌、甲型肝炎病毒等引起的消化道感染。

2. 间接接触传播　这是目前医院感染的主要传播方式，主要是经医务人员的手、医疗器械（尤其是反复高频使用的、不易达到消毒彻底的器械）、患者的生活用具等传播。医务人员手的功能决定了它最易反复被微生物污染，既要接触有菌的物体，又要接触无菌的用品。如果手的清洗与消毒稍有疏忽，将为间接接触传播提供条件。在现代医院，侵入性诊治手段甚多，如插（导）管及内镜的使用、穿刺、注射、血液或腹腔透析、外科手术、器官移植、介入性治疗、呼吸机的使用等，均有可能将病原微生物直接带入患者体内，也可使患者自身的微生物转移至非正常寄居部位或无菌部位，引发医院感染，如导尿相关性感染、内镜相关性感染等。

（二）空气-飞沫传播

患者排泄物和分泌物（如飞沫、痰液、脓汁和粪便等）携带大量的微生物，可严重污染医院空气。许多呼吸道传染病，如肺结核和流行性感冒等，可经空气飞沫传播。雾化器、湿化器等吸入治疗装置内的液体若被致病菌污染，也可发生感染。空调系统形成的气溶胶，若被嗜肺军团菌污染，可发生军团菌肺炎。

（三）血液-体液传播

输血相关性感染主要包括丙型肝炎、乙型肝炎、获得性免疫缺陷综合征、巨细胞病毒感染、梅毒等。供静脉滴注的液体若被细菌（如葡萄球菌、肠球菌、链球菌、大肠埃希菌、肠杆菌属、奇异变形杆菌、克雷伯菌属）及真菌（假丝酵母菌属）等污染，可引起原发性菌血症。此外，食用被致病菌污染的饮水、食物以及口服药物亦可引起医院感染。

四、易感染人群

病原体传播到宿主后，是否引起感染除了取决于病原体的毒力外还取决于宿主的易感性。医院感染的易感人群主要有：

1. 机体免疫功能严重受损者或低下者　如接受抗癌药物、皮质激素、放疗等患者以及各种造血系统疾病、恶性肿瘤、糖尿病、慢性肾病及肝病等患者，其体液免疫、细胞吞噬能力等均有明显影响，使患者对病原微生物易感。

2. 婴幼儿及老年人　因婴幼儿免疫机能发育尚未成熟，而老年人生理防御机能减退，使得婴幼儿和老年人的医院感染率较高。

3. 长期使用广谱抗菌药物者　长期使用广谱高效抗菌药物，可使患者发生菌群失调和细菌耐药性产生，从而对病原微生物易感。

4. 接受各种侵入性诊疗操作的患者　这些操作可直接损伤机体皮肤与黏膜的屏障作用，给病原微生物的侵入提供了有利的途径。同时如果无菌操作不严或器械污染，则可直接将病原体带入患者体内而导致感染，甚至在体内形成细菌生物被膜，出现慢性、持续性和反复发作等难治性感染。

此外，住院时间长、营养不良的患者也易发生医院感染。

五、医院感染的预防与控制

消毒灭菌、严格无菌操作技术、有效隔离、合理使用抗生素以及监测和评价等是有效控制医院感染的关键措施。

1. 消毒灭菌　消毒是预防感染、切断传播途径的基本手段之一，能否预防控制感染的扩散往往取决于消毒工作的质量。

（1）进入人体组织、无菌器官的医疗器械、器具和物品（如用于注射、穿刺、采血等有创操作的医疗器具）必须达到灭菌水平。

（2）接触皮肤、黏膜的医疗器械、器具和物品必须达到消毒水平。

（3）消毒药械、一次性医疗器械和器具必须符合国家的有关规定。

（4）一次性使用的医疗器械、器具不得重复使用。

（5）消毒灭菌后，应进行效果监测。

（6）强调经常洗手，注意手部皮肤清洁和消毒。

2. 隔离预防　隔离预防（isolation precautions）是防止病原微生物从患者或带病原者传给其他人群的一种保护性措施。做好隔离预防工作对保护医务人员、患者及其他人员、预防医院感染和杜绝扩散极为重要。医院感染的隔离预防应以切断病原体传播途径作为制定隔离措施的主要依据，同时应考虑病原微生物和宿主因素的特点。医疗建筑要布局合理，各种流程符合医院环境卫生学要求，在具有满足医院各专业功能需求的同时，还应具有隔离预防的功能，区域划分规范、界限明确、标识清楚。医院还应制定严格完善的隔离预防与管理制度，构建经常性监督检查机制，确保各部门和相关科室加强管理、认真落实。

3. 合理使用抗菌药物　抗菌药物是医院内应用最广泛的一类药物，抗菌药物的使用不当是造成医院感染的重要原因，合理使用抗菌药物是降低医院感染的有效手段。应根据不同情况有针对性的选用不同抗生素，尽量避免使用广谱抗生素以避免出现耐药性及菌群失调症。药物敏感试验有助于医院感染的控制。

4. 医院感染监测　医院感染监测是控制医院感染的首要措施，其目的是减少各种感染的危险因素，降低感染发病率。应定期对住院患者进行随机检测以掌握医院感染的流行情况，并迅速采取监控措施，防止疾病的蔓延。

小　结

致病菌是能使宿主致病的细菌，不能造成宿主感染的细菌称为非致病菌。非致病菌在正常情况下并不致病，其中有些还是宿主正常菌群的组成部分，但在某些特定条件下，由于微生态失衡使之成为机会致病菌而引起感染。

致病菌的致病性与其本身的毒力、侵入数量和侵入部位有关。毒力的物质基础是侵袭力和毒素。侵袭力由菌体表面结构和侵袭性物质组成。毒素包括外毒素和内毒素。机体的体液免疫主要发挥对胞外菌的抗感染作用，而对于胞内菌感染则主要依靠细胞免疫。

根据致病菌致病能力和宿主免疫力的强弱对比不同，可出现隐性感染、显性感染和带菌状态三种类型。显性感染按病情缓急分为急性和慢性感染，按感染的部位和性质分为局部感染和全身感染，后者有毒血症、菌血症、败血症、脓毒血症、内毒素血症等临床类型。

医院感染指在医院内获得的感染，与抗生素的使用、新的诊疗技术的应用等有密切的关系。医院感染的病原体大多为机会致病菌、常具有耐药性及常发生耐药种类的变迁。通过消毒灭菌、隔离预防以及合理使用抗菌药物可有效地预防和控制医院感染的发生。

【复习思考题】

1. 病原菌感染人体后所出现的各种感染类型与病原菌、宿主本身和环境有何关系？
2. 内毒素和外毒素的主要区别是什么？
3. 名词解释：感染、侵袭力、隐性感染、带菌者、毒血症、内毒素血症、菌血症、败血症、脓毒血症、医院感染。

（张　雷）

第六章

细菌感染的检查方法与防治原则

学习要点

掌握：① 标本的采集原则；② 病原菌检验程序。

熟悉：① 血清学诊断的原理及常用方法；② 人工免疫、人工主动免疫和人工被动免疫的概念及区别。

了解：① 细菌感染的治疗；② 新疫苗的研制和发展。

对细菌感染性疾病作出及时、准确的诊断，对临床合理治疗、预防和控制感染性疾病的蔓延，具有重要的意义。细菌感染的检查应根据临床症状与体征，采集合适的临床标本，进行细菌学和血清学检验，前者包括病原菌的分离培养、形态学检查、代谢产物和毒素测定、细菌抗原及其核酸检测；后者指患者血清特异性抗体检测，以达到对感染性疾病的确诊，同时为临床合理用药和预防提供依据。

对细菌感染的特异性预防可采用人工免疫，即接种疫苗、类毒素等制剂。对细菌感染性疾病的治疗主要是采用抗菌药物。

第一节　细菌感染的检查方法

细菌感染的检测主要包括以检测致病菌为目的的细菌学诊断(bacteriological diagnosis)、检测致病菌分子成分(抗原分子和核酸等)为目的的分子诊断(molecular diagnosis)以及检测患者血清中特异性抗体为目的的血清学诊断(serological diagnosis)。细菌感染的微生物学检查程序见图 6-1。

一、标本的采集和送检

标本采集与送检的质量直接影响实验结果准确性，因此在标本的采集、送检和保存的各个环节均要规范操作，严格进行质量控制，这是确保实验结果准确可靠的前提。标本采集与送检过程应遵循下列原则：

1. 早期采集　采集时间最好是病程早期、急性期或症状典型时，尽量在抗菌药物使用之前采集标本。

2. 无菌采集　尽量避免患者正常菌群或外界环境中杂菌污染标本。目前内源性感染呈不断上升趋势，因而从呼吸道、消化道、泌尿生殖道、伤口或体表分离可疑致病菌时，应与其特定部位的正常菌群及临床表现一并加以考虑。

3. 根据不同的疾病和不同的病程，采集相应的临床标本　不同的致病菌可能引起不同器官系统的感染，应采集相应部位的标本；同一致病菌在患者不同病程的体内分布和排出部位可能不同，应采集不同的标本。例如流行性脑膜炎患者取脑脊液、血液或出血瘀斑；伤寒患者在病程第 1～2 周内取血液，第 2～3 周时

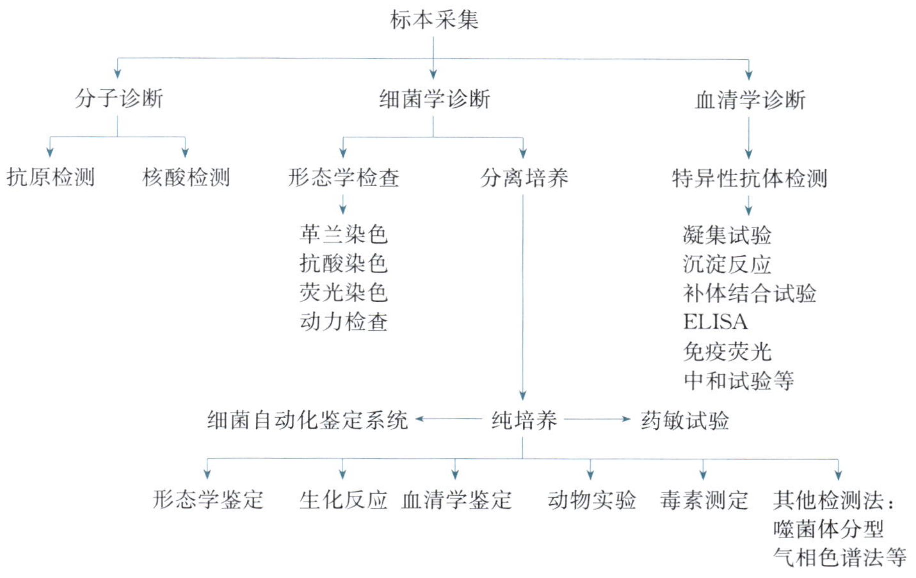

图 6-1　细菌感染的微生物学检查程序

可取粪便。尽可能采集病变明显部位的材料。

4. 采集适量的标本　采集量不应过少，例如自动化仪器要求成人采血量是 8～10 mL，儿童为 1～5 mL；脑脊液需要 3～5 mL。

5. 标本采集后尽快送检　细菌学检查标本必须新鲜，尤其是检测抵抗力弱的细菌。若不能立即送检，应将标本置于特殊的转运培养基中，低温保存，以减缓致病菌的死亡，阻止杂菌的过度生长。送检过程中，除不耐寒冷的脑膜炎奈瑟菌、淋病奈瑟菌等要保温外，多数菌可冷藏送运。

6. 安全采集和转运　采集和转运标本是不仅要防止皮肤和黏膜正常菌群对标本的污染，同时也要注意生物安全（biosafety），防止病原菌传播和操作者自身感染。

二、细菌学诊断

细菌感染的细菌学诊断包括形态学检查、病原菌的分离培养与鉴定和细菌毒素的检查等。细菌的形态学检查可从标本中直接检查病原菌，对细菌感染作出早期诊断。

（一）形态学检查

主要有不染色标本检查法和染色标本检查法。

1. 不染色标本检查　主要用于检查生活状态下细菌的动力及其运动状况。常用的方法有压滴法和悬滴法，可用普通光学显微镜观察，若用暗视野显微镜或相差显微镜观察，则效果更好。例如含霍乱弧菌或螺旋体等细菌标本，可采用此方法检查，对于疾病的早期初步诊断具有重要意义。

2. 染色标本检查　细菌标本经染色后，除能清楚看到细菌形态、大小、排列方式外，还可根据染色反应将细菌进行分类，因此染色标本的检查法在细菌的鉴定中应用最广泛。凡在形态和染色性上具有特征的致病菌，直接涂片染色后镜检有助于初步诊断。例如痰中查见抗酸阳性的细长杆菌，脑脊液或淤血点中查到肾形、成双排列的革兰阴性球菌，脓液中发现革兰阳性葡萄串状球菌，或咽喉假膜中有异染颗粒的棒状杆菌时，可分别初步诊断为结核分枝杆菌、脑膜炎奈瑟菌、葡萄球菌或白喉棒状杆菌。

细菌的染色法有多种，最常用的分类鉴别染色法是革兰染色（Gram stain）和抗酸染色（acid-fast stain）。革兰染色法是由丹麦病理学家 Christain Gram 于 1884 年创立，是细菌学中最经典、最常用的鉴别染色法。通过此法染色，可将细菌分为革兰阳性菌和革兰阴性菌两大类。革兰染色法在鉴别细菌、选择抗菌药物、研究细菌致病性等方面具有极其重要的意义。

其次，还有单染色法、荧光染色法以及检查芽胞、荚膜、鞭毛、细胞壁、核质等的特殊染色法。如粪便中的志贺菌、霍乱弧菌以及呼吸道标本中的嗜肺军团菌和百日咳鲍特菌等，可用荧光染色法进行快速检验。

(二) 病原菌分离培养与鉴定

绝大多数种类的细菌在形态、排列方式和染色性上不能区分,需进行细菌的分离培养与鉴定。因此,分离培养是确诊细菌感染性疾病的最可靠的方法,被认为是细菌学诊断的金标准。首先,按标本的采集原则采集合适的临床标本,以分区划线法接种在平板固体培养基上,获得纯培养后再进一步鉴定。

1. 细菌的分离培养　由于不同种细菌的生物学特性有所差异,所采用的培养基和培养方法也不尽相同。应根据分离培养的目的不同而把标本接种在普通琼脂平板、血液琼脂平板或选择培养基,获得细菌的纯培养。根据细菌所需要的营养、生长条件、菌落特征可作出初步鉴别。

2. 形态学鉴定　经分离培养获得的细菌纯培养物,要经过涂片染色后镜检。根据细菌的大小、形态、排列、染色性及有无特殊结构进行初步鉴定。

3. 生化反应　不同的细菌具有不同的酶系,对糖类和蛋白质等营养物质的分解能力及其代谢产物亦不相同。可以利用生化方法检测细菌对各种糖类和蛋白质的代谢作用和代谢产物的差异,借以区别和鉴定细菌,称之为细菌的生化反应。细菌的生化反应是细菌鉴别的常用方法,尤其对形态、革兰染色和培养特性相同或相似的细菌更为重要。例如吲哚试验、甲基红试验、V-P试验、枸橼酸盐利用试验常用于鉴定肠道杆菌,合称为IMViC试验。大肠埃希菌的IMViC试验结果是"++--",而产气肠杆菌则为"--++"。

4. 血清学鉴定　用含有已知特异性抗体的免疫血清(诊断血清)对分离培养出的未知纯培养细菌进行鉴定,以确定病原菌的属、种和血清型。例如常用志贺菌属、沙门菌属的特异性多价、单价诊断血清,与分离的未知菌进行玻片凝集试验,可将其鉴定到种或型。凝集试验、沉淀试验和荚膜肿胀试验等是血清学鉴定常用的方法。

5. 动物实验　利用动物实验,可进行致病菌的分离与鉴定、细菌毒力的检测等。常用实验动物有小鼠、豚鼠和家兔等。应根据实验目的,选用一定体重或年龄的高度易感性的健康动物。接种途径有注射(皮内、皮下、腹腔、肌肉、静脉、脑内)和灌胃等。接种后应仔细观察动物的食量、精神状态和局部变化等。若动物出现特有的症状或死亡,应立即解剖,检查病变,或作细菌分离培养,证实由何种致病菌所致。动物实验一般不作为常规细菌学诊断。

6. 药物敏感试验　药物敏感试验对指导临床选择用药,及时控制感染有重要意义。常用方法有纸碟法、小杯法、打孔法、试管稀释法和E试验等,其中以纸碟法和试管稀释法最为常用。前者是将含有定量抗菌药物的滤纸片贴在已接种了测试菌的琼脂表面上,纸片中的药物在琼脂中扩散,随着扩散距离的增加,抗菌药物的浓度呈对数减少,从而在纸片的周围形成浓度梯度。同时,在纸片周围有效抑菌浓度范围内的菌株不能生长,而抑菌范围外的菌株则可以生长,从而在纸片的周围形成透明的抑菌圈,抑菌圈的大小可以反映测试菌对药物的敏感程度。后者是将抗菌药物的经过倍比稀释,以检测能抑制或杀灭待测菌的最低药物浓度,即最小抑菌浓度(minimal inhibitory concentration, MIC)或最小杀菌浓度(minimum bactericidal concentration, MBC)。

7. 细菌自动化鉴定系统　细菌鉴定的自动化技术近十几年得到了快速发展。其工作原理是应用数码分类技术,集数学、计算机、信息及自动化分析为一体,采用商品化和标准化的配套鉴定和药物敏感试验卡或条板,可快速准确地对临床数百种常见分离菌进行自动分析鉴定和药敏试验。目前已有多种微量、快速的细菌生化反应试剂盒,以及半自动或全自动细菌鉴定和药敏分析系统广泛应用于临床。

8. 其他检测方法　尚有噬菌体对细菌的分型;细菌L型的检测;细菌其他代谢产物的检测,如气相色谱法鉴定厌氧菌、^{13}C、^{14}C呼吸试验检测幽门螺杆菌产生的尿素酶等。

(三) 细菌毒素的检查

1. 内毒素　细菌内毒素对人和动物具有致热作用,内毒素的测定主要用于检测注射用液、生物制品和医疗器械有无内毒素污染,以及诊断患者是否发生革兰阴性细菌感染,以便为医师用药提供参考。常用的方法是鲎试验,该实验对内毒素具有高度特异性,灵敏度高。鲎试剂是从栖生于海洋的节肢动物"鲎"的血液中提取的变形细胞溶解物,经低温冷冻干燥而成的生物试剂。鲎试剂中含凝固酶原及凝固蛋白原,在极微量内毒素(0.005~0.000 5 μg/mL)存在时,使可溶性的凝固蛋白原变成凝胶状态的凝固蛋白。利用此原理可测定血液或其他样品中的微量内毒素。

2. 外毒素 外毒素的测定可用于待检菌的鉴定,同时可区分产毒株和非产毒株。

(1) 体内毒力试验 细菌外毒素对机体的毒性作用可被相应抗毒素中和,若先给动物注射抗毒素,然后再注射外毒素,动物不会产生中毒症状。以此鉴定细菌是否产生与抗毒素相对应的外毒素。

(2) 体外毒力试验 外毒素抗原性强,可刺激机体产生相应的抗体。在体外利用抗原抗体反应的特异性来鉴定细菌是否产生某种外毒素。例如白喉棒状杆菌的 Elek 平板毒力测定;葡萄球菌肠毒素、肠产毒型大肠埃希菌的不耐热肠毒素、霍乱肠毒素等可用 ELISA 法测定。

三、分子诊断

随着分子生物学技术的不断发展和完善,为细菌的直接检测和鉴定提供了新的研究手段,使诊断更加快速、简便、准确,尤其是对那些难以培养或培养时间太长的细菌,病原菌的分子检查无疑是一条便捷的鉴定途径。常用的方法有核酸杂交、PCR 技术和生物芯片技术。

1. 核酸杂交 核酸分子 DNA 两条链之间的结合靠氢键将互补核苷酸连接起来,当 DNA 受热时,两条链之间的氢键打开,分解成两条单链核苷酸链,此过程称为变性。在适当条件下,原来互补的两条链又借碱基的互补性通过氢键恢复成双链,此过程称为复性。若来自两个不同个体的单链 DNA 相互结合成互补的 DNA 双链,这个过程则称为杂交。利用这一特性,制备特定序列的 DNA 片段,进行标记后用作探针(probe),在一定条件下,按碱基互补配对原则与标本中已变性的细菌 DNA 进行杂交,通过检测杂交信号确定是否发生杂交反应,从而鉴定标本中有无相应的病原菌基因。核酸杂交可直接检出标本中的致病菌,不受标本中的杂质干扰,对尚不能或难分离培养的致病菌尤为适用,亦可同时检出多种致病菌。

2. PCR 技术 聚合酶链反应(polymerase chain reaction,PCR)是一种选择性 DNA 或 RNA 片段在体外的特异性扩增技术,具有快速、灵敏度高和特异性强等特点。其基本步骤是,从标本中提取 DNA 作为扩增模板,选用一对人工合成的特异寡核苷酸作为引物,在热稳定 DNA 聚合酶作用下,经不同温度的变性、退火、延伸等多次循环后,即可在数小时内获得数百万个特异性 DNA 序列的拷贝。扩增产物在作溴乙锭染色的琼脂糖凝胶电泳后,即可确定要扩增的目的 DNA 存在与否。若需进一步鉴定,可从凝胶中分离和回收 PCR 产物,再用标记的特异探针确定,或直接测序分析。目前,PCR 技术和由此发展而来的反转录 PCR(reverse transcriptase PCR,RT - PCR)、定量实时荧光 PCR(real-time PCR)等技术已广泛用于感染性疾病的基因诊断。

3. 生物芯片技术 生物芯片是近几年来在生命科学领域中迅速发展以来的一项高新技术。它通过微加工技术和微电子技术在固体芯片表面构建微型生物化学分析系统,以实现对细胞、蛋白质、DNA 以及其他祖坟的准确、快速、大信息量的检测。常用的生物芯片分为基因芯片和蛋白质芯片两大类。

(1) 基因芯片:所谓基因芯片就是通过微加工技术,将数以万计乃至百万计的特定序列的特异寡核苷酸探针有规律地排列固定于硅片、玻片等支持物上,组成 DNA 微点阵(microarray)。在检测时,抽提待检样本中的 DNA 或 mRNA,用荧光染料标记后,与 DNA 芯片上的探针杂交,应用激光共聚焦显微扫描技术,记录杂交结果;再利用分析软件,对杂交位点及其信号强弱进行分析,找出差异表达的基因,以判别标本中的特异性致病菌。基因芯片可一次性对样品大量序列进行高通量的检测和分析,从而解决了传统核酸杂交技术的操作繁杂、自动化程度低、操作序列数量少、检测效率低等不足。而且,通过设计不同的探针阵列、使用特定的分析方法可使该技术具有多种不同的应用价值,如基因表达谱测定、突变检测、多态性分析、基因组文库作图及杂交测序等。

(2) 蛋白质芯片:蛋白质芯片就是按照特定排列方式,在经过特殊处理的固相材料表面固定了许多蛋白质分子的硅片、玻片、塑料等材料。这些蛋白质分子可以是抗原、抗体及配体等,可检测相应的抗体、抗原及蛋白质。

四、血清学诊断

人体感染病原菌后,刺激机体免疫系统发生免疫应答而产生特异性抗体。抗体的量常随感染过程而增多，表现为效价（或称滴度）的升高。因此用已知细菌或其特异性抗原检测患者血清中有无相应抗体及其效价的动态变化，可作为某些传染病的辅助诊断。由于实验中多采用患者血清以检测抗体，故常称为血清学诊断。主要适用于抗原性较强、生化试验不易区别、难以培养或不能培养的致病菌，以及病程较长的感染性疾病。

在血清学诊断中，通常采取患者急性期和恢复期双份血清标本。在传染病流行区，健康人群由于隐性感染或预防接种的原因，可使单份血清抗体效价的高于正常水平，因而无法区分现症感染或既往感染。如果恢复期或一周后血清抗体效价比急性期升高≥4 倍时，则可确认为现症感染。在病程早期常出现 IgM 型特异性抗体效价升高，可作为感染的早期辅助诊断。应该注意的是血清抗体水平可受多种因素的影响，若患者在疾病早期应用抗菌药物，致病菌在体内繁殖不多，或因年老体弱、免疫功能低下等原因，可能出现感染后抗体效价无明显升高，故抗体效价较低时，不要轻易否定，而应结合细菌学诊断做出正确的判断。由此可见，细菌学诊断和血清学诊断在细菌感染的确诊上是互为辅助的。

第二节　细菌感染的特异性预防

对细菌感染性疾病的预防主要依靠特异性免疫预防，即通过人工免疫的方法来增强机体特异性免疫功能而达到的预防和控制疾病的目的。人类用人工免疫的方法预防疾病有着悠久的历史，采用牛痘苗接种的方法成功地在全球消灭了天花是应用人工免疫的方法消灭传染病的最好例证。

一、人工免疫

人体特异性免疫的获得方式有自然免疫（natural immunity）和人工免疫（artificial immunity）两种。自然免疫主要指机体感染病原体后建立的特异性免疫，也包括胎儿或新生儿经胎盘或乳汁从母体获得抗体。人工免疫则是指应用适应性免疫的原理，给机体注射或服用病原微生物抗原（类毒素），或注射特异性抗体，以达到防治感染性疾病的目的。根据其免疫产生的方式进一步分为人工主动免疫（artificial active immunity）和人工被动免疫（artificial passive immunity）。人工主动免疫方法通常为预防接种（prophylactic inoculation）或疫苗接种（vaccine inoculation），主要用于预防。人工被动免疫则主要用于急性传染病的紧急预防或治疗某些疾病。

（一）人工主动免疫

人工主动免疫是将疫苗（vaccine）或类毒素等免疫原性物质接种于人体，使机体主动产生特异性免疫力的一种防治微生物感染的措施。人工主动免疫的特点是免疫力出现缓慢，一般在免疫接种后 1～4 周才能出现，但维持时间较长，可达数月至数年。因此，人工主动免疫主要用于传染性的特异性预防。

（二）人工被动免疫

人工被动免疫是指用人工方法给机体直接输入含特异性抗体的免疫血清、纯化的免疫球蛋白或细胞因子等免疫效应分子，使机体立即获得某种特异性免疫力的方法。由于这种免疫力是通过被动输入方式获得，而不是受者自身免疫系统产生，所以被动免疫后免疫效应分子虽可立即发挥免疫效应，但作用维持时间较短，通常只有 2～3 周。因此，人工被动免疫在临床上多用于治疗或紧急预防。现将人工主动与人工被动免疫的区别要点列于表 6-1。

表 6-1　人工主动免疫与人工被动免疫的比较

区别要点	人工主动免疫	人工被动免疫
免疫物质	抗原	抗体或细胞因子等
免疫出现时间	慢（数天～4 周）	快（立即）
免疫维持时间	长（数月～数年）	短（2～3 周）
主要用途	预防	治疗或紧急预防

二、用于人工免疫的生物制品

生物制品(biological product)是应用自然的或借助基因工程、细胞工程等技术,获得各种微生物、细胞、动物或人源组织和体液等生物材料而制备的用于人类疾病预防、治疗和诊断的一类制剂。人工主动免疫常用的生物制品有疫苗、类毒素等。人工被动免疫常用的生物制品有抗毒素、丙种球蛋白等。

(一) 人工主动免疫生物制品

1. 疫苗　疫苗(vaccine)种类很多,按其产生年代及特性,将死疫苗(dead vaccine)与活疫苗(live vaccine)为代表的疫苗称为第一代疫苗,亚单位疫苗(subnit vaccine)及基因工程疫苗(genetic engineering vaccine)为代表的疫苗称为第二代疫苗,而核酸疫苗(nucleic acid vaccine)则称为第三代疫苗。

(1) 死疫苗:是将病原微生物用物理化学方法杀死后,保留其抗原性而制成的用于预防某些传染病的生物制剂。常用的死疫苗有百日咳、伤寒、霍乱、流脑、乙型脑炎、钩端螺旋体病和狂犬病疫苗等。死疫苗中的微生物不能在体内繁殖,因而无法通过内源性抗原提呈途径诱导细胞免疫,只能通过外源性抗原提呈途径诱导体液免疫。同时死疫苗接种剂量大,次数多,引起的不良反应也较大。为了减少接种次数和获得广泛的免疫效果,常将不同种类的死疫苗合理混合后制成联合疫苗,如伤寒杆菌和甲型、乙型副伤寒杆菌混合制成的三联疫苗,百白破(百日咳杆菌、白喉类毒素和破伤风类毒素)混合制剂以及多个型别的多价钩端螺旋体疫苗等。死疫苗最常用的接种途径是皮下注射。死疫苗的免疫效果较活疫苗差,且不持久,常需在数月或每年增强免疫接种 1 次,以延长免疫力。死疫苗的优点是易于制备,较稳定,易保存,使用较安全。

(2) 活疫苗:是通过毒力变异或人工选择培养法(如温度敏感株)而获得的减毒或无毒株,或直接从自然界筛选培养出的弱毒或无毒株制备的疫苗。常用的活疫苗有卡介苗(BCG)、鼠疫疫苗、炭疽疫苗、脊髓灰质炎疫苗和麻疹疫苗等。在消灭天花上发挥过巨大作用的牛痘苗也是一种活疫苗。活疫苗大多以模拟自然感染途径接种,接种后在机体内有一定的生长繁殖能力,可引起类似隐性感染或轻症感染的过程。在细胞外的活疫苗可通过外源性抗原提呈途径激活体液免疫应答,而进入宿主细胞生长繁殖的活疫苗,还可通过内源性抗原提呈途径,诱导机体产生细胞免疫。其优点是通常只需接种 1 次,用量小,免疫效果好,且维持时间长久,一般可达 1～5 年。活疫苗的缺点是不易保存,须存放于冰箱中,且有效期短。如脊髓灰质炎活疫苗耐冷怕热,服用时不宜用热水送服,在 4℃冰箱中可保存 5 个月,室温下 12 d,在 30～32℃条件下只能保存 2 d。另外,由于接种个体的免疫力低下或特应性体质而可能出现类似感染症状或超敏反应等不良反应问题,减毒活疫苗也存在出现毒力回复突变的可能而诱发严重疾病。

重组载体疫苗(recombinant vector vaccine)是一种特殊的活疫苗,它是利用减毒活病毒或减毒活细菌作为载体,将编码特定病原体蛋白抗原的基因插入载体,作为疫苗输入机体后,活菌载体会在体内生长繁殖,并使插入的基因表达出相应蛋白抗原,刺激机体产生免疫应答而获得特异性免疫力。

活疫苗和死疫苗的区别要点见表 6－2。

表 6－2　活疫苗和死疫苗的区别要点

区别要点	活　疫　苗	死　疫　苗
制剂特点	活	死
制备方法	通过非正常培养减毒株	通过物理化学方法使病原体失活
接种方式	自然感染途径	注射
接种次数、剂量	1～2 次、较小	2～3 次或更多、较大
接种反应	可在体内增殖,类似轻型感染或隐形感染	在体内不增殖,可出现发热、全身或局部肿痛等反应
免疫类型	细胞免疫和体液免疫	体液免疫
免疫效果	较好(可维持 1～5 年)	较差,维持短(数月到 1 年)
毒力回升与安全	有可能,对免疫缺陷者有危险	不可能,安全性好
疫苗的稳定性	相对不稳定	相对稳定
保存运输	冷冻保存(不易)易失效	易保存运输、久而稳定

(3) 亚单位疫苗:从病原微生物中提取保护性抗原成分,去除了核酸和其他无免疫效应的菌体成分而

制备的疫苗称为亚单位疫苗。此种疫苗不仅能提高免疫效果，还减少了疫苗接种后的不良反应。目前研制成功的亚单位疫苗有肺炎球菌、脑膜炎球菌、流感嗜血杆菌的荚膜多糖疫苗等。这些荚膜多糖亚单位分子通常属于T细胞非依赖性抗原，缺乏T细胞表位，单独存在时，不需T细胞辅助即可产生IgM类的抗体，但不能有效激发T细胞免疫和形成免疫记忆，对婴幼儿的免疫效果很差。近年来发展起来的结合疫苗（conjugate vaccine）是将细菌荚膜多糖成分连接于白喉毒素，为荚膜多糖提供了蛋白质载体（T细胞表位），使其成为T细胞依赖性抗原。结合疫苗能引起T、B细胞的联合识别，使B细胞产生IgG类抗体，明显提高了免疫效果。

（4）合成肽疫苗：合成肽疫苗（synthetic peptide vaccine）是根据有保护性的免疫原的氨基酸序列，设计和合成免疫原性多肽，与载体连接后加佐剂所制成的疫苗。是最为理想的安全的新型疫苗，也是目前研制预防和控制感染性疾病和恶性肿瘤的新型疫苗的主要方向之一。研制成功的合成肽疫苗有白喉毒素多肽疫苗、流感病毒血凝素多肽疫苗等。

（5）基因工程疫苗：利用DNA重组生物技术制备的只含保护性抗原的纯化疫苗。首先选定病原体编码有效免疫原的基因片段，将其定向插入细菌、酵母菌或哺乳动物细胞中，使之充分表达，经纯化后而制得的疫苗。应用基因工程技术能制备出不含感染性物质的亚单位疫苗、稳定的减毒疫苗及能预防多种疾病的多价疫苗。例如把编码乙型肝炎表面抗原的基因插入酵母菌基因组，制成DNA重组乙型肝炎疫苗；把乙肝表面抗原、流感病毒血凝素、单纯疱疹病毒基因插入牛痘苗基因组中制成的多价疫苗等。

（6）核酸疫苗：又称DNA疫苗（DNA vaccine）或基因疫苗（gene vaccine），是指将病原体保护性抗原基因片段克隆到真核表达质粒上，然后直接导入宿主体内，使外源性基因在活体内持续表达目的抗原，进而诱发保护性体液免疫和细胞免疫的新型疫苗。

核酸疫苗被认为是疫苗的第三次革命，兼有重组亚单位疫苗的安全性和减毒活疫苗诱导全方位免疫应答的高效性，可同时诱导细胞免疫和体液免疫。目前，对核酸疫苗的确切作用机制，以及接种人体的安全性等问题正在继续深入研究之中。

（7）转基因植物疫苗：转基因植物疫苗（transgenic plant vaccines）是利用转基因技术，将编码有效免疫原的基因导入可食用植物细胞的基因组中，免疫原即可在植物的可食用部分稳定地表达积累，人类和动物通过摄食达到免疫接种的目的。常用的植物有番茄、马铃薯、香蕉等。目前，这类疫苗尚在初期研制阶段，它具有口服、价廉和易被儿童接受等优点。

2. *类毒素*　外毒素经0.3%～0.4%甲醛处理后失去毒性，仍保留免疫原性，可刺激机体产生保护性免疫应答产物的制剂称为类毒素（toxoid）。在纯化的类毒素中加入适量氢氧化铝或磷酸铝等吸附剂（佐剂）即成精制吸附类毒素。吸附剂可延缓类毒素在体内的吸收，能较长时间刺激机体产生相应的抗体（抗毒素），以增强免疫效果，常用的类毒素有白喉和破伤风类毒素。类毒素也可与死菌苗混合后制成联合疫苗，如百日咳疫苗、白喉类毒素和破伤风类毒素三联疫苗。

（二）人工被动免疫生物制品

1. *抗毒素*　用类毒素多次免疫马等大型动物，待其产生高效价抗毒素后采血，提取免疫球蛋白纯化浓缩，精制成抗毒素制剂。抗毒素（antitoxin）能中和相应的外毒素，阻断其毒性作用。主要用于治疗或紧急预防细菌外毒素所致的疾病，常用的有破伤风精制抗毒素、白喉精制抗毒素、肉毒抗毒素和气性坏疽多价抗毒素等。在使用这种异种抗毒素时，应避免Ⅰ型超敏反应的发生。注射前务必先做皮肤试验，必要时可采用脱敏疗法。应用人源性免疫球蛋白可避免发生超敏反应。此外，外毒素毒性强，与靶细胞的结合为不可逆的，故抗毒素只能中和游离的外毒素，用抗毒素作人工被动免疫时，应尽可能早期、足量注射。

2. *抗菌免疫血清*　抗菌免疫血清（antibacterial immune serum）是指用细菌免疫动物而制成的含有特异性抗体的血清，曾用于治疗肺炎链球菌、鼠疫耶尔森菌、炭疽芽胞杆菌、百日咳鲍特菌等细菌感染性疾病。自磺胺类和抗生素等抗菌药物问世后，因抗菌免疫血清制备较繁琐、菌型复杂以及异种血清可能引发超敏反应等，目前已基本淘汰。只是某些多重耐药菌（如铜绿假单胞菌）或病原体不明确的感染时，仍可考虑抗菌血清治疗。

3. *免疫球蛋白*　免疫球蛋白（immunoglobulin）包括胎盘丙种球蛋白（placental gamma globulin）和血清

丙种球蛋白(serum gamma globulin)。前者是从健康产妇的胎盘和婴儿脐带血中提取而制成,后者是从正常成人血清中提取的。因大多数成人经历过多种常见病原体(如麻疹、脊髓灰质炎和甲型肝炎等病毒)的隐性感染、显性感染及疫苗的预防接种,有的曾患过某些传染病,故其血清中含有抗多种病原体的特异性抗体。由于这种制剂源自人血清球蛋白,对患者有同种异型抗原的问题存在,但由于免疫原性较弱,一般不会发生超敏反应。但这类制剂不是专门针对某一特定病原体的特异性抗体,故其免疫效果不如高效价的特异性免疫球蛋白。因此,免疫球蛋白主要用于麻疹、甲型肝炎、脊髓灰质炎等病毒性疾病的紧急预防,也可治疗丙种球蛋白缺乏症患者,以及经长期化疗或放疗的肿瘤患者,以预防常见致病菌的感染。

4. 细胞免疫制剂　参与细胞免疫的有关细胞和细胞因子种类繁多,相互间的调控机制复杂。因此,细胞因子制剂作为近年来研制的新型免疫治疗剂,在抗细菌感染免疫中的应用并不广泛,主要是用于一些病毒感染性疾病。常用的有:淋巴细胞激活的杀伤细胞(LAK 细胞)、转移因子(transfer factor, TF)、干扰素(IFN－α、IFN－β、IFN－γ)、白细胞介素(IL－2、IL－6、IL－12 等)和肿瘤坏死因子(TNF)等。

第三节　细菌感染的治疗原则

细菌感染主要采用抗菌药物来治疗。抗菌药物(antimicrobial agents)是指具有杀菌或抑菌活性的抗生素类药物以及化学合成药物。前者是真菌、放线菌、细菌等微生物的代谢产物,后者是人工合成的磺胺、喹诺酮类等化学合成药物。1941 年青霉素投入临床使用,细菌感染性疾病的治疗从此进入抗生素时代。到了 20 世纪 80 年代,越来越多的细菌对抗生素产生耐药性,抗菌治疗面临严重问题。

正确合理应用抗菌药物是提高疗效、降低不良反应发生率以及减少或减缓细菌耐药性发生的关键。2015 年,国家卫生和计划生育委员会再次发布了《抗菌药物临床应用指导原则》,在应用抗菌药物治疗细菌感染性疾病时,应遵循的基本原则包括以下几个方面。

一、诊断为细菌性感染者,方有指征应用抗菌药物

根据患者的症状、体征及血、尿常规等实验室检查结果,初步诊断为细菌性感染者以及经病原检查确诊为细菌性感染者,方有指征应用抗菌药物;由真菌、结核分枝杆菌、非结核分枝杆菌、支原体、衣原体、螺旋体、立克次体及部分原虫等病原微生物所致的感染,亦有指征应用抗菌药物。缺乏细菌及上述病原微生物感染的证据,诊断不能成立者,以及病毒性感染者,均无指征应用抗菌药物。

二、尽早查明感染病原,根据病原种类及药物敏感试验结果选用抗菌药物

抗菌药物品种的选用原则上应根据病原菌种类及细菌药物敏感试验的结果而定。因此,有条件的医疗机构,住院患者必须在开始抗菌治疗前,先留取相应标本,立即送细菌培养,以尽早明确病原菌和药敏结果;门诊患者可以根据病情需要开展药敏工作。

危重患者在未获知病原菌及药敏结果前,可根据患者的发病情况、发病场所、原发病灶、基础疾病等推断最可能的病原菌,并结合当地细菌耐药状况先给予抗菌药物经验治疗,获知细菌培养及药敏结果后,对疗效不佳的患者调整给药方案。

三、按照药物的抗菌作用特点及其体内过程特点选择用药

各种抗菌药物的药效学(抗菌谱和抗菌活性)和人体药代动力学(吸收、分布、代谢和排出过程)特点不同,因此各有不同的临床适应证。临床医师应根据各种抗菌药物的上述特点,按临床适应证正确选用抗菌药物。

四、抗菌药物治疗方案应综合患者病情、病原菌种类及抗菌药物特点制订

根据病原菌、感染部位、感染严重程度和患者的生理、病理情况制订抗菌药物治疗方案,包括抗菌药物的

选用品种、剂量、给药次数、给药途径、疗程及联合用药等。制订治疗方案时应遵循下列原则。

1. *品种选择* 根据病原菌种类及药敏结果选用抗菌药物。

2. *给药剂量* 按各种抗菌药物的治疗剂量范围给药。

3. *给药途径*

(1) 轻症感染可接受口服给药者，应选用口服吸收完全的药物，不必采用静脉或肌内注射给药。重症感染、全身性感染患者初始治疗应予静脉给药。

(2) 抗菌药物的局部应用宜尽量避免。

4. *给药次数* 为保证药物在体内能最大地发挥药效，杀灭感染灶病原菌，应根据药代动力学和药效学相结合的原则。

5. *疗程* 抗菌药物疗程因感染不同而异，一般宜用至体温正常、症状消退后 72～96 h；但结核分枝感染则需较长的疗程方可彻底治愈。

6. *联合应用抗菌药物要有明确指征* 单一药物可有效治疗的感染，不需联合用药。联合用药仅在具有某些指征时才能采用，例如，原菌尚未查明的严重感染，包括免疫缺陷者的严重感染；单一抗菌药物不能控制的需氧菌及厌氧菌混合感染，2 种或 2 种以上病原菌感染；单一抗菌药物不能有效控制的感染性心内膜炎或败血症等重症感染；需长程治疗，但病原菌易对某些抗菌药物产生耐药性的感染，如结核病、深部真菌病等。

细菌感染除了主要采用抗菌药物来治疗外，还可针对感染的不同情况，采用微生态治疗、免疫治疗、噬菌体治疗等治疗方案。微生态治疗可促进正常菌群的恢复、建立和稳定，实现对机会致病菌的种群控制，以减少机会致病菌及其代谢产物的定位转移，达到治疗细菌内源性感染的目的；细菌感染的免疫治疗则是利用免疫学原理，针对感染的发生机制，人为地给患者输入免疫生物制品（如疫苗、佐剂、抗体类生物制剂、细胞因子和免疫细胞等），以调整机体的免疫功能，达到治疗感染性疾病的目的；噬菌体也可应用于细菌感染的治疗，由于噬菌体侵染宿主菌具有专一性，其可在特定的致病菌中繁殖并裂解致病菌，因而，噬菌体在一定条件下可作为抗菌药物用于细菌感染性疾病的治疗。

小 结

细菌感染的检查方法主要包括标本的正确采集、细菌学诊断、分子诊断检测、血清学诊断和药物敏感试验等，在实际工作中应根据病原菌的特性选择相应的实验技术和方法，并结合临床对感染性疾病进行快速、准确地诊断。

细菌感染性疾病的防治，主要是依靠人工免疫来进行特异性预防。各种类型的疫苗、类毒素、抗毒素、抗菌血清、免疫球蛋白、细胞免疫制剂是常用于人工免疫的生物制品。细菌感染性疾病主要采用抗菌药物治疗，但应注意抗生素的合理使用，避免细菌耐药性的产生及人体微生态失衡。

【复习思考题】

1. 正确采集标本对病原菌检出有何意义？
2. 直接涂片检查能为临床提供哪些信息？
3. 请用人工免疫的原理和方法，说明应如何正确防治破伤风？

（吴利先）

第七章

消毒与灭菌

学习要点

掌握：① 消毒、灭菌、无菌操作的概念；② 热力法、辐射杀菌法、滤过除菌法的原理和应用；③ 医疗实践中消毒与灭菌的基本原则和要求；④ 生物安全的概念，病原微生物危害程度及生物安全防护水平分类。

熟悉：① 超声波、干燥和低温对细菌的影响；影响消毒与灭菌的因素；② 常用消毒与灭菌方法的应用；③ 病原微生物实验室安全工作行为。

了解：① 防腐、抑菌、清洁的概念；② 病原微生物实验室的个人防护设备、安全管理体系及风险评估。

病原体可通过多种媒介进行传播。使用人工的方法改变病原体所处环境的理化条件，造成其体内生物大分子变性，干扰和破坏新陈代谢，可抑制甚至杀灭病原体，借此进行消毒或灭菌，防控病原体的传播和流行。

为有效防范在病原体检测和研究中对工作人员可能造成的感染以及对周边环境的危害，病原微生物实验室必须符合相应的生物安全要求。

第一节　消毒与灭菌的常用术语

1. 消毒(disinfection)　清除或杀灭传播媒介中的病原微生物，但不一定能杀死细菌芽胞和非病原微生物的方法。用于消毒的各种化学制剂称为消毒剂(disinfectant)。

2. 灭菌(sterilization)　杀灭或清除传播媒介中包括芽胞在内的一切微生物的方法。灭菌后所有的微生物被杀灭，达到无菌(asepsis)状态。

3. 无菌操作(aseptic manipulation)　防止微生物进入人体或操作领域的技术称为无菌操作。如微生物接种、细胞培养、外科手术、静脉输液等均需无菌操作。

4. 防腐(antisepsis)　抑制物品中微生物生长繁殖的处理。用于防腐的各种化学制剂称为防腐剂(antiseptic)。防腐时，物体上的微生物不一定被杀死。

5. 抑菌(bacteriostasis)　使用化学药品(多为抗生素或抗菌药物)抑制体内外细菌和真菌生长繁殖的处理。抗菌药物可抑制或杀灭体内的病原菌，用于临床细菌和真菌感染的治疗。体外抑菌试验(药物敏感试验)是临床筛选敏感抗菌药物用于治疗的重要依据。

6. 清洁(cleaning)　去除物品表面有机物、无机物和可见污染物的过程。在医疗实践中，物品的清洁有助于进行彻底消毒与灭菌。

第二节 消毒与灭菌方法

消毒与灭菌的方法主要包括物理和化学消毒与灭菌法。

一、物理消毒与灭菌法

包括热力法、辐射杀菌法和滤过除菌法等。

(一) 热力法

热能可使有机体的蛋白质和核酸等变性。因此，通过选用合适的设备和条件对传播媒介进行加热，可以有效杀死介质中的病原体。热力法是可靠且普遍应用的消毒与灭菌技术。

根据在对传播媒介加热时是否有水分子的参与，热力法分为两类，其中在加热时没有水分子存在的方法称为干热法，有水分子存在的方法称为湿热法。不同的热力法所需要的温度和时间不同，达到的杀菌效能亦不同。在相同条件下，湿热法的杀菌效果较干热法好，原因如下：病原体蛋白质吸收水分后更易于凝固变性；湿热穿透力强，易于使物品内部达到灭菌温度；湿热产生的蒸汽有大量潜热存在。

1. 干热法　在干热条件下，物品中的细菌繁殖体经 80～100℃ 1 h 可被杀灭，芽胞需经 160～170℃ 2 h 才被杀灭。包括干烤法、烧灼法、焚烧法、红外线法等。

(1) 干烤法：将待灭菌物品置于干热灭菌器内，待达到设定温度后，作用相应的时间即可灭菌。灭菌参数：150℃，150 min；160℃，120 min；170℃，60 min；180℃，30 min。干烤法适用于耐热和不耐湿、蒸汽或气体不能穿透物品的灭菌，如玻璃、金属、陶瓷制品等。

(2) 烧灼(flame)法：用火焰灼烧金属器械(镊、剪、接种环等)、试管口、培养瓶口等进行灭菌。多用于实验室试验中的无菌操作以及特殊条件下器械的灭菌。

(3) 焚烧(incineration)法：将废弃的物品、人和动物尸体等置于焚烧炉中焚烧，是最彻底的灭菌方法，但适用范围狭窄。

(4) 红外线(infrared ray)法：电磁波波长范围为 1～10 μm 的红外线热效应最强。常用红外线消毒仪，膛内温度可达 900℃，用于生物安全柜、超净工作台、流动车等的接种环或针灭菌。

2. 湿热法　高压蒸汽灭菌法是最常用的湿热灭菌法，其次还包括煮沸法、流通蒸汽法、间歇灭菌法、巴氏消毒法等。

(1) 高压蒸汽灭菌法(autoclaving)：随着环境气压的升高，水的沸点温度亦升高。将待灭菌物品置于预先加水的压力灭菌器(autoclave)内，加热后产生的水蒸气使灭菌器内压力升高，水的沸点温度升高，最终形成高温高压的水蒸气环境，作用一定时间后，可达到对物品的灭菌效果。

采用高压蒸汽法灭菌时，形成的高温高压水蒸气有很强穿透力，可迅速使物品内部达到灭菌温度，灭菌效果可靠，应用最广泛，在医疗实践和科学研究工作中，凡是耐湿，耐高温和高压的器械、器具和物品等均首选用此法灭菌。液体灭菌可选用下排气压力蒸汽灭菌法。油类和粉剂灭菌不适宜选用此法。

压力蒸汽灭菌器分为下排气式和预排气式两大类。两类灭菌器的冷空气排放方式和程度以及灭菌参数均不同，其中下排气式压力蒸汽灭菌器的灭菌参数为：压力 102.9 kPa，温度 121℃，器械灭菌时间 20 min，敷料灭菌时间 30 min。预排气式压力蒸汽灭菌器的灭菌参数为：压力 205.8 kPa，温度 132～134℃，灭菌时间 4 min。

为保证压力蒸汽灭菌器的灭菌效果，需要对其进行监测，监测方法包括物理监测法、化学监测法和生物(嗜热脂肪芽胞杆菌)法。

(2) 煮沸法：细菌繁殖体在 100℃水中煮沸 5 min 即可被杀死。将待消毒物品完全浸没水中，在海平面高度，加热水沸腾后维持 15 min 以上可达到消毒效果。煮沸 1～2 h 甚至更长时间可杀灭芽胞。高海拔地区水的沸点温度降低，煮沸时可按照海拔每升高300米，延长煮沸2 min来消毒。水中加入2%碳酸氢钠能提高水的沸点5℃，可促进芽胞杀灭，还可防止金属器械生锈。煮沸法常用于饮水、餐具消毒。在不具备高压蒸汽灭菌法及其他灭菌法的条件下，亦可用于金属器械和玻璃制品等的消毒。

(3) 流通蒸汽法(free-flowing steam)：将带消毒物品置于类似于蒸笼的流通蒸汽灭菌器(Arnold消毒器)或蒸锅内，加热使水沸腾后产生100℃的水蒸气，相对湿度80%～100%，维持15～30 min，可杀死细菌繁殖体。适用于不耐高热、耐湿物品的消毒，也可用于医疗器械、器具和物品手工清洗后的初步消毒。

(4) 间歇灭菌法(fractional sterilization)：将物品用流通蒸汽灭菌器100℃处理15～30 min杀死其中的繁殖体后，置于37℃培养箱过夜，使可能存在的细菌芽胞发芽成繁殖体，次日再蒸，连续三个循环以上可达灭菌效果。适用于不耐高热的含糖或牛奶培养基灭菌。

(5) 巴氏消毒法(pasteurization)：该法由法国科学家巴斯德(Louis Pasteur)创建。利用不是很高的温度(61.1～62.8℃ 30 min或71.7℃ 15～30 s)杀死液体中的病原菌或一般杂菌。常用于牛乳和酒类等的消毒。

(二) 辐射线杀菌法

主要包括紫外线照射法、辐射线照射法和微波加热法等。

1. *紫外线照射法*　病原体核酸中嘌呤碱和嘧啶碱的共轭双键具有很强吸收紫外线(ultraviolet ray，UV)的特性，核酸吸收紫外线后，导致核酸链上相邻的嘧啶共价结合形成二聚体，破坏了核酸的正常结构，阻碍其正常复制和转录，导致病原体变异或死亡。波长在200～300 nm范围的紫外线均可杀灭病原体，以265～266 nm最强。

紫外线能量低，穿透力弱，可被普通玻璃、纸张、尘埃等阻挡。常用于室内空气及物体表面消毒。紫外线灯安装时，所选紫外线灯的辐射应不低于70 $\mu W/cm^2$，数量为平均≥1.5 W/m^2，灯管距离消毒物体表面1.8～2.2 m。消毒时，照射时间要大于30 min。

紫外线对人体暴露的皮肤和眼睛有损伤，不应直接照射到人，消毒时须做好防护工作；同时不应在易燃、易爆的场所使用紫外线。

2. *辐射线照射法*　用β射线、γ射线等电离辐射线照射物品进行灭菌。辐射线具有较高的能量与穿透力，在足够剂量时，对各种微生物均有致死作用，可在常温下对不耐热的物品灭菌。常用的γ射线辐射源为钴60。物品经辐射线照射后，可干扰其中微生物的核酸合成、产生游离基、破坏细菌细胞膜、紊乱微生物酶系统等，杀死所有微生物，达到灭菌效果。辐射线照射法可用于一次性医用塑料制品以及食品、药品等的灭菌。

3. *微波加热法*　微波(microwave)具有频率高、波长短、穿透性强的特征，在有水的参与下，可通过热效应发挥杀菌作用。微波消毒的物品应浸入水中或用湿布包裹。消毒常用的微波为2 450 MHz，可穿透玻璃、塑料薄膜与陶瓷等物质，但不能穿透金属。微波炉可用于药杯、食品、餐具及非金属器械等的消毒。

(三) 滤过除菌法

滤过除菌法(filtration)就是选用带有微细小孔(0.22～0.45 μm左右)滤膜的滤器(filter)或规定孔径的过滤材料，当液体或空气通过时，经机械阻挡除去其中直径大于孔径的微生物等的方法。经过滤过除菌法处理后的液体和气体中，直径小于滤器孔径的病毒、支原体和细菌L型等不能够被除去。常用的滤器包括薄膜滤菌器、陶瓷滤菌器、石棉滤菌器(Seitz滤菌器)等。主要用于不耐热药液、血清、细胞培养液等的除菌。也可用高效空气过滤器(high efficiency particulate air filter，HEPA)对进出于生物安全实验室、手术室、层流病房、生物安全柜等的空气进行净化。

(四) 其他方法

1. *超声波裂菌法*　超声波(ultrasonic wave)可裂解细胞和细菌，对革兰阴性菌的裂菌效果较好。主要用以裂解细菌、分离和提取细菌组分，如细菌总蛋白的提取。超声波作用结束后仍可能有活菌残存，在消毒方面应用较少。

2. *干燥和低温抑菌法*　水是生命体代谢必需的成分。干燥的环境可造成微生物体内水缺乏，高渗(盐腌或糖渍)环境甚至可造成微生物脱水，代谢和生长缓慢或停止，长时间缺水甚至可造成死亡。微生物对干燥的耐受程度随种类和存在形式不同而出现差异。如脑膜炎奈瑟菌、淋病奈瑟菌、梅毒螺旋体等对干燥敏感，遇干燥很快死亡，而结核分枝杆菌可在干痰中存活数月。细菌繁殖体对干燥较为敏感，芽胞耐干燥，如炭疽芽胞杆菌芽胞在干燥环境中可存活20余年。工作和生活中有许多领域应用干燥法防腐，如保存食物、细菌干粉培养基等。

低温可抑制微生物酶活性，降低其代谢水平。但多数微生物可耐低温，许多病毒甚至在干冰（−70℃）或液氮（−196℃）中长期保存。当温度回升到适宜范围后又可复苏和生长繁殖。少数病原体对低温敏感，如脑膜炎奈瑟菌、淋病奈瑟菌、梅毒螺旋体等。低温常用作保存菌（毒）种。冰冻后细菌体内形成的冰晶在融化时对其有损伤作用，为避免解冻时的损伤，实验室常用冷冻真空干燥法（lyophilization）保存菌种。

二、化学消毒与灭菌法

在医疗实践和科学研究中，经常选用化学消毒剂进行消毒甚至灭菌。消毒剂的种类很多，不同种类消毒剂的作用原理、杀菌效能以及应用领域存在差异。

（一）消毒剂的特性

消毒剂具有有效性、安全性和理化性质的稳定性，易储存，价格相对低廉的特性。

1. 有效性　消毒剂具有有效杀灭传播媒介中病原体的性能，是消毒剂最基本的特性。

多数消毒剂杀灭病原体的范围具有广谱性，但是杀菌效能存在差异。通过体外抑菌试验可以测定消毒剂针对特定病原体的最小抑菌浓度（minimum inhibitory concentration，MIC）和最小杀菌浓度（minimum bactericidal concentration，MBC），判断其对相应病原体的有效性。根据消毒剂的杀菌效能，将消毒剂分为高效、中效和低效消毒剂三大类。

2. 安全性　消毒剂使用过程中，必须保证对被消毒对象无毒或低毒、低破坏。在医疗实践中应用于人体的消毒剂，必须通过严格的毒理试验，对消毒剂可能的毒性（包括急性毒性，蓄积毒性，对皮肤、黏膜和眼睛的急性刺激和腐蚀作用，致过敏作用，致突变性和致癌作用以及生殖毒性等）进行判定，在保证安全的基础上方可使用。

消毒剂的有效性和安全性存在相关性，一般来说，消毒剂浓度的增加可提高消毒效能，但同时会增加毒副反应，因此在使用时需要综合考虑。

3. 稳定性　消毒剂有效成分的理化性质必须稳定，保证在一定时间范围内不易变质，且容易储存和运送。

（二）常用消毒剂种类及作用原理

常用消毒剂按照化学特性不同可分为：酚类、醇类、氧化剂类、卤素类、季铵盐类、重金属盐类、烷化剂类、醛类、酸碱类和染料类等。按照其杀灭病原体的效能可分为高效消毒剂（high-level disinfectant）、中效消毒剂（intermediate-level disinfectant）和低效消毒剂（low-level disinfectant）三类。

1. 高效消毒剂　可杀灭一切细菌繁殖体、病毒、真菌等，对细菌芽胞也有一定杀灭作用，作用后可达到灭菌效果。包括戊二醛、甲醛、过氧化氢、过氧乙酸、二氧化氯、环氧乙烷、漂白粉、臭氧等。

2. 中效消毒剂　能够杀灭细菌繁殖体（包括分枝杆菌）、真菌、病毒等微生物，但细菌芽胞往往难以被杀灭。包括碘酊、碘伏、乙醇等。

3. 低效消毒剂　能够杀灭大多数细菌繁殖体和亲脂病毒，难以杀灭结核分枝杆菌及某些抵抗力强的真菌和病毒，不能杀灭细菌芽胞。包括季铵盐类、氯己定、高锰酸钾等。

不同消毒剂的杀菌机制存在差异，概括起来主要包括以下三个方面：① 引起病原体的蛋白质、核酸等凝固变性，如酚类、醇类、醛类、重金属盐类、酸碱类等；② 干扰和破坏病原体酶系统，破坏正常新陈代谢，如氧化剂、重金属盐类等；③ 损伤细菌细胞膜或病毒包膜，如酚类、季铵盐类、脂溶剂类等。

常用消毒剂的种类、使用浓度和主要应用范围见表7－1。

表 7-1　常用消毒剂的种类、使用浓度和主要应用范围

名称(使用浓度)	主要应用范围
戊二醛(2.0%～2.5%)	不耐热诊疗器械(如内窥镜)与物品的浸泡消毒与灭菌
甲醛(10%)	室内空气熏蒸、HEPA 消毒
邻苯二甲醛(0.55%)	不耐热诊疗器械、器具与物品的浸泡消毒
过氧乙酸(0.1%～0.2%)	耐腐蚀物品、环境、室内空气等的消毒
过氧化氢(3%)	外科伤口、皮肤黏膜冲洗消毒;室内空气消毒
高锰酸钾(0.1%)	皮肤、尿道消毒,也可用于水果、蔬菜消毒
环氧乙烷(800～1 200 mg/L)	不耐热、不耐湿的诊疗器具和物品的灭菌
氯(0.2～0.5 ppm)	饮水及游泳池消毒
漂白粉(10%～20%)	地面、厕所及排泄物消毒,少量饮水消毒
二氯异氰酸尿素酸钠(4 ppm)	水、游泳池消毒
碘酊(18～22 g/L 有效碘)	皮肤消毒,消毒后用 75%医用乙醇擦拭脱碘
碘伏(2～10 g/L 有效碘)	术前手消毒;注射和穿刺部位、手术切口部位皮肤消毒
乙醇(70%～75%)	手、皮肤、物体表面及诊疗器械(体温表等)的消毒
甲酚、苯酚(≤5.0%)	物体表面和织物等消毒
生石灰水(12.5%～25%)	地面、排泄物消毒
醋酸(5～10 mL/m^3+等量水)	室内空气消毒
溴型季铵盐(0.05%～0.1%)	皮肤黏膜消毒,手术前洗手,器械消毒
氯己定(2 g/L～45 g/L)	手、皮肤、黏膜及物体表面消毒
1%硝酸银、1%～5%蛋白银	新生儿滴眼,预防淋病奈瑟菌感染

三、影响消毒与灭菌效果的因素

1. *消毒方法特性*　消毒与灭菌方法的特性决定其作用效能。如紫外线穿透力差,仅适用于空气和物体表面消毒;滤过除菌法仅能够用于液体或气体介质的除菌,且不能除去体积微小的病毒、支原体等;很多高效消毒剂可杀灭芽胞,如戊二醛、环氧乙烷等,作用后可达到灭菌效果;低效消毒剂如溴型季铵盐仅对繁殖体和某些病毒有效。

2. *消毒方法的强度和作用时间*　同一热力灭菌法中,温度越高杀菌效能越高,灭菌时间相应缩短。如高压蒸汽灭菌法,121℃时灭菌需要 20～30 min,132～134℃时仅需要 4 min。滤过除菌法中,滤孔的直径范围决定除菌的效能。

绝大多数消毒剂的浓度越高以及作用时间越长,杀菌效果越好。乙醇例外,70%～75%乙醇杀菌效能更高。

3. *微生物种类和数量*　不同种类和生理状态的病原体对消毒与灭菌的抗性存在差异。细菌芽胞对各类消毒与灭菌措施的抵抗力显著增强;对数生长期的细菌对理化因素敏感,进入稳定期后,容易形成持留菌(persister)而对消毒剂和抗生素的抗性显著增强。结核分枝杆菌耐干燥和酸碱;脑膜炎奈瑟菌和淋病奈瑟菌对干燥和低温敏感;真菌孢子对干燥、紫外线及多种化学药物的耐受性较强;有包膜病毒对脂溶性消毒剂敏感;乙肝病毒和甲肝病毒对热的抵抗力强;朊粒、产气荚膜梭菌及突发病原体的灭菌需要执行特殊方法。环境中的微生物数量越多,需要的消毒与灭菌时间越长。

4. *环境温度及酸碱度*　环境温度升高,可加快消毒剂杀菌过程的化学反应,消毒效力增强。如温度增高 10℃,含氯消毒剂的杀菌时间减少 50%～65%。

环境的酸碱度可影响病原体的生存,过高或过低的 pH 环境可直接杀菌;同时影响消毒剂活性基团的活性,如戊二醛在加入碳酸氢钠后杀菌能力增强,可杀灭芽胞;苯扎溴铵的消毒作用在 pH 3 时杀菌所需浓度为 pH 9 时的 10 倍。

5. *有机物及其他物质*　在临床的各类标本(如粪便、痰、血液、脓汁等)中以及需灭菌的器械、器具和物体上,病原体往往与许多有机物混杂在一起,可阻碍杀菌因素与病原体的作用,影响灭菌效果。另外,消毒介质如存在消毒剂的拮抗物质,也会对消毒效果产生影响。因此,对于重复使用的诊疗器械、器具和物品,在进

行彻底消毒灭菌前，需先清洁。

第三节 消毒与灭菌的实际应用

在医疗实践中，随时会遇到消毒与灭菌工作。中华人民共和国卫生行业标准《医疗机构消毒技术规范》(WS/T 367—2012)对相关工作提出明确要求。

一、医疗实践中消毒与灭菌的基本原则和要求

1. *先清洁，再消毒或灭菌* 重复使用的器械、器具和物品及环境与物体表面，一般情况下需先清洁，再消毒或灭菌。被患者血液、体液等污染的物品器具，应先去除污染物，再进行清洁、消毒或灭菌。

2. *消毒或灭菌方法的选择* 应根据物品污染后导致感染的风险高低、物品上污染微生物的种类和数量、消毒物品的性质选择消毒或灭菌方法。如高度危险性物品应灭菌处理；中度危险物品应采用达到杀灭除细菌芽胞以外的各种病原微生物的水平进行消毒。污染有致病菌芽胞、真菌孢子、分枝杆菌和经血传播病原体(如乙肝病毒、丙肝病毒、人类免疫缺陷病毒等)的物品，应采用灭菌方法处理；疑似被朊粒、产气荚膜梭菌及原因不明的突发病原体污染的物品需要执行特殊的灭菌方法。污染微生物数量严重时，应加大消毒剂剂量，并延长消毒时间；耐热、耐湿的手术器械，首选高压蒸汽灭菌，不应选择化学消毒剂浸泡灭菌。

3. *消毒剂的选择* 遵循批准使用的范围、方法和注意事项，选择合法、有效的消毒剂。

4. *消毒与灭菌效果的监测* 应对各种清洁、消毒与灭菌的效果进行监测，保证可以达到标准。

5. *个人防护* 消毒与灭菌过程中，需采取适宜措施做好职业防护，预防发生医务人员职业暴露和损伤。

二、常用消毒与灭菌方法的应用

1. *室内空气* 洁净手术室和病房、无菌实验室等，可选用层流通风，利用滤过除菌法除菌；病房、治疗室、化验室等，可选用紫外线等进行照射，每次照射不低于 30 min；或采用 20 mg/m^3 浓度臭氧，作用 30 min，通风后使用；或选用过氧乙酸、过氧化氢复方空气消毒剂、季铵盐类消毒液、中草药等熏蒸或喷雾消毒。

2. *高度危险性物品(critical item)* 指进入人体无菌组织、器官、脉管系统或有无菌体液从中流过的物品，接触破损皮肤、黏膜的物品，污染后感染风险极高。如手术器械、穿刺针、注射器、输液器、活检钳、植入的导管等。

高度危险性物品必须是无菌的方可使用。应根据不同材料的材质，选用适宜的灭菌方法。耐湿热的手术器械、棉布类和棉纱类敷料首选高压蒸汽灭菌；耐热不耐湿的采用干热灭菌；不耐热耐湿的物品可使用高效消毒剂如环氧乙烷灭菌；不耐湿热的手术器械采用低温灭菌法。

3. *中度危险性物品(semi-critical item)* 指与完整黏膜相接触而不进入人体无菌组织，也不接触破损皮肤、黏膜的物品。如各类内窥镜，胃肠减压器、压舌板、口腔护理用具、呼吸机和麻醉机管道等。

耐湿热的中度危险性物品，首选高压蒸汽灭菌；不耐热的物品(如氧气面罩等)应采用高效消毒剂消毒；耐湿热的管道及引流瓶首选湿热消毒；不耐热的可选用中、高效消毒剂浸泡消毒；清洗消毒机可用于呼吸机、麻醉机、内窥镜等管道的消毒。

4. *低度危险性物品(non-critical item)* 指与完整皮肤接触而不与黏膜接触的器材。如听诊器、血压计、床头柜、被褥、痰盂和便器等。

听诊器、血压计等诊疗用品遇有污染时及时清洁，选用中、低效消毒剂(如 75%乙醇)消毒。患者的生活卫生用品保持清洁，个人专用，可选用中、低效消毒剂消毒。患者的床单元(床头柜、床栏等)可选用复合季铵盐消毒液、含氯消毒剂擦拭消毒或采用床单元消毒器消毒；床单、被套、枕套等应一人一更换和每周更换，遇污染时及时更换；更换后的物品及时清洗与消毒。

5. *皮肤与黏膜* 穿刺部位的皮肤消毒可选用碘伏局部擦拭 2 遍；或使用碘酊擦拭 2 遍以上，1～3 min

后用75%乙醇脱碘；或用75%乙醇擦拭2遍，作用3 min；或用复方季铵盐消毒剂擦拭，作用3～5 min。手术切口部位的皮肤先清洁，再用碘伏消毒液擦拭2遍；或用碘酊消毒后选用75%乙醇脱碘；消毒范围应在手术野及其外扩展15 cm。病原微生物污染的皮肤需彻底冲洗，采用碘伏擦拭作用3～5 min。被乙肝病毒污染的皮肤可选用0.1%过氧乙酸浸泡1～2 min后清水冲洗。

黏膜和伤口创面可使用碘伏擦拭；或用氯己定水溶液冲洗或漱洗；或用3%过氧化氢冲洗伤口或口腔含漱。

6. 地面和物体表面的清洁与消毒　无污染时采用湿清洁；受污染时，先用吸湿材料去除污物，再清洁和消毒。医院内感染高风险部门（如手术室、产房、洁净病房、重症监护室、血液透析室、新生儿室、感染科病房、烧伤病房、检验科、口腔科、急诊科等），需每天进行消毒。采用400～700 mg/L有效氯的消毒液擦拭。

7. 自然灾害灾难冲击期消毒　灾区可采用煮沸法或投放消毒剂进行饮水消毒；对发现尸体的地方、有人和动物粪便的地方以及灾民安置点外环境地面、厕所等地需要喷洒含有效氯的消毒剂（潮湿地方直接洒漂白粉）进行消毒；搜寻到的遇难者遗体由遗体处理机构妥善存放，并按规定处理；动物尸体需要焚烧或深埋。

8. 饮水消毒　自来水选用氯气消毒，少量饮水可选用漂白粉。

第四节　病原微生物实验室生物安全

防范、处理生物因子对人体及自然环境危害的综合性措施称为生物安全（biosafety）。主要涉及实验室生物安全（laboratory biosafety）、生物恐怖活动防范等诸多领域。病原微生物实验室生物安全指从事病原微生物检测和研究的实验室，符合相关法规、标准等对实验室生物安全责任的要求，其安全条件和状态不低于容许水平，避免人员受到感染，环境受到破坏。生物恐怖是指人为将强致病性微生物菌（毒）株或其代谢产物进行播散，造成对社会公众及自然环境的严重危害。

一、生物安全的相关术语

1. 生物因子（biological agent）　包括一切微生物和生物活性物质。病原微生物实验室生物安全中的生物因子主要指能够给社会公众及自然环境造成危害的微生物或其代谢产物。

2. 气溶胶（aerosol）　是指悬浮于空气中的固态或液态微小粒子（粒径一般为0.001～100 μm）形成的相对稳定的分散体系。病原微生物实验室操作中可产生带有微生物的气溶胶。吸入气溶胶是造成实验室感染的最重要因素之一。

病原微生物实验室中，多种操作都有可能产生严重气溶胶，包括打开或打碎干燥菌种安瓶、小白鼠鼻内接种、打碎带有培养物的平皿、烧灼接种环、注射器针尖脱落喷出菌（毒）液、离心管破裂或搅拌后立即打开搅拌器盖等。

3. 高效空气过滤器　高效空气过滤器（HEPA）是指在规定条件下，滤除微粒为0.3 μm测试物效率高于99.97%的空气过滤器。HEPA常应用于病原微生物实验室、生物安全柜、层流病房等的空气除菌。

4. 生物安全柜（biological safety cabinet，BSC）　是具备气流控制及高效空气过滤装置的负压操作柜，可有效防范实验过程中产生的气溶胶对研究人员和环境的危害。空气进入BSC后，首先经HEPA过滤除菌后送入柜内工作区，形成百级洁净度的工作环境，防止样本被污染；从BSC中排出的空气亦经过HEPA过滤，除去可能含有病原微生物的气溶胶后才释放。同时，BSC内形成的负压和气幕可以防止气溶胶直接外泄，有效保护操作者及环境。根据正面气流速度，送风、排风方式，BSC分为Ⅰ级、Ⅱ级和Ⅲ级三种类型。

二、病原微生物危害程度分类及实验室生物防护水平分级

为有效防范病原微生物实验室生物安全事故发生，世界卫生组织（WHO）以及许多国家和地区依据病原微生物危害程度对其进行了分类（或分级），并对实验室生物安全防护水平分级进行了明确规定。WHO制

定了《实验室生物安全手册》(2004 年)。我国也制定了许多政策法规和规范,包括《病原微生物实验室生物安全管理条例》(中华人民共和国国务院令第 424 号,2004 年)、《人间传染的病原微生物名录》(2006 年)、《动物病原微生物分类名录》(2005 年)、《实验室生物安全通用要求》(GB19489—2008)、《生物安全实验室建筑技术规范》(GB50346—2011)等。本节内容主要依据上述政策法规进行编写。

根据病原微生物的传染性、感染后对个体或者群体的危害程度,我国将病原微生物分为四类(表 7-2)。其中第一类和第二类致病性强,称为高致病性病原微生物(highly pathogenic microorganism)。WHO 依据感染性微生物的相对危害程度,制订了危险度等级划分标准(危险度Ⅰ、Ⅱ、Ⅲ和Ⅳ级),与我国制订的病原微生物危害程度分类标准相比较,我国的分类类别越高,危害程度越小,而 WHO 的危险度分级越高,危害程度越大。

病原微生物实验室生物安全防护级别应该与其拟从事的研究对象及研究活动相适应。我国的实验室生物安全防护水平(bio-safety level, BSL)分为一级、二级、三级和四级。以 BSL-1、BSL-2、BSL-3 和 BSL-4 表示对从事体外操作生物因子的实验室相应生物安全防护水平;以 ABSL-1、ABSL-2、ABSL-3 和 ABSL-4 表示包括从事动物在体操作的实验室相应的动物生物安全防护水平(animal bio-safety level, ABSL)(表 7-2)。一级防护水平最低,四级防护水平最高。不同级别实验室的操作对象不同,高致病性病原微生物的操作必须在 BSL-3/ABSL-3 或 BSL-4/ABSL-4 级别实验室中进行。

表 7-2 人间传染的病原微生物危害程度分类及相应生物安全防护级别*

病原微生物危害程度分类	人间传染的主要病原微生物		BSL/ ABSL 级别
	数 目	常见类别举例	
一类:指能够引起人类或者动物非常严重疾病的微生物,以及我国尚未发现或者已经宣布消灭的微生物	29 种病毒	埃博拉病毒、马尔堡病毒、黄热病毒、天花病毒、克里米亚-刚果出血热病毒(新疆出血热病毒)、类天花病毒、鸠宁病毒、猴痘病毒等	BSL-4/ ABSL-4;少数可在 BSL-3/ ABSL-3
二类:指能够引起人类或者动物严重疾病,比较容易直接或者间接在人与人、动物与人、动物与动物间传播的微生物	51 种病毒、4 种朊粒、10 种原核细胞型微生物和 4 种真菌	病毒:SARS 冠状病毒、艾滋病病毒、汉坦病毒、乙型脑炎病毒#、高致病性禽流感病毒、口蹄疫病毒、狂犬病毒(街毒)和朊粒等;原核:炭疽芽胞杆菌、布鲁菌属、鼻疽伯克菌、伯氏考克斯体、土拉热弗朗西丝菌、牛型分枝杆菌、结核分枝杆菌、立克次体属、鼠疫耶尔森菌、霍乱弧菌#等;真核:粗球孢子菌、荚膜组织胞浆菌等	BSL-3/ ABSL-3;个别(#)可在 BSL-2/ ABSL-2
三类:能够引起人类或者动物疾病,但一般情况下对人、动物或者环境不构成严重危害,传播风险有限,实验室感染后很少引起严重疾病,并且具备有效治疗和预防措施的微生物	74 种病毒、1 种朊粒、145 种原核细胞型微生物和 55 种真菌	病毒:冠状病毒、HAV、HBV、HCV、HEV、HSV、CMV、EV71、流感病毒、风疹病毒、轮状病毒、登革病毒、柯萨奇病毒、人乳头瘤病毒、麻疹病毒等;原核:葡萄球菌、链球菌、志贺菌、沙门菌、破伤风梭菌、肉毒梭菌、幽门螺杆菌、脑膜炎奈瑟菌、沙眼衣原体、肺炎支原体、梅毒螺旋体、伯氏疏螺旋体等;真核:白假丝酵母菌、新生隐球菌、黄曲霉、絮状表皮癣菌、卡氏肺孢菌等	BSL-2/ ABSL-2;个别病毒在 BSL-3/ ABSL-3
四类:在通常情况下不会引起人类或者动物疾病的微生物	6 种病毒	大鼠白血病病毒、小鼠乳腺瘤病毒、豚鼠疱疹病毒、松鼠猴疱疹病毒、小鼠白血病病毒、金黄地鼠白血病病毒、猴病毒属	BSL-1/ ABSL-1

* 该表参照《病原微生物实验室生物安全管理条例》和《人间传染的病原微生物名录》编写。

三、病原微生物实验室个人防护和安全工作行为

病原微生物生物安全实验室除拥有防护设施和设备外,工作人员还需要使用个人防护装备。工作前应事先了解所从事活动的风险,应在风险已控制状态下从事工作,在工作中要严格执行安全工作行为。

1. 个人防护装备 包括防护服(一级和二级实验室中使用普通防护服,三级和四级实验室中使用专用清洁防护服,必要时使用正压防护服)、呼吸防护用具(一级和二级实验室中,佩戴防护口罩,必要时使用 N95 或 N98 口罩;三级和四级实验室需使用个体独立呼吸器等)、面部保护用具(如安全眼镜、面部防护罩、头盔

等)、手套、防护鞋、帽等。

2. 安全工作行为

(1) 严格的培训：工作人员在使用实验室前需进行上岗培训并评估与确认其能力，必须熟练掌握各项标准操作规程，熟知实验室的各种潜在危险。如长期未工作或操作规程或有关政策发生变化时，需接受再培训。提升实验室生物安全意识。

(2) 规范个人行为：在实验室工作区不饮食、不抽烟、不处理隐形眼镜、不使用化妆品、不存放食品等；有良好的洗手习惯或使用乙醇做手部清洁产品，必要时进行淋浴。

(3) 正确使用个体防护设备：包括手套、护目镜、防护服、口罩、帽子、鞋、呼吸防护等；工作中发生污染时，要更换后才能继续工作。

(4) 防范气溶胶：按规程小心操作，避免发生溢洒或产生气溶胶。在生物安全柜或相当的安全隔离装置中进行所有可能产生感染性气溶胶或飞溅物的操作。

(5) 注意锐器使用：不要改造(弯曲、截断)锐器等；不要从注射器上取下针头或套上针头护套，必要时使用专用工具操作；使用过的锐器要置于专用耐扎容器中；重复利用的锐器要置于专用耐扎容器中消毒或灭菌处理；尽量避免使用易碎的器具，不要直接用手处理打破的玻璃器具等。

(6) 妥善处理感染性、损伤性及化学性废弃物；所有生物危险废物在处置前要可靠灭菌。

四、病原微生物实验室生物安全管理体系及风险评估

1. 生物安全管理　设立生物安全委员会；制订明确的准入政策；建立实验室安全管理体系，制订实验室安全手册，明确实验室生物安全负责人及责任制，强化日常管理；定期开展实验室生物安全监督检查；加强实验室人员培训和考核、材料、活动、内务、设施和设备、消防等的管理和事故报告；严格废物处置。制订紧急撤离的行动计划并进行演练；做好研究人员的免疫预防接种和定期体检。

2. 病原微生物实验室风险评估　生物安全工作的核心是危险度评估。病原微生物实验室需要建立并维持风险评估和风险控制程序。风险评估应该由具有经验的专业人员进行。风险评估报告是实验室采取控制措施，建立安全管理体系和制订安全操作规程的依据。应事先对所有拟从事活动的风险(生物、化学、物理、辐射、电气、水灾、火灾、自然灾害等)进行评估，当实验室涉及致病性生物因子时，进行微生物危险评估。当开展新的实验活动、发生事故、事件或相关政策、法规、标准等发生改变时，应重新进行分析评估。

小　结

物品经消毒后杀灭了病原微生物，但不一定杀灭芽胞；经灭菌后杀灭了包括芽胞在内的一切微生物，形成无菌状态。消毒与灭菌的方法包括物理法(热力法、辐射杀菌法、滤过除菌法等)和化学法。热力法包括干热法(干烤法、焚烧法、烧灼法、红外线法等)和湿热法(压力蒸汽灭菌法、煮沸法、流动蒸汽法、间歇灭菌法、巴氏消毒法等)。高压蒸汽灭菌法是医疗实践中最常用的灭菌技术。辐射杀菌法包括紫外线照射法和辐射线照射法等。细菌的DNA吸收紫外线后，导致相邻嘧啶形成二聚体，破坏DNA正常复制而杀菌。紫外线能量低，穿透力差，仅适用于空气及物体表面的消毒。滤过除菌法用于不耐热药液、血清、细胞培养液、空气等的除菌。消毒剂的杀菌机制包括引起病原体的蛋白质、核酸等凝固变性；干扰和破坏病原体酶系统，破坏正常新陈代谢；损伤细菌细胞膜或病毒包膜。

消毒方法的特性、强度和作用时间、微生物的种类和数量、环境温度、酸碱度及环境中的有机物和其他物质等均可影响消毒与灭菌的效果。

医疗实践的消毒与灭菌中，需要先清洁，再消毒或灭菌。应根据物品污染后导致感染的风险高低、物品上污染微生物的种类和数量、消毒物品的性质选择消毒或灭菌方法。高度危险性物品应灭菌处理，耐湿耐热的器械和物品，首选压力蒸汽灭菌；污染有芽胞、真菌、分枝杆菌和经血传播病原体的物品，应采用灭菌方法处理；应对各种清洁、消毒与灭菌的效果进行监测，并做好职业防护。

病原微生物依据危害程度分为四类，第一类和第二类为高致病性病原微生物。病原微生物实验室生物安全防护水平分为四级，以 BSL－1/ABSL－1 级防护水平最低，BSL－4/ABSL－4 级防护级别最高。高致病性病原微生物必须在 BSL－3/ABSL－3 级以上实验室研究；气溶胶是造成病原微生物实验室感染的重要因素，生物安全柜可有效防护气溶胶；实验室工作人员要有安全工作行为。

【复习思考题】

1. 名词解释：消毒、灭菌、无菌操作、气溶胶、生物安全。
2. 常用的物理消毒与灭菌法包括哪些？各有何用途？
3. 消毒剂的作用原理是什么？不同类别的消毒剂杀菌效力如何？
4. 医疗实践中消毒与灭菌的基本原则和要求有哪些？
5. 病原微生物按照危害程度如何分类？病原微生物实验室生物安全防护水平如何分级？

（韩　俭）

第八章

球　菌

学习要点

掌握：① 病原性球菌的形态、染色、致病性，特别是致病物质；② 病原性球菌的生物学检查；③ 致病性葡萄球菌的鉴别要点。

熟悉：① 病原性球菌的抗原结构及其分类；② 奈瑟球菌生物学性状、标本采集及分离鉴定；③ 淋球菌的防治原则。

了解：① 肠球菌及其他病原性球菌的致病性；② ASO 试验。

球菌是自然界分布最广泛的细菌之一。对人类有致病性的球菌主要引起化脓性炎症，故病原性球菌又称化脓性球菌(pyogenic coccus)，主要包括葡萄球菌属、链球菌属、肠球菌属和奈瑟菌属四个属。根据革兰染色性的不同，可将其分成革兰阳性和革兰阴性两类，前者主要包括葡萄球菌、链球菌和肠球菌等，后者包括奈瑟菌等。

第一节　葡萄球菌属

葡萄球菌属(*Staphylococcus*)细菌广泛分布于自然界、人和动物的体表及与外界相通的腔道中。本属细菌种类很多，目前已发现的葡萄球菌至少有 40 种，多数是不致病的腐生菌及属于人体正常菌群，对人类致病的主要是能产生血浆凝固酶的金黄色葡萄球菌(*S. aureus*)。

一、生物学性状

(一) 形态与染色

球形，直径约 1 μm，呈葡萄串状排列。在液体培养基中还可见到单个、成双、四联体或短链状排列的现象(图 8-1)。无鞭毛和芽胞，体外培养时一般不形成荚膜，但少数菌株的细胞壁外层可见有荚膜样黏液物质。革兰染色阳性，在衰老、死亡、陈旧培养物中或被中性粒细胞吞噬后的菌体常转为革兰阴性。在某些化学物质(如青霉素)作用下，可裂解或形成 L 型。

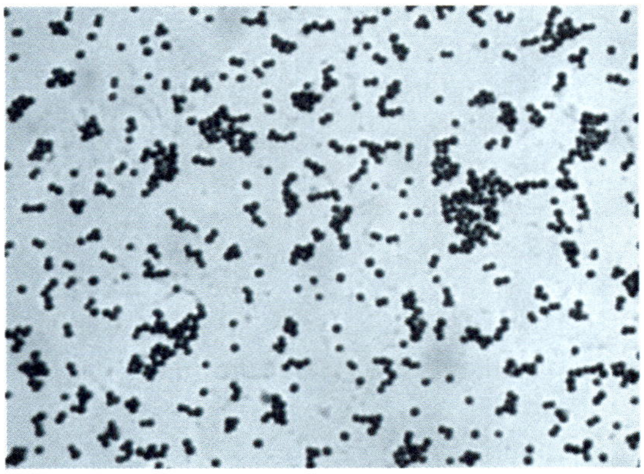

图 8-1　葡萄球菌的形态(革兰染色，×1 000)

(二) 培养特性

营养要求不高，在大多数细菌培养基中均能生长；需氧或兼性厌氧；最适生长温度为37℃。在普通琼脂平板上孵育24～48 h后，形成圆形、隆起、表面光滑、有光泽、边缘整齐、不透明的菌落，直径约2 mm左右。不同菌种可产生金黄色、白色或柠檬色等不同颜色的脂溶性色素并使菌落着色，培养基不着色。产生色素的最佳培养温度是20～25℃，通常是在延长培养时间时出现，但是在厌氧条件下或肉汤培养基中不产生色素。多数凝固酶阳性葡萄球菌在血琼脂平板上生长后，菌落周围可见完全透明溶血环(β溶血)。

(三) 生化反应

触酶(过氧化氢酶)试验呈阳性，可与链球菌相区分。能分解多种碳水化合物，产酸不产气。致病性菌株能分解甘露醇，产酸不产气。不同菌种对蛋白质分解能力差异较大。

(四) 抗原

抗原种类多，结构复杂，已发现的抗原在30种以上，包括多糖抗原、蛋白质抗原及细胞壁中重要成分抗原。

1. 肽聚糖　葡萄球菌细胞壁肽聚糖可刺激单核细胞产生白细胞介素1和调理素抗体，是多形核白细胞趋化因子，促进脓肿形成，并且具有内毒素样活性和活化补体的能力。

2. 磷壁酸　革兰阳性菌细胞壁的磷壁酸为核糖醇型或甘油型，与肽聚糖中N-乙酰葡糖胺结合抗原性。金黄色葡萄球菌的多糖A抗原，即为N-乙酰葡糖胺核糖醇磷壁酸。在金黄色葡萄球菌引起的活动性心内膜炎患者血清中，可检测到多糖A抗体。

3. 葡萄球菌A蛋白　葡萄球菌A蛋白(staphylococcal protein A, SPA)是存在于90%以上金黄色葡萄球菌细胞壁表面的一种蛋白质，也是一种细菌表面识别黏附基质分子(microbial surface components recognizing adhesive matrix molecule, MSCRAMM)，细菌可通过MSCRAMM黏附于宿主细胞。SPA为完全抗原，能与人及多种哺乳动物的IgG_1、IgG_2和IgG_4分子的Fc段非特异性结合，结合后的IgG分子Fab段仍能与相应抗原分子发生特异性结合。利用这种结合原理建立的协同凝集(coagglutination)试验已广泛应用于多种微生物抗原检测。在感染者体内SPA与IgG结合后所形成的复合物还具有抗吞噬、促细胞分裂、引起超敏反应及损伤血小板等多种生物活性。

此外，金黄色葡萄球菌细胞壁上结合的凝固酶及宿主体内的大多数金黄色葡萄球菌表面存在有荚膜多糖抗原，也具有抗原性。

(五) 分类

1. 根据色素、生化反应等表型分类　根据色素和生化反应等，传统分类法可将葡萄球菌分为30余种，具有重要临床意义的主要为金黄色葡萄球菌、表皮葡萄球菌(*S. epidermidis*)和腐生葡萄球菌(*S. sarophytius*)三个种(表8-1)。金黄色葡萄球菌是人类的主要致病菌之一；表皮葡萄球菌在年幼、年老或免疫缺陷者可成为条件致病菌；腐生葡萄球菌通常不致病，但在年轻女性泌尿系统感染中是相对常见的病原。

表8-1　三种常见葡萄球菌的主要生物学性状比较

性　状	金黄色葡萄球菌	表皮葡萄球菌	腐生葡萄球菌
菌落色素	金黄色	白色	白色或柠檬色
血浆凝固酶	+	−	−
分解葡萄糖	+	+	−
甘露醇发酵	+	−	−
α溶血素	+	−	−
耐热核酸酶	+	−	−
A蛋白	+	−	−
磷壁酸类型	核糖醇型	甘油型	两者兼有
噬菌体分型	有	无	无
致病性	强	弱	无
新生霉素	敏感	敏感	耐药

注：+为阳性，−为阴性。

2. *根据有无血浆凝固酶分类* 分为凝固酶阳性菌株与凝固酶阴性菌株。金黄色葡萄球菌为凝固酶阳性菌株，可被相应的噬菌体裂解，又分为4个噬菌体群和23个噬菌体型。噬菌体分型可用于流行病学调查、追溯传染源及研究菌型与疾病的关系。

3. *基于核酸分析的遗传学分类* 随着分子生物技术的发展，出现了DNA和RNA分析的遗传学分型方法，如DNA脉冲场凝胶电泳和重复片段PCR分型法等方法，其特异性比表型分类法高。目前，依据16S rRNA不同，将葡萄球菌属的细菌分为48个种和亚种。

（六）基因组特征

基因组测序发现葡萄球菌基因组大小在2.6～2.8 Mb之间，G+C含量为32 mol%～33 mol%。部分菌株含有质粒和前噬菌体。

（七）抵抗力

葡萄球菌对外界理化因素的抵抗力较强。在干燥的脓汁或痰液中可存活2～3个月；耐受50℃ 30 min和9%的NaCl。对龙胆紫等某些染料较敏感，对青霉素、金霉素、红霉素和庆大霉素高度敏感，对链霉素中度敏感，对磺胺、氯霉素敏感性差。该菌易产生耐药性，近年来因抗生素的选择作用，耐药菌株逐年增多，对青霉素G的耐药菌株已达90%以上，尤其是耐甲氧西林金黄色葡萄球菌（methicillin-resistant *S. aureus*, MRSA），已经成为医院感染最常见的致病菌。2002年首次在美国分离到耐万古霉素金黄色葡萄球菌（vancomycin-resistant *S. aureus*，VRSA）。

二、致病性

（一）致病物质

葡萄球菌在宿主体内生长繁殖、扩散和产生有害的胞外物质（酶和毒素）引起宿主疾病，除肽聚糖、磷壁酸、SPA及某些菌株产生的荚膜等菌体表面结构，致病性葡萄球菌还产生多种毒素及酶（表8-2）。

表8-2 金黄色葡萄球菌的主要毒力因子及其生物活性

毒力因子	生物活性作用
菌体表面结构	
荚膜	抑制吞噬和单核细胞增殖；促进黏附
肽聚糖	促进白细胞趋化黏附作用；抑制吞噬；有内毒素样活性
磷壁酸	与纤连蛋白结合，介导黏附
SPA	与IgG的Fc段结合，抑制吞噬；抗补体
毒素	
葡萄球菌溶素（α、β、γ、δ）	溶解细胞膜，具细胞毒作用
杀白细胞素	破坏中性粒细胞和吞噬细胞，增强侵袭力
表皮剥脱毒素	水解表皮粒层的细胞间桥小体，破坏细胞间连接
毒素休克综合征毒素	超抗原，刺激T细胞增生和细胞因子释放
肠毒素	超抗原，刺激T细胞增生、促进细胞因子和炎症介质释放；与肠道神经细胞受体作用，刺激呕吐中枢
酶类	
凝固酶	使血浆纤维蛋白原转化为纤维蛋白
耐热核酸酶	降解DNA和RNA
透明质酸酶（扩散因子）	溶解细胞间质中的透明质酸
脂酶	分解脂肪
触酶	分解 H_2O_2

1. *凝固酶* 凝固酶（coagulase）是一种能使含有抗凝剂的血浆发生凝固的酶类物质。非致病性葡萄球菌一般不产生该酶，是鉴定致病性葡萄球菌的重要指标。

金黄色葡萄球菌可产生两种凝固酶，即游离凝固酶和结合凝固酶。游离凝固酶是细菌分泌至菌体外的蛋白质，可被血浆中的协同因子（cofactor）激活，成为凝血酶样物质，从而使液态的纤维蛋白原变成固态的纤维蛋白，导致血浆凝固。结合凝固酶也称为凝聚因子(clumping factor)，存在于菌体表面，为纤维蛋白原受体，通过血浆纤维蛋白原与菌细胞表面受体的交联而使细菌凝集。与游离凝固酶不同，结合凝固酶具有免疫原性，能刺激机体产生抗体，具有免疫保护作用，近年来成为葡萄球菌疫苗研究热点。

凝固酶和葡萄球菌的致病力关系密切，使血浆纤维蛋白或纤维蛋白原包被于菌体表面，阻碍吞噬细胞的吞噬或胞内消化作用，并且保护细菌不受血清中抗菌物质的破坏。凝固酶使金黄色葡萄球菌引起的感染易于局限化和形成血栓。

2. *葡萄球菌溶素*　致病性葡萄球菌能产生多种生物学活性不同的葡萄球菌溶素(staphylolysin)，包括α、β、δ和γ。这四种细胞溶素都是蛋白质，有抗原性，可被相应抗体中和。α溶素具有溶血素活性，并且对多种哺乳动物的白细胞、血小板、肝细胞、皮肤细胞等均有破坏作用，其作用机制可能是毒素分子插入细胞膜疏水区，破坏膜的完整性导致细胞溶解。β溶素可降解鞘磷脂而破坏多种细胞，包括人红细胞。δ溶素具有非离子型去垢剂样作用，可破坏生物膜，在金黄色葡萄球菌相关腹泻中具有致病作用。γ溶素的作用与杀白细胞素相似，可导致白细胞裂解和大量炎性介质的释放。

3. *杀白细胞素*　又称Panton-Valentine(PV)杀白细胞素(leukocidin)，能与细胞膜受体结合，协同作用使细胞膜构型变化，通透性增高，导致细胞质内颗粒排出而使，细胞死亡。死亡的白细胞释放炎性介质，导致中毒性炎症反应，残存细胞成分可形成脓栓，加重组织损伤。

4. *表皮剥脱毒素*　表皮剥脱毒素(exfoliative toxin)是具有相同分子量的两种不同的蛋白质，属于超抗原(superantigen)。A型剥脱毒素由位于染色体上的噬菌体基因组编码，B型剥脱毒素则由RW002质粒编码。剥脱毒素具有丝氨酸蛋白酶活性，可水解表皮粒层的细胞间桥小体(desomosome)，引起表皮分离和剥脱性皮炎。

5. *毒性休克综合征毒素-1*　约20%的金黄色葡萄球菌可产生毒性休克综合征毒素-1(toxic shock syndrome toxin-1，TSST-1)。TSST-1是一种超抗原，通过与MHC-Ⅱ结合，激活T细胞，引起临床表现多样的毒性休克综合征(TSS)。

6. *肠毒素*　约50%临床分离的金黄色葡萄球菌可产生肠毒素(enterotoxin)，有多个血清型。肠毒素是一组热稳定的蛋白质，100℃30 min不被破坏，可抵抗胃肠液中蛋白酶的水解作用。肠毒素属于超抗原，能非特异性激活T细胞增殖，释放过量细胞因子而致病。金黄色葡萄球菌在含蛋白质和碳水化合物丰富的食物中易形成肠毒素，摄入25 μg肠毒素可导致以呕吐为主要症状的食物中毒。其作用机制可能是肠毒素与肠道神经细胞受体作用，刺激呕吐中枢所致。葡萄球菌肠毒素可用于生物战剂，其气雾剂吸入后能造成多器官损伤，严重者可导致休克或死亡。

7. *其他酶类*　葡萄球菌还能产生其他多种酶类，包括具有溶纤维蛋白活性的葡激酶(staphylokinase)，能降解DNA和RNA的耐热核酸酶(heat-stable nuclease)，能溶解细胞间质的透明质酸的透明质酸酶以及蛋白酶和脂酶。葡激酶的溶纤维蛋白速度较链球菌产生的链激酶慢。耐热核酸酶存在于致病菌株，目前作为测定葡萄球菌有无致病性的依据之一。

(二) 所致疾病

1. *金黄色葡萄球菌*　金黄色葡萄球菌所致疾病有侵袭性和毒素性两种类型。

(1) 侵袭性疾病：通过多种途径侵入机体，形成以脓肿为主的各种化脓性炎症，可发生在皮肤组织、内脏器官，甚至波及全身。

1) 皮肤化脓性感染：如疖、痈、甲沟炎、蜂窝织炎、伤口化脓等。病灶多为局限性，界限清楚，脓汁金黄色且黏稠。

2) 内脏器官化脓性感染：如气管炎、肺炎、脓胸、中耳炎、脑膜炎、骨髓炎等。

3) 全身感染：如败血症、脓毒血症等。

(2) 毒素性疾病：由金黄色葡萄球菌产生的各种外毒素引起的中毒性疾病。

1) 食物中毒：摄入含金黄色葡萄球菌肠毒素污染的食物后，经1～6 h的潜伏期，可出现恶心、呕吐、腹泻等急性胃肠炎症状，以呕吐最为突出。不伴有发烧，一般1～2 d内迅速恢复，少数严重者可发生虚脱或休克。该菌引起的食物中毒是夏秋季节常见的胃肠道疾病。

2）烫伤样皮肤综合征（staphylococal scalded skin syndrome，SSSS）：即剥脱性皮炎，由表皮剥脱毒素引起。患者皮肤出现弥漫性红斑，起皱，继而出现内含无菌、清亮液体的大疱，轻微触碰即破溃，最后表皮上层大片脱落。多见于新生儿、婴幼儿。

3）毒性休克综合征：主要由 TSST－1 引起。患者主要表现为急性高热、呕吐、腹泻、弥漫性红疹，继而有脱皮（尤以掌及足底明显）、低血压、黏膜病变（口咽、阴道等），严重的患者还出现心、肾功能衰竭，甚至可发生休克。

2. *凝固酶阴性葡萄球菌* 凝固酶阴性葡萄球菌（coagulase negative staphylococci，CNS）是人体体表和与外界相同腔道的正常菌群，包括表皮葡萄球菌、腐生葡萄球菌、溶血葡萄球菌（*S. hemolyticus*）、人葡萄球菌（*S. huminis*）、头葡萄球菌（*S. capitis*）等 30 多种，其中最常见的 CNS 是表皮葡萄球菌和腐生葡萄球菌，其主要生物学性状见表 8－1。CNS 毒力弱，不产生血浆凝固酶、α 溶血素等致病物质。过去认为 CNS 对人不致病，但近年来临床和实验室检测结果证实 CNS 是医源性感染的常见病原菌，亦是创伤、泌尿道和败血症的常见病原菌。而且 CNS 对多种抗生素的耐药率逐年升高，造成治疗困难。

当机体免疫功能低下或进入非正常寄居部位时，CNS 可引起多种感染，其中大约有 75％由表皮葡萄球菌所致。CNS 致病机制主要与细菌胞壁外黏质（extracellular slime substance，ESS）和溶血素（β－溶血素、δ－溶血素）有关。ESS 由中性糖类、糖醛酸和氨基酸组成，包绕菌体，使细菌黏附细胞，并彼此相互粘连。菌体表面的 ESS 可保护细菌免受中性粒细胞的吞噬和阻碍抗生素向病灶渗透。另外，腐生葡萄球菌能选择性地吸附在尿道上皮细胞，易于定植并引起感染。

常见的 CNS 感染有以下几种：

（1）泌尿系统感染：CNS 是年轻女性急性膀胱炎的常见致病菌，引起尿道感染的病例数仅次于大肠埃希菌，其中腐生葡萄球菌是泌尿道感染的常见病原。

（2）细菌性心内膜炎：溶血葡萄球菌、路邓葡萄球菌等 CNS 易引起先天性心脏瓣膜病患者心内膜炎。

（3）败血症：败血症病原中 CNS 位居第 3，仅次于大肠埃希菌和金黄色葡萄球菌，常见的是溶血葡萄球菌、人葡萄球菌和表皮葡萄球菌。

（4）术后感染：是外科术后感染的常见病原，骨和关节修补、器官移植和心瓣膜术等术后感染多由 CNS 引起。

（5）植入性医用器械引起的感染：CNS 也是导管、插管、心脏起搏器、人工关节等植入性医疗器械引起感染的常见病原菌。静脉滴注及脑脊液分流术等亦可造成 CNS 的感染。医院内感染的 CNS 多为耐药菌，甚至是多重耐药菌，由此引发的感染已成为重要的医学问题。

三、免疫性

人类对葡萄球菌有一定的天然免疫力。在皮肤黏膜受损，或患有结核、糖尿病、肿瘤等疾病导致宿主免疫力降低时，才易发生感染。患病恢复后可获得一定的免疫力，但免疫力不强，难以预防葡萄球菌再次感染。

四、微生物学检查

局部化脓性感染的微生物学检查意义不大，但在确定全身性感染病因或选择有效治疗药物上有一定价值。

（一）标本采集

依据不同疾病类型可采集脓汁、分泌物、血液、脑脊液、尿液和骨髓穿刺液等，食物中毒采集剩余食物、患者呕吐物、粪便等不同标本。

（二）直接涂片镜检

直接取脓汁、分泌物等标本涂片，革兰染色后镜检。一般根据细菌形态、排列和染色特性可作初步诊断。

（三）分离培养与鉴定

将标本直接接种至血琼脂平板，37℃孵育 18～24 h 后挑选可疑菌落行涂片染色镜检。血液标本需经肉汤培养基增菌后，再接种到血琼脂平板。有杂菌污染的标本可用含7.5%氯化钠的培养基培养。

葡萄球菌属触酶试验阳性，可与链球菌属、气球菌属和肠球菌属鉴别。致病性葡萄球菌鉴定的主要依据包括：① 产生金黄色色素；② 有溶血性；③ 凝固酶试验阳性；④ 耐热核酸酶试验阳性；⑤ 分解甘露醇产酸。由于凝固酶阴性菌株有时亦能致病，判定结果时应结合临床疾病类型和标本来源综合考虑。

（四）药敏试验

金黄色葡萄球菌易发生耐药性变异，约90%的菌株产生β-内酰胺酶，成为青霉素的耐药菌株。对临床分离的菌株，常规需采用肉汤稀释法或琼脂扩散法做药物敏感试验。

（五）葡萄球菌肠毒素检查

食物中毒患者的标本，可采用ELISA法检测肠毒素。

五、防治原则

多数正常人的皮肤和鼻咽部携带有葡萄球菌。预防葡萄球菌感染，应注意个人卫生，及时消毒处理皮肤黏膜损伤。医务人员和患者多携带耐药葡萄球菌，因此医院内要做好消毒、隔离，防止医源性感染。加强餐饮业卫生管理，对于皮肤有化脓性感染者，未治愈前不宜从事食品加工或餐饮服务工作，防止引起食物中毒。

目前葡萄球菌耐药菌株日益增多，治疗应根据药物敏感试验结果合理选用抗菌药物。

第二节 链球菌属

链球菌属（*Streptococcus*）的细菌是引起化脓性感染的另一大类常见的革兰阳性菌，呈双或呈链状排列。链球菌广泛分布于自然界，大多数并不致病，为人体正常菌群。对人类致病的链球菌主要是A群链球菌和肺炎链球菌，前者可引起各种化脓性炎症、毒素性疾病及超敏反应性疾病，后者可引起大叶性肺炎。

一、链球菌的分类

链链球菌属内菌种繁多，分类复杂。根据16S rRNA基因序列及表型特征，可将链球菌分为化脓链球菌群和非化脓链球菌群两大类。通常还根据链球菌在血琼脂平板上的溶血现象、抗原结构及生物学特性分类。

（一）根据溶血现象分类

链球菌在血琼脂平板上生长繁殖后，按产生溶血与否及其溶血现象分为3类。

1. 甲型溶血性链球菌（α-hemolytic streptococci） 菌落周围有直径为1～2 mm的草绿色溶血环，称甲型溶血或α溶血。由于α溶血环中的红细胞未完全溶解，并呈绿色，因而这类细菌又被称为草绿色链球菌（viridans streptococci），多为条件致病菌。

2. 乙型溶血性链球菌（β-hemolytic streptococci） 菌落周围形成界限分明、完全透明、宽阔的溶血环，直径通常是菌落的2～4倍，称乙型溶血或β溶血。这类链球菌亦称为溶血性链球菌，致病力强，常引起人类和动物的多种疾病。

3. 丙型链球菌（γ-streptococci） 不产生溶血素，菌落周围无溶血环。一般不致病，偶尔引起泌尿系统感染和亚急性细菌性心内膜炎。

（二）根据抗原结构分类

1. Lancefield 抗原分群 根据链球菌细胞壁多糖抗原的不同，将链球菌分为A～H群、K～V20群。该抗原特异性由细胞壁多糖中氨基糖的种类决定，例如，A群链球菌为鼠李糖-*N*-乙酰葡糖胺，B群为鼠李糖-葡糖胺多糖，C群为鼠李糖-*N*-乙酰半乳糖胺。化脓链球菌群根据Lancefield抗原分为A、B、C、G等群，A群有化脓链球菌、停乳链球菌似马种和部分咽峡炎链球菌；B群只见于无乳链球菌。链球菌的群别与其溶血性之间无平行关系，但化脓链球菌群多数呈现乙型溶血。临床主要针对引起人类疾病并且可以采用简便的凝集试验或显色反应来检测的 A、B、C、F 和 G 群进行分群鉴定。

2. 蛋白质抗原分型　根据表面蛋白抗原的抗原性，同一群的链球菌又可分若干型。例如，A 群根据其 M 蛋白（M protein）抗原性不同，分为 100 多个型，B 群分 4 个型，C 群分 13 个型等。

3. 荚膜多糖抗原分型　肺炎链球菌和无乳链球菌通常根据荚膜多糖抗原性分型，肺炎链球菌可分为 90 多个荚膜血清型。

（三）根据生化反应分类

对于不能与 A、B、C、F 和 G 分群血清发生反应的某些甲型溶血性链球菌和非溶血性链球菌（如肺炎链球菌和草绿色链球菌等），需采用糖发酵试验、酶的检测及对化学物质的敏感性进行分类。

此外，链球菌还可以采用分子遗传学方法，根据生态特征进行分类。医学上重要的常见链球菌见表 8－3。

表 8－3　医学常见链球菌

生化分类	Lancefield 抗原分群	溶　血	鉴别要点	所致疾病
化脓链球菌	A	β 溶血	杆菌肽敏感	皮肤感染，咽炎，风湿热，肾炎
无乳链球菌	B	β 溶血	杆菌肽不敏感水解马尿酸	新生儿败血症和脑膜炎
停乳链球菌	CG	β 溶血	菌落大（>0.5 mm）	咽炎；同 A 群链球菌引起的化脓性感染
牛链球菌	D	不溶血	不耐 6.5% NaCl	败血症，心内膜炎
咽峡炎群	ACFG 有些无群抗原	β 溶血，α 溶血或不溶血	菌落细小（<0.5 mm）；A 群杆菌肽耐药；PYR 试验阴性；糖发酵特征	化脓性感染，包括脑脓肿
肺炎链球菌	—	α 溶血	胆盐敏感	肺炎，脑膜炎，心内膜炎
草绿色链球菌	—	α 溶血或不溶血	胆盐不敏感	龋齿，心内膜炎

注：—表示无该抗原分群。

二、化脓链球菌

含有 A 群抗原的链球菌多为化脓链球菌（*Streptococcus pyogenes*），是人类链球菌感染最常见病原菌，也是链球菌中对人致病作用最强的细菌。

（一）生物学性状

1. 形态与染色　球形或椭圆形，直径 0.6～1.0 μm，多数呈链状排列，长短不一，链的长短与生长环境有关（图 8－2）。无鞭毛和芽胞。幼龄菌（培养 2～4 h）形成由水和透明质酸构成的荚膜，随着培养时间的延长，荚膜可被细菌自身产生的透明质酸酶分解而消失。革兰染色阳性，但培养时间长的老龄菌或被中性粒细胞吞噬后，可转为革兰阴性。

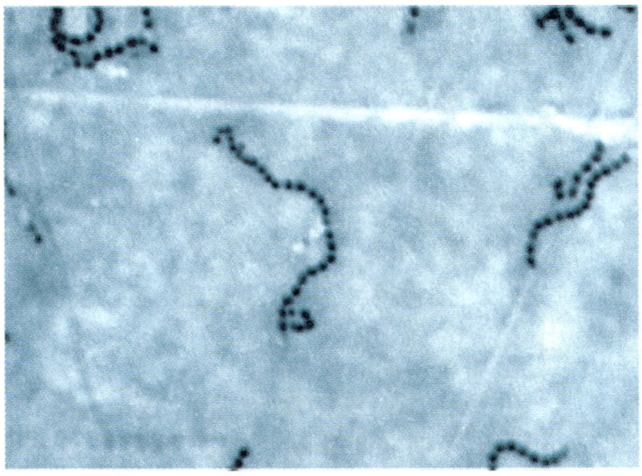
图 8－2　链球菌的形态（革兰染色，×1 000）

2. 培养特性　多数菌株兼性厌氧。营养要求较高，在含血液、血清、葡萄糖培养基上生长良好。最适生长温度为 37℃，最适 pH 为 7.4～7.6。在血清肉汤中易形成长链，试管底呈絮状沉淀。在血琼脂平板上，形成灰白色、表面光滑、边缘整齐、直径 0.5～1 mm 的细小菌落，多数菌株菌落周围形成较宽的 β 溶血环。

3. 生化反应　链球菌氧化酶阴性、触酶阴性，能分解葡萄糖产酸不产气，对万古霉素敏感。化脓链球菌对杆菌肽敏感，CAMP（Christie，Atkins，Munch-Peterson）试验，即马尿酸钠水解试验阴性；PYR（Hydrolysis of l-pyrrolidonyl-2-naphthylamide）阳性。

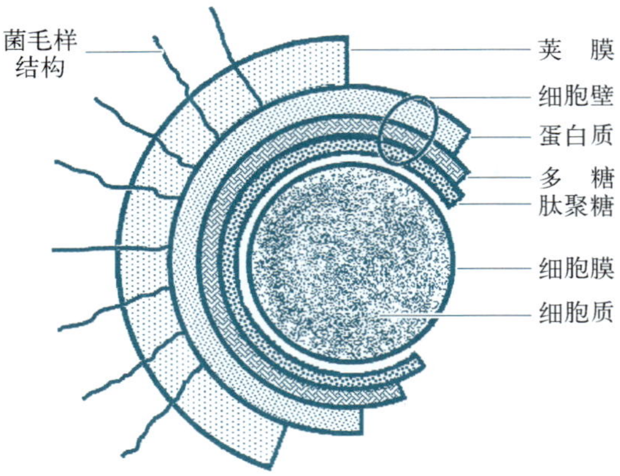

图8-3 链球菌抗原结构模式图

4. 抗原结构　具有分类和鉴别意义的主要有多糖抗原(即 Lancefield 抗原)和表面蛋白抗原(图 8-3)。表面蛋白抗原有 M、T 等蛋白。M 蛋白为细胞壁外的菌毛样结构,是重要毒力因子,具有抗中性粒细胞吞噬的作用。

5. 基因组特征　基因组测序显示,化脓链球菌 M1 株的基因组大小为 1.85 Mb,编码 1 752 个 ORF,G+C 含量为 38.5 mol%。毒力因子基因超过 50 个。

6. 抵抗力　链球菌抵抗力不强,一般可在 60℃ 30 min 被杀死;对常用消毒剂敏感;但在干燥尘埃中可生存数月。化脓链球菌对青霉素、红霉素、四环素、杆菌肽和磺胺等均敏感。

(二) 致病性

1. 致病物质　包括细胞壁成分、外毒素及侵袭性酶类。

(1) 细胞壁成分:

1) 黏附素:与细胞膜有高度亲和力,是该菌能定植在受损皮肤和呼吸道黏膜等表面的主要侵袭因素,包括脂磷壁酸(lipoteichoic acid,LTA)和 F 蛋白(F protein)。① LTA 围绕在 M 蛋白外层,与 M 蛋白共同组成化脓链球菌的菌毛结构。人类多种细胞膜上均有受体,LTA 与细胞表面受体结合,增强细菌对细胞的黏附性。② F 蛋白能与上皮细胞表面的纤维粘连蛋白(Fibronectin,FBP)结合,有利于细菌黏附到细胞表面,从而在宿主体内定植和繁殖。

2) M 蛋白:M 蛋白是化脓链球菌的主要致病因子,介导细菌黏附于上皮细胞,并具有抗吞噬和抵抗吞噬细胞内的杀菌作用。此外,M 蛋白与心肌、肾小球基底膜有共同的抗原,刺激机体产生的特异性抗体可与共同抗原结合,引起超敏反应。

3) 肽聚糖:A 群链球菌的肽聚糖具有致热、溶解血小板和增加血管通透性等作用。

(2) 外毒素:

1) 致热外毒素(pyrogenic exotoxin):又称红疹毒素(erythrogenic toxin)或猩红热毒素(scarlet fever toxin),由溶原性菌株产生,可引起链球菌毒素休克综合征和猩红热,有 A、B、C 三个血清型。致热外毒素具有超抗原作用,通过与 MHC-Ⅱ结合,激活 T 细胞,释放细胞因子,导致休克和组织损伤。

2) 链球菌溶血素:根据对氧的稳定性,化脓链球菌产生的链球菌溶血素(streptolysin)分为两种,即链球菌溶血素 O(streptolysin O,SLO)和链球菌溶血素 S(streptolysin S,SLS):① SLO 为含有-SH 基的蛋白质,对氧敏感,-SH 基可被氧化为-S-S 基,失去溶血活性。加入亚硫酸钠或半胱氨酸等还原剂,其溶血作用可被逆转。SLO 对真核细胞的细胞膜、细胞质和细胞器都有毒性作用,故又称溶细胞毒素,能溶解红细胞,破坏白细胞和血小板,对心肌有急性毒性作用。SLO 抗原性强,可刺激机体产生抗体。85%~90%化脓链球菌感染的患者,于感染后 2~3 周至病愈后数月到 1 年内可检出抗 SLO 抗体(anti-streptolysin O,ASO),即抗 O 抗体,其效价可作为化脓链球菌新近感染指标之一或风湿热及其活动性的辅助诊断依据;② SLS 是小分子的糖肽,对氧稳定,无免疫原性,对白细胞和多种组织细胞有破坏作用,其产生需要血清(serum),故名 SLS,使链球菌在血琼脂平板上产生 β 溶血。

(3) 侵袭性酶:A 群链球菌可产生多种侵袭性酶,以不同的方式促进细菌扩散。

1) 透明质酸酶(hyaluronidase):又称扩散因子(spreading factor),能分解细胞间质的透明质酸,使细菌易在组织中扩散。

2) 链激酶(streptokinase,SK):又称溶纤维蛋白酶(fibrinolysase),能使血液中的纤维蛋白酶原转变成纤维蛋白酶,故可溶解血块或阻止血浆凝固,有利于细菌在组织中扩散。链激酶可用于肺栓塞、冠状动脉及静脉血栓的治疗。

3) 链道酶(streptodomase,SD):亦称链球菌 DNA 酶(streptococcal deoxyribonuclease),能降解脓汁中具有高度黏稠性的 DNA,使脓汁变稀薄,以促进细菌扩散。由于 SD 和 SK 能致敏 T 细胞,故常用来进行皮肤试验,通过迟发型超敏反应原理测定受试者的细胞免疫功能,称为 SK-SD 皮试。此外,现已将 SK、SD 制成酶制剂，临床上用以液化脓性渗出液，有利抗菌药物的治疗。

2. 所致疾病 化脓链球菌感染的传染源为患者和带菌者，经空气飞沫、皮肤伤口感染等途径传播，可引起人类多种疾患。

(1) 化脓性感染：化脓链球菌能引起皮肤和皮下组织感染及其他系统感染，如淋巴管炎、淋巴结炎、蜂窝组织炎、痈、脓疱疮、扁桃体炎、咽炎、咽峡炎、鼻窦炎、产褥感染、中耳炎、乳突炎等，严重的可引起败血症。

(2) 毒素性疾病：由产生致热外毒素的菌株所致，引起猩红热、链球菌毒素休克综合征。

(3) 超敏反应性疾病：化脓链球菌感染后，诱发机体Ⅱ型或Ⅲ型超敏反应，引起风湿热和急性肾小球肾炎等，多在扁桃体炎或咽炎后发生。风湿热主要表现为关节炎和心肌炎。急性肾小球肾炎多见于儿童和青少年。

(三) 免疫性

链球菌感染后，血清中出现多种抗体，但链球菌的型别多，各型之间无交叉免疫力，故可反复感染。猩红热患者病后可产生同型的致热外毒素抗体，能建立牢固的同型抗毒素免疫。

(四) 微生物学检查

1. 标本采集 根据不同疾病采取不同标本，如创伤感染取脓汁，咽喉、鼻腔等病灶取棉拭，败血症取血液等。风湿热患者可采血分离血清作 ASO 测定。

2. 直接涂片镜检 脓汁可直接涂片进行革兰染色，镜检发现有典型的链状排列球菌时，可做出初步诊断。

3. 分离培养与鉴定 脓汁或棉拭标本可直接接种于血琼脂平板，37℃培养 24 h 后，如有 β 溶血菌落，应与葡萄球菌相区别；若有 α 溶血菌落，则应与肺炎链球菌相区别。血液标本应先增菌再分离培养。鉴定主要依据细菌形态、染色性、菌落特征、溶血情况等进行。血清学分群和分型主要用于流行病学调查。

4. PYR 试验 PYR 是化学试剂 L-吡咯酮 β 萘胺的简称，用于特异性检测 A 群链球菌氨基肽酶，反应产物和检测试剂产生的产物显色或呈现荧光为阳性，化脓链球菌为阳性，其他溶血链球菌则为阴性。

5. 血清学试验 抗 SLO 试验(antistreptolysin O test，ASO test)，简称抗 O 试验，常用于风湿热或肾小球肾炎的辅助诊断。风湿热患者血清中抗 O 抗体比正常人显著增高，大多在 250 单位左右，活动性风湿热患者一般超过 400 单位。

(五) 防治原则

保持良好的卫生习惯。及时处理皮肤创伤，防止化脓性感染。加强医院内空气、器械和敷料等的消毒。对急性咽喉炎和扁桃体炎患者，尤其是儿童，应彻底治疗，以防止急性肾小球肾炎、风湿热以及亚急性细菌性心内膜炎的发生。

青霉素 G 为治疗 A 群链球菌感染的首选药物。

三、肺炎链球菌

肺炎链球菌(*S. pneumoniae*)俗称肺炎球菌(pneumococcus)。正常人上呼吸道带菌率为 40%～70%，多数不致病或致病力弱，仅少数可引起细菌性大叶肺炎、鼻窦炎、脑膜炎、支气管炎等疾病。

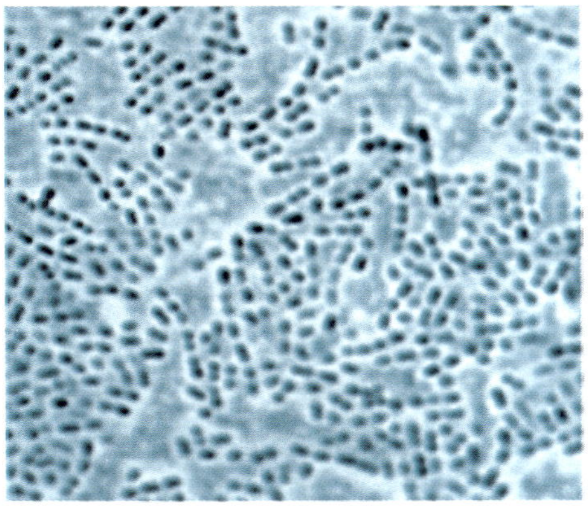

图 8-4 肺炎球菌的形态(革兰染色，×1 000)

(一) 生物学性状

1. 形态与染色 革兰阳性球菌，菌体呈矛头状，常成双排列，钝端相对，尖端向外。在痰液或脓汁中可呈单个或短链状(图 8-4)。无鞭毛和芽胞。在机体内或含血清的培养基中能形成荚膜，人工培养后逐渐消失。在陈旧培养物中革兰染色常呈阴性。

2. 培养特性 兼性厌氧，营养要求较高，在含有血液或血清的培养基中才能生长。在血平板上的菌落细小、圆形、较扁平、表面光滑，菌落周围形成 α 溶血环。产生自溶酶，培养超过 48 小时，菌体自溶，菌落中央下陷呈脐状，混浊的液体培养物渐变澄清。

3. 生化反应　分解葡萄糖、麦芽糖、乳糖、蔗糖，产酸不产气。胆汁溶菌试验阳性。

4. 抗原结构与分型

（1）荚膜多糖抗原：根据荚膜多糖抗原的不同，分为 90 多个血清型。其中有 20 多个型可引起疾病。

（2）菌体抗原：① C 多糖：是肺炎链球菌的胞壁成分，具有种特异性，为各型菌株共有，可与宿主血清中存在的一种 C 反应蛋白(C reactive protein，CRP)结合，在补体的参与下促进吞噬作用。CRP 虽不是抗体，但在急性炎症时含量剧增，用 C 多糖来测定 CRP，对活动性风湿热等诊断有一定意义；② M 蛋白：具有型特异性，肺炎链球菌 M 蛋白与细菌的毒力无关，产生的抗体无保护作用。

5. 抵抗力　对理化因素抵抗力较弱。有荚膜株抗干燥力较强，在干痰中可存活 1～2 个月。

（二）致病性

1. 致病物质

（1）荚膜：是肺炎链球菌的主要毒力因子，能抵抗吞噬细胞的吞噬和杀灭。当有荚膜的光滑(S)型细菌失去荚膜成为粗糙(R)型时，其毒力减低或消失。

（2）肺炎链球菌溶血素 O(pneumolysin O)：对氧敏感，性质类似化脓链球菌的 SLO。能溶解红细胞，亦能破坏纤毛化上皮细胞和吞噬细胞，还能活化补体经典途径，吸引白细胞，释放炎性介质，引起发热、组织损伤等表现。

（3）脂磷壁酸：细胞壁脂磷壁酸在肺炎链球菌黏附至肺上皮细胞或血管内皮细胞的表面起重要作用，并可刺激机体产生炎症反应。

（4）神经氨酸酶：新分离的菌株产生此酶，能分解细胞膜和糖脂的 *N*-乙酰神经氨酸，有助于肺炎链球菌在鼻咽部和支气管黏膜上定植、繁殖和扩散。

2. 所致疾病　肺炎链球菌仅在有微生物感染、营养不良和抵抗力下降等因素致呼吸道异常或受损伤时引起感染，主要引起人类细菌性大叶肺炎，其次为支气管炎。成人中 75%肺炎由 1～8 型肺炎链球菌引起。3 型肺炎链球菌能产生大量荚膜物质，毒力强，病死率高。儿童的大叶性肺炎以 6、14、19 型多见。肺炎后可继发胸膜炎、脓胸，也可引起中耳炎、乳突炎、副鼻窦炎、脑膜炎和败血症等。

（三）免疫性

感染后机体出现抗肺炎链球菌荚膜多糖的特异性抗体，故同型病菌的二次感染少见。

（四）微生物学检查

1. 标本采集　根据感染部位不同，采集痰液、脓汁、血液或脑脊液等。

2. 直接涂片镜检　对痰液、脓汁或脑脊液沉淀物标本，可直接涂片进行革兰染色，若发现典型的革兰阳性、具有荚膜的双球菌存在，即可初步诊断。

3. 分离培养与鉴定　痰液或脓汁标本可直接接种于血琼脂平板，37℃孵育 24 h 后，挑取有 α 溶血环的菌落进行鉴定。血液或脑脊液须先经血清肉汤增菌，再以血平板分离培养。肺炎链球菌主要需与甲型溶血性链球菌鉴别，常用方法有胆汁溶菌试验、菊糖发酵和奥普托辛(Optochin)敏感试验，肺炎链球菌为阳性，甲型溶血性链球菌为阴性，必要时可作小鼠毒力试验加以鉴别。

（1）胆汁溶菌试验：胆汁可激活肺炎链球菌的自溶酶加速菌体自溶。于菌液内加入胆汁或去氧胆酸钠，37℃ 10 min 菌液变清为阳性。

（2）Optochin 敏感试验：将待检细菌涂布于血琼脂平板表面，取直径 6 mm 无菌圆滤纸片在 1∶2 000 的 Optochin 溶液中浸湿，置于平板涂菌处；37℃ 48 h 后，观察抑菌圈的大小。肺炎链球菌的抑菌圈直径常在 20 mm 以上，甲型溶血性链球菌(约 98%)小于 12 mm。

（3）荚膜肿胀试验：肺炎链球菌和抗荚膜抗体反应后，显微镜下可见荚膜明显肿胀，可用于快速诊断。

（4）动物毒力试验：小鼠对肺炎链球菌高度易感。将少量具有毒力的肺炎链球菌注入小鼠腹腔内，小鼠 24 h 内死亡，取心血或腹腔液培养可分离得到肺炎链球菌。甲型溶血性链球菌感染的小鼠一般不死亡。

（五）防治原则

现有 23 个型别的多价肺炎链球菌荚膜多糖疫苗，用于预防儿童、老人和慢性病患者等肺炎链球菌感染。治疗可用青霉素 G 治疗，但有耐药菌株，需在治疗前作常规药物敏感试验。青霉素耐药者可选用万古霉素等敏感药物。

四、其他医学相关链球菌

（一）无乳链球菌（*S. agalactiae*）

无乳链球菌为 B 群链球菌（group B streptococcus，GBS），血平板上多数呈 β 溶血。最早在患乳腺炎的病患牛中分离出来，严重危害畜牧业。现发现该菌也能感染人类，尤其是新生儿。可引起败血症、脑膜炎、肺炎等，死亡率极高，并可产生神经系统后遗症。

GBS 为女性阴道和直肠的正常菌群，带菌率为 5%～25%。新生儿 GBS 感染有两种类型：① 早发型，常见于 1 周内的婴儿，主要表现为爆发性败血症、脑膜炎、呼吸窘迫。病情凶险，1～2 天死亡，死亡率高达 50%～70%。② 晚发型，发病年龄 1 周至 3 个月，平均 4 周。以脑膜炎为主，呼吸道症状不多见，多伴有败血症。病死率约 15%，30%～50% 存活者可发生痴呆、脑积水等神经系统后遗症。此类感染一般系医院内感染。

（二）D 群链球菌

D 群链球菌遗传学上与其他链球菌相关性较低，包括 8 个种，大多数不致病，引起人类疾病的主要有牛链球菌（*S. bovis*）和马肠链球菌（*S. equinus*）。

菌体形态呈圆形或椭圆形，成双或短链状排列。少数菌株有荚膜。营养要求低，在普通琼脂平板上菌落较大，直径 1～2 mm。在血平板上不溶血。能在含有胆汁、七叶苷的培养基上生长，但在含 6.5% NaCl 肉汤培养基中不能生长。PYR 试验阴性。

D 群链球菌正常寄居在皮肤、上呼吸道、消化道和泌尿生殖道。易感者多为老年人、中青年女性和免疫力低下者。败血症多继发于泌尿生殖道感染，皮肤、胆道、肠道等感染也可为原发病灶。牛链球菌某些亚种可引起心内膜炎，并且在流行病学上与结肠癌有关。D 群链球菌对青霉素的敏感性较低，耐药菌株不断增加。

（三）甲型溶血性链球菌

甲型溶血性链球菌亦称草绿色链球菌（viridans streptococci），排列多成双或短链状。血平板上菌落周边呈 α 溶血。常寄居于上呼吸道、口腔、消化道、女性生殖道，偶见于皮肤。对人类致病的有变异链球菌（*S. mutans*）、唾液链球菌（*S. salivarius*）、缓症链球菌（*S. mitis*）和血链球菌（*S. sanguis*）等菌种。常引起的疾病主要有龋齿和亚急性细菌性心内膜炎。

1. 龋齿　常由变异链球菌引起。变异链球菌系厌氧菌，产生的葡糖基转移酶能分解蔗糖产生高分子量、黏性大的不溶性葡聚糖，使口腔中大量细菌黏附于牙面形成牙菌斑。牙菌斑中的细菌分解各种糖产酸，导致局部牙釉质及牙质脱钙，形成龋损。

2. 亚急性细菌性心内膜炎　当拔牙或摘除扁桃体时，寄居在口腔、龈隙中的甲型溶血性链球菌可侵入血流引起菌血症，在心瓣膜有病损或人工瓣膜患者，细菌就可停留繁殖，引起亚急性细菌性心内膜炎。

3. 其他　可引起脑、肝和腹腔内感染。

第三节　奈瑟菌属

奈瑟菌属（*Neisseria*）包括 28 个种和亚种，对人致病的有淋病奈瑟菌（*N. gonorrhoeae*）和脑膜炎奈瑟菌（*N. meningitidis*），其他奈瑟菌为人类呼吸道的正常菌群，可成为条件致病菌。常见奈瑟菌及其生化特征见表 8－4。

表 8-4 常见奈瑟菌的生化特征

菌　名	MTM、ML、NYC 培养基中生长*	葡萄糖	麦芽糖	乳糖	蔗糖	DNAse
淋病奈瑟菌	+	+	−	−	−	−
脑膜炎奈瑟菌	+	+	+	−	−	−
乳糖发酵奈瑟菌	+	+	+	+	−	−
干燥奈瑟菌	−	+	+	−	+	−
浅黄奈瑟菌	−	+	+	−	±	−
黏膜奈瑟菌	−	+	+	−	+	−
金黄奈瑟菌	−	−	−	−	−	−
灰色奈瑟菌	±	−	−	−	−	−
多糖奈瑟菌	±	+	+	−	−	−
长奈瑟菌	−	−	−	−	−	−

* MTM：modified Thayer-Martin medium；ML：Martin-Lewis medium；NYC：New York City medium.

一、淋病奈瑟菌

淋病奈瑟菌俗称淋球菌(gonococcus)，主要引起人类泌尿生殖系统黏膜化脓性感染，即淋病。淋病是我国目前发病率较高的性传播疾病之一。

(一) 生物学性状

1. *形态与染色*　革兰阴性双球菌，直径 0.6～0.8 μm，多为肾形，成对排列，无芽胞和鞭毛，有荚膜和菌毛。脓汁标本中，大多数淋病奈瑟菌位于中性粒细胞内(图 8-5)。但慢性淋病患者分泌物中的淋病奈瑟菌多分布在细胞外。

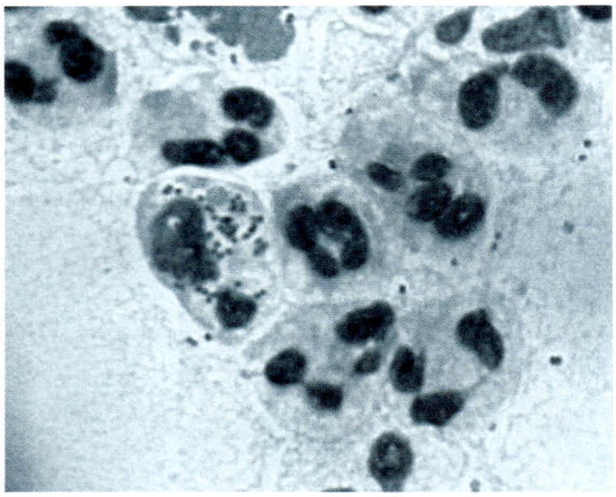

图 8-5　淋病奈瑟菌的形态(革兰染色×1 000)

2. *培养特性*　营养要求高，常用巧克力色血琼脂培养基培养。专性需氧，需 5%～10% CO_2 并保持一定湿度。最适生长温度为 35～37℃，最适 pH 为 7.5。孵育 24 h 形成凸起、圆形、灰白色、直径 0.5～1.0 mm 的光滑型菌落。该菌可产生自溶酶，孵育 48 h 后菌落会发生自溶现象。

3. *生化反应*　只氧化分解葡萄糖，产酸不产气；氧化酶试验和触酶试验阳性。

4. *抗原结构与分类*　淋病奈瑟菌的抗原结构易发生变异，表层抗原至少可以分为三类。

(1) 菌毛蛋白抗原：菌毛存在于有毒菌株，有利于细菌黏附于细胞表面，抵抗中性粒细胞的吞噬作用。不同菌株的菌毛抗原性不同，有利于逃逸机体的免疫防御。

(2) 脂寡糖抗原：脂寡糖(Lipooligosaccharide，LOS)抗原由脂质 A 和核心寡糖组成，类似其他革兰阴性菌的 LPS，具有内毒素活性，易发生变异。

(3) 外膜蛋白抗原：包括 Por 蛋白(porin protein，PⅠ)、Opa 蛋白(opacity protein，PⅡ)和 Rmp(reduction-modifiable protein，PⅢ)。PⅠ是主要的外膜蛋白，占淋病奈瑟菌外膜总重量的 60%以上，是淋病奈瑟菌分型的主要依据，可分为 PorA 和 PorB。PorA 有 18 个亚型，PorB 有 28 个亚型。该菌每一菌株具有 11 或 12 个不同的 PⅡ基因，可不表达或者表达 1～2 种，偶尔 3 种 PⅡ蛋白。

5. *抵抗力*　淋病奈瑟菌抵抗力弱，对热、冷、干燥和消毒剂敏感。对万古霉素、多黏菌素、甲氧苄氨嘧啶和两性霉素 B 耐药，可用以制备选择性培养基。

(二) 致病性

1. *致病物质*

(1) 菌毛：菌体可通过菌毛黏附于泌尿生殖道上皮细胞并进行繁殖，并且具有抵抗中性粒细胞的杀菌作用,被吞噬的细菌可在中性粒细胞内寄生。

(2) 外膜蛋白:PⅠ可阻止中性粒细胞内吞噬溶酶体的形成,使细菌能在细胞内生存。PⅡ可使菌细胞相互粘连并黏附至上皮细胞表面,并且PⅡ蛋白的表达与菌落透明性和感染类型有关。从尿道炎男性分离的为不透明无光泽的菌落,而从无症状尿道感染的男性分离的则为透明的菌落。感染过程中PⅡ蛋白表达的变异使细菌能逃逸机体的免疫应答。PⅢ可保护其他表面抗原(PⅠ、LOS)不受杀菌抗体作用。

(3) LOS:具有内毒素活性,引起局部炎症反应。并且LOS与人细胞表面糖脂分子结构相似,可逃避机体免疫系统的识别。

(4) IgA1蛋白酶:IgA1蛋白酶能破坏黏膜表面的特异性IgA1抗体,有利于细菌黏附至黏膜表面。

2. 所致疾病　人类是淋病奈瑟菌的唯一宿主。在大多数国家,淋病是发病率居首位或第二位的性传播疾病。传染源主要是患者和带菌者,主要经性接触传播,通过污染的毛巾、衣裤或寝具等间接传播的机率较小。患淋病的产妇在分娩时,新生儿经产道可感染淋病奈瑟菌,引起新生儿淋菌性眼结膜炎。

男性感染主要引起尿道炎,不及时治疗可发生前列腺炎、精囊精索炎、附睾炎和尿道狭窄。女性主要感染部位为子宫颈内膜,宫颈可见脓性分泌物,可并发盆腔炎等。女性无症状感染者多于男性。

(三) 免疫性

人类对淋病奈瑟菌无天然免疫力。感染后出现特异性IgM、IgG和分泌型IgA抗体,但该菌易发生抗原变异,因此再感染和慢性感染者普遍存在。

(四) 微生物学检查

1. 标本采集　用无菌棉拭取泌尿生殖道脓性分泌物或子宫颈口表面分泌物。淋病奈瑟菌抵抗力弱,标本采集后应注意保暖保湿,立即送检接种。

2. 直接涂片镜检　将脓性分泌物直接涂片,革兰染色后镜检。如在中性粒细胞内发现革兰阴性双球菌,结合临床表现有初步诊断价值。

3. 分离培养与鉴定　采集标本后立即接种于预先加温的巧克力色血琼脂平板或专用选择性培养基。在37℃ 5% CO_2下孵育24～48 h,菌落涂片染色,镜下呈现革兰阴性双球菌即可诊断。还可挑取可疑菌落进一步作氧化酶试验、糖发酵试验或直接免疫荧光试验等确证。

此外,亦可采用核酸杂交技术或核酸扩增技术检测淋病奈瑟菌,但对设备的要求高,且难以确定淋病奈瑟菌对抗生素的敏感性,故基层推广尚有困难。

(五) 防治原则

开展性病防治知识教育、禁止卖淫嫖娼以及防止不洁性行为是预防淋病的重要环节。对患者要早发现、早治疗,治疗应彻底。由于该菌对青霉素、四环素和氟喹诺酮类耐药较为普遍,已不再推荐此三类药物用于治疗淋病,除非体外药敏结果证实为敏感。头孢曲松是目前治疗淋病的主要抗菌药物,也可推荐头孢噻肟、头孢克肟等。对淋病患者的性伴侣也应予以治疗。新生儿可以红霉素或四环素滴眼,以预防淋菌性结膜炎。目前尚无有效疫苗供特异性预防。

二、脑膜炎奈瑟菌

脑膜炎奈瑟菌俗称脑膜炎球菌(meningococcus),是流行性脑脊髓膜炎(简称流脑)的病原菌。

(一) 生物学性状

1. 形态与染色　与淋病奈瑟菌相似,为直径0.6～0.8 μm的革兰阴性肾形双球菌,可单个、成双或4个相连排列。在患者脑脊液中,多位于中性粒细胞内(图8-6)。新分离菌株大多有荚膜和菌毛。

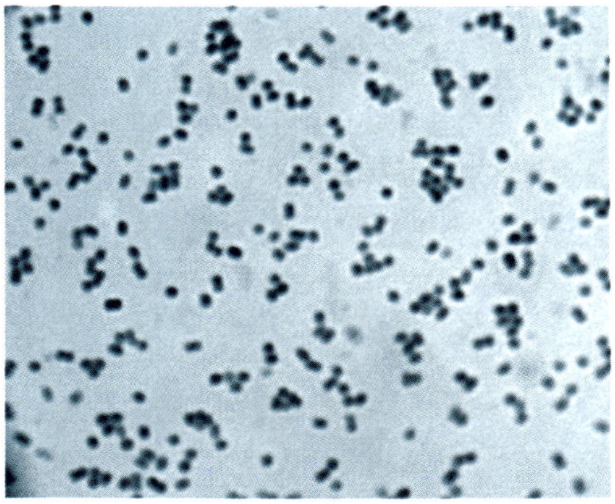

图8-6　脑膜炎奈瑟菌的形态(革兰染色,×1 000)

2. 培养特性　培养条件与淋病奈瑟菌相同,常用巧克力色血琼脂培养基于5%～10% CO_2条件下培养。孵育24 h后形成直径约1～2 mm的圆形、无色透明、光滑,似露滴状的菌落。该菌亦能产生自溶酶，培养超过 48 h 常自溶死亡。

3. 生化反应　氧化酶和触酶试验阳性。大多数菌株除分解葡萄糖，还能分解麦芽糖产酸不产气，可据此与淋病奈瑟菌相区别。

4. 抗原结构与分类　脑膜炎奈瑟菌的主要表层抗原有三种。

（1）荚膜多糖群抗原：具有群特异性。至少分 13 个血清群，对人类致病的多为 A、B、C、X、Y 和 W135 群，其中以 C 群致病力最强。我国 95%以上病例由 A 群引起，近些年亦发现 B 群和 C 群所致的散发病例。

（2）外膜蛋白抗原：根据细菌外膜蛋白分子质量大小和对热的稳定性等特点不同，将其分为 1、2、3、4、5 五大类，其中 2、3 类具有型特异性，1、5 类具有亚型特异性，据此脑膜炎奈瑟菌的各血清群又可分为若干血清型，但 A 群所有菌株的外膜蛋白相同。

（3）LOS 抗原：由外膜上糖脂组成，具有型特异性，血清学分型为 L1～L12 型。我国 A 群包含 L9、L10 和 L11 三型，流行优势株为 L10 型。

5. 抵抗力　与淋病奈瑟菌相似，对理化因素的抵抗力很弱，对干燥、热力、消毒剂等均敏感，室温中 3 h 即死亡。

（二）致病性

1. 致病物质

（1）菌毛：介导细菌黏附于咽部黏膜上皮细胞的表面。

（2）荚膜：新分离菌株有荚膜，具有抗吞噬作用，增强细菌的侵袭力。

（3）LOS：脑膜炎奈瑟菌最主要的致病物质，因自溶或死亡而释放 LOS。LOS 的生物学活性类似内毒素，作用于小血管和毛细血管，引起坏死、出血，致皮肤瘀斑和微循环障碍。严重败血症时，引起肾上腺出血，并因大量 LOS 释放可造成 DIC 及中毒性休克。

（4）IgA1 蛋白酶：可破坏呼吸道黏膜的 IgA1，有利于细菌的黏附。

2. 所致疾病　脑膜炎奈瑟菌是流脑的病原菌，人类是其唯一自然宿主。传染源是患者和带菌者，主要经飞沫传播。流行期间正常人群的带菌率达 70%以上，是重要的传染源。成人的抵抗力强，6 个月至 2 岁儿童是易感人群。大部分感染者仅为上呼吸道感染，成为带菌者。因菌株毒力、数量和机体免疫力不同，流脑病情复杂多变、轻重不一。一般有 3 种临床类型，即普通型、暴发型和慢性败血症型。

普通型占 90%左右。患者先有上呼吸道炎症，继而大量繁殖的病菌从鼻咽部黏膜进入血流，引起菌血症或败血症，患者突发寒战高热、恶心和出血性皮疹。细菌到达中枢神经系统，主要侵犯脑脊髓膜，引起化脓性脑脊髓膜炎，出现剧烈头疼、喷射性呕吐、颈项强直等脑膜刺激症状和体征。暴发型只发生在少数病例，起病急剧凶险，若不及时抢救，常于 24 h 内危及生命。普通型和暴发型以儿童罹患为主。慢性败血症不多见，成人患者为多，病程可迁延数日。

（三）免疫性

机体对脑膜炎奈瑟菌的免疫主要是体液免疫。显性、隐性感染和疫苗接种后两周，血清中群特异多糖抗体 IgG、IgM 和 IgA 抗体水平升高。血清中群特异性荚膜多糖抗体和型特异性外膜蛋白抗体具有保护作用，可通过调理吞噬和激活补体杀伤脑膜炎奈瑟菌。此外，SIgA 可以阻止该菌对呼吸道黏膜的侵袭。

人类可从正常寄居于鼻咽部的、不致病脑膜炎奈瑟菌间的交叉抗原而获得一定的免疫性。6 个月婴儿可通过母体获得抗体。

（四）微生物学检查

1. 标本采集　采集患者的脑脊液、血液或刺破瘀斑取渗出物。因脑膜炎奈瑟菌对低温和干燥极敏感，又可产生自溶酶，故标本采取后需保暖、保湿并立即送检。

2. 直接涂片镜检　直接涂片染色后镜检，如发现中性粒细胞内、外有革兰阴性双球菌，可做出初步诊断。

3. 分离培养与鉴定　血液或脑脊液先接种至血清肉汤培养基增菌，再在巧克力色血培养基平板上划线分离。于 5%～10% CO_2 的环境中孵育，挑取可疑菌落涂片染色检查，并作生化反应和玻片凝集试验鉴定。

4. 快速诊断法　脑膜炎奈瑟菌易自溶，可用已知群抗体检测患者血清或脑脊液中的可溶性抗原。常用方法有对流免疫电泳、SPA 协同凝集试验和 ELISA 等。

（五）防治原则

早期隔离治疗患者，切断传播途径。对儿童注射流行性脑膜炎多糖疫苗进行特异性预防，常用 A、C 二价或 A、C、Y 和 W135 四价混合多糖疫苗。

治疗首选药物为青霉素 G，青霉素过敏者可选用三代头孢，如头孢噻肟或头孢曲松。

第四节 肠球菌属

肠球菌属（*Enterococcus*）属肠球菌科，有 29 个种和亚种。肠球菌广泛分布于自然界，是人类和动物肠道的正常菌群。既往认为肠球菌对人类不致病，但近年来研究已证实肠球菌有一定致病力。在需氧革兰阳性球菌中，它是仅次于葡萄球菌的医院内感染致病菌。

一、生物学性状

（一）形态与染色

肠球菌为圆形或椭圆形，呈双或短链状排列。无芽胞，多数无鞭毛。革兰染色阳性。

（二）培养特性

对营养的要求较高，在含有血清的培养基上生长良好。兼性厌氧菌，最适生长温度 35～45℃，可在 10℃、45℃和 6.5% NaCl 肉汤生长。在血平板上经 37℃培养 24 h 后，形成灰白色、不透明、表面光滑、直径 0.5～1 mm、α 溶血或不溶血的圆形菌落，部分为 β 溶血。能在含胆汁、七叶苷的培养基上生长。

（三）生化反应

触酶试验呈阴性，PYR 试验呈阳性。根据肠球菌分解糖类及对氨基酸脱酰氨的能力，可对不同种的肠球菌进行鉴别。

（四）分类

最初将肠球菌属的细菌归入链球菌属，随着血清分型系统的建立，又将肠球菌划入 D 群链球菌。后来在生理、生化特性方面发现肠球菌不同于其他 D 群链球菌（牛链球菌），同时结合 DNA 杂交分析，现已将肠球菌从链球菌属中划分出来，建立了肠球菌科肠球菌属。目前属内临床常见的有鸟肠球菌（*E. avium*）、粪肠球菌（*E. faecalis*）、屎肠球菌（*E. faecium*）、坚忍肠球菌（*E. durans*）、浅黄肠球菌（*E. gilvus*）等。

（五）肠球菌的耐药性

肠球菌对头孢菌素类、耐青霉酶青霉素及单内酰环类抗菌药物均表现出固有耐药性。对许多氨基糖苷类低度耐药，对氟喹诺酮类中度敏感或耐药。其耐药基因存在于染色体和质粒上，编码 β-内酰胺酶、氨基糖苷类钝化酶等。随着抗菌药物的广泛应用，肠球菌耐药现象日益严重，特别是携带万古霉素耐药基因质粒的传播，导致临床难治性感染的发生。

二、致病性

（一）致病物质

1. 碳水化合物黏附素（carbohydrate adhesin） 有利于肠球菌定植在肠道和肾小管等处的黏膜上皮细胞，黏附素的表达受细菌生长环境因素的影响。

2. 聚合物因子（aggregation substance） 是肠球菌产生的一种表面蛋白，促进供体菌与受体菌结合，有利于质粒的转移。在体外能增强其对肾小管上皮细胞的黏附。

3. 细胞溶素（cytolysin） 由肠球菌质粒编码产生，具有溶血作用，并诱导局部组织损伤。可抑制其他革兰阳性菌，获得竞争生存的优势。

4. 多形核白细胞趋化因子 由粪肠球菌产生，可介导与肠球菌感染有关的炎症反应。

此外，肠球菌还能诱发血小板聚集及细胞因子依赖纤维蛋白的产生，与肠球菌心内膜炎的发病机制有关。

（二）所致疾病

肠球菌主要引起医院内感染，尤其在重症监护室发生率较高。曾认为肠球菌感染为内源性感染，主要是通过患者与患者之间、患者与医院工作人员之间，有时也可通过被污染的医疗器械进行传播。易感人群主要是老年人及免疫力低下、表皮黏膜破损以及长期使用抗生素而使菌群失调的患者。

1. 尿路感染　致病菌主要是粪肠球菌，绝大部分是医院内感染，仅次于大肠杆菌，其发生与导尿管及其他器械使用等有关。一般表现为膀胱炎、肾盂肾炎，少数表现为肾周围脓肿等。

2. 腹腔和盆腔感染　由肠球菌引起的腹腔和盆腔感染居第二位。

3. 败血症　肠球菌感染居第3位，仅次于凝固酶阴性葡萄球菌和金黄色葡萄球菌的感染。主要是通过中心静脉导管、腹腔、盆腔化脓性感染、胆道感染及烧伤创面感染等所引起。患者多为老年人、中青年女性、衰弱或肿瘤患者。

4. 心内膜炎　5％～20％的心内膜炎由肠球菌引起。

此外，肠球菌还可引起外科伤口、烧伤创面、皮肤软组织及骨关节感染，新生儿脑膜炎和菌血症。

三、微生物学检查

1. 标本采集　根据感染部位不同分别采集脓液、尿液、穿刺液和血液等标本。

2. 直接涂片镜检　可见单个、成双或短链状排列的革兰阳性球菌。

3. 分离培养与鉴定　将标本接种于血琼脂平板或选择性培养基，通过PYR试验、6.5％ NaCl耐受试验、胆汁-七叶苷试验等生化和生长试验及血清学方法鉴定。

4. 药物敏感性检测　肠球菌对头孢菌素、林可霉素、复方磺胺甲噁唑和常规剂量的氨基糖苷类天然耐药，对氨基糖苷类和万古霉素的高水平耐药为获得性耐药。药敏试验有助于合理抗生素。

四、防治原则

加强医院内管理，对医院公共场所进行定期消毒，消除可能传染源；对患者使用过的物品及排泄物严格进行消毒；医疗操作中应严格进行无菌操作。提高医院对肠球菌检测能力，做到早诊断、早治疗。治疗应根据药物敏感试验结果选择抗生素。合理、谨慎使用万古霉素，当耐万古霉素肠球菌感染时，实施严格的隔离以防止细菌扩散。此外，治疗中应注意加强患者的免疫功能，以及合并其他微生物感染的治疗。

小　　结

化脓性球菌主要包括革兰阳性的葡萄球菌、链球菌、肺炎链球菌以及革兰阴性的淋病奈瑟菌和脑膜炎奈瑟菌。金黄色葡萄球菌的毒力因子包括酶、外毒素及表面结构；所致疾病有侵袭性和毒素性两种类型；其鉴别要点为：产生金黄色色素；有溶血性；产生凝固酶；产生耐热核酸酶；分解甘露醇。链球菌根据溶血现象分为甲型溶血性链球菌、乙型溶血性链球菌和丙型链球菌；根据抗原结构分20群，其中临床以A群最常见，致病力最强，致病物质包括细胞壁成分、外毒素及侵袭性酶类；所致疾病分为化脓性、毒素性及超敏反应性疾病。肺炎链球菌主要引起人类大叶性肺炎，微生物学检查应注意甲型链球菌和肺炎链球菌的区别。淋病奈瑟菌主要经性接触传播引起淋病；脑膜炎奈瑟菌主要经飞沫传播，可致流行性脑脊髓膜炎。

【复习思考题】

1. 葡萄球菌和链球菌引起的局部化脓性感染有何特点？阐述此感染特征形成的主要原因。
2. 简述进行甲型溶血性链球菌和肺炎链球菌鉴别的意义及其鉴别要点。
3. 简述淋病奈瑟菌和脑膜炎奈瑟菌的侵袭部位、感染途径及所致疾病。

（陈峥宏）

第九章

肠道杆菌

学习要点

掌握：① 肠杆菌科的细菌的共同特性；② 埃希菌属、志贺菌属、沙门菌属的致病物质、所致疾病；③ 肥达试验及结果判断。

熟悉：① 大肠埃希菌在卫生细菌学检查中的应用；② 肠道感染细菌的生化反应特点、微生物学检查及防治原则。

了解：其他肠道杆菌。

肠道杆菌即肠杆菌科(Enterobacteriaceae)细菌，是一大群生物学性状相似的革兰阴性杆菌，常寄居在人和动物的肠道内，亦存在于土壤、水和腐物中。肠杆菌科细菌种类繁多，根据生化反应、抗原结构、核酸杂交和序列分析，目前已有 44 个菌属，170 多个菌种。肠肝菌科细菌的 DNA G+C 含量为 39 mol%～59 mol%。尽管种属复杂，但该科能够引起人类 95%以上的阴道感染的菌种却不到 20 个。与医学有关的包括埃希菌属、志贺菌属、沙门菌属、克雷伯菌属、变形杆菌属、摩根菌属、枸橼酸菌属、肠杆菌属、沙雷菌属和耶尔森菌属等。其中志贺菌属、沙门菌属、耶尔森菌属的部分菌种与部分血清型的大肠埃希菌属细菌对人类有致病作用，其他多为肠道正常菌群，但可机会致病(表 9－1)。

表 9－1 常见的可引起人类感染的肠杆菌科细菌

菌　属	代 表 菌 种
枸橼酸杆菌属(*Citrobacter*)	弗劳地枸橼酸杆菌(*C. freundii*)
肠杆菌属(*Enterobacter*)	产气肠杆菌(*E. aerogenes*)
埃希菌属(*Escherichia*)	大肠埃希菌(*E. coli*)
克雷伯菌属(*Klebsiella*)	肺炎克雷伯菌(*K. pneumoniae*)
摩根菌属(*Morganella*)	摩氏摩根菌(*M. morganii*)
变形杆菌属(*Proteus*)	奇异变形杆菌(*P. mirabilis*)
沙门菌属(*Salmonella*)	伤寒沙门菌(*S.* Typhi)
沙雷菌属(*Serratia*)	黏质沙雷菌(*S. marcescens*)
志贺菌属(*Shigella*)	宋内志贺菌(*S. sonnei*)
耶尔森菌属(*Yersinia*)	鼠疫耶尔森菌(*Y. pestis*)

肠杆菌科的细菌大多数是人和动物肠道的正常菌群，但它们也能引起多种人类疾病，如 30%～45%的败血症，70%以上的尿道感染以及许多其他肠道感染。肠杆菌科细菌感染的传染源可能来自动物宿主(如大多数沙门菌感染、耶尔森菌感染等)，来自带菌者(志贺菌感染、伤寒等)；或来自细菌的内源性播散(如 *E. coli* 的机会性感染)。肠杆菌科细菌的感染可累及人体多个组织器官。

肠杆菌科的细菌具有以下共同生物学性状。

1. *形态与结构* 为中等大小，(0.3～1.0)μm×(1～6)μm 的革兰阴性杆菌，无芽胞，大多有菌毛和周鞭毛，少数有荚膜。

2. *培养* 需氧或兼性厌氧，营养要求不高，在普通琼脂平板上可形成直径 2～3 mm，湿润、光滑、灰白色的中等大小菌落；部分菌属在血琼脂平板上可产生溶血环；在液体培养基中呈均匀浑浊生长。肠杆菌科不同属种在肠道选择培养基，如 S-S(Salmonella-Shigella)平板、麦康凯平板(MAC)、伊红亚甲蓝平板(EMB)等，因乳糖分解或不分解，可形成不同颜色的菌落。

3. *生化反应*

生化反应活跃，触酶阳性，氧化酶阴性，可将硝酸盐还原至亚硝酸盐，能分解多种糖类和蛋白质。乳糖发酵试验在初步鉴别志贺菌、沙门菌和肠杆菌科中其他大部分非致病肠道杆菌有重要价值，致病菌一般不发酵乳糖，而非致病菌多发酵乳糖。

4. *抗原结构复杂*

主要有菌体 O 抗原、鞭毛 H 抗原、荚膜 K 抗原，以及菌毛抗原，O 抗原、H 抗原是肠杆菌科血清学分群及分型的主要依据。

(1) O 抗原：存在于细胞壁脂多糖层，其核心多糖具有属特异性。O 抗原耐热，100℃不被破坏。细菌若失去 O 特异性多糖，此时菌落由光滑型(S)转变为粗糙型(R)，为 S-R 变异。R 型菌株毒力显著低于 S 型菌株。O 抗原主要刺激产生 IgM 型抗体。

(2) H 抗原：存在于鞭毛蛋白，不耐热，60℃ 30 min 即被破坏。细菌失去鞭毛后，O 抗原外露，即 H-O 变异。H 抗原主要刺激产生 IgG 型抗体。

(3) K 抗原 类似细菌的荚膜，具有抗吞噬作用。位于 O 抗原外围，能阻止 O 凝集现象。多糖或蛋白质，但 60℃ 30 min 可去除之。重要的有伤寒沙门菌的 Vi 抗原、大肠埃希菌的 K 抗原等。

5. *抵抗力* 对理化因素抵抗力不强。60℃ 30 min 即死亡。易被一般化学消毒剂杀灭，常用氯进行自来水消毒。

6. *容易性* 肠杆菌容易出现变异菌株，除自发突变外，更因相互处于同一密切接触的肠道微环境，还可以经噬菌体、质粒、转座子和毒力岛的介导，通过转导、接合、溶原性转换等基因的转移和重组方式，使受菌体获得新的性状而变异。其中最常见的是耐药性变异，此外还有毒素产生、生化反应、抗原性转变等特性的改变。由于临床抗生素的大量使用，肠杆菌科细菌的耐药性越来越严重，并发现有“超级细菌”，例如带有 *NDM-1* 基因，编码新德里 β-内酰胺酶 1(New Delhimetallo-β-lactamase 1)。临床应根据药敏实验结果合理使用抗生素。

7. *传播方式和致病物质* 主要通过粪—口途径传播，病原菌污染的饮水、食物经消化道传播。主要致病物质是侵袭力(菌毛、荚膜、外膜蛋白等)和内毒素，部分还可产生外毒素致病。

第一节 埃希菌属

埃希菌属(*Escherichia*)有 6 个种，其中大肠埃希菌(*E. coli*，俗称大肠杆菌)于 1885 年由德国 Theodor Escherich 发现，是临床上最重要的、最常见一个菌种；新生儿出生不久侵入肠道并终身寄生，是有益人类的共生菌。其重要性主要表现在：① 大肠埃希菌是人体肠道中重要的正常菌群，并能为宿主提供一些具有营养作用的合成代谢产物，如 B 族维生素、维生素 K 等；② 在宿主免疫力下降或细菌侵入肠道外组织器官后，可成为条件致病菌，引起肠道外感染，以化脓性感染和泌尿道感染最为常见；③ 有一些血清型大肠埃希菌具有致病性，能导致人类胃肠炎，称为致病性大肠埃希菌；④ 在环境卫生、食品卫生学和药品微生物学质量控制中，常被用作粪便污染的卫生学检测指标；⑤ 在分子生物学和基因工程研究中也是重要的实验材料。

一、生物学性状

1. 形态与染色 大小为(0.4～0.7)μm×(1～3)μm，革兰阴性杆菌。无芽胞，多数菌株有周身鞭毛，有菌毛，包括普通菌毛和性菌毛(图 9-1)。

2. 基因组结构 大肠埃希菌基因组测序于 1997 年由 Wisconsin 大学的 Blattner 等人完成，所用菌株是大肠埃希菌 K-12 型的 MG1655 株和 W3110 株，其基因组大小为 4.7×10^6 bp，有 4289 开放阅读框(ORF)，共约 2 700 个功能组。大肠埃希菌染色体是双链环状的 DNA 分子，按照一定构型反复回旋而成的松散网状结构，附着在横隔中介体或细胞膜上。2001 年报告致病性大肠埃希菌 O157 ∶ H7 EDL933 和 SAKAI 株全基因序列，发现 EDL933 菌株有很多外源性基因的插入。本属细菌的 DNA G+C 含量为 48 mol％～59 mol％。

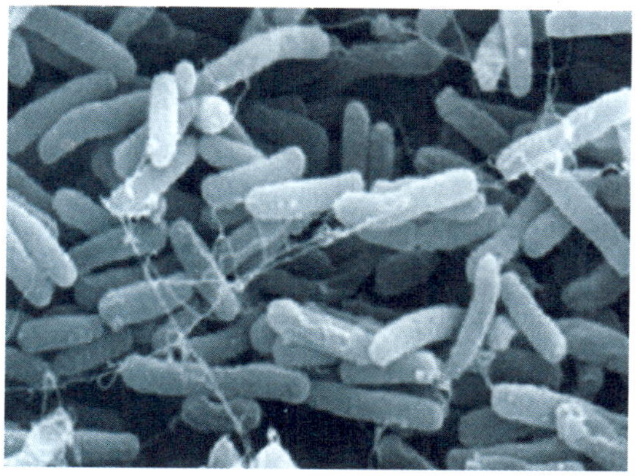

图 9-1 大肠埃希菌的形态图(电镜)

3. 培养特性与生化反应 营养要求不高，兼性厌氧，在普通琼脂平板培养 37℃ 24 h 后，形成直径 2～3 mm 的圆形凸起灰白色 S 型菌落。在肠道选择或鉴别培养基上形成有色菌落，易与志贺菌、沙门菌等致病菌区别。在液体培养基中呈均匀浑浊生长。其生长温度范围广。能发酵葡萄糖等多种糖类，产酸并产气。绝大多数菌株发酵乳糖。在克氏双糖管中，斜面和底层均产酸产气，硫化氢阴性，动力阳性，可与沙门菌、志贺菌等区别。IMViC 试验结果为“++— —”。

4. 抗原构造 大肠埃希菌有 O、H 和 K 三种抗原，是血清学分型的基础。大肠埃希菌的 O 抗原超过 170 种，与其他属细菌有交叉。某些型别 O 抗原与腹泻和泌尿道感染密切相关。O 抗原刺激机体主要产生 IgM 类抗体。检测 O 抗原做凝集试验时，必须采用加热煮沸过的菌体，以避免因 K 抗原和 H 抗原的存在而造成的不凝集现象。H 抗原超过 50 种，刺激机体主要产生 IgG 类抗体，与其他肠道菌基本无交叉反应。K 抗原在 100 种以上，一个菌株中，一般只含一个型别的 K 抗原。表示大肠埃希菌血清型的方式是按 O∶K∶H 排列，例如 O111∶K58(B4)∶H2。大肠埃希菌能产生大肠菌素(colicin)，大肠菌素产生菌株对自身的细菌素有抗性，可用于大肠埃希菌的分型。

二、致病性

(一) 致病物质

1. 黏附素 大肠埃希菌的黏附素(adhesin)能使细菌紧密黏着在泌尿道和肠道的细胞表面，避免因排尿时尿液的冲刷和肠道的蠕动作用而被排除。黏附素种类众多，主要有：① 定植因子抗原Ⅰ、Ⅱ、Ⅲ(colonization factor antigen, CFA/I, CFA/Ⅱ, CFA/Ⅲ)；② 集聚黏附菌毛Ⅰ和Ⅲ(aggregative adherence fimbriae, AAF/Ⅰ, AAF/Ⅲ)；③ 束形成菌毛(bundle forming pili, Bfp)；④ 紧密黏附素(intimin)：能与紧密黏附素转位受体特异结合；⑤ P 菌毛：因能与 P 血型抗原结合而命名；⑥ Dr 菌毛：能与 Dr 血型抗原结合；⑦ Ⅰ型菌毛：其受体含有 D-甘露醇；⑧ 侵袭质粒抗原(invasion plasmid antigen, Ipa)蛋白等。

2. 外毒素 大肠埃希菌能产生多种类型的外毒素，包括志贺毒素Ⅰ和Ⅱ(Shiga toxins, Stx-1, Stx-2)；耐热肠毒素 a 和 b(heat stable enterotoxin, STa, STb)；不耐热肠毒素Ⅰ和Ⅱ(heat labile enterotoxin, LT-Ⅰ, LT-Ⅱ)；溶血素 A(hemolysin, HlyA)等；溶血素在尿路致病性大肠埃希菌(*uropathogenic E. coli*, UPEC)所致疾病中有重要作用。

此外，内毒素、荚膜、载铁蛋白和Ⅲ型分泌系统等也具有致病作用。载铁蛋白可从宿主获取铁离子，导致细胞损伤。Ⅲ型分泌系统是指细菌接触宿主细胞后，能向宿主细胞内输送毒性基因产物的细菌效应系统，大约由 20 余种蛋白组成。

(二) 所致疾病

1. 肠道外感染 多数大肠埃希菌在肠道内不致病，但如移位至肠道外的组织或器官则可引起肠外感染多为内源性感染。肠道外感染以化脓性感染和泌尿道感染最为常见。化脓性感染如腹膜炎、阑尾炎、手术创口感染；婴儿、老人或免疫力低下者的败血症；新生儿脑膜炎。在泌尿道感染中，尿道炎、膀胱炎、肾盂肾炎常见。菌常来源于患者肠道。

（1）败血症：大肠埃希菌是从败血症患者中分离到的最常见的革兰阴性菌（占 45%）。大肠埃希菌败血症常由大肠埃希菌性尿道和胃肠道感染引起，如肠穿孔导致的伴有败血症的腹腔内感染。大肠埃希菌败血症具有很高的死亡率，尤其对婴儿、老人或免疫功能低下者或原发感染为腹腔或中枢神经系统的患者。

（2）泌尿道感染：引起泌尿道感染的大肠埃希菌大多来源于结肠，污染尿道，上行至膀胱，甚至肾脏和前列腺，为上行性感染。女性尿道较短、较宽，不能完全有效防止细菌上行，故女性泌尿道感染比男性高。年轻女性首次尿道感染，90%以上是由本菌引起。性交、怀孕、男性前列腺肥大等为危险因素。此外，因尿道阻塞、尿道结石、先天畸形、神经功能紊乱等引起的尿潴留，均易发生尿道感染。尿道插管和膀胱镜也有可能带进细菌，造成感染的危险。尿道感染的临床症状主要有尿频、排尿困难、血尿和脓尿等。虽然大多数大肠埃希菌菌株都能引起泌尿道感染，但由某些特殊的血清型引起的感染却最为常见。这些能引起泌尿系统感染的特殊血清型统称为尿路致病性大肠埃希菌（*uropathogenic E. coli*，UPEC），常见的有 O1、O2、O4、O6、O7、O16、O18、O75 等。这些血清型能产生特殊的毒力物质，如 P 菌毛、AAF/Ⅰ、AAF/Ⅱ和 Dr 菌毛等黏附素和溶血素 HlyA，后者能溶解红细胞和其他一些类型细胞，导致细胞因子的释放和炎症反应。

（3）新生儿脑膜炎：大肠埃希菌是 1 岁以内婴儿中枢神经系统感染的主要致病因子之一。

2. 肠道内感染　大肠埃希菌某些血清型可引起人类胃肠炎，与食入污染的食品和饮水有关，为外源性感染。根据其致病机制不同，主要有五种类型（表 9－2）。

表 9－2　引起胃肠炎的大肠埃希菌

菌　株	作用部位	疾病与症状	致　病　机　制	常见 O 血清型
ETEC	小肠	旅行者腹泻；婴幼儿腹泻；水样便，恶心，呕吐，腹痛，低热	质粒介导 LT 和 ST 肠毒素，大量分泌液体和电解质；黏附素	6、8、15、25、27、63、119、125、126、127、128、142
EIEC	大肠	水样便，继以少量血便，腹痛，发热	质粒介导侵袭和破坏结肠黏膜上皮细胞	78、115、148、153、159、167
EPEC	小肠	婴儿腹泻；水样便，恶心，呕吐，发热	质粒介导 A/E 组织病理变化，伴上皮细胞绒毛结构破坏，导致吸收受损和腹泻	26、55、86、111、114、125、126、127、128、142
EHEC	大肠	水样便，继以大量出血，剧烈腹痛，低热或无，可并发 HUS、血小板减少性紫癜	溶原性噬菌体编码 Stx－Ⅰ或 Stx－Ⅱ，中断蛋白质合成；A/E 损伤，伴小肠绒毛破坏，导致吸收受损	157、26、28ac、111、112ac、124、136、143、144、152、164
EAEC	小肠	婴儿腹泻；持续性水样便，呕吐，脱水，低热	质粒介导集聚性黏附上皮细胞，伴绒毛变短，单核细胞浸润和出血，液体吸收下降	>50 个 O 血清型

（1）肠产毒素型大肠埃希菌（*enterotoxigenic E. coli*，ETEC）：ETEC 是 5 岁以下婴幼儿和旅游者腹泻的重要病原菌，在发展中国家极为常见。污染的水源和食物在疾病传播中有重要作用。临床症状可从轻度腹泻至严重的霍乱样腹泻，平均病程 3～4 d。致病物质主要是肠毒素和定植因子，后者可使细菌黏附到小肠上皮细胞上。

ETEC 的肠毒素有不耐热肠毒素（heat labile enterotoxin，LT）和耐热肠毒素（heat stable enterotoxin，ST）两种，均由质粒编码。不耐热肠毒素Ⅱ（LT－Ⅱ）与人类疾病无关，LT－Ⅰ是引起人类胃肠炎的致病物质，在结构和功能上与霍乱弧菌产生的肠毒素密切相关，对热不稳定，65℃ 30 min 可被破坏。LT－Ⅰ由 1 个 A 亚单位和 5 个 B 亚单位组成。A 亚单位是毒素的活性部位。B 亚单位与肠黏膜上皮细胞表面的 GM1 神经节苷脂结合后，使 A 亚单位穿越细胞膜与腺苷环化酶（adenylyl cyclase）作用，使胞内 ATP 转变为 cAMP。胞质内 cAMP 水平增高后，抑制肠绒毛细胞 Cl^-、Na^+ 和水的吸收，导致细胞内水、Na^+、K^+ 和 HCO_3^- 等过度分泌至肠腔，最终引起水样腹泻。毒素还可刺激前列腺素的释放和炎症因子的产生，进一步导致水分的丧失。LT 与霍乱肠毒素两者间的氨基酸组成同源性达 75%左右,它们的抗原性高度交叉,两者 B 亚单位的肠黏膜结合受体都是同一个 GM1 神经节苷脂。LT-Ⅰ可刺激机体产生相应中和抗体,有保护作用。

ETEC 的耐热肠毒素(ST)分为 STa 和 STb 两型,STb 与人类疾病无关,STa 为低分子质量多肽(1 500～4 000 Da),对热稳定,100℃加热 20 min 仍不失活性。免疫原性差。STa 的作用机制与 LT-Ⅰ不同,其引起腹泻是通过激活肠黏膜细胞上的鸟苷环化酶(guanylyl cyclase),使胞内 cGMP 量增多而导致腹泻。很多 STa 阳性菌株同时产生 LT,具有更强的致病性。

编码 LT-Ⅰ和 STa 的基因存在于一个转移性质粒上,该质粒也同时携带编码黏附素(CFA/Ⅰ, CFA/Ⅱ, CFA/Ⅲ)的基因。黏附素是 ETEC 致病的另一重要因素。

(2) 肠侵袭型大肠埃希菌(*enteroinvasive E. coli*, EIEC): EIEC 在表型和致病性方面与志贺菌密切相关,主要侵犯较大儿童和成人。所致疾病很像菌痢,有发热、腹痛、腹泻、脓血便及里急后重等症状。EIEC 不产生肠毒素,能侵袭结肠黏膜上皮细胞并在其中生长繁殖,杀死受感染细胞,再扩散到邻近正常细胞,导致组织破坏和炎症发生。EIEC 侵袭结肠黏膜上皮细胞的能力与质粒上携带的一系列侵袭性基因(plnv gene)有关。

(3) 肠致病型大肠埃希菌(*enteropathogenic E. coli*, EPEC): EPEC 是最早发现的引起腹泻的大肠埃希菌。是婴幼儿腹泻的主要病原菌,严重者可致死,特别在热带国家。该菌较大儿童和成人感染少见,可能与产生的保护性免疫有关。EPEC 不产生肠毒素及其他外毒素,无侵袭力。病菌黏附在小肠上皮细胞,随后破坏刷状缘、导致微绒毛萎缩、变平,即 A/E(attachment/effacement)组织病理损伤,造成严重水样腹泻。决定 A/E 损伤的基因位于染色体毒力岛"肠细胞刷平位点"内,有 40 多个基因。

EPEC 黏附和破坏肠黏膜结构的过程,由 Bfp 首先介导细菌与细胞的疏松黏附;随后细菌的Ⅲ型分泌系统主动分泌某些蛋白质进入宿主上皮细胞,其中转位紧密素受体(translocated intimin receptor, Tir)插入上皮细胞膜中,作为细菌的一种外膜蛋白黏附素,即紧密黏附素(intimin)的受体,介导细菌与细胞的紧密结合。细胞内肌动蛋白重排,导致微绒毛的破坏。严重干扰对肠道中液体等的吸收功能。

(4) 肠出血型大肠埃希菌(*enterohemorrhagic E. coli*, EHEC): EHEC 为出血性结肠炎和溶血性尿毒综合征的病原体。1982 年首先在美国发现,其血清型主要为 O157: H7。以后世界各地都有散发和地方小流行。1996 年日本大阪地区发生流行,患者过万,死亡 11 人。5 岁以下儿童易感染,感染菌量可低于 100 个。夏季多见。症状轻重不一,可为轻度水泻至伴剧烈腹痛的血便。约 10%<10 岁患儿可并发有急性肾衰竭、血小板减少、溶血性贫血的溶血性尿毒综合征(hemolytic uremic syndrome, HUS),病死率达 3%～5%。污染食品是 EHEC 感染的重要传染源,如未煮透牛排和其他肉类制品、水、未经巴氏消毒过的牛奶、果汁和生的蔬菜和水果等。牛可能是 O157: H7 的主要储存宿主。

EHEC 菌株产生志贺毒素,即 Stx-Ⅰ或 Stx-Ⅱ或二者,引起上皮细胞微绒毛的 A/E 损伤。EHEC 菌株还具有携带多种其他毒性因子的 60MDa 的质粒。Stx-Ⅰ与痢疾志贺菌产生的志贺毒素基本相同。Stx-Ⅱ与 Stx-Ⅰ则有 60%的同源,两型毒素均由溶原性噬菌体介导。Stx 由 1 个 A 亚单位和 5 个 B 亚单位组成。B 亚单位与宿主细胞特异糖脂受体(Gb3)结合。肠绒毛和肾上皮细胞有高浓度的糖脂受体。A 亚单位内在化后可裂解 60S 核糖体亚单位的 28S rRNA,阻止其与氨酰 tRNA 的结合,终止蛋白质合成。肠绒毛结构的破坏引起吸收减低和液体分泌的相对增加。HUS 在产生 Stx-Ⅱ的 EHEC 中较多见,因 Stx-Ⅱ能选择性地破坏肾小球内皮细胞。这种破坏引起肾小球滤过减少和急性肾功能衰竭。Stx 还能刺激炎症细胞因子(TNF-α、IL-6)的表达,除其他效应外,还可加强糖脂受体的表达。

EHEC 已分离到 50 多个血清型,但引起人类疾病的主要是 O157 : H7 血清型。

(5) 肠集聚型大肠埃希菌(*enteroaggregative E. coli*, EAEC) EAEC 引起婴儿持续性腹泻,伴脱水,偶有血便。不侵袭细胞。这类细菌的特点是能在细胞表面自动聚集,形成砖状排列。介导这种砖状排列的是 60MD 质粒编码的 Bfp、AAF/Ⅰ和 AAF/Ⅱ。感染导致微绒毛变短,单核细胞浸润和出血。EAEC 还能刺激黏液的分泌,促使细菌形成生物膜覆盖在小肠的上皮上。此外,致病物质可能还包括肠集聚耐热毒素和溶血素。

三、微生物学检查

（一）临床标本的检查

1. 标本　肠道外感染采取中段尿、血液、脓液、脑脊液等；肠道内感染则取新鲜粪便。

2. 分离培养与鉴定

（1）肠道外感染：除血液标本外，均需作涂片染色检查。分离培养时血液先接种肉汤增菌，待生长后再移种血琼脂平板；体液标本的离心沉淀物和其他标本直接划线分离于血琼脂平板。35～37℃孵育 18～24 h 后观察菌落形态。根据乳糖发酵、IMViC（＋＋－－）等生化反应结果进行鉴定。尿路感染还需计数中段尿细菌总数或菌落形成单位（colony forming unit，cfu），尿中细菌数≥10^5 cfu/mL 才有诊断价值。正常人膀胱尿液是无菌的，但是尿道口和外阴部位存在的正常菌群，尿液容易受到污染而混有细菌，正常人中段尿细菌总数＜10^3 cfu/mL。

（2）肠道内感染：将粪便标本接种于选择培养基，挑选可疑菌落涂片染色镜检、系列生化反应鉴定为大肠埃希菌后，再分别用 ELISA、核酸杂交、PCR 等方法检测不同类型致胃肠炎大肠埃希菌的肠毒素、毒力因子和进行血清学分型等特征进行鉴定。

（二）卫生细菌学检查

寄居于肠道中的大肠埃希菌不断随粪便排除，可污染周围环境、水源、饮料及食品。样品中检出此菌愈多，表示被粪便污染愈严重，也间接表明可能有肠道致病菌污染。因此，卫生细菌学以“细菌总数”和“大肠菌群数”作为饮水、食品和药品等粪便污染的检测指标。

1. 细菌总数　检测每克或每毫升标本中所含细菌数，采样倾注法培养计数。我国《生活饮用水卫生标准》（GB5749—2006）规定，每毫升饮水中细菌总数不得超过 100 个。

2. 大肠菌群数　是指每 1 000 mL(g) 样品中的大肠菌群数。大肠菌群系指在 37℃ 24 h 内发酵乳糖产酸产气需氧和兼性厌氧的肠道杆菌，包括埃希菌属、枸橼酸杆菌属、克雷伯菌属及肠杆菌属等。我国《生活饮用水卫生标准》（GB5749—2006）规定，在 100 mL 饮水中不得检出大肠菌群。

四、防治原则

1. 一般措施　尿道插管和膀胱镜检查应严格无菌操作。采取各种适宜的措施减少医院感染。加强对食品、水的卫生检查，减少接触致病性大肠埃希菌菌株的危险性。充分的烹饪可减少 ETEC 和 EHEC 感染的危险。

2. 特异性预防　疫苗免疫预防已在畜牧业领域中开展了广泛研究。在家畜中，用菌毛疫苗防治新生畜崽腹泻已获得成功。此外一种使用 ST 与 LT B 亚单位交联的疫苗，以预防 ETEC 感染为目的正在研究中。运用 O157 的 LPS 抗原作为疫苗主要成分，预防 O157 感染的疫苗也在研究中。

3. 治疗　对腹泻患者应进行隔离治疗，及时纠正水和电解质平衡；大肠埃希菌耐药性非常普遍，因此抗生素治疗应在药物敏感试验的指导下进行，特别是细菌性脑膜炎。

第二节　志贺菌属

志贺菌属（*Shigella*）是人类细菌性痢疾（简称菌痢）的病原菌，俗称痢疾杆菌（dysentery bacterium）。1898 年，日本细菌学家志贺洁（Shiga）首先从痢疾患者的粪便中分离到该菌，故命名。细菌性痢疾是一种常见病，主要流行于发展中国家，全世界每年病例数超过 2 亿，其中 500 万例需住院治疗，每年死亡病例达 65 万。我国菌痢的发病率很高，每年的报告病例达 2 百万例以上。自 2003 年以来，根据我国卫生部公布的法定报告甲乙类传染病发病数和死亡数排序，痢疾发病数总在前五位，死亡数在前十位，严重影响人体健康，尤其是婴幼儿的健康，为世界各国政府所重视。

一、生物学性状

1. 形态与染色 大小为(0.5～0.7)μm×(2～3)μm,革兰阴性的短小杆菌。无芽胞,无鞭毛,无荚膜,有菌毛(图9-2)。

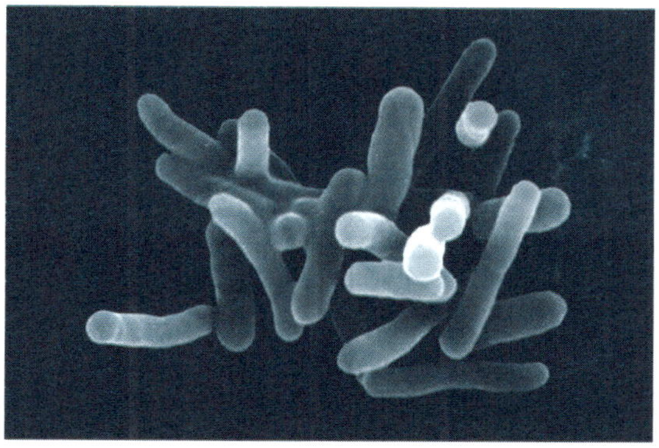

图9-2 福氏志贺菌扫描电镜

2. 基因组结构 志贺菌基因组由一条环状染色体和一个环状毒力大质粒组成。志贺菌染色体大小在4.3～4.8 Mb之间,G+C含量为49 mol%～53 mol%。有毒力的志贺菌都有一个约220 Kb的大质粒,由毒力基因、维持基因、插入序列和推测基因组成。所有已测序的毒力大质粒均有几乎一致的复制起点和维持基因,大质粒上一个约30 kb的片段(细胞侵袭区),编码了一个Mxi-SpaⅢ型分泌系统、侵袭相关基因、分子伴侣基因和转录激活因子。所有毒力大质粒的细胞侵袭区均被IS100和IS600包围,表明有一个共同的原始毒力大质粒传递到志贺菌所有血清群。我国细菌性痢疾的优势流行株福氏志贺菌2a型301株基因组包括一条由4.6 Mb的环状染色体和一个含221 kb的侵袭性大质粒DCP301以及另外两个小质粒。其染色体上有572 kb特异性序列,形成了320个长度大于50 bp的"痢疾岛"(Shigella island, Sis),其中大于1 kb的共计131个。这些岛共包含519 ORF,多数痢疾岛的一侧或两侧均伴有插入序列元件、转座子或者tRNA。G+C含量及密码子使用频率等分析显示出部分痢疾岛的外源性。

3. 培养特性与生化反应 营养要求不高,在普通琼脂平板上经24 h生长,形成直径达2 mm大小、半透明的光滑型菌落。志贺菌属中的宋内志贺菌常出现扁平的粗糙型菌落。分解葡萄糖,产酸不产气。除宋内志贺菌个别菌株迟缓发酵乳糖(一般需3～4 d)外,均不分解乳糖。故在S-S等选择鉴别培养基上,呈无色半透明菌落。在克氏双糖管中,斜面不发酵,底层产酸不产气,硫化氢阴性,动力阴性,可与沙门菌、大肠埃希菌等区别。

4. 抗原结构与分类 志贺菌属细菌有O和K两种抗原。O抗原是分类的依据,分群特异抗原和型特异抗原两种,可以将志贺菌属分为四群(种)40余血清型(包括亚型)。K抗原在分类上无意义,但可阻止O抗原与O抗体的结合。从生化特性看,除A群外,B、C、D群志贺菌均能发酵甘露醇;除D群外,A、B、C群志贺菌均无鸟氨酸脱羧酶(表9-3)。

表9-3 志贺菌属的分类

菌 种	群 型	亚 型	甘露醇	鸟氨酸脱羧酶
痢疾志贺菌	A 1～15	8a,8b,8c	–	–
福氏志贺菌	B 1～6, x,y 变型	1a,1b,2a,2b,3a,3b,3c,4a,4b	+	–
鲍氏志贺菌	C 1～18		+	–
宋内志贺菌	D 1		+	+

A群:即痢疾志贺菌(*S. dysenteriae*)。有15个血清型,其中8型尚可分3个亚型。是唯一不能发酵甘露醇的一群志贺菌。

B群:即福氏志贺菌(*S. flexneri*)。有13个血清型(包括变型和亚型),各型间有交叉反应。

C群:即鲍氏志贺菌(*S. boydii*)。有18个血清型。

D群:即宋内志贺菌(*S. sonnei*),抗原单一,只有一个血清型,是唯一具有鸟氨酸脱羧酶的一群志贺菌。宋内志贺菌有Ⅰ相和Ⅱ相两个交叉变异相。Ⅰ相抗原受控于140 MD大质粒,呈S型菌落,对小鼠有致病力,常从急性期感染患者标本中分离得。Ⅱ相为R型菌落,对小鼠不致病,常从慢性患者或带菌者检出。

5. 抵抗力 志贺菌的抵抗力比其他肠道杆菌弱,60℃ 10 min可被杀死。对酸和一般消毒剂敏感。在粪便中,由于其他肠道菌产酸或噬菌体的作用常使本菌在数小时内死亡,故粪便标本应迅速送检。但在污染物品及瓜果、蔬菜上，志贺菌可存活10～20 d。在适宜的温度下，可在水及食品中繁殖，引起水源或食物型的爆发流行。由于磺胺及抗生素的广泛运用，志贺菌的多重耐药性的问题日趋严重，即使在边远地区分离的志贺菌也常见4～8种耐药谱，严重影响临床疗效。

二、致病性与免疫性

（一）致病物质

包括侵袭力和内毒素，有的菌株尚能产生外毒素。

1. *侵袭力* 志贺菌侵袭和生长繁殖的靶细胞是回肠末端和结肠部位的黏膜上皮细胞。志贺菌黏附、侵入细胞内繁殖及细胞到细胞的传播均由结构基因编码的蛋白介导，这些基因都位于一个140 MD大质粒之上，但它们的表达却由染色体基因调节。因此，仅有质粒的存在还不足以保证功能性基因的活性。该质粒一旦丢失，毒力就会丧失。

志贺菌先黏附并侵入的是位于派伊尔淋巴结的M细胞。细菌黏附后，通过Ⅲ型分泌系统分泌四种蛋白质（IpaA、IpaB、IpaC、IpaD），诱导向上皮细胞和巨噬细胞细胞膜凹陷，导致细菌的内吞。志贺菌能溶解吞噬小泡，进入细胞质内生长繁殖。通过宿主细胞内肌动纤维的重排，推动细菌进入毗邻细胞，开始细胞到细胞的传播。在这过程中，引起IL-1β的释放，吸引多形核白细胞到感染组织，致使肠壁的完整性遭到破坏，细菌从而得以到达较深层的上皮细胞，加速了细菌的扩散（图9-3）。坏死的黏膜、死亡的白细胞、细胞碎片、纤维蛋白和血液构成脓血黏液便。

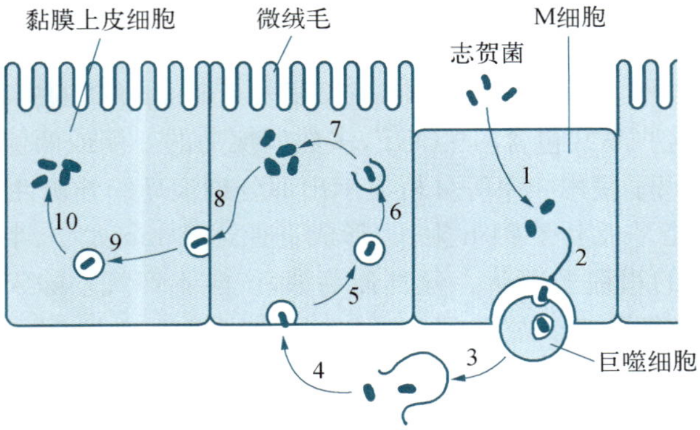

图9-3 志贺菌侵袭肠黏膜上皮细胞过程

2. *内毒素* 志贺菌所有菌株都有强烈的内毒素。内毒素作用于肠黏膜，使其通透性增高，进一步促进对内毒素的吸收，引起发热、神志障碍，甚至中毒性休克等一系列症状。内毒素亦可破坏肠黏膜，可形成炎症、溃疡、坏死和出血。内毒素尚能作用于肠壁自主神经系统，使肠功能发生紊乱，肠蠕动失调和痉挛，尤其是直肠括约肌痉挛最明显，因而出现腹痛、里急后重等症状。

3. *外毒素* A群志贺菌Ⅰ型和Ⅱ型能产生一种外毒素，称为志贺毒素（shiga toxin，Stx）。Stx具有外毒素的三种生物学活性：① 肠毒素。具有类似霍乱弧菌肠毒素的作用，可解释早期出现的水样腹泻。② 细胞毒性。对人肝细胞、HeLa细胞、Vero细胞均有毒性，作用机制见本章第一节。③ 神经毒性。严重志贺菌感染可引起中枢神经系统病变，造成昏迷或脑膜炎，并可能致命。Stx由位于染色体上的*stxA*和*stxB*基因编码。毒素作用的基本表现是上皮细胞的损伤，但在小部分患者志贺毒素可介导肾小球内皮细胞的损伤，导致溶血性尿毒综合征（HUS）。

（二）所致疾病

志贺菌引起细菌性痢疾。痢疾志贺菌感染患者病情较重，易引起小儿急性中毒性菌痢和溶血性尿毒综合征以及痢疾的流行。宋内志贺菌多引起轻型感染，福氏志贺菌感染易转变为慢性，病程迁延。我国常见的流行型别主要为福氏志贺菌和宋内志贺菌。

传染源是患者和带菌者。急性期患者排菌量大，每克粪便可有10^5～10^8个菌体，传染性强；慢性病例排菌时间长，可长期储存病原体；恢复期患者带菌可达2～3周，有的可达数月。传播途径主要通过粪-口途径，志贺菌随饮食进入肠道。志愿者试验研究的结果表明，人类对志贺菌较易感，10～150个志贺菌即可引起典型的细菌性痢疾。常见的感染剂量为10^3个细菌，比沙门菌和霍乱弧菌的感染剂量低2～5个数量级。

志贺菌感染几乎只局限于肠道，一般不侵入血液，志贺菌感染所致的细菌性痢疾分急性和慢性两种类型：

1. *急性细菌性痢疾* 经过1～3 d的潜伏期后，突然发病。常有发热、腹痛和水样腹泻，并由水样腹泻转变为脓血黏液便，伴有里急后重、下腹部疼痛等症状。50%以上的病例在 2～5 d 内发热和腹泻可自发消退。若及时治疗，预后良好。但在体弱儿童和老人，水分和电解质的丧失，可导致失水、酸中毒，在不少病例中还可引起溶血性尿毒综合征，甚至死亡。痢疾志贺菌引起的菌痢特别严重，死亡率可高达 20%。

急性中毒性菌痢多见于小儿，各型志贺菌都有可能引起，常无明显的消化道症状而表现为全身中毒症状。原因是内毒素致使微血管痉挛、缺血和缺氧，导致 DIC、多器官功能衰竭、脑水肿。临床主要以高热、休克、中毒性脑病为表现，可迅速发生循环及呼吸衰竭，若抢救不及时，往往造成死亡。

2. 慢性细菌性痢疾　如急性细菌性痢疾治疗不彻底，造成反复发作，迁延不愈，病程在 2 个月以上者则属慢性。有 10%～20%的患者可转为慢性。其症状不典型者，易被误诊，而影响治疗。在少数患者，细菌可在结肠形成无症状的定植，成为持续流行的传染源。

（三）免疫性

志贺菌感染恢复后，大多数人在血液中可产生循环抗体（IgM），但此种抗体无保护作用。抗感染免疫主要是依靠消化道黏膜表面的分泌型 IgA（SIgA）。病后免疫期短，也不巩固，除因细菌感染只停留在肠壁局部外，其型别多也是原因之一。

三、微生物学检查

1. 标本　取材应挑取粪便的脓血或黏液部分，避免与尿混合。应在使用抗生素之前采样，标本应新鲜，若不能及时送检，宜将标本保存于 30%甘油缓冲盐水或专门运送培养基内。中毒性痢疾患者可取肛拭。

2. 分离培养与鉴定　标本接种于肠道鉴别或选择培养基上，37℃孵育 18～24 h。挑取无色半透明可疑菌落，做生化反应和血清学试验，以确定其菌群（种）和菌型。

3. 毒力试验　测定志贺菌的侵袭力可用 Sereny 试验。将受试菌 18～24 h 的固体培养物，以生理盐水制成 9 亿/mL 菌悬液，接种于豚鼠眼结膜囊内。若发生角膜结膜炎，则 Sereny 试验阳性，表明受试菌有侵袭力。志贺菌 ST 的测定，可用 HeLa 细胞或 Vero 细胞，也可用 PCR 技术直接检测其产毒基因 *stxA*、*stxB*。

4. 快速诊断方法

（1）免疫染色法：将粪便标本与志贺菌抗血清混匀，在光镜下观察有无凝集现象。

（2）免疫荧光菌球法：将标本接种于含有荧光素标记的志贺菌免疫血清液体培养基中，37℃孵育 4～8 h。若标本中含有相应型别的志贺菌存在，则生长繁殖后与荧光抗体凝集成小球，在荧光显微镜下易被检出。

（3）协同凝集试验：以抗志贺菌 IgG 抗体与 Cowan I 葡萄球菌结合成为检测试剂，用来检测患者粪便中有无志贺菌可溶性抗原。

（4）胶乳凝集试验：用志贺菌抗血清致敏胶乳，使与粪便中的志贺菌抗原起凝集反应。也可用志贺菌抗原致敏胶乳，来诊断粪便中有无抗志贺菌抗体。

（5）分子生物学方法：PCR 技术、基因探针检测 140 MD 的大质粒等。

四、防治原则

1. 一般预防　由于人类是志贺菌主要的宿主，因此，非特异性预防应防止人的感染和传播，其措施包括：水、食物和牛奶的卫生学监测，垃圾处理和灭蝇；隔离患者和消毒排泄物；检测发现亚临床病例和带菌者，特别是饮食从业人员；抗生素治疗感染个体。

2. 特异性预防　鉴于志贺菌的免疫防御机制主要是分泌至肠黏膜表面的 sIgA，而 sIgA 需由活菌作用于黏膜局部才能诱发。因此，接种死疫苗防御志贺菌感染的试验已经放弃，现致力于活疫苗的研究。主要有三类：① 减毒突变株；② 用不同载体菌构建的杂交株；③ 营养缺陷减毒株。例如链霉素依赖株（streptomycin dependent strain，Sd）活疫苗是一种减毒突变株，环境中存在有链霉素时始能生长繁殖。将其制成活疫苗给志愿者口服后，因正常人体内不存在链霉素，该 Sd 株不能生长繁殖，但也不立即死亡，且有一定程度的侵袭肠黏膜的能力，而激发局部免疫应答，产生保护性 sIgA。同时血清中的 IgM、IgG 特异抗体也增多。Sd活疫苗的免疫保护具有特异性，目前已能生产多价志贺菌Sd活疫苗。多种杂交株活疫苗也在研究之中，如将志贺菌的大质粒导入另一弱毒或无毒菌中，形成二价减毒活疫苗。曾被选为研究对象的有宋内志贺菌与伤寒沙门菌Ty21a的杂交疫苗等。我国目前使用疫苗有口服福氏、宋内氏痢疾双价活疫苗（FSM-2117），该疫苗是目前世界上唯一获准生产的基因工程口服痢疾双价活疫苗，该疫苗为口服疫苗，使用方便、安全有效，保护率达70%，有效期1年。

3. *治疗药物* 治疗志贺菌感染的药物颇多，如磺胺类、氨苄西林、氯霉素、喹诺酮类等药物，但此菌很易出现多重耐药菌株。同一菌株可对5～6种甚至更多药物耐药，给防治工作带来很大困难。故用药前应做药敏试验，以减少盲目用药。

第三节 沙门菌属

沙门菌属（*Salmonella*）是一群寄生在人类和动物肠道中，生化反应和抗原结构相关的革兰阴性杆菌。1880年，Eberth首先发现伤寒沙门菌，1885年，Salmon分离到猪霍乱杆菌。由于Salmon发现本属的时间较早，在研究中的贡献较大，故定名为沙门菌属。沙门菌属细菌的血清型现已达2 500多种，广泛分布于自然界，包括所有脊椎动物的肠道和很多种类的节肢动物中。大多数动物感染无症状或为自限性胃肠炎。根据DNA同源性，沙门菌属可分为两个种，即肠道沙门菌（*S. enterica*）和邦戈沙门菌（*S. bongori*）。肠道沙门菌又分为6个亚种。大多数能感染人类的沙门菌血清型，都在第一亚种，即肠道亚种（*S. enterica subsp*）中，约1 400多种血清型。实验室多以菌种的形式代替血清型报告，如肠道沙门菌肠道亚种伤寒血清型（*Salmonella enterica* subspecies enterica serotype Typhi），缩写为伤寒沙门菌（*Salmonella typhi*），以及其他血清型缩写为：鼠伤寒沙门菌（*Salmonella. typhimurium*），肠炎沙门菌（*Salmonella enteritidis*）等。

沙门菌属中细菌绝大多数血清型宿主范围广泛，并且是人畜共患病的病原菌。动物宿主范围很广，家畜有猪、牛、马、羊、猫、狗等，家禽有鸡、鸭等；野生动物如狮、熊、鼠类，以及冷血动物、软体动物、环形动物、节肢动物等。但少数血清型有严格的宿主特异性，如引起肠热症的伤寒沙门菌、甲型副伤寒沙门菌、肖氏沙门菌和希氏沙门菌主要是人的病原菌，极少能从动物中分离到。另有一些沙门菌有特殊的动物宿主，如猪霍乱沙门菌为猪，都柏林沙门菌（*S. dublin*）为牛等。这种以家畜家禽为特殊宿主的沙门菌，也可感染人，引起人类食物中毒或败血症，除猪霍乱沙门菌，常见的还有鼠伤寒沙门菌、肠炎沙门菌、鸭沙门菌等十余种。

一、生物学性状

（一）形态与染色

大小为（0.6～1.0）μm×（2.0～4.0）μm。革兰阴性杆菌。有菌毛，除鸡沙门菌和雏鸭沙门菌等个别例外，都有周身鞭毛，一般无荚膜，均无芽胞。

（二）基因组结构

沙门菌染色体为双股环状DNA，基因组大小约4 808 kb，基因组中有4 599个ORF，基因组大小与大肠埃希菌相近，至少包含7个致病岛（salmonella pathogenicity island，SPI）以及大量前噬菌体。其中SPI-1和SPI-2与Ⅲ型分泌系统有关。本属细菌的DNA G+C含量为50 mol%～53 mol%。

（三）生化反应与培养特性

兼性厌氧，营养要求不高，在普通琼脂平板上可生长，在S-S选择鉴别培养基上形成中等大小、无色半透明的S型菌落。

不发酵乳糖或蔗糖。对葡萄糖、麦芽糖和甘露糖发酵，除伤寒沙门菌不产气外，其他沙门菌均产酸产气。沙门菌在克氏双糖铁培养基，斜面不发酵，底层产酸产气（但伤寒沙门菌产酸不产气），硫化氢阳性或阴性，动力阳性。可同大肠埃希菌、志贺菌等区别；在此基础上，利用尿素酶试验可同变形杆菌相区别。生化反应对沙门菌属各菌的鉴定有重要意义（表9-4）。

表 9-4 主要沙门菌的生化反应特性

菌 名	葡萄糖	乳 糖	甘露醇	H_2S	吲 哚	VP	甲基红	枸橼酸盐	动 力
甲型副伤寒沙门菌	⊕	－	⊕	－/＋	－	－	＋	＋	＋
肖氏沙门菌	⊕	－	⊕	＋＋＋	－	－	＋	＋/－	＋
鼠伤寒沙门菌	⊕	－	⊕	＋＋＋	－	－	＋	＋	＋
希氏沙门菌	⊕	－	⊕	＋	－	－	＋	＋	＋
猪霍乱沙门菌	⊕	－	⊕	＋/－	－	－	＋	＋	＋
伤寒沙门菌	＋	－	＋	＋/－	－	－	＋	＋	＋
肠炎沙门菌	⊕	－	⊕	＋＋＋	－	－	＋	＋	＋

注：＋阳性或产酸；⊕产酸产气；－阴性。

（四）抗原构造

沙门菌属细菌的抗原主要有 O 和 H 两种抗原，少数菌尚有一种表面抗原，功能上与大肠埃希菌的 K 抗原类同。一般认为其与毒力(virulence)有关，故称 Vi 抗原。O、H 是用于分型的抗原，按 O 和 H 两种抗原的不同组合，沙门菌可分为 2 500 多个血清型。

1. *O 抗原* 为细菌细胞壁脂多糖中特异性多糖部分，性质稳定，刺激机体主要形成 IgM。O 抗原至少有 58 种，以阿拉伯数字顺序排列，现已排至 67。每个沙门菌的血清型含一种或多种 O 抗原。凡含有相同抗原组分的归为一个组，分成 42 个组。引起人类疾病的沙门菌大多数在 A～E 组。

2. *H 抗原* 为鞭毛蛋白，性质不稳定，易受外界理化因素影响而失去活性。H 抗原刺激机体主要形成特异性 IgG 型抗体。H 抗原分第Ⅰ相和第Ⅱ相两种。第Ⅰ相特异性高，又称特异相，以 a、b、c……表示。第Ⅱ相特异性低，可为多种沙门菌共有，故亦称非特异相，以 1、2、3……表示。一个菌株同时有第Ⅰ相和第Ⅱ相 H 抗原的称双相菌，仅有一种相者为单相菌。每一组沙门菌根据 H 抗原不同，可进一步将组内沙门菌分成不同血清型。

3. *表面抗原* 主要是 Vi 抗原，从患者体内分离的伤寒沙门菌和希氏沙门菌(原称丙型副伤寒沙门菌)有 Vi 抗原。Vi 抗原不稳定，经 60℃加热、石炭酸处理或传代培养后易消失。Vi 抗原存在于菌表面，可阻止 O 抗原与其相应抗体的凝集反应。Vi 抗原免疫原性弱，刺激机体产生的抗体效价低，有菌存在时可产生一定量的抗体，随着细菌被清除抗体也消失，故测定 Vi 抗体有助于检出带菌者。Vi 抗原具有抗吞噬作用，并保护菌体不受抗体和补体的作用。常见的沙门菌的抗原组成见表 9-5。

表 9-5 常见的沙门菌的抗原组成

组	菌 名	O 抗原	H 抗原	
			第Ⅰ相	第Ⅱ相
A(O2)	甲型副伤寒沙门菌	1,2,12	a	—
B(O4)	肖氏沙门菌(乙型)	1,4,5,12	b	1,2
	鼠伤寒沙门菌	1,4,5,12	i	1,2
C(O6)	希氏沙门菌(丙型)	6,7,Vi	c	1,5
	猪霍乱沙门菌	6,7	c	1,5
D(O9)	伤寒沙门菌	9,12,Vi	d	—
	肠炎沙门菌	1,9,12	g,m	—
E1(O3,10)	鸭沙门菌	3,10	e, h	1,6
E2(O3)	钮因顿沙门菌	3,15	E,h	1,7

（五）抵抗力

沙门菌对理化因素的抵抗力较差，湿热 65℃ 15～30 min 即被杀死。对一般消毒剂敏感，消毒饮水余氯达 0.2～0.4 mg/L，可迅速致死，但对某些化学物质如胆盐、煌绿等的耐受性较其他肠道菌强，故用作沙门菌选择培养基的成分。本菌在水中能存活 2～3 周，粪便中可存活 1～2 个月，在冰冻土壤中能存活更长时间。

二、致病性与免疫性

（一）致病物质

沙门菌感染需经口进入足够量的细菌，才能克服机体防护屏障，如肠道正常菌群、胃酸的作用、肠道局部免疫等，只有到达并定位于小肠，才能引发疾病。根据志愿者研究结果，大多血清型半数感染量在 10^5～10^8之间，伤寒沙门菌可少至 10^3。但暴发流行时，自然感染中感染剂量一般都低于 10^3 个细菌，有时甚至少于 100 个细菌。

沙门菌有较强的内毒素，并有一定的侵袭力，个别菌尚能产生肠毒素。

1. *侵袭力* 沙门菌有毒株能侵袭小肠黏膜。当细菌被摄入并通过胃后，细菌先侵入小肠末端位于派伊尔淋巴结的 M 细胞并在其中生长繁殖。M 细胞的主要功能是输送外源性抗原至其下方的巨噬细胞供吞噬和清除。有两个Ⅲ型分泌系统[沙门菌致病性岛Ⅰ(Salmonella pathogenicity island Ⅰ, SPI－Ⅰ)和Ⅱ(SPI－Ⅱ)]介导最初对肠黏膜的侵入(SPI－1)和随后的全身性疾病(SPI－Ⅱ)。沙门菌通过种特异性的菌毛先与 M 细胞结合，接着 SPI－Ⅰ分泌系统向 M 细胞中输入沙门菌分泌侵袭蛋白(salmonella-secreted invasion protein, Sip)，引发宿主细胞内肌动纤维的重排，诱导细胞膜凹陷，导致细菌的内吞。沙门菌在吞噬小泡内生长繁殖，导致宿主细胞死亡，细菌扩散并进入毗邻细胞淋巴组织。

沙门菌还具有一种耐酸应答基因(acid tolerance respones, atr)，可使细菌在胃和吞噬体的酸性环境下得到保护。氧化酶、超氧化物歧化酶和其他因子亦可保护细菌不被胞内杀菌因素杀伤。

伤寒沙门菌和希氏沙门菌在宿主体内可以形成 Vi 抗原。该抗原具有微荚膜功能，能抗御吞噬细胞的吞噬和杀伤，并阻挡抗体、补体等破坏菌体作用。

2. *内毒素* 沙门菌死亡后释放出的内毒素，可引起宿主体温升高、白细胞数下降，大量内毒素可导致中毒症状和休克。这些与内毒素激活补体替代途径产生的 C3a、C5a 等趋化因子，以及诱发免疫活性细胞分泌 TNF－α、IL－1、IFN－γ 等细胞因子有关。

3. *肠毒素* 某些沙门菌如鼠伤寒沙门菌可产生肠毒素，其性质类似 ETEC 产生的肠毒素，可引起急性胃肠炎。

（二）所致疾病

传染源为患者和带菌者(包括恢复期带菌者和健康带菌者)，后者在沙门菌感染中的作用更为重要。历史上伤寒感染影响最大的是“伤寒玛丽”(Mary Mallon)，玛丽梅伦是一位美国厨师，也是一个健康带菌者，被证实在美国有 7 个地区多达 1 500 个伤寒患者都是她传染的。水源被含菌粪便污染常常是造成爆发流行的主要原因。人类因食用患病或带菌动物的肉、乳、蛋或被病鼠尿污染的食物等而患病。如果喂饲动物所用含有抗生素饲料的增多，则会使耐药的沙门菌菌株增加，对人造成更大的潜在性危害。

人类感染沙门菌有 4 种类型：

1. *肠热症*(enteric fever, typhoid fever) 是伤寒病和副伤寒病的总称，包括伤寒沙门菌引起的伤寒，以及甲型副伤寒沙门菌、肖氏沙门菌、希氏沙门菌引起的副伤寒。伤寒和副伤寒的致病机制和临床症状基本相似，只是副伤寒的病情较轻，病程较短。据估计全球每年有 2 100 万伤寒病例，其中死亡病例 20 万。沙门菌是胞内寄生菌。细菌随污染的食物和饮水进入人体。发病与否，取决于侵入的菌量与机体的免疫状况。若侵入菌量多，胃酸不足时，当细菌被摄入并通过胃后，细菌经 M 细胞被巨噬细胞吞噬，但不被杀灭，为胞内寄生菌。部分细菌通过淋巴液到达肠系膜淋巴结大量繁殖后，经胸导管进入血流引起第一次菌血症，并随血流进入肝、脾、肾、胆囊等器官。患者出现发热、不适、全身疼痛等前驱症状。从病菌经口进入人体到疾病发作的时间与感染剂量有关，短则 3 d，长者则可达 50 d，通常潜伏期为 2 周。病菌在上述器官繁殖后，再次入血造成第二次菌血症。在未经治疗病例，该时段症状明显，体温先呈阶梯式上升，持续 1 周，然后高热(39～40℃)保持 7～10 d，同时出现相对缓脉，肝脾肿大，全身中毒症状显著，皮肤出现玫瑰疹，外周血白细胞明显下降。胆囊中的沙门菌通过胆汁进入肠道，一部分随粪便排出体外，另一部分再次侵入肠壁淋巴组织，使已致敏的组织发生超敏反应，导致局部坏死和溃疡，严重的有出血或肠穿孔等并发症。肾脏中的病菌可随尿排出。以上病变在疾病的第 2～3 周出现。若无并发症，自第 3～4 周后病情开始好转。

在5%～10%未经治疗的患者，可出现复发。与初始疾病相比，病程一般较短，病情较轻，但也有严重病例，甚至死亡者。未经治疗的典型伤寒患者病死率约为20%。

2. 胃肠炎（食物中毒） 是最常见的沙门菌感染，约占70%。由摄入大量（$>10^8$）被鼠伤寒沙门菌、猪霍乱沙门菌、肠炎沙门菌等污染的食物引起。常见的食物主要为畜、禽肉类食品，其次为蛋类、奶和奶制品，系动物生前感染或加工处理过程污染所致。细菌对肠黏膜的侵袭以及细菌释放的内毒素可能是主要致病机制。该病潜伏期为6～24 h。起病急，主要临床症状为发热、恶寒、呕吐、腹痛、水样腹泻，偶有黏液或脓性腹泻。严重者可伴有迅速脱水，导致休克、肾衰竭而死亡。病死率可达2%，多见于老人、婴儿和体弱者。一般沙门菌胃肠炎多在2～3 d自愈。

3. 败血症 病菌以猪霍乱沙门菌、希氏沙门菌、鼠伤寒沙门菌、肠炎沙门菌等常见，患者多见于儿童和免疫力低下的成人。经口感染后，病菌早期即侵入血循环。败血症症状严重，有高热、寒战、厌食和贫血等，但肠道症状较少见。在10%的患者，因细菌随血流播散，可出现局部化脓性感染，如脑膜炎、骨髓炎、胆囊炎、心内膜炎、关节炎等。

4. 无症状带菌者 指在症状消失后1年或更长的时间内仍可在其粪便中检出有相应沙门菌。1%～5%伤寒或副伤寒患者可转变为无症状带菌者。带菌器官主要是胆囊中，有时细菌也存在于尿道中。年龄和性别与无症状带菌关系密切。20岁以下，无症状带菌率常小于1%，而50岁以上者，可达10 %以上；女性转变为无症状带菌状态是男性的2倍。其他沙门菌感染，50%患者在5周内停止排菌，90%在感染后9周培养阴性，转变为无症状带菌者很少，不到1%，故在人类的感染中不是主要的传染源。

（三）免疫性

肠热症后可获得一定程度的免疫性，如恢复后2～3周复发的感染，比首次感染症状要轻得多。沙门菌侵入宿主之后，主要在细胞内生长繁殖，因而要彻底杀灭这类胞内寄生菌，适应性细胞免疫是主要防御机制。在致病过程中，沙门菌亦可有存在于血流和细胞外的阶段，故抗体也有辅助杀菌作用。胃肠炎的恢复与肠道局部生成sIgA有关。

三、微生物学检查

（一）标本

肠热症随病程的进展、细菌出现的主要部位不同，因而根据不同的病程采取不同的标本。通常第1周取外周血，第2周起取粪便，第3周起还可取尿液，第1～3周均可取骨髓液（图9-4）。骨髓中吞噬细胞摄取病菌较多，且存在时间较长，培养阳性率高于血液。副伤寒病程较短，因此采样时间可相对提前。胃肠炎取粪便、呕吐物和可疑食物。败血症取血液。胆道带菌者可取十二指肠引流液。

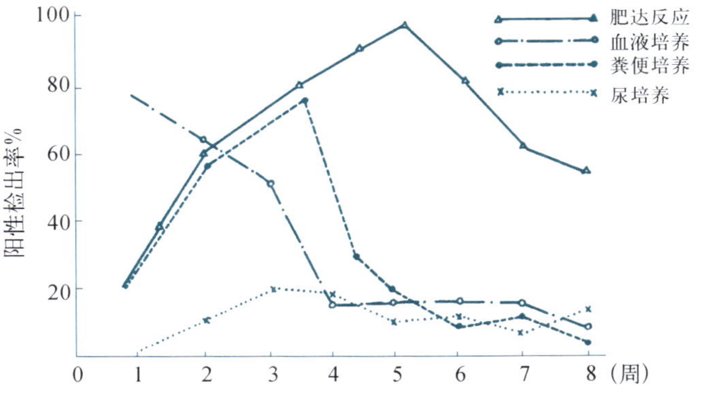

图9-4 伤寒患者不同病期血、粪、尿中病原菌和肥达试验的检出阳性率

（二）分离培养和鉴定

血液和骨髓液需要先增菌，然后再划线接种于肠道选择鉴别培养基；粪便和经离心的尿沉淀物等直接接种于S-S选择培养基或肠道鉴别培养基。37℃孵育24 h后，挑取无色半透明的乳糖不发酵菌落接种至双糖或三糖铁培养基。若疑为沙门菌，再继续作系列生化反应，并用沙门菌多价抗血清作玻片凝集试验进行血清学鉴定。在流行病学调查和传染源追踪中，Vi噬菌体分型也是一种常用方法。标准Vi噬菌体有33个型，其特异性比血清学分型更为专一。

（三）快速诊断法

近来有的学者采用SPA协同凝集试验、对流免疫电泳、胶乳凝集试验和ELISA法等，快速早期诊断粪便、血清或尿液中的沙门菌等可溶性抗原。PCR法和核酸杂交等分子生物学技术也可用于沙门菌感染的快速诊断。

(四)血清学诊断

肠热症由伤寒沙门菌、甲型副伤寒沙门菌、肖氏沙门菌、希氏沙门菌所引起，病程长。因目前普遍使用抗生素，肠热症的症状常不典型，临床标本阳性分离率低，故血清学试验仍有辅助诊断意义。用于肠热症的血清学试验有肥达试验(Widal test)、间接血凝法、EIA法等，其中肥达试验仍较普及。

肥达试验是用已知伤寒沙门菌菌体O抗原和鞭毛H抗原，以及引起副伤寒的甲型副伤寒沙门菌、肖氏沙门菌和希氏沙门菌H抗原的诊断菌液与受检血清作试管或微孔板定量凝集试验，测定受检血清中有无相应抗体及其效价的试验。

在肠热症的诊断中，肥达试验受许多因素影响不如细菌的分离培养鉴定可靠。因此，结果的解释必须结合临床表现、病程、病史，以及地区流行病学情况。

1. *判断值* 正常人因沙门菌隐性感染或预防接种，血清中可含有一定量的有关抗体，其效价随地区而有差异。一般是伤寒沙门菌O凝集效价≥1∶80，H凝集效价≥1∶160，引起副伤寒的沙门菌H凝集效价≥1∶80时，才有诊断价值。

2. *动态观察* 有时单次效价增高不能定论，可在病程中逐周复查。若效价逐次递增或恢复期效价比初次效价≥4倍者即有诊断意义。

3. *O与H抗体的诊断意义* 患伤寒或副伤寒后，O与H在体内的消长情况不同。IgM类抗O抗体出现较早，持续约半年，消退后不易受非伤寒沙门菌等病原体的非特异刺激而重现。IgG类抗H抗体则出现较晚，持续时间长达数年，消失后易受非特异性病原刺激而能短暂地重新出现。因此，O、H凝集效价均超过正常值，则肠热症的可能性大；如两者均低，患病可能性小；若O不高H高，有可能是预防接种或非特异性回忆反应；如O高H不高，则可能是感染早期或与伤寒沙门菌O抗原有交叉反应的其他沙门菌(如肠炎沙门菌)感染。

4. *其他* 有少数病例，在整个病程中，肥达试验始终在正常范围内。其原因可能由于早期使用抗生素治疗，或患者免疫功能低下等所致。

在国外，肥达试验现大多已被特异而敏感的ELISA及免疫印迹试验所替代。

(五)伤寒带菌者的检出

最可靠的诊断方法是分离出病原菌。标本为可疑者的粪便、胆汁或尿液，但检出率不高。因此，一般先用血清学方法检测可疑者Vi抗体进行筛选，若效价≥1∶10时，再反复取粪便等标本进行分离培养，以确定是否为伤寒带菌者。

四、防治原则

1. *一般措施* 做好水源和食品的卫生管理，防止被沙门菌感染的人和动物污染。感染动物的肉类、蛋等制品要彻底烹饪。发现、确诊和治疗带菌者，带菌期间不能从事饮食行业的工作，并严格遵循卫生注意事项。

2. *特异性预防* 1896年伤寒疫苗在德国和英国研制成功，过去一直沿用皮下接种伤寒、甲、乙型副伤寒三联菌苗(死疫苗)，挽救了无数易感人群的生命。但效果低、不良反应大，不够理想。20世纪70年代末曾报道口服伤寒沙门菌Ty21a活菌苗，在埃及进行流行病学效果观察其保护率约为96%，且已正式投产。我国就Ty21a的生物学和免疫学特性也进行了研究，其结果难以令人满意。目前国际上公认的新一代疫苗是伤寒Vi荚膜多糖疫苗。在法国、墨西哥已获生产和使用。我国于1994年正式批准使用，我国伤寒Vi荚膜多糖疫苗的保护率为70%，免疫有效期3年。与注射灭活疫苗相比，该疫苗安全，不良反应轻，免疫预防效果较好；且易于制造保存，运输方便；注射一针即可具有一定的保护力。

3. *药物治疗* 肠热症治疗的早期(1948年即开始)使用的是氯霉素，使持续几周，且危及生命的严重疾病成为短期的热性疾病，死亡率由20%降低到2%以下。但由于氯霉素对骨髓的毒性作用，加之20世纪70年代在世界各地也广泛出现了质粒介导的氯霉素抗药性菌株，因此临床开始使用其他替代药物，主要是功效与氯霉素相当的氨苄西林和复方三甲氧烯胺。自1989年起，上述药物的多重耐药菌株在世界很多地方又出现，目前使用的有效药物主要是环丙沙星。

第四节　其他菌属

一、克雷伯菌属

克雷伯菌是德国病理学家 E. 弗里德兰德于 1882 年首先描述，故旧称弗里德兰德氏杆菌。克雷伯菌属(*Klebsiella*)有七个种，如肺炎克雷伯菌(*K. pneumoniae*)、催娩克雷伯菌(*K. oxytoca*)、解鸟氨酸克雷伯菌(*K. ornithiol ytica*)、植生克雷伯菌(*K. planticola*)和土生克雷伯菌(*K. terrigena*)等，为革兰阴性球杆形，无鞭毛，有较厚的荚膜，多数菌株有菌毛。营养要求不高，在普通培养基上能生长，呈黏液型菌落，以接种环挑之易拉成丝，以上特征有助于鉴别。荚膜与毒力有关。其中肺炎克雷伯菌又可分三个亚种：肺炎亚种(subsp. *pneurmoniae*)、鼻炎亚种(subs. *azaenae*)和鼻硬结亚种(subsp. *rhioscleromatis*)。

1. 肺炎克雷伯菌肺炎亚种(*K. pneumoniae* ssp. *pneumoniae*)　俗称肺炎杆菌和催娩克雷伯菌(*K. oxytoca*)。呈卵圆形杆状，大小(0.5～0.8)μm×12 μm，单独、成双或短链状排列。在血琼脂平板上菌落颇大，呈灰白色，黏液状，菌落相互融合，有助鉴别。在肠道杆菌选择性培养基上能发酵乳糖，呈现有色菌落。该菌存在于人类肠道、呼吸道以及水和谷物。当机体免疫力降低或长期大量使用抗生素导致菌群失调时引起感染。易感者有糖尿病、肿瘤患者、抗生素应用者、年老体弱者和婴幼儿等。新生儿的感染可来自产道，也可是外源性的。目前是医源性感染中最常见菌种。常见的医院感染有肺炎、支气管炎、泌尿道和创伤感染。该菌引发的肺炎病情严重，肺部出现广泛出血性、坏死性肺病变。引起的败血症后果较严重，死亡率较高。

2. 鼻炎克雷伯菌鼻炎亚种(*K. ozaenae* ssp. *ozaenae*)　经常可以从萎缩性鼻炎和鼻黏膜的化脓性感染中分离到。

3. 鼻硬结克雷伯菌鼻硬结亚种(*K. rhinoscleromatis ssp. rhinoscleromatis*)　可引起呼吸道黏膜、口咽部、鼻和鼻旁窦感染，导致肉芽肿性病变和硬结形成。

4. 肉芽肿克雷伯菌(*K. granulomatis*)　是引起生殖器和腹股沟部位的肉芽肿疾病的病原体。该菌在无细胞的培养集中不能生长，已在单核细胞培养系统中分离得到。用 Giemsa 或 Wright 染色法可在组织细胞、多形核白细胞和浆细胞的细胞质中观察到。

二、变形杆菌属

变形杆菌属(*Proteus*)为人和动物肠道的正常菌群，在自然界分布很广，存在于土壤、污水和垃圾中，为条件致病菌。为大小(0.4～0.6)μm×(1～3)μm 的革兰阴性菌，有明显多形性。无荚膜。有周身鞭毛，运动活泼。有菌毛。营养要求不高。在固体培养基上呈扩散性生长，形成以菌接种部位为中心的厚薄交替、同心圆形的层层波状菌苔，称为迁徙生长现象(swarming growth phenomenon)。若在培养基中加入 0.1%石炭酸或 0.4%硼酸，则鞭毛生长受抑制，迁徙现象消失，仅在接种部位出现生长现象。具有尿素酶，能迅速分解尿素，是本菌属的一个重要特征。不发酵乳糖，在 SS 平板上的菌落形态和在双糖管中的生化反应与沙门菌属十分相似，可用尿酶试验加以区分。

变形杆菌(*Proteus*)有八个菌种，现至少有 100 多个血清型，其中普通变形杆菌(*P. vulgaris*)和奇异变形杆菌(*P. mirabilis*)两个菌种与医学关系比较密切。

奇异变形杆菌和普通变形杆菌是仅次于大肠埃希菌的泌尿道感染的主要病原菌。其尿素酶可分解尿素产氨，使尿液 pH 增高，以利于变形杆菌的生长，并且碱性环境可促进肾结石和膀胱结石的形成。同时，高碱性尿液对尿道上皮也有毒性作用。变形杆菌高度的运动能力与其对泌尿系统的侵袭有关。此外。有的变形杆菌菌株尚可引起脑膜炎、腹膜炎、败血症和食物中毒等疾病，亦是医院感染的重要病原菌。变形杆菌还可引起食物中毒，中毒食品主要以动物性食品为主，其次为豆制品和凉拌菜，发病季节多在夏、秋，中毒原因为被污染食品在食用前未彻底加热，变形杆菌食物中毒是我国常见的食物中毒之一。

普通变形杆菌 X_{19}、X_2 和 Xk 菌株的菌体 O 抗原与斑疹伤寒立克次体和恙虫病立克次体有共同抗原，故可用 OX_{19}、OX_2 和 OXk 以代替立克次体作为抗原与相应患者血清进行交叉凝集反应。此称为外斐试验(Weil-Felix test)，以辅助诊断立克次体病。

三、肠杆菌属

肠杆菌属(*Enterobacter*)有 14 个种，包括产气肠杆菌(*E. aerogenes*)、阴沟肠杆菌(*E. cloacae*)、杰高维肠杆菌(*E. gergoviae*)、坂崎肠杆菌(*E. sakazakii*)，泰洛肠杆菌(*E. taylorae*)、河生肠杆菌(*E. aminigenus*)、中间肠杆菌(*E. intermedius*)、阿氏肠杆菌(*E. asburiae*)、致癌肠杆菌(*E. cancerogenus*)、溶解肠杆菌(*E. dissolvens*)和超压肠杆菌(*E. nimipressualis*)等。为革兰阴性粗短杆菌，周身鞭毛，无芽胞，有的菌株有荚膜。营养要求不高，在普通琼脂平板上形成湿润、灰白或黄色的黏液状大菌落。发酵乳糖，不产生硫化氢。

肠杆菌属是肠杆菌科中最常见的环境菌群，常见于土壤和水中。是条件致病菌。产气肠杆菌和阴沟肠杆菌常可从临床标本中分离到，与泌尿系统、呼吸道和伤口感染有关，偶引起败血症和脑膜炎。杰高维肠杆菌可引起泌尿系统感染，从呼吸道和血液中亦曾分离出。坂崎肠杆菌引起的新生儿脑膜炎和败血症，死亡率可高达 75%左右。阿氏肠杆菌亦曾从血液、粪便、尿液、呼吸道分泌液和伤口渗出液等标本中分离到。肠杆菌属细菌的致病物质有Ⅰ型和Ⅲ型菌毛，大多数菌株表达产气菌素介导的铁摄取系统、溶血素等。阴沟肠杆菌的外膜蛋白 OmpX 能减少孔蛋白的产生，使其对 β-内酰胺抗生素的敏感性下降以及发挥对宿主的侵袭作用。

四、沙雷菌属

沙雷菌属(*Serratia*)有 13 个种，包括黏质沙雷菌黏质亚种(*S. marcescens* ssp. *marcescens*)、深红沙雷菌(*S. rubidace*)、臭味沙雷菌(*S. oderifera*)、普城沙雷菌(*S. plymuthica*)、无花果沙雷菌(*S. ficaria*)和虫媒沙雷菌(*S. etomophila*)，以及液化沙雷菌(*S. liquefacciens*)等。

革兰阴性小杆菌，无芽胞，周身鞭毛，臭味沙雷菌有微荚膜，其他菌种无。营养要求不高。菌落不透明，白色、红色或粉红色。约半数菌株能产生脂溶性红色的灵菌红素(prodigiosin)。黏质沙雷菌菌落圆形，略呈粗糙有黏性。沙雷菌有菌体 O 抗原和鞭毛 H 抗原。现已知有 15 种 O 和 13 种 H，共 46 个血清型。沙雷菌广泛分布于水、土壤及食物，也寄生于正常人肠道、皮肤及低位尿道。

黏质沙雷菌是细菌中最小的，常用于检查滤菌器的除菌效果。黏质沙雷菌黏质亚种可在住院患者中引起感染，如呼吸道感染、泌尿道感染、脑膜炎、败血症，心内膜炎以及外科术后感染；其他沙雷菌可通过输液直接进入血流，引起败血症。沙雷菌的主要致病机制有菌毛血凝素，肠杆菌素介导和产气菌素介导的铁摄取系统，胞外酶和志贺毒素等。

沙雷菌引起医院获得性肺炎的传播途径有：内源性吸入，外源性吸入和肺外病灶经菌血症播散至肺。呼吸道是沙雷菌入侵的主要门户，以外源性吸入为主，患者通过吸入含有沙雷菌的灰尘、空气而引起肺部感染。在医院可因使用了沙雷菌污染的静脉输液，外用消毒液，洗手液而引起皮肤伤口感染或菌血症，经血行播散到肺部。此外，医生、护士和患者之间手与手的接触在住院患者中也是主要的传播途径，可引起交叉感染。部分有创性操作如静脉输液，静脉置管、腰穿、导尿、血液和腹膜透析、气管插管、气管切开、输血等均可引起沙雷菌感染及流行。

自 1973 年第 1 次分离出耐药菌株以来，沙雷菌耐药株已明显增多，且为多重耐药，曾对沙雷菌有效的抗生素如庆大霉素，氨苄西林，阿米卡星，头孢噻吩等现已有耐药现象，日本报道 972 株沙雷菌中 90.3%对一种或多种抗生素耐药。临床应用抗生素时应以药敏为依据，选用三代头孢菌素或喹诺酮类，在药敏之前经验性治疗可用阿米卡星联用一种三代头孢菌素或喹诺酮类抗菌药物。

五、枸橼酸杆菌属

枸橼酸杆菌属(*Citrobactcr*)有 12 个种，包括弗劳地拘橼酸杆菌(*C. freundii*)、异型枸橼酸杆菌(*C. diversus*)、柯塞枸橼酸杆菌(*C. koseri*)、无丙二酸盐枸橼酸杆菌(*C. amalonaticus*)等。

革兰阴性杆菌，有周身鞭毛，无芽胞，有荚膜。营养要求不高，菌落呈灰白色、湿润、隆起、边缘整齐。发酵乳糖，产生硫化氢。其O抗原与沙门菌和大肠埃希菌常有交叉。

枸橼酸杆菌广泛存在于自然界，是人和动物肠道的正常菌群，也是机会致病菌。弗劳地枸橼酸杆菌引起胃肠道感染，德国报道有的菌株产生Vero毒素，曾爆发出血性肠炎流行，并有溶血性尿毒综合征并发。柯塞枸橼酸杆菌可引起新生儿脑膜炎和脑脓肿。无丙二酸盐枸橼酸杆菌偶可自粪便标本中分离到。有时枸橼酸杆菌与产黑色素类杆菌等革兰阴性无芽胞厌氧菌合并感染。

六、摩根菌属

摩根菌属（*Morganella*）有2个亚种，摩根摩根菌摩根亚种（*M. morganii ssp morganii*）和摩氏摩根菌西伯尼亚种（*M. morganii* ssp. *siboniii*）。摩根菌形态、染色和生化反应特征与变形杆菌相似，但无迁徙现象。以枸橼酸盐阴性、硫化氢阴性和鸟氨酸脱羧酶阳性为其特征。摩根摩根菌摩根亚种可致住院患者和免疫低下患者泌尿道感染和伤口感染，有时可引起腹泻。

小　结

肠杆菌科细菌分布广泛，种类繁多，与人类关系密切，大多数是肠道正常菌群。多数大肠埃希菌是条件致病菌，是医院感染中常见的病原菌，主要引起肠道外感染；少数大肠埃希菌血清型为病原菌，导致肠道内感染。大肠埃希菌在环境、食品及药品卫生学中常被用作粪便污染的检测指标；在分子生物学和基因工程研究中也是重要的实验材料。志贺菌属与沙门菌属均为肠道病原菌，经粪-口途径传播。志贺菌属分为A、B、C、D四群，传染源是患者和带菌者，尤其以带菌者最为重要，引起细菌性痢疾。A群引起的细菌性痢疾最为严重，而B群引起的细菌性痢疾在我国最为常见。沙门菌属广泛分布于自然界、脊椎动物的肠道和多种节肢动物中，引起肠热症的沙门菌是人类病原菌，经两次菌血症而致病；部分沙门菌是人兽共患性疾病的病原菌，可引起人类急性胃肠炎（食物中毒）、败血症。肠杆菌科各菌属、种的鉴定鉴别主要利用生化试验与血清学鉴定的手段。

【复习思考题】

1. 大肠埃希菌与人类的关系如何？大肠埃希菌最常见的肠道外感染有哪些？
2. 简述大肠菌群在卫生细菌学检查中的应用。
3. 急性菌痢的典型症状有哪些？解释其形成机制。
4. 简述肠热症的标本采集及分离培养鉴定。
5. 什么是肥达试验？简述肥达试验的原理、用途及结果判断注意事项。

（黄大林）

第十章

弧　菌

学习要点

掌握： 霍乱弧菌的致病性，霍乱的微生物学检查及快速诊断方法。
熟悉： 副溶血性弧菌的生物学性状、致病性及所致疾病。
了解： 霍乱弧菌的形态和培养特点。

弧菌属(*Vibrio*)细菌是一大群菌体短小，弯曲成弧形，运动活泼的革兰阴性菌。弧菌属与肠杆菌科细菌的主要不同点是氧化酶试验阳性(麦契尼可夫弧菌除外)和菌体一端有单根鞭毛。该属细菌广泛分布于自然界，以淡水及海水中最多。根据目前的分类方法，本属细菌共有 100 多种，其中至少 12 种与人类感染有关，以霍乱弧菌和副溶血性弧菌最为重要，分别引起霍乱和食物中毒。

第一节　霍 乱 弧 菌

霍乱弧菌(*Vibri cholerae*)是引起人类烈性肠道传染病霍乱的病原体，两千多年前已有记载。霍乱弧菌目前有 206 个血清群，其中 O1 群霍乱弧菌分为古典生物型和 El Tor 生物型。自 1817 年以来，已发生过 7 次世界性霍乱大流行。第 1～6 次均由霍乱弧菌古典生物型引起，1961 年开始的第 7 次大流行是由 El Tor 生物型引起。1992 年在沿孟加拉湾的印度和孟加拉部分城市发现了一个新的霍乱弧菌血清群(O139 血清群)，并引起爆发流行，波及亚洲、欧洲和美洲几十个国家和地区，这是首次由非 O1 群霍乱弧菌引起的霍乱流行。1993 年 O139 群霍乱弧菌传入我国，疫情涉及两个地区五个县，共报告 200 例。

目前在世界范围内既存在着 O1 群，也存在 O139 血清群霍乱弧菌引起的霍乱流行。由于它们传播速度快，波及面广，如不及时控制，便有可能于短期内造成流行或大流行。因此，霍乱被 WHO 列为国境卫生检疫传染病，也是我国传染病防治法中规定的两种强制管理的甲类传染病之一。

一、生物学性状

1. 形态与染色　大小为(0.5～0.8)μm×(1.5～3)μm。新分离出的细菌形态典型，呈弧形或逗点状(图 10－1)。但经人工培养后，细菌常呈杆状而不易与肠道杆菌区别。革兰染色阴性。有菌毛，无芽胞，有些菌株(包括 O139)有荚膜，在菌体一端有一根单鞭毛(图 10－2)。若取患者米泔水样粪便或培养物作悬滴观察，细菌运动非常活泼，呈穿梭样或流星状。

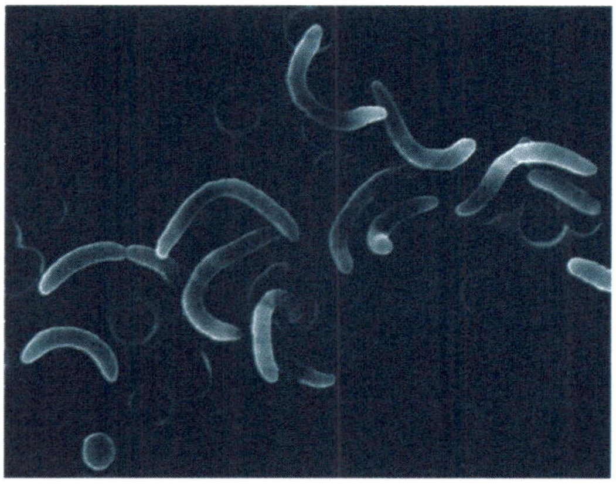

图 10-1 典型霍乱弧菌的形态(电镜)

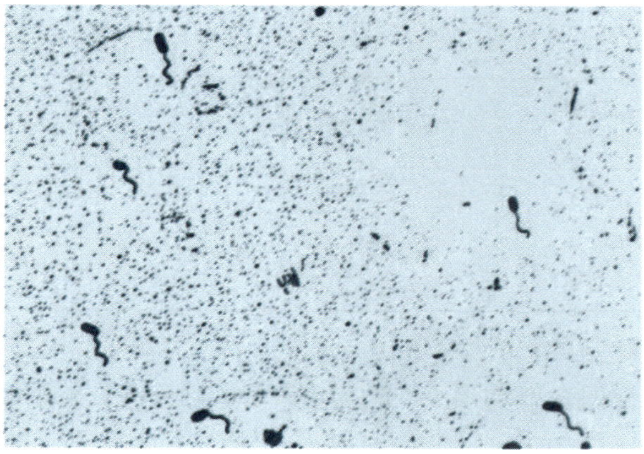

图 10-2 霍乱弧菌(鞭毛染色)

2. 基因组结构 2000 年 6 月,Heidelberg 等 32 位学者首先完成了 El Tor 生物型霍乱弧菌 N16961γ-原型株染色体的基因组全序列测定。霍乱弧菌含有一大一小两个环状染色体,大染色体的核苷酸序列长度为 2 961 146 bp,小染色体的核苷酸序列长度为 1 072 314 bp,G+C 含量分别为 46.9 mol%和 47.7 mol%(图 10-3)。

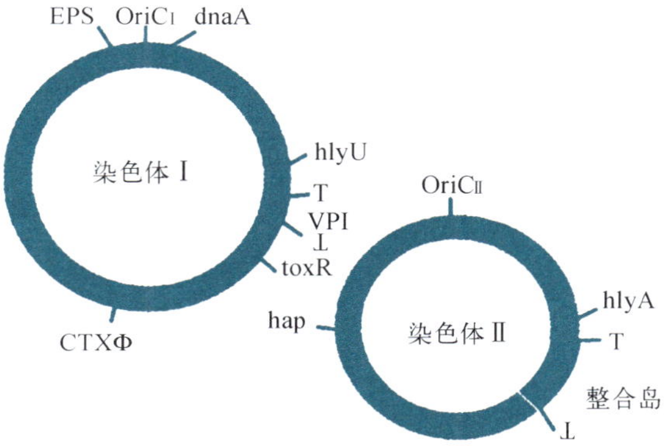

图 10-3 霍乱弧菌的大、小两个染色体

霍乱弧菌基因组全长为 4 033 460 bp,有 3 885 个 ORF。DNA 复制、转录、翻译、编码核糖体 RNA,细胞壁的生物合成,毒素及表面抗原黏附作用等基因均位于大染色体上。大染色体含有一个丝状噬菌体(CTXφ)基因和一个霍乱弧菌毒力岛(*V. cholerae* pathogenicity island, VPI)。*CTX* 基因编码霍乱肠毒素。*VPI* 基因编码霍乱肠毒素的调节因子 ToxT、毒素共协调菌毛 TCPⅣ、辅助定居因子(ACF)等。TCP 既与细菌的定植有关,同时又可作为 CTXφ 受体介导 CTXφ 进入宿主菌。由于 CTXφ 缺乏编码整合酶的基因,需要在宿主细胞重组酶 XerC 和 XerD 的作用下,在 dif 重组位点上,溶解霍乱弧菌染色体的二聚体,介导 *CTXφ* 基因的整合。VPI 在霍乱毒素基因的转移上起到重要作用。

霍乱弧菌的小染色体起源于一个大的质粒。小染色体含有基因捕获系统(gene capture system),即 125.3 kb 的整合岛(integron island),该整合岛包含了霍乱弧菌重复序列的所有拷贝和 216 个 ORF,这些 ORF 中的大多数与其他序列没有同源性。双染色体是霍乱弧菌的一个显著特点,它打破了所有细菌只有一个染色体的学说。两个染色体共存于一个生物体中,说明霍乱弧菌有一个非常复杂的生存方式,以适应人体肠道和外界各种环境。

3. 培养特性与生化反应 兼性厌氧,生长繁殖的温度范围广(18~37℃),营养要求不高,可在普通培养基上生长,形成突起、光滑、圆形的菌落。耐碱不耐酸,在 pH 7.4~9.6 的培养基中能迅速生长。特别在 pH8.8~9.0 的碱性蛋白胨水或碱性琼脂平板上生长良好,因其他细菌在此 pH 中不易生长,故初次分离霍乱弧菌常用碱性蛋白胨水选择性增菌。霍乱弧菌在硫代硫酸盐-枸橼酸盐-胆盐-蔗糖(thiosulfate-citrate-bile-sucrose,TCBS)琼脂培养基上生长良好,因分解蔗糖使菌落呈黄色。霍乱弧菌过氧化氢酶和氧化酶阳性试验阳性,能分解多种单糖、双糖和醇糖,产酸不产气;不分解阿拉伯胶糖;能还原硝酸盐,吲哚反应阳性。霍乱弧菌可在无盐环境中生长,而其他致病性弧菌则不能。

4. 抗原构造与分型 霍乱弧菌有耐热的 O 抗原和不耐热的 H 抗原。根据 O 抗原不同,可分为 200 多个血清群,其中 O1 群、O139 群引起霍乱,其余的血清群分布于地面水中,可引起人类胃肠炎等疾病,但从未引起霍乱的流行。H 抗原无特异性,为霍乱弧菌的共同 H 抗原。

霍乱弧菌 O1 群抗原由 A、B、C 3 种抗原因子组成,据此 O1 群霍乱弧菌可分为 3 个血清型:小川型

(Ogawa)、稻叶型(Inaba)、和彦岛型(Hikojima)(表 10-1)。

表 10-1 霍乱弧菌 O1 群血清型

血清型(抗原组分)	O1 多价血清	O1 单价血清			出现频率	造成流行
		A	B	C		
小川型	+	+	+	−	常见	是
稻叶型	+	+	−	+	常见	是
彦岛型	+	+	+	+	极少见	未知

注:"+"凝集;"−"不凝集。

根据表型差异,O1 群霍乱弧菌还可分为 2 个生物型,即古典生物型(classical biotype)和 El Tor 生物型(El Tor biotype)。因其在埃及西奈半岛的 El Tor 检疫站分离出而得名。古典生物型不溶解羊红细胞,不凝集鸡红细胞,对多黏菌素 B 敏感,可被第Ⅳ群噬菌体裂解,而 El Tor 生物型产生溶血素,VP 试验阳性,对多黏菌素 B 有抗性。

O139 群与 O1 群的 E1 Tor 生物型很相似。序列分析发现 O139 群失去了 O1 群的 O 抗原基因,出现了一个约 36 kb 的新基因,编码与 O1 群不同的脂多糖(LPS)抗原和荚膜多糖抗原。O139 群与 O22 和 O155 等群可产生抗原性交叉。在遗传性方面,如核糖型、限制性酶切电泳图谱、外膜蛋白、毒性基因,O1 群的古典生物型和 E1 Tor 生物型的流行株相似。

5. 抵抗力 El Tor 生物型和其他非 O1 群霍乱弧菌在自然环境中的生存力较古典生物型强,在河水、井水及海水中可存活 1～3 周,有时还可越冬。O139 群对外界抵抗力与 El Tor 生物型基本相同。霍乱弧菌不耐酸,在正常胃酸中仅能存活 4 min。55℃湿热 15 min,100℃煮沸 1～2 min,0.5 ppm 氯作用 15 min 能杀死霍乱弧菌。以 1∶4 比例加漂白粉处理患者排泄物或呕吐物,经 1 h 可达到消毒目的。

二、致病性

(一) 致病物质

霍乱弧菌的致病物质涉及染色体上多个基因,它们主要包括由 Tox R 蛋白的调控的 *ctx A*、*ctx B*、*zot*、*cep*、*ace*、*tcp* 等基因,另外还有两个不受 Tox R 蛋白的调控的毒力因子基因 *hly A* 和 *hap*。

1. 霍乱肠毒素 霍乱肠毒素(cholera toxin)是目前已知的致泻毒素中最为强烈的毒素,是肠毒素的典型代表,为是良好的免疫佐剂。由一个 A 亚单位(分子质量为 27.2 kDa)和 5 个相同的 B 亚单位(每个亚单位分子质量为11.7 kDa)构成的一个热不稳定性多聚体蛋白,分别由前噬菌体携带的结构基因 *ctx A* 和 *ctx B* 编码。古典生物型霍乱弧菌染色体上广泛分布着以两拷贝 ctx 为一组的 CTX 单元。El Tor 生物型染色体上 CTX 则为多拷贝随机分布。B 亚单位可与小肠黏膜上皮细胞 GM1 神经节苷脂受体结合,然后插入宿主细胞膜,形成亲水性穿膜通道,使 A 亚单位经过该通道进入细胞。A 亚单位在发挥毒性作用前需经蛋白酶作用裂解为 A1 和 A2 两条多肽,Al 作为腺苷二磷酸核糖基转移酶可使 NAD(辅酶 I)上的腺苷二磷酸核糖转移到 G 蛋白上,所形成的复合物称 Gs, Gs 的活化可使细胞内 ATP 转变为 cAMP, cAMP 具有调节肠上皮细胞内水、电解质代谢作用。cAMP 浓度升高,使钠依赖的氯的分泌增加,内皮细胞对 Na^+ 和 Cl^- 的吸收被抑制,细胞主动地大量分泌 Cl^-、K^+、Na^+、HCO_3^-,使水被动地通过黏膜细胞向外流出,导致严重的水和电解质的丧失,患者出现剧烈的腹泻与呕吐,危及生命。霍乱肠毒素致病机制见图 10-4。

除霍乱肠毒素外,新的致泻因子不断被发现,如 *zot* 编码的小带连接毒素(zonula occludents toxin,分子质量为 44.8 kDa),存在于 O1 群和 O139 群流行株中,主要作用是松解小肠黏膜上皮细胞的紧密连接,增加黏膜的渗透性而引起腹泻;*ace* 编码的附属霍乱肠毒素(accessory cholera enterotoxin,分子质量为 11 kDa),主要与肠腔积液有关。

2. 鞭毛、菌毛及其他毒力因子 霍乱弧菌活泼的鞭毛运动有助于细菌穿过肠黏膜表面黏液层而接近肠壁上皮细胞。细菌的普通菌毛是细菌定居于小肠所必需的因子,细菌通过黏附避免了被肠道中大量流失液体的冲刷。与此相关基因有 *acf* 和 *tcp A*。*acf* (accessory colonization factor) 编码黏附素; tcp A (toxin

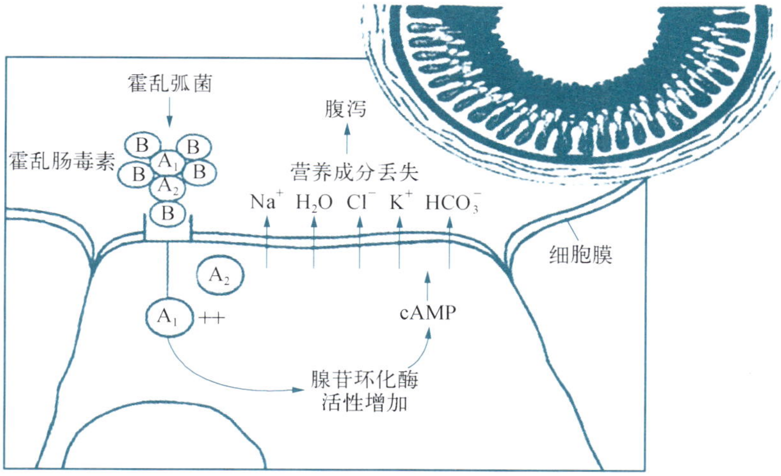

图 10-4 霍乱弧菌肠毒素的致病机制

coregulated pilus A)编码菌毛蛋白中一个分子质量为 20.5 kDa 的重要亚单位。实验发现使*tcp A*失活后，变异株即失去定居功能和致泻特性。其他毒力因子还有 *hly A*（hemolytic-cytolytic A）基因编码的具有溶血-溶细胞的蛋白；*hap*（hemagglutinin/protease）基因编码的有助于细菌从死亡细胞上解离的血凝素/蛋白酶。

O139 群除具有上述 O1 群的致病物质和相关基因，还存在多糖荚膜和特殊 LPS 毒性决定簇，其功能是抵抗血清中杀菌物质和对小肠黏膜的黏附，不表达 LPS 毒性决定簇和荚膜的 TnphoA 突变株其活性则可被血清易抑制。

（二）所致疾病

霍乱弧菌引起烈性肠道传染病霍乱，为我国甲类法定传染病。在自然情况下，人类是霍乱弧菌的唯一易感者。在地方性流行区，除患者外，无症状感染者也是重要传染源。传播途径主要是通过污染的水源或未煮熟的食物经口摄入。居住拥挤，卫生状况差，特别是公用水源被污染是造成爆发流行的重要因素。人与人之间的直接传播不常见。在正常胃酸条件下，如以水为载体，需饮入大于 10^{10} 个细菌方能引起感染；如以食物作为载体，由于食物高强度的缓冲能力，感染剂量可减少到 10^2～10^4 个细菌。任何能降低胃中酸度的药物或其他原因，都可使人对霍乱弧菌感染的敏感性增加。

病菌到达小肠后，黏附于肠黏膜表面并迅速繁殖，不侵入肠上皮细胞和肠腺，细菌在繁殖过程中产生肠毒素而致病。由 O1 群和 O139 群霍乱弧菌感染后，潜伏期一般在 1～4 d。患者多为突然发病，典型症状有腹泻、呕吐及由此而引起的脱水、全身循环衰竭、电解质紊乱、低钾综合征等临床症状和体征。根据临床表现，病程一般可分为三期：① 泻吐期：患者一般先泻后吐，每日大便数次至十数次或更多，为黄水样或"米泔水"样粪便。为无痛性腹泻，无里急后重感，镜检无脓细胞。少数患者有恶心和喷射状呕吐，呕吐物初为食物残渣，继为水样。少数有低热，此期可持续 1～2 d 左右。② 脱水期：由于严重腹泻引起水和电解质丢失，出现脱水和周围循环衰竭，患者烦躁不安，口渴，眼窝深陷，声音嘶哑，腹部下陷，皮肤皱缩，弹性消失，指纹皱瘪。由于血容量下降可导致循环衰竭，血压下降，患者可因休克而死亡。③ 反应期及恢复期：纠正脱水后，大多数患者症状消失，体温回升，逐渐恢复正常。但约有 1/3 的患者此时可出现发热反应。体温甚至可升高至38～39℃，常以儿童多见。按照患者的脱水程度，霍乱可分为轻、中、重三型。除此之外，还有一种特殊的临床类型，尚无泻、吐症状，患者即迅速出现中毒性循环衰竭而死亡，此类型称为"干性霍乱"或"中毒性霍乱"。

O1 群霍乱弧菌感染可导致从无症状或轻型腹泻到严重的致死性腹泻。在古典生物型霍乱弧菌感染中，无症状者可达 60%；在 El tor 生物型感染中，无症状者可达 75%。霍乱弧菌古典生物型所致疾病较 El tor 生物型严重。典型病例在疾病最严重时，每小时失水量可高达 1 L，排出由黏膜、上皮细胞和大量弧菌构成的如米泔水样的腹泻物。由于大量水分和电解质丧失而导致失水，代谢性酸中毒，低碱血症和低容量性休克及心律不齐和肾衰竭，如未经治疗处理，患者可在 12～24 h 内死亡，病死率高达 25%～60%，但若及时给患者补充液体及电解质，死亡率可小于1%。O139群霍乱弧菌感染比O1群严重，表现为脱水严重和病死率高，且成人病例大于70%，而O1群霍乱弧菌流行高峰期，儿童病例约占60%。

病愈后一些患者可短期带菌，一般不超过2周，个别El tor生物型病例病后可带菌长达数月或数年之久。病菌主要存在于胆囊中。

（三）免疫性

霍乱患者病后可获得牢固免疫力，再感染少见。患者发病数月后，血液中和肠腔中可出现保护性的抗肠毒素抗体及抗菌抗体，抗肠毒素抗体主要针对霍乱毒素B亚单位，抗菌抗体主要针对O抗原，抗H抗体无保护作用。肠腔中的SIgA可凝集黏膜表面的病菌，使其失去动力；可与菌毛等黏附因子结合，阻止霍乱弧菌黏附至肠黏膜上皮细胞；可与霍乱肠毒素B亚单位结合，阻断肠毒素与小肠上皮细胞受体作用。霍乱弧菌引起的肠道局部黏膜免疫是霍乱保护性免疫的基础。

感染O139群的患者大多为成年人，表明以前感染O1群获得的免疫对O139群感染无交叉保护作用。O139群感染后的免疫应答与O1群基本一致。家兔肠道结扎实验和小鼠攻击实验证明，O139群的保护性免疫以针对LPS和荚膜多糖的抗菌免疫为主，抗毒素免疫为辅。O1群的脂多糖O抗原与O139群存在显著差异，且O1群还缺少荚膜多糖表面抗原，故其引起的免疫不能交叉保护O139群的感染。

三、微生物学检查

霍乱是烈性传染病，对首例患者的病原学诊断应快速、准确，并及时作出疫情报告。在流行期间，典型患者的诊断并不困难；但散在的、轻型病例应与其他原因的腹泻相区别。

1. 标本　患者“米泔水”样便，肛拭子；流行病学调查标本还应包括水样。霍乱弧菌不耐酸和干燥。为避免因粪便发酵产酸而使病菌灭活，标本应及时培养或放入卡-布（Cary-Blair）运送培养基中；因甘油对弧菌有毒性，不能用甘油盐水缓冲保存液。

2. 直接镜检　革兰染色呈阴性弧菌。悬滴法观察细菌呈穿梭样或流星样运动，在悬液中加入霍乱弧菌多价诊断血清后，可见最初快速运动的细菌停止并发生凝集，则为制动试验阳性，有助于初步诊断。

3. 分离培养　标本首先接种至碱性蛋白胨水增菌，37℃孵育6～8 h后直接镜检并作分离培养，同时可进行制动试验、早期玻片凝集或SPA协同凝集试验可进行快速诊断，作出初步报告。目前常用的选择培养基为TCBS，挑选可疑黄色菌落进行全面生化反应及与O1群或O139群多价和单价血清作玻片凝集反应进行鉴定。其他分离培养基还有碱性平板、血平板和牛磺胆酸亚碲酸盐明胶琼脂等。

4. 霍乱肠毒素的测定　采用ELISA或胶乳凝集试验测定粪便标本中霍乱肠毒素。

5. 分子生物学方法　荧光定量PCR、ERIC-PCR法或核酸杂交方法检测霍乱弧菌的*CT*和*ZOT*基因。

四、防治原则

1. 一般措施　坚持预防为主，标本兼治，综合治理的原则，对疫区采取以切断传播途径为主导的综合措施。改善社区环境，加强水源管理；培养良好个人卫生习惯，不生食贝壳类海产品等是预防霍乱弧菌感染和流行的重要措施。

2. 特异性预防　疫苗预防以前曾长期使用O1群霍乱弧菌灭活菌苗肌肉注射，虽可增强人群的特异性免疫力，但保护力仅为50%左右，且血清抗体持续时间较短，仅为3～6个月。在认识到肠道局部免疫对霍乱预防起主要作用后，目前预防霍乱的重点已转至研制口服菌苗，包括B亚单位-全菌灭活口服疫苗、基因工程减毒活菌苗（用基因工程技术去除O1群霍乱弧菌野生株DNA中大部分毒力基因的活疫苗）、带有霍乱弧菌几个主要保护性抗原的基因工程疫苗等。新型口服WC/rBS霍乱疫苗现已于20世纪90年代初问世，该疫苗由霍乱弧菌O1全细胞灭活细菌和重组霍乱肠毒素B亚单位联合而成，其安全性较好，保护率达85%。我国研发的新型WC/rBS口服霍乱疫苗（胶囊型）也获批准上市，主要对O1群霍乱弧菌感染有预防作用，同时对产肠毒性大肠杆菌（ETEC）感染性腹泻有70%的保护作用，该疫苗适用于儿童、到高危地区的旅游者、野外、水上作业及流动人口等。CVD 103-HgR口服减毒活疫苗于1994年开始使用，保护率达90%。

Shanchol 和 mORCVAX 是霍乱弧菌 O1 血清群和 O139 群的二价口服疫苗，也已上市使用，该疫苗不含霍乱毒素 B 亚单位。与传统的注射用疫苗相比，口服疫苗保护力更好且更持久。口服霍乱疫苗的有效保护期为 2 年，因此，建议在初次接种后，每 2 年加强免疫一次。

3. 治疗 及时补充液体和电解质，预防大量失水导致的低血容量性休克和酸中毒是治疗霍乱的关键；对轻型、中度脱水的霍乱患者一开始即可使用口服补液盐纠正脱水；重度患者应静脉补液，并注意补钾和纠正酸中毒。抗生素的使用可减少外毒素的产生，加速细菌的清除，用于霍乱的抗菌药物有四环素、强力霉素、呋喃唑酮、氯霉素和复方 SMZ－TMP 等。但带有多重耐药质粒的菌株在增加；且 O139 群的耐药性强于 O1 群，给治疗带来一定困难。根据抗生素药敏试验的结果，可以选用敏感抗生素进行辅助治疗，即可缩短病程，也可减少病后带菌。

第二节 副溶血性弧菌

副溶血性弧菌(*V. parahaemolyticus*)为弧菌属的另一致病菌，于 1950 年从日本一次爆发性食物中毒中分离发现。该菌存在于近海的海水、海底沉积物和鱼虾类、贝壳等海产品中。根据菌体 O 抗原不同，现已有 13 个血清型。主要引起食物中毒，尤以日本、东南亚、美国及我国台北地区多见，也是我国沿海地区食物中毒中最常见的一种病原菌。

一、生物学特性

副溶血性弧菌与霍乱弧菌的最显著差别是嗜盐性，在培养基中以含 3.5% NaCl 最为适宜，无盐则不能生长，但当 NaCl 浓度高于 8%时也不能生长。在盐浓度不适宜的培养基中，细菌呈长杆状或球杆状等多形态。在 TCBS 培养基上，副溶血性弧菌不发酵蔗糖，形成绿色菌落。该菌不耐热，90℃ 1 min 即被杀死；不耐酸，在 1%醋酸或 50%食醋中 1 min 死亡。

副溶血性弧菌在普通血平板(含羊、兔或马等血液)上不溶血或只产 α 溶血。但在特定条件下，某些菌株在含高盐(7%)的人 O 型血或兔血及以 D-甘露醇作为碳源的(Wagatsuma)琼脂平板上可产生 β 溶血，称为神奈川现象(Kanagawa phenomenon, KP)。日本学者检测了 3 370 株副溶血性弧菌，来自患者的菌株中 96.5%为 KP^+，而来自海产品及海水的菌株仅 1%阳性。KP^+ 菌株为致病性菌株。

二、致病性

副溶血性弧菌引起食物中毒的确切致病机制尚待阐明。KP^+ 菌株为致病性菌株基本肯定。KP^+ 菌株可通过菌毛黏附在肠黏膜上，KP^- 则否。现已从 KP^+ 菌株分离出两种致病因子，其一为耐热直接溶血素(thermostable direct hemolysin, TDH)，是一种肠毒素，该毒素能够耐受 100℃ 10 min 不被破坏。动物实验表明该毒素有溶血毒性、细胞毒性、心脏毒性和肠毒性作用。其基因为双拷贝(tdh1 和 tdh2)，KP 实验中的溶血现象即由 tdh2 位点决定。最近的研究还表明，*tdh* 基因家族也广泛存在于人类致病性弧菌中，如大多数霍利斯弧菌菌株(*V. hollisae*)，某些拟态弧菌菌株(*V. mimicus*)中也有 *tdh* 基因，非 O1 群霍乱弧菌中也存在同源性为93%～96%的 *tdh* 相关基因，提示该基因与致病关系密切。另一个致病因子为耐热相关溶血素(thermostable related hemolysin TRH)生物学功能与 TDH 相似，其基因与 *tdh* 同源性为 68%。

其他致病物质可能还包括黏附素和黏液素酶。

副溶血性弧菌引起的食物中毒，是经烹饪不当的海产品或盐腌制品传播。常见的为海蜇、海鱼、海虾及各种贝类，因食物容器或砧板生熟不分污染本菌后，也可发生食物中毒。该病常年均可发生，潜伏期 5～72 h，平均 24 h，可从自限性腹泻至中度霍乱样病症，临床表现有：恶心、呕吐、腹痛、腹泻、低热等，粪便多为水样，少数为血水样，恢复较快，病后免疫力不强，可重复感染。

三、诊断与防治

采集患者粪便、肛拭或剩余食物，直接分离培养于SS琼脂平板或嗜盐菌选择平板。如出现可疑菌落，进一步作嗜盐性试验和生化反应，最后用诊断血清进行鉴定。可用免疫学方法测定毒素TDH和TRH，也可用PCR、实时定量PCR和基因探针杂交技术直接从原始食物标本或腹泻标本中检测耐热毒素基因 *tdh* 和 *trh*。

治疗可用抗菌药物，如庆大霉素或复方SMZ-TMP，严重病例需输液和补充电解质。

小　结

霍乱弧菌是引起烈性传染病霍乱的病原菌，主要通过污染的水源或食物经口传播，人类是唯一易感者。根据O抗原不同霍乱弧菌分为206个血清群，其中O1群、O139群引起霍乱，其余的血清群可引起人类胃肠炎等疾病。O1群霍乱弧菌包括古典生物型和El tor生物型。霍乱弧菌呈弧形或逗点状，单鞭毛，运动活泼，呈穿梭样或流星状，革兰染色阴性；有两个环状染色体；营养要求不高，可在无盐环境中生长，耐碱不耐酸，在碱性培养基上生长良好，在TCBS培养基上菌落成黄色。其主要致病物质是霍乱肠毒素，该毒素是目前已知毒性最强的致泻毒素。霍乱肠毒素作用于小肠黏膜，引起小肠液过度分泌，导致剧烈的腹泻、呕吐，腹泻物呈黄水样或“米泔水”样。霍乱患者病后可获得牢固免疫力，主要是肠道黏膜免疫保护作用，再感染少见。在流行期间，典型患者的诊断并不困难，但散在的、轻型病例应与其他原因的腹泻相区别，对首例患者的病原学诊断应快速、准确，并及时作出疫情报告。口服疫苗比注射用疫苗保护力更好。快速、大量地补充液体和电解质以及使用抗生素是治疗霍乱的关键。

副溶血性弧菌具有嗜盐性，生长所需NaCl的最适浓度为3.5%。经烹饪不当的海产品或盐腌制品传播，主要引起食物中毒。

【复习思考题】

1. 霍乱弧菌的主要致病物质是什么？试述其作用机制。
2. 霍乱是如何传播的？其临床表现和预后如何？
3. 如何预防副溶血性弧菌所致的食物中毒？

（黄筱钧）

第十一章

螺杆菌和弯曲菌

学习要点

掌握：幽门螺杆菌的主要生物学性状、所致疾病及生化反应鉴定方法。

熟悉：① 幽门螺杆菌的微生物学检查；② 空肠弯曲菌的主要生物学性状、所致疾病及防治原则。

了解：幽门螺杆菌的防治原则。

幽门螺杆菌(*Helicobacter pylori*)的发现改变了人们对胃病的认识，加深了人类对慢性感染、炎症和胃癌之间关系的认识，为此 Robin Warren 和 Barry Marshall 获得了 2005 年诺贝尔生理学或医学奖。相关研究结果显示超过 50%的全球人口感染幽门螺旋杆菌，现已证实幽门螺杆菌与人类多种胃肠道疾病密切相关，是Ⅰ类致癌因子。

空肠弯曲菌(*Campylobacter jejuni*)是全球范围内食源性胃肠炎的主要病原菌之一，主要引起人体急性肠炎和食物中毒。此外，空肠弯曲菌感染还与格林-巴利综合征(Guillain-barre syndrome, GBS)及眼肌麻痹-共济失调-无反射综合征(Ophthalmoplegia-discoordination-no reflection syndrome, Mine-Fisher syndrome, MFS)的发生有关。

第一节 螺杆菌属

螺杆菌属(*Helicobacter*)分为胃螺杆菌和肠肝螺杆菌(Enterohepatic Helicobacter species, EHS)两大类，目前已有 20 余种正式命名的螺杆菌，代表菌种是幽门螺杆菌。

一、生物学性状

1. 形态与染色　幽门螺杆菌的形态呈螺旋形或弧形弯曲状，长 2.5～4.0 μm，宽 0.5～1.0 μm，一端带有 2～6 根带鞘鞭毛，运动活泼，革兰染色阴性(图 11－1)。在胃黏膜上皮细胞表面以螺旋状或弧形定植；当运用抗生素治疗或胃黏膜发生病理性改变时，幽门螺杆菌可由螺杆状转变成圆球形(图 11－2)，一般认为圆球形是活的非可培养状态的细菌。临床胃黏膜标本直接涂片一般不易发现典型的呈螺旋形的幽门螺杆菌，更常见的是球状和细丝状的幽门螺杆菌(图 11－3)。

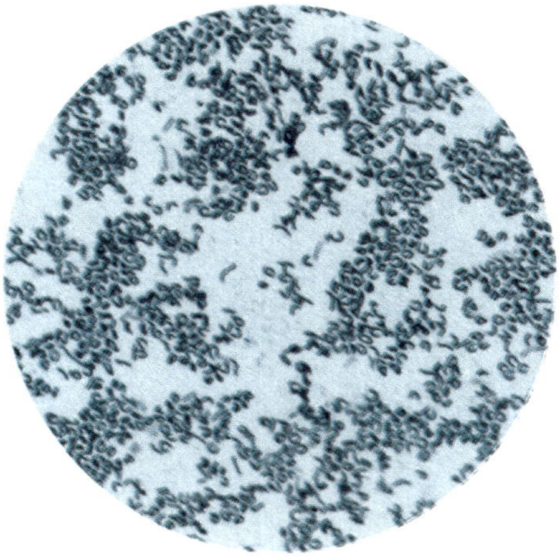

图 11－1　幽门螺杆菌 SS1 菌株(革兰染色，×1 000)

(王保宁提供)

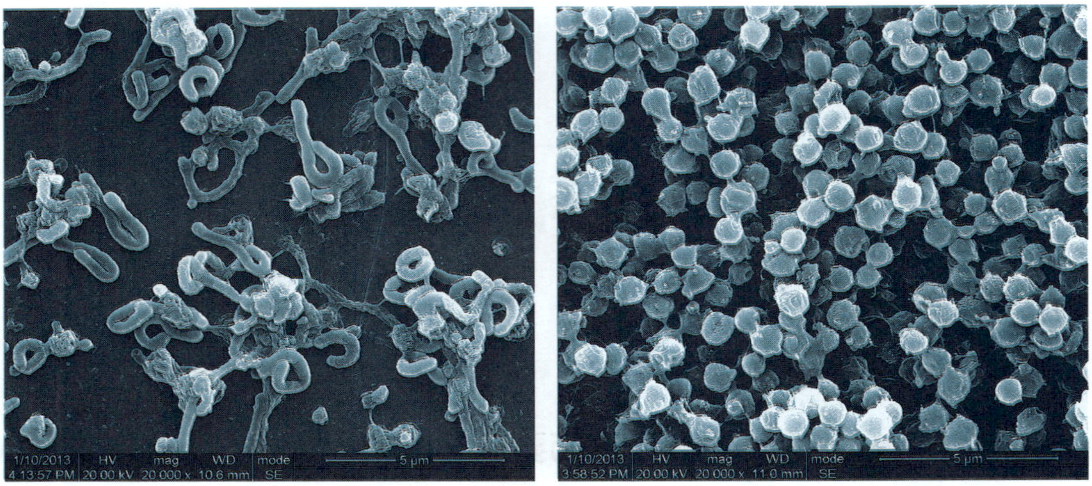

图 11－2　幽门螺杆菌(扫描电镜，×20 000)

(王保宁提供)

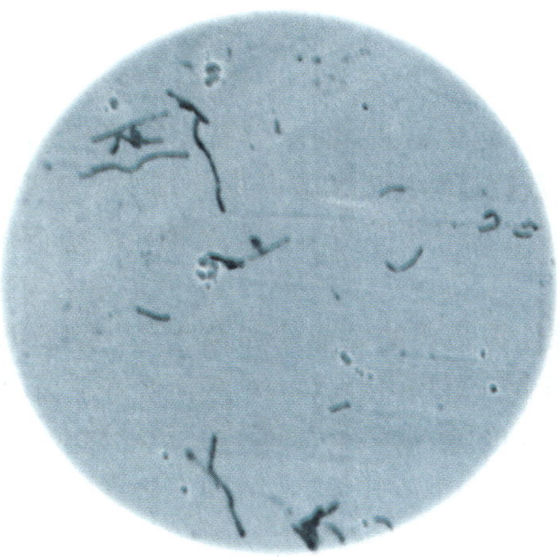

图 11－3　幽门螺杆菌(人胃黏膜直接涂片，革兰染色，×1 000)

(王保宁提供)

图 11－4　幽门螺杆菌菌落(哥伦比亚血平板)

(王保宁提供)

2. 培养特性　幽门螺杆菌培养比较困难，营养要求高，微需氧，在 85% N_2，10% CO_2 和 5% O_2 的气体环境中生长良好，在固体培养基中需要加入 10%的脱纤维羊血或兔血，液体培养基中需补充 10%的小牛血清。该菌生长缓慢，在加入万古霉素、两性霉素 B 的选择培养基中原代培养通常需要 3 d 以上才能形成针尖状、半透明的小菌落(图 11－4)。也可能形成融合成片的扁平、半透明菌落。

3. 生化反应　生化反应不活泼，不分解糖类。由于幽门螺杆菌含尿素酶，可以分解尿素产生氨，因此该菌对酸的耐受力较一般的细菌强。幽门螺杆菌鉴定的主要生化依据是尿素酶、过氧化氢酶和氧化酶实验，均呈阳性反应。

4. 基因组　国际标准株 *H. pylori* 26695 基因组的测序在 1997 年完成，约含 1.7×10^6 bp 和 1.55×10^3 个基因。高度的遗传多态性与高效的随机重组是幽门螺杆菌两大特征，同一株菌的不同变异体可能生存于同一宿主的胃内。对比最早被测序的两株幽门螺杆菌 26695 和 J99 菌株的基因组，发现二者在基因组结构、基因顺序和编码蛋白等方面都具有极高的相似性，6%～7%的基因属于株特异性，但这种差异性并非只是个别现象。Falush 等用 MLST 的方法根据亲缘关系比较将全世界幽门螺杆菌菌群分为 7 部分，认为最初的 3 个来源是非洲、中东和东亚。幽门螺杆菌寄生于人类的时间推测已超过 58 000 年，幽门螺杆菌与人类的亲密关系是幽门螺杆菌各个菌群或渐变群随着各种迁徙发展到世界各地的基础。

幽门螺杆菌可通过其自身染色体的突变，对多种抗生素产生耐药，是导致幽门螺杆菌根除失败的主要原因之一。数据显示，幽门螺杆菌对常用抗生素耐药率逐年上升，分子生物学研究认为，幽门螺杆菌对克拉霉素耐药机制通常认为是 23S rRNA 基因突变，突变的位点大部分在 2 144 位，也有小部分在 2 143 位，由 A 突变成 G，突变点可以被 Bsa1 和 Bbs11 识别。幽门螺杆菌对甲硝唑耐药机制是由于编码氧不敏感的 NADPH 硝基还原酶的 *rdxA* 基因以及编码 NADPH 黄素氧化还原酶 *frxA* 基因的突变。幽门螺杆菌对阿莫西林耐药性主要与 PBP－1 的突变有关。对 PBP－1 测序证实耐药菌株第 14 位的氨基酸由 Ser 变为了 Arg。

5. 抵抗力　幽门螺杆菌在不同培养时间下菌体形态不同，一般培养 3 d 的幽门螺杆菌 *pylori* 形态最为典型，为弯曲的螺旋杆菌；培养 4 d 后部分转变为球形，但大部分仍为弯曲海鸥状；培养 5 d 后主要的形态变为球形。一般认为，球形致病力变弱，活性变差，分离培养困难。

二、致病性与免疫性

1. 致病性　超过 50％的全球人口感染幽门螺旋杆菌，其中超过 80％的感染者没有任何症状，另外 20％的感染者逐渐发展为慢性胃炎、消化性溃疡、十二指肠溃疡甚至到胃癌（主要是腺癌）和 MALT 淋巴瘤（mucosa associated lymphoid tissue lymphoma）。在我国普通人群中，幽门螺杆菌的平均感染发病率在 59％以上，一些西部省份甚至高达 70％左右，感染的年龄也较早，而且随着年龄的增长，幽门螺杆菌感染率及胃癌的发病率均同步增长。近年的研究发现幽门螺旋杆菌感染还可能与口腔溃疡、肝炎、胆囊炎、冠心病、功能性消化不良、自身免疫性血小板减少性紫癜（Autoimmune thrombocyto penic purpura，ATPP）、慢性荨麻疹、缺铁性贫血、儿童发育迟缓等的发生相关。现已证实超过 90％的十二指肠溃疡和 80％左右的胃溃疡，都是由幽门螺杆菌感染导致。由于幽门螺杆菌与胃癌和 MALT 淋巴瘤的发生密切相关，因此被世界卫生组织（WHO）的国际癌症研究机构（International Agency for Research on Cancer，IARC）正式确认为Ⅰ类致癌因子。

幽门螺杆菌的致病机制复杂，多呈慢性病程，有多种致病因子参与：尿素酶（urease，Ure）、细胞空泡毒素（vacuolating cytotoxin antigen，VacA）、细胞毒素相关抗原（cytotoxin associated protein antigen，CagA）、中性粒细胞激活蛋白（Neutrophil-activating protein，Nap）、热休克蛋白（heat shock protein，Hsp）、黏附素抗原（*H. pylori* adhesin antigen，HpaA）、外膜蛋白（outer membrane protein，Omp）、内毒素（lipopolysaccharide，LPS）、鞭毛抗原（flagella antigen，FlaA）、过氧化物酶（catalase，KatA）、血型抗原结合蛋白（Blood group antigen binding protein，BabA）、磷脂酶（phospholipases）、氢化酶（hydrogenase）、氧化酶（oxidase）、趋化因子以及免疫病理反应等。部分幽门螺杆菌基因携带 cag 致病岛（cag pathogenicity island，cag PAI），形成Ⅳ型分泌系统（type IV secretion system）加重胃炎。幽门螺杆菌具有高效的尿素酶活性，在菌体表面产生“氨云”，可以抵抗胃酸的作用，在胃中生存并定植于胃黏膜上皮细胞，主要定值部位是胃窦。以往的研究认为幽门螺杆菌是胞外菌，但近来有学者发现幽门螺杆菌可以侵入胃上皮细胞、肝细胞等，甚至可在上述细胞中增殖和再次释放。幽门螺杆菌可产生 VacA 和 CagA 两种主要外毒素，不论是体外实验还是流行病学调查都显示与疾病的发生关系密切。VacA 是一种分子质量为 87 kDa 的蛋白质，可导致胃黏膜上皮细胞产生空泡样病变，诱发人消化性溃疡，人十二指肠溃疡分离的菌株几乎都能产生 VacA。CagA 为分子质量为 128 kDa 的蛋白质，分子流行病学调查显示 $CagA^+$ 菌株感染人群明显增加了胃癌发生的危险性。幽门螺杆菌引起慢性胃炎和消化性溃疡的发病机制有两种学说：一种是“漏屋学说”，即幽门螺杆菌主要毒力因子 VacA 使胃黏膜上皮细胞空泡样变，尿素酶分解尿素产生氨可加重空泡样变，加上幽门螺杆菌激活巨噬细胞释放的 IL－8 以及抗原抗体反应形成的免疫复合物趋化中性粒细胞引起炎症反应，最终引起胃黏膜屏障的破坏，酸腐蚀并进而产生溃疡。另一种是“胃泌素联系学说”，即幽门螺杆菌脲酶分解脲产生氨阻断了胃窦 G 细胞释放胃泌素的反馈抑制机制，增强了胃泌素的释放，刺激胃酸胃蛋白酶的分泌使胃黏膜损伤。根除幽门螺杆菌可使高胃泌素血症、高胃酸和高胃蛋白酶原血症恢复正常。

幽门螺杆菌诱发胃癌的可能机制为：幽门螺杆菌感染引起胃窦部黏膜组织损伤，使壁细胞数量减少，胃酸分泌相应减少，幽门螺杆菌脲酶将胃内脲分解为氨，中和胃酸，有利于胃内细菌繁殖并促进致癌物 N-亚硝基化合物的合成。幽门螺杆菌感染胃黏膜上皮细胞后激活炎症反应的多种细胞因子、自由基和一氧化氮释放，同时刺激中性粒细胞向炎症部位趋化，氧化爆发时产生大量活性氧，自由基、一氧化氮和活性氧可作用于基因组 DNA，导致 DNA 分子断裂突变，促进细胞恶性转化。幽门螺杆菌 CagA 通过Ⅳ型分泌系统从细菌转运到胃黏膜上皮细胞胞质内面，在 Src 家族蛋白激酶的作用下，其 C 末端 EPIYA 模序中的酪氨酸残基发生磷酸化修饰，磷酸化的 CagA 特异性的结合包含 SH2 结构域的蛋白酪氨酸磷酸酶，通过 Ras/Raf 依赖性或非依赖性途径活化 MEK/ERK 信号途径，导致胃上皮细胞增殖异常，与细胞恶性转化有关。

2. *免疫性* 幽门螺杆菌感染后可检测到局部及全身的特异性 IgM、IgG、IgA 型抗体，实验研究发现，幽门螺杆菌感染后血清特异抗体 IgG 不能将该菌从体内清除，抗体滴度与胃部病变程度无明显相关，但与幽门螺杆菌感染相关。局部黏膜抗体，特别是肠液黏膜抗体 IgA 有清除幽门螺杆菌感染的作用。幽门螺杆菌感染也可以刺激局部的免疫细胞释放多种细胞因子，一般而言，Th1 型细胞因子与抗感染免疫产生有关，Th2 型细胞因子产生意味着感染的进展，研究发现幽门螺杆菌感染 Th1 细胞反应受抑制，而 Th2 细胞反应增强。这可能与该菌在体内长期生存，并致慢性炎症有关。

三、微生物学检查法

幽门螺杆菌的检测方法现在主要分为两大类，一类是侵入式检测方法，包括活组织切片染色法、快速尿素酶法、细菌培养法以及 PCR 的方法；另一类是非侵入式检测方法，包括 C^{13} 尿素酶呼气试验、血清免疫学检验以及粪便抗原（*Helicobacter pylori* stool antigen，HPSA）检测等。细菌培养法被认为是鉴定幽门螺杆菌的“金标准”，但作为一种侵入性的诊断方式，并不是一种常规的幽门螺杆菌诊断方式。也可用 HE 染色法判断所检组织的病理分型，结合用 Warthin-Starry（W - S）银染色判断所选组织幽门螺杆菌的感染状况。

1. *直接涂片镜检* 幽门螺杆菌为革兰阴性、弯曲状或 S 形的细菌。

2. *快速尿素酶分解试验* 将胃镜活检组织放入以酚红为指示剂的尿素培养基，如果培养基由黄变红则为阳性，说明胃黏膜活检组织中含有活的幽门螺杆菌。

3. *分离培养与鉴定* 将待检的胃黏膜活检组织碾磨成匀浆，接种于含万古霉素、两性霉素 B 的选择培养基，在微需氧的环境中，37℃培养 3 d 左右，幽门螺杆菌可形成微小菌落，通过直接涂片革兰染色形态学观察以及三酶鉴定（氧化酶、过氧化氢酶和脲酶）等。

4. *免疫学检测* 用 ELISA 方法测血清中的 IgG 水平，或唾液中的 IgA，也可以检测粪便中幽门螺杆菌抗原来判断感染。

5. *分子生物学检测* 用 16S rRNA 寡核苷酸探针或用 PCR 识别幽门螺杆菌 DNA。

四、防治原则

幽门螺杆菌具有传染性，但传播机制仍不明确。根据幽门螺杆菌感染的家族聚集性和发展中国家的高发病率的事实推测其主要传播方式是消化道传染，对于胃酸 pH 较高的容易感染的婴幼儿要防止唾液传染。

对幽门螺杆菌感染的治疗多采用质子泵抑制剂（proton pump inhibitor）加两种抗生素的三联疗法（triple therapy）。但幽门螺杆菌感染复发率高，且随着抗生素的广泛应用，幽门螺杆菌的耐药性呈上升趋势，研制价廉、高效，兼具预防和治疗作用的疫苗就显得尤其重要。1997 年 Lee 等筛选出的幽门螺杆菌悉尼菌株（*H. pylori Sydney strain*，*H. pylori* SS1）被认为是小鼠感染的首选菌株，能够长期定植于小鼠并缓慢发生慢性活动性胃炎、严重胃黏膜萎缩、胃癌等病理变化。目前基于幽门螺杆菌主要抗原成分 Ure、VacA、CagA 和 HpaA 等的疫苗都在研发，我国已经有批准的口服重组幽门螺杆菌疫苗，而多表位疫苗、新型佐剂疫苗尚在进一步研究中。

第二节　弯曲菌属

弯曲菌属(*Campylobacter*)是一类呈弯曲状的革兰阴性细菌，其中空肠弯曲菌感染较常见。空肠弯曲菌感染的发生与污染的肉类、牛奶、水源等有关，儿童发病率高，主要表现为急性、自限性胃肠炎，临床症状为发热，腹泻和腹痛。在全球范围内，每年由空肠弯曲菌导致的腹泻可达4亿～5亿病例。

一、生物学性状

1. 形态与染色　空肠弯曲菌(*C. Jejuni*)呈弧形，螺旋形或海鸥状，成串或单个排列，菌体两端尖，有极鞭毛，能做快速直线或螺旋状运动，无芽胞，无荚膜，革兰染色阴性(图11-5)。

2. 培养特性　空肠弯曲菌属微需氧菌，营养要求比较高。在5% O_2、10% CO_2和85% N_2的气体环境中，从血平板上初代分离可出现两种不溶血的菌落：第一型菌落为灰色，扁平，湿润，有光泽，水滴状，边缘不规则，常沿接种线蔓延生长；第二型菌落常呈分散凸起的单个菌落，边缘整齐，半透明，有光泽，中心稍深，呈单个菌落生长。

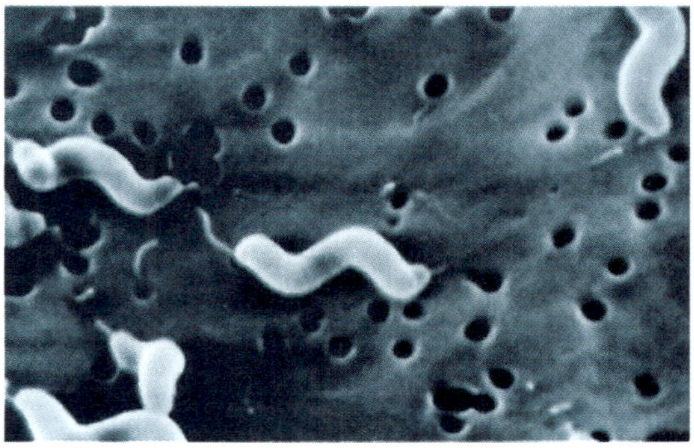

图11-5　空肠弯曲菌(扫描电镜，×2 0000)

(Altekruse et al，1999)

3. 生化反应　空肠弯曲菌生化反应不活泼，不发酵糖类，不液化明胶，不分解尿素，氧化酶阳性，马尿酸盐水解试验阳性，还原硝酸盐，产生硫化氢。

4. 抵抗力　抵抗力较弱，易被干燥、直射日光及弱消毒剂所杀灭，培养物放于冰箱中很快死亡，56℃ 5 min被杀死，干燥环境中仅存活3 h。

5. 基因组　国际标准株NCTC11168为首个发表全基因组序列的空肠弯曲菌菌株，绝大多数关于空肠弯曲菌的基因研究都以此为基础。对空肠弯曲菌序列的分析结果表明，细菌脂寡糖(lipooligo-saccharides，LOS)及荚膜多糖编码区的突变和变异极其活跃，*wla*基因簇编码的多种蛋白参与了细菌表面LOS的生物合成。现有大量研究表明，空肠弯曲菌感染后，细菌脂寡糖与周围神经中神经节苷脂之间的交叉免疫反应可能导致格林-巴利综合征(GBS)发生。

二、致病性与免疫性

1. 致病性　空肠弯曲菌是牛、羊、狗等多种动物及禽类肠道的正常寄居菌，可通过生殖道或肠道的排泄物污染食品和饮水，人群普遍易感，5岁以下发病率最高，秋季多见，苍蝇起到重要媒介作用，亦可以经接触感染，感染的产妇可在分娩时传染给胎儿。

由于缺乏合适的动物模型及空肠弯曲菌基因组的低G+C含量，使相应的基因表达困难等因素，空肠弯曲菌的致病机制至今仍未探明。空肠弯曲菌致病性与侵袭力和毒素有关。空腹时胃酸对其有一定杀灭作用，而饱餐或碱性食物则有利于该菌突破胃屏障。空肠弯曲菌在小肠上部借鞭毛侵袭运动到达肠黏膜上皮细胞表面，通过菌毛定植后生长繁殖释放外毒素，细菌裂解出内毒素。现已发现的细胞紧张性肠毒素(cytotonic enterotoxin，CE)、细胞毒素(cytotoxin，C)、细胞致死性膨胀毒素(cytolethal distending toxin，CDT)均为不耐热毒素。细胞紧张性肠毒素的作用类似霍乱肠毒素，引起黏膜细胞分泌功能亢进性腹泻。该菌的生长繁殖可导致局部黏膜充血水肿，甚至溃疡出血、空肠弯曲菌肠炎潜伏期一般为3～5 d，发病时临床表现为痉挛性腹痛，腹泻，血便或果酱样便，量多，头痛，不适，发热。该病通常可以自限，病程5～8 d，如果免疫力低下则细菌随血流扩散，造成菌血症，甚至败血症，进而引起心、脑、肺、肝、泌尿道、关节等部位的损害。孕妇感染此菌可导致流产、早孕，而且可使新生儿受感染。特定型别的空肠弯曲菌可诱发格林-巴利综合征及眼肌麻痹-共济失调-无反射综合征，这可能与细菌表面的脂多糖与神经组织的糖脂或鞘磷脂蛋白之间存在交叉抗原，诱发免疫病理损伤有关。

2. 免疫性　感染空肠弯曲菌后2～4周可产生特异性IgM和IgG抗体，通过免疫调理和活化补体等作用增强吞噬细胞的吞噬杀菌功能。肠分泌液中的分泌型IgA对鞭毛和菌毛等侵袭因子具有拮抗作用。

三、微生物学检查

1. 直接涂片镜检查　从排泄物中发现革兰染色阴性弧形或海鸥状弯曲菌，或用悬滴法发现呈鱼群样螺旋式运动的细菌。

2. 分离培养　待检的粪便和食物标本接种于含多黏菌素B和万古霉素的选择性培养基，37℃或42℃微需氧环境中培养48 h，挑选可疑菌落，用马尿酸水解实验、醋酸吲哚酚水解试验等生化反应进行鉴定。血液标本曾菌后转种于选择分离培养基，以提高检出率。

3. 血清学检测　发病1周后，血清内出现抗体，主要为IgM，用间接凝集试验及间接免疫荧光试验等检测特异性抗体效价。如果血清抗体效价不高，须采取双份血清检测，以效价增高4倍作为诊断依据。

4. 分子生物学检测　PCR可快速检测粪便及血液等部位中的空肠弯曲菌特定DNA，用地高辛标记的空肠弯曲菌特异性寡核苷酸的斑点杂交试验也可用于感染快速诊断。

四、防治原则

空肠弯曲菌最重要的传染源是感染动物，因此，如何控制动物的感染，防治动物排泄物污染水源和食物至关重要，做好“三管”(管水、管粪、管污染食物)。治疗可用红霉素、氨基糖苷类抗生素、青霉素等。目前正在研究的空肠弯曲菌减毒活菌苗及加热灭活菌苗，动物实验证实有一定的免疫保护性。

小　结

螺杆菌属和弯曲菌属中有两种与人类关系非常密切的致病菌，即幽门螺杆菌和空肠弯曲菌。两者的共同点是革兰染色阴性，呈螺旋形，有鞭毛，运动活泼，微需氧，培养需动物血清。世界范围内感染普遍，主要传染途径是消化道传播，目前均无有效疫苗进行预防。

幽门螺杆菌与慢性胃炎、十二指肠溃疡、胃腺癌、胃黏膜相关B细胞淋巴瘤(MALT)密切相关。主要致病物质是VacA和CagA等。主要的微生物检测方法有C^{13}呼气实验、血清学检测、分离培养和分子生物学检测等。主要生化鉴定方法是尿素酶、过氧化氢酶和氧化酶鉴定等。治疗主要用三联抗菌疗法。

空肠弯曲菌是食源性胃肠炎的主要病因之一，致病物质有侵袭因子、外毒素和内毒素。空肠弯曲菌的微生物检测方法主要包括直接镜检、细菌培养、血清学和分子生物学检测。

【复习思考题】

1. 幽门螺杆菌和哪些人类疾病密切相关？主要鉴定依据是什么？
2. 空肠弯曲菌主要引起哪些人类疾病？防治原则是什么？

(王保宁　杨　靖)

第十二章

分枝杆菌

学习要点

掌握：① 结核分枝杆菌的形态染色特征，变异性，致病性；② 结核菌素试验原理和用途；③ 结核病的防治原则。

熟悉：① 结核分枝杆菌的培养特性、抵抗力；② 结核分枝杆菌的致病物质及微生物学检查。

了解：① 麻风杆菌的形态染色特点、致病性及防治原则；② 其他分枝杆菌的形态染色和致病特点。

分枝杆菌属（*Mycobacterium*）是一类细长略弯曲的杆菌，有分枝生长趋势。本属细菌的主要特点：细胞壁含有大量脂质，与其染色性、致病性和免疫性密切相关。革兰染色一般不易着色，若经加温或延长染色时间而着色后，能抵抗强盐酸乙醇的脱色，故又称抗酸杆菌（acid-fast bacilli）。无鞭毛、无芽胞、不产生内毒素和外毒素，其致病性与菌体成分有关；引起的疾病病程长，并伴有肉芽肿。分枝杆菌的种类多，根据分枝杆菌的致病特点，分枝杆菌属可分为结核分枝杆菌复合群、麻风分枝杆菌和非结核分枝杆菌三类，共 102 种。引起人类疾病的主要有结核分枝杆菌、麻风分枝杆菌及牛分枝杆菌等。

第一节　结核分枝杆菌

结核分枝杆菌（*Mycobacterium tuberculosis*），俗称结核杆菌，是引起结核病的病原菌。可侵犯全身各器官，但以肺结核最多见。20 世纪 90 年代以来，由于大量潜伏感染人群的存在、艾滋病流行、耐药结核分枝杆菌的出现及卡介苗免疫效果不稳定等因素，导致结核病死灰复燃成为重要的再发传染病，其发病率和死亡率呈不断上升趋势。近年来，在全球医务人员的共同努力下，结核病的发病率和死亡率得到较为有效的控制。据 2015 年 10 月 WHO 报道，全球结核病发病率自 2000 年以来下降了 18%，2014 年约有 960 万新发病例，近 150 万人死于结核病。在中国，结核病发病人数居全世界第二位，其发病率和死亡率占我国法定报告传染病的首位。

一、生物学性状

（一）形态与染色

典型的结核分枝杆菌为细长略带弯曲的杆菌，直径约 0.4 μm，长 1～4 μm，呈单个或分枝状排列，常聚集成团。无鞭毛，不形成芽胞，有荚膜。因细胞壁脂质含量较高，一般染色方法不易着色，常用齐尼（Ziehl-Neelsen）抗酸染色法。结核分枝杆菌经抗酸染色后呈红色，而其他细菌和背景呈蓝色（图 12 - 1），是分枝杆菌与其他细菌的重要区别。

（二）培养特性与生化反应

结核分枝杆菌为专性需氧菌，营养要求高，生长缓慢，繁殖一代约需 18 h。最适温度为 37℃，最适 pH 6.5～6.8。分离培养常用罗氏培养基（Lowenstein-Jensen medium），内含蛋黄、甘油、马铃薯、无机盐和孔雀绿等。3～4 周可出现乳酪色或米黄色，干燥、表面粗糙呈颗粒状、结节或花菜状菌落（图 12－2）。也可用米氏（Middlebrook）固体或液体培养基培养。在液体培养基中，由于结核分枝杆菌含脂质量多，具有疏水性，加上需氧要求，故易形成皱褶状菌膜生长；若加 Tween－80，则细菌分散，呈均匀生长，有利于药物敏感试验及动物接种。

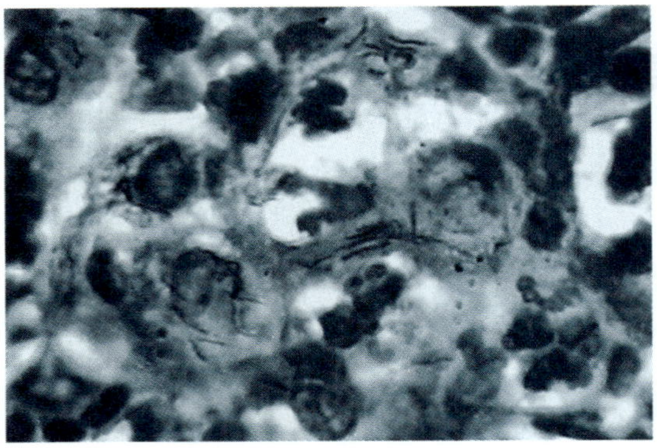

图 12－1 肺组织中结核分枝杆菌（Ziehl-Neelsen 抗酸染色，×1 000）

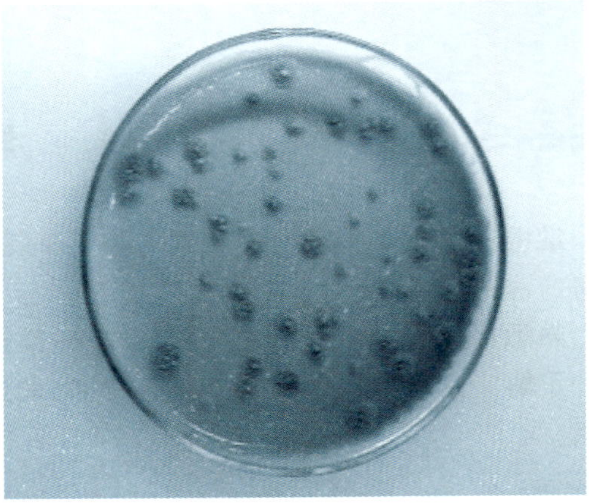

图 12－2 结核分枝杆菌菜花样菌落（Lowenstein-Jensen 培养基）

（三）抵抗力

结核分枝杆菌细胞壁中含有的大量脂质，对某些理化因素有较强的抵抗力：抗干燥，在干燥的痰内可存活 6～8 个月；抗酸碱，在 3% HCl、6% H_2SO_4 或 4% NaOH 溶液中 30 min 仍有活性，故常用酸碱处理标本可杀死杂菌和消化其黏稠物质；抗染料，结核分枝杆菌对一定浓度的结晶紫或孔雀绿有抵抗力，将染料加在培养基中可抑制杂菌生长。但是结核分枝杆菌对湿热、紫外线及脂溶剂抵抗力弱，如，在液体中加热 62～63℃ 15 min、直接日光照射 2～3 h、75%乙醇内数分钟均可被杀死。

（四）变异性

结核分枝杆菌可发生形态、菌落、毒力、免疫原性和耐药性等变异。

1. 形态与染色变异　结核分枝杆菌在陈旧的病灶和培养物中形态往往不典型，可呈颗粒状、串珠状、短棒状或长丝状。在结核脓疡、痰等临床标本中可见有非抗酸性革兰阳性颗粒，过去称为莫赫（Much）颗粒。现认为该颗粒是结核分枝杆菌 L 型，在体内或组织培养中能返回为抗酸性杆菌。在青霉素、溶菌酶等抗生素作用下，结核分枝杆菌可变为 L 型细菌。近年来发现，在肺外结核标本中结核分枝杆菌 L 型的检出率比较高，应引起重视。

2. 毒力变异　1908 年，法国人 Calmette 和 Guerin 将牛分枝杆菌在含甘油、胆汁、马铃薯的培养基中经 13 年 230 次培养传代获得一株减毒活菌苗，称为卡介苗（Bacillus Calmette and Guerin，BCG）。BCG 毒力下降，保持良好的免疫原性，现已广泛用于结核病的预防。BCG 主要用于儿童的免疫接种，有效率达 60%～80%，但对成人结核病的保护效果并不理想。

3. 耐药变异　结核分枝杆菌对链霉素、异烟肼、利福平、环丝氨酸、乙胺丁醇、卡那霉素、对氨基水杨酸等敏感，但长期用药容易出现耐药性。目前，临床上已出现对多种抗结核药物同时耐药的多耐药菌株（multidrug resistant strain，MDR 株），2014 年，WHO 估算全球新发生 48 万 MDR－TB 病例，其中死亡人数为 21 万。结核分枝杆菌的多重耐药株出现和每年递增，对结核病的治疗带来极大困难和严峻的挑战。

（五）基因组

自 1998 年首次公布结核分枝杆菌标准株 H37Rv 的全基因组序列以来，先后约有 25 株不同结核分枝杆菌菌株的基因组序列发布。H37Rv 由约 4.41 Mb 组成，G+C 含量为 65.6 mol%，4 062 个基因，8 个假基因，4 003 个开放读阅读框。其中 525 个基因参与细胞壁合成及相关生理过程，200 个基因参与脂肪酸代谢，188 个基因编码多种调节性蛋白，91 个基因和毒力相关。

二、致病性与免疫性

结核分枝杆菌无内毒素，亦不产生外毒素和侵袭性酶类，致病物质主要是其菌体成分，特别是细胞壁中所含的大量脂质与细菌毒力密切相关。同时细菌的毒力和细菌在机体内的侵袭能力和持续存在有关，而组织或器官的病理损伤主要与细菌大量繁殖与宿主免疫之间相互作用引起的免疫病理损伤有关。

（一）致病物质

结核分枝杆菌的致病物质主要是细胞壁中脂质和菌体蛋白，其毒力的关键生物学作用是细菌能够在巨噬细胞中不被杀灭而存活下来，引起感染和疾病。

1. 脂质　是结核分枝杆菌细胞壁的主要成分，亦是主要毒力因子，与细菌的致病性密切相关。脂质主要成分有：① 索状因子(cord factor)：是有毒菌株产生的 6,6-双分枝菌酸海藻糖，因能使结核分枝杆菌在液体培养基中成索状生长而得名，可以破坏细胞线粒体膜，影响细胞呼吸，抑制白细胞游走和引起慢性肉芽肿，是结核分枝杆菌主要毒力因子；② 脂质阿拉伯甘露聚糖(lipoarabinomannan，LAM)：LAM 可通过与巨噬细胞甘露糖受体结合使结核分枝杆菌进入巨噬细胞内，抑制吞噬体成熟，阻止巨噬细胞对细菌的消化作用，并诱导抗炎细胞因子产生；③ 磷脂：能刺激单核细胞增生，形成结核结节和干酪样坏死；④ 蜡质 D：是细胞壁脂质的主要成分，是肽糖脂和分枝菌酸的复合物，可引起迟发型超敏反应，并具有佐剂作用；⑤ 硫酸脑苷酯(sulfatide)：存在于有毒株细胞壁上，可抑制吞噬细胞中吞噬体与溶酶体的融合，使结核分枝杆菌能在吞噬细胞中长期存活。

2. 蛋白质　结核分枝杆菌菌体内含有多种蛋白成分，其中主要的是结核菌素(tuberculin)。结核菌素本身无毒，但与蜡质 D 结合注入体内能诱导较强的迟发型超敏反应。

3. 分枝杆菌生长素　是一种脂溶性的铁螯合物，对铁有亲和力，可作为铁载体将环境中的铁转运到菌体内。铁是结核分枝杆菌生长必要的微量元素，因其能与宿主竞争铁，故是一种毒力因子。

4. 多糖　结核分枝杆菌含有半乳糖、甘露糖及阿拉伯糖等，常与细胞壁脂质结合，引起局部病灶炎性细胞浸润。

5. 荚膜　近年来研究发现结核分枝杆菌有荚膜，主要成分是多糖、脂质和蛋白质。其作用包括：荚膜能与巨噬细胞表面的补体受体 3(CR3)结合，有助细菌的黏附与侵入；防止宿主的有害物质进入菌体内；降解宿主组织中的大分子物质，提供细菌生长繁殖所需营养。

（二）所致疾病

结核分枝杆菌可通过呼吸道、消化道或破损皮肤黏膜等多种途径侵入机体，引起多种组织器官的结核病，以肺结核最为常见。

1. 肺结核　结核分枝杆菌通过飞沫或尘埃，经呼吸道进入肺泡，导致肺部感染。肺结核可分为原发感染和原发后感染两大类。

(1) 原发感染：原发感染(primary infection)指机体初次感染结核分枝杆菌，多发生于儿童。结核分枝杆菌进入肺泡后被巨噬细胞吞噬，细菌通过阻止吞噬体与溶酶体的融合、调节细胞信号传递、减少巨噬细胞凋亡、抵抗巨噬细胞氧依赖性杀菌系统的杀伤及降低巨噬细胞对刺激应答的敏感性等多种途径逃避巨噬细胞的免疫监视和攻击，并在细胞内存活、增殖，是典型的胞内寄生菌。结核分枝杆菌在巨噬细胞内大量增殖，使巨噬细胞裂解破坏，释放出的大量细菌，引起渗出性炎症，称为原发灶。初次感染时，因机体缺乏特异性免疫，结核分枝杆菌常从原发病灶经淋巴管扩散至肺门淋巴结，引起淋巴管炎和肺门淋巴结肿大，X 线显示哑铃状阴影(原发灶-淋巴管炎-肿大的肺门淋巴结)，称原发综合征。若机体免疫力强，原发病灶因纤维化或钙化而自愈。但原发灶内常有一定量的结核分枝杆菌长期潜伏，不断刺激机体增强抗结核的免疫力，同时也可成为日后内源性感染的来源。原发感染后约 5%可发展为活动性肺结核，其中极少数因免疫力低下，可经血液和淋巴系统播散至全身，导致全身粟粒性结核或结核性脑膜炎。

(2) 原发后感染：原发后感染(post-primary infection)指经历过初次感染后再发生的感染，多见于成人，是潜伏于原发病灶内或外界再次入侵的结核分枝杆菌而引起的再发或反复感染。前者称内源性感染，后者称外源性感染。由于机体已形成对结核分枝杆菌的特异性细胞免疫，所以病灶仅限于局部，其特征是出现慢性肉芽肿炎症，即病变中央呈干酪样坏死，周围包绕上皮样细胞、淋巴细胞、巨噬细胞和成纤维细胞，形成结核结节。若机体免疫应答能力低，干酪样坏死灶液化，细菌大量繁殖，导致结核结节破溃，排入支气管，形成空洞并伴有大量结核分枝杆菌随痰排出体外，称为开放性肺结核，传染性强。

2. *肺外感染* 部分肺结核患者体内结核分枝杆菌可经血液或淋巴液扩散侵入肺外组织器官，引起相应器官结核，如肾结核，骨关节结核、结核性睾丸炎和结核性脑膜炎等。肺结核患者痰液被吞入消化道可引起肠结核、结核性腹膜炎等。通过破损皮肤感染结核分枝杆菌可导致皮肤结核。

结核分枝杆菌合并人类免疫缺陷病毒(HIV)感染，对结核病的防治带来极大的负担和挑战。WHO 报道，2014 年在全球范围 150 万人死于结核病，其中 40 万是 HIV 阳性的结核病患者。一方面，合并 HIV 感染是结核分枝杆菌感染发展为活动性结核病，甚至全身播散性结核病的重要危险因素，同时使机体内潜伏的结核分枝杆菌重新激活的风险增加。另一方面，结核分枝杆菌感染使 HIV 感染者的机会性感染发病率和死亡率升高，加剧艾滋病的恶化。

(三) 免疫性

结核分枝杆菌在人群中感染率高，但发病率并不高，表明人体对结核分枝杆菌有较强的免疫力。结核分枝杆菌感染后的转归取决于环境、细菌和宿主间的相互作用，即结核病的发生除与细菌的毒力和数量有关外，还与机体的免疫状况有关。结核病的免疫具有以下特点：以细胞免疫为主；属于有菌免疫或感染免疫；感染、免疫、超敏反应三者同时存在。

1. *细胞免疫* 结核分枝杆菌是胞内寄生菌，抗结核免疫主要是细胞免疫，包括致敏的 T 淋巴细胞和激活的巨噬细胞。致敏的 T 淋巴细胞可直接杀死带有结核分枝杆菌的靶细胞，同时释放多种细胞因子，如 IFN - γ、TNF - α、IL - 2、IL - 6 等，吸引巨噬细胞、NK 细胞、T 细胞等聚集到炎症部位，增强这些细胞的杀菌活性。被激活的巨噬细胞能增强对结核分枝杆菌吞噬消化、杀伤能力。结核分枝杆菌感染后，可产生多种抗菌体蛋白的抗体，但这些抗体仅对细胞外的细菌有一定作用，对细胞内细菌不起作用。

2. *有菌免疫或感染免疫* 结核分枝杆菌感染机体后，体内有结核分枝杆菌存活时就有抗结核免疫力；一旦体内结核分枝杆菌消失，抗结核免疫力也随之消失，这种免疫称为有菌免疫或感染免疫(infection immunity)。

3. *细胞免疫与超敏反应* 结核分枝杆菌感染后，机体获得对结核分枝杆菌免疫力，同时结核分枝杆菌的菌体蛋白质与蜡质 D 共同刺激 T 细胞，形成迟发型超敏反应状态，当致敏 T 细胞再次接触结核分枝杆菌时，引起强烈的迟发型超敏反应。结核分枝杆菌感染、免疫、超敏反应三者同时存在，可用郭霍现象(Koch's phenomenon)说明，即将一定量的结核分枝杆菌初次注入健康豚鼠皮下，10～14 d 后局部发生坏死性溃疡而不易愈合，附近淋巴结肿大，细菌扩散至全身；用相同剂量的结核分枝杆菌注入已感染过的豚鼠皮下，1～2 d 内局部发生溃疡，但溃疡较浅易愈合，附近淋巴结不肿大，细菌不易扩散。郭霍现象表明，再感染时，机体对结核分枝杆菌已有一定免疫力，表现为病灶局限、表浅、易愈合。但同时存在超敏反应，故炎症反应快，溃疡迅速形成。结核分枝杆菌感染、免疫、超敏反应三者同时存在的现象，也可用原发感染和原发后感染的临床表现解释。原发感染时，机体未建立特异性免疫和超敏反应，细菌易扩散，可发生全身粟粒性结核或结核性脑膜炎。而原发后感染时，机体已建立特异性免疫和超敏反应，病灶常为慢性局限性结核，细菌一般不扩散，但局部症状较重，可形成结核结节，发生干酪样坏死，甚至形成空洞。

近年来研究表明，结核分枝杆菌诱导机体产生细胞免疫与超敏反应的抗原物质不同。保护性细胞免疫应答主要由结核分枝杆菌核糖体 RNA 引起，而迟发型超敏反应主要由结核菌素蛋白与蜡质 D 共同引起。两种不同的抗原分别激活不同的 T 细胞亚群，产生不同的效应。在感染过程中，由于是完整的结核分枝杆菌侵入人体，上述抗原同时存在，所以可同时诱导保护性细胞免疫应答和迟发型超敏反应。

(四) 结核菌素试验

用结核菌素来测定机体对结核分枝杆菌是否具有免疫力的一种皮肤试验。

1. 原理　根据结核分枝杆菌感染、免疫、超敏反应三者共存，将一定量结核菌素注入皮内，测定机体对结核分枝杆菌的菌体成分是否有迟发型超敏反应，推测机体是否感染过结核分枝杆菌，判定有无免疫力。

2. 试剂和方法　结核菌素制剂有两种：一是旧结核菌素(old tuberculin，OT)，为含有结核分枝杆菌的甘油肉汤培养物经加热后的过滤液，主要成分是结核分枝杆菌的菌体蛋白；另一种是纯蛋白衍生物(purified protein derivative，PPD)，是 OT 经三氯醋酸沉淀后的纯化物。PPD 有两种，即人结核分枝杆菌制成的 PPD-C 和BCG 制成的 BCG-PPD。方法：目前多采用 PPD 法，分别取 PPD-C 和 BCG-PPD 5U 注射于两前臂皮内，48～72 h 局部皮肤出现红肿硬结，红肿硬结小于 5 mm 为阴性，大于 5 mm 为阳性，≥15 mm 为强阳性。两侧红肿硬结中，若 PPD-C 侧大于 BCG-PPD 侧时为感染，反之则为 BCG 接种所致。

3. 结果分析　阳性反应表明机体已感染过结核分枝杆菌，或 BCG 接种成功，对结核分枝杆菌有迟发型超敏反应，并有特异性免疫力。强阳性者可能有活动性感染，特别是婴幼儿。阴性反应表明可能未感染过结核分枝杆菌，但应排除以下情况：感染初期，超敏反应未建立；严重结核病患者，机体无反应能力；细胞免疫功能低下者，如伴有麻疹等其他传染病、艾滋病、肿瘤或使用免疫抑制剂患者等。

4. 应用　结核菌素试验可用于：辅助婴幼儿结核病的诊断；筛选 BCG 接种对象，检测 BCG 接种的效果；测定机体的细胞免疫功能；在未接种 BCG 的人群作结核分枝杆菌感染的流行病学调查。

三、微生物学检查

结核病的症状和体征往往不典型，特别是肺外结核感染的诊断较难，一般可借助 X 线摄片诊断，但确诊结核分枝杆菌感染主要还有赖于细菌学检查。近年来随着结核分枝杆菌耐药株的不断增加，抗结核治疗的指导更依赖于结核药敏试验。

1. 标本　根据感染的部位不同，标本可取痰、尿、粪、脑脊液或胸、腹水。如肺结核采取咳痰(最好取早晨第一次咳痰，挑取带血的痰或脓痰)；肾或膀胱结核以无菌导尿或取中段尿液；肠结核取粪便；结核性脑膜炎取脑脊液；脓胸、胸膜炎、腹膜炎或骨髓结核等则穿刺取脓汁或分泌物。

2. 浓缩集菌　为提高检出率，对含菌量低的标本，应进行浓缩集菌后，再涂片染色镜检。无杂菌标本，如脑脊液、胸腹水等，可直接离心沉淀集菌。有杂菌污染标本，如痰、尿、粪等标本需经 4% NaOH 处理 15 min后离心沉淀。若需进一步做培养或动物接种，应先用酸中和后再离心沉淀。

3. 直接涂片镜检　直接涂片镜检是简单快速的检查方法。标本直接涂片或浓缩集菌后涂片，用齐尼(Ziehl-Neelsen)抗酸染色法染色、镜检，如果找到有抗酸阳性杆菌，即可初步诊断，确诊须进一步分离培养鉴定。

4. 分离培养　将集菌并经中和后的标本接种于固体培养基，于 37℃培养，每周观察生长情况，一般 3～4 周可出现肉眼可见的粗糙型花菜状菌落。根据细菌的生长速度、菌落特征及抗酸染色结果等做出判断。由于结核菌常有 L 型存在，在结核病临床标本培养时，应加做 L 型的培养。痰培养比涂片镜检的检出率高，一般培养的敏感性为 80%～85%，特异性大约为 98%。分离培养后，可进一步做药敏试验，特别是耐药菌株的药敏试验对临床治疗有指导作用。

5. 动物实验　常用的动物为豚鼠或地鼠。将集菌后标本或分离培养的结核分枝杆菌培养物注射于豚鼠腹股沟皮下，饲养观察 3～4 周后，若局部淋巴结肿大，消瘦或结核菌素试验阳性，即可进行病理解剖，观察肺、肝、淋巴结等脏器有无结核病变，并涂片做形态学检查或分离培养。若 6～8 周仍不见发病，也应进行上述器官的病理解剖检查。

6. γ干扰素释放实验　γ干扰素释放实验(interferon-gamma release assay，IGRA)，是一种通过结核分枝杆菌特异的抗原刺激来自感染者 T 细胞后，测定和分析 T 细胞释放的 γ 干扰素来判定机体是否被结核分枝杆菌感染的细胞免疫学方法。该法敏感性和特异性较高，且不受 BCG 和大多数非结核分枝杆菌的影响。用于刺激 T 细胞的特异抗原为 EAST-6 和 CFP-10，这两种蛋白位于结核分枝杆菌 RD1 区(差别 1 区)，该区存在于所有结核分枝杆菌毒力株和牛分枝杆菌，但 BCG 中无 RD1 区。

7. 快速诊断　一般涂片检查敏感性较低，而分离培养又需时较长。目前，常用 PCR 技术快速诊断结核分枝杆菌感染，不仅敏感性高，而且只需 1～2 d 即可出结果。但操作中需防止器材的污染，以免出现假阳性。

其他快速诊断方法包括：分枝杆菌 DNA 探针技术；DNA 指纹图谱技术；16S rRNA 基因序列测定；ELISA 法检测结核分枝杆菌特异的抗体或抗原等。

四、防治原则

WHO 提出控制结核病的主要措施为：发现和治疗痰菌阳性患者，以及对新生儿接种 BCG，以控制结核病的传播与流行。

（一）预防

我国从 20 世纪 50 年代开始接种 BCG 预防结核病。目前，我国把儿童注射 BCG 预防结核病纳入儿童免费计划免疫的项目，规定新生儿在 24 h 内接种 BCG，7 岁、12 岁对结核菌素试验阴性者再复种一次。BCG 接种 2～3 个月后，应作结核菌素试验，阴性者重新接种。BCG 对不同人群的保护性效率差异较大，对儿童的免疫效果较好，但对成人结核病的免疫效果并不理想。

（二）治疗

目前，常用的药物有利福平、异烟肼、链霉素、对氨基水杨酸、乙胺丁醇等。传统以利福平、异烟肼、链霉素等为一线药，其他为二线药。新药主要有利福霉素类和喹诺酮类。抗结核病化学药物治疗的原则是早期、规律、适量、联合及全程用药。联合用药，不仅有协同作用，还可降低耐药性的产生，减低毒性等。近几年，WHO 在全球推行的一项现代结核病控制策略是：直接监视下短程治疗（directly observed therapy short course，DOTS），又称为"全程监督短程化疗"，使结核病流行得到一定的控制。患者在治疗过程中应定期对体内分离出的结核分枝杆菌做药敏试验，选用敏感药物进行治疗，特别是耐药菌株药敏试验尤为重要。近年来有许多新的抗结核药正在研究和开发中。

结核病的防治应采取综合性的遏制结核病策略，包括继续扩展 DOTS 策略和强化 DOTS 质量；加强 TB/HIV，MDR－TB 和其他脆弱人群结核病防治；倡导医务人员、患者和社区的力量等参与结核病控制；促进和开展结核病防治的新型诊断方法、药物和疫苗等的应用性研究。

第二节　麻风分枝杆菌

麻风分枝杆菌（*M. leprae*）是麻风病的病原菌。麻风分枝杆菌主要侵犯皮肤、黏膜及外周神经组织，晚期病变可累及深部组织和脏器，形成肉芽肿。麻风病是一种慢性传染病，在世界各地均有流行，我国在解放前流行广泛，现经积极开展防治工作后，发病率已大幅度下降。

一、生物学性状

麻风分枝杆菌的形态、染色与结核分枝杆菌相似。细长、略带弯曲，常呈束状排列。革兰染色与抗酸染色均为阳性。经治疗后的麻风分枝杆菌呈多形性，如颗粒状、短杆状或念珠状。麻风分枝杆菌是一种典型的胞内寄生菌，患者渗出物标本涂片中可见大量麻风分枝杆菌存在于感染细胞内，这种细胞的胞质呈泡沫状，称为泡沫细胞或麻风细胞，这是区别结核分枝杆菌和麻风分枝杆菌感染的重要特征。麻风分枝杆菌在体外人工培养至今尚未成功。可将麻风分枝杆菌感染小鼠足垫或犰狳等建立动物模型，用于药物筛选和麻风病的防治研究等。

2009 年，来自不同国家的麻风分枝杆菌菌株的全基因组序列被测出，其序列相似度达 99.995%。基因组全长约 3.27 Mb，G+C 含量为 57.8 mol%，含有 2 770 个基因，1 604 个开放阅读框。

二、致病性与免疫性

自然状态下，麻风分枝杆菌主要侵犯人类，近年来也有报道野生犰狳和猩猩感染麻风分枝杆菌的病例。麻风分枝杆菌主要存在于患者鼻咽部分泌物、汗液、乳汁、精液或阴道分泌液中，传播途径主要通过呼吸道、破损的皮肤黏膜和密切接触等方式传播。麻风病潜伏期长，发病缓慢，病程长，迁延不愈。根据机体的免疫状态、病理变化和临床表现，麻风病分型如下。

1. 瘤型　占麻风病例的20%～30%，此型为严重临床类型，传染性强。麻风分枝杆菌主要侵犯皮肤、黏膜，严重时累及神经、脏器，若无有效治疗，可至死亡。患者鼻黏膜涂片可见大量抗酸性细菌，病理镜检可见麻风细胞和肉芽肿。患者血清中的自身抗体，与受损组织释放的抗原结合，形成免疫复合物，沉积在皮肤或黏膜组织，形成红斑和结节，称为麻风结节(leproma)，面部结节融合可呈"狮面"状，是麻风的典型病征。本型患者细胞免疫功能受损，巨噬细胞功能低下，故麻风菌素试验阴性。

2. 结核样型　占麻风病例的60%～70%，此型具有自限性，病情稳定，损害可自行消退。病变早期在小血管周围可见淋巴细胞浸润，随后可出现上皮样细胞与单核/巨噬细胞浸润，也可累及神经。细胞内很少有麻风分枝杆菌，传染性小。本型患者细胞免疫正常，麻风菌素试验阳性。

3. 界线类　占麻风病例的5%，此型是一个过渡型，兼有瘤型与结核样型的特点，但程度可以不同，能向两型分化。病变部位可检出麻风分枝杆菌。大多数患者麻风菌素试验阴性。

4. 未定类　占麻风病例的5%～10%，此型是麻风病的早期病变，病灶中很少能找到麻风分枝杆菌。大多数病例最后转变为结核样型，麻风菌素试验阳性。

三、微生物学检查

麻风分枝杆菌因不能体外人工培养，微生物学检查主要是标本涂片染色镜检或病理组织切片检查。麻风菌素试验对诊断无意义。

1. 形态学检查　从患者鼻黏膜或病变皮肤处取材涂片，抗酸性染色后显微镜检查。如在标本中找到细胞内抗酸染色阳性菌有诊断意义。为了提高检查的阳性率，可用金胺染色后以荧光显微镜检查，或用免疫荧光法检查。必要时可对局部病变组织做病理活检，协助诊断。

2. 麻风菌素试验　是一种用麻风菌素测定机体对麻风分枝杆菌是否存在迟发型超敏反应的皮肤试验。因其抗原与结核分枝杆菌有共同抗原，可发生交叉反应，故对诊断麻风病意义不大，但可用于麻风的分型和评价患者细胞免疫状态。

四、防治原则

1. 预防　目前尚无特异性的疫苗，预防主要依靠早期发现、早期隔离及早期治疗患者，对密切接触者做定期检查。因麻风分枝杆菌和结核分枝杆菌有共同抗原，在麻风病高发国家用卡介苗预防麻风病取得一定效果。

2. 治疗　治疗麻风病的药物可用砜类、利福平、丙硫异烟胺等。目前主张采用2～3种药联合治疗，以防耐药性的产生。

第三节　其他分枝杆菌

其他分枝杆菌对人大多为机会致病菌，常见的有牛分枝杆菌和非典型分枝杆菌。

一、牛分枝杆菌

牛分枝杆菌(*Mycobacterium bovis*)是引起牛结核病的病原体。其生物学性状、化学组成和毒力与结核分枝杆菌相似，可用烟酸试验或硝酸盐还原试验区别结核分枝杆菌和牛分枝杆菌(前者阳性，后者阴性)。引起的牛结核病，包括牛肠炎或溃疡性病变、腹膜生长大量结核结节或乳牛出现慢性消瘦等。人可因食入未经消毒或已污染了牛分枝杆菌的牛乳而被感染。牛分枝杆菌一般不引起人肺部感染，主要引起淋巴结感染、髋关节、膝关节及脊椎骨髓病变。有时牛分枝杆菌也可经呼吸道进入，引起与结核分枝杆菌一样的感染，难以区别。预防牛结核分枝杆菌感染人的关键是：控制已感染牛分枝杆菌的牛；对牛奶严格消毒和管理。

二、非典型分枝杆菌

非典型分枝杆菌(*atypical mycobacteria*)，亦称非结核分枝杆菌(*nontuberculous mycobacteria*)，是指分枝杆菌属中除结核分枝杆菌、牛分枝杆菌和麻风分枝杆菌以外的分枝杆菌总称。此类分枝杆菌广泛分布于自然界、水及土壤等环境中，故亦称环境分枝杆菌。此类细菌菌种较多，染色性和结核分枝杆菌相似，但毒力低，多为机会致病菌，其中有些菌种偶尔可引起结核样病变。

Runyon 根据产生色素、生长速度和生化反应等特征将非典型分枝杆菌分为 4 组：① 光产色菌，此类细菌生长缓慢，菌落光滑，在暗处菌落为奶油色，接触光线 1 h 后菌落呈橘黄色。对人致病的有：海分枝杆菌(*M. marinum*)可通过破损皮肤黏膜引起鼻黏膜及手指、脚趾等感染，呈结节及溃疡病变；堪萨斯分枝杆菌(*M. kansasii*)可引起人类肺结核样病变。② 暗产色菌，此类细菌生长缓慢，菌落光滑，在暗处培养时菌落呈橘黄色，长时间曝光培养菌落呈赤橙色。对人致病的有瘰疬分枝杆菌(*M. scrofulaceum*)，可引起儿童淋巴结炎。③ 不产色菌，一般不产生色素，对人致病的有鸟分枝杆菌(*M. avium*)，可引起结核样病变，也是艾滋病患者常见的机会致病菌。④ 迅速生长菌，此类细菌生长迅速，液体培养基 2～3 d 可见生长，固体培养基 5～7 d 可见粗糙型菌落。对人致病的有：龟分枝杆菌(*M. chelonae*)可引起皮肤创伤后化脓性感染；溃疡分枝杆菌(*M. ulcerans*)可引起无痛性溃疡。耻垢分枝杆菌(*M. smegmatis*)一般不致病，常存在于阴部，查粪或尿标本中结核分枝杆菌时应加以区别(图 12-3)。由于耻垢分枝杆菌有和结核分枝杆菌相同的属特异性抗原成分，但毒力很低，甚至无毒，同时生长快等特点，故近年来有用耻垢分枝杆菌代替结核分枝杆菌或 BCG 研究结核病的疫苗等，取得良好效果的报道。

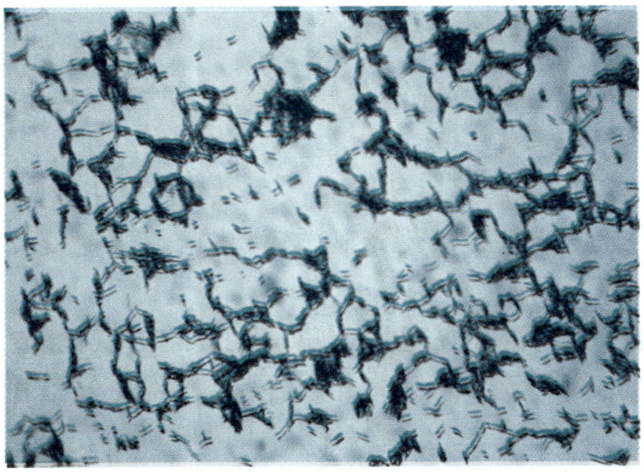

图 12-3 耻垢分枝杆菌(Ziehl-Neelsen 抗酸染色，×1 000)

与结核分枝杆菌比较，非典型分枝杆菌主要特点有：① 大多为环境中的腐生菌或正常菌群，对人类致病力低，一般不致病。鉴别非典型分枝杆菌有无致病性可用抗煮沸实验(致病菌耐煮沸)；② 一般发生于抵抗力低下人群，常作为继发性感染或并发症，非典型分枝杆菌引起的肺部感染是 AIDS 的常见并发症；③ 对生长温度要求不严格，对酸碱比较敏感；④ 对现有抗结核药物大多耐药，易成为慢性或难治性病例。

小 结

分枝杆菌属是一类细长略弯曲的杆菌，因有分枝生长的趋势而得名，为抗酸染色阳性菌。本属细菌的主要特点：细胞壁含有大量脂质，与其染色性、致病性和免疫性密切相关。引起的疾病病程长，并伴有肉芽肿。分枝杆菌属目前已报道 100 余种，主要有结核分枝杆菌、麻风分枝杆菌、牛分枝杆菌及非典型分枝杆菌等。对人致病的最重要的是结核分枝杆菌。结核分枝杆菌专性需氧，营养要求高，生长缓慢，繁殖一代约需 18 h 在罗氏培养基，经 3～4 周培养可出现典型的花菜状菌落。结核分枝杆菌可发生形态、菌落、毒力、免疫原性和耐药性等变异。结核分枝杆菌无内毒素，亦不产生外毒素和侵袭性酶类，致病物质主要是其菌体成分，致病与细菌在组织细胞内大量繁殖引起炎症、菌体成分的毒性，以及机体对菌体成分产生的免疫病理反应有关。所致疾病包括肺结核(包括原发感染和原发后感染)和肺外感染。结核病的免疫以细胞免疫为主，而且感染、免疫、超敏反应三者同时存在。结核分枝杆菌感染和相关疾病的微生物学检测包括抗酸染色、分离培养、PCR 及结核菌素试验等。控制结核病的主要措施是，发现和治疗痰菌阳性患者，以及对新生儿接种卡介苗。

结核分枝杆菌的感染和所致疾病机制复杂，包括细菌本身的毒力因素、机体易感性及免疫状态等。尽管结核分枝杆菌微生物学研究取得很大进展，但对结核分枝杆菌的致病机制、诊断和防治等有待进一步深入探索，特别是面对多重耐药菌株感染及全耐药菌株的出现，新的疫苗和药物研究尤为重要。

【复习思考题】

1. 分枝杆菌属的细菌有何特点?
2. 简述结核分枝杆菌菌体成分在致病中的作用。
3. 结核分枝杆菌的免疫性有何特点?
4. 简述结核菌素试验原理、结果判断及其意义。

（杨　春）

第十三章

厌氧性细菌

学习要点

掌握：① 厌氧芽胞梭菌的共同特征；② 破伤风梭菌、产气荚膜梭菌、肉毒梭菌的致病机制。

熟悉：① 厌氧性细菌的分类；② 破伤风梭菌、产气荚膜梭菌、肉毒梭菌的微生物学检查；③ 无芽胞厌氧菌的致病条件、感染特征及所致疾病。

了解：厌氧性细菌的分布特点以及与人类的关系。

厌氧性细菌(anaerobic bacteira)，简称厌氧菌，是指一群不能以分子氧(O_2)作为终末电子受体，在空气中不生长，必须在无游离氧的条件下才能生长繁殖的细菌。这类细菌因缺乏完善的呼吸酶系统，通过发酵或厌氧呼吸的形式进行能量代谢，O_2存在不仅不能被细菌利用，反而会抑制细菌的生长。

根据能否形成芽胞，厌氧性细菌可分为厌氧芽胞梭菌和无芽胞厌氧菌两大类。厌氧芽胞梭菌为革兰阳性大杆菌，能形成芽胞，临床常见的有破伤风梭菌、产气荚膜梭菌、肉毒梭菌及艰难梭菌，主要引起外源性感染。无芽胞厌氧菌包括多个属的球菌和杆菌，革兰染色阳性或阴性，大多为人体正常菌群的成员，主要引起内源性感染(表 13－1)。近年来，随着厌氧分离培养技术和分子生物学技术的发展，厌氧性细菌在临床标本中的检出率逐年上升，分离的种类也逐渐增多，对厌氧性细菌及其产物的应用研究取得了较大进展。

表 13－1　厌氧芽胞梭菌和无芽胞厌氧菌的比较

	厌氧芽胞梭菌	无芽胞厌氧菌
形态染色	革兰阳性杆菌	革兰阳性/阴性 球菌/杆菌
芽胞	能形成芽胞	不形成芽胞
感染类型	外源性感染为主	内源性感染为主
机体状况	与机体健康状况关系不明显	机体免疫力下降时易感
临床感染比例	小，不到厌氧菌感染的 10%	大，超过厌氧菌感染的 90%
临床分布	多见于创伤感染、食物中毒等	普遍分布，无特定病型
毒力	外毒素为主，主要是神经毒素	侵袭力为主
治疗	抗毒素为主	抗菌药物为主
预防	抗毒素紧急预防，类毒素预防	维持正常菌群，无特异性预防

第一节　厌氧芽胞梭菌属

厌氧芽胞梭菌属(*Clostridium*)是一群革兰染色阳性的大杆菌，大多严格厌氧，能形成芽胞，且芽胞的直径比菌体宽，菌体一端膨大呈梭状，故名。不同细菌的芽胞在菌体中的位置及其形态存在差异，有助于鉴别细菌。厌氧芽胞梭菌属目前约有200个种，主要分布于土壤、人和其他动物的肠道，多数为腐生菌，少数为致病菌，如破伤风梭菌、产气荚膜梭菌、肉毒梭菌等。厌氧芽胞梭菌对热、干燥和化学消毒剂均有强大的抵抗力。在适宜条件下，芽胞发芽形成繁殖体，产生强烈的外毒素，引起破伤风、气性坏疽、肉毒中毒等严重疾病。此外，该属细菌也可引起皮肤、软组织感染和抗生素相关的假膜性肠炎。

一、破伤风梭菌

破伤风梭菌(*C. tetani*)是破伤风的病原菌，为外源性感染。该菌大量存在于土壤、人和其他动物肠道。当人体受到外伤、创口被污染或分娩时使用不洁器械剪断脐带或脐部消毒不严格等情况下，本菌可侵入机体，芽胞发芽、细菌分裂繁殖，释放毒素，引发疾病，发病后机体呈强直性痉挛、抽搐，可因窒息或呼吸衰竭死亡。世界上每年约有100万病例发生，死亡率约30%～50%，其中近一半的死亡病例是新生儿。近年，由于医疗卫生条件改善，推行科学接生和计划免疫，破伤风的发病率和死亡率呈下降趋势。

(一) 生物学性状

破伤风梭菌菌体细长，为革兰阳性杆菌，(2～18)μm ×(0.5～1.7)μm，有周鞭毛，无荚膜。芽胞位于菌体顶端，呈正圆形，其直径比菌体宽，细菌呈鼓槌状，此为破伤风梭菌的典型特征(图13-1)。破伤风梭菌严格厌氧，最适生长温度37℃，营养要求不高。在血琼脂平板上，37℃厌氧培养48 h后可见薄膜状爬行生长物，菌落周边疏松，似羽毛状突起，边缘不整齐呈羊齿状，伴β溶血。破伤风梭菌不发酵糖类，不分解蛋白质。其芽胞对外界抵抗力强，经100℃ 1 h方可破坏，在干燥的土壤和尘埃中可存活数十年。

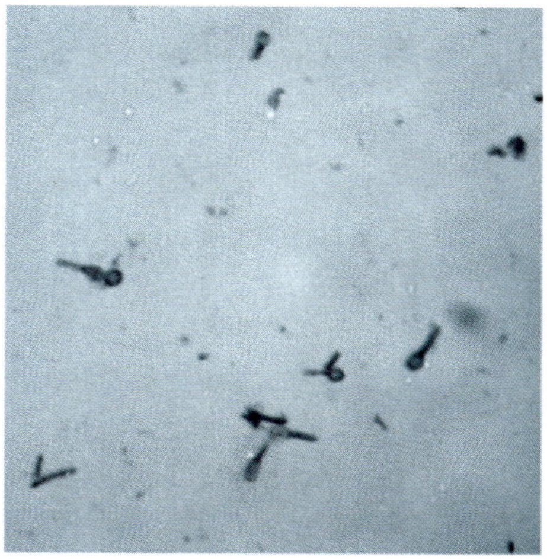

图13-1　破伤风梭菌(芽胞染色，×1 000)

(二) 致病性与免疫性

1. 致病条件　破伤风梭菌主要通过破损的皮肤进入人体引起破伤风，但该菌在一般浅表的伤口不易生长。破伤风梭菌致病的重要条件是伤口局部形成厌氧微环境：伤口窄而深(如刺伤)，伴有泥土或异物污染；大面积创伤、烧伤，坏死组织多，局部组织缺血、缺氧；伴有需氧菌或兼性厌氧菌混合感染。形成的厌氧微环境有利于破伤风梭菌生长繁殖。该菌无侵袭力，仅在伤口局部生长繁殖，然而一旦感染，破伤风梭菌能产生毒性极强的外毒素，引起严重的疾病。

2. 致病物质　破伤风梭菌能产生破伤风溶血毒素(tetanolysin)和破伤风痉挛毒素(tetanospasmin)两种外毒素。破伤风溶血毒素对氧敏感，其功能和免疫原性与链球菌溶血素O相似，但在破伤风病中的致病机制尚不清楚；破伤风痉挛毒素由质粒编码，是引起破伤风病的主要致病物质。

破伤风痉挛毒素属神经毒素(neurotoxin)，毒性极强，仅次于肉毒毒素，经腹腔注射小鼠的半数致死量(LD50)为0.015 ng，对人的致死量小于1 μg。其化学本质为蛋白质，不耐热，65℃ 30 min即可破坏；可被肠道中的蛋白酶破坏。该毒素具有良好的免疫原性，可刺激机体产生相应抗毒素；经0.3%～0.4%甲醛处理后失去毒性，但仍具有免疫原性，成为破伤风类毒素，可用于预防接种。破伤风痉挛毒素对脊髓前角神经细胞和脑干神经细胞有高度亲和力。毒素主要经局部神经细胞扩散，也可经淋巴、血液循环到达中枢神经系统而致病。

3. 致病机制　破伤风梭菌在感染局部生长繁殖，释放外毒素。破伤风梭菌最初合成的破伤风痉挛毒素为一条分子质量约150 kDa的多肽，释放出菌体时，即被细菌分泌的蛋白酶裂解为一条分子质量约50 kDa的轻链(A链)和一条分子质量约100 kDa的重链(B链)，轻链和重链间由二硫键相连。其中轻链为破伤风痉挛毒素的毒性部分，重链具有结合神经细胞和转运毒素分子的作用，只有轻链和重链连接在一起时才具有毒素活性。在感染部位，破伤风梭菌释放破伤风痉挛毒素，毒素的重链通过其羧基端识别神经肌肉接头处运动神经元细胞膜上的神经节苷脂受体和膜蛋白并与之结合，通过细胞内吞作用，形成由细胞膜包裹毒素分子的酸性小泡。小泡从外周神经末梢沿神经轴突逆行向上，到达脊髓前角运动神经元，通过跨突触运动(trans-

synaptic movement)，小泡从运动神经元进入神经末梢，从而进入中枢神经系统。然后通过重链氨基端的介导，发生膜的转位，使轻链进入神经细胞的细胞质。轻链为一种锌内肽酶(zinc endopeptidase)，可裂解储存有抑制性神经递质(γ-氨基丁酸、甘氨酸等)的小泡上膜蛋白的特异性肽键，使小泡膜蛋白发生改变，从而阻止抑制性神经递质的释放。

机体在正常生理情况下，当屈肌的运动神经元受到刺激而兴奋时，同时还有冲动传递到抑制性神经元，使其释放γ-氨基丁酸、甘氨酸等抑制性递质，以抑制同侧伸肌的运动神经元。因此，屈肌收缩时，伸肌自然松弛，以此协调肢体的屈伸运动。此外，屈肌运动神经元同时也受到抑制性神经元的反馈调节，使其兴奋程度受到控制，不致过高。由于破伤风痉挛毒素能阻止抑制性神经递质的释放，使抑制性神经元的抑制作用减弱，干扰了抑制性神经元的协调作用，导致躯干和四肢肌肉活动的兴奋与抑制失调。当外界刺激转化为神经冲动传入脊髓前角运动神经元时，引起屈肌和伸肌同时发生强烈收缩，肌肉出现强烈痉挛。破伤风痉挛毒素经淋巴、血液到达脑干运动神经中枢，以相同的机制引起面部肌肉运动的兴奋与抑制失调，出现咀嚼肌痉挛。

4. *所致疾病* 破伤风梭菌感染引起的疾病主要是破伤风病，潜伏期可从几天至几周，一般为7～14 d，与原发感染部位距离中枢神经系统的远近有关。典型症状为咀嚼肌痉挛导致的苦笑面容、牙关紧闭及持续性背部肌肉痉挛而形成的角弓反张，严重者可出现膈肌持续性痉挛，导致患者呼吸困难、窒息或呼吸衰竭而死亡。发病早期，主要症状为漏口水、出汗和激动；因自主神经功能紊乱导致心律不齐、血压波动，因大量出汗导致脱水。

5. *免疫性* 机体对破伤风的免疫以体液免疫为主，主要是抗毒素发挥中和作用。破伤风痉挛毒素可刺激机体产生抗毒素，抗毒素与游离的破伤风痉挛毒素结合可阻断毒素与神经细胞膜受体的结合，发挥中和作用，但对已与受体结合的毒素无中和作用。破伤风痉挛毒素毒性很强，极少量毒素即可致病，甚至导致患者死亡，但如此少量的毒素不足以引起机体产生免疫效应；此外，毒素与神经细胞结合牢固、迅速，也不能使机体产生抗毒素。因此，病后不能获得牢固的免疫力。

(三) 微生物学检查

微生物学检查对破伤风早期诊断意义不大，一般不做。根据病史和典型的临床症状即可作出诊断。在临床症状不典型或其他特殊情况下，可取伤口渗出物或坏死组织涂片镜检和病原菌分离培养，并以培养物滤液做动物实验，以确定有无毒素产生。

(四) 防治原则

破伤风发病急，病死率高，治疗效果不好，故应以预防为主。破伤风的人工主动免疫已纳入我国儿童和某些特定人群计划免疫的范畴。对于受外伤者，应及时、正确地处理伤口，及早做人工被动免疫进行紧急预防。一旦发病，应使用抗毒素和抗菌药物进行积极治疗，同时给予肌肉松弛、镇静等对症处理，并加强护理。

1. *消除厌氧微环境* 根据破伤风梭菌的致病条件，消除厌氧微环境可防止破伤风梭菌的生长繁殖，是重要的非特异性防治措施。因此，接诊皮肤、软组织开放性损伤的患者时，正确处理创口，及时清创、扩创是非常必要的。

2. *人工主动免疫* 根据破伤风的免疫特点，注射破伤风类毒素可刺激机体产生相应的抗毒素，建立人群对破伤风的特异性免疫力，从而达到预防破伤风的目的。目前我国常规采用含有百日咳疫苗、白喉类毒素和破伤风类毒素的百白破三联疫苗(pertussis-diphtheria-tetanus vaccine，DTP)对3～6个月的儿童进行免疫，免疫后可同时获得对百日咳、白喉、破伤风三种常见病的免疫力。免疫程序为婴儿出生后第3、4、5个月连续免疫3次，2岁和7岁时各加强1次，以建立基础免疫。对军人、建筑工人及其他易受外伤的成人，必要时可加强注射破伤风类毒素，使血清中抗毒素迅速达到有效保护水平。

3. *人工被动免疫* 人工被动免疫可注射破伤风抗毒素(tetanus antitoxin，TAT)，达到紧急预防和治疗的目的。对伤口污染严重而又未经过基础免疫者，应立即肌肉注射1 500～3 000单位TAT，以获得被动免疫，用于紧急预防；对已发病者，注射10万～20万单位TAT用于治疗，注射途径包括静脉注射、肌肉注射和局部注射。需要注意的是，破伤风痉挛毒素一旦与神经细胞膜表面受体结合，抗毒素即不能奏效，故TAT的使用应早期、足量。注射TAT的同时，还可注射类毒素作主动免疫，以维持血清中抗毒素水平。

目前应用的TAT主要是用破伤风类毒素免疫的马血清纯化制剂，无论用于紧急预防还是治疗，注射前必须先作皮肤试验以防超敏反应的发生。若皮肤试验呈阳性反应，一般应尽量避免使用，若必须使用，应采用脱敏注射法，同时做好抢救准备。用人源破伤风免疫球蛋白(human tetanus immunoglobulin，HTIG)代替TAT，可缩短病程，减少超敏反应的发生。

4. 抗菌药物治疗　破伤风是细菌感染性疾病，抗菌药物的使用可有效抑制破伤风梭菌在局部病灶的生长繁殖，同时，对混合感染的细菌也起作用。抗菌药物可选用红霉素。

二、产气荚膜梭菌

产气荚膜梭菌(*C. perfringens*)广泛分布于土壤、人和动物肠道中，也可从少数妇女的生殖道分离出，能引起人和动物多种疾病。产气荚膜梭菌既能产生强烈的外毒素，又能产生多种侵袭性酶类，是气性坏疽的主要病原体。此外，产气荚膜梭菌还能引起食物中毒、坏死性肠炎等。

(一) 生物学性状

1. 形态与染色　产气荚膜梭菌为两端平齐的革兰阳性粗大杆菌，(3～19.0)μm×(0.6～2.4)μm。能形成芽胞，但在感染的组织和普通培养基上很少形成。芽胞位于菌体次极端，呈椭圆形，直径不大于菌体。无鞭毛。在感染的人或动物体内可见明显的荚膜(图 13-2)。

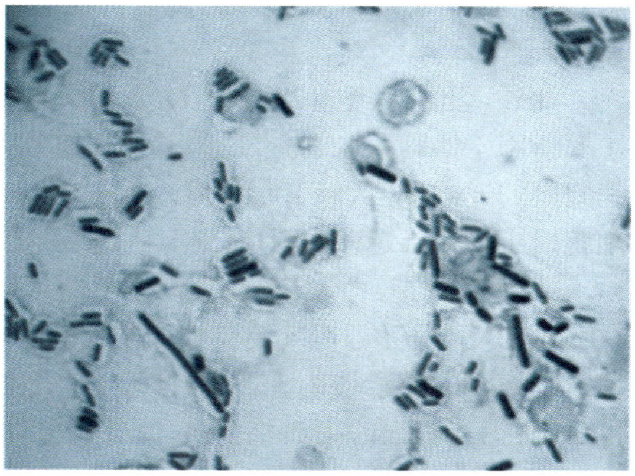

图 13-2　产气荚膜梭菌(革兰染色，×1 000)

2. 培养特性　产气荚膜梭菌厌氧，但厌氧要求不如破伤风梭菌严格。20～50℃均能生长，最适生长温度为42℃，繁殖周期仅需 8～10 min。在血琼脂平板上培养 24 h，菌落直径可达 2～4 mm，圆形、扁平、半透明，边缘整齐，偶见粗糙型菌落。多数菌株可形成双层溶血环，内环完全溶血，由 θ 毒素引起，外环不完全溶血，由 α 毒素引起。在蛋黄琼脂平板上，菌落周围出现乳白色浑浊圈，是由该菌产生的卵磷脂酶(α 毒素)分解蛋黄中的卵磷脂所致。若在培养基中加入 α 毒素的抗血清，则不出现乳白色浑浊圈，此现象称为 Nagler 反应。

产气荚膜梭菌代谢十分活跃，可分解多种糖类，产酸产气。在庖肉培养基中，可分解肉渣中的糖类并产生大量气体。在牛乳培养基中培养 18～24 h，产气荚膜梭菌分解乳糖产酸产气，使牛乳中的酪蛋白凝固，大量的气体可将凝固的酪蛋白冲成蜂窝状，并将封固液面的凡士林层上推，甚至冲走试管塞，气势凶猛，称为汹涌发酵(stormy fermentation)现象。

3. 分型　产气荚膜梭菌能产生多种外毒素，根据 4 种主要毒素(α、β、ε、ι)产生情况，将其分为 A、B、C、D、E 共 5 个血清型。对人致病的主要为 A 型，易于从外环境中分离到，属于人和动物肠道正常菌群成员，可引起气性坏疽、食物中毒。C 型可引起坏死性肠炎。B～E 群在土壤中不能存活，但可寄生于动物肠道内。

(二) 致病性

1. 致病物质　产气荚膜梭菌能产生十余种外毒素，有些外毒素即为胞外酶，故细菌侵袭力很强。根据毒素对小鼠的致死程度不同，分为主要毒素和次要毒素，其中 α、β、ε、ι 4 种毒素为主要毒素，其余的毒素(肠毒素除外)为次要毒素。各毒素的毒性作用及产生细菌见表 13-2。

表 13-2　产气荚膜梭菌产生的毒素及细菌型别

毒　素	毒　性　作　用	细菌型别
α 毒素	卵磷脂酶，可破坏细胞膜。血管内皮细胞受损可增加血管通透性而致水肿、出血等；红细胞、白细胞、血小板等裂解而致溶血、坏死等	A～E 型
β 毒素	组织坏死作用，可引起人和动物坏死性肠炎	B、C 型
ε 毒素	毒素前体，经胰蛋白酶活化后具有通透酶活性，增加胃肠道血管壁通透性	B、D 型
ι 毒素	引起坏死作用；增加血管通透性	E 型
δ 毒素	溶血素，溶解红细胞	B、C 型
θ 毒素	产气荚膜梭菌溶素 O，具有溶血、坏死、杀白细胞等活性	A～E 型

续表

毒素	毒性作用	细菌型别
κ毒素	胶原酶,能分解皮下组织和肌肉组织中的胶原纤维,使组织细胞崩解、坏死	A~E型
λ毒素	蛋白酶	B,D,E型
μ毒素	透明质酸酶,能分解细胞间的透明质酸,使组织通透性增加,有利于病菌及其毒素在组织中扩散	A~E型
ν毒素	DNA酶,能分解坏死组织中的DNA,使组织变稀薄,有利于细菌及其毒素扩散	A~E型
神经氨酸酶	改变神经节苷脂受体;促进毛细血管血栓形成	A~E型
肠毒素	增加肠黏膜细胞通透性,引起腹泻;具有超抗原作用	A,C,D型

在4种主要毒素中,α毒素的毒性最强,各型菌均能产生,以A型菌的产生量最大。α毒素能同时水解磷脂酰胆碱和鞘磷脂,故能水解细胞膜的主要成分膜磷脂,从而破坏细胞膜结构的完整性,导致红细胞、白细胞、血小板和内皮细胞等裂解,使血管通透性增高,组织坏死,肝、心功能受损,在气性坏疽的形成中起主要作用。

此外,很多A型和少数C、D型菌株还能产生肠毒素。该毒素为不耐热的蛋白质,100℃瞬时即被破坏,主要作用于回肠,其次为空肠。其作用机制是肠毒素肽链嵌入细胞膜,破坏细胞膜对离子的运输功能,改变细胞膜的通透性,从而引起腹泻。近年还发现肠毒素可作为超抗原,能大量激活外周T淋巴细胞并释放各种细胞因子,参与致病作用。

2. 所致疾病　产气荚膜梭菌感染后可引起多种疾病。

(1) 气性坏疽:产气荚膜梭菌是气性坏疽(gas gangrene)的主要病原菌,60%~80%由A型产气荚膜梭菌引起,此外,败毒梭菌、诺维梭菌、溶组织梭菌等也能引起气性坏疽。该病多见于战伤和地震灾害,也见于工伤、车祸等引起的大面积创伤,其致病条件与破伤风梭菌相同,多见于四肢。气性坏疽潜伏期短,多为1~4 d。产气荚膜梭菌产生的卵磷脂酶、胶原酶、透明质酸酶、DNA酶等具有分解、破坏组织的作用,使病原菌易穿过肌肉、结缔组织间隙,侵入周围正常组织,并不断扩散;细菌发酵肌肉和组织中的糖类,产生大量气体,造成气肿;同时使血管通透性增加,水分渗出,造成局部水肿;水肿和气肿形成后,挤压周围软组织和血管,影响血液供应,造成并加重组织坏死。严重病例表现为组织胀痛剧烈,水气夹杂,触摸有捻发感;感染迅速扩散,造成大量组织坏死,出现恶臭;病菌产生的毒素和组织坏死的毒性产物被吸收入血,引起毒血症、休克,甚至死亡。产气荚膜梭菌也可经肠穿孔或子宫破裂进入腹腔或盆腔引起内源性感染,还可由侵入部位转移至内脏,成为转移性气性坏疽。由于产气荚膜梭菌在体内能形成荚膜,且繁殖周期短,生长繁殖过程中能产生多种毒素和侵袭性酶,疾病发展迅速,病情险恶,若不及时治疗,常危及患者生命,病死率高达40%~100%。

(2) 食物中毒:主要由A型产气荚膜梭菌引起,致病物质是肠毒素。因食入被大量产气荚膜梭菌污染的食物(主要为肉类食品)而引起。一般在食后8~12 h突发腹痛、腹胀、水样腹泻,无发热,无恶心、呕吐。通常1~2 d后自愈,严重者也可致死。

(3) 坏死性肠炎:主要由C型产气荚膜梭菌引起,致病物质主要是β毒素。该病多见于家禽、家畜,也可因食入被细菌污染的食品使人致病。潜伏期约24 h,起病急,主要表现为剧烈腹痛、腹泻,因肠黏膜出血性坏死可形成血便。严重者并发肠梗阻和肠穿孔,病死率高。

(三) 微生物学检查

1. 病原学检查　气性坏疽发展急剧,病情严重,应尽快作出诊断。早期正确诊断能避免患者最终截肢或死亡。

(1) 直接涂片镜检:直接涂片镜检是极有价值的快速诊断法,具有重大的临床价值。从深部创口采集标本涂片、革兰染色,镜检见有革兰阳性大杆菌,有荚膜,白细胞较少且形态不典型,并伴有其他杂菌等即可报告初步结果。

(2) 分离培养与动物试验:取坏死组织制成悬液,接种于血平板、庖肉培养基或牛乳培养基,厌氧培养,观察生长情况。细菌生长后取培养物再涂片镜检,并用生化反应鉴定。必要时可取细菌培养液0.5~1 mL给小鼠静脉注射,10 min后处死小鼠,37℃放置5~8 h。若动物躯体膨胀,可取肝脏或腹腔渗出液涂片、镜检,观察到有荚膜的革兰阳性大杆菌即可作出诊断,也可分离培养以鉴别细菌。

(3) 细菌培养计数：疑似产气荚膜梭菌性食物中毒，应取剩余食物或粪便检测每克食物或粪便中菌落形成单位(colony-forming units, CFU)。在发病后一日内，若每克食物中检出的产气荚膜梭菌 CFU>10^5或每克粪便中 CFU>10^6即可确诊。

2. 免疫学检查　食物中毒的诊断也可用 ELISA 等方法直接检测肠毒素。

(四) 防治原则

气性坏疽的防治，首先是正确处理伤口，避免伤口局部形成厌氧微环境，做到及时清创、扩创，尽早清除病变和坏死组织，必要时截肢以防止病变扩散；早期使用多价抗毒素血清控制疾病，同时使用大剂量青霉素等抗菌药物进行抗菌治疗；外科手术前，使用高压氧舱疗法，提高血液和组织中的氧含量，抑制产气荚膜梭菌的生长繁殖，减少毒素产生，控制病情发展，同时给予对症治疗。需要注意的是，由于这类细菌在环境中能很快形成芽胞，故必须严密隔离患者，对所用器具和敷料进行彻底灭菌，避免医院内交叉感染。

三、肉毒梭菌

肉毒梭菌(*C. botulinum*)在自然界分布广泛，可在土壤、湖泊中检测到芽胞，偶尔也能在动物粪便中分离出。肉毒梭菌在厌氧环境中能产生毒性极强的肉毒毒素(botulinum toxin)而引起疾病，最常见的为肉毒中毒和婴儿肉毒病，也见于经创口感染引起的中毒。

(一) 生物学性状

肉毒梭菌是革兰阳性粗短杆菌，(4～6)μm ×(0.9～1.2)μm；芽胞位于次极端，椭圆形，其直径比菌体宽，形成芽胞的细菌呈汤匙状或网球拍状(图 13－3)；有鞭毛，无荚膜。肉毒梭菌芽胞耐热性极强，100℃高温中可耐受数小时，但在酸性或高盐环境中，其耐热性下降。

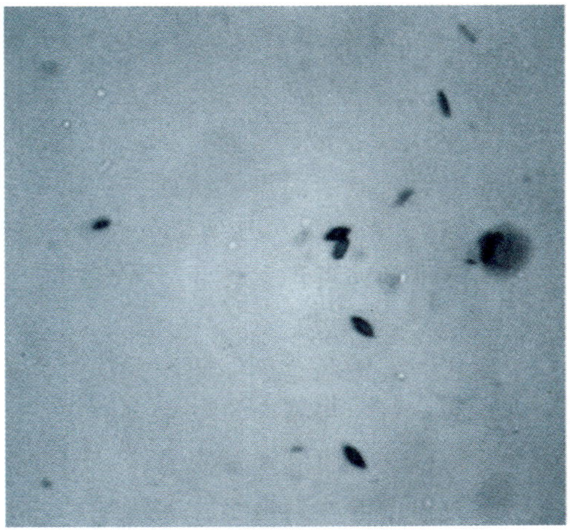

图 13－3　肉毒梭菌(革兰染色，×1 000)

肉毒梭菌严格厌氧，可在普通培养基上生长；在血平板上培养 48 h 后可见 2～6 mm 不规则的菌落，伴 β 溶血；在卵黄培养基上，因细菌产生脂酶而使菌落周围出现浑浊圈；在庖肉培养基中，细菌消化肉渣使之变黑，伴腐败恶臭。根据遗传特性，可将肉毒梭菌分为四组：Ⅰ、Ⅱ组肉毒梭菌可引起人类疾病，以Ⅰ组多见；Ⅲ组肉毒梭菌主要引起鸟类肉毒病；Ⅳ组肉毒梭菌一般不引起肉毒病。

(二) 致病性

1. 致病物质　肉毒梭菌的致病物质主要是肉毒毒素。肉毒毒素属神经毒素，是已知毒性最强的毒素，毒性比氰化钾强 1 万倍。1 mg 结晶的纯肉毒毒素能杀死 2 亿只小鼠，对人的致死量约为 0.1 μg。肉毒毒素能抵抗胃酸和消化酶的破坏作用，在胃液中 24 h 不被破坏，但对热敏感，煮沸 1 min 可被破坏。根据所产生毒素的免疫原性不同，肉毒毒素分为 A、B、C、D、E、F、G 共 7 型，大多数菌株只能产生一种型别毒素，对人致病的主要是 A、B、E 型，我国报道的大多为 A 型。各型毒素只能被同型抗毒素中和。

肉毒毒素的结构和致病机制与破伤风痉挛毒素非常相似，其前体和裂解后片段的大小也与之相当，与破伤风痉挛毒素的主要不同点是：① 肉毒毒素作用于外周神经肌肉接头处、自主神经末梢以及中枢神经系统的脑神经核，抑制神经递质乙酰胆碱的释放，引起运动神经末梢功能失调，导致弛缓性麻痹；② 肉毒毒素对酸和蛋白酶的抵抗力较强，口服后不易被胃肠消化液破坏，由胃肠道吸收入血后，再经内化作用进入神经细胞膜形成的小泡中，但不从外周神经末梢沿神经轴突上行，而是停留在神经肌肉接头处；③ C 型和 D 型肉毒毒素由噬菌体感染肉毒梭菌后经溶原性转换而产生，其他型毒素均由细菌染色体 DNA 编码产生。

2. 所致疾病　肉毒梭菌以其毒素致病，根据感染对象和感染途径不同，临床上主要有以下 3 种疾病。

(1) 食物中毒：该病是由于进食含有肉毒毒素的食品引起。食品在制作过程中被肉毒梭菌芽胞污染，制成后未彻底灭菌，芽胞在厌氧环境中发芽、繁殖，产生毒素。毒素被食入后，经肠道中胰蛋白酶或其他细菌产生的蛋白酶处理，发挥强烈的毒性作用，导致疾病发生。引起肉毒食物中毒的食品主要是一些真空包装或罐装食品，肉类腌制品（如火腿、腊肠）、发酵的豆制品（如臭豆腐、豆瓣酱）、面制品（如甜面酱）等，或冰箱中长期储存的奶酪、生食蔬菜等。

肉毒毒素食物中毒的临床表现与其他食物中毒不同，主要表现为神经末梢麻痹，胃肠道症状很少出现，无发热。本病潜伏期短，食入毒素后18～24 h发病，患者先有乏力、头痛等症状，继而出现神经麻痹症状和体征。先出现复视、斜视、眼睑下垂等眼肌麻痹症状；接着表现为吞咽、咀嚼困难、口齿不清等咽部肌肉麻痹症状；进而发展到膈肌麻痹、呼吸困难，直至呼吸肌、心肌麻痹而死亡，肢体麻痹很少见。该病病程进展快，死亡率高。

（2）婴儿肉毒病：该病多见于1岁以下的婴儿，因其肠道内缺乏拮抗肉毒梭菌的正常菌群且局部免疫机制不完善，食入被肉毒梭菌芽胞污染的食品（如蜂蜜、乳制品）后，芽胞发芽、繁殖，产生的毒素被吸收而致病。婴儿肉毒病的症状与肉毒毒素食物中毒类似，早期症状是便闭、吸乳、啼哭无力，进而发展为颈部肌肉软弱、吞咽困难、眼睑下垂、全身肌张力减退等神经麻痹症状，严重者可因呼吸肌麻痹而死亡。若早期诊断并及时治疗，大部分患儿可在1～3个月内逐渐恢复。

（3）创伤性肉毒病：肉毒梭菌芽胞通过患者伤口或外科手术切口侵入机体，在局部厌氧环境中发芽，生长、繁殖，释放肉毒毒素，引起神经麻痹。

3. 免疫性　机体对肉毒梭菌的免疫为抗毒素免疫，但患者恢复后，循环系统中不能检测出抗毒素。

（三）微生物学检查

1. 病原学检查　结合患者病史及临床表现，重点检测肉毒毒素。食物中毒和婴儿肉毒病取剩余食物或患者粪便标本，先80℃加热10 min，杀死标本中所有细菌繁殖体，再进行厌氧培养分离本菌；同时检测食物、粪便或患者血清中的毒素活性。

2. 免疫学检查　肉毒毒素的检测也可以用ELISA法进行，用荧光素或其他生物素包被肉毒毒素抗体，检查标本中的肉毒毒素。

（四）防治原则

预防肉毒梭菌感染的原则是加强食品卫生监督和管理，低温保存食品，防止芽胞发芽，食品食用前充分加热处理。对肉毒素中毒的患者应尽早注射A、B、E三型多价抗血清，同时进行对症支持治疗，加强护理，尤其注意防止呼吸肌麻痹和窒息，预防和控制呼吸道等部位继发感染。

由于肉毒毒素具有极强的毒性，并能通过基因工程技术制备，应高度警惕恐怖分子把肉毒毒素作为生化武器进行生物恐怖活动，制定必要的应急措施。

四、艰难梭菌

艰难梭菌（*C. difficile*）是人或动物肠道中的正常菌群成员，并随粪便排出体外，广泛分布于外环境中。因其对分子氧非常敏感，分离培养困难而得名。临床上，长期或不正规使用某些抗生素（氨苄西林、头孢菌素、红霉素和克林霉素等）后，破坏了肠道菌群的生态平衡，引起肠道内菌群失调，耐药的艰难梭菌大量生长繁殖，可引起抗生素相关性腹泻和假膜性肠炎等疾病。

（一）生物学性状

艰难梭菌为革兰阳性粗大杆菌，(3.0～16.9)μm×(0.5～1.9)μm，能形成芽胞。芽胞位于菌体次极端，卵圆形，其直径比菌体宽。有鞭毛，有荚膜。专性厌氧，对培养基要求较高，最适生长温度为30～37℃。用环丝氨酸-甘露醇等特殊培养基可从粪便中分离到本菌，但检出率很低。芽胞在外环境中可存活数周至数月。

（二）致病性

1. 致病物质　艰难梭菌能产生外毒素致病，主要是毒素A和毒素B，两者均由染色体基因编码。毒素A为肠毒素，能趋化中性粒细胞浸润肠壁，释放细胞因子，导致液体大量分泌和出血性坏死；毒素B为细胞毒素，能使细胞肌动蛋白解聚，损坏细胞骨架，致局部肠壁细胞坏死。

2. 所致疾病　艰难梭菌是肠道内的正常菌群成员，但数量不多。肠道正常菌群中的乳酸杆菌、双歧杆菌和肠球菌等对艰难梭菌具有拮抗作用。长期、大量使用抗生素，尤其是作用于肠道细菌的广谱抗生素，可杀灭或抑制肠道内部分正常菌群，减弱了这些细菌对艰难梭菌的拮抗作用，耐药的艰难梭菌大量繁殖而导致菌群失调，引起内源性感染。症状一般出现在抗生素治疗 5～10 d 后，表现为水样腹泻，称抗生素相关性腹泻(antibiotic-associated diarrhea)。绝大多数患者症状轻微，停用抗生素后症状自然消失。部分患者可出现血水样腹泻，并排出假膜，称假膜性肠炎(pseudomembranous colitis)，伴发热、白细胞增多等全身中毒症状，严重者可危及生命。此外，艰难梭菌也可以引起外源性感染，主要见于医院内感染。

(三) 微生物学检查

1. 病原学检查 艰难梭菌为肠道正常菌群成员，且分离培养困难，临床一般不做病原学检查。根据患者病史及临床表现，可用细胞毒实验有针对性地做毒素 A、毒素 B 等检测。

2. 免疫学检查 用 ELISA 法检测临床标本中的毒素 A 和毒素 B 抗原，方法简便、快速，特异性高。

3. 分子生物学检查 采用分子生物学方法，如 PCR 技术可直接检测粪便标本中艰难梭菌特异性的基因片段。该法特异性强、敏感性高、快速、简便，是诊断艰难梭菌产毒株感染的可靠方法。

(四) 防治原则

规范使用抗生素，维护肠道菌群的生态平衡是预防的重要措施。抗生素相关性腹泻的患者，首要的治疗方法是立即停用相关抗生素；假膜性肠炎的患者，因症状重，病情急，应及时给予敏感的抗生素，如万古霉素或甲硝唑进行治疗，以抑制产毒株的生长。同时，口服调整正常菌群的制剂，并注意液体和电解质的补充。

第二节 无芽胞厌氧菌

无芽胞厌氧菌是一大群厌氧生长、不形成芽胞的细菌，包括革兰阳性和革兰阴性的球菌和杆菌，共 30 多个属，200 多种，主要寄生于人和动物体内，在人体正常菌群中占绝对优势，是其他非厌氧性细菌的 10～1 000 倍。表 13-3 列举了人体内常见的无芽胞厌氧菌及其分布。例如在肠道菌群中，厌氧菌占 99.9%，大肠埃希菌等仅占 0.1%。皮肤、口腔、上呼吸道、泌尿生殖道的正常菌群中 80%～90%也是厌氧菌。在正常情况下，这些厌氧菌对人体有益无害，但在某些特定状态下，它们也可以作为机会致病菌导致内源性感染，严重者甚至危及生命。

无芽胞厌氧菌种类繁多，生物学性状各异，但在致病性、微生物学检查及防治方面有一些共同特征。

表 13-3 人体内主要的无芽胞厌氧菌

无芽胞厌氧菌	形态与染色		体内分布			
	革兰染色	基本形状	皮肤	口腔	胃肠道	泌尿生殖道
双歧杆菌属(*Bifidobacterium*)	+	杆状	−	+	+	+
真杆菌属(*Eubacterium*)	+	杆状	−	+	+	+
乳杆菌属(*Lactobacillus*)	+	杆状	−	+	+	+
丙酸杆菌属(*Propionibacterium*)	+	杆状	+	+	+	+
消化球菌属(*Peptococcus*)	+	球形	+	−	+	+
消化链球菌属(*Peptostreptococcus*)	+	球形	+	+	+	+
类杆菌属 (*Bacteroides*)	−	杆状	−	+	+	+
梭杆菌属(*Fusobacterium*)	−	杆状	−	+	+	+
卟啉单胞菌属(*Porphyromonas*)	−	杆状	−	+	+	+
普雷沃菌属(*Prevotella*)	−	杆状	−	+	+	+
韦荣球菌属(*Veillonella*)	−	球形	−	+	+	+

一、致病性

无芽胞厌氧菌的感染主要是机会性感染，需要特定的致病条件，感染后，无特定病型。近年来，随着厌氧菌感染诊断技术的不断改进，无芽胞厌氧菌分离培养阳性率明显提高，极大地促进了临床诊断。

（一）致病条件

无芽胞厌氧菌作为机会致病菌，主要引起内源性感染，很少出现人与人之间的传播。致病条件除寄居部位改变，宿主免疫力低下或菌群失调以外，局部还应形成厌氧微环境。若有组织坏死或损伤，局部血供障碍，或伴有需氧菌同时感染造成局部缺氧，均有利于厌氧菌生长繁殖，引起化脓性感染。

（二）毒力因素

无芽胞厌氧菌在一定条件下大量生长繁殖，毒力主要表现在以下几方面：① 通过菌毛、荚膜等表面结构黏附并侵入上皮细胞和各种组织；② 产生多种毒素、胞外酶和可溶性代谢产物，如类杆菌属某些菌株可产生肠毒素、胶原酶、蛋白酶、纤溶酶、溶血素、DNA 酶、透明质酸酶等；③ 改变其对氧的耐受性，如类杆菌属很多菌种能产生超氧化物歧化酶(SOD)，增强细菌对氧的耐受性；④ 与混合感染的需氧菌或兼性厌氧菌协同作用，表现在氧气的利用，营养的互补和降低对抗菌药物的敏感性等方面。

（三）感染特征

无芽胞厌氧菌感染的主要特征包括：① 多为内源性感染，呈慢性过程，感染部位可遍及全身；② 感染无特定病型，大多表现为化脓性感染，可形成局部脓肿或引起组织坏死，也可侵入血流形成败血症；③ 分泌物或脓液黏稠，呈乳白色、粉红色、血色或棕黑色，有恶臭，有时有气体产生；④ 使用氨基糖苷类抗生素(如链霉素、卡那霉素、庆大霉素)治疗无效；⑤ 一般表现为多种微生物混合感染，可有需氧菌、兼性厌氧菌和厌氧菌同时感染；⑥ 分泌物直接涂片可见细菌，但常规培养无细菌生长。临床上，一旦发现上述特征，宜进行厌氧培养以明确诊断。

（四）所致疾病

无芽胞厌氧菌感染无特定的临床表现，可累及全身各组织、器官。临床常见的有：

1. *口腔感染* 大多为牙源性感染，感染的细菌主要是消化链球菌、产黑色素类杆菌等，临床常引起齿槽脓肿、下颌骨髓炎、牙周炎和急性坏死性溃疡性齿龈炎等。

2. *呼吸道感染* 厌氧菌可感染呼吸道的任何部位，引起扁桃体周围蜂窝组织炎、吸入性肺炎、坏死性肺炎、肺脓肿和脓胸等。肺部厌氧菌感染发生率仅次于肺炎链球菌，常见的有普雷沃菌属、卟啉单胞菌属、消化链球菌属、梭杆菌属和类杆菌属等。

3. *腹腔感染* 胃肠道因手术、创伤、穿孔等细菌易位引起腹膜炎、腹腔脓肿等，主要与消化道厌氧菌有关。在腹腔感染中，脆弱类杆菌引起的占 60%以上，其他较为重要的有其他类杆菌、产黑素普氏菌等。

4. *女性生殖道与盆腔感染* 手术或其他并发症引起的女性生殖道一系列严重感染，如盆腔脓肿、输卵管卵巢脓肿、子宫内膜炎、脓毒性流产等，厌氧菌是主要的病原体。常见的有消化链球菌属、普雷沃菌属和卟啉单胞菌属等。

5. *中枢神经系统感染* 最常见的为脑脓肿，主要继发于中耳炎、乳突炎、鼻窦炎等，细菌经邻近部位侵入脑组织。分离的细菌种类与原发病灶有关，常见的有普雷沃菌属、卟啉单胞菌属、消化链球菌属等。

6. *败血症* 以往有 20%以上的败血症与厌氧菌感染有关，但由于广谱抗生素的广泛应用，目前败血症中厌氧菌培养阳性率只有 5%左右。从血培养中分离到的厌氧菌主要是脆弱类杆菌，其次为消化链球菌。

此外，无芽胞厌氧菌还可引起皮肤软组织感染、心内膜炎等。

二、微生物学检查

1. *病原学检查* 采集可疑标本，通过直接涂片镜检观察细菌的形态特征、染色性及菌量进行初步诊断，也可以通过分离培养对细菌进行系统鉴定，并做药敏试验以筛选抗菌药物。在检查过程中，应注意以下几点：① 标本应从感染中心处采集，应注意无菌操作，避免杂菌污染；② 标本采集后应立即放入厌氧标本瓶中，并迅速送检；③ 无芽胞厌氧菌所致感染多为混合感染，培养时宜使用选择培养基对细菌进行分离；④ 接种最好在厌氧环境中进行，并保证厌氧培养条件；⑤ 生长的细菌还需做耐氧试验，确定是否专性厌氧，再作进一步鉴定。

此外，利用气相色谱、液相色谱检测细菌代谢的终末产物可迅速作出鉴定，需氧菌和兼性厌氧菌只能产生乙酸，若检测出其他短链脂肪酸(如丁酸、丙酸等)则提示为厌氧菌。

2. 分子生物学检查 近年来，分子生物学方法也广泛用于厌氧性细菌的检测，可用核酸杂交、16S rRNA 基因序列分析等技术对病原菌作进一步鉴定。

三、防治原则

无芽胞厌氧菌是人体正常菌群的重要组成，应避免其转变为机会致病菌，主要措施包括：维持体内正常菌群数量和种类的稳定；避免正常菌群侵入非正常寄居部位；提高机体免疫功能；不滥用抗生素；防治创面局部形成厌氧微环境等。

一旦发生感染，可用抗菌药物和外科引流等进行综合治疗，而正确选用抗菌药物是治疗的关键。95%以上革兰阴性厌氧菌对甲硝唑、亚胺培南、替卡西林、克林霉素等敏感；万古霉素适用于几乎所有革兰阳性厌氧菌感染；新型喹诺酮类药物对革兰阳性和革兰阴性厌氧菌都有较高的抗菌活性。无芽胞厌氧菌对氨基糖苷类抗生素不敏感，对四环素亦大多耐药。越来越多耐药菌株的产生增加了治疗的难度，多数脆弱类杆菌、普雷沃菌、卟啉单胞菌和某些梭杆菌能产生β-内酰氨酶，对青霉素类和头孢菌素类药物耐药。因此，在治疗前还应对分离株进行药敏试验，正确选用敏感的抗菌药物。

四、常见的无芽胞厌氧菌

（一）类杆菌属

类杆菌属（*Bacteroides*）为革兰阴性厌氧杆菌，两端圆而浓染，中间不着色或着色浅，似空泡状，有荚膜。在感染的标本中，细菌呈多形性，有时菌体淡染，一端着色深，似芽胞。在血平板上培养 24～48 h，形成圆形微凸的中等大小菌落，表面光滑，边缘整齐，一般不溶血。该属细菌中，脆弱类杆菌（*B. fragilis*）在临床上最常见，占临床标本所分离厌氧菌的 25%。脆弱类杆菌为肠道正常菌群，粪便中的含量为 10^{10} cfu/g。主要引起腹腔脓肿、败血症等，常与消化链球菌、兼性厌氧菌等引起混合感染。有些菌株能产生肠毒素，可引起腹泻。类杆菌有典型的革兰阴性菌细胞壁，但其脂多糖无内毒素活性，主要是由于其氨基葡萄糖残基上脂肪酸较少和缺乏磷酸基团。

（二）普雷沃菌属

普雷沃菌属（*Prevotella*）为革兰阴性厌氧杆菌，呈多形性，无芽胞，无鞭毛。专性厌氧，血平板上形成透明、浑浊、灰色或黑色的菌落。20%胆盐能抑制其生长。其中，产黑色素普雷沃菌（*P. melaninogenica*）主要定居于口腔和肠道，是上呼吸道混合感染中最常分离到的细菌，还可引起牙周病、脑脓肿、肺脓肿及盆腔炎等。

（三）梭杆菌属

梭杆菌属（*Fusobacterium*）为革兰阴性细长杆菌，两端尖细呈梭形。专性厌氧，血平板上形成灰白色、扁平、半透明菌落。其生化反应特点是代谢过程中能产生大量丁酸；能将苏氨酸分解为丙酮酸。临床常见的核梭杆菌（*F. nucleatum*）是口腔和直肠黏膜的正常菌群成员，常与其他厌氧菌引起混合感染，是口腔、上呼吸道感染和菌血症的常见病原菌。

（四）乳杆菌属

乳杆菌属（*Lactobacillus*）为革兰阴性细长弯曲的杆菌。主要代谢产物是乳酸和乙酸。乳杆菌主要分布于正常人的肠道和阴道，极少数为机会致病菌，如格氏乳杆菌可从亚急性心内膜炎、脓肿或败血症等临床标本中分离出；嗜酸乳杆菌（*L. acidophilus*）与龋齿形成有关。此外，嗜酸乳杆菌常用于制作微生态制剂。

（五）双歧杆菌属

双歧杆菌属（*Bifidobacterium*）是革兰阳性厌氧杆菌，长短不一，呈细杆状、棒状、匙状等多种形态，有的一端或两端分叉，故名。无荚膜，无鞭毛。严格厌氧，耐酸，最适 pH 为 6.5～7.0。分解葡萄糖和乳糖，产生甲酸、乙酸等。目前发现的双歧杆菌共有 35 个种，其中 10 余个种与人类有关。双歧杆菌是人和动物肠道中重要的正常菌群成员，占很高的比例，在母乳营养儿粪便中占细菌总数的 98%，以后逐渐减少，老年时期明显减少。双歧杆菌在肠道中具有维持肠道微生态平衡，拮抗外源性致病菌感染，促进营养物质代谢，增强机体免疫力，抗肿瘤，抗衰老等重要作用。因此，双歧杆菌常被加入奶制品、饮料或胃药中，作为微生态制剂广泛应用，推动了微生态制剂的发展。双歧杆菌在临床标本中偶尔能分离到，但其致病作用尚不明确。

（六）丙酸杆菌属

丙酸杆菌属（*Propionibacterium*）为革兰阳性厌氧短小杆菌，常呈链状或成簇排列，无鞭毛。能在普通培养基上生长，但生长缓慢。分解糖类，产生大量丙酸和乙酸。丙酸杆菌是人体皮肤正常菌群成员，临床感染标本中以痤疮丙酸杆菌（*P. acnes*）最常见，与皮肤的慢性感染，如痤疮和酒渣鼻等有关，也可因外伤、手术等引起皮肤、软组织感染。

（七）消化链球菌属

消化链球菌属（*Peptostreptococcus*）是革兰阳性厌氧球菌，以短链或长链状排列，也可成堆排列。消化链球菌主要寄居于人体肠道、女性阴道，在临床厌氧菌分离株中占20%～35%，仅次于脆弱类杆菌。该菌可从阑尾炎、胸膜炎、产后败血症等标本中检出，多与金黄色葡萄球菌等混合感染。

（八）韦荣菌属

韦荣菌属（*Veillonella*）为革兰阴性厌氧球菌，成对、成簇或短链状排列。该菌是咽喉部的主要厌氧菌，在临床标本分离的厌氧菌中比例不到1%，常自软组织脓肿、上呼吸道感染标本及血液中分离出，多为混合感染。

小　　结

厌氧性细菌根据是否形成芽胞，分为厌氧芽胞梭菌和无芽胞厌氧菌。厌氧芽胞梭菌能产生强烈的外毒素致病，主要引起外源性感染，临床常见的有破伤风梭菌、产气荚膜梭菌、肉毒梭菌、艰难梭菌等；无芽胞厌氧菌大多为人体正常菌群成员，主要引起内源性感染，常见的有类杆菌、双歧杆菌、丙酸杆菌、消化链球菌、韦荣球菌等。随着厌氧分离培养技术和分子生物学技术的发展，临床标本中厌氧性细菌的检出率逐年上升，分离的厌氧性细菌种类也逐渐增多，对厌氧性细菌及其产物的应用研究日趋深入。国内外已将肉毒毒素用于眼科、神经科、康复科和美容外科等领域的多种病症的对症治疗；厌氧性细菌（如诺氏梭菌、双歧杆菌等）在治疗实体肿瘤方面也取得了较大进展。

破伤风梭菌是破伤风的病原菌，呈鼓槌状，严格厌氧，不发酵糖类，不分解蛋白质。破伤风梭菌致病的重要条件是伤口局部形成厌氧微环境。破伤风梭菌无侵袭力，破伤风痉挛毒素是引起破伤风的主要致病物质。破伤风痉挛毒素属神经毒素，能阻止脊髓前角运动神经元释放γ-氨基丁酸、甘氨酸等抑制性神经递质，干扰抑制性神经元的协调作用，导致肌肉活动的兴奋与抑制失调，引起屈肌和伸肌同时发生强烈收缩，肌肉出现强烈痉挛。破伤风典型症状为苦笑面容、牙关紧闭及角弓反张。

产气荚膜梭菌是气性坏疽的主要病原体，双层溶血环、Nagler反应和汹涌发酵现象是本菌的培养特点。该菌能产生多种外毒素和侵袭性酶类，可引起食物中毒、坏死性肠炎等。

肉毒毒素是肉毒梭菌的主要致病物质，属神经毒素，是已知毒性最强的毒素，其结构和致病机制与破伤风痉挛毒素非常相似，作用于外周神经肌肉接头处、自主神经末梢以及中枢神经系统的脑神经核，抑制神经递质乙酰胆碱的释放，引起运动神经末梢功能失调，导致弛缓性麻痹，引起的疾病最常见的是食物中毒和婴儿肉毒病，也可引起创伤性肉毒病。

【复习思考题】

1. 破伤风梭菌的致病条件有哪些？其致病机制是怎样的？如何预防和治疗破伤风？
2. 肉毒毒素与破伤风痉挛毒素的毒性作用有何不同？
3. 简述无芽胞厌氧菌与临床疾病的关系。临床上应如何预防无芽胞厌氧菌感染？

（黄筱钧）

第十四章

动物源性细菌

学习要点

掌握：① 布鲁菌属的生物学性状、分类和致病性；② 炭疽芽胞杆菌的生物学性状、致病性和防治原则；③ 鼠疫耶尔森菌的生物学性状、致病性和防治原则。

熟悉：① 动物源性细菌的概念和种类；② 弗朗西斯菌属的生物学性状及致病性；③ 巴斯德菌属的生物学性状及致病性。

了解：① 布鲁菌属、炭疽芽胞杆菌、鼠疫耶尔森菌的微生物学检查；② 其他动物源性细菌。

动物源性细菌是以动物作为传染源，引起人兽共患病（zoonosis）的病原菌。由同一种病原体引起人类和动物的某些传染病称为人兽共患病，由于此类疾病绝大多数传染源是动物，又称为动物源性疾病（animal-bome disease），主要发生在畜牧区或自然疫源地。动物源性细菌通常以家畜或野生动物为储存宿主，人类主要通过直接接触病畜或其污染物而感染，也可经媒介动物叮咬感染。

动物源性细菌主要包括布鲁菌属、芽胞杆菌属、耶尔森菌属、弗朗西斯菌属、巴斯德菌属等。

第一节 布鲁菌属

布鲁菌属（*Brucella*）是一类革兰阴性的短小杆菌，1887 年由英国医师 David Bruce 首先分离出，故得名。布鲁菌属细菌是一类人兽共患病的病原菌，目前发现的共有 6 个生物种，19 个生物型，其中使人致病的有羊布鲁菌（*B. melitensis*）、牛布鲁菌（*B. abortus*）、猪布鲁菌（*B. suis*）和犬布鲁菌（*B. canis*）等四个生物种，其他生物种目前只发现于感染动物。哺乳动物中牛、羊、猪等家畜最易感染，常引起母畜传染性流产。人类与病畜接触或食用染菌肉类、乳制品等可引起感染，致布鲁菌病（brucellosis），主要表现为波浪热，临床以长期发热、多汗、乏力、肌肉关节疼痛、肝脾及淋巴结肿大为特点。人与人之间的传播极为罕见。

我国流行的主要是羊布鲁菌病，其次为牛布鲁菌病。20 世纪 60 年代至 70 年代，通过大规模的动物布鲁菌病防治，发病率显著降低，但近年又有增高的趋势。目前，主要流行于我国西北部和东北部，以青藏高原及内蒙古牧区较常见。

一、生物学性状

1. 形态与染色　革兰阴性短小杆菌或球杆菌，长 0.5～1.5 μm，宽 0.4～0.8 μm，无鞭毛，无芽胞，光滑型菌株有微荚膜。

2. 培养特性　专性需氧，牛布鲁菌在初次分离时需 5%～10% CO_2。营养要求较高，在普通培养基上生长缓慢，若加入血清或肝浸液，或加入硫胺、烟酸和生长素等可促进其生长。最适生长温度为35～37℃，最适pH为6.6～6.8。经37℃培养48 h可长出微小、透明、无色的光滑型(S)菌落，经人工传代培养后可转变为粗糙型(R)菌落。布鲁菌在血琼脂平板上不溶血，在液体培养基中可出现轻度混浊并有沉淀。

3. 生化反应　脲酶和 H_2S 试验大多呈阳性。根据产生 H_2S 的多少和在含碱性染料培养基中的生长情况，可鉴别羊布鲁菌、牛布鲁菌和猪布鲁菌(表14-1)。对人致病的三个生物种均可以产生过氧化氢酶和氧化酶。

4. 抗原构造与分型　所有布鲁菌均含有A(abortus)和M(melitensis)两种抗原物质，但两种抗原在不同的布鲁菌中含量不同。牛布鲁菌含A抗原多，其A∶M为20∶1，故A抗原又称为牛布鲁菌菌体抗原；羊布鲁菌含M抗原多，其A∶M为1∶20，故M抗原又称为羊布鲁菌菌体抗原；猪布鲁菌A∶M为2∶1。因此，用A与M因子血清进行凝集试验可以帮助鉴别三种布鲁菌(表14-1)。三种主要的布鲁菌又可根据其培养、生化反应及血清学反应，进一步分为不同的生物型。其中牛布鲁菌分为9型，羊布鲁菌分为3型，猪布鲁菌分为5型。

表14-1　三种主要布鲁菌的生物学特性与鉴别

菌种	CO_2 需要	脲酶试验	H_2S 产生	含染料培养基中生长		玻片凝集反应	
				复红(1∶50 000)	硫堇(1∶20 000)	A血清	M血清
羊布鲁菌	−	+/−	−	+	+	−	+
牛布鲁菌	+	+	+	+	−	+	−
猪布鲁菌	−	+	+/−	−	+	+	+

5. 抵抗力　布鲁菌在外界环境中抵抗力较强，在水中可生存4个月，在土壤、毛皮、病畜的脏器和分泌物、肉和乳制品中可生存数周至数月。但对日光、热、常用消毒剂等均敏感。如日光直接照射下10～20 min，湿热60℃ 10～20 min或3%来苏尔作用数分钟均可杀死布鲁菌。对常用的广谱抗生素也较敏感。

二、致病性与免疫性

1. 致病物质　内毒素是布鲁菌的主要致病物质。此外，荚膜与侵袭性酶(透明质酸酶、过氧化氢酶等)增强了该菌的侵袭力，使细菌能通过完整的皮肤、黏膜进入宿主体内，在机体脏器内大量繁殖并快速扩散入血。

2. 所致疾病　牛、羊、猪等家畜是布鲁菌的主要自然宿主，感染后可引起母畜流产，还可表现为睾丸炎、附睾炎、乳腺炎、子宫炎等。病原体可随流产的胎畜和羊水大量排出，隐性感染的动物也可经乳汁、粪、尿等长期排菌。

人类对布鲁菌易感，但感染后不会引起流产，原因可能是易感动物的生殖器官和胎膜上含有大量赤藓醇，刺激细菌生长而引起流产，而人类胎盘中不含有赤藓醇，故不会引起流产。人类主要通过接触病畜及其分泌物或接触被污染的畜产品，经皮肤、黏膜、眼结膜、消化道、呼吸道等不同途径感染。

布鲁菌病的发病机制较为复杂，细菌、毒素以及超敏反应均不同程度地参与疾病发生和发展的过程。布鲁菌侵入机体后，即被中性粒细胞和巨噬细胞吞噬，因其荚膜能抵抗吞噬细胞的裂解，成为胞内寄生菌，并经淋巴管到达局部淋巴结生长繁殖形成感染灶，此期为潜伏期，持续1～6周。当细菌在淋巴结中繁殖达到一定数量后，突破淋巴结屏障侵入血流，出现菌血症，主要表现为发热。随后细菌经血流侵入肝、脾、骨髓和淋巴结等脏器细胞，形成新的感染灶，血液中的布鲁菌逐渐消失，发热也逐渐消退。细菌在新的感染灶内繁殖到一定数量时，再度入血，又出现菌血症而致体温升高。如此反复，使患者出现不规则的波浪状热型，临床上称为波浪热。感染易转为慢性，在全身各处引起迁徙性病变，伴随发热、关节痛和全身乏力等症状，体征有肝、脾肿大。病程一般持续数周至数月。

布鲁菌的致病过程与该菌引起的Ⅳ型超敏反应有关。此外，抗原成分与相应抗体形成的免疫复合物可导致急性炎症和坏死，病灶中有大量中性粒细胞浸润，可能是一种Ⅲ型超敏反应(Arthus反应)。

3. 免疫性　机体感染布鲁菌后可产生免疫力。由于布鲁菌为细胞内寄生，故免疫以细胞免疫为主。病后机体产生的 IgM 和 IgG 类抗体可发挥免疫调理作用。各菌种和生物型之间可出现交叉免疫。过去认为当机体内有布鲁菌存在时，对再次感染有较强免疫力，即有菌免疫。但近年研究发现，随着病程的延续，机体免疫力不断增强，体内的病原菌不断被消灭，最终可变为无菌免疫。

此外，布鲁菌感染后还可引起Ⅳ型超敏反应，故病程中免疫保护和免疫病理损伤往往交织存在。

三、微生物学检查

1. 病原学检查

(1) 标本采集：血液是最常用的标本，急性期血培养阳性率可高达 70%。急性期、亚急性期患者还可取骨髓进行分离。病畜的子宫分泌物、羊水、流产动物的肝、脾、骨髓等也可作为分离培养的标本。

(2) 分离培养与鉴定：将标本接种于双相肝浸液培养基，置 35～37℃含 5%～10% CO_2孵箱中培养。大多阳性培养物在 4～7 d 形成菌落，若 30 d 仍无细菌生长可报告为阴性。若有菌生长，可根据细菌形态染色特点、对 CO_2的需求、菌落特点、H_2S 产生能力、染料抑菌试验和玻片血清凝集等结果确定型别。

2. 免疫学检查

(1) 凝集试验：发病 1～7 d 后血清中开始出现 IgM 类抗体，将患者血清作倍比稀释，标准菌量为 1×10^9个/mL，进行玻片凝集试验，效价≥1∶200 有诊断意义。用胶乳凝集试验可在 6 min 内判定结果，方法简易可靠。

(2) 补体结合试验：一般发病 3 周后出现 IgG 类抗体，由于此抗体能维持较长时间，故可用以诊断慢性布鲁菌病。此试验特异性高，试验结果一般以 1∶10 为阳性诊断标准。

(3) 抗球蛋白试验：抗球蛋白试验(Coombs test)一般用于血清凝集试验阴性但有明显布鲁菌病症状的病例。因布鲁菌感染患者常出现不完全抗体，需用 Coombs 试验才能检出。在病程中凝集效价出现增长者有诊断意义。

(4) 皮肤试验：其机制为迟发型超敏反应。将布鲁菌素(brucellin)或布鲁菌蛋白提取物 0.1 mL 注入受试者前臂掌侧皮内，24～48 h 后观察结果。局部红肿浸润直径 1～2 cm 者为弱阳性，2～3 cm 为阳性，3～6 cm 及以上为强阳性。若红肿在 4～6 d 内消退者为假阳性。皮试阳性可诊断慢性布鲁菌病或曾患过布鲁菌病。

四、防治原则

预防布鲁菌病的主要措施是控制和消灭家畜布鲁菌病，切断传播途径以及免疫接种。由于本菌不同种之间存在共同抗原，有交叉免疫，可用毒力较弱的牛种布鲁菌制成活疫苗，预防毒力较强的羊种和猪种布鲁菌感染。免疫接种应以疫区畜群为主要接种对象，同时也应对牧场、屠宰场工作人员、兽医及相关职业人员进行免疫。我国目前应用的疫苗为 104M 株减毒活疫苗，采用皮上划痕接种，免疫期约一年。

急性期和亚急性期患者，WHO 推荐的首选治疗方案是利福平与多西环素联合使用；神经系统受累者选用四环素与链霉素合用。慢性期患者除采用上述治疗外，尚需进行脱敏和对症治疗。

第二节 芽胞杆菌属

芽胞杆菌属(*Bacillus*)是一群需氧、能形成芽胞的革兰阳性大杆菌。迄今为止，该属的菌种数已超过 200 种，并不断有新的菌种、菌株被发现。其中，炭疽芽胞杆菌能引起动物和人类炭疽病，蜡样芽胞杆菌可引起人类食物中毒。其余多为腐生菌，偶尔也能致病，如在机体免疫力低下时，枯草芽胞杆菌可引起结膜炎、虹膜炎及全眼炎等。本属细菌常以芽胞形式广泛存在于土壤、水、空气和尘埃中，也是实验室及制剂生产车间的常见污染菌，在医药、食品工业和环境保护等方面具有特殊意义。

一、炭疽芽胞杆菌

炭疽芽胞杆菌(*B. anthracis*),俗称炭疽杆菌,是动物和人类炭疽病(anthrax)的病原菌,也是人类历史上第一个被发现的病原菌,由德国细菌学家 Robert Koch 于 1877 年首先从患病动物组织中获得纯培养。牛羊等食草动物的发病率最高,人可通过接触或食用患炭疽病的动物及畜产品而感染,多引起皮肤炭疽,也有肺炭疽和肠炭疽等。炭疽病多为散发,我国仅有个别暴发案例,多集中在贵州、新疆、甘肃、四川、广西、云南等西部地区。

(一) 生物学性状

1. 形态与染色　炭疽芽胞杆菌是一类革兰阳性大杆菌,长 5~10 μm,宽 1~3 μm,两端平切,无鞭毛。取自患者或病畜的新鲜标本直接涂片时,常单个或呈短链排列,经人工培养后则形成竹节样排列的长链。在氧气充足、温度适宜的环境中易形成芽胞,芽胞呈椭圆形,位于菌体中央,宽度小于菌体(图 14-1)。有毒菌株在机体内或含血清的培养基中可形成荚膜。

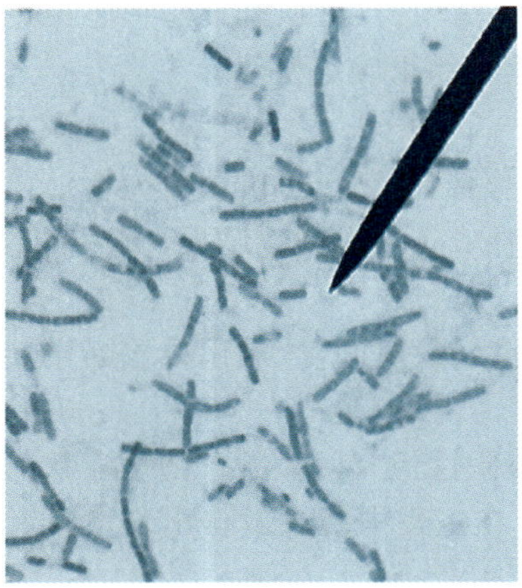

图 14-1　炭疽芽胞杆菌 (×1 000)

2. 培养特性　需氧或兼性厌氧,最适生长温度为 30~35℃,最适 pH 为 7.2~7.4。营养要求不高,在普通培养基上培养 24 h 可形成灰白色、大而扁平的粗糙型菌落,低倍镜下观察可见卷发状边缘。在血琼脂平板上培养早期不溶血,24 h 后有轻微溶血。在肉汤培养基中由于形成长链而呈絮状沉淀生长。穿刺接种于明胶培养基中,经 37℃培养 24 h 可使表面液化呈漏斗状,由于细菌沿穿刺线向四周扩散而呈倒杉树状。有毒菌株在含 $NaHCO_3$ 的血琼脂平板上,置 5% CO_2 孵箱 37℃孵育 24~48 h 可产生荚膜,形成黏液型(M)菌落,用接种针挑取时可见丝状物。

3. 抗原结构　炭疽芽胞杆菌的抗原可分为两类,一类是结构抗原,包括荚膜、菌体和芽胞等,另一类是炭疽毒素复合物。

(1) 荚膜多肽抗原:由 D-谷氨酸多肽组成,系 pOX2 质粒的基因(*capB*、*capC*、*capA*)编码,具有抗吞噬作用,与细菌毒力有关。免疫原性较弱,产生的抗体无免疫保护性。该抗原与相应抗体结合,镜下可见荚膜肿胀,对鉴定本菌有一定意义。

(2) 菌体多糖抗原:由 D-葡萄糖胺和 D-半乳糖组成,与毒力无关。由于耐热,此抗原在病畜皮毛或腐败脏器中虽经长时间煮沸仍可与相应抗体发生沉淀反应,称为 Ascoli 热沉淀反应,对追溯炭疽芽胞杆菌病原方面起了很大作用。但由于此抗原特异性不高,与其他需氧芽胞杆菌、14 型肺炎球菌多糖抗原,甚至人类 A 血型抗原之间均可发生交叉反应,故 Ascoli 反应目前已很少使用。

(3) 芽胞抗原:由芽胞的外膜、皮质等组成的特异性抗原,具有免疫原性和血清学诊断价值。

(4) 炭疽毒素复合物:由保护性抗原(protective antigen,PA)、致死因子(lethal factor,LF)和水肿因子(edema factor,EF)三种蛋白质组成的复合物,由 pOX1 质粒的基因(*pageA*, *lef*, *cya*)编码,注射给实验动物可出现炭疽病的典型中毒症状。但致死因子和水肿因子单独存在时则不会发挥生物学活性,水肿因子与保护性抗原结合组成水肿毒素(edema toxin,ET),致死因子与保护性抗原结合组成致死毒素(lethal toxin,LT)后,分别引起实验动物的水肿和死亡。炭疽毒素具有抗吞噬作用和免疫原性,其相应抗体对宿主具有一定的保护作用。

4. 抵抗力　炭疽芽胞杆菌繁殖体的抵抗力与一般细菌相似,但其芽胞对外界因素的抵抗力很强。在干燥土壤或皮毛中能存活数年至 20 余年,牧场一旦被污染,传染性可持续数十年。芽胞对化学消毒剂的抵抗力也很强,如用 5%石炭酸需 5 d 才可杀死。但对碘及氧化剂较敏感,1∶2 500 碘液 10 min、0.5%过氧乙酸 10 min 即可杀死。高压蒸气灭菌法 121℃ 15 min 可杀灭芽胞。本菌对青霉素、红霉素、氯霉素等多种抗生素均敏感。

(二) 致病性与免疫性

1. 致病物质　炭疽芽胞杆菌的主要致病物质是荚膜和炭疽毒素。由质粒 DNA 控制荚膜和炭疽毒素的产生。荚膜由 pOX2 质粒编码，具有抗吞噬作用，有利于细菌在机体组织中繁殖和扩散，是重要的侵袭因子。炭疽毒素由 pOX1 质粒编码，是造成感染者致病和死亡的主要原因，可导致微血管内皮细胞损伤，血管通透性增加，组织水肿，有效循环血量下降，血液呈高凝状态，发生休克、DIC，甚至导致死亡。

2. 所致疾病　炭疽芽胞杆菌主要为食草动物（牛、羊、马等）炭疽病的病原菌，也可经多种途径侵入人体，引起人类炭疽病。由于感染途径不同，表现为不同的临床类型。

（1）皮肤炭疽：皮肤炭疽（cutaneous anthrax）为最常见的炭疽病，约占人类炭疽病病例的 95%，人因接触患病动物或受染皮毛而引起。细菌或芽胞多由颜面、四肢等皮肤小伤口侵入，经 1 d 左右，局部出现小疖，继而周围形成水疱、脓疮，最后出现坏死和特有的黑色焦痂，故名炭疽。患者常伴有高热、寒战等全身症状，轻者 2～3 周可治愈，约 20%的患者可发展成败血症而死亡。

（2）肺炭疽：肺炭疽也称吸入炭疽（inhalation anthrax），约占人类炭疽病病例的 5%，由于吸入含有大量病菌芽胞的尘埃所致，多发生于皮革工人。潜伏期可长达 6 周，患者病初表现为呼吸道症状，很快也出现全身中毒症状，2～3 d 内死亡。

（3）肠炭疽：肠炭疽（gastrointestinal anthrax）在人类极为少见，目前仅非洲、亚洲和美国曾有报道，因食入未煮熟的病畜肉类、乳制品或被污染的食物而引起。患者出现连续性呕吐、血便、腹痛及肠麻痹等，但以全身中毒症状为主，可于 2～3 d 死于毒血症。

上述三种感染类型，病菌均可侵入局部淋巴结，进入血流播散至全身，引起败血症，偶见引起炭疽性脑膜炎，死亡率极高。

3. 免疫性　机体感染炭疽芽胞杆菌后可获得持久性免疫力。一般认为与机体针对炭疽毒素保护性抗原产生的保护性抗体及吞噬细胞的吞噬功能增强有关。荚膜多肽抗原的抗体和菌体多糖抗原的抗体无保护作用。

（三）微生物学检查

1. 病原学检查　炭疽病是一种死亡率极高的烈性传染病，快速的病原学诊断在控制疾病流行中具有重要意义。炭疽芽胞杆菌的标本采集、运送及检验过程中，均需注意个人和环境的保护。

（1）标本采集：根据炭疽病型、病程采取不同标本。人类皮肤炭疽早期取水疱、脓疱内容物，晚期取血液；肺炭疽取痰液、病灶渗出液及血液等；肠炭疽取粪便、血液及畜肉等；脑膜炎时可采取脑脊液。炭疽动物尸体严禁在室外剖检，以免形成芽胞污染牧场及环境。一般要在无菌条件下割取动物耳尖或舌尖组织送检。

（2）直接涂片镜检：渗出液、血液可直接涂片，新鲜组织作印片，革兰染色后若发现有荚膜或呈竹节状排列的革兰阳性大杆菌，或用特异性荧光抗体染色镜检、免疫组织化学染色技术等，结合临床症状可作出初步诊断。

（3）分离培养与鉴定：将标本接种于血琼脂平板和 $NaHCO_3$ 琼脂平板，37℃培养 18～24 h 后观察菌落形态，挑取可疑菌落进一步做青霉素串珠试验、动物试验及噬菌体裂解试验等进行鉴定。

青霉素串珠试验的原理是炭疽芽胞杆菌在含微量（0.05～0.5 U/mL）青霉素的培养基上，细胞壁合成受阻，细胞膜受胞质压力膨出，细菌形态变异为大而均匀的圆球形，呈串珠状排列，其他需氧芽胞杆菌则无此现象。

动物试验一般将检材或培养物接种小鼠或豚鼠，动物于 2～3 d 发病，在感染组织、内脏及血液中可检测出带荚膜的炭疽芽胞杆菌。

炭疽芽胞杆菌与其他需氧芽胞杆菌的鉴别见表 14-2。

表 14-2　炭疽芽胞杆菌与其他需氧芽胞杆菌的鉴别

性　状	炭疽芽胞杆菌	其他需氧芽胞杆菌
荚膜	＋	－
动力	－	＋
肉汤培养物	絮状沉淀，上层澄清	沉淀/均匀混浊/有菌膜
血琼脂平板	不溶血或微溶血	多为迅速而明显溶血

续表

性　状	炭疽芽胞杆菌	其他需氧芽胞杆菌
$NaHCO_3$琼脂平板	黏液型菌落（有毒株）	粗糙型菌落
青霉素串珠试验	+	－
噬菌体裂解试验	+	－
动物致病力试验	+	－

2. 免疫学检查及分子检查　除病原学检查方法外，也可用免疫荧光法检测荚膜抗体，ELISA 法检查炭疽毒素，PCR 技术检测核酸等。

（四）防治原则

炭疽病的预防重点应该放在家畜感染的防治、牧场的卫生防护和生物恐怖活动的防范方面。对易感家畜进行预防接种，病畜应严格隔离或处死深埋，死畜严禁剥皮或煮食，必须焚毁或深埋于 2 m 以下并加大量石灰。对可疑污染的动物皮毛、用具等必须彻底灭菌处理。此外，人感染炭疽病，尤其是肺炭疽患者，应严防其通过空气导致感染扩散。

对疫区牧民、兽医、屠宰人员、皮革毛纺工人等，采用皮上划痕接种炭疽减毒活疫苗进行特异性预防，接种半月后产生免疫力，可维持一年左右。由于施行普遍接种疫苗和广泛的动物类医疗工作，发达国家动物及人类炭疽病几乎消灭。

治疗炭疽病首选青霉素，可与庆大霉素或链霉素联合使用，青霉素过敏者可用环丙沙星及红霉素等。因抗菌药物只对炭疽杆菌有效，而对炭疽毒素无效，故重症病例可加用炭疽免疫血清，中和其毒素。

二、蜡样芽胞杆菌

蜡样芽胞杆菌（*B. cereus*）为革兰阳性大杆菌，宽 1.0～1.2 μm，长 3.0～5.0 μm，两端钝圆，有周鞭毛，无荚膜。培养 6 h 后即可形成芽胞，芽胞位于菌体中央或次极端，椭圆形。需氧或兼性厌氧。在普通培养基上生长良好，菌落较大，灰白色，表面粗糙似融蜡状，故名。本菌广泛分布于土壤、水、尘埃、淀粉制品、乳和乳制品等食品中，可引起食源性疾病和机会性感染。

蜡样芽胞杆菌引起的食物中毒以夏、秋季多见，由于食入污染了大量蜡样芽胞杆菌的食物（米饭、乳品、果汁等）而导致发病。所引起的食物中毒可分为两种类型：① 呕吐型，由耐热的肠毒素引起，通常污染米饭，人于进食后 1～5 h 发病，主要症状有恶心、呕吐、腹痛，仅少数有腹泻，通常在 24 h 内恢复正常，严重者偶可出现爆发性肝衰竭；② 腹泻型，由不耐热的肠毒素引起，于进食后 6～15 h 发生胃肠炎症状，临床表现为腹痛、腹泻和里急后重，偶有呕吐和发热。

此外，蜡样芽胞杆菌也是外伤后眼部感染的常见病原菌，可引起严重的角膜炎、眼内炎和全眼球炎等，治疗不及时易造成失明。在免疫功能低下或使用免疫抑制剂的患者中还可引起心内膜炎、脑膜炎、骨髓炎、肺炎和菌血症等。

发生食物中毒时，应采取可疑食物或收集患者的粪便及呕吐物进行检查。除进行分离培养外，须做活菌计数。由于暴露于空气中的食物通常会在一定程度上受到该菌的污染，故不能因分离出蜡样芽胞杆菌就认为是食物中毒的病原菌。一般认为，每克食物中该菌数超过 10^5 个才具有诊断意义，再结合形态、染色性、菌落特征及生化型、血清型和噬菌体分型作鉴定。

本菌对红霉素、氯霉素和庆大霉素敏感，对青霉素、磺胺类耐药。

第三节　耶尔森菌属

耶尔森菌属（*Yersinia*）属于肠杆菌科，是一类革兰阴性小杆菌，目前已知有 13 个种和亚种，其中确定对人类致病的有鼠疫耶尔森菌、小肠结肠炎耶尔森菌和假结核耶尔森菌。该属细菌通常感染啮齿类动物、家畜和鸟类等，人类通过接触已感染的动物、食入被污染的食物或节肢动物叮咬等途径感染。

一、鼠疫耶尔森菌

鼠疫耶尔森菌(*Y. pestis*)俗称鼠疫杆菌，是鼠疫的病原菌。鼠疫是一种主要在野生啮齿类动物间传播的自然疫源性的烈性传染病，流行历史悠久，有记载的世界性大流行就有三次，死亡人数过亿。每次大流行的菌种代谢特点均不同，据此又分别命名为古典型、中世纪型和东方型三种生物型。人类鼠疫是因直接接触、食用感染了鼠疫的动物或被染菌的鼠蚤叮咬而受染。鼠疫在世界上许多地区均有发生，主要流行地区为亚洲、非洲和南北美洲。鼠疫是我国重点监控的自然疫源性传染病，有 12 种类型鼠疫自然疫源地，分布于 19 个省区。近年来在某些地区仍有散在病例发生，发病最多的是滇西黄胸鼠疫源地和青藏高原喜马拉雅旱獭疫源地。

（一）生物学性状

1. 形态与染色　革兰阴性短杆菌，卵圆形，两端钝圆，两极浓染，长 1.0～2.0 μm，宽 0.5～0.8 μm。一般为单个散在，偶尔成双或呈短链状。从死于鼠疫的尸体或动物新鲜内脏制备的印片或涂片，形态典型，有时可见吞噬细胞内外均有本菌。但在腐败材料、陈旧培养物或含 3% NaCl 的培养基中培养后则呈明显多形态性，可见菌体膨大成球形、杆形、棒形或哑铃状等各种形态，亦可见到着色极浅的细菌轮廓，称为菌影(ghost)。在动物体内及早期培养物中可有荚膜，无芽胞，无鞭毛。

2. 培养特性　兼性厌氧，最适生长温度为 27～30℃，最适 pH 为 6.9～7.2。营养要求不高，在普通培养基上能生长，但生长缓慢。在含血液或组织液的固体培养基上生长，24～48 h 可形成无色透明、中央隆起、边缘扁平而不整齐、细小、黏稠的粗糙型菌落。在肉汤培养基中，开始呈混浊，24 h 后表现为絮状沉淀生长，48 h 后培养基表面逐渐形成菌膜，稍加摇动后菌膜呈"钟乳石"状下沉，此特征有一定的鉴别意义。

3. 生化反应　过氧化氢酶试验阳性，吲哚试验、氧化酶试验以及脲酶试验阴性。

4. 抗原结构　鼠疫耶尔森菌的抗原结构复杂，至少有 18 种抗原，重要的有 F1、V/W、外膜蛋白、鼠毒素和内毒素等抗原，与鼠疫耶尔森菌的致病性有关。

(1) F1 抗原：F1(fraction1)抗原是鼠疫耶尔森菌的荚膜抗原，由 65×10^6 质粒 DNA 编码，具有抗吞噬和活化补体的作用。F1 抗原的免疫原性较强，特异性较高，其相应抗体具有免疫保护作用。但 F1 抗原是一种不耐热的糖蛋白，100℃ 15 min 即失去免疫原性。

(2) V/W 抗原：由 45×10^6 质粒 DNA 编码。V 抗原存在于细胞质中，为可溶性蛋白。W 抗原位于菌体表面，是一种脂蛋白。两种抗原常同时存在，能抑制吞噬细胞的吞噬作用。

(3) 外膜蛋白：耶尔森菌外膜蛋白(*Yersinia* outer membrane proteins，Yop)的编码基因与 V/W 基因位于同一质粒上，在 37℃ 和含 Ca^{2+} 条件下能产生数种外膜蛋白，这些蛋白在细菌突破宿主的防御机制，导致机体发病等方面具有重要作用。

(4) 鼠毒素：鼠毒素(murine toxin，MT)为可溶性蛋白，是一种由 65×10^6 质粒 DNA 编码产生的外毒素，对鼠类有剧烈毒性，1 μg 即可使鼠致死，主要作用于心血管系统，引起局部坏死和毒血症。MT 具有良好的免疫原性，用甲醛处理可使其脱毒制成类毒素，用于免疫动物制备抗毒素。

(5) 内毒素：其性质与肠道杆菌内毒素相似，可致机体发热、休克和 DIC 等。

5. 抵抗力　鼠疫耶尔森菌对理化因素抵抗力较弱。湿热 70～80℃ 10 min 或 100℃ 1 min 即可杀死该菌。5%来苏尔或 5%石炭酸 20 min 内可将痰液中的鼠疫耶尔森菌杀死。但在蚤粪和土壤中能存活半年至 1 年以上。

6. 变异性　鼠疫耶尔森菌可通过自发或诱发性突变及基因转移等机制发生变异，其生化特性、毒力、耐药性和抗原构造等均可出现变异。与多数细菌光滑型(S)菌落致病性强的特征不同，鼠疫耶尔森菌野生菌株的菌落呈粗糙型(R)，有毒力，经人工传代培养后菌落逐渐变为 S 型，其毒力也随之减弱。

（二）致病性与免疫性

1. 致病物质　鼠疫耶尔森菌的多种抗原和毒素都具有致病作用，所以毒力很强，少量细菌即可使人致病。如前所述，所有鼠疫耶尔森菌均含有内毒素，释放后可致机体发热、休克和DIC等；F1抗原具有抗吞噬和活化补体的作用；V和W抗原总是一起产生，使细菌具有形成肉芽肿和在细胞内存活的能力，且有免疫抑制作用；外膜蛋白能使细菌突破宿主的防御机制，导致机体发病；鼠毒素主要对鼠类致病，当细菌自溶裂解后才释放，可阻断鼠类肾上腺素能神经和引起心脏损害，但对人的损伤作用尚不清楚。

2. *所致疾病* 鼠疫是自然疫源性传染病，鼠疫耶尔森菌可侵犯多种啮齿类动物如田鼠、家鼠、黄鼠、沙鼠等。鼠疫一般先在鼠间发病和流行，通过鼠蚤的叮咬传染人类，尤其当大批病鼠死亡后，失去宿主的鼠蚤转向人群或其他动物(如旱獭、绵羊等)。人患鼠疫后，又可通过人蚤或呼吸道等途径在人群间传播。临床上常见的有腺鼠疫、肺鼠疫和败血症型鼠疫，此外，还有轻型鼠疫(小鼠疫)、皮肤鼠疫、肠鼠疫、眼鼠疫、脑膜炎型鼠疫等。

(1) 腺鼠疫：最常见，多发生于流行初期，主要表现为严重的急性淋巴结炎。鼠疫耶尔森菌通过鼠蚤侵入人体后，被吞噬细胞吞噬，在细胞内生长繁殖，并沿淋巴管到达局部淋巴结，引起严重的淋巴结炎。侵犯的淋巴结多在腹股沟、腋下及颈部，一般为单侧，引起肿胀、化脓和坏死。

(2) 肺鼠疫：若吸入染菌的尘埃可引起原发性肺鼠疫，也可由腺鼠疫或败血症型鼠疫蔓延而致继发性肺鼠疫。患者出现寒战高热、咳嗽、胸痛、咯血，痰中带有大量病菌，呼吸困难，全身衰竭，多于2～4 d内死亡。死者皮肤常呈黑紫色，故有“黑死病”之称。

(3) 败血症型鼠疫：可原发或继发。多继发于重症腺鼠疫或肺鼠疫患者，由病原菌侵入血流所致。此型最为严重，患者体温可高达39～40℃，发生休克和DIC，皮肤黏膜现出血点及瘀斑，全身中毒症状和中枢神经系统症状明显，死亡率极高。

3. *免疫性* 机体被鼠疫耶尔森菌感染后能获得牢固免疫力，再次感染罕见。机体主要产生针对F1抗原、V/W抗原的抗体等，具有调理吞噬、凝集细菌及中和毒素等作用。此外，尚依赖于吞噬细胞的吞噬作用及细胞免疫作用。

(三) 微生物学检查

1. *病原学检查*

(1) 标本采集：鼠疫为法定甲类传染病，传染性极强，除采取标本时要严格无菌操作和控制外，标本必须送到指定的具有严格防护措施的生物安全实验室，并按操作规程进行检测。对疑似鼠疫的患者，应在服用抗菌药物前，按不同症状或体征分别采取淋巴结穿刺液、痰液、血液、脑脊液等。人或动物尸体可取肝、脾、肺和肿大淋巴结等。陈旧尸体取骨髓。

(2) 直接涂片镜检：标本直接涂片或印片，干燥后用甲醇固定，进行革兰染色或美蓝染色，镜检观察典型形态与染色特性。在不同材料中，菌体大小、形态有很大差异，除典型形态外，往往可见菌体呈多形态性，需加以注意。

(3) 分离培养与鉴定：一般将标本接种于血琼脂平板或0.025%亚硫酸钠琼脂平板上，根据菌落特征，挑取可疑菌落作涂片镜检、生化试验、血清凝集试验、噬菌体裂解试验等进一步鉴定。

2. *免疫学检查* 可用ELISA、固相放射免疫分析、SPA协同凝集试验等方法检查标本中鼠疫耶尔森菌抗原或患者血清中特异性抗体及其效价。如荧光抗体染色法可用于检测F1抗原。

3. *分子检查* 近年来应用较多的是DNA探针和PCR技术检测鼠疫耶尔森菌特异性基因，具有快速、敏感的特点，可用于鼠疫紧急情况下的检测和流行病学调查。环介导等温扩增技术(LAMP)是鼠疫耶尔森菌检测的新方向。

(四) 防治原则

鼠疫为法定甲类传染病，要随时提高警惕，做好预警和疫情监测报告工作。应加强疫区的鼠疫检测工作，密切注意动物鼠疫的流行动态，防止人间鼠疫的发生。灭鼠灭蚤是切断鼠疫传播途径，消灭鼠疫疫源的根本措施。一经发现鼠疫患者应立即进行隔离，并以紧急疫情向卫生防疫机构报告。在鼠疫流行地区应定期接种鼠疫活菌苗，增强人群免疫力。我国目前采用无毒株EV活菌苗，多用皮下注射、皮内注射或皮上划痕接种，免疫力可维持8～10个月。

鼠疫患者如治疗不及时，极易死亡。因此，早期诊断并足量使用抗生素治疗非常重要。使用氨基糖苷类抗生素、磺胺类药物、链霉素、氯霉素、四环素等均有效，抗鼠疫血清也有一定疗效。必要时可肌肉注射链霉素1周进行预防性治疗。

二、小肠结肠炎耶尔森菌

小肠结肠炎耶尔森菌（*Y. enterocolitica*）是引起人类严重的小肠结肠炎的病原菌。本菌可寄居在多种动物体内，如鼠、羊、牛、猪、犬、猫等，人类通过食入被污染的食物（牛奶、肉类等）和水等经消化道感染或因接触染疫动物而感染。近年来，在世界许多地区由该菌某些血清型引发的肠道感染逐年升高并日益受到重视。

（一）生物学性状

1. 形态与染色　革兰阴性小杆菌，有毒株多呈球杆状，无毒株以杆状多见，偶见两极浓染，长1.0～2.0 μm，宽0.5～1.0 μm。无芽胞，无荚膜，在25℃培养时有周鞭毛，但37℃培养时则很少或无鞭毛。

2. 培养特性　需氧或兼性厌氧，耐低温，在4℃下能够生长，但最适生长温度为20～28℃，最适pH为7.0～8.0。营养要求不高，在普通培养基上生长良好。某些菌株在血琼脂平板上可出现溶血环，在肠道选择鉴别培养基上，48 h可形成无色半透明、扁平的小菌落。人工传代后可由S型转变为R型菌落。

3. 生化反应　典型菌株能分解葡萄糖、蔗糖，产酸不产气，不分解乳糖，不产生H_2S，多数能分解尿素，IMViC试验结果为“－＋－－”。

4. 抗原构造与分型　目前已知O抗原有34种，H抗原有20种。根据O抗原和H抗原不同，可将本菌分为17个血清群，50多个血清型。致病型别的分布有明显的地理差异，我国主要为O9、O8、O5和O3等。此外，有毒菌株大多具有V/W抗原、外膜蛋白、肠毒素等。

（二）致病性

1. 致病物质　该菌是一种肠道致病菌，其致病作用主要与侵袭力、肠毒素和O抗原有关。该菌通过黏附作用黏附于宿主细胞，侵袭因子介导细菌与细胞表面受体结合并被细胞摄入。V/W抗原和外膜蛋白与鼠疫耶尔森菌相似，具有抗吞噬作用。O3、O8、O9等菌株可产生一种耐热性肠毒素，与大肠埃希菌肠毒素ST相似。另外，某些菌株的O抗原与人体组织有共同抗原，可刺激机体产生自身抗体，引起自身免疫性疾病。

2. 所致疾病　人类通过食入被该菌污染的食物、水等经消化道感染，或与感染动物接触而受染，潜伏期3～7 d。根据病变部位及发病机制不同，临床可分为：① 胃肠炎或小肠结肠炎，为常见病型，以发热、腹痛和腹泻（水样便或血样便）为主要表现，多见于3岁以下婴幼儿，病程3～4 d，常呈自限性；② 回肠末端炎、阑尾炎和肠系膜淋巴结炎，临床表现急腹症，多发生于儿童和青年；③ 结节性红斑、关节炎，关节疼痛但不肿胀，为自身免疫性疾病，多见于成年人；④ 败血症，较少见，多见于糖尿病、艾滋病或肿瘤患者。

（三）微生物学检查

根据临床表现不同，采取粪便、血液、可疑食物等标本。根据该菌嗜冷特性，将标本置于pH 7.4～7.8的磷酸盐缓冲液中，于4℃增菌培养2～4周，再接种于耶尔森菌专用培养基，置25℃培养24～48 h，挑取可疑菌落进行鉴定。主要鉴定依据为25℃培养时动力阳性，嗜冷性，脲酶阳性，氧化酶阴性，H_2S阳性及血清学鉴定等。

（四）防治原则

目前尚无特异性的预防措施。本菌引起的肠道感染常呈自限性，不需要做特殊治疗。但对于肠道外感染，包括败血症患者的治疗，临床上可选用氨基糖苷类抗生素、氯霉素、四环素及第三代头孢菌素及氟喹诺酮类药物等。

三、假结核耶尔森菌

假结核耶尔森菌（*Y. pseudotuberculosis*）存在于多种动物的肠道中，对啮齿类动物、豚鼠、家兔等有很强的致病性，也可感染人类。在感染动物的脏器中可形成粟粒状结核结节，在人的感染部位可形成结核样肉芽肿，故名。

（一）生物学性状

该菌为革兰阴性，球形或短杆状多形态杆菌，无荚膜，无芽胞。28℃培养时有1～6根鞭毛，37℃培养则无动力。需氧或兼性厌氧。在普通培养基上生长良好，最适生长温度为28℃，最适pH为6.0～7.0。生化反应与鼠疫耶尔森菌相似，根据O抗原将细菌分为至少6个血清型，对人致病的主要是O1血清型。有毒菌株多具有V/W抗原。

（二）致病性

假结核耶尔森菌感染动物后，在患病动物的肝、脾、肺和淋巴结等可形成多发性粟粒状结核结节。人类主要通过食用被污染的食物而感染，多表现为胃肠炎、肠系膜淋巴结肉芽肿、回肠末端炎等，后者的症状类似于阑尾炎，多发生于5～15岁的学龄儿童，并易发展为败血症。少数患者表现为高热、紫癜，并伴有肝、脾肿大，类似于肠热症的症状。也可发生结节性红斑等自身免疫性疾病。

（三）微生物学检查

标本可采取粪便、血液和可疑食物等，接种于肠道选择鉴别培养基进行分离培养，28℃培养48 h后，根据生化反应及动力等作出初步判断，最后用血清学试验进行鉴定。

（四）防治原则

多数感染者无症状，且可自愈。对有明显症状的患者，可采用广谱抗生素进行治疗。

第四节 弗朗西斯菌属

弗朗西斯菌属（*Francisella*）是一类呈多形性的革兰阴性小杆菌，有土拉弗朗西斯菌（*F. tularensis*）和新凶手弗朗西斯菌（*F. philomiragia*）2个种，其中土拉弗朗西斯菌包括4个亚种，*tularensis*、*holarctica*、*mediasiatica* 和 *novicida*。

土拉弗朗西斯菌首先在美国加州土拉地区的黄鼠中分离出，并由Edward Francis作了系统研究，故名。土拉弗朗西斯菌土拉亚种（*tularensis*）为土拉热（tularemia）的病原体，可引起一些野生动物的感染，特别常见于野兔中，故由该菌引起的疾病又称为野兔热，人类常因接触野生动物或病畜而感染。该菌分A、B两型，A型只见于北美洲，致病性较强，B型见于欧洲、亚洲和北美洲，致病性较弱。

（一）生物学性状

1. 形态与染色　该菌通常为革兰阴性球杆状小杆菌，长0.3～0.7 μm，宽0.2～0.3 μm，经人工培养后呈显著多形态性。无芽胞，无鞭毛，在动物组织内可以形成荚膜。

2. 培养特性　专性需氧，营养要求高，在普通培养基上不易生长，常用卵黄培养基或葡萄糖-半胱氨酸血琼脂培养基培养，在35～37℃有CO_2的条件下孵育2～5 d，可形成灰白色、细小、光滑、略带黏性的菌落。

3. 抵抗力　对热敏感，56℃ 5～10 min即死亡。对一般化学消毒剂敏感。但对低温有很强的耐受力，在20～25℃的水中可以存活1～2个月，在4℃的水中或湿土中可以存活4个月，在0℃以下可以存活9个月。

（二）致病性与免疫性

1. 致病性　土拉弗朗西斯菌的储存宿主主要是家兔和野兔（A型）以及其他啮齿类动物（B型）。A型主要经蜱、蚊、蚤、虱等吸血节肢动物叮咬传播，而被啮齿类动物污染的地表水是B型的重要传染源。家禽也可以作为本菌的储存宿主。人类对土拉弗朗西斯菌易感，可通过多种途径感染，如直接接触患病动物或被动物咬伤，通过节肢动物叮咬，食入污染食物或水等，亦可经呼吸道感染。

土拉弗朗西斯菌的致病物质主要是荚膜和内毒素。该菌侵袭力强，能穿过完整的皮肤与黏膜。另外，菌体多糖抗原可引起速发型超敏反应，蛋白质抗原可引起迟发型超敏反应等，这些因素也参与了致病过程。

人感染土拉弗朗西斯菌后潜伏期一般为2～10 d，发病较急，临床表现为发热、全身乏力、剧烈头痛、关节痛等，重者出现衰竭与休克。由于感染途径不同，临床类型可多样化，主要有溃疡腺型、胃肠炎型、肺炎型和伤寒样型等。溃疡腺型最为多见，主要表现为皮肤溃疡和淋巴结肿大；胃肠炎型主要表现为腹部阵发性钝痛，伴有恶心、呕吐，颈、咽及肠系膜淋巴结肿大，偶致腹膜炎；肺炎型表现为上呼吸道症状，咳嗽、气促、咳痰及胸骨后钝痛，重者伴有严重毒血症状；伤寒样型起病急，表现为剧烈头痛，肌肉及关节痛，寒战，高热，肝、脾肿大，常有触痛。另有腺型、眼腺型、咽腺型等。

2. 免疫性　病后 2～3 周出现 IgM 和 IgG 类抗体，可持续存在数年，但无保护作用。土拉弗朗西斯菌为胞内寄生菌，抗感染以细胞免疫为主。

（三）微生物学检查

由于该菌具有很强的感染性，在实验操作过程中尤其要注意防止实验室感染。

采集患者血液、组织穿刺液或活检组织进行检查。标本革兰染色镜检的价值不大，可用免疫荧光染色镜检，但与军团菌、布鲁菌等有交叉反应，应注意假阳性。分离培养较困难，可接种于卵黄培养基或葡萄糖-半胱氨酸血琼脂培养基，37℃培养至少 3 周。除观察典型菌落外，可取培养物用本菌的抗血清作玻片凝集试验进行鉴定。血清学试验是土拉热诊断最常用的方法，在病程中血清凝集效价呈 4 倍或以上增长或单份血清效价达 1∶160 有诊断意义。

（四）防治原则

提高警惕性是预防的关键，加强对可能遭受污染的环境和物品的卫生检疫监督，重视对水源、食品、肉类、皮毛生产和加工作业的卫生管理等。预防可用减毒活疫苗经皮上划痕接种，其免疫保护作用可长达 5 年。治疗可选用链霉素或庆大霉素，也可用四环素或氯霉素，治疗时间为 10 d 左右。该菌对 β-内酰胺类抗生素有抗性。

第五节　巴斯德菌属

巴斯德菌属（*Pasteurella*）为革兰阴性球杆状细菌，单个、成对或少数成短链排列，有 20 个种和亚种，常寄生于哺乳动物和鸟类上呼吸道和消化道黏膜上，因 1880 年 Louis Pasteur 首先自病鸡分离到本属中的多杀巴斯德菌而得名。

本属中对人类致病的主要是多杀巴斯德菌（*P. multocida*），为革兰阴性球杆菌，常呈两极浓染，无鞭毛，无芽胞，有荚膜。需氧或兼性厌氧，营养要求较高，需在含血的培养基上生长，在血平板上形成白色、不溶血的半透明小菌落。氧化酶和过氧化氢酶阳性。该菌菌体抗原有 12 个型，荚膜抗原有 5 个型，前者以阿拉伯数字表示，后者以英文大写字母表示，如 1∶A，2∶A，1∶B 等。已知组成的血清型有 16 个，血清型与宿主的分布有一定关系。

该菌的致病物质为荚膜与内毒素，是引起多种动物如兔、鼠、马、羊、猫、猪、家禽等出血性败血症的常见病原菌。人可通过接触染病的动物而感染，所致疾病有伤口感染、脓肿、脑膜炎、腹膜炎、关节炎和菌血症等。

实验室检查应采集患者血液、痰液、脑脊液或脓汁等直接涂片染色镜检，并接种于血琼脂平板作分离培养。根据菌落特征和形态染色的结果，再作生化反应和血清学试验进行鉴定。

预防可用菌苗接种，如氢氧化铝甲醛菌苗可用于猪、牛，但对家禽效果较差。减毒活菌苗用于猪和禽类的有多种，可注射或口服。

治疗可选择青霉素 G、四环素类或喹诺酮类等抗生素，抗生素与高度免疫血清合用效果更好。

小　结

动物源性细菌是以动物作为传染源，引起人畜共患病的病原菌，绝大多数传染源是动物，故称。动物源性细菌通常以家畜或野生动物为储存宿主，人类主要通过直接接触病畜或其污染物而感染，也可经媒介动物叮咬感染。主要包括布鲁菌属、耶尔森菌属、芽胞杆菌属、弗朗西斯菌属、巴斯德菌属等。

布鲁菌属细菌为革兰阴性球杆菌，已发现的有羊布鲁菌、牛布鲁菌、猪布鲁菌、犬布鲁菌、绵羊附睾布鲁菌及沙林鼠布鲁菌等 6 个种，在中国流行的主要是羊布鲁菌，其次是牛布鲁菌。孕期动物对布鲁菌最易感，感染后常引起流产。但人感染后不引起流产，能反复形成菌血症，使患者的热型呈波浪形，临床上称为波浪热。

炭疽芽胞杆菌是革兰阳性大杆菌，在体内可形成荚膜，在有氧条件下可形成芽胞，芽胞抵抗力很强。该菌主要是羊、牛等食草动物炭疽病的病原菌，也可传给人和食肉动物。病畜应严格隔离或处死深埋，严禁剥皮或煮食。特异性预防用炭疽减毒活疫苗皮上划痕接种。治疗首选青霉素。

鼠疫耶尔森菌为卵圆形、两端钝圆并浓染的短小杆菌，革兰阴性。它是鼠疫的病原菌，毒力很强，少量细菌即可使人致病。F1抗原、V/W抗原、外膜蛋白、鼠毒素和内毒素等是该菌的主要致病物质。鼠疫是自然疫源性烈性传染病，人类鼠疫主要由带菌鼠蚤叮咬而传染，感染后可在人群间传播。

除本章介绍的细菌外，还有一些细菌可引起人兽共患病。近年报道比较多的如人感染猪链球菌病例。猪链球菌是猪呼吸道内一种常见病原菌，也是人类动物源性脑膜炎的常见病因，可引起脑膜炎、心内膜炎、败血症、眼内炎、关节炎、肺炎等，少数可发生链球菌中毒休克综合征（streptococcal toxic shock-like syndrome，STSLS），预后较差，病死率极高。1998年，我国江苏南通发生人感染猪链球菌疫情，25例患病，13例死亡。2005年6月至8月间，四川省报告病例204例，死亡38例。此外，鼠伤寒沙门菌、猪霍乱沙门菌等也是人兽共患病的病原体（详见第九章）。

【复习思考题】

1. 动物源性细菌主要有哪些？分别引起哪些人兽共患病？如何防治？
2. 布鲁菌如何分类？分别引起哪些人兽共患病？
3. 炭疽芽胞杆菌可以通过哪些途径感染人体？分别引起何种临床类型的炭疽病？
4. 鼠疫耶尔森菌的致病物质有哪些？如何致病？

（马碧书）

第十五章

其他重要细菌

学习要点

掌握：① 白喉毒素的作用机制；② 铜绿假单胞菌的致病特点。

熟悉：① 白喉棒状杆菌形态、染色、致病特点及微生物学检查和防治原则；② 流感嗜血杆菌的形态、染色、培养特点及所致疾病；③ 百日咳鲍特菌的形态、染色、所致疾病特点和防治原则；④ 军团菌病的传播途径及所致疾病特点。

了解：鲍曼不动杆菌、嗜麦芽窄食单胞菌、卡他莫拉菌、嗜水气单胞菌和产单核细胞李斯特菌的致病特点和防治原则。

第一节 棒状杆菌属

棒状杆菌属(*Corynebacterium*)是以菌体细长微弯，一端或两端膨大呈棒状而得名。革兰染色阳性，细菌着色不均匀，可出现浓染或异染颗粒。无荚膜、无鞭毛、无芽孢。该属细菌种类较多，有69个种，92个亚种，主要分布于人或动物的鼻腔、咽部、眼结膜、阴道及尿道等部位，其中大多数为机会致病菌，对人致病的主要是白喉棒状杆菌。

白喉棒状杆菌

白喉棒状杆菌(*C. diphtheriae*)，简称白喉杆菌，是白喉的病原体。白喉是一种急性呼吸道传染病，患者咽喉部出现灰白色的假膜。白喉棒状杆菌可产生强烈外毒素，外毒素进入血液可引起全身中毒症状和组织器官损伤。

一、生物学性状

1. 形态与染色　白喉棒状杆菌菌体细长微弯，菌体一端或两端膨大呈棒状，排列不规则，呈栅栏状、V字形或L字形。无荚膜、无鞭毛、无芽孢。革兰染色阳性，用美蓝染色菌体着色不均匀，可出现深染颗粒。用Albert或Neisser染色后，这些颗粒和菌体着色不同，称为异染颗粒(metachromatic granules)。异染颗粒的主要成分是核糖核酸和多偏磷酸盐，细菌衰老时异染颗粒可消失。异染颗粒在鉴别上有重要意义(图15-1)。

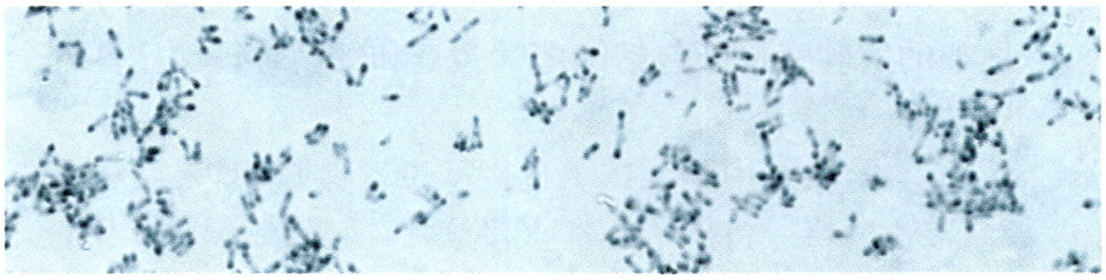

图15-1　白喉棒状杆菌异染颗粒(Neisser染色，×1 000)

2. 培养特性　需氧或兼性厌氧。细

菌生长最适温度为35～37℃。营养要求较高，在含有凝固血清的吕氏培养基(loeffler medium)上生长迅速，培养12～18 h后，可形成灰白色、光滑湿润的小菌落。在含有0.03%～0.04%亚碲酸钾血琼脂平板上生长时，亚碲酸钾能抑制杂菌生长，白喉棒状杆菌能使亚碲酸钾还原为元素碲，菌落呈黑色或灰色。

3. 变异　在一定的条件下，白喉棒状杆菌形态、菌落和毒力均可发生变异。当无毒株白喉棒状杆菌携带β棒状噬菌体时，可变成产生白喉毒素的产毒株，并能随细胞分裂遗传子代菌。

4. 抵抗力　白喉棒状杆菌对湿热的抵抗力不强，100℃ 1 min或58℃ 10 min即可被杀死。对一般化学消毒剂敏感，对青霉素、红霉素敏感。但对日光、寒冷及干燥抵抗力较强，在衣物、儿童玩具等各种物品中可存活数日至数周。

5. 基因组　2003年，白喉棒状杆菌完整的基因组序列被测出，其大小2.49 Mb，G+C含量为53.5 mol%，含有2 388个基因和2 272个开放阅读框(ORF)。

二、致病性与免疫性

(一) 致病物质

白喉棒状杆菌侵入机体后，细菌在鼻腔、咽部等局部生长，产生的白喉毒素入血引起症状，白喉毒素是导致白喉的主要致病物质。此外，还有索状因子和K抗原等。

白喉毒素(diphtherotoxin)是白喉棒状杆菌主要致病物质。当β-棒状杆菌噬菌体侵袭无毒白喉杆菌时，其编码外毒素的*tox*基因与宿主菌染色体整合，白喉棒状杆菌产生白喉毒素。白喉毒素是一种毒性强、抗原性强的蛋白质，分子质量为62 kDa，由A、B两条肽链经二硫键连接组成。A链为白喉毒素的毒性功能区，其作用是抑制易感细胞蛋白质合成。B链本身无毒性，但B链上有一个受体结合区和一个转位区，能与心肌细胞、神经细胞等表面受体结合，协助A链进入易感细胞内，发挥毒性作用。其作用机制是：细胞内蛋白质合成过程中，需要延伸因子1(EF1)和延伸因子2(EF2)。当白喉毒素的A链进入细胞后，将辅酶Ⅰ(NAD)水解为烟酰胺和腺苷二磷酸核糖(ADPR)，ADPR与EF-2结合，使EF-2失活，干扰宿主细胞蛋白质的合成，导致细胞坏死。白喉毒素能刺激机体产生相应的抗毒素，可中和外毒素的毒性作用。

(二) 所致疾病

白喉棒状杆菌主要引起呼吸道传染病——白喉(diphtheria)。人群对白喉棒状杆菌普遍易感，但儿童更易感，其发病率最高。细菌最常见侵犯部位是咽喉、气管和鼻腔黏膜。传染源是患者和带菌者。细菌主要通过呼吸道飞沫传播，也可经污染物品直接接触传播，引起白喉。感染白喉棒状杆菌后，细菌在鼻腔及咽喉部黏膜上生长繁殖，分泌的白喉毒素可侵入全身，引起局部炎症及全身中毒症状。感染局部在细菌和毒素的作用下，局部炎性分泌物、渗出的纤维素及坏死组织等聚集形成白色膜状物，即假膜(pseudomembrane)。该假膜与黏膜下组织紧密粘连，病变可向下扩展到喉部、气管，如假膜脱落可引起呼吸道阻塞，使患者窒息死亡。白喉棒状杆菌一般不入血，产生的毒素入血，并与易感的心肌细胞、肾上腺和外周神经组织细胞结合，导致细胞变性坏死，引起相应症状，临床上表现为心肌炎、声音嘶哑、软腭麻痹、吞咽困难、膈肌麻痹以及肾上腺功能障碍等全身中毒症状。

(三) 免疫性

白喉的免疫以体液免疫为主，主要依靠抗毒素的中和作用。病后、隐性感染及预防接种均可产生白喉抗毒素而获得牢固免疫力。

三、微生物学检查

白喉的实验室诊断包括细菌学检查和细菌毒理测定两部分。

(一) 细菌学检查

1. 标本采集　用鼻咽拭子直接从患者鼻腔、咽喉等病变部位假膜及边缘取材。

2. 涂片镜检　将拭子标本直接涂片，美蓝或Albert染色，镜检。如有白喉棒状杆菌典型形态、排列和异染颗粒，结合临床症状可做出初步诊断。

3. 分离培养　将拭子标本接种于吕氏血清斜面培养基上，培养6～12 h后，取培养物涂片、染色、镜检，可提高检出率。

（二）细菌毒力测定

毒力测定是鉴别产毒白喉棒状杆菌与其他棒状杆菌的重要方法。

1. 体外法　常用琼脂 Elek 平板毒力试验。在蛋白胨肉汤或牛肉消化液的琼脂平板上，平行接种待检菌和阳性对照产毒菌，然后垂直放一条浸有白喉抗毒素（1 000 U/mL）的滤纸片。37℃培养 24～48 h 后，若待检菌产生白喉毒素，则在纸条与菌苔交界处出现白色沉淀线，无毒菌株则不产生沉淀线。此外，也可用 SPA 协同凝集试验检测待检菌培养物上清中的白喉毒素。

2. 体内法　是通过动物体内中和试验测定细菌毒力。将待检菌的培养液注入实验组豚鼠皮下，对照组豚鼠于 12 h 前腹腔内注射白喉抗毒素 500 U 后，再皮下注射待检菌的培养液。若 2～4 d 实验组豚鼠死亡而对照组豚鼠存活，表明待检菌能产生白喉毒素。

四、防治原则

（一）特异性防治

1. 人工主动免疫　注射白喉类毒素是预防白喉的重要措施。目前我国使用白喉类毒素、百日咳菌苗、破伤风类毒素的混合制剂，简称白百破三联疫苗（DPT）进行人工主动免疫，效果良好。

2. 人工被动免疫　对密切接触白喉患者的儿童需肌肉注射 1 000～2 000 U 白喉抗毒素进行紧急预防，同时注射白喉类毒素以延长免疫力。对白喉患者的治疗采取早期、足量注射白喉抗毒素血清。注射白喉抗毒素血清前需做皮肤试验。

（二）抗菌治疗

对白喉患者注射白喉抗毒素血清治疗同时配合抗菌药物治疗，如青霉素、红霉素等抑制细菌生长。

第二节　嗜血杆菌属

嗜血杆菌属（*Haemophilus*）是一类无鞭毛、无芽胞的革兰阴性小杆菌，常呈多形态。在人工培养时所需的营养要求高，需加新鲜血液或血液衍生物（如 X 和 V 因子）才能生长，故名嗜血杆菌。本属细菌共有 21 个种，对人具有致病的嗜血杆菌主要是流感嗜血杆菌（*H. influenzae*）、杜克嗜血杆菌（*H. ducreyi*）和埃及嗜血杆菌（*H. aegyptitus*）。流感嗜血杆菌是嗜血杆菌属中对人有致病性的最常见细菌，可引起呼吸道等部位原发性化脓性感染及继发性感染。杜克嗜血杆菌通过性接触传播，引起性病软性下疳。埃及嗜血杆菌引起流行性结膜炎和儿童巴西紫癜热。其他嗜血杆菌主要是黏膜的正常菌群，可导致机会感染。

流感嗜血杆菌俗称流感杆菌，首次于 1892 年从流感患者鼻咽部分离到的，当时误认为是流感的病原菌，为此而得名。直至 1933 年将流感病毒分离成功，才确定了流感的真正病原体，但流感嗜血杆菌命名却仍沿用至今，该菌是流感时继发感染的常见细菌。流感嗜血杆菌感染后，可引起急性脑膜炎、鼻咽炎、中耳炎及关节炎等。

一、生物学性状

1. 形态结构　革兰阴性小杆菌或球杆菌，宽 0.3～0.4 μm，长 1.0～1.5 μm 。在急性感染病灶标本中为小杆状；在恢复期病灶或长期人工培养物中常呈球杆状、长杆状和丝状等多形态。无鞭毛、无芽胞，多数菌株有菌毛，在营养丰富的培养基上形成明显的荚膜，上呼吸道正常菌群中的绝大多数流感嗜血杆菌是无荚膜菌株。

2. 培养特性　需氧或兼性厌氧，最适生长温度为 35℃。由于该菌氧化还原酶系统不完善，生长时需提供 X 因子和 V 因子。流感嗜血杆菌在巧克力色血平板上生长良好，培养 18～24 h，可见无色透明似露滴状小菌落。将流感嗜血杆菌与金黄色葡萄球菌混合接种于血平板上共同培养时，因金黄色葡萄球菌生长繁殖过程中能合成较多的V因子，供流感嗜血杆菌生长需要，故在金黄色葡萄球菌菌落周围的流感嗜血杆菌菌落较大，离金黄色葡菌菌落越远的越小，此现象称为“卫星现象”(satellite phenomenon)，可用于流感嗜血杆菌的鉴定。

3. 抗原结构　流感嗜血杆菌主要抗原是荚膜多糖抗原和菌体抗原。荚膜多糖抗原具有型特异性，根据荚膜多糖抗原不同，可将流感嗜血杆菌分为a～f六个血清型，其中b型致病力最强，也是引起儿童感染最常见的菌型。菌体抗原主要是外膜蛋白抗原。

4. 抵抗力　流感嗜血杆菌抵抗力较弱，对热、干燥和常用化学消毒剂均敏感，56℃加热30 min可被杀死，在干燥痰中48 h内死亡。流感嗜血杆菌易产生耐药性变异。

5. 基因组　1995年，文特尔(Craig Venter)、史密斯(Hamilton Smith)和弗雷泽(Claire Fraser)等公布首个微生物基因组，即流感嗜血杆菌的全基因组序列，其大小约为1.83 Mb，G+C含量为38.2 mol%，含有1 789个基因及1 657个开放阅读框。

二、致病性与免疫性

1. 致病物质　流感嗜血杆菌广泛寄居于人上呼吸道，b型流感嗜血杆菌上呼吸道携带率2%～4%，无荚膜的非分型流感嗜血杆菌上呼吸道携带率高达50%～80%。主要致病物质为荚膜、菌毛、内毒素和IgA蛋白酶等。

2. 所致疾病　流感嗜血杆菌所致疾病包括原发感染和继发感染。原发性感染，多为有荚膜b型菌株引起的急性化脓性感染，如化脓性脑膜炎、鼻咽炎、化脓性关节炎、心包炎等，严重的引起菌血症，以小儿多见。继发性感染，多由正常寄居于上呼吸道的无荚膜菌株引起，常继发于流感、麻疹、百日咳、结核病等，临床表现有慢性支气管炎、鼻窦炎、中耳炎等，以成人多见。

3. 免疫性　流感嗜血杆菌为胞外菌，机体对流感嗜血杆菌的保护性免疫以体液免疫为主。荚膜多糖特异性抗体可促进吞噬细胞的吞噬调理作用、激活补体发挥溶菌作用。菌体外膜蛋白抗体也有促进补体介导的调理作用。

三、微生物学检查

1. 直接检测　根据不同的临床症状采集相应标本，如脑脊液、鼻咽分泌物、痰液、脓汁、血液及关节抽吸物等，直接涂片染色镜检，可做初步诊断。

2. 分离培养　将标本接种于巧克力色琼脂平板，根据培养特性、菌落形态、生化反应、卫星现象和荚膜肿胀试验等进行鉴定。

3. 快速检测　通常用乳胶微粒凝集反应检测体液或脓汁中的b型多糖抗原，有助于快速诊断，特别是对使用了抗菌药物治疗的患者标本。免疫荧光或PCR技术等亦可用于快速诊断和鉴定。

四、防治原则

b型流感嗜血杆菌荚膜多糖疫苗有良好的免疫保护效果。因超过25%流感嗜血杆菌菌株通过质粒传递产生β-内酰胺酶而具有抗药性，治疗时，应根据药物敏感实验指导用药。可选用广谱抗菌药物或磺胺类药物。

第三节　鲍特菌属

鲍特菌属(*Bordetella*)是一类革兰阴性球杆菌，有8个菌种。其中百日咳鲍特菌(*B. pertussis*)、副百日咳鲍特菌(*B. parapertussis*)和支气管败血鲍特菌(*B. bronchiseptica*)均是引起哺乳动物呼吸道感染的病原菌，但宿主范围各不相同。百日咳鲍特菌引起人类百日咳，副百日咳鲍特菌可引起人类急性呼吸道感染，支气管败血鲍特菌主要感染动物，偶可感染人类。

百日咳鲍特菌俗称百日咳杆菌，是人类百日咳的病原体。人类是百日咳鲍特菌唯一宿主。

一、生物学性状

1. 形态结构　为革兰阴性短杆状或椭圆形菌，多单个分散存在。当培养条件不适宜时，可出现丝状形态。无鞭毛，无芽胞。有毒菌株有荚膜和菌毛。

2. 培养特性　专性需氧，最适生长温度 35～37℃，最适 pH 为 6.8～7.0。生长较缓慢。营养要求高，初次分离培养用含甘油、马铃薯和血液的鲍金培养基（*Bordet-Gengou medium*）。

3. 抗原结构　百日咳鲍特菌新分离菌株有菌体(O)抗原和表面(K)抗原。K 抗原是该菌的表面成分，又称凝集原，包括凝集因子 1～6，它们有不同组合的血清型。凝集因子 1 为 I 相菌共同抗原，是种特异性抗原。鉴于百日咳鲍特菌血清型的特异性，世界卫生组织(WHO)推荐在菌苗中应含有 1、2、3 因子血清型的菌株。

4. 变异性　百日咳鲍特菌常发生菌落变异。新分离菌株为 S 型，称为 I 相菌，有荚膜，毒力强。人工培养后，逐渐形成 R 型菌落，为Ⅳ相菌，无荚膜，无毒力。同时其形态、溶血性、抗原构造、致病力等亦随之变异。

5. 抵抗力　百日咳鲍特菌抵抗力较弱，对紫外线较敏感，日光直射 1 h、56℃加热 30 min 均可被杀死，干燥尘埃中能存活 3 d。

6. 基因组　2003 年，百日咳鲍特菌全基因组序列被测出，大小为 4.09 Mb，G+C 含量为 67.7 mol%，含有3 856个基因及 3 425 个开放阅读框。

二、致病性与免疫性

传染源为早期患者和带菌者。儿童易感，通过飞沫传播。百日咳鲍特菌主要侵犯婴幼儿呼吸道。潜伏期为 7～14 d。感染早期有轻度咳嗽，1～2 周后出现阵发性痉挛性咳嗽，可持续数周，随后进入恢复期，全病程可达几个月。该病的主要威胁是肺部继发感染、癫痫发作、脑病和死亡。

1. 致病物质　致病物质有荚膜、菌毛及产生的多种毒素等。百日咳鲍特菌不进入血流，主要造成局部组织损伤。细菌首先附着于纤毛上皮细胞，在局部繁殖，并产生毒素，引起局部炎症、坏死，上皮细胞纤毛运动受抑制或破坏，黏稠分泌物增多而不能及时排出，导致剧烈咳嗽。

2. 所致疾病　百日咳临床病程可分三期：① 卡他期：类似普通感冒，有低热、打喷嚏、轻度咳嗽，可持续 1～2 周，此期传染性很强。② 痉咳期：出现阵发性痉挛性咳嗽，常伴吸气吼声（鸡鸣样吼声），同时常有呕吐、呼吸困难、发绀等症状。每日激烈阵咳可达 10～20 次，一般持续 1～6 周。③ 恢复期：阵咳逐渐减轻，完全恢复需数周至数月不等。因病程较长，故称百日咳。若治疗不及时，少数患者可发生肺炎链球菌、金黄色葡萄球菌和溶血性链球菌等继发感染，出现肺炎、中耳炎等。

3. 免疫性　目前认为局部黏膜免疫起主要作用，局部 SIgA 具有抑制病原菌黏附气管上皮细胞的作用。病后可获得持久免疫力，很少再次感染。

三、微生物学检查

取鼻咽拭子或鼻腔洗液直接接种于鲍金培养基进行分离培养，观察菌落并进行染色镜检和生化反应鉴定。凝集试验进行血清型鉴定。荧光抗体法检测标本中抗原，可用于早期快速诊断。也可用检测患者血清中抗体进行血清学早期诊断。

四、防治原则

预防百日咳主要依靠疫苗接种。我国采用白喉类毒素、百日咳菌苗、破伤风类毒素的混合制剂，简称白百破三联疫苗(DPT)进行人工主动免疫，效果良好。治疗首选红霉素、氨苄西林等。

第四节 军团菌属

1976年7月，在美国费城的一次退伍军人大会期间，爆发流行一种原因不明的肺炎，与会者中有221人发病，34人死亡，从死者肺组织中分离出一种新的革兰阴性杆菌，命名为嗜肺军团菌。1984年被正式命名为军团菌属（*Legionella*），该菌属有51个种，对人类致病的主要是嗜肺军团菌（*L. pneumophila*）。

嗜肺军团菌是军团菌属中对人类致病的主要病原菌，广泛存在于自然界淡水、土壤及人工管道水源中，主要通过气溶胶方式传播；在我国已经有十余起爆发流行，现已引起广泛关注。

一、生物学性状

1. 形态染色　革兰阴性杆菌，常规染色不易着色，可用*Giemsa*染色或镀银染色法染色，菌体分别呈红色和黑褐色。有端鞭毛或侧鞭毛，不形成芽胞，有菌毛和微荚膜。

2. 培养及生化反应　专性需氧菌，2.5%～5% CO_2可促进生长，最适生长温度35℃，适宜pH 6.4～7.2。营养要求高。最适宜培养基是活性炭酵母浸出液琼脂（buffered charcoal-yeast extract, BCYE）培养基，在该培养基上培养3～5 d可形成1～2 mm、灰白色有光泽的S型菌落。该菌不发酵糖类，可液化明胶，触酶阳性，氧化酶阳性或弱阳性，不分解尿素，硝酸盐还原试验阴性。

3. 抗原组成　主要有菌体O抗原和H抗原。根据O抗原不同将本菌分为15个血清型。我国主要流行的是1型和6型。该菌的外膜蛋白具有良好的免疫原性，能刺激机体产生免疫应答。

4. 抵抗力　抵抗力较强，特别在温暖潮湿环境易长期存活。对常用化学消毒剂、干燥、紫外线较敏感，如1%来苏儿数分钟可杀死本菌。但对氯或酸有一定抵抗力。

5. 基因组　2004年，嗜肺军团菌全基因组序列被测出，大小为3.4 Mb，G+C含量为38.3 mol%，含有3 003个基因及2 943个开放阅读框。

二、致病性与免疫性

1. 致病物质　主要致病物质包括多种酶类（蛋白水解酶、磷酸酶、核糖核酸酶、脂肪酶）、毒素、菌毛、荚膜和溶血素等。毒素和多种酶可抑制吞噬体与溶酶体的融合，使吞噬体内的细菌不被杀死，在吞噬细胞内生长繁殖而间接导致宿主细胞死亡。此外，菌毛的黏附作用、微荚膜的抗吞噬作用及内毒素毒性作用也参与发病过程。

2. 所致疾病　嗜肺军团菌主要引起军团菌病，多流行于夏秋季节，也可引起医院感染。主要经飞沫传播，呼吸道吸入带菌飞沫或气溶胶而感染，引起以肺部感染为主的临床表现。军团菌病临床上有三种感染型，即流感样型、肺炎型和肺外感染型。流感样型，为轻症感染，表现为发热、全身不适、头痛或肌肉酸痛等症状，预后良好。肺炎型亦称军团病，为重症感染，发病急，表现为高热寒战、干咳，胸痛等以肺炎症状为主多器官损害，最后发展为呼吸衰竭。如不及时治疗可导致死亡，死亡率可达15%～20%。肺外感染型，为继发性感染，出现脑、肾、肝等多脏器感染症状。

3. 免疫性　嗜肺军团菌是胞内寄生菌。细胞免疫在抗菌感染过程中起重要作用。特异性抗体和补体能促进中性粒细胞对胞外细菌的吞噬和杀菌作用。

三、微生物学检查

取痰液、肺活检组织或胸腔积液等标本进行细菌学检查。用BCYE培养基分离细菌，再根据培养特性、菌落特征、生化反应做出鉴定，但细菌学诊断所需时间较长。可用直接荧光试验、ELISA、RIA及乳胶凝集等试验检测标本中该菌特异性抗原或用PCR技术检查该菌核酸进行快速诊断。

四、防治原则

目前尚无嗜肺军团菌特异性疫苗。预防军团菌病的主要措施是加强水源管理及人工输水管道和设施的消毒处理，防止嗜肺军团菌造成空气和水源的污染。治疗军团菌病可首选红霉素。

第五节　假单胞菌属

假单胞菌属（*Pseudomonas*）是一类革兰阴性，有荚膜和鞭毛，无芽胞，需氧的小杆菌。广泛分布于土壤、水、空气中。其种类繁多，目前已有 153 个菌种，与人类密切相关的有铜绿假单胞菌（*P. aeruginosa*）、荧光假单胞菌（*P. fluorescens*）和类鼻疽假单胞菌（*P. pseudomallei*）等，主要引起机会性感染。

铜绿假单胞菌因在生长过程中能产生绿色水溶性色素，感染后的脓汁或敷料上出现绿色，故俗称绿脓杆菌。广泛分布于自然界，在医院潮湿的环境中普遍存在，人体皮肤、肠道也能分离到该菌，是一种常见的机会致病菌。

一、生物学性状

1. *形态染色*　革兰阴性杆菌，宽 0.5～1.0 μm，长 1.5～3.0 μm。无芽胞，有荚膜，单端有 1～3 根鞭毛，运动活泼。临床分离株常有菌毛。

2. *培养及生化反应*　专性需氧，在普通培养基上生长良好，最适生长温度为 35℃，但在 42℃也可生长。在固体培养基上，菌落大小不一，边缘不齐，可产生多种水溶性色素，如产生青脓素与绿脓素，使培养基变为亮绿色。在液体培养基中呈混浊生长，常在其表面形成菌膜。铜绿假单胞菌能够分解葡萄糖，产酸不产气，但不分解甘露醇、麦芽糖、蔗糖和乳糖。分解尿素，氧化酶阳性。

3. *抵抗力*　抵抗力较强，在潮湿的环境中存活时间较长，耐多种化学消毒剂和抗生素。56℃需 1 h 可杀死细菌。

4. *抗原结构*　铜绿假单胞菌有 O 抗原和 H 抗原。O 抗原包括两种成分，一种是脂多糖，另一成分是原内毒素蛋白（original endotoxin protein，OEP）。OEP 是一种免疫原性较强的高分子抗原，广泛存在于一些革兰阴性细菌中，包括其他种类的单胞菌假单胞菌、大肠埃希菌、肺炎克雷伯菌和霍乱弧菌等，是一种具有重要生物学活性的类属抗原。其抗体不仅对同一血清型细菌有特异性保护作用，且对不同血清型的细菌也有保护作用。H 抗原为鞭毛抗原。

5. *基因组*　铜绿假单胞菌不同菌株基因组大小差异较大。铜绿假单胞菌 PAO1 株的全基因组序列约为 6.26 Mb，G+C 含量 66.6%，含有 5 682 个基因及 5 571 个开放阅读框。铜绿假单胞菌 PA7 株（高度耐药菌株）的全基因组序列约为 6.76 Mb，G+C 含量为 66.1 mol%，含有 6 538 个基因及 6 269 个开放阅读框。

二、致病性与免疫性

铜绿假单胞菌为人体正常菌群，是引起医院感染的重要病原菌。主要致病物质是内毒素，此外还有菌毛、荚膜、胞外酶和外毒素等多种致病因子。外毒素 A 抑制蛋白质合成，引起组织坏死；磷酸脂酶 C 分解脂类，引起组织损伤；胞外酶 S 促进铜绿假单胞菌的侵袭和扩散等。

铜绿假单胞菌可感染人体的任何组织和部位，但多见于皮肤黏膜受损部位，如烧伤、创伤或手术切口等，也见于因长期化疗或使用免疫抑制剂的患者，主要表现为局部化脓性炎症。也可引起中耳炎、尿道炎、胃肠炎、心内膜炎、脓胸、菌血症、败血症等。在医院感染中由该菌引起者占 10%左右，在某些特殊病房中，如烧伤和肿瘤病房、各种导管和内窥镜的治疗与检查室内，铜绿假单胞菌的感染率可高达 30%。

在抗铜绿假单胞菌感染中，中性粒细胞的吞噬作用起着重要的作用。感染后产生的特异性抗体（主要是分泌型 IgA）也有一定的抗感染作用。

三、微生物学检查与防治

根据感染部位、疾病类型和检查目的不同采取炎症分泌物、脓液、血液、脑脊液及医院病区或手术室的物品、医疗器材等。

将标本接种于血琼脂平板，培养后根据菌落特征，色素及生化反应等鉴定。血清学、绿脓菌素及噬菌体分型可供流行病学、医院内感染追踪调查等使用。

铜绿假单胞菌可由各种途径传播，主要是通过污染医疗器具及带菌医护人员引起的医院感染，医院应加强诊疗器械和医院环境的消毒管理。铜绿假单胞菌易形成耐药性，应根据药物敏感实验指导用药。可选用庆大霉素、多黏菌素等。

第六节 不动杆菌属

不动杆菌属(*Acinetobacter*)是一类需氧的革兰阴性菌，球形或球杆形，无芽胞、无鞭毛，有荚膜。该属细菌有16个菌种，常见的有：鲍曼不动杆菌(*A. baumannii*)、鲁非不动杆菌(*A. lwoffii*)、溶血不动杆菌(*A. haemolyticus*)、和约翰逊不动杆菌(*A. johnsonii*)等。其中鲍曼不动杆菌最常见，其基因组大小约为4 Mb，G+C含量为38.9 mol%，含有3 469个基因及3 367个开放阅读框。

鲍曼不动杆菌广泛分布于土壤和水中，宜在潮湿温暖的环境中生存，也存在于健康人的皮肤、咽、结膜、唾液、胃肠道及阴道分泌物中，是机会致病菌，也是医院感染的重要致病菌之一。感染源可以是患者自身，亦可以是感染者或带菌者。传播途径有接触传播和空气传播。该类细菌黏附力极强，易在各类医用材料上黏附，在医院里，污染的医疗器械及工作人员的手是重要的传播媒介。易感者为老年患者、早产儿和新生儿，手术创伤、严重烧伤、气管切开或插管、使用人工呼吸机、行静脉导管和腹膜透析者及广谱抗菌药物或免疫抑制剂使用者等抵抗力低下人群，可引起皮肤伤口感染、泌尿生殖系统感染、肺部感染、脑膜炎和败血症等。

鲍曼不动杆菌可携带多种耐药基因，可对多种抗菌药物耐药。治疗时应根据药物敏感实验指导用药。常可用庆大霉素、卡那霉素、或妥布霉素等。

第七节 窄食单胞菌属

窄食单胞菌属(*Stenotrophomonas*)有5个菌种，嗜麦芽窄食单胞菌是最先发现的一个菌种，也是本属中唯一引起人类疾病的细菌。

嗜麦芽窄食单胞菌

嗜麦芽窄食单胞菌(*S. maltophilia*)是一种需氧的非发酵革兰阴性杆菌，无芽胞，无荚膜，有丛鞭毛。嗜麦芽假单胞菌在血平板和普通培养基上生长良好，在血平板上菌落呈黄色，针尖状，直径0.5～1 mm，中央突起，产生强烈的氨味，呈β溶血。该菌生化反应不活跃，能快速分解麦芽糖而迅速产酸，故得名。还原硝酸盐为亚硝酸盐，氧化酶阴性，过氧化氢酶阳性，脱氧核糖核酸酶阳性，赖氨酸脱羧酶阳性。2008年，嗜麦芽窄食单胞菌K279a株全基因组序列被测出，大小为4.85 Mb，G+C含量为66.3 mol%，含有4 514个基因及4 386个开放阅读框。

嗜麦芽窄食单胞菌广泛分布于各种水源、牛奶、冰冻食品、植物根系、人和动物的体表及消化道中，医院环境和医务人员皮肤的细菌分离率更高。其临床分离率仅次于铜绿假单胞菌和鲍曼不动杆菌，是人类重要的机会致病菌和医院感染菌。该菌可导致多种动植物致病，是人、畜、水产动物和水稻等植物共同的病原菌。

嗜麦芽窄食单胞菌致病机制不是十分清楚，可能与弹性蛋白酶、脂酶、黏多糖酶、透明质酸酶、核糖核酸酶、溶血素等有关。感染的易感因素有机体自身因素和医源性因素两类：自身因素包括年龄和基础性疾病（如肿瘤、慢性呼吸道疾病、糖尿病、尿毒症、获得性免疫缺陷综合征等）等抵抗力低下的人群；医源性因素包括抗菌药物的使用、介入性医疗器械操作未严格执行消毒措施等。感染后可引起肺炎、菌血症、败血症、心内膜炎、脑膜炎、伤口感染、眼部感染、骨关节感染、尿道、消化道和软组织等感染。常见临床表现有发热、寒战、腹胀、乏力、淡漠等，同时伴有中性粒细胞数量的减少，病情危重时可出现休克、弥漫性血管内凝血、多器官衰竭综合征等。

嗜麦芽窄食单胞菌对目前使用的大多数的抗菌药物不敏感，治疗时应根据药物敏感实验指导用药。

第八节 莫拉菌属

莫拉菌属（*Moraxella*）为革兰阴性球杆菌，与不动杆菌属同属莫拉菌科，共有 15 个种。医学上重要的有：卡他莫拉菌（*M. catarrhalis*）、非液化莫拉菌（*M. nonliquefaciens*）、腔隙莫拉菌（*M. lacunata*）、奥斯陆莫拉菌（*M. osloensis*）、亚特兰大莫拉菌（*M. atlantae*）等。该属细菌可从人类或温血动物体内检出，属机会致病菌，感染多发生于肿瘤及化疗、放疗等免疫功能低下的患者。

卡他莫拉菌呈多形性，幼龄菌为细杆状，老龄菌多为球形，无鞭毛。成双或短链状排列，在痰液中常呈肾形双球菌状，存在于吞噬细胞内或外。营养要求较高。

卡他莫拉菌是上呼吸道正常菌群成员，当机体免疫力低下时，可单独或与其他细菌共同引起黏膜卡他性炎症、鼻窦炎、急性咽喉炎、支气管炎、肺炎、急性中耳炎或脑膜炎等。其致病物质主要有内毒素、黏附因子、外膜蛋白等。卡他莫拉菌感染可激活患者的黏膜免疫系统，产生黏膜抗体 SIgA，亦可产生 IgG 抗体。

卡他莫拉菌的β-内酰胺酶产生率高达 90% 以上，故临床治疗这类感染时，应根据药敏试验结果选用抗菌药物。该菌产生β-内酰胺酶不仅对产酶菌株有保护作用，而且在对同时有肺炎链球菌和（或）流感嗜血杆菌联合感染的治疗中，有灭活β-内酰胺酶类抗菌药物的作用。因此，卡他莫拉菌无论是纯培养阳性，或是混合培养阳性均有临床重要性。

第九节 气单胞菌属

气单胞菌属（*Aeromonas*）属于气单胞菌科，为革兰阴性杆菌，有单端鞭毛，有荚膜，不形成芽胞。有 30 个菌种，其中嗜水气单胞菌嗜水亚种（*A. hydrophila* subsp. *hydrophila*）和豚鼠气单胞菌（*A. caviac*）为主要致病菌，可引起人类胃肠炎、食物中毒、败血症及创伤感染等。

嗜水气单胞菌是一种典型的人兽共患病原菌，为水中常居菌。嗜水气单胞菌是夏秋季腹泻的常见病原菌，由进食细菌污染的水和食物等引起感染，多见于儿童，临床上可表现为急性水样泻，或病疾样腹泻，伴有腹痛和黏液脓血便，在成人也可表现为慢性间歇性腹泻。外伤感染常见于接触河水、污泥的皮肤伤口。主要为创伤感染和菌血症。嗜水气单胞菌产生多种致病物质如外毒素、胞外蛋白酶、S 层蛋白、菌毛、外膜蛋白和脂多糖等，其中外毒素是最主要的致病因子。外毒素包括气溶素、溶血素和肠毒素。

根据不同疾病分别采取粪便或肛拭、血液、脓汁、脑脊液和尿液等标本进行微生物学检查。用血平板和选择性培养基同时进行分离培养，对分离菌落作氧化酶、吲哚试验等进行鉴定，并注意与弧菌属和邻单胞菌的鉴别，必要时用分子生物学技术对气单胞菌的基因进行鉴定。治疗可用氨基糖苷类抗菌药物、氯霉素和喹诺酮类抗菌药物，对青霉素、头孢菌素和红霉素有较高耐药性。

第十节 李斯特菌属

李斯特菌属(*Listeria*)为一类革兰阳性无芽胞兼性厌氧杆菌,广泛分布于土壤、河水、植物、屠宰场废弃物及动物源食品中。该属细菌目前已发现10个菌种,其中主要是产单核细胞李斯特菌(*L. monocytogenes*)对人类致病,引起李斯特菌病,主要表现为胃肠炎、脑膜炎和败血症等。

产单核细胞李斯特菌的形态为革兰阳性球杆状,常成双排列,无芽胞,可产生荚膜,在25℃形成周鞭毛,动力活泼,但在37℃时鞭毛很少或无,此特征可作为其鉴别的初步判定指标。该菌与多种革兰阳性菌有共同抗原,故血清学诊断无意义。

产单核细胞李斯特菌广泛分布于自然界,在健康人群中的携带率为1%～5%。在人群中致病多见于新生儿、高龄孕妇和免疫功能低下者。健康带菌者是主要的传染源,传播途径主要为粪—口途径,也可通过胎盘和产道感染新生儿,与患者接触可致眼和皮肤的局部感染。该菌还可通过污染熟肉制品、奶制品、海鲜与农产品等引起食物中毒,是一种重要的食源性人兽共患病原菌。其致病物质主要为菌体表面成分和李斯特菌溶素O(listeriolysin O, LLO)。LLO与链球菌溶素O和肺炎链球菌溶素(pneumolysin)的基因具有同源性。

产单核细胞李斯特菌所致新生儿疾患有早发和晚发两型。早发型为宫内感染,常致胎儿败血症,病死率极高。晚发型在出生后2～3 d引起脑膜炎、脑膜脑炎和败血症等。本菌致成人感染主要是引起脑膜炎和败血症等。本菌是典型的胞内寄生菌,机体主要依赖细胞免疫清除细菌。

微生物学检查可取血液、脑脊液进行检查,也可采集宫颈、阴道、鼻咽部分泌物、新生儿脐带残端、羊水等,引起肠道感染者可取可疑食物、呕吐物、粪便等。根据细菌形态学、培养特性及生化反应作出诊断。治疗可用青霉素、氨苄西林、庆大霉素和红霉素等。

小结

棒状杆菌属是一属菌体细长微弯,菌体一端或两端膨大呈棒状,革兰阳性细菌,可出现节段浓染或异染颗粒,排列不规则。白喉棒状杆菌是白喉的病原体,主要的致病物质是白喉毒素。感染白喉棒状杆菌后,细菌在鼻腔及咽喉部黏膜上生长繁殖,分泌的白喉毒素可侵入全身,引起局部炎症和全身中毒症状。根据白喉棒状杆菌典型形态、排列和异染颗粒,结合临床症状可做出初步诊断。白喉类毒素用于白喉的预防。白喉抗毒素用于白喉的紧急预防和治疗,注射白喉抗毒素血清前需做皮肤试验。

嗜血杆菌属是一属革兰阴性小杆菌,在人工培养时所需的营养要求高。对人致病的主要是流感嗜血杆菌,主要致病物质为荚膜、菌毛、内毒素和IgA蛋白酶等。所致疾病包括原发感染和继发感染,原发性感染,多为有荚膜b型菌株引起的急性化脓性感染;继发性感染,多由正常寄居于上呼吸道的无荚膜菌株引起。b型流感嗜血杆菌荚膜多糖疫苗有良好的免疫保护效果。

百日咳鲍特菌是一类革兰阴性短杆菌,在人工培养时所需的营养要求高,易变异。人类是百日咳鲍特菌唯一宿主。传染源为早期患者和带菌者。儿童易感,通过飞沫传播,主要侵犯呼吸道。致病物质有荚膜、菌毛及产生的多种毒素等。所致疾病因病程较长,故称百日咳。病后可获得持久免疫力,很少再次感染。预防百日咳主要依靠疫苗接种。

嗜肺军团菌是一群革兰阴性杆菌,不易着色,营养要求高,生长缓慢,最适宜培养基是活性炭酵母浸出液琼脂培养基。该菌在自然界广泛存在,特别在温暖潮湿环境易长期存活。主要致病物质包括多种酶类、毒素、菌毛、荚膜和溶血素等,所致疾病为军团菌病,临床上有三种感染型,即流感样型、肺炎型和肺外感染型。嗜肺军团菌是胞内寄生菌,细胞免疫在抗菌感染过程中起重要作用。预防军团菌病的主要措施是加强水源管理及人工输水管道和设施的消毒处理。

假单胞菌属是一属革兰阴性需氧的小杆菌。铜绿假单胞菌菌落形态、氧化酶阳性、色素的特征及 42℃也可生长的特点有鉴别特征。铜绿假单胞菌是人体正常菌群，是引起医院感染的重要病原菌。主要致病物质是内毒素，铜绿假单胞菌可由多种途径传播，主要是通过污染医疗器具及带菌医护人员引起的医院感染，医院应加强诊疗器械和医院环境的消毒管理。

鲍曼不动杆菌是一属需氧的革兰阴性菌，无鞭毛。是医院感染的重要致病菌之一，可通过接触传播和空气传播，易导致免疫力低下的人群感染，可引起皮肤伤口感染、泌尿生殖系统感染、肺部感染、脑膜炎和败血症等。

嗜麦芽窄食单胞菌是一种需氧的非发酵革兰阴性杆菌，广泛分布于各种水源、牛奶、冰冻食品、植物根系、人和动物的体表及消化道中，医院环境和医务人员皮肤的细菌分离率更高。是人类重要的机会致病菌和医院感染菌，常见临床表现有发热、寒战、腹胀、乏力、淡漠等临床表现，同时伴有中性粒细胞数量的减少，病情危重时可出现休克、弥漫性血管内凝血、多器官衰竭综合征等。

卡他莫拉菌为革兰阴性球杆菌，营养要求较高，是上呼吸道正常菌群，当机体免疫力低下时，可单独或与其他细菌共同引起上呼吸道感染或脑膜炎等。其致病物质主要有内毒素、黏附因子、外膜蛋白等。卡他莫拉菌的β-内酰胺酶产生率高，临床治疗这类感染时，应根据药敏试验结果选用抗菌药物。

气单胞菌属是一属革兰阴性杆菌，有单端鞭毛，有荚膜，不形成芽胞。嗜水气单胞菌是一种人兽共患病原菌。可引起人类胃肠炎、食物中毒、败血症及创伤感染等。

李斯特菌属为一类革兰阳性杆菌，分布广泛。产单核细胞李斯特菌 37℃时动力缓慢，此特征可作为初步判定。主要引起李斯特菌病，表现为胃肠炎、脑膜炎和败血症等。本菌是胞内寄生菌，以细胞免疫为主。

流感嗜血杆菌、铜绿假单胞菌、鲍曼不动杆菌、嗜麦芽窄食单胞菌、卡他莫拉菌及嗜水气单胞菌，均易形成耐药性，应根据药物敏感实验指导用药。

【复习思考题】

1. 简述白喉棒状杆菌的致病物质和致病过程。
2. 简述军团菌病的类型和主要特点。
3. 流感嗜血杆菌的培养有何特点？何谓“卫星现象”？
4. 常可导致医院感染的杆菌有哪些？有何特点？

（杨志伟）

第十六章

放线菌

学习要点

掌握：① 放线菌的重要特征；② 主要致病性放线菌-放线菌属和诺卡菌属的生物学特性及其致病特点。

熟悉：放线菌属和诺卡菌属微生物学检查及防治原则。

了解：放线菌在药学中的应用。

放线菌(Actinomycetes)是一类丝状或链状、呈分枝生长的原核细胞型微生物，1877 年，由 Harz 在牛颚肿病病灶中分离得到该病原菌，因其菌丝呈放射状排列，故名。放线菌具有菌丝和孢子，在固体培养基上生长状态与真菌相似，19 世纪以前把放线菌归为真菌。随着科学的发展和新技术的应用，近代生物学手段的研究结果表明，放线菌的结构和化学组成与细菌相同，属于一类具有分枝状菌丝体的细菌。迄今，系统学家们综合各种放线菌的研究证据，在《伯杰氏系统细菌学手册》(第 2 版，2004 年)中将放线菌提升为放线菌门，属于原核生物界细菌域第 14 门，有 53 个属，数千个菌种。

放线菌广泛分布于自然界，种类繁多，致病性放线菌主要为放线菌属和诺卡菌属中的菌群。放线菌属为人体的正常菌群，可引起内源性感染，诺卡菌属为腐物寄生菌，广泛存在于土壤中，引起外源性感染。放线菌属与诺卡菌属主要特征的比较见表 16－1。此外，放线菌是抗生素的主要产生菌，目前广泛使用的抗生素约 70%由各种放线菌产生，如链霉素、卡那霉素、红霉素、利福霉素等。某些放线菌还能产生酶制剂、维生素和氨基酸等药物，放线菌在药学中具有重要地位。

表 16－1　放线菌属与诺卡菌属的比较

特　征	放线菌属	诺卡菌属
分布	寄生在人和动物口腔、上呼吸道、胃肠道、泌尿生殖道	存在于土壤等自然环境中，多为腐生菌
培养特性	厌氧或微需氧 35～37℃生长，20～25℃不生长	专性需氧 37℃或 20～25℃均生长
抗酸性	无抗酸性	弱抗酸性
感染性	内源性感染	外源性感染
代表菌种	衣氏放线菌、牛型放线菌	星形诺卡菌、巴西诺卡菌

第一节　放 线 菌 属

放线菌属(*Actinomyces*)有 35 个种，在自然界广泛分布，正常寄居在人和动物口腔、上呼吸道、胃肠道和泌尿生殖道，常见的有衣氏放线菌(*A. israelii*)、牛型放线菌(*A. bovis*)、内氏放线菌(*A. naeslundii*)、黏液放线菌(*A. uiscous*)和龋齿放线菌(*A. odontolyticus*)等。其中对人致病性较强的为衣氏放线菌。

一、生物学性状

本属放线菌为革兰阳性的非抗酸性丝状菌，菌丝直径 0.5～0.8 μm，无芽胞、无荚膜、无鞭毛。以裂殖方式繁殖，常形成分枝状无隔菌丝，有时菌丝能断裂成链球或链杆状，形态与类白喉杆菌相似。

在患者病灶组织、窦道和瘘管流出的脓汁中，可找到肉眼可见的黄色小颗粒，称硫磺样颗粒(sulfur granule)，这种颗粒是放线菌在组织中形成的菌落。将硫磺样颗粒制成压片或组织切片，在显微镜下可见放射状排列的菌丝，菌丝末端膨大呈棒状，形似菊花状。

放线菌属培养较困难，生长缓慢，厌氧或微需氧，初次分离加 5% CO_2 可促进其生长。最适培养温度 37℃，在葡萄糖肉汤培养基中培养 3～6 d，可见培养基底部形成灰白色球形小颗粒沉淀物。在血琼脂平板上培养 4～6 d 可长出灰白色或淡黄色、粗糙、微小圆形菌落，不溶血，显微镜下观察可见菌落由长度不等的蛛网状菌丝构成。在脑心浸液琼脂培养基上培养 4～6 d 可形成白色、表面粗糙的大菌落，称为“白齿状”菌落(图 16-1)。

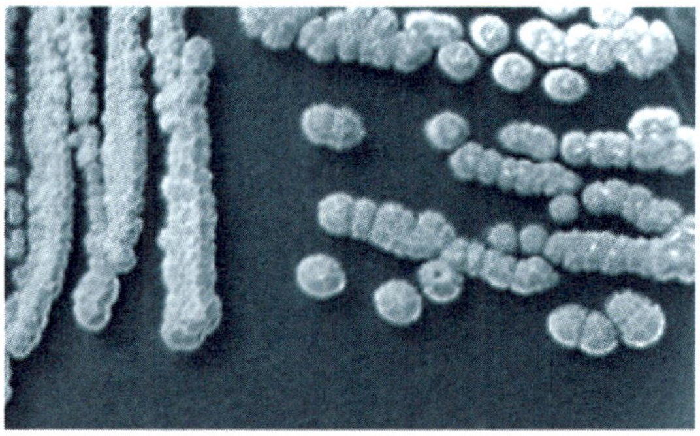

图 16-1　环境中放线菌菌落特征(康颖倩提供)

放线菌属能发酵葡萄糖和乳糖，产酸不产气，过氧化氢酶试验阴性。衣氏放线菌能还原硝酸盐、分解木糖，不水解淀粉，而牛型放线菌则不能还原硝酸盐，不分解木糖，但能水解淀粉。

二、致病性与免疫性

放线菌属是口腔、上呼吸道和生殖道等与外界相通的体腔中常见的正常菌群。当机体抵抗力下降，口腔卫生不良、拔牙或口腔黏膜受损时，可致内源性感染，表现为软组织的化脓性炎症，若无继发感染则多呈慢性肉芽肿，常伴有多发性瘘管形成，脓汁中可找到特征性的硫磺样颗粒，称为放线菌病。根据感染途径和涉及的器官不同，临床分为面颈部、胸部、腹部、盆腔和中枢神经系统放线菌病，其中以面颈部最为常见，约占患者的 60%。面颈部放线菌病患者大多近期有口腔炎、拔牙史或下颌骨骨折史，临床表现为后颈面部肿胀，不断产生新结节、多发性脓肿和瘘管形成。胸部感染是经气管、支气管吸入或经血行扩散在肺部形成病灶，症状和体征酷似肺结核。损害也可扩展到心包、心肌，并能穿破胸膜和胸壁，在体表形成多发性瘘管，排出脓液。腹部感染常来源于肠道和生殖道，能触及腹部包块与腹壁粘连，出现便血和排便困难，易误诊为结肠癌。盆腔感染多继发于腹部感染，也可由于子宫内放置不合适或不洁避孕用具所致。原发性皮肤放线菌病常由外伤或昆虫叮咬引起，先出现皮下结节，然后结节软化、破溃形成窦道或瘘管。中枢神经系统感染常来源于其他病灶，若累及颅骨可引起脑膜炎和脑脓肿。放线菌属还与龋齿和牙周炎有关，内氏和黏液放线菌能产生一种多糖物质 6-去氧太洛糖(6-deoxytalose)，可将口腔中的放线菌和其他细菌黏附在牙釉质上形成菌斑。由于细菌分解食物中的糖类产酸，酸化和腐蚀釉质形成龋齿，其他细菌可进一步引起齿龈炎和牙周炎。

放线菌病患者血清中可检测到多种特异性抗体，但这些抗体无免疫保护作用，诊断意义不大。机体对放线菌的免疫主要靠细胞免疫。

三、微生物学检查

在脓汁、痰液和组织切片中寻找硫磺样颗粒是主要的微生物学检查法。将可疑颗粒制成压片，革兰染色，在显微镜下观察特征性放射状排列的菊花状菌丝，即可确定诊断。必要时可作放线菌的分离培养，将标本接种于血平板上，在 37℃、5% CO_2 孵箱中培养 1～2 周后可形成白色、干燥、边缘不规则的粗糙型菌落。用涂片、革兰染色和镜检对菌落进行鉴定，也可通过抗酸染色或生化反应进一步区分放线菌属和诺卡菌属。

四、防治原则

注意口腔卫生、及时治疗口腔疾病是预防放线菌病的主要措施。对患者的脓肿及瘘管应及时进行外科清创处理，同时应大量、长期使用抗生素治疗(6～12 月)，首选青霉素，亦可用克林达霉素、红霉素和林可霉素等治疗。

第二节 诺卡菌属

诺卡菌属(*Nocardia*)有 51 个菌种，广泛分布于土壤。对人致病的主要有星形诺卡菌(*N. asteroides*)、巴西诺卡菌(*N. brasiliensis*)和鼻疽诺卡菌(*N. farcinica*)，其中星形诺卡菌致病力最强，在我国最常见。巴西诺卡菌和鼻疽诺卡菌已完成全基因测序，巴西诺卡菌基因组大小约为 9.44 Mb，G+C 含量为 68 mol%，含有 8 474 个基因及 8 414 个开放阅读框。鼻疽诺卡菌基因组大小约为 6.02 Mb，G+C 含量为 70.8 mol%，含有 5 745 个基因及 5 681 个开放阅读框。

一、生物学性状

诺卡菌属为革兰阳性杆菌，形态与放线菌属相似，但菌丝末端不膨大，有时见杆状与球状同时存在(图 16-2)。部分诺卡菌属具有弱抗酸性，仅用 1%盐酸乙醇延长脱色时间即可变为抗酸阴性，据此可与结核分枝杆菌鉴别。诺卡菌属为专性需氧菌，营养要求不高，在普通培养基或沙保培养基上，在 22℃或 37℃条件下生长良好。诺卡菌属生长缓慢，一般 1 周左右长出菌落，菌落表面干燥、有皱褶或呈蜡样，不同菌株可产生不同的色素。在液体培养基中表面形成菌膜，液体澄清。

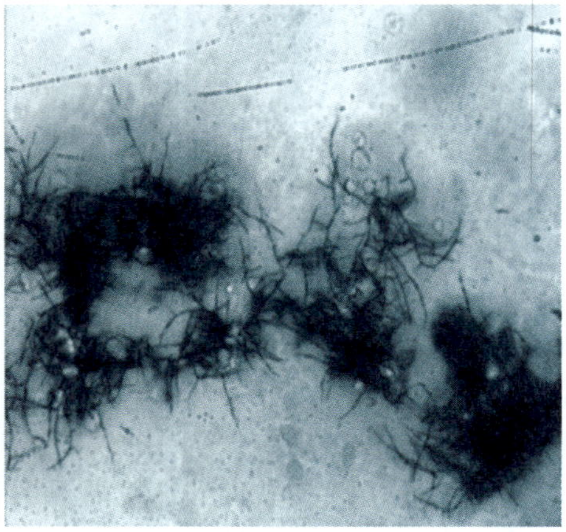

图 16-2 *Nocardia wallacei* 的形态染色特征(革兰染色，×1 000，康颖倩提供)

二、致病性与免疫性

诺卡菌属感染为外源性感染。星形诺卡菌主要由呼吸道或创口侵入机体，引起化脓性感染，特别是免疫力低下的感染者，如 AIDS 患者、肿瘤患者和长期使用免疫抑制剂的患者，感染后可引起肺炎和肺脓肿。星形诺卡菌可通过血行播散，引起脑膜炎与脑脓肿。若该菌经皮肤创伤感染，可侵入皮下组织引起慢性化脓性肉芽肿和形成瘘管。在病变组织或脓汁中可见黄、红、黑等色素颗粒，为诺卡菌属的菌落。巴西诺卡菌可侵入皮下组织引起慢性化脓性肉芽肿，表现为肿胀、脓肿及多发性瘘管。感染好发于腿部和足，称足(分枝)菌病(mycetoma)。

三、微生物学检查

在脓液、痰液、支气管灌洗液及病灶渗出液等标本中查找黄色或黑色颗粒状的诺卡菌属菌落是主要的微生物学检查法。将标本制成涂片或压片，染色镜检，可见革兰阳性和部分抗酸性分枝菌丝，其抗酸性弱，据此可与结核分枝杆菌区别。诺卡菌属的分离培养可用沙保培养基和血平板，培养 1 周左右可见细小菌落，涂片染色镜检，可见革兰阳性纤细分枝菌丝，陈旧培养物中的菌丝可部分断裂成链杆状或球杆状。诺卡菌属可侵入肺组织，形成 L 型，应做细菌 L 型的培养鉴定。

四、防治原则

诺卡菌属的感染无特异预防方法。对脓肿和瘘管等可手术清创，切除坏死组织。各种感染可用抗生素或磺胺类药物治疗，治疗时间通常不少于6周。

小　结

放线菌是一类丝状或链状、呈分枝生长的革兰阳性的原核细胞型微生物，广泛分布于自然界，种类繁多，致病性放线菌主要为放线菌属和诺卡菌属中的菌群。放线菌属为人体的正常菌群，可引起内源性感染，引起放线菌病。放线菌病是一种软组织的化脓性炎症，常伴有多发性瘘管形成，脓汁中可找到特征性的硫磺样颗粒。诺卡菌属为腐物寄生菌，广泛存在于土壤中，引起外源性感染。星形诺卡菌主要由呼吸道或创口侵入机体，引起化脓性感染；巴西诺卡菌可侵入皮下组织引起慢性化脓性肉芽肿。

由于不同的放线菌感染，无特异性临床症状和体征，治疗也是以长期大剂量青霉素或磺胺类药物为首选，因此迫切需要简便、快速和可靠的诊断和菌种鉴定技术及新型抗生素用于临床。

此外，目前常用的抗生素中约70%是来源于放线菌，因此利用新的分子生物学技术、改良制作工艺和方法等，可提高放线菌的抗生素生产水平或得到新的抗生素，造福人类。

【复习思考题】

1. 放线菌的主要生物学特征有哪些？和抗生素有何关系？
2. 致病性放线菌属和诺卡菌属的感染及致病有何特点？
3. 何谓硫磺样颗粒？有何意义？

（杨　春）

第十七章

支原体

学习要点

掌握：① 支原体的概念、支原体的形态与细胞结构特点；② 人类常见病原性支原体及其传播方式与所致疾病。

熟悉：① 支原体抗原结构在支原体鉴定中的意义；② 支原体的生化反应；③ 支原体感染的微生物学诊断方法及防治原则。

了解：① 支原体培养特性；② 支原体的分类。

第一节　支原体概述

支原体(*Mycoplasma*)是一类缺乏细胞壁、呈高度多形性、能通过除菌滤器、已知能在无生命培养基中生长繁殖的最小的原核细胞型微生物。支原体首先由 Nocard 及 Roux 于 1898 年从牛胸膜肺炎病灶中分离，曾命名为胸膜肺炎微生物(Pleuropneumonia organism，PPO)。1967 年，正式命名为支原体。支原体由于缺乏细胞壁，在分类学上归属于柔膜菌门(Tenericutes)、柔膜体纲(Mollicutes)、支原体目(Mycoplasmatales)、支原体科(Mycoplasmataceae)的支原体属(*Mycoplasma*)和脲原体属(*Ureaplasma*)。支原体属现有 132 个种，脲原体属有 7 个种。支原体寄生宿主广泛，自人体分离的支原体有 16 种，其中人类病原性支原体主要包括肺炎支原体(*M. pneumoniae*)、人型支原体(*M. hominis*)、生殖支原体(*M. genitalium*)、嗜精子支原体(*M. spermatophilum*)、发酵支原体(*M. fermentans*)、穿透支原体(*M. penetrans*)、梨支原体(*M. pirum*)及解脲脲原体(*U. urealyticum*)和微小脲原体(*U. parvum*)等。

一、生物学性状

1. *形态与结构*　支原体是原核细胞生物中体积最小的生物体，菌体大小一般在 0.3～0.5 μm 之间，小的球形菌体直径仅 0.12～0.25 μm。基因组为双股环状 DNA(600～2 200 kb)，约为大肠埃希菌的 1/5。支原体因缺乏细胞壁，其形态呈高度多形性及可塑性，可呈球形、杆状、丝状及分枝状等多种形态，加压可通过 0.22 μm 孔径除菌滤器。

支原体无细胞壁，不形成芽胞及鞭毛结构。菌体最外层为细胞膜，分外、中、内三层，内、外两层为蛋白质及糖类。中间层为脂类，主要为磷脂及胆固醇，胆固醇位于磷脂分子之间，对保持细胞膜的完整性具有一定作用。凡能作用于胆固醇的物质，如皂素、两性霉素 B、洋地黄苷等均能引起支原体细胞膜的破坏而导致其死亡。有的支原体可在细胞膜外形成一层由多聚糖构成的荚膜或微荚膜，具有抗吞噬作用。某些支原体具有一种特殊的顶端结构，能使菌体黏附于宿主上皮细胞表面定植。荚膜或微荚膜及顶端结构与支原体的致病性密切相关。

支原体革兰染色阴性，但不易着色。常用 Giemsa 染色，着色效果较好，菌体被染成淡紫色。

2. 培养特性　支原体是能够在人工培养基上生长繁殖的体积最小的原核细胞微生物。大多数支原体的人工培养需加入动物或人血清以提供蛋白质、胆固醇及长链脂肪酸。常用含 20%马血清或 30%人血浆的液体培养基或琼脂固体培养基（含 1%～2%琼脂）培养支原体，多数支原体还需添加酵母浸液、组织浸液、核酸提取物和辅酶等才能生长。

大部分支原体生长的适宜 pH 为 7.6～8.0，低于 7.0 易死亡。但解脲脲原体的最适 pH 为 5.5～6.5，这是由于解脲脲原体分解尿素产氨使培养基 pH 升高。当培养基中 pH 指示剂变色时需及时移种，否则支原体将迅速死亡。支原体最适生长温度为 37℃，兼性厌氧生长，仅个别菌株专性厌氧。大多数支原体在 5%～10% CO_2气体环境或 5% CO_2与 90% N_2微氧环境中生长较好。

支原体繁殖方式多样，主要以无性二分裂方式繁殖，也可见分节、断裂、出芽及分枝等方式。大多数支原体生长缓慢，在适宜环境中孵育，代时约为 3～4 h。在软琼脂（1.4%琼脂）固体培养基上经 2～7 d（有的需 2 周或更长时间）形成直径为 10～600 μm 的"油煎蛋样"菌落。显微镜低倍镜下观察菌落呈圆形、中心致密隆起，向下长入培养基，周边为一层薄薄的透明颗粒区，有的整个菌落呈颗粒状，称为"桑葚样"菌落。

支原体在液体培养基中的增殖量较小，一般不超过 10^6～10^7 CCU/mL（color changing unit，CCU，颜色变化单位。即将支原体接种在一定量的鉴别培养基中，能分解底物并使指示剂变色的最小支原体量），且个体小，一般不易见到混浊，培养液清亮，仅有小颗粒沉于管底或黏附于管壁。支原体是细胞培养污染的一个重要因素，在细胞培养中不一定都引起细胞病变，但可影响细胞用于病毒的培养。

支原体许多特性与细菌 L 型相似，如无细胞壁结构、形态呈多形性、能通过除菌滤器、对低渗敏感、形成油煎蛋样菌落等，但细菌 L 型在无抗生素等诱导因素作用下能返祖为原菌，支原体则在遗传上与细菌无关。

3. 生化反应　支原体能发酵糖类、分解蛋白质及尿素，使培养基的 pH 降低或升高。临床上常根据支原体分解葡萄糖、精氨酸及尿素能力的不同，对支原体进行初步鉴定（表 17－1）。

表 17－1　人类主要支原体的生物学性状

支原体	生化反应			最适 pH	吸附细胞
	发酵葡萄糖	水解精氨酸	水解尿素		
肺炎支原体	+	−	−	7.5	红细胞
人型支原体	−	+	−	7.3	−
生殖支原体	+	−	−	7.5	红细胞
发酵支原体	+	+	−	7.5	−
穿透支原体	+	+	−	7.5	红细胞、$CD4^+$ T 细胞
解脲脲原体	−	−	+	6.0	−*

*：血清型 3 除外。

4. 抗原结构　支原体的分类与鉴定主要依赖其生化反应和抗原结构。支原体细胞膜抗原成分主要为蛋白质和糖脂类表面抗原，不同支原体各具有其独特的抗原结构，相互交叉较少，对于支原体的血清学鉴定具有重要意义。

支原体抗原检测常用方法包括补体结合（complement fixation，CF）试验、ELISA 试验、生长抑制试验（growth inhibition test，GIT）和代谢抑制试验（metabolic inhibition test，MIT），其中 CF 试验常用于检测支原体的糖脂类抗原，ELISA 试验用于检测支原体的蛋白质抗原。GIT 试验与药敏试验的纸片法相似，是将含有特异性抗血清的纸片贴于接种有支原体的琼脂平板表面，若两者相对应则纸片周围生长的菌落受到抑制，形成抑菌环。MIT 试验是将支原体接种在含有特异性抗血清与酚红的葡萄糖培养基中，若抗体与支原体相对应，则支原体的生长、代谢受到抑制，酚红则不变颜色（即培养基不变色）。应用 GIT 和 MIT 试验还可对某些支原体进行血清学分型，如用 MIT 可将解脲脲原体分为 14 个血清型。

5. 抵抗力　支原体对热敏感，55℃ 15 min 可被杀灭。支原体因缺乏细胞壁，对理化因素的抵抗力比细菌弱。对石炭酸、来苏尔、新洁尔灭、戊二醛等多种常用化学消毒剂敏感，但耐受结晶紫、醋酸铊、亚碲酸盐，在培养基中加入适当浓度的上述物质可作为分离培养时防止杂菌生长的抑制剂。支原体对影响细胞壁合成的抗生素如青霉素类天然耐受，但对干扰蛋白质合成的抗生素如多西环素、交沙霉素等敏感，对作用于DNA解旋酶而阻碍DNA复制的喹诺酮类药物如左氧氟沙星、司帕沙星等敏感。两性霉素B、毛地黄皂苷等作用于细胞膜胆固醇的药物，可杀灭支原体。

二、致病性与免疫性

支原体寄生宿主广泛，大多不致病，也可引起哺乳类、鸟类、昆虫及植物的疾病。临床常见的人类病原性支原体主要包括肺炎支原体、人型支原体、生殖支原体、穿透支原体、解脲脲原体等。

1. 致病性　人类病原性支原体主要可通过以下机制引起机体损伤：① 黏附素：肺炎支原体、生殖支原体等具有特殊的顶端结构，能使菌体黏附于呼吸道或泌尿生殖道上皮细胞的黏蛋白受体上，导致宿主细胞损伤；② 荚膜或微荚膜：具有抗吞噬作用；③ 毒性代谢产物：如神经毒素、磷脂酶C、核酸酶、过氧化氢和超氧离子、氨等均能引起宿主黏膜上皮细胞或红细胞的病理损伤；④ 超抗原(Superantigen，SAg)：是支原体产生的一类具有免疫调节活性的蛋白质，能在感染部位刺激炎症细胞分泌大量的细胞因子引起组织损伤。另外，穿透支原体能黏附并侵入$CD4^+$ T淋巴细胞导致免疫损伤，协同HIV致病。

2. 所致疾病　某些人类支原体可为人体正常菌群成员，如唾液支原体与口腔支原体是人口腔内的正常菌群，常可在正常人体的唾液与口腔黏膜、痰及扁桃体组织检出。人类支原体外源性感染的传染源主要是患者和支原体的健康带菌者，正常菌群支原体可在宿主免疫力降低或其寄生部位改变时引起内源性感染。不同支原体感染部位不同，引起不同类型的疾病(表17-2)。

表17-2　人类主要病原性支原体的感染部位与所致疾病

支原体	感染部位	所致疾病
肺炎支原体	呼吸道	上呼吸道感染、非典型性肺炎、支气管炎、肺外症状(皮疹、心血管和神经系统症状)
人型支原体	呼吸道、生殖道	附睾炎、盆腔炎、产褥热、慢性羊膜炎、新生儿肺炎、脑炎、脑脓肿
生殖支原体	生殖道	尿道炎、宫颈炎、子宫内膜炎、盆腔炎、不育
发酵支原体	呼吸道、生殖道	流感样疾病、肺炎
解脲脲原体	呼吸道、生殖道	非淋菌性尿道炎、尿路结石等
穿透支原体	生殖道	协同HIV致病

3. 免疫性　人体感染支原体后机体可产生特异性体液免疫和细胞免疫。特异性体液免疫中的抗膜蛋白抗体在抗支原体感染中发挥主要作用，特别是sIgA，在黏膜局部阻止支原体感染中起重要作用。另外，某些支原体感染人体后可刺激机体产生非特异性血清抗体(如冷凝集素)，可用于感染的辅助诊断。

特异性细胞免疫主要依靠致敏的$CD4^+$ Th1细胞分泌细胞因子(如IL-2、TNF-α、IFN-γ等)活化巨噬细胞(MΦ)以清除感染的支原体，但其释放的大量炎症细胞因子也可引起自身组织损伤。

第二节　肺炎支原体

一、生物学性状

肺炎支原体菌体形态呈高度多形性，包括球形、球杆状、丝状、分枝状及棒状等，菌体大小为0.2～0.3 μm(图17-1)。基因组大小为835 kb，G+C含量为39 mol%～41 mol%。

肺炎支原体营养要求较高，培养基中需添加10%～20%的人或动物血清以提供自身不能合成的固醇及长链脂肪酸。初次分离培养尚需添加10%的酵母浸膏，并置于5% CO_2气体环境下生长，培养3～10 d形成细小的草莓状菌落，经多次传代后，生长加快，呈典型"油煎蛋样"菌落(图17-2)。

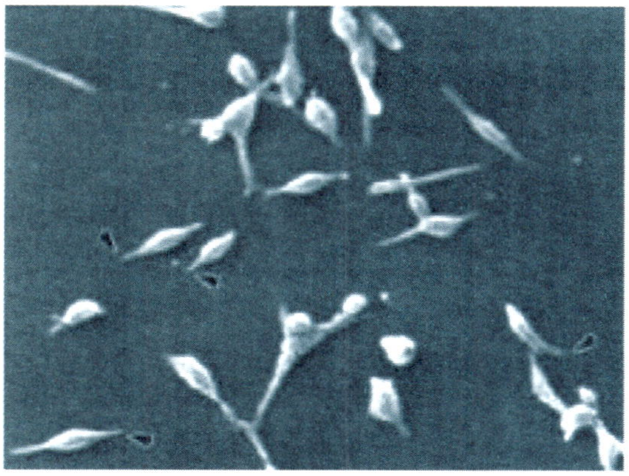

图 17-1 肺炎支原体扫描电镜下的形态

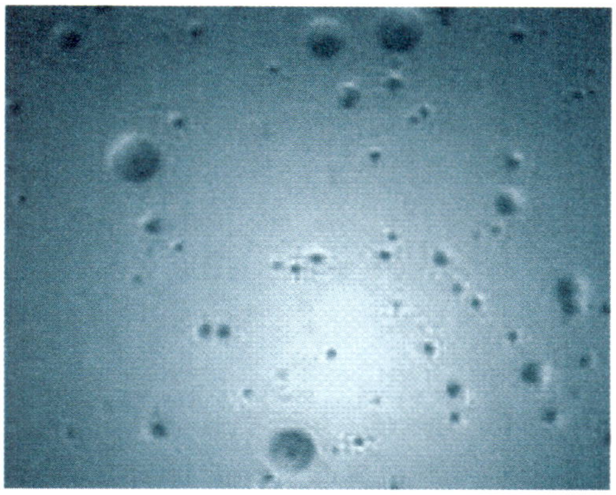

图 17-2 肺炎支原体光学显微镜下的“油煎蛋样”菌落(×100)

肺炎支原体能够发酵葡萄糖，但不能利用精氨酸及尿素，在血琼脂平板上能溶解豚鼠红细胞而形成β溶血现象。肺炎支原体耐受醋酸铊、结晶紫、青霉素及头孢菌素，将其添加于培养基内有利于肺炎支原体的选择性分离培养。

二、致病性与免疫性

1. *致病性* 肺炎支原体进入易感者呼吸道后，首先通过其顶端结构的 P1 蛋白(170 kD)和 P30 蛋白(32 kDa)黏附于呼吸道黏膜上皮细胞，汲取营养生长繁殖，同时释放毒性代谢产物如过氧化氢、超氧阴离子等损伤细胞，黏膜纤毛运动减弱、停止乃至细胞死亡脱落消失。肺炎支原体具有超抗原作用，可使感染部位炎症细胞分泌大量如 IL-1、IL-6、TNF-α 等细胞因子导致组织损伤。

肺炎支原体感染的传染源为患者或带菌者，主要经呼吸道飞沫传播，一年四季均可发病，但以夏末秋初多见。高发人群主要为 5～15 岁的青少年，成人也可感染发病。肺炎支原体常引起上呼吸道感染、支气管炎及肺炎。

肺炎支原体肺炎肺部病变以间质性肺炎为主，胸部 X 线检查无典型肺炎的影像学特征，因此其又称为原发性非典型性肺炎(primary atypical pneumonia)。肺炎支原体肺炎临床症状较轻，以咳嗽、发热、头痛、咽喉痛和肌肉痛为主，病程 1～4 周，但肺部 X 线改变持续 4～6 周才消失。个别患者可见呼吸道外并发症，如皮肤多形红斑，脑脊髓膜炎、脑膜脑炎、神经炎等中枢神经系统疾病，心肌炎与心包炎，关节炎等，此可能与机体免疫复合物的形成及自身抗体的出现有关。

2. *免疫性* 肺炎支原体感染后可刺激机体产生特异性 sIgA 与血清 IgM、IgG 抗体以及致敏淋巴细胞，但对机体的保护作用不完全。呼吸道黏膜局部产生的特异性 sIgA 对再次感染具有较强的保护作用。肺炎支原体感染可刺激机体产生 IgE 类抗体介导Ⅰ型超敏反应，可促使哮喘的急性发作。另外，感染后机体可出现血清非特异性冷凝集素抗体。该抗体是一类 IgM 型自身抗体，在 4℃条件下能够与人 O 型红细胞及自身红细胞发生凝集而 37℃时凝集又分散开，可用冷凝集试验检测，用于感染的辅助性诊断。

三、微生物学检查

1. *分离培养* 直接培养分离患者标本内的支原体。取可疑患者的痰、鼻或咽喉拭子标本，接种于肺炎支原体分离培养液体或固体培养基，置于含 5% CO_2气体环境下 37℃培养 1～2 周。液体培养物可通过观察培养基颜色的变化判断支原体生长情况。如疑似肺炎支原体生长，可用除菌滤器滤过培养物后接种于肺炎支原体固体培养基，培养后挑取可疑菌落经形态、生化反应、溶血试验进行初步鉴定，进一步需采用特异性抗血清做 GIT 及 MIT 进行鉴定。肺炎支原体能够溶解豚鼠红细胞。溶血试验是将支原体接种于含 8%豚鼠红细胞的琼脂平板上，置 37℃培养过夜后观察其菌落周围是否形成β溶血环。肺炎支原体分离培养阳性率不高，且有时需耗时 20 d 或更长时间，故对临床快速诊断意义不大。

2. *血清学检查* 直接检查患者血清标本内的抗体及其效价。常用方法包括冷凝集试验、补体结合试验及 ELISA。冷凝集试验是取可疑患者的血清标本与人 O 型红细胞混合，置 4℃条件过夜，观察红细胞是否凝集和判断凝集效价的血清学试验。凝集效价达到 1∶64 以上具有诊断价值。在未接受治疗的支原体肺炎患者，病程 3 周后约 50%以上可表现为冷凝集素反应阳性。冷凝集试验为非特异性反应，呼吸道合胞病毒感染、腮腺炎、流感等患者的血清也可出现冷凝集素效价升高，因此该试验只能用于肺炎支原体感染的辅助诊断。补体结合试验及 ELISA 可检测患者血清内的肺炎支原体特异性 IgM 和 IgG 抗体，具有较高的敏感性与特异性。

3. 快速诊断　主要是检测肺炎支原体特异性抗原及核酸进行快速诊断。常用方法包括：① ELISA，取患者痰、鼻洗液或支气管洗液标本，采用 P1 和 P30 蛋白单克隆抗体检测标本中相应的肺炎支原体蛋白质抗原；② PCR 技术，检测患者痰或咽拭子等标本中的肺炎支原体的 16S rRNA 或 P1 蛋白基因，特异性、敏感性均高且快速，适宜于进行大量标本的检测。

四、防治原则

肺炎支原体目前尚无有效疫苗，非特异性预防主要包括早期发现和隔离治疗患者、避免与患者的密切接触、增强机体的抵抗力、保持室内空气流通以及对污染环境进行消毒。

患者的治疗可采用罗红霉素、克拉霉素、阿奇霉素等大环内酯类抗生素或氧氟沙星、左氧氟沙星、司帕沙星等喹诺酮类抗菌药物。

第三节　解脲脲原体

一、生物学性状

解脲脲原体形态呈球形、球杆状及杆状，单个或成双排列，直径 0.05～0.3 μm，基因组大小为 750 kb，G+C 含量为 27.5 mol%～28.5 mol%。革兰染色阴性，Giemsa 染色为淡紫色（图 17-3）。

图 17-3　解脲脲原体扫描电镜下形态（×6 500）

解脲脲原体在 5% CO_2气体环境中培养 24～72 h 后形成直径 15～30 μm 的“油煎蛋样”或“桑葚样”微小菌落，故称其为“T 株”（tiny strain）。生化反应不分解糖类和氨基酸，磷酸酶和四氮唑还原试验阴性，可产生丰富的尿素酶。解脲脲原体最适 pH 为 5.5～6.5，由于分解尿素产氨使培养基 pH 升高，可致其死亡。临床常将可疑解脲脲原体感染患者的标本直接接种于含尿素的解脲脲原体鉴别培养基，培养后根据培养基指示剂变为红色初步鉴定解脲脲原体。

根据细胞膜多带抗原（multiple-band antigen，MB-Ag）不同，可将解脲脲原体分为 14 个血清型，2 个生物型。生物型 1（包括 2、4、5、7、8、9、10、11、12、13 型）均有 16 kDa 和 17 kDa 两种多肽，而生物型 2（包括 1、3、6、14 型）仅有 17 kDa 一种多肽。在临床解脲脲原体感染中以 4 型最多见。

二、致病性与免疫性

解脲脲原体于 1954 年由 Shepard 首次从非淋菌性尿道炎患者的尿道分泌物中分离获得，因其尿素分解特性命名，多寄生于男性尿道、阴茎包皮和女性阴道内，引起非淋菌性尿道炎（nongonococcal urethritis，NGU），经性途径传播。解脲脲原体也可引起前列腺炎、附睾炎、不育症、产褥热、盆腔炎等疾病，是泌尿生殖道感染的常见病原性支原体。

解脲脲原体致病主要包括以下几个方面：① 尿素酶分解尿素产 NH_4，对黏膜细胞产生急性毒性作用；② 产生磷脂酶分解细胞膜磷脂，损伤细胞膜，影响宿主细胞生物合成；③ 黏附于黏膜细胞表面，摄取脂质及胆固醇引起细胞膜损伤；④ 产生 IgA 蛋白酶降解黏膜局部 sIgA，使黏膜屏障受损。另外，解脲脲原体感染还与不育症有关，其机制可能为：① 吸附于精子细胞表面生长繁殖，阻碍精子运动；② 产生神经氨酸酶样物质，干扰精子与卵子结合；③ 与精子存在共同抗原，机体感染后产生的抗体对精子造成免疫损伤。

解脲脲原体感染后，可检测到 IgG、IgM 类抗体，但其意义有待进一步研究。黏膜局部 sIgA 对再感染有一定的保护作用。

三、微生物学检查

1. 分离培养　采集尿液、精液、前列腺液、阴道分泌物等标本立即接种于含尿素和酚红的液体培养基（若不能立即接种，应将标本置于 4℃存放，12 h 内接种培养），置于 5% CO_2气体环境中 37℃培养 2～3 d，培养基颜色由黄变红则可初步判定解脲脲原体生长。进一步可将液体培养物转种于固体培养基，培养后低倍镜下观察菌落特征。分离所获支原体可采用生化反应、MIT、GIT 及 IDT（免疫斑点试验）进行鉴定与分型。

2. 血清学检查　由于解脲脲原体一般为浅表感染，机体免疫应答微弱，血清抗体效价低且不稳定，无症状者也可存在低效价的抗体，故解脲脲原体感染的血清学检测意义不大。

3. 分子生物学检测　可用特异性引物 PCR 扩增尿素酶基因快速检测和鉴定解脲脲原体，也可检测多带抗原基因和 16S rRNA 基因进行快速诊断。

四、防治原则

目前尚没有疫苗用于解脲脲原体感染的特异性预防。一般性预防措施主要为加强性卫生宣传教育，防止不洁性行为以切断传播途径。

解脲脲原体感染的治疗可用红霉素、阿奇霉素、四环素、左氧氟沙星等抗菌药物。

第四节　其他支原体

一、人型支原体

人型支原体由 Dienes 等于 1937 年首先从一女性巴氏腺脓肿患者病灶组织内分离，在 1%～5%无症状男性及 30%～70%无症状女性的生殖道也可检出该支原体。形态结构与解脲脲原体相似，能够分解精氨酸，不分解尿素，也不发酵葡萄糖。基因组大小为 700 kb，G+C 含量为 27.3 mol%～33.7 mol%。最适生长 pH 为7.2～7.4，在精氨酸培养基内分解精氨酸产氨使培养基 pH 达 7.8 以上，可致其死亡。在含醋酸铊的固体培养基上可形成直径达 200～300 μm 的典型“油煎蛋样”菌落。人型支原体对四环素、林可霉素等抗生素敏感，对红霉素不敏感。

人型支原体是寄居于泌尿生殖道的一种支原体，主要经性接触传播，传染源主要是患者和带菌者，可引起前列腺炎、附睾炎、盆腔炎、产褥热、输卵管炎、输卵管脓肿、肾盂肾炎等。约 10%流产及产褥热患者血液内可分离到该支原体。人型支原体也可引起新生儿感染，如新生儿肺炎、脑膜炎、脑脓肿等。

人型支原体感染的微生物学检查主要为分离培养支原体，通过形态、生化反应进行初步鉴定，采用特异性抗血清做 GIT 及 MIT 进行进一步鉴定。PCR 技术扩增人型支原体 16S rRNA 基因可进行感染的快速诊断。

人型支原体的预防与解脲脲原体相似，包括加强宣传教育，注意个人卫生、防止不洁性行为、及时治疗感染以切断传播途径等。

人型支原体对红霉素不敏感，感染的治疗可用四环素、林可霉素、左氧氟沙星等抗菌药物，需要注意耐药菌株的影响。

二、生殖支原体

生殖支原体于1981年由Tully首次从非淋菌性尿道炎患者尿道中分离。

生殖支原体的形态不规则，基本形态为“烧瓶”样，菌体长0.6～0.7 μm，底端宽0.3～0.4 μm，顶端细窄0.06～0.08 μm，有一明显的颈样结构，宽约7 nm（图17-4）。其顶端结构有一分子质量为140 kDa的黏附素MgPa，该黏附素与肺炎支原体的P1蛋白具有血清学的交叉反应。生殖支原体的基因组大小为580 kb，G+C含量约为32.4 mol%。

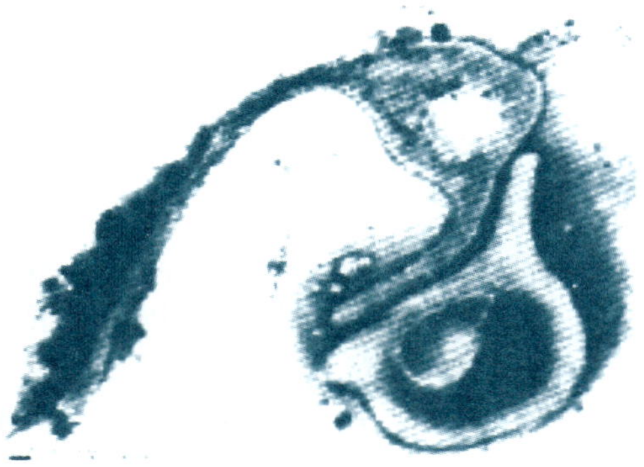

图17-4 生殖支原体透射电镜下的形态

生殖支原体分离培养较为困难，在普通支原体培养基中不生长，可在不含醋酸铊的SP-4固体培养基上缓慢生长，形成“油煎蛋样”菌落。能够发酵葡萄糖，不分解精氨酸和尿素。

生殖支原体通过性接触方式传播，常引起非淋菌性尿道炎，也可内源性感染引起子宫颈炎、子宫内膜炎、输卵管炎、盆腔炎及男性不育。

可通过分离培养法对生殖支原体感染者进行病原学诊断，但不适宜于常规实验室。常用PCR、分子探针及血清学试验方法进行微生物学检查，用于PCR检测的基因主要为16S rRNA和MgPa。

生殖支原体感染的预防同解脲脲原体和人型支原体，治疗可用四环素、红霉素、左氧氟沙星等抗菌药物。

三、穿透支原体

穿透支原体于1991年首次从艾滋病患者尿液内分离获得。形态也呈烧瓶状，宽0.6～0.7 μm，长0.8～2 μm，其顶端结构具有黏附与穿入细胞的作用，能够黏附于人红细胞、单核细胞、$CD4^+$ T淋巴细胞及尿道上皮细胞并穿过细胞膜在细胞内生长繁殖。穿透支原体基因组G+C含量约为30.5 mol%，能够发酵葡萄糖，分解精氨酸，不分解尿素，具有磷脂酶活性和还原四氮唑。可在SP-4上缓慢生长并形成“油煎蛋样”菌落。

穿透支原体属于条件致病性支原体，常见内源性感染AIDS患者和协同HIV致病，可能是造成AIDS发病的辅助因素之一。

小　结

支原体是一类介于细菌与病毒之间，能自行在无生命培养基中生长繁殖的最小的原核细胞型微生物。支原体种类繁多、分布广泛。自人体分离的16种支原体中肯定致病的为肺炎支原体和解脲脲原体，条件致病或协同其他微生物致病者包括人型支原体、生殖支原体、穿透支原体、发酵支原体、唾液支原体等。由于支原体缺乏细胞壁故而其形态具有多形性和可塑性，细胞膜中含有固醇，培养时需添加人或动物血清以提供生长所需固醇及长链脂肪酸，在固体培养基上形成“油煎蛋样”菌落。某些支原体具有特殊的顶端结构作为黏附因子，在致病性上具有重要作用。病原性支原体常经呼吸道和泌尿生殖道传播，外源性和内源性感染，分别引起原发性非典型性肺炎、尿道炎（非淋菌性尿道炎）、前列腺炎、附睾炎、盆腔炎、产褥热、输卵管炎、肾盂肾炎等疾病，穿透支原体感染可协同HIV致病。支原体感染的微生物学检查包括分离培养、血清学试验及分子生物学检测，常用特异性抗血清进行MIT及GIT对分离所获支原体进行鉴定分型。采用PCR、核酸探针等方法检测特异性核苷酸序列，有助于支原体感染的早期快速特异性诊断。

【复习思考题】

1. 何谓支原体？支原体具有哪些重要的生物学特性？

2. 医学常见的病原性支原体有哪些？分别引起哪些类型的疾病？
3. 支原体感染的微生物学检查包括哪些常用方法？其诊断价值如何？

（杜宝中）

第十八章

衣原体

学习要点

掌握： ① 衣原体的概念、主要生物学特性；② 人类常见病原性衣原体及其传播方式与所致疾病。

熟悉： ① 衣原体的形态与细胞结构特点；② 衣原体感染的微生物学诊断方法和防治原则。

了解： ① 衣原体的培养特性；② 衣原体的分类。

第一节　衣原体概述

衣原体(*Chlamydiae*)是一类具有独特发育周期、严格细胞内寄生、能通过除菌滤器的原核细胞型微生物。在生物分类学上归于独立的衣原体门、衣原体纲、衣原体目。衣原体目下设8个科、12个属。根据衣原体的抗原组成、包涵体形态与结构、DNA同源性及磺胺敏感性等特性，衣原体科(Chlamydiaceae)分为衣原体属(*Chlamydia*)与嗜衣原体属(*Chlamydophila*)(表18－1)。衣原体属包括沙眼衣原体(*Chlamydia trachomatis*)、鼠衣原体(*Chlamydia muridarum*)和猪衣原体(*Chlamydia suis*)三个种，对人类致病的是沙眼衣原体。嗜衣原体属包括肺炎嗜衣原体(*Chlamydophila pneumoniae*)、鹦鹉热嗜衣原体(*Chlamydophila psittaci*)、流产嗜衣原体(*Chlamydophila abortus*)、猫嗜衣原体(*Chlamydophila felis*)兽类嗜衣原体(*Chlamydophila pecorum*)和豚鼠嗜衣原体(*Chlamydophila caviae*)六个种，对人类致病的主要是肺炎嗜衣原体(肺炎衣原体，*Chlamydia pneumoniae*)和鹦鹉热嗜衣原体，其他衣原体主要感染动物，极少感染人类。

表18－1　人类主要病原性衣原体基本特性比较

特　性		沙眼衣原体	肺炎嗜衣原体	鹦鹉热嗜衣原体
属		衣原体属	嗜衣原体属	嗜衣原体属
血清型数量		19	1	8
原体形态		圆球	圆球、梨形	圆球
质粒		－	＋	＋
包涵体	形态与结构	圆形，空泡	圆形，致密	大、形态不规则，致密
	糖原	＋	－	－
DNA同源性	同种之间	＞90％	＞90％	14％～95％
	不同种之间	＜10％	＜10％	＜10％
磺胺敏感性		＋	－	－
自然宿主		人、小鼠	人	人、禽类

衣原体归属于广义的细菌范畴，其共同特性包括：① 形态呈圆球或椭圆形，革兰染色阴性，具有与革兰

阴性菌相似的细胞壁结构；② 专性细胞内寄生，具有独特的发育周期，无性二分裂方式繁殖；③ 具有 DNA 和 RNA 两种类型的核酸；④ 含有核糖体和较复杂的酶系统，能进行多种代谢活动，但不能产生代谢所需的能量，必须由宿主细胞提供所有代谢活动的能量来源，故而具有严格的细胞内寄生性；⑤ 对多种抗生素敏感。

衣原体广泛寄生于禽类、哺乳动物及人类，其中仅少数可引起人类疾病或人兽共患病。人类病原性衣原体主要包括衣原体属的沙眼衣原体和嗜衣原体属的肺炎嗜衣原体与鹦鹉热嗜衣原体。

一、生物学性状

1. *形态与结构*　各种衣原体具有相似的形态，基本形态为圆球形或椭圆形。衣原体大小为 0.2～1.0 μm，加压可通过除菌滤器。在发育周期的不同阶段可有不同的大小与结构特点。衣原体的结构与革兰阴性细菌相似，不形成荚膜、芽胞及鞭毛，革兰染色阴性，常用 Giemsa 染色呈紫色或用马基法罗(Macchiavello)染色呈红色或蓝色。衣原体的基因组为环状双链 DNA，已证实在肺炎嗜衣原体和鹦鹉热嗜衣原体可存在质粒。

衣原体在宿主细胞的细胞质内生长繁殖，具有独特的发育周期(图 18－1)。在衣原体的发育周期中，可观察到具有不同形态结构的两种颗粒。其中一种小而致密，称为原体(elementary body，EB)；另一种大而疏松，称为网状体(reticulate body，RB)或始体(initial body，IB)。

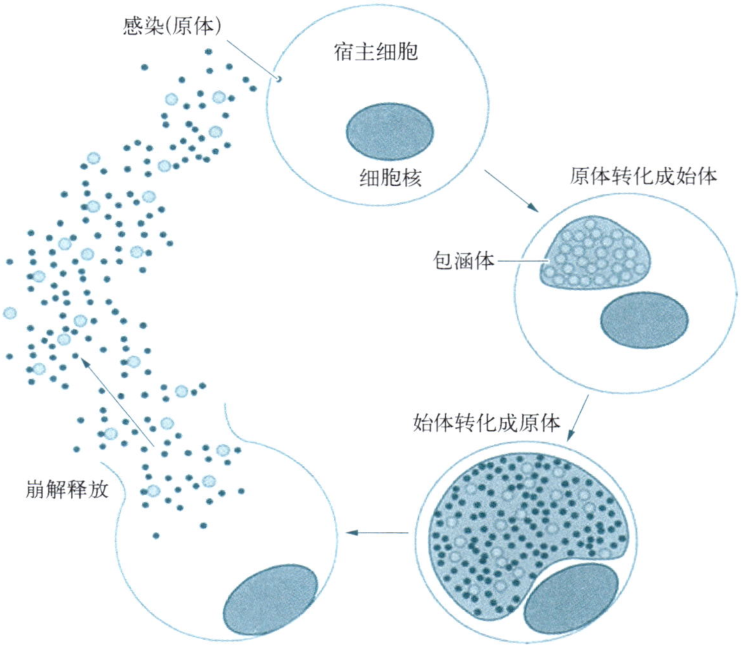

图 18－1　衣原体的发育周期

(1) 原体：是发育成熟的和具有感染性的衣原体颗粒。形态呈圆球或椭圆形，直径 0.2～0.4 μm，具有坚韧的细胞壁，DNA 浓缩形成高电子密度的拟核，Giemsa 染色呈紫色，Macchiavello 染色呈红色。

原体无繁殖能力，在宿主细胞外稳定，具有感染性。原体通过其外膜上的乙酰硫酸酯样糖蛋白、主要外膜蛋白质(major outer membrane protein，MOMP)及其他表面蛋白质黏附于宿主细胞，然后经受体介导的内吞作用(吞饮作用)进入宿主细胞，宿主细胞膜包绕原体形成空泡(吞饮小体)，原体在此空泡内逐渐发育成为网状体。

(2) 网状体：也称为始体，是衣原体的繁殖型，进行无性二分裂繁殖。形态呈圆球或椭圆形，直径 0.5～1.0 μm，缺乏细胞壁，在宿主细胞外易死亡，没有感染性。Giemsa 染色呈蓝色，Macchiavello 染色呈蓝色。

网状体在宿主细胞内代谢活跃，其 RNA 含量可达 DNA 含量的 4 倍，经无性二分裂繁殖产生子代颗粒。子代颗粒逐渐发育成熟为子代原体，大量子代原体堆积在空泡内形成包涵体(inclusion body)。成熟的子代原体从被破坏的宿主细胞中释放从而完成衣原体的一个发育周期。衣原体的一个发育周期历时 24～48 h，释放的子代原体可感染新的宿主细胞。原体与网状体的基本特性见表 18－2。

表 18－2　原体与网状体的基本特性比较

特　性	原　体	网状体	特　性	原　体	网状体
直径(μm)	0.2～0.4	0.5～1.0	感染性	＋	－
细胞壁	＋	－	繁殖能力	－	＋
代谢活性	－	＋	DNA∶RNA	1∶1	1∶4
细胞外稳定性	＋	－	Giemsa 染色	紫色	蓝色

2. 培养特性　衣原体为专性真核细胞内寄生的原核细胞型微生物。通常接种6～8日龄鸡胚卵黄囊以及HeLa、McCoy、HL、Hep－2等细胞分离培养衣原体。大多数衣原体在6～8日龄鸡胚卵黄囊内生长良好，接种3～6 d后可致鸡胚死亡，在鸡胚卵黄囊膜中可查见原体、始体及包涵体颗粒。衣原体对培养细胞系的吸附穿透能力不强，可将接种标本后的细胞培养物离心以促使衣原体吸附并穿入细胞。另外，常在细胞培养物中加入代谢抑制物如DEAE－dextran(二乙胺基葡聚糖)、细胞松弛素B、放线菌酮等使细胞代谢缓慢或用X线照射使细胞处于非分裂状态以利于衣原体的寄生性生长。

3. 抗原结构　衣原体抗原包括属、种、型特异性抗原，均为衣原体细胞壁成分。① 属特异性抗原：衣原体胞壁脂多糖具有属特异性，其抗原表位位于2－酮－3－脱氧辛酸(2-keto-3-deoxyoctanoic acid，KDO)，可用补体结合试验检测；② 种特异性抗原：大多数衣原体的种特异性抗原成分位于其MOMP上，可用补体结合试验和免疫荧光试验进行检测，用于衣原体不同种的鉴别；③ 型特异性抗原：位于衣原体MOMP可变区氨基酸序列，可据其抗原性的不同采用单克隆抗体微量免疫荧光试验对衣原体进行血清学分型以及生物型的区分。如据此可将沙眼衣原体分为19个血清型，鹦鹉热嗜衣原体至少分为4个血清型。

4. 抵抗力　衣原体耐冷不耐热，在－60℃以下保藏可保持感染性达5年以上，在液氮保藏10年或冷冻真空干燥保藏30年后，仍然可以复苏，但加热60℃维持5～10 min即可被杀灭。紫外线照射可迅速灭活衣原体。衣原体对常用消毒剂敏感，0.1%甲醛处理24 h、20 g/L NaOH或1% HCl处理2～3 min、75%乙醇处理1 min均可杀灭衣原体。四环素、红霉素、氯霉素等抑制细菌蛋白质合成的抗生素可抑制衣原体的生长繁殖，在临床上具有良好的效果。沙眼衣原体能够合成叶酸，因此对磺胺类药物敏感。

二、致病性与免疫性

1. 致病性　衣原体进入机体后，通过肝硫素作为“桥梁”，吸附于机体黏膜上皮细胞表面并进入细胞内生长繁殖，也可进入单核吞噬细胞生长繁殖。衣原体外膜上高度交联的蛋白质(MOMP等)对于衣原体感染宿主细胞具有重要的意义，其有助于衣原体黏附于宿主细胞表面受体和迅速进入细胞内。MOMP可阻止细胞内吞饮小体(空泡)与溶酶体融合形成吞噬溶酶体，使衣原体能够在细胞空泡内生长繁殖并最终导致宿主细胞病变。MOMP的抗原表位容易发生变异，使衣原体能够逃避机体特异性抗体的中和作用而继续感染宿主细胞。衣原体细胞壁存在有革兰阴性细菌内毒素样的毒性物质，具有抑制宿主细胞代谢和直接损伤宿主细胞的作用，其毒性可被特异性抗体中和。衣原体的热休克蛋白质(heat shock protein，HSP)能够刺激巨噬细胞产生TNF－α、IL－1、IL－6等炎性细胞因子，介导组织的炎症反应和引起瘢痕形成。研究发现，衣原体也存在III型分泌系统，能将衣原体蛋白直接输入宿主细胞内产生致病作用。

2. 所致疾病　不同的衣原体由于MOMP不同，其嗜组织性不同，引起不同物种宿主的感染，如沙眼衣原体和肺炎使衣原体只引起人类的疾病，鹦鹉热嗜衣原体的大多数菌株和兽类嗜衣原体只引起动物感染，鹦鹉热嗜衣原体的部分菌株则可引起人兽共患病。另外，衣原体可感染机体不同的组织部位，引起不同类型的疾病(表18－3)。

表18－3　人类病原性衣原体的传播方式与所致疾病

衣原体	血清型	传播方式	所致疾病
沙眼衣原体	A,B,Ba,C	接触传播	沙眼
	D－K	接触传播、垂直传播	包涵体结膜炎、新生儿眼炎
		接触传播	男性：尿道炎、前列腺炎、附睾炎、直肠炎等 女性：尿道炎、宫颈炎、输卵管炎、不孕、肝周炎、直肠炎、阑尾周围炎等
		呼吸道传播	婴儿肺炎
	L1－L3	接触传播	性病淋巴肉芽肿
肺炎嗜衣原体		呼吸道传播	肺炎、支气管炎、咽炎、鼻窦炎
鹦鹉热嗜衣原体		呼吸道传播	鹦鹉热、肺炎

3. 免疫性　衣原体感染人体后，可刺激机体产生以细胞免疫为主的适应性免疫。MOMP可活化$CD4^+$ Th细胞分泌细胞因子，抑制衣原体在细胞内的生长繁殖，也可引起迟发型超敏反应造成组织的免疫病理性

损害(如沙眼、性病淋巴肉芽肿)。特异性中和抗体可抑制衣原体吸附于宿主细胞,阻止感染的扩散。机体针对衣原体感染产生的特异性免疫力不强,且维持时间较短,因此常形成衣原体的反复感染、持续性感染或隐性感染。

第二节　沙眼衣原体

沙眼衣原体感染引起人类的沙眼,是人类最重要的致盲因素之一。沙眼衣原体也是性传播疾病的常见病原体,可引起非淋菌性尿道炎、性病性淋巴肉芽肿。根据其侵袭力和所致疾病部位的不同,可将沙眼衣原体分为 3 个生物型,即沙眼生物型(*Biovar trachoma*)、生殖生物型(*Biovar genital*)和性病淋巴肉芽肿生物型(*Biovar lymphogranuloma venereum*,LGV)。1956 年,沙眼衣原体由我国学者汤飞凡采用鸡胚卵黄囊接种首先成功分离并证实是沙眼的病原体,为人类认识沙眼衣原体做出了重大贡献。

一、生物学性状

1. 形态与染色　在不同发育阶段其大小、形态、染色性等不同。原体呈圆球或椭圆形,直径约 0.3 μm,Giemsa 或 Macchiavello 染色呈紫红色。原体中央有一致密的拟核,胞质膜外具有刚性的细胞壁,类似于革兰阴性菌的细胞壁,但无肽聚糖。网状体形态不规则,大小为 0.5～1.0 μm,Giemsa 或 Macchiavello 染色呈蓝色或暗紫色。网状体中央呈纤细的网状结构,无致密拟核,无细胞壁。沙眼衣原体能合成糖原并掺入到包涵体的基质中,用碘溶液染色呈棕褐色,可与其他衣原体(不含糖原)相鉴别。

2. 培养特性　沙眼衣原体可采用 6～8 日龄鸡胚卵黄囊及多种传代细胞进行培养。一般在培养 48～72 h 后可在细胞内查到包涵体及原体和网状体颗粒。现多采用细胞培养法培养,常用细胞株为 HeLa - 229 和 McCoy 细胞。

3. 抗原性　沙眼衣原体具有属(群)、种和型特异性抗原。属和型特异性抗原成分分别位于沙眼衣原体的脂多糖和 MOMP 分子上。据型特异性抗原(MOMP 可变区氨基酸序列)不同,可将沙眼衣原体分为 19 个血清型。其中沙眼生物型包括 A、B、Ba、C,生殖生物型包括 D、Da、E、F、G、H、I、Ia、J、Ja 和 K,LGV 生物型包括 L1、L2、L2a 和 L3。LGV 生物型的四个血清型均与沙眼生物型的 E 和 C 血清型间存在交叉抗原。

4. 抵抗力　沙眼衣原体对热和常用消毒剂敏感,在室温中可迅速丧失传染性,加热 56～60℃ 5～10 min 灭活,−70℃可保存数年,真空冷冻干燥保存 30 年以上仍有活性。0.1%甲醛 24 h、75%乙醇 1 min 均可灭活沙眼衣原体。四环素、红霉素、氯霉素等抑制蛋白质合成的抗生素以及氟喹诺酮类抗菌药物在沙眼衣原体感染的治疗上具有良好效果。

二、致病性与免疫性

沙眼衣原体主要寄生于人类,无动物储存宿主,其不同的生物型可感染机体不同部位,引起多种不同的疾病。沙眼衣原体的致病作用主要包括:① 细胞壁中脂多糖具有革兰阴性菌内毒素样的毒性,可抑制宿主细胞代谢,对细胞产生直接损伤作用;② 其 MOMP 可阻止细胞内吞饮囊泡与溶酶体的融合,使其得以在细胞内生长繁殖引起细胞损伤。另外,MOMP 易发生变异,可借以逃避机体免疫系统的清除作用;③ 其热休克蛋白可诱导机体产生 IV 型超敏反应引起机体损伤。

沙眼衣原体引起的疾病主要包括:

1. 沙眼　由沙眼生物型的 A、B、Ba 和 C 血清型引起,主要经眼—手—眼途径或以毛巾、手绢、脸盆等为媒介在人群中传播。沙眼衣原体感染结膜上皮细胞后,在其中生长繁殖并在胞浆内形成散在型、桑葚型、帽型或填塞型包涵体,引起局部炎症。沙眼是由沙眼衣原体感染引起的一种慢性传染性结膜角膜炎。患者早期症状为畏光、流泪、黏液脓性分泌物、结膜充血、滤泡增生,晚期可出现结膜瘢痕、眼睑内翻、倒睫等,倒睫可损伤角膜引起角膜混浊;结膜的慢性炎症可引起角膜血管翳,影响视力甚至导致失明。

2. 包涵体结膜炎　由沙眼生物型的B、Ba和生殖生物型的D、Da、E、F、G、H、I、Ia、J、Ja及K血清型引起。临床上包括婴儿结膜炎和成年人结膜炎两种。前者通常经产道感染，引起婴儿的急性化脓性结膜炎，又称包涵体性脓漏眼，不侵犯角膜，能自愈；后者可经眼—手—眼途径、性接触或接触污染的游泳池水感染，临床表现为滤泡性结膜炎，俗称游泳池结膜炎。包涵体性结膜炎病变类似沙眼，但不形成角膜血管翳及结膜瘢痕，一般数周或数月后痊愈，无后遗症。

3. 性传播性疾病　沙眼衣原体生殖生物型及LGV生物型可经性接触传播，分别引起尿道炎和性病淋巴肉芽肿。

（1）尿道炎：由沙眼衣原体D～K血清型感染引起，主要通过性接触传播，也可通过接触沙眼衣原体D～K血清型污染的游泳池水而发生间接接触感染，称为游泳池尿道炎。沙眼衣原体感染引起的尿道炎属于非淋菌性尿道炎，约占临床上非淋菌性尿道炎的40%～50%，是一种重要的性传播性疾病。

沙眼衣原体感染宿主尿道后，约2/3的女性和1/2的男性无明显症状，成为重要的传染源。部分感染者出现临床症状，男性患者表现为尿道炎，未经治疗者多转变为慢性感染，周期性加重并可合并附睾炎、前列腺炎等；女性患者表现为尿道炎、宫颈炎、子宫内膜炎、输卵管炎、盆腔炎等，输卵管炎的反复发作，可引起不孕或宫外孕。

（2）性病淋巴肉芽肿：由沙眼衣原体L1、L2、L2a和L3血清型（LGV生物型）引起，通过性接触传播，是一种“经典”性病，也称为腹股沟淋巴肉芽肿。沙眼衣原体感染后可侵犯腹股沟淋巴结，引起化脓性淋巴结炎和慢性淋巴肉芽肿，常形成瘘管及瘢痕；女性因淋巴液多流向直肠和髂淋巴结，常引起直肠周围淋巴结炎及直肠炎，可导致直肠—阴道瘘及会阴—肛门—直肠组织狭窄。沙眼LGV生物型也可引起结膜炎并常伴有耳前、颌下及颈部淋巴结肿大。

4. 肺炎　沙眼衣原体生殖生物型各血清型均可感染婴幼儿，引起婴幼儿肺炎。

沙眼衣原体感染后，可刺激机体产生特异性体液免疫和细胞免疫，因衣原体为细胞内寄生病原体，故以细胞免疫为主。细胞免疫应答形成的MOMP致敏的淋巴细胞能够杀伤感染和未感染的黏膜细胞并清除衣原体，也可形成迟发型超敏反应从而加重炎症反应和促进沙眼瘢痕的形成。针对MOMP产生的中和抗体能够阻止沙眼衣原体吸附和感染细胞以及感染的扩散。由于沙眼衣原体型别多，MOMP易发生变异，感染后产生的特异性免疫力较弱且维持时间较短，既不能完全清除衣原体，也无法阻止衣原体的再次感染。

三、微生物学检查

沙眼衣原体感染的微生物学检查主要包括涂片染色镜检、分离培养和衣原体抗原与核酸检测。由于不易获得感染的急性及恢复期双份血清，且泌尿生殖道感染者多有慢性或重复感染，原有的抗体水平较高，因此沙眼衣原体感染血清学诊断价值不高。

1. 涂片染色镜检　涂片染色镜检有助于沙眼衣原体感染的早期、快速诊断。对于疑似沙眼或包涵体结膜炎的患者，可制作结膜刮片、取眼穹隆部或结膜分泌物标本制作涂片。疑似衣原体性泌尿生殖道感染患者，可取尿道分泌物、淋巴结瘘管分泌物或脓液及病灶坏死组织标本制作涂片。涂片标本采用Giemsa或碘液染色后镜检，观察细胞质内的包涵体或呈紫色的原体以及呈蓝色的网状体。进一步确诊可用直接荧光抗体染色镜检。

2. 分离培养　患者标本可直接或取离心沉淀物接种放线菌酮处理过的McCoy或HeLa-229细胞培养物、鸡胚卵黄囊或小鼠脑组织进行沙眼衣原体的分离培养，采用Giemsa、碘液染色后观察分离培养的衣原体及包涵体，进一步鉴定可采用免疫荧光或ELISA检测培养物中沙眼衣原体的种及血清型特异性抗原，对沙眼衣原体进行鉴定。

3. 衣原体抗原及核酸检测　具有快速、灵敏、特异等优点，是目前临床衣原体感染诊断的发展方向。主要包括：ELISA检测患者标本中衣原体的LPS和MOMP抗原；采用PCR或连接酶链反应（LCR）等扩增技术检测标本中特异的沙眼衣原体DNA序列。

四、防治原则

沙眼衣原体感染目前尚无特异性预防方法。一般性预防措施主要为注意个人卫生，避免直接或间接的接触感染。预防泌尿生殖道感染措施包括广泛开展性传播疾病预防知识的宣传与教育，避免不洁性行为；积极治疗患者及带菌者；对高危人群开展普查和监控，防止感染的扩散。对于沙眼致盲的防控，重点是严防反复感染，WHO提出的“SAFE”防治措施，即外科眼睑矫形(Surgery for deformed eyelids，S)、阿奇霉素定期治疗(periodic Azithromycin therapy，A)、洗脸和卫生保健(Face washing and hygiene，F)和环境改善(Environmental improvement，E)，可减少沙眼的致盲。

沙眼衣原体感染者的治疗可选用四环素、米诺环素、红霉素、阿奇霉素、氧氟沙星、利福平等抗菌药物。新生儿可在出生时使用0.5%红霉素眼膏、1%硝酸银或2.5%聚烯吡酮碘滴眼可预防新生儿包涵体性脓漏眼。

第三节　肺炎嗜衣原体

肺炎嗜衣原体是一种重要的呼吸道病原体，只有一个血清型，TWAR是其代表菌株。1965年从我国台湾地区一名小学生的眼结膜标本中分离到一株衣原体，命名为TW-83(Taiwan-83)。1983年从美国西雅图市一名急性呼吸道感染大学生咽部标本中分离到一株衣原体，命名为AR-39(acute respiratory-39)。后来发现两者为同一衣原体同一血清型的两个不同分离菌株，故将其命名为TWAR菌株。肺炎嗜衣原体在自然条件下只感染人类，在人群中传播引起呼吸道疾病。

一、生物学性状

1. *形态与染色*　原体形态呈典型的梨形并有清晰的周浆间隙，大小为0.38 μm。网状体特征与沙眼衣原体及鹦鹉热嗜衣原体相似。在宿主细胞浆内生长繁殖形成不含糖原的圆形、致密的包涵体。原体经Giemsa染色呈紫色，Macchiavello染色呈红色；网状体经Giemsa染色和Macchiavello染色均呈蓝色。

2. *培养特性*　肺炎嗜衣原体分离培养较为困难，可用鸡胚卵黄囊及HeLa、McCoy、HL、Hep-2等细胞分离培养，其中HL和Hep-2细胞更适宜肺炎嗜衣原体的分离培养。

3. *抗原结构*　肺炎嗜衣原体目前只发现一个血清型。LPS是其属特异性抗原，具有衣原体属特异性抗原表位，其MOMP中的98 kDa蛋白具有种特异性，不同菌株的98 kDa蛋白序列完全相同，其相应单克隆抗体与沙眼衣原体和鹦鹉衣原体均无交叉反应。

二、致病性与免疫性

人类是肺炎嗜衣原体的唯一自然宿主。肺炎嗜衣原体主要经飞沫或呼吸道分泌物为媒介在人群中传播，感染后大多表现为亚临床感染，约50%成人感染过肺炎嗜衣原体。肺炎嗜衣原体在人群中扩散的速度较为缓慢，具有散发和流行交替出现的特点，主要引起青少年尤其是儿童的急性呼吸道感染，临床常见疾病包括咽炎、鼻窦炎、支气管炎和肺炎。临床表现与肺炎支原体感染相似，主要包括咽痛、咳嗽与咳痰、发热等，症状通常较轻。2.5%～25%的患者会出现严重的哮喘症状。

有研究发现肺炎嗜衣原体感染与动脉粥样硬化、冠心病等的发生具有相关性。其发病机制可能与肺炎嗜衣原体的慢性感染引起免疫复合物的形成、自身免疫损伤内皮细胞、诱导炎性细胞因子(如TNF、IL-1、IL-2等)产生等有关。

肺炎嗜衣原体感染可刺激机体产生特异性细胞免疫与体液免疫，但免疫力较弱且维持时间短暂，不能抵抗肺炎嗜衣原体的再次感染。

三、微生物学检查

1. *涂片染色镜检*　取患者的呼吸道分泌物或咽拭子标本涂片，Giemsa或Macchiavello染色后，在显微镜下观察肺炎嗜衣原体及其包涵体。

2. 分离培养　由于痰液标本对培养细胞有毒性,故常用咽拭或支气管肺泡灌洗液进行肺炎嗜衣原体的细胞分离培养。肺炎嗜衣原体在 Hep-2 或 HL 单层细胞培养物中易于生长,McCoy 细胞中生长不良。患者标本常不用抗生素处理,而采用滤过除菌,接种后 35℃培养。肺炎嗜衣原体分离培养物可采用 Giemsa 染色观察衣原体及其包涵体,荧光抗体染色检测肺炎嗜衣原体抗原。

3. 血清学诊断　微量免疫荧光(micro-immuno-fluorescence, MIF)试验是目前检测肺炎嗜衣原体感染最常用且敏感的血清学方法,被称为"金标准",50%~70%的 MIF 试验阳性者可分离出肺炎嗜衣原体。MIF 试验可分别检测血清中的 IgM 和 IgG 抗体,有助于区分近期与既往感染。凡双份血清抗体滴度增高≥4 倍,或单份血清特异性 IgM 抗体滴度≥1∶16,或 IgG 抗体滴度≥1∶512,有助于诊断肺炎嗜衣原体的近期感染。如果特异性 IgG 抗体滴度≥1∶16,可诊断为既往感染。

4. 核酸检查　根据肺炎嗜衣原体 16S rRNA 基因或 MOMP 基因保守序列设计引物,采用 PCR 扩增检测标本内肺炎嗜衣原体的特异性 DNA,有助于临床的早期、快速和特异性诊断。

四、防治原则

肺炎嗜衣原体感染尚无疫苗进行特异性预防。一般性预防包括早期发现并隔离治疗患者,易感者应加强个体防护,避免与患者密切接触,注意个人卫生和增强机体的抵抗力。

患者的治疗可选用大环内酯类、四环素类以及喹诺酮类抗菌药物,如红霉素、多西环素、诺氟沙星等。肺炎嗜衣原体对磺胺类药物不敏感。

第四节　鹦鹉热嗜衣原体

鹦鹉热嗜衣原体首先分离自鹦鹉体内,后又从鸽子等 130 多种鸟类以及鼠、猫、犬、牛、羊、海豹等多种动物体内分离到。鹦鹉热嗜衣原体广泛分布于世界各地,引起鸟、禽及畜类感染,人类主要通过与患病或带菌的鸟、禽类密切接触而感染,引起非典型性肺炎,临床上称为鹦鹉热或"鸟疫",是一种自然疫源性人兽共患病。

一、生物学性状

原体呈球形或卵圆形,直径 0.2~0.5 μm;网状体呈球形或不规则形态,直径 0.6~1.5 μm。鹦鹉热嗜衣原体在宿主细胞内可形成体积大、形态不规则、结构致密、遍及细胞浆内的不含糖原的包涵体。

鹦鹉热嗜衣原体可用 6~8 日龄鸡胚卵黄囊、McCoy 细胞、HeLa 细胞、HL 细胞及猴肾细胞培养,易感动物为小鼠。

鹦鹉热嗜衣原体具有属(群)、种和型特异性抗原,根据型特异性抗原将鹦鹉热嗜衣原体分为 A、B、C、D、E、F、WC 和 M56 共 8 个血清型,不同血清型引起的感染均具有一定宿主特异性。

二、致病性与免疫性

鹦鹉热嗜衣原体在鸟类及禽类中多为隐性持续性感染,甚至终生带菌,通过呼吸道分泌物及粪便等感染人类和其他哺乳动物。人类主要通过与患病及带菌鸟类或其他动物密切接触感染,一般不会在人与人之间传播。鸟类粪便中的鹦鹉热嗜衣原体主要通过空气传播,由呼吸道感染人体,也可通过人体破损皮肤、黏膜或眼结膜途径感染。

鹦鹉热嗜衣原体感染后临床上多表现为非典型性肺炎,潜伏期 5~21 d,患者多呈急性发病,出现畏寒、发热、头痛、咳嗽、胸痛等症状,可并发心肌炎,或发生大叶性肺炎。

鹦鹉热嗜衣原体感染后机体可产生以特异性细胞免疫为主的适应性免疫。由衣原体 MOMP 诱导机体产生的致敏 T 淋巴细胞在胞内衣原体的清除以及再感染的抵御中发挥重要作用。另外,MOMP 可刺激机体产生特异性中和抗体，抑制衣原体在胞内的生长繁殖。

三、微生物学检查

取患者呼吸道分泌物等标本，直接涂片进行 Giemsa 染色镜检，观察呈紫色的原体或蓝色的网状体以及细胞浆内的包涵体。常用 6～8 日龄鸡胚卵黄囊接种分离鹦鹉热嗜衣原体，然后采用 McCoy、HeLa 等细胞进行传代培养，标本也可接种小鼠腹腔、颅内进行分离培养，再检测培养物中的鹦鹉热衣原体及其不含糖原的包涵体。

ELISA、免疫荧光试验可用于衣原体抗原及患者血清中鹦鹉热嗜衣原体特异性抗体的检测，也可用 PCR 扩增 16S rRNA 及 MOMP 基因快速检测与鉴定鹦鹉热嗜衣原体。

四、防治原则

鹦鹉热嗜衣原体尚无特异性预防措施。一般性预防主要包括加强饲养禽类及其他鹦鹉热嗜衣原体宿主动物的管理，及时发现、隔离和处理鹦鹉热嗜衣原体感染的动物，加强从事禽类及其他宿主动物加工和运输人员的个体防护，加强进口禽类及其他宿主动物的检疫。

鹦鹉热嗜衣原体对磺胺类药物不敏感，治疗可用四环素、米诺环素、红霉素、阿奇霉素左氧氟沙星等抗菌药物。

小　结

衣原体是一类具有独特发育周期和严格细胞内寄生的原核细胞型微生物，隶属于独立的衣原体门、纲、目。原体为发育成熟的具有感染性的衣原体颗粒，存在于宿主细胞外；网状体为衣原体的繁殖型，存在于细胞内，以无性二分裂方式繁殖。常用 Giemsa 等染色法进行染色观察，在细胞内形成包涵体，对于病原学诊断具有重要意义。衣原体广泛寄生于禽类、哺乳动物及人类，其中仅少数可引起人类疾病。人类病原性衣原体主要包括衣原体属的沙眼衣原体、嗜衣原体属的肺炎嗜衣原体与鹦鹉热嗜衣原体。衣原体感染引起的疾病繁多，往往涉及人体的多个不同组织和器官，引起不同的疾病，包括沙眼、非淋菌性尿道炎等生殖道感染、非典型性肺炎、鹦鹉热等，其致病主要与产生的内毒素样物质、MOMP 等有关。衣原体感染微生物学检查包括涂片染色镜检衣原体及其形成的包涵体、鸡胚卵黄囊及多种组织细胞分离培养、血清学试验及核酸检测。

【复习思考题】

1. 何谓衣原体？有哪些重要的生物学特性？
2. 人类病原性衣原体有哪些？分别引起哪些类型的疾病？
3. 衣原体感染的微生物学检查包括哪些常用方法？其诊断价值如何？

（杜宝中）

第十九章

螺旋体

学习要点

掌握: ① 螺旋体的概念;② 人类常见致病螺旋体及其自然寄生宿主、传播方式与所致疾病;③ 螺旋体感染的微生物学诊断方法与防治原则。

熟悉: 螺旋体的形态、染色与细胞结构特点。

了解: 致病性螺旋体的培养特性、抗原结构。

螺旋体(spirochete)是一类菌体细长、弯曲呈螺旋状、运动活泼的原核细胞型微生物。基本结构与细菌相似,虽无鞭毛,但可借内鞭毛(也称轴丝或周浆鞭毛)做自由活泼运动。螺旋体在自然界和动物体内广泛存在,种类繁多,但能引起人类疾病的只有少数(表 19-1)。

表 19-1 致病性螺旋体及其所致疾病

菌　属	致病性种类	所 致 疾 病	传播方式或媒介
钩端螺旋体	问号状钩端螺旋体	钩端螺旋体病	接触疫水
密螺旋体	苍白密螺旋体苍白亚种	梅毒	性传播
	苍白密螺旋体地方亚种	非性传播梅毒	黏膜损伤
	苍白密螺旋体极细亚种	雅司病	皮肤损伤
	品他螺旋体	品他病	皮肤损伤
疏螺旋体	伯氏疏螺旋体	莱姆病	硬蜱
	回归热螺旋体	流行性回归热	体虱
	赫姆斯疏螺旋体	地方性回归热	软蜱
	奋森疏螺旋体	多种口腔感染	条件致病

第一节　钩端螺旋体属

钩端螺旋体属(*leptospira*)包含两个种:问号状钩端螺旋体(*L. interrogans*)和双曲钩端螺旋体(*L. biflexa*)。前者可引起人类和动物的钩端螺旋体病(leptospirosis),是一种全球范围内广泛分布的人畜共患病;后者一般不致病,属于腐生性螺旋体。

一、生物学特性

1. 形态与结构　长 6～25 μm,宽 0.1～0.3 μm,菌体一端或两端弯曲呈钩状,螺旋致密而规则。暗视野显微镜下可见菌体运动活泼，像一串发亮的微细珠粒(图 19-1a)。革兰染色不易着色，Fontana 镀银染色法呈棕褐色(图 19-1b)。电镜下钩端螺旋体具有典型的双层膜结构，从内到外依次为细胞膜包绕的柱形原生质体(cytoplasmic cylinder)、肽聚糖层、内鞭毛(endoflagellum)和外膜。内鞭毛是钩端螺旋体的运动器官，外膜具有维持钩端螺旋体细胞稳定的作用，含有属、群及血清型特异性抗原，外膜损伤后螺旋体可发生溶解。钩端螺旋体为双股环状 DNA，由大小两个染色体组成，大小分别为 4.2～4.7 Mb 和 350 kb 左右。

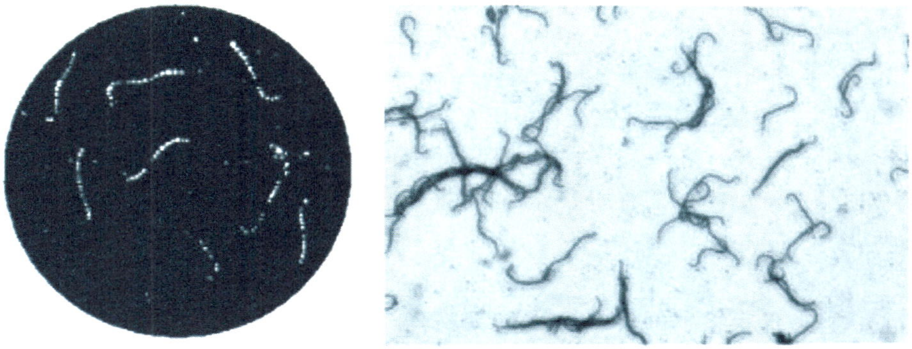

A B

图 19-1 钩端螺旋体的形态(×1 000)

A. 暗视野显微镜下形态；B. 镀银染色形态

2. 培养特性　需氧或微需氧，最适生长温度为 28～30℃，最适 pH 为 7.2～7.6，营养要求较高，常用含 10%兔血清的 Korthof 培养基或 EMJH 培养基，钩端螺旋体生长繁殖缓慢，对紫外线和日光较敏感，因此宜避光培养。

3. 分类与抗原结构　钩端螺旋体的分类方法包括传统分类法和分子分类法，可将钩端螺旋体属分别分为不同的生物种和血清群与血清型以及基因种。

(1) 传统分类法：此法是根据钩端螺旋体的生物化学和血清学的特性对致病性钩端螺旋体进行分类，可分为致病性的问号状钩端螺旋体和非致病性的双曲钩端螺旋体两个种。目前报道问号钩端螺旋体至少有 25 个血清群、273 个血清型，双曲钩端螺旋体至少有 60 个以上血清型。我国是世界上钩端螺旋体血清学群型最多的国家，存在 19 个血清群、75 个血清型。

通常应用显微镜凝集试验(MAT)和凝集吸收试验(AAT)对钩端螺旋体进行血清学分类和鉴定，用于钩端螺旋体血清学分类和鉴定的抗原主要包括：

1) 属特异性蛋白抗原：钩端螺旋体外膜上的糖蛋白或脂蛋白，临床用于钩端螺旋体病的血清学诊断和钩端螺旋体属的血清学分类与鉴定。

2) 群特异性抗原：钩端螺旋体的内部类脂多糖复合物。

3) 型特异性抗原：钩端螺旋体的表面抗原，是多糖与蛋白质复合物。

(2) 分子分类法：此法是使用 DNA 杂交技术和核苷酸序列分析技术，根据染色体 DNA 及 16S rRNA 分子的核苷酸组成及其序列特点对钩端螺旋体进行分类，目前可将钩端螺旋体分为 22 个基因种。值得指出的是，虽然钩端螺旋体在形态上相似，但其表型和基因型差别很大。目前钩端螺旋体的分类系统比较复杂，且血清学分类很难与基因种的分类相吻合。

4. 抵抗力　钩端螺旋体对物理、化学及一些生物因素抵抗力弱，对热、紫外线及日光均敏感。加热 60℃ 1 min 可被杀死，紫外线照射 5～10 min 死亡，常用化学消毒剂如 0.2%甲皂酚、1%苯酚、1%漂白粉等处理 10～30 min 即被杀灭。对青霉素、多西环素等抗菌药物敏感。钩端螺旋体在中性的湿土或水中可存活数月至一年。

二、致病性与免疫性

1. 致病物质　钩端螺旋体的主要致病因素是侵袭力和毒素。

（1）侵袭力：钩端螺旋体入侵宿主时黏附到宿主细胞和细胞间质，主要是内皮细胞、成纤维细胞、肾上皮细胞和单核巨噬细胞系。体外实验表明致病性钩端螺旋体具有黏附细胞的能力而非致病性钩端螺旋体则不能黏附，其中 LipL32、Lsa24、lig 蛋白及 Len 蛋白可以黏附于胞外基质，被认为在钩端螺旋体黏附中起作用。另外，螺旋体的运动能力也有助于菌体从感染部位迅速扩散到其他脏器中。

（2）毒素：问号状钩端螺旋体可产生细菌样的外毒素和内毒素。

1）溶血素：有磷脂酶样活性，不耐热、对氧稳定，通过破坏胞浆膜而导致红细胞溶解。将其注入小羊体内，可使小羊发生贫血、出血、血尿、肝肿大与黄疸等病理表现。

2）细胞毒因子（cytotoxicity factor，CTF）：可在问号状钩端螺旋体感染宿主的血浆内检出，将其注入小鼠脑内 1～2 h 后，可引起动物产生肌肉痉挛、呼吸困难等表现并最终可致动物死亡。

3）内毒素样物质（endotoxin-like substance，ELS）：是钩端螺旋体细胞壁中类似于革兰阴性菌的脂多糖类物质，因其结构与典型的细菌内毒素有所差异，故毒性较弱。将 ELS 注射动物体内，可引起动物发热、组织炎症与坏死表现。

2. *所致疾病*　钩端螺旋体病简称钩体病，是一种在世界范围内广泛分布的人畜共患病，鼠类和猪为主要传染源和储存宿主，这些储存宿主可以长期在其肾脏携带钩端螺旋体，长期甚至终身排菌。钩端螺旋体随动物宿主的尿液排出后污染水源、土壤或食物，人体通过接触或食用螺旋体污染物由损伤或正常的皮肤以及口、鼻或眼结膜的黏膜感染，也可由消化道感染。

问号状钩端螺旋体侵入人体后，经 1～2 周的潜伏期，入血大量繁殖并产生毒素，形成钩体败血症。螺旋体也可随血流扩散和侵入宿主的颅内、肝脏、肾脏、肺、眼、肌肉等器官与组织，引起组织出血与坏死及器官的功能障碍。临床表现轻重不一，根据患者的脏器损害及临床表现不同，可将钩体病分为流感伤寒型、肺出血型、黄疸出血型、肾衰竭型等临床类型。在病程的 2～3 周期间，患者的尿液也可含有螺旋体，并且可随尿液排出。

3. *免疫性*　以体液免疫为主。感染早期固有免疫对于控制钩端螺旋体感染的扩散有着举足轻重的作用。感染人体 1～2 周后，宿主可产生特异性的血清凝集抗体、补体结合抗体和凝集溶解抗体。特异性抗体不但可迅速清除宿主体内的钩端螺旋体，也可保护宿主抵抗同型螺旋体的再次感染。

三、微生物学检查

1. *病原体检查*　发病一周内取血液标本，发病第 2 周取尿液标本。有脑膜刺激症状的，可取脑脊液标本。患者的标本可用直接涂片镜检法和分离培养法检查问号状钩端螺旋体。

（1）直接涂片镜检：标本制片后直接在暗视野显微镜下观察，可见问号状钩端螺旋体似一串发亮的微细珠粒，运动活泼。用离心沉淀集菌法处理标本后，可提高暗视野显微镜观察的阳性率。涂片标本也可用镀银染色法、荧光标记抗体染色法或免疫组织化学技术处理后，在显微镜下观察钩端螺旋体。

（2）分离培养：标本接种柯氏液体培养基或 EMJH 半固体培养基，在 28～30℃和有氧条件下培养 2～8 周可见钩端螺旋体生长现象。标本也可接种幼龄豚鼠腹腔，1 周后或动物发病死亡后检查动物腹腔液、血液、肝、脾内的螺旋体，尤其适用于污染标本内问号状钩端螺旋体的分离培养。分离培养的螺旋体生长后，根据形态和用特异性抗血清凝集试验等方法鉴定问号状钩端螺旋体。用 MA 试验和 AA 试验，可鉴定问号状钩端螺旋体的血清群和血清型。

2. *血清学检查*　直接检查血清内的特异性抗体，血清内的特异性抗体在发病 5～7 d 后可出现，在发病的 5～8 周达到高峰。血清抗体滴度最高可达 1∶10 000。血清标本内的特异性抗体及其效价可用 MAT、间接凝集试验（IAT）、ELISA、间接荧光抗体试验（IFA）或补体结合试验（CF）的方法检测，具有较高的特异性。

（1）MAT：取患者血清经 56℃水浴灭活，稀释不同倍数后分别与问号状钩端螺旋体的标准菌株活菌混合，置 37℃孵育 2 h 后，在暗视野显微镜下观察螺旋体的凝集现象。阳性反应者可见螺旋体凝集成小蜘蛛样，通常以 50%凝集的血清最高稀释度判断凝集效价。凝集效价达到 1∶300 以上或病程后期的血清凝集效价比病程早期的血清凝集效价增高 4 倍及以上，具有诊断问号状钩端螺旋体感染的意义。

（2）IAT：将吸附了问号状钩端螺旋体的可溶性属特异性抗原的载体颗粒与患者血清混合，如果出现肉眼可见的凝集现象，可辅助诊断问号状钩端螺旋体感染。此方法具有快速和简便的优点，但特异性和敏感性低于 MA 试验。

3. 分子生物学检查　通常采用同位素或生物素、地高辛标记的特异 DNA 作为探针，检查标本内问号状钩端螺旋体的相应核苷酸片断。也可首先对问号状钩端螺旋体的特异性 DNA 片段进行 PCR 扩增后，再用 DNA 探针检测。采用限制性内切酶指纹图谱法，可对问号状钩端螺旋体进行基因鉴定、分型和变异性的研究。

四、防治原则

钩体病是动物源性疾病和自然疫源性疾病，因此预防的要点是加强对问号状钩端螺旋体自然宿主的控制或消灭，主要包括防鼠、灭鼠；加强犬、猪、牛等饲养动物的管理和饲养场的清洁卫生与消毒；保护水源，消除钩体滋生的环境条件；高危人群和易感人群可接种包含当地流行血清型的多价钩端螺旋体全细胞死疫苗。

钩体病的治疗首选青霉素，过敏者可用庆大霉素、多西环素等。部分患者在青霉素治疗中可出现赫氏反应，临床表现包括畏寒、发热、低血压，甚至可发生抽搐、休克、呼吸和心跳暂停。赫氏反应可能与体内的钩端螺旋体被迅速杀灭，以致大量毒性物质释放有关。

第二节　密螺旋体属

密螺旋体属（*Treponema*）的菌体螺旋致密而规则，两端尖直，螺旋数目较多。该属有致病性和非致病性两大类，致病性密螺旋体主要有苍白密螺旋体（*T. pallidum*）和品他密螺旋体（*T. carateum*）两个种，苍白密螺旋体又分为 3 个亚种：苍白密螺旋体苍白亚种（*T. pallidum* subsp. *pallidum*）、苍白密螺旋体地方亚种（*T. pallidum* subsp. *endemicum*）、苍白密螺旋体极细亚种（*T. pallidum* subsp. *perternue*），分别引起人类的梅毒、非性传播梅毒（又称地方性梅毒）、雅司病和品他病。以下主要介绍苍白密螺旋体苍白亚种。

一、生物学特性

1. 形态与结构　长 6～20 μm、宽 0.1～0.15 μm，有 8～14 个致密规则的螺旋，菌体两端尖直（图 19－2）。超微结构显示，菌体结构从外到内依次为外膜，内鞭毛，肽聚糖层与胞质膜（内膜）包裹的原生质体。外膜缺乏大多革兰阴性菌具有的脂多糖（LPS）成分，内鞭毛 3～4 根，是螺旋体的运动器官。染色体为双股环状 DNA，大小约 1.138 Mbp，游离存在于细胞质内。革兰染色阴性，但不易着色，镀银染色呈棕褐色（图 19－3）。

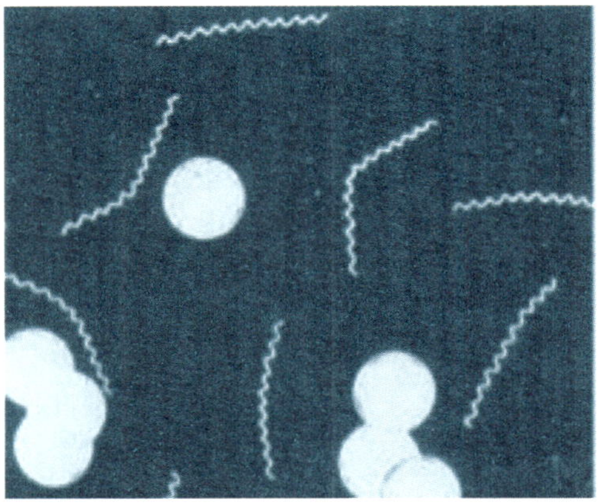

图 19－2　苍白密螺旋体苍白亚种（暗视野，×4 000）

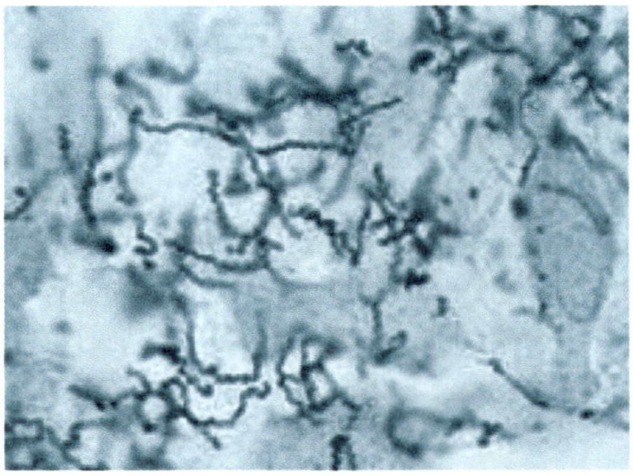

图 19－3　苍白密螺旋体苍白亚种（镀银染色，×1 500）

2. 培养特性　目前尚不能用人工培养基培养，但可人工感染猿猴、家兔、小白鼠进行培养。将 Nichols

有毒株接种于家兔睾丸、皮肤或眼后，菌体能保持毒力并缓慢繁殖，平均约 30 h 繁殖一代，此法常用于传代保种，若将其接种在含多种氨基酸的兔睾丸组织匀浆培养基中，在厌氧条件下培养，繁殖子代逐渐失去毒力成为 Reiter 无毒株。

3. 抗原结构　苍白密螺旋体苍白亚种缺乏 LPS，其抗原成分主要包括膜蛋白或膜脂蛋白和内鞭毛蛋白两类。

(1) 膜蛋白与膜脂蛋白：苍白密螺旋体苍白亚种外膜蛋白(OMP)稀少(仅约为大肠埃希菌外膜蛋白的1/100)，但在内膜和肽聚糖间存在较丰富的膜脂蛋白，其中 TpN47、TpN15、TpN17 和 TmpA(TpN44.5)具有强免疫原性，是诱导炎症反应导致组织损伤的重要抗原。同时，由于其具有较高特异性，故重组抗原可作为目前梅毒血清学的主要诊断抗原。

(2) 内鞭毛蛋白：内鞭毛蛋白是由 TpN34.5(FlaB1)、TpN33(FlaB2)、TpN31(FlaB3)三个核心蛋白亚单位和 TpN37(FlaA)鞘膜蛋白亚单位组成的聚合结构，免疫原性强。鞭毛蛋白与其他螺旋体有交叉成分，不适宜用作诊断抗原。

4. 抵抗力　苍白密螺旋体苍白亚种对高温、干燥敏感。离体干燥 1～2 h 或加热 50℃ 5 min 可死亡；血液中 4℃放置 3 d 可死亡。对升汞、苯酚、乙醇等化学消毒剂敏感；对青霉素、四环素、庆大霉素及砷剂等敏感，但对大环内酯类抗菌药物有耐药现象。

二、致病性与免疫性

(一) 致病性

1. 致病物质　苍白密螺旋体苍白亚种缺乏 LPS，也不产生任何已知的毒性蛋白，但具有很强的侵袭力。

(1) 菌体荚膜样物质：为有毒株菌体表面的黏多糖和唾液酸，具有阻止抗体与菌体结合、抑制补体激活、干扰补体杀菌、抗吞噬等作用，有利于螺旋体在宿主体内存活和扩散。

(2) 黏附素(dahesin)：Tp0751 、Tp0155、Tp0483 和 Tp0136 等黏附素能吸附宿主细胞的细胞外基质(ECM)中纤维连接蛋白(fibronectin，FN)和(或)层粘连蛋白(laminin，LN)，与螺旋体定植和扩散有关。

(3) 透明质酸酶：分解组织、细胞基质内和血管基底膜的透明质酸，有利于螺旋体扩散。

(4) 脂蛋白：脂蛋白 TpN47、TpN15、TpN17 等脂质部分能明显促进巨噬细胞释放 TNF－α、IL－1β 等炎症细胞因子，由此导致的炎症反应可能与梅毒症状和组织损伤密切相关。

2. 所致疾病　苍白密螺旋体苍白亚种是人类梅毒病原体。梅毒(syphilis)是对人类危害严重的性传播疾病。自然情况下梅毒是梅毒的唯一宿主和传染源，可通过垂直传播引起先天梅毒，也可通过性接触传播引起后天梅毒。

(1) 先天梅毒：传染源是苍白密螺旋体苍白亚种感染的孕妇，螺旋体通过胎盘进入胎儿血循环，引起胎儿全身感染，螺旋体在胎儿内脏(肝、脾、肺及肾上腺等)及组织中大量繁殖，造成流产、早产或死胎，可死亡或流产，某些也可出生成为先天梅毒患儿，但会出现皮肤梅毒瘤、骨膜炎、锯齿形牙、神经性耳聋等症状。

(2)后天梅毒：主要通过性接触感染。苍白密螺旋体苍白亚种通过生殖器破损的或正常的皮肤与黏膜侵入，在局部组织内生长繁殖并引起生殖器局部的原发病灶。局部生长的螺旋体随后可侵入附近的淋巴结内，并且可进入血流形成广泛的扩散。根据患者病情的发展，后天梅毒在临床上可分为三期。

1) Ⅰ期梅毒：螺旋体从皮肤黏膜侵入机体后，经过 2～3 周潜伏期，在局部皮肤黏膜形成无痛性硬下疳，多见于外生殖器。其溃疡渗出物含有大量梅毒螺旋体，传染性极强。此期炎症反应以淋巴细胞和浆细胞浸润为特征。Ⅰ期梅毒的原发病灶可自发愈合，随后可发展成为Ⅱ期梅毒。

2) Ⅱ期梅毒：主要表现为全身皮肤黏膜广泛出现梅毒疹，并且可发生梅毒性脑膜炎、脉络膜视网膜炎、肝炎、肾炎(免疫复合物型)及骨膜炎。此期体内含有大量病原体并且广泛分布，具有高度的传染性。Ⅱ期梅毒的组织损害症状可自发缓解并最终消失，也可因治疗不当，反复发作而发展成为Ⅲ期梅毒。

3) Ⅲ期梅毒：发生于感染后的 3～5 年内。体内除眼与中枢神经系统偶可检出苍白密螺旋体苍白亚种外，其他组织几乎不含螺旋体，因此具有较低的传染性。此期病变可能是机体对螺旋体抗原的免疫病理炎症反应所致，发病机制不清。主要表现为皮肤黏膜的溃疡性损害或内脏器官的肉芽肿病变(梅毒瘤)，严重者引起心血管及中枢神经系统损害，内脏器官损害严重者，可致死亡。

（二）免疫性

梅毒及感染者的体内均可产生特异性体液免疫应答和细胞免疫应答。在Ⅰ期梅毒早期，$CD4^+$ Th1 细胞介导的细胞免疫应答对清除梅毒螺旋体起关键作用，特异性抗原活化的 $CD4^+$ Th1 细胞释放细胞因子（如 IFN－γ、IL－2），活化巨噬细胞促进其吞噬杀伤梅毒螺旋体。$CD8^+$ CTL 也参与局部的免疫应答，但在抗梅毒螺旋体胞外菌感染中机制不明。特异性抗体 IgM 和 IgG 能阻断梅毒螺旋体吸附宿主细胞，调理巨噬细胞的吞噬，在补体参与下抑制梅毒螺旋体活动，在清除梅毒螺旋体中也发挥重要作用。但是，仅有抗体存在不足以清楚螺旋体/预防感染和阻止病程发展。

梅毒和隐性感染者产生的特异性免疫应答属于有菌免疫且维持时间短暂。早期梅毒经过及时治疗后或梅毒患者体内的螺旋体被彻底清除后，其特异性免疫力也随之消失，因此不能预防梅毒的再次发生。

三、微生物学检查

（一）病原学检查

直接检查标本内的螺旋体或苍白密螺旋体苍白亚种的抗原，常用方法包括暗视野显微镜检查、镀银染色镜检、移动抑制试验及荧光抗体试验。在暗视野显微镜下可见运动缓慢的密螺旋体，镀银染色后镜检可见呈棕色的密螺旋体。用苍白密螺旋体苍白亚种特异性抗体与患者标本混合，可在显微镜下观察对螺旋体运动的抑制作用。用荧光素标记的特异性抗体做间接凝集试验，可在荧光显微镜下观察标本内被染色的螺旋体。

（二）血清学检查

直接检查感染者及体内的非特异性抗体（反应素）与特异性抗体，有非密螺旋体抗原试验和密螺旋体抗原试验两类。

1. 非密螺旋体抗原试验　将牛心肌的心脂质抗原加入适量胆固醇、卵磷脂配置成 VDRL 抗原，检测血清中的反应素抗体及其效价。主要方法有：

（1）性病研究实验室（venereal disease research laboratory，VDRL）玻片试验：将的灭活血清标本或脑脊液标本稀释成不同倍数，置于载玻片上与 VDRL 抗原混匀，肉眼观察絮状凝集现象。此法国内已很少使用。

（2）快速血浆反应素（rapid plasma regain，RPR）环状卡片试验和甲苯胺红不加热血清试验（toluidine red unheated serum test，TRUST）：均为凝集试验，无需灭活血清，将 VDRL 抗原悬浮于含有乙二胺四乙酸、氯化胆碱的磷酸盐缓冲液中。RPR 以活性炭为载体，TRUST 以甲苯胺红为载体，肉眼观察结果。这两种方法常作为梅毒的初筛实验。

非密螺旋体抗原试验的敏感性较低，易造成假阳性反应等，故对于梅毒诊断的价值较低。

2. 密螺旋体抗原试验　用苍白密螺旋体苍白亚种 Nichols 株天然或其重组蛋作为诊断抗原，检测血清中特异性抗体，可用于梅毒的确诊。

（1）苍白密螺旋体颗粒凝集（*T. pallidum*-particle agglutination，TPPA）试验和苍白密螺旋体血凝（*T. pallidum* hemagglutination，TPHA）试验：均为间接凝集试验，检测特异性抗体 IgG 和 IgM 混合抗体。前者致敏明胶颗粒，后者将 Nichols 株抗原致敏经醛化和鞣化的红细胞，肉眼观察结果，均为常用梅毒的确诊方法。

（2）荧光密螺旋体抗体吸收（fluorescent treponemal antibody absorbed，FTA－ABS）试验：基本原理是间接免疫荧光试验，基本方法是用超声波杀死的腐生性赖特尔螺旋体（Reiter spirochete）对患者血清标本进行吸收后，加入荧光素标记的抗人 γ-球蛋白，检测患者血清标本内的密螺旋体抗体。用 FTA－ABS 试验在新生儿的血液标本内检测到 IgM 抗体，具有诊断子宫内感染或先天梅毒的意义。

（3）免疫印迹法（Western blot）：是将苍白密螺旋体苍白亚种天然抗原或重组抗原用凝胶电泳分离并印迹在硝酸纤维素膜上，印迹条与被检血清孵育后，再用酶标抗人 IgG 或 IgM 测定特异性抗体。此法灵敏度高，特异性强，常用于梅毒确诊。

此外，还可选用 ELISA 法、化学发光免疫法、免疫层析试纸条法等检测方法。

(三) 分子生物学检查

用 PCR 法扩增苍白密螺旋体苍白亚种的膜蛋白编码基因,可用于血清、脑脊液、羊水、分泌物、组织等标本内的苍白密螺旋体苍白亚种的分子检测和诊断,具有敏感、特异、重复性好、结果判断客观、自动化、可定量等优点。

四、防治原则

先天梅毒的预防主要是加强婚前、孕前体检,后天梅毒的预防主要是一般预防,包括早期发现和及时治疗苍白密螺旋体苍白亚种感染者和梅毒患者,杜绝不洁性行为。梅毒治疗原则是早期、足量、规则用药,治疗后追踪观察,对传染源及性接触者应同时进行检查和治疗。治疗首选青霉素类抗菌药物。苍白密螺旋体苍白亚种对大环内酯类抗菌药物耐药已常见,使用时应注意。

第三节 疏螺旋体属

疏螺旋体属(*Borrelia*)的菌种天然寄生于动物或人类,其中的伯氏疏螺旋体(*B. burgdorferi*)、回归热疏螺旋体(*B. recurrentis*)、杜通疏螺旋体(*B. duttonii*)、赫姆斯疏螺旋体(*B. hermsii*)、奋森疏螺旋体(*B. vincentii*)等是引起人类疾病的常见致病性螺旋体。

一、伯氏疏螺旋体

伯氏疏螺旋体及其引起的莱姆病(Lyme disease)于 1977 年首先在美国康州的 Lyme 镇发现和命名,后于 1982 年分离获得了伯氏疏螺旋体的纯培养物并进一步证实了其与莱姆病的关系。Lyme 病是一种人畜共患病,主要通过蜱传播,患者的临床表现以皮肤损害和游走性红斑、骨关节及神经组织损害为基本特征。

(一) 生物学性状

1. 形态与结构　长 10～40 μm、宽 0.1～0.3 μm、螺距 2～4 μm,两端稍尖,有数量不等的内鞭毛,运动活泼。革兰染色阴性,但不易着色。Giemsa、苯胺染料或荧光染色效果较好(图 19-4)。遗传物质有染色体和质粒,染色体为 950 kb 双链线状 DNA,质粒为环型与线型 DNA。

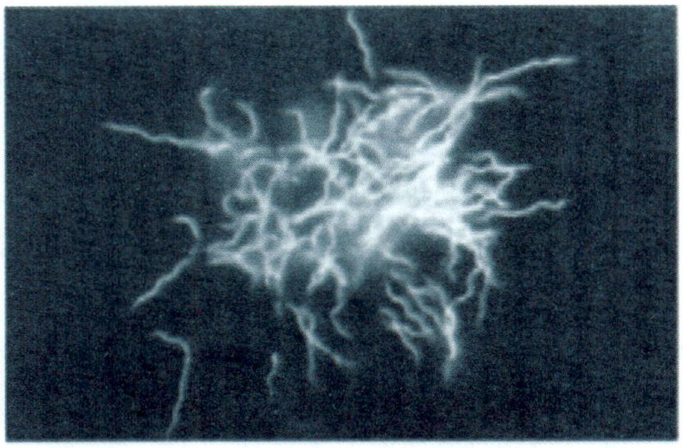

图 19-4　伯氏疏螺旋体

2. 培养特性　营养要求高,需用含长链饱和或不饱和脂肪酸、葡萄糖、氨基酸、血清白蛋白等营养物质的 BSK (Barbour-Stoenner-Kelly)培养基分离培养。5%～10% CO_2,最适生长温度 32～34℃。

3. 抗原结构　伯氏疏螺旋体可产生 OspA～F(outer surface protein A～F)等多种外膜脂蛋白抗原,在不同的寄生宿主可有不同的表达,有助于螺旋体对宿主致病。在蜱寄生的伯氏疏螺旋体,OspA 和 OspB 最先表达。其他 Osp 在蜱进食后、螺旋体从蜱的中肠转移到唾液腺的过程中分别表达,认为这是蜱需要进食 24～48 h 后才能传播伯氏疏螺旋体的原因。

(二) 致病性与免疫性

1. 致病性　伯氏疏螺旋体天然感染多种动物,包括鼠、狼、麝、兔、蜥蜴、鸟、犬、马、牛等,其传播媒介主要是硬蜱,蜱体内的伯氏疏螺旋体可随其唾液及中肠反刍物排出,在叮咬中将螺旋体注入易感宿主体内,进入宿主体内的螺旋体通过其糖胺聚糖吸附于宿主细胞表面的糖蛋白,在局部生长繁殖并可引起皮肤损害,螺旋体也可随淋巴液和血液扩散到其他部位的皮肤、肌肉、骨骼等组织与器官,引起广泛的病理损害。

莱姆病是一种慢性全身感染性疾病,病程可分为三期:① 早期局部性感染:发生于蜱叮咬后的 3～

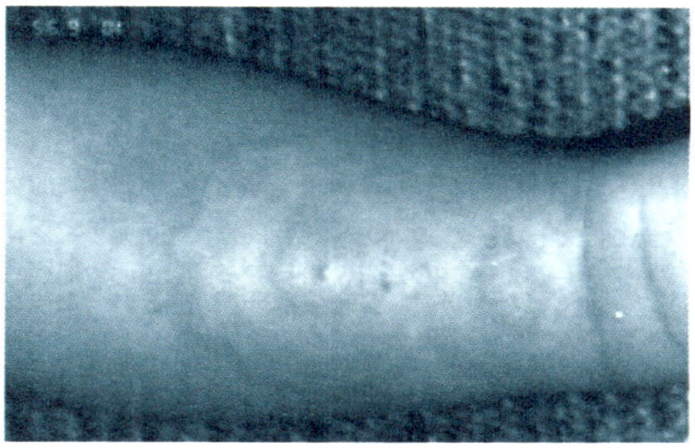

图 19－5 莱姆病的皮肤红斑

30 d，主要表现为叮咬部位皮肤的游走性红斑（图 19－5），初起为扁平红斑，随后红斑逐渐扩大和中央退行性变，同时还可有流感样发热、畏寒、肌肉疼痛、头痛症状；② 早期播散性感染：主要表现为关节痛与关节炎、面神经麻痹等；③ 晚期持续性感染：主要表现为慢性萎缩性皮肤损害、神经系统疾病、心血管系统疾病，严重者可丧失劳动能力、残疾甚至死亡。

2. 免疫性 伯氏疏螺旋体感染者可产生具有调理素及补体结合活性的特异性抗体，抗体也可与螺旋体抗原形成免疫复合物而造成宿主组织的免疫病理损害。螺旋体刺激宿主巨噬细胞产生 IL－1、IL－6 和 TNF 等细胞因子，具有抗感染和造成组织损伤的作用。伯氏疏螺旋体的 41 kDa 抗原与人体神经轴突具有交叉抗原性，可导致宿主发生自身免疫性疾病。

（三）微生物学检查

早期所具有的独特皮肤损害症状有助于临床诊断，后期需要进行微生物学检查与诊断。

1. 病原学检查 不同阶段患者的各种病变组织内都含有伯氏疏螺旋体，但以皮肤游走性红斑组织的检出率最高。患者的标本可接种于含利福平、磷霉素、二性霉素 B 的 BSKⅡ液体培养基，能够抑制污染细菌与真菌的生长而选择分离培养伯氏疏螺旋体。

2. 血清学检查 目前广泛使用 IF 试验和 ELISA 法，用于检查患者体内的伯氏疏螺旋体特异性抗体。宿主血清内的特异性 IgM 抗体在皮肤红斑出现后的 2～4 周形成，6～8 周达峰值，4～6 个月后恢复正常。IgG 抗体出现较迟，在发病后 4～6 个月达峰值并持续至病程晚期。如果再脑脊液内检查到特异性抗体，可提示中枢神经系统受到感染。

3. 分子生物学检查 近年来已有使用 PCR 方法检查患者标本内伯氏疏螺旋体的 DNA 片段，对莱姆病进行基因诊断。

（四）防治原则

加强对进入疫区人员的保护措施，避免被蜱叮咬。目前尚无可使用的疫苗，正在研究中的疫苗是重组蛋白（OspA 和 OspC）疫苗，美国已在家犬中使用灭活全细胞疫苗。

治疗常用阿莫西林、多西环素、青霉素 G，也可用头孢曲松、红霉素等抗生素。

二、回归热螺旋体

回归热（relapsing fever）是由多种疏螺旋体经虫媒传播引起的一种急性传染病，临床上以周期性急起急退的高热为特征。根据病原体与虫媒的不同，回归热可分为流行性回归热（虱传回归热）和地方性回归热（蜱传回归热）两种类型。前者传播媒介是虱，病原体为回归热疏螺旋体（*B. recurrentis*），是我国常见流行类型；后者传播媒介是蜱，病原体多至 15 种，如杜通疏螺旋体（*B. duttonii*）、赫姆斯疏螺旋体（*B. hermsii*）等，此型在国内少见。

（一）致病性

致病性的回归热螺旋体分别引起流行性回归热和地方性回归热，回归热在世界许多地区均有发生，发病具有地方性与季节性。

1. 流行性回归热（虱传回归热） 是唯一传染源，主要通过人体虱在人群中传播。人被带菌虱叮咬后，因抓痒将虱压碎，人虱体腔内的螺旋体经皮肤创口感染人体，在人血流中大量繁殖。潜伏期后急骤发病，临床表现主要包括畏寒、高热、肌痛、头痛、关节痛或肝脏与脾脏肿大等。高热症状持续 6～7 天后，热退；隔 1 周左右，又高热（回归）。其机制认为与螺旋体外膜蛋白的抗原性变异有关。

2. 地方性回归热（蜱传回归热） 啮齿类动物是储存宿主，主要通过软蜱传播。蜱叮咬人时可将其体液、唾液、粪便中的螺旋体直接披风创口注入人体内。地方性回归热的临床表现与流行性回归热相似，但病程较短、症状也较轻。

（二）免疫性

回归热的免疫主要是体液免疫，但回归热螺旋体容易发生抗原性变异，有利于螺旋体逃避宿主特异性抗体介导的杀伤与清除作用。在回归热病程中，侵入宿主血流的螺旋体可被特异性体液免疫迅速清除，组织内的螺旋体则可通过基因重排发生外膜蛋白抗原变异，变异菌株进入宿主血流可引起宿主的再次发热反应。

（三）微生物学检查

取发热期患者的血液标本，涂片后进行 Giemsa 或 Wright 染色，在光学显微镜下观察典型形态的回归热螺旋体。

（四）防治原则

回归热的预防主要包括及时发现、控制和治疗传染源，做好个人卫生与环境卫生，防鼠与灭鼠。

三、奋森疏螺旋体

奋森疏螺旋体（*B. vincentii*）是人体口腔内的正常菌群，当宿主免疫力降低时，可与口腔内的另一种正常菌群梭形梭杆菌（*Fusobacterium fusiforme*）协同引起咽峡炎、牙龈炎、口腔坏疽等疾病。实验室检查可取病灶的标本进行直接涂片，革兰染色镜检，发现革兰阴性疏螺旋体以及大量梭杆菌，可有助于诊断。

小结

螺旋体是一类菌体细长、弯曲呈螺旋状和运动活泼的原核细胞型微生物，对人类致病的主要是钩端螺旋体属、密螺旋体属和疏螺旋体属。根据螺旋体表面糖蛋白或脂蛋白抗原、脂多糖抗原以及内部类脂多糖抗原等不同可对其进行属、群、血清型的分类与鉴定。致病性螺旋体可分别寄生于人与动物，人—人传播或动物源性传播，常见引起人类的钩体病、梅毒、莱姆病等疾病。螺旋体感染的微生物学检查包括病原学检查、血清学检查及分子检查，常用暗视野显微镜观察法直接检查标本内的螺旋体，用非螺旋体抗原试验及螺旋体抗原试验检查血清抗体，用 PCR 法扩增螺旋体基因有助于早期特异性快速诊断。

【复习思考题】

1. 名词解释：螺旋体，赫氏反应。
2. 引起人类疾病的螺旋体主要有哪些？分别引起哪些疾病、传播方式如何？
3. 对疑似梅毒应如何进行实验室检测以协助诊断？

（白海燕）

第二十章

立克次体

学习要点

掌握：① 立克次体的概念；② 人类常见致病性立克次体、自然宿主、传播方式与所致疾病；③ 立克次体感染的微生物学诊断方法和防治原则。

熟悉：立克次体的生物学特性。

了解：立克次体的培养特性与抗原结构。

第一节　概　　述

立克次体(rickettsia)是一类以节肢动物为媒介，严格细胞内寄生的原核细胞型微生物。立克次体是1909年首次发现的一类单细胞微生物，为纪念在落矶山斑疹热和鼠型斑疹伤寒致病性立克次体研究中不幸感染献身的美国病理学和微生物学家立克次(Howard Taylor Ricketts，1871～1910)而命名。1934年我国学者谢少文首先用鸡胚培养法，成功分离培养了立克次体。立克次体的共同特点：① 为革兰阴性小杆菌；② 有细胞壁，但形态多样以球杆状为主；③ 专性细胞内寄生，以二分裂方式繁殖；④ 以节肢动物作为传播媒介或储存宿主；⑤ 多数引起自然疫源性疾病；⑥ 对多种抗生素敏感。

根据《伯杰氏系统细菌学手册》最新分类，将立克次体目分为立克次体科(Rickettsiaceae)和无形体科(Anaplasmataceae)，前者包括立克次体属(*Rickettsia*)和东方体属(*Orientia*)；后者分为无形体属(*Anaplasma*)、埃立克体属(*Ehrlichia*)、新立克次体属(*Neorickettsia*)和沃巴哈属(*Wolbachia*)。其中，对人类致病作用的立克次体主要包括3个属，分别是立克次体属、东方体属以及埃立克体属。将原来的巴通体属归于根瘤菌目(Rhizobiales)巴通体科，柯克斯体属归于军团菌目(Legionellanes)柯克斯体科。但为了教学的方便，将这两个属的内容也在本章作简要介绍。常见人类致病性立克次体及其所致疾病见表20-1。

表20-1　常见人类致病性立克次体及其所致疾病

属	群	种	人类传播媒介	动物传播媒介	储存宿主	所致主要疾病	主要分布地域
立克次体属	斑疹伤寒群	普氏立克次体 (*R. prowazekii*)	人虱		人	流行性斑疹伤寒、复发性斑疹伤寒	世界各地
		斑疹伤寒立克次体 (*R. typhi*)	鼠蚤 鼠虱	蚤	啮齿类动物	地方性斑疹伤寒	世界各地
	斑点热群	立氏立克次体 (*R. rickettsii*)		蜱	啮齿类动物 狗	落矶山斑点热	西半球

续表

属	群	种	人类传播媒介	动物传播媒介	储存宿主	所致主要疾病	主要分布地域
		西伯利亚立克次体(*R. sibirica*)		蜱	啮齿类动物	北亚蜱传染斑疹	北亚、内蒙古
		澳大利亚立克次体(*R. australis*)		蜱	有袋动物、野鼠	昆士兰蜱热	澳大利亚
		康氏立克次体(*R. conorii*)		蜱	啮齿类动物狗	地中海斑点热	地中海国家、非洲、中东等
		小蛛立克次体(*R. akari*)		蜱	鼠	立克次体痘	美国、东北亚、南非
东方体属		恙虫病东方体(*O. tsutsugamushi*)		恙螨	啮齿类动物	恙虫病	亚洲、大洋洲
柯克斯体属		贝纳柯克斯体(*C. burnetii*)		蜱	野生小动物、牛、羊	Q热	吉林、新疆、西藏
巴通体属		五日热巴通体(*B. quintuna*)	人虱		人	战壕热、杆菌性血管瘤	
		汉赛巴通体(*B. henselae*)	—		猫、狗	猫抓病、杆菌性血管瘤	
		杆菌样巴通体(*B. bacilliformis*)	白蛉		人	Oroya热、秘鲁疣	
		伊丽莎白巴通体(*B. elizabethae*)	不明		不明	心内膜炎等	

一、生物学性状

1. *形态与结构* 多形态性，球杆状或杆状，菌体长0.8～2.0 μm、宽0.3～0.6 μm，有细胞壁和细胞膜，革兰染色阴性，但不易着色，常用Giemsa染色，着色呈紫蓝色；也可用Gimenez染色，着色呈红色。

立克次体的细胞结构与革兰阴性菌相似，斑疹伤寒群和斑点热群立克次体细胞壁含肽聚糖和脂多糖，但东方体、埃立克体及无形体细胞壁均不含肽聚糖和脂多糖。细胞壁上有外膜蛋白OmpA和OmpB等，是引起人体免疫应答和立克次体血清学分型的重要抗原物质。立克次体可产生微荚膜样黏液层，具有黏附宿主细胞和抗吞噬作用，与致病性有关。

2. *培养特性* 立克次体为专性细胞内寄生，以二分裂方式繁殖，生长速度缓慢，9～12 h可分裂一代，最适生长温度为32～35℃。可用细胞培养法、鸡胚卵黄囊接种以及豚鼠、大鼠、小鼠、家兔等动物接种。

3. *抗原结构* 立克次体有两类抗原，一类是种特异性抗原，主要由外膜蛋白构成；另一类是群特异性抗原，主要由脂多糖构成。斑疹伤寒群立克次体和恙虫病东方体与普通变形杆菌OX_{19}、OX_2、OX_k菌株的菌体抗原之间存在共同的抗原成分(表20-2)，由于变形杆菌抗原易于制备，其凝集反应结果又便于观察，因此用普通变形杆菌的O抗原(OX_{19}、OX_2、OX_k)代替立克次体抗原以检测患者血清中有无相应抗体，此交叉凝集试验称为外斐反应(Weil-Felix reaction)。可用于斑疹伤寒及恙虫病的辅助诊断。

表20-2 立克次体与普通变形杆菌的交叉抗原

立克次体	普通变形杆菌的菌株		
	OX_{19}	OX_2	OX_k
普氏立克次体	+++	+	−
斑疹伤寒立克次体	+++	+	−
恙虫病立克次体	−	−	+++
查非埃立克次体	−	−	−
嗜吞噬细胞无形体	−	−	−

4. 抵抗力　大多数立克次体抵抗力均较弱，对热和消毒剂敏感，于56℃加热30 min或用苯酚、甲酚皂、75%乙醇处理5 min即可被杀死。对四环素和氯霉素等抗生素敏感，但磺胺类药物却促进其生长繁殖。

二、致病性与免疫性

1. 致病性　立克次体以节肢动物为传播媒介或储存宿主，啮齿类动物亦常成为寄生宿主和储存宿主。立克次体可引起人兽共患性疾病。且大多数为自然疫源性疾病，其流行有明显地区性。立克次体易引起实验室感染，故在进行立克次体研究或临床标本检测时应注意生物安全。

立克次体的致病物质主要是脂多糖和磷脂酶A，可引起宿主发热、损伤内皮细胞、致微循环障碍、皮疹等病理反应。立克次体侵入人体后，首先在局部小血管内皮细胞中大量生长繁殖，使局部血管病变后进入血流引起第一次菌血症，经血液循环播散至全身器官的小血管内皮细胞中繁殖。再次释放进入血流引起第二次菌血症。导致患者发热、头痛、皮疹、肝脾肿大、衰竭等临床表现。早期病变主要由脂多糖引起，晚期病变由免疫病理所致。常见立克次体病的所致疾病见表20-1。

2. 免疫性　立克次体感染后机体可产生抗病原体抗体，但立克次体为严格细胞内寄生的病原体，故以细胞免疫为主。病后可获得部分免疫力，但可复发。

第二节　普氏立克次体

临床上立克次体病不多见，下面介绍几类主要的致病性立克次体。普氏立克次体(*R. prowazekii*)是为了纪念首先发现此病原体并在研究中不幸感染而献身的捷克科学家Von Prowazek而命名，其天然寄生在人体内，以人虱为媒介在人群中传播，引起流行性斑疹伤寒(或称虱传斑疹伤寒)。

一、生物学性状

1. 形态与培养特性　普氏立克次体为多形性，以短杆状为主，菌体长0.6～2.0 μm、宽0.3～0.8 μm，革兰染色阴性、Giemsa染色呈紫蓝色、Gimenez染色呈鲜红色。普氏立克次体可用鸡胚卵黄囊或体外成纤维细胞、L929细胞和Vero细胞进行培养，动物接种常采用雄性豚鼠和小鼠(图20-1)。

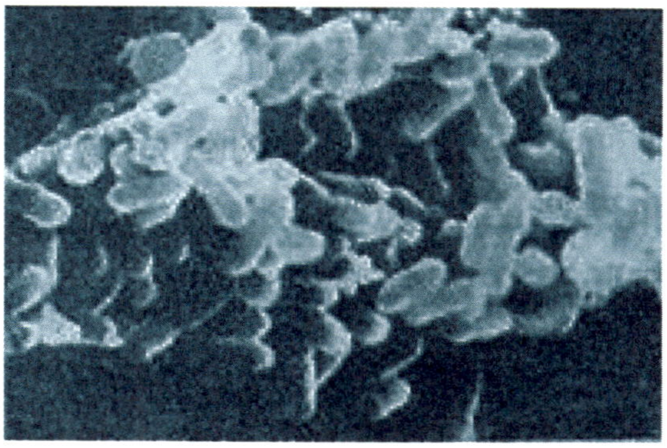

图20-1　普氏立克次体

2. 抗原构造　普氏立克次体的主要表面抗原是脂多糖构成的群特异性抗原和外膜蛋白构成的种特异性抗原，其脂多糖抗原与普通变形杆菌菌体抗原有共同成分，可引起交叉反应，即外斐试验，可辅助诊断立克次体病(表20-2)。

3. 抵抗力　普氏立克次体对热敏感，加热56℃ 30 min可灭活、4℃水溶液中24 h失去活性；耐低温和干燥，在干虱粪中可保持感染性达2个月左右。5 g/L苯酚5 min可灭活。四环素、氯霉素可抑制普氏立克次体的生长繁殖，但磺胺类药物可促进其生长繁殖。

二、致病性与免疫性

1. 传播方式与感染途径　普氏立克次体以人虱为媒介在人群中传播，患者是储存宿主和传染源。传播方式是虱—人—虱—人(图20-2)。虱在叮咬和吸血的过程中，将患者体内的普氏立克次体吸入其体内，立克次体侵入虱肠管上皮细胞内繁殖，当受感染虱叮咬健康人时，立克次体随虱粪排泄于人皮肤上，进而可从因瘙痒而抓伤的皮肤破损处侵入人体致病。由于干虱粪内的普氏立克次体在室温下可保持感染性达2个月，故也可通过呼吸道黏膜和眼结膜感染。

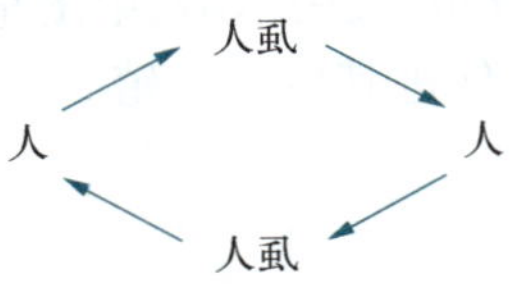

图 20-2 流行性斑疹伤寒的传播方式

2. 致病物质与所致疾病 主要致病物质是脂多糖和磷脂酶 A。脂多糖可刺激单核巨噬细胞产生IL-1和 TNF-α。IL-1 具有致热性，引起发热；TNF-α引起血管内皮细胞损伤、微循环障碍、中毒性休克和 DIC 等。磷脂酶 A 能溶解宿主细胞膜或细胞内吞噬体膜，以利于普氏立克次体进入宿主细胞生长繁殖。

普氏立克次体感染人类引起流行性斑疹伤寒(虱传斑疹伤寒)。经 10～14 d 的潜伏期后，急骤发病，主要表现为高热、剧烈头痛、周身痛、皮疹，并有神经系统、心血管系统或其他内脏器官损害。多见于成人感染，50 岁以上的人发病率高，60 岁以上的患者死亡率高。

部分流行性斑疹伤寒患者病愈后普氏立克次体可持续存在淋巴结和血管内皮细胞内，数年后在一定条件下重新繁殖引起复发性感染，称为布-秦氏(Brill-Zinsser)病。Brill-Zinsser 病较原发感染轻，但若有人虱流行时，也可导致流行性斑疹伤寒流行。

3. 免疫性 普氏立克次体可刺激宿主产生血清抗体和致敏淋巴细胞，抗感染免疫主要是细胞免疫。流行性斑疹伤寒病后可产生牢固的免疫力，可抵抗普氏立克次体的再次外源性感染，也具有抵抗斑疹伤寒立克次体感染的保护性交叉免疫力。

三、微生物学检查

流行性斑疹伤寒的微生物学检查主要是血清学检查和病原体的分离鉴定。因立克次体特别容易引起实验室污染，必须严格遵守实验室操作规程，注意防止感染的发生。

1. 检查立克次体 发病初期或急性期的患者可采集血液标本，流行病学调查可取野生小动物和家畜的脏器以及节肢动物的组织。将标本接种至雄性豚鼠腹腔，若动物体温超过 40℃，阴囊红肿，提示有普氏立克次体感染；若体温超过 40℃而阴囊无红肿，可取动物脑组织用豚鼠继续传代，立克次体增值至一定数量后方可用鸡胚卵黄囊或细胞传代。

2. 血清学检查 是目前诊断立克次体感染的主要方法。用特异性外膜蛋白抗原或脂多糖抗原通过微量免疫荧光法检测特异性抗体。由于脂多糖抗原是多种立克次体共有的抗原，因此必须用免疫印迹法确定立克次体的种类。

3. 分子生物学检查 可用 PCR 或 Real-timePCR 法检测立克次体外膜蛋白基因、脂蛋白基因。

四、防治原则

预防主要应改善卫生与生活条件、注意个人卫生、防虱和灭虱。接种 γ 射线辐射的全细胞灭活鼠肺疫苗和鸡胚疫苗，具有一定的免疫作用，免疫力可持续 1 年。流行性斑疹伤寒的治疗可用氯霉素、四环素类抗生素。使用磺胺类药物治疗可使患者的病情加重，因此不可用磺胺类药物治疗。

第三节 莫氏立克次体

莫氏立克次体(*R. mooseri*)也称为斑疹伤寒立克次体(*R. typhi*)，是地方性斑疹伤寒(endemic typhus)即鼠型斑疹伤寒(murine typhus)的病原体。1931 年，Mooser 等分别从该疾病流行的墨西哥的鼠脑和美国的鼠虱中分离出来。地方性斑疹伤寒可在世界各地散发，但主要发生在非洲和南美洲。

一、生物学性状

斑疹伤寒立克次体的形态与结构、染色性、培养特性、抗原构造和抵抗力均与普氏立克次体相似，但链状排列少见。不同的是斑疹伤寒立克次体所致的豚鼠阴囊反应比普氏立克次体引起的更强。斑疹伤寒立克次体的储存宿主及传播媒介不同于普氏立克次体，斑疹伤寒立克次体主要储存宿主是鼠，主要传播媒介是鼠蚤和鼠虱,感染的自然周期是鼠—蚤—鼠。斑疹伤寒立克次体感染人体后,再通过人虱为媒介在人群中传播(图 20-3)。

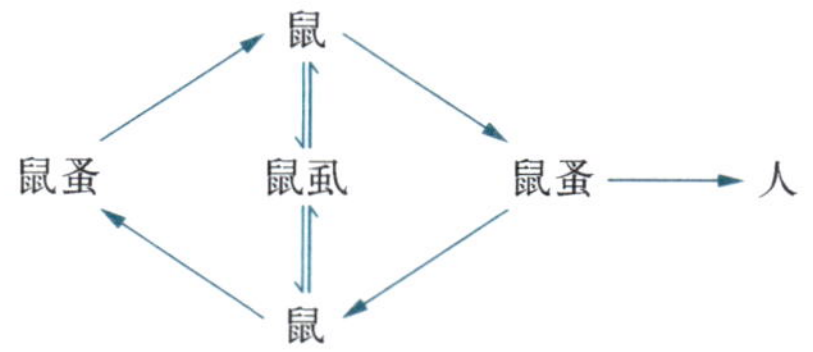

图 20-3 地方性斑疹伤寒的传播方式

二、致病性与免疫性

1. 致病性 斑疹伤寒立克次体长期寄生于隐性感染的鼠体内,鼠蚤可吸疫鼠血液后,斑疹伤寒立克次体进入其消化道并在肠上皮细胞内繁殖,细胞破裂后将斑疹伤寒立克次体释放,混入蚤粪便排出体外;蚤粪内的斑疹伤寒立克次体可感染健康的鼠,进而引起鼠类间传播。鼠蚤只有在鼠死亡后才离开鼠转向叮咬人类,而使人感染。干燥蚤粪中的立克次体亦可通过皮肤破损处、口、鼻、眼结膜等途径感染人体,引起地方性斑疹伤寒。地方性斑疹伤寒患者的临床表现与流行性斑疹伤寒相似,但病情相对较轻,很少发生中枢神经系统和心肌的损害,也很少致死。

2. 免疫性 人体对斑疹伤寒立克次体感染的免疫主要以细胞免疫为主,以体液免疫为辅,可出现两次斑疹伤寒立克次体血症,病愈后可获得牢固的免疫力,与普氏立克次体的感染有交叉免疫力。

三、微生物学检查

常用 CF 试验、IFA 试验、ELISA 法等方法可用于检测患者血清的特异性抗体及其效价,有助于地方性斑疹伤寒的早期特异性诊断及流行病学调查。亦可将患者标本接种于雄性豚鼠腹腔,若有斑疹伤寒立克次体感染,豚鼠可出现体温升高与阴囊红肿和鞘膜反应(Neill-Mooser reaction)。其他检查方法同普氏立克次体。

四、防治原则

预防原则主要包括防鼠、灭鼠,改善卫生与生活条件和注意个人卫生、防虱和灭虱。接种斑疹伤寒疫苗,可特异性预防地方性斑疹伤寒。治疗可用氯霉素、四环素类抗生素,但不可使用磺胺类药物。

第四节 东 方 体 属

恙虫病东方体(*O. tsutsugamushi*)归属东方体属(*Orientia*)的立克次体科(表 20-1),是恙虫病(tsutsugamushi disease)或称丛林斑疹伤寒(scrub typhus)的病原体。

一、生物学性状

恙虫病东方体呈多形性,以短杆状或球杆状多见,大小为(0.2～0.6)μm×(0.5～1.5)μm。Gimenez 染色呈暗红色,Macchiavello 染色呈紫红色、Giemsa 染色呈紫色或蓝色。在感染细胞内密集分布于胞质内近核旁。恙虫病东方体细胞壁结构不同于立克次体,无肽聚糖、脂多糖和微荚膜样黏液层。与变形杆菌 OX_k 菌株有交叉抗原,与 OX_{19} 和 OX_2 菌株无交叉抗原。恙虫病东方体对豚鼠不敏感,小鼠易感,可在鸡胚卵黄囊和传代细胞中生长。在外界环境中的抵抗力较立克次体弱,37℃ 2～3 h 后,其活力大大下降,对常用消毒剂敏感。

二、致病性与免疫性

1. 致病性 恙虫病为自然疫源性疾病,恙虫病东方体在啮齿类动物中主要以恙螨为媒介传播。恙螨也是其重要的寄生宿主、储存宿主和传播媒介。可经卵传代。在恙螨的生活史中,幼虫要吸取一次动物或人的组织液才能发育成稚虫,因此恙虫病东方体可通过恙螨幼虫叮咬在鼠间传播或使人感染。人主要是由于受到带菌恙螨幼虫的叮咬后感染,可发生恙虫病(图 20-4)。

恙虫病属急性传染病。恙虫病东方体经 6～21 d 的潜伏期后突然发病。患者的临床表现与流行性斑疹

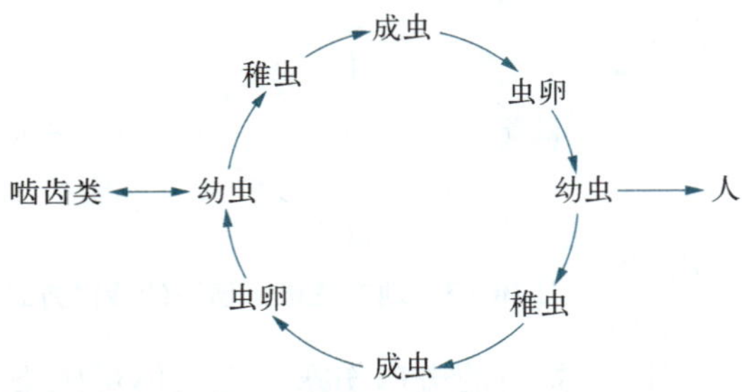

图 20-4 恙虫病的传播方式

伤寒相似，主要表现为突然发病、高热、剧烈头痛，淋巴结及肝脾肿大，并在恙螨叮咬处的皮肤局部形成红斑样皮疹或水疱，水泡破裂后形成溃疡、中部坏死和黑色焦痂的"鸟眼状溃疡"是恙虫病的一个重要临床特征。

2. 免疫性 以细胞免疫为主，病后可获得较为持久的免疫力。

三、微生物学检查

取发病初期或急性期患者的血液接种于小白鼠腹腔，濒死时取腹膜或脾脏涂片染色镜检，亦可采用鸡胚卵黄囊接种或组织培养法分离病原体。间接免疫荧光检测患者血清中的特异性 IgM 抗体，效价 1∶80 有诊断意义。

分子生物学检查常用 PCR、RFLP、基因序列分析等可用于病原体鉴定。

四、防治原则

预防原则主要是防鼠、灭鼠，避免进入疫区和防止被恙螨幼虫叮咬，尚无特异性预防疫苗。治疗可用氯霉素、四环素类抗生素，不可使用磺胺类药物。

第五节 其他立克次体及相关病原体

一、嗜吞噬细胞无形体

嗜吞噬细胞无形体(*A. phagocytophilum*)，曾称人粒细胞埃立克体(human granulocytic ehrlichiae)，原为埃立克体属，现归类于无形体属，是无形体属中对人致病的主要病原体，可引起人粒细胞无形体病(human granulocytic anaplasmosis，HGA)。嗜吞噬细胞无形体菌体呈球形、卵圆形等多形性，菌体长度为 0.5～1.5 μm，革兰染色阴性。该病原体主要寄生在中性粒细胞的胞质空泡内，繁殖后以膜包裹的形式存在于细胞质内，用 Wright 染色或改良 Wright-Giemsa 染色呈紫色或蓝色，类似衣原体包涵体，称桑椹体(morulae)。嗜吞噬细胞无形体的储存宿主是哺乳动物，蜱是主要的传播媒介，蜱叮咬携带病原体的宿主动物后，再叮咬人时，病原体进入人体引起发病。接触患者或带菌动物的血液也可能导致传播。人对嗜吞噬细胞无形体普遍易感，各年龄组均可感染发病。嗜吞噬细胞无形体感染中性粒细胞，经淋巴管和血管播散，存在于单核巨噬细胞系统的器官和组织中，诱发机体免疫应答，通过免疫抑制作用引起各种继发感染和免疫损伤，引起多器官功能损伤。常用 IFA 检测嗜吞噬细胞无形体 IgM 或 IgG 抗体进行微生物学诊断。做好公众预防教育、避免蜱叮咬是降低感染风险的主要措施。治疗以四环素类抗生素如多西霉素为首选药。

二、查菲埃立克体

查菲埃立克体(*E. chaffeensis*)是埃立克体属中对人致病的主要病原体之一，可引起人单核细胞埃立克体病(human monocytic ehrlichiosis，HME)。查菲埃立克体是一类重要的人兽共患病病原体，查菲埃立克体的形态结构与嗜吞噬细胞无形体相似，为严格细胞内寄生的革兰染色阴性小细菌。但感染的靶细胞主要为单核细胞和巨噬细胞。该病原体在其吞噬小胞内繁殖，聚集成堆，形成桑椹状的包涵体。HME 是一种自然疫源性疾病。储存宿主是哺乳动物，硬蜱是主要传播媒介。硬蜱叮咬为主要传播途径。被带菌硬蜱叮咬后1～2 周发病，发病急，高热、全身不适、乏力、头痛、肌肉酸痛，多数伴有恶心、呕吐、腹泻等消化道症状，少数伴有咳嗽、咽痛及呼吸窘迫综合征等。在单核细胞内观察到典型"桑椹状"包涵体，或用 IFA 检测到相应抗原可确立诊断。预防同嗜吞噬细胞无形体。治疗可用多西霉素或利福霉素。

三、柯克斯体属

柯克斯体属（*Coxiella*）属于柯克斯科，该科只含 1 个种，即贝纳柯克斯体（*C. burnetii*），也称 Q 热柯克斯体，是 Q 热（query feveer，也称疑问热）的病原体（表 20－1），现归属于军团菌目。

贝纳柯克斯体的形态为短杆状或球状，菌体长 0.4～1.0 μm，宽 0.2～0.4 μm；革兰染色阴性，Giemsa 染色呈紫蓝色、Gimenez 染色呈鲜红色。专性细胞内寄生。贝纳柯克斯体对理化因素的抵抗力大于一般立克次体及无芽胞细菌。耐热，于 60℃加热 1 h 仍能存活，100℃加热 10 min 以上才能杀死；在蜱干粪中可存活一年以上。1%甲醛需 48 h 才能将其灭活。

贝纳柯克斯体的主要传染源和储存宿主是野生啮齿类动物和家畜，动物感染后多无症状，但乳、尿和粪便中长期带有病原体。在动物间以蜱为传播媒介，并可经卵传代。人类主要经消化道感染，偶尔经接触或呼吸道感染；乳牛感染贝纳柯克斯体可发生慢性乳腺炎，Q 热的地区分布可能为世界性，我国多见于吉林、新疆和西藏。

贝纳柯克斯体侵入人体后，先在局部的单核细胞内生长繁殖，继而进入血流引起柯克斯体血症，并累及小血管、心、肝、肺和肾等器官。Q 热分为急性和慢性两种。急性人类 Q 热的症状类似流感或原发性非典型肺炎，严重患者会并发心包炎和心内膜炎。慢性人类 Q 热的病变以心内膜炎为主要表现。

Q 热病后有一定的免疫力，以细胞免疫为主。

取急性期患者血液标本，接种于豚鼠腹腔，发热时取肝、脾作涂片检查。亦可用鸡胚卵黄囊接种或小鼠成纤维细胞培养分离病原体。可用 PCR 技术或核酸探针技术检测 DNA。

预防应着重防止家畜的感染，对乳制品严格消毒。对易感人群可接种用 I 相菌株制成的灭活疫苗或减毒活疫苗。对牛、羊也可采用疫苗接种。

四、巴通体属

巴通体属（*Bartonella*）现已归属于根瘤菌目，目前有 21 个种，其中汉赛巴通体（*B. henselae*）是猫抓病（cat scratch disease，CSD）的主要病原体（表 20－1）。革兰阴性小杆菌，菌体长 1.0 μm，宽 0.5 μm；Giemsa 染色呈紫蓝色，可在非细胞培养基中生长繁殖。由临床新鲜标本中分离的汉赛巴通体有菌毛，而经实验室传代后可失去菌毛。其生化反应不活泼，不发酵各种糖类。传染源主要为猫和狗，尤其是幼猫。巴通体通过跳蚤在猫群中传播。猫蚤粪便中含有巴通体，并污染猫的口腔、皮毛和爪。当猫抓伤或咬伤人后引起感染，多发于学龄前儿童及青少年。病原体从抓伤处进入体内，局部皮肤出现丘疹或脓疱，继而发展为以局部引流淋巴结肿大为特征的临床综合征，出现发热、厌食、肌痛、脾肿大等。常见的临床并发症是结膜炎伴耳前淋巴结肿大，称为帕里诺（Parinaud）眼淋巴腺综合征，系猫抓病的重要特征之一。

汉赛巴通体和五日热巴通体还可引起杆菌性血管瘤——杆菌性紫癜（bacillary angiomatosis-bacillary peliosis，BAP）。BAP 多发生于免疫功能受到严重损害者，如 HIV 感染者、肿瘤或器官移植的患者，其主要表现为皮肤损害和内脏器官小血管壁增生。杆菌性血管瘤可发生在体内任何内脏组织，而杆菌性紫癜则多见于肝脏、脾脏。

实验室检查可取病灶组织（淋巴结、皮肤、肉芽肿等）作超薄切片，进行组织病理学检查。此外，还可用羊血琼脂或巧克力色琼脂等培养基，或采用原代细胞或传代细胞，对新鲜组织标本培养和鉴定。

预防方面尚无特异性措施。与猫、狗接触时避免被抓伤或咬伤，若被抓、咬伤后，可用碘酊局部涂抹。对感染猫进行杀灭。

可采用环丙沙星、红霉素、利福平等治疗感染猫或患者。

小　结

立克次体是一类严格细胞内寄生的原核细胞型微生物，以节肢动物为媒介在动物或人群中传播。立克次体目包括立克次体科、无形体科，常见致病性立克次体为立克次体属、东方体属，主要通过节肢动物叮咬感染人类，引起流行性斑疹伤寒、地方性斑疹伤寒和恙虫病等疾病。立克次体感染的微生物学检查包括分离培养、血清学试验及分子生物学检查，常用组织细胞、鸡胚及动物接种法分离培养立克次体，用外斐试验、IFA试验、ELISA等方法检测患者血清的非特异性或特异性抗体及其效价，用PCR、核酸探针方法检测特异性核苷酸序列。

【复习思考题】

1. 立克次体在生物学分类上如何归属？有哪些重要的生物学特性？
2. 医学常见的致病性立克次体有哪些？传播方式和所致疾病是什么？
3. 为什么外斐反应可以帮助诊断立克次体病？试述其基本原理。

（双　杰）

第二篇

病毒学

第二十一章

病毒的基本性状

学习要点

掌握：① 病毒的概念；② 病毒的结构、化学组成及其功能；③ 病毒复制周期及各期特点；④ 病毒灭活的概念及其意义。

熟悉：① 病毒的形态及其检查方法；② 不同核酸类型病毒生物合成的过程；③ 病毒的变异及其意义。

了解：① 病毒的耐药性及产生机制；② 病毒的分类原则及其分类；③ 病毒的变异机制；④ 病毒准种的概念和意义。

病毒(virus)是微生物中个体最小、结构最简单的成员，是专一在活细胞内寄生的非细胞型微生物。病毒的直径为20～300 nm，其结构包括位于中心作为病毒基因组的核酸(DNA或RNA)和周围包绕的蛋白质，以及某些病毒具有的脂质双层膜。病毒的核酸包含了病毒所有的遗传信息，进入宿主细胞后以其为模板合成大量核酸拷贝作为子代病毒的核心，并指导合成衣壳蛋白质，大量蛋白质按一定规律聚集在一起形成子代病毒的衣壳，衣壳包绕在核心的周围可保护核心不受外界不利因素的影响。产生的子代病毒体从宿主细胞释放出来，又可感染新的细胞。病毒的感染可能对宿主细胞影响很小，也可能导致宿主细胞损伤甚至死亡。

病毒具有广泛的生物多样性。不同的病毒在形态结构、基因组的结构和表达、复制策略等方面都具有多样性。病毒的宿主范围有的广泛、有的局限，已知有的病毒可感染单细胞生物，如衣原体、细菌、藻类等，有的可感染高等的植物和动物。病毒与人类疾病的关系极为密切，约75%的人类传染病是由病毒引起的。

第一节　病毒的大小与形态

病毒个体微小，每种病毒都具有相对固定的形态和大小，病毒的形态和大小是病毒形态学研究的重要内容。结构完整、具有感染性的成熟病毒颗粒称为病毒体(virion)。病毒体是病毒的细胞外存在形式，通常对病毒形态和大小的描述是针对病毒体而言的。

一、病毒的大小

病毒的个体微小，测量其大小的单位是纳米(nm，1 nm ＝1/1000 μm)，又称毫微米。由于病毒体形态各异，病毒大小的表示方式亦不一样，一般球形或近似球形病毒以直径长短表示，其他形态病毒以“长度×宽度”表示。各种病毒体的大小差别悬殊，大的如痘病毒，为300 nm×250 nm；小的如微小病毒，直径约为20 nm(图21－1)。

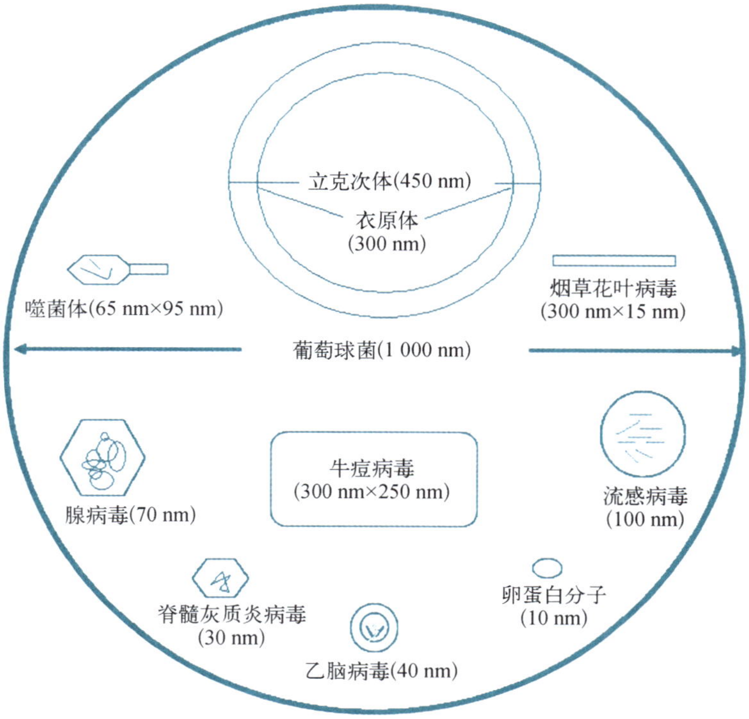

图 21-1 病毒与其他微生物的大小比较图

二、病毒的形态

病毒的形态具有多样性，感染动物的病毒常见球形或近似球形(如流感病毒、疱疹病毒、乙肝病毒等)，亦可见砖状(如痘病毒)、弹状(如狂犬病病毒)或杆状等(图 21-2)。大多数病毒的形态较为固定，也有少数病毒呈多形性，如正黏病毒可呈球形、丝状或杆状。

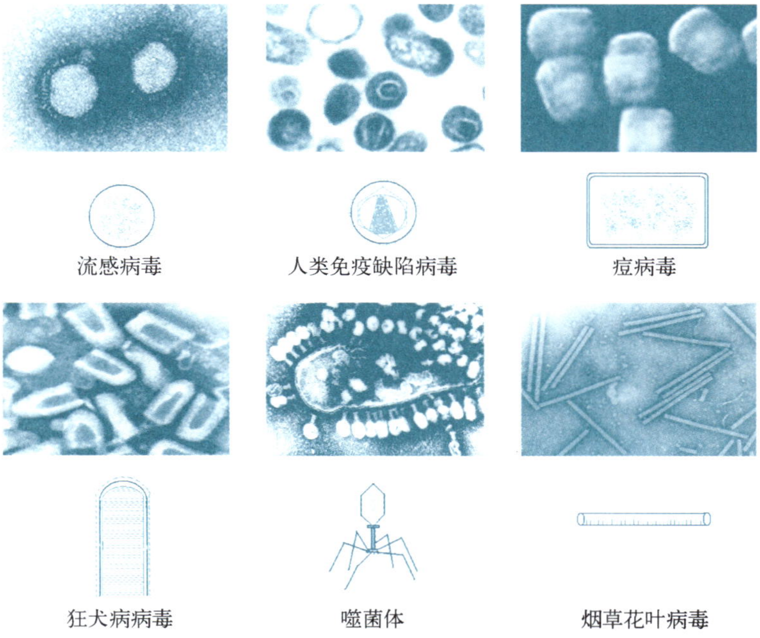

图 21-2 病毒的形态

第二节 病毒的结构

一、病毒的结构

病毒体的基本结构是由核心和衣壳构成的核衣壳。有些病毒的核衣壳外还有包膜。有包膜的病毒称为包膜病毒(enveloped virus),无包膜的病毒称为裸露病毒(naked virus)或无包膜病毒(图 21-3)。

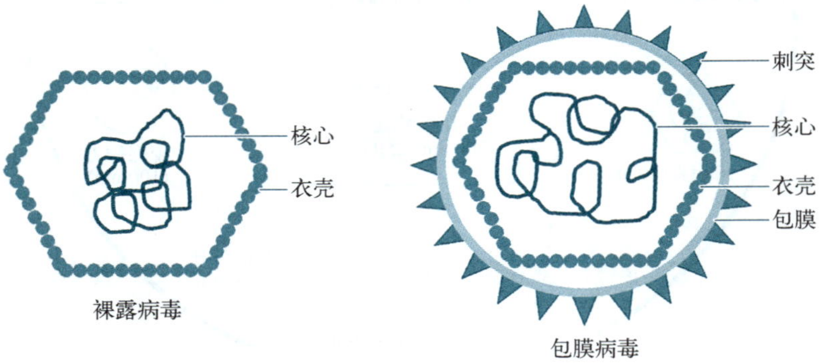

图 21-3 病毒的结构示意图

1. *病毒核心* 病毒核心(viral core)位于病毒体的中心,主要由核酸 DNA 或 RNA 组成,构成病毒的基因组。病毒的部分非结构蛋白也存在于核心,如病毒编码的一些酶类。

2. *病毒衣壳* 包绕在核心外面的蛋白质外壳,即为病毒衣壳(viral capsid)。其主要功能是保护核心内的核酸免受破坏,并能介导病毒核酸进入宿主细胞。衣壳具有免疫原性,是病毒体的主要抗原成分。病毒核心和衣壳共同组成的结构即核衣壳(nucleocapsid),裸露病毒的核衣壳就是其病毒体。

衣壳由一定数量的壳粒(capsomere)组成,壳粒构成衣壳的形态学亚单位(morphologic subunit),在电子显微镜下可见壳粒的形态。每个壳粒由一个或多个多肽分子组成,多肽分子称为结构亚单位(structural subunit)。不同种类的病毒,壳粒的数目和排列方式不同,可作为病毒鉴别和分类的依据。根据壳粒排列方式的不同,病毒结构有以下几种对称型。

(1) 螺旋对称型(helical symmetry):壳粒沿着螺旋形盘旋的病毒核酸链对称排列,如正黏病毒(流感病毒)、副黏病毒(副流感、麻疹等病毒)和弹状病毒等都属于螺旋对称病毒。这些病毒的核酸与蛋白质结合而构成精巧的螺旋状共聚体。

(2) 20 面体立体对称型(icosahedral symmetry):核酸浓集成球形或近似球形结构,外周壳粒排列成 20 面体对称型,它包括有 12 个顶角、20 个三角面(均呈等边三角形)、30 条边,呈 5∶3∶2 轴对称。腺病毒是典型的 20 面体对称病毒,其顶角的壳粒总是与周围 5 个相等的壳粒为邻,称为五邻体(penton);在三角面或边上的每个壳粒则与 6 个间距相等的壳粒为邻,称为六邻体(hexon)。

(3) 复合对称型(complex symmetry):结构复杂的病毒体,既有螺旋对称又有 20 面体立体对称,仅见于痘病毒和噬菌体等。

二十面体立体对称型的外壳最为坚固,内部容积最大;而螺旋对称型衣壳则相对不坚固,衣壳外一般有包膜。

3. *病毒包膜* 病毒包膜(viral envelope)是包绕在病毒核衣壳外面的脂质双层膜,是某些病毒从细胞内出芽释放时获得的宿主细胞膜或核膜,主要成分是脂类和多糖。包膜的主要功能是维护病毒体的结构完整性,稳定病毒体结构。包膜来源于宿主细胞,与其细胞膜具有同源性,易于发生融合作用,有助于病毒的穿入而起到辅助病毒感染的作用。由于包膜的化学构成,包膜对干、热、酸和脂溶剂敏感,这些因素可使包膜病毒灭活。常用乙醚敏感实验鉴定病毒是否具有包膜。动物病毒多具有包膜，某些包膜病毒在核衣壳和包膜之间有基质蛋白，把内部的核衣壳和包膜联系起来。

4. 包膜子粒或刺突　有些病毒的表面有突起的糖蛋白结构，称包膜子粒(peplomeres)或刺突(spike)。刺突糖蛋白是由病毒基因编码的，具有免疫原性，是病毒重要的表面抗原，是病毒鉴定和病毒分型的重要依据之一。这些糖蛋白常常可赋予病毒一些特殊功能，例如，流感病毒包膜上有血凝素(hemagglutinin，HA)和神经氨酸酶(neuraminidase，NA)两种刺突，HA 对呼吸道上皮细胞和红细胞有特殊的亲和力，可与细胞表面的唾液酸受体特异性结合，决定了病毒复制的第一步；NA 能破坏易感细胞表面受体，有助于子代流感病毒从感染细胞的释放。

病毒的大小、形态和结构在病毒分类学中具有重要价值，并在诊断病毒感染中也起到重要作用。某些病毒就是首先观察到其形态，经过鉴定再命名或确认的，如轮状病毒、冠状病毒等。

二、病毒的化学组成及其功能

病毒的化学组成包括核酸、蛋白质、脂类和糖类，其中核酸和蛋白质是主要化学组成，是病毒的自身成分，其特异性常用于病毒的鉴定和分型；脂类和糖类来源于宿主细胞，亦与病毒的致病性有关。

1. 核酸　核酸构成了病毒的基因组，为病毒的感染、增殖、遗传和变异提供遗传信息。一种病毒仅含有一种核酸，DNA 或 RNA，可借此分为 DNA 病毒和 RNA 病毒两大类。核酸具有多样性，可以是线形或环形，单链或双链，连续或分节段等不同形式，且分子大小差异悬殊，如微小病毒的核酸大小为 3.2 kb，而痘病毒的核酸大小为 375 kb。

病毒核酸携带了病毒所有的遗传信息，是主导病毒感染、增殖、遗传和变异的决定性物质。其主要功能有：① 决定病毒的复制：病毒的复制是以其核酸为模板，合成子代病毒的核酸，经过转录、翻译过程合成病毒的蛋白质，然后再装配出子代病毒；② 决定病毒的特性：病毒核酸链上的基因密码记录着病毒全部生命信息，决定着病毒的一切生物学特性，并通过复制将这些特性传递给子代病毒，是病毒的基因组；③ 部分核酸具有感染性：某些核酸单独进入宿主细胞后能进行复制，称为感染性核酸。感染性核酸不受衣壳蛋白和宿主细胞表面受体的限制，易感细胞范围较广，但由于其没有衣壳蛋白的保护，易被核酸酶等因素破坏，因此其感染性比完整的病毒体要低。

2. 蛋白质　蛋白质是病毒的主要组成部分，约占病毒体总重的 70%，均由病毒基因编码，具有病毒的特异性。病毒的蛋白质分为结构蛋白(structure protein)和非结构蛋白(non-structure protein，NS)两大类。

(1) 结构蛋白：结构蛋白是指构成病毒有形成分(衣壳、包膜子粒和基质)的蛋白质。衣壳蛋白质一般由多个多肽亚单位组成；包膜蛋白多为糖蛋白且突出于病毒体外；基质蛋白质是连接衣壳和包膜的部分，多具有跨膜和锚定的功能域，有的基质蛋白称为被膜(regument)。如流感病毒的 M 蛋白是其基质蛋白，能促进包膜相互作用而有利于病毒装配；疱疹病毒的基质蛋白有助于子代病毒核酸复制的启始。

结构蛋白的主要功能包括：① 保护病毒核酸。衣壳蛋白包绕在病毒核酸的周围，可保护核酸不受环境中的核酸酶和其他理化因素的破坏。② 参与病毒感染过程。病毒衣壳蛋白、刺突与细胞表面受体特异性吸附有关，从而介导病毒核酸进入宿主细胞，引起感染；某些病毒的刺突还可促进病毒在细胞间扩散。③ 具有免疫原性。衣壳蛋白、刺突均具有良好的免疫原性，可以用于特异性诊断，也可激发机体的免疫学反应。

(2) 非结构蛋白：非结构蛋白是指由病毒基因编码，但不参与病毒体构成的病毒蛋白质。非结构蛋白可存在于病毒核心，也可存在于被感染细胞内。非结构蛋白的功能多样，还未完全阐明。其功能包括：① 与复制和感染有关的酶类，如 DNA 聚合酶、反转录酶、RNA 多聚酶等。② 抑制宿主抗病毒免疫作用，如甲型流感病毒的 NS1 和 NS2 蛋白质。③ 其他特殊功能，如抑制宿主细胞代谢活动的蛋白质、某些 MHC 递呈的病毒蛋白质等。病毒非结构蛋白的深入研究对于阐明病毒本质、揭示病毒致病机制和防治病毒性疾病等多方面均有重要意义。

3. 脂类和糖类　病毒的脂类和糖类主要存在于包膜中，均来自宿主细胞。包膜中所含的磷脂、胆固醇及中性脂肪等能加固病毒体的结构，维护病毒体结构的完整性。病毒包膜脂类与宿主细胞膜的脂类具有同源性，使二者易于亲和及融合，从而起到辅助病毒感染的作用。

三、研究病毒生物学特性及提纯病毒的方法

(一) 观察病毒形态、结构及测定病毒大小的主要方法

1. 电子显微镜检查法　扫描电镜主要用于观察感染细胞的表面变化。透射电镜除用于测量病毒大小和观察病毒形态之外,还可观察病毒在细胞内的增殖状态。

2. 超滤法　用不同孔径火棉胶滤膜过滤病毒悬液,将获得滤液接种于组织培养、实验动物或鸡胚,或用血凝反应来测定病毒是否通过滤膜,从而估计病毒大小。

3. 超速离心法　病毒的大小不同,其沉降速度也不同。可用超速离心法测得病毒的沉降系数(S),借以计算病毒大小。

4. X线衍射法　用于研究病毒结构的亚单位、病毒蛋白质的空间构型等。

(二) 提纯病毒的方法

病毒检材中常混有宿主细胞碎片及培养液的成分,研究病毒的化学成分时,首先要提纯病毒。纯化病毒的常用方法主要有以下三种。

1. 化学提纯法　用聚乙二醇或硫酸铵将病毒沉淀,或把病毒先吸附到DEAE纤维素、磷酸钙、氢氧化铝凝胶、离子交换树脂或葡聚糖的吸附柱上或红细胞表面,然后用不同pH和离子强度的缓冲液在不同温度中洗脱,再进一步用下述物理方法浓缩提纯。

2. 物理提纯法　经上法初步提纯的病毒材料,可先用差速离心,即交替使用低速和高速离心分别去除较大的杂质后留取病毒。为了进一步提纯,通常用两种离心法,即速度梯度离心法和平衡密度梯度离心法。让病毒在同密度的溶液中沉积于一个明显区带中,而与其相近的杂质由于浮力密度不同都会与病毒分开,从而可以取得纯病毒。

3. 生物提纯法　利用不同病毒某些结构的特性进行提纯。如对含有血凝素的病毒可利用红细胞吸附释放法进行提纯,此方法经济实用、操作简便并有较高纯化效率。

第三节　病毒的增殖

病毒缺乏增殖所需的酶系统、能量和原料,必须在易感活细胞内进行增殖。病毒的增殖方式是以其基因组为模板,借DNA聚合酶或RNA聚合酶以及其他必要因素,经过复杂的生化合成过程,复制出病毒基因组,病毒基因组则经过转录、翻译过程,产生大量病毒蛋白质,再经装配,最终释放出子代病毒。病毒这种以病毒核酸分子为模板进行复制的方式称为复制或自我复制(selfreplication)。

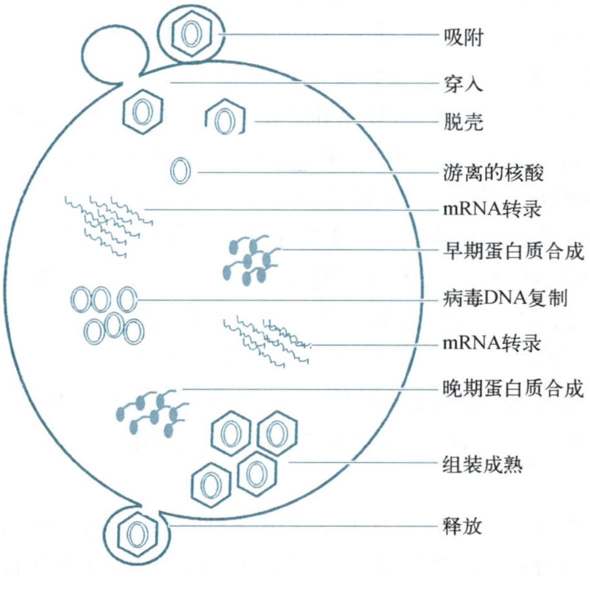

图21-4　病毒复制周期示意图

一、病毒的复制周期

从病毒进入宿主细胞开始,经过基因组复制、蛋白质合成,到最后释放出子代病毒,称为一个复制周期(replication cycle)。病毒的复制是一个连续的过程,人为地将其分阶段便于研究。人和动物病毒的复制周期依次包括吸附、穿入、脱壳、生物合成及组装、成熟和释放5个阶段(图21-4)。病毒完成一个复制周期的时间长短视病毒种类而异。

(一) 吸附

吸附(adsorption/attachment)是病毒体在各种作用力的作用下，识别、接触并结合细胞表面受体分子的过程。病毒需先吸附于易感细胞膜上才能与之相互作用启动复制过程，吸附是病毒复制的第一步。病毒表面的蛋白质分子(多为刺突糖蛋白)可结合细胞表面特殊的受体分子，这种能与宿主细胞表面受体结合的蛋白质称为病毒吸附蛋白(viral attachment proteins，VAP)，VAP与受体的相互作用决定了病毒的嗜组织特性(亲嗜性)。如人类免疫缺陷病毒(HIV)刺突糖蛋白gp120的受体是CD4分子，故只能感染表面具有CD4分子的细胞，包括辅助T淋巴细胞、单核-巨噬细胞等。EB病毒(EBV)的包膜蛋白质gp350/220可结合CD21分子，因此EBV可感染具有该分子的人B淋巴细胞和口咽上皮细胞。流感病毒表面的血凝素可与多种细胞唾液酸受体结合，能感染人和多种动物的呼吸道黏膜上皮细胞。每个易感细胞大约具有10^5个受体供病毒结合，病毒一旦与细胞发生特异性吸附即为不可逆过程，即进入复制周期第二阶段。

(二) 穿入

病毒体特异性吸附于宿主细胞膜后，穿过细胞膜进入细胞的过程称为穿入(penetration)。穿入是一个需要消耗能量的过程，只有生长良好、代谢旺盛的细胞才能让病毒完成穿入过程。病毒体可通过以下三种方式穿入细胞。

1. 吞饮(endocytosis)或胞饮(viropexis) 即病毒与细胞表面受体结合后，细胞膜内陷形成类似吞噬泡的结构，病毒体即进入细胞质内。无包膜的病毒多以吞饮形式进入易感细胞内。

2. 融合(fusion) 病毒包膜与细胞膜密切接触，在融合蛋白的催化下，病毒包膜与细胞膜融合，病毒的核衣壳被释放至细胞质内。有包膜的病毒，如正黏病毒、副黏病毒等都以融合的方式穿入细胞。融合过程需要病毒包膜上具有的特异性融合蛋白参与，如流感病毒的血凝素可促进融合作用。

3. 直接穿入 少数裸露病毒可通过衣壳蛋白质与细胞膜上的特定蛋白质相互作用，两者的结构发生改变后，病毒体直接进入细胞；有的病毒可通过细胞的微管结构直接进入细胞。

(三) 脱壳

进入细胞的病毒体脱去蛋白质衣壳暴露核酸的过程，称为脱壳(uncoating)。通过脱壳，暴露的核酸才能发挥指令作用。不同病毒的脱壳方式不同，多数病毒在穿入细胞时已在细胞的溶酶体酶的作用下脱壳，释放出核酸。少数病毒的脱壳过程复杂，如痘病毒的脱壳过程分为两步，先由溶酶体酶作用脱去外壳蛋白质，病毒核心(含有内层衣壳和核酸)释放于细胞质中，然后再经病毒编码产生特有脱壳酶，脱去内层衣壳方能释放出核酸。还有些病毒(如流感病毒和痘病毒等)不需要完全脱壳，病毒基因组在脱壳前就开始转录mRNA。

(四) 生物合成

病毒基因组一旦从衣壳中释放后，就进入到病毒复制的生物合成(biosynthesis)阶段，即病毒利用宿主细胞提供的场所、原材料、能量、酶等，合成病毒核酸和蛋白质。生物合成一般分早期和晚期两个阶段。在早期阶段，基因早期转录翻译，产生早期蛋白质，这些蛋白质是病毒生物合成中必需的酶类及某些抑制或阻断细胞核酸和蛋白质合成的非结构蛋白，即功能蛋白。为病毒基因组复制和结构蛋白质表达做好准备。根据病毒基因组指令，复制子代病毒核酸，并经过子代病毒基因的转录、翻译而产生病毒的结构蛋白，又称晚期蛋白质。病毒在生物合成这一过程中，不同阶段需要不同类型的酶和调控蛋白，尤其是病毒自身编码的酶起着关键作用，这些起着不同作用的酶和调控蛋白都可成为设计抗病毒药物的靶位点。

生物合成阶段用电镜观察或血清学方法在细胞内检测不到完整的病毒颗粒，称为隐蔽期(eclipse)。各病毒隐蔽期长短不一，如脊髓灰质炎病毒为3～4 h，正黏病毒为7～8 h，而腺病毒为16～18 h。

病毒核酸在细胞内复制的部位因核酸类型不同而异。除痘病毒外，DNA病毒都在细胞核内复制；除正黏病毒和反转录病毒外，RNA病毒均在细胞质内复制。根据病毒核酸类型不同，病毒生物合成过程也各异，包括以下6大类型：双链DNA病毒、单链DNA病毒、单正链RNA病毒、单负链RNA病毒、双链RNA病毒和反转录病毒(表21-1)。

表 21-1 不同核酸类型病毒的生物合成类型

病毒核酸类型	病毒种类	复制中间体	基因组复制部位	蛋白质合成部位	衣壳装配部位	病毒成熟部位
1. dsDNA	多数 DNA 病毒， 痘病毒	没有 没有	胞核 胞质	胞质 胞质	胞核 胞质	胞核/胞膜 胞膜

复制过程示意图

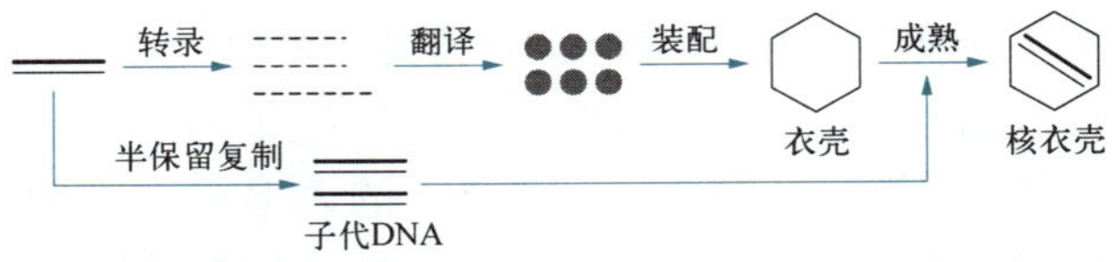

病毒核酸类型	病毒种类	复制中间体	基因组复制部位	蛋白质合成部位	衣壳装配部位	病毒成熟部位
2. ssDNA	微小病毒 B_{19}， TTV	±dsDNA	细胞核	细胞质	细胞核	细胞质

复制过程示意图

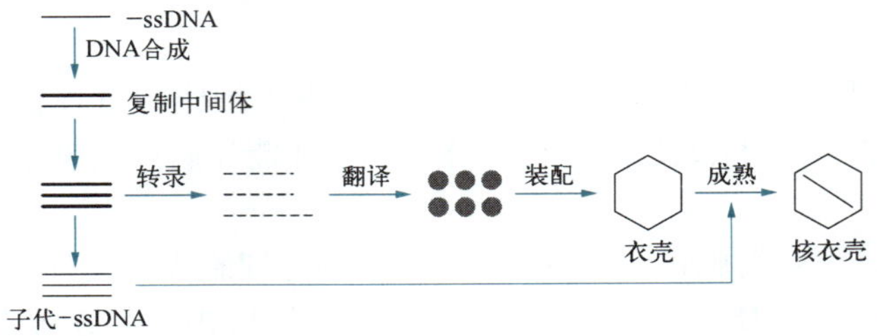

病毒核酸类型	病毒种类	复制中间体	基因组复制部位	蛋白质合成部位	衣壳装配部位	病毒成熟部位
3. +ssRNA	小 RNA 病毒	±dsRNA	细胞质	细胞质	细胞质	细胞质

复制过程示意图

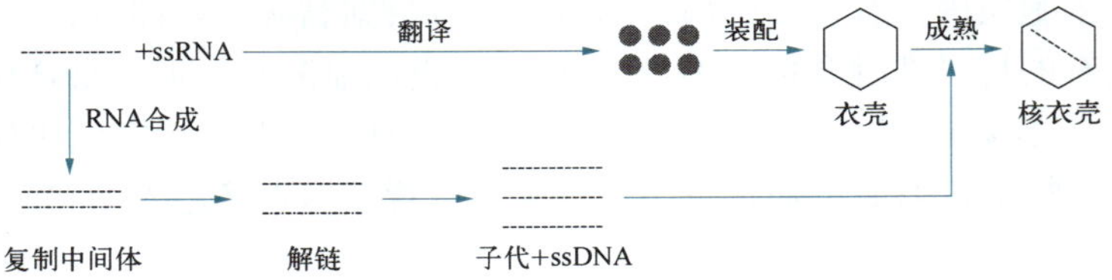

病毒核酸类型	病毒种类	复制中间体	基因组复制部位	蛋白质合成部位	衣壳装配部位	病毒成熟部位
4. −ssRNA	正黏病毒 负黏病毒	±dsRNA	细胞核 细胞核	细胞质 细胞质	细胞质 细胞核	细胞膜 细胞膜

复制过程示意图

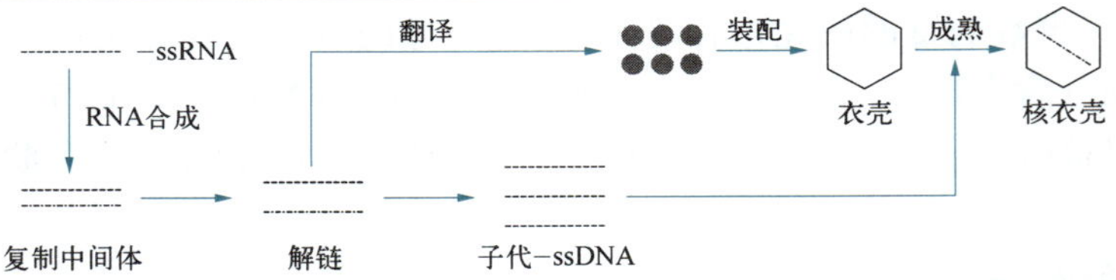

病毒核酸类型	病毒种类	复制中间体	基因组复制部位	蛋白质合成部位	衣壳装配部位	病毒成熟部位
5. dsRNA	轮状病毒	没有	细胞质	细胞质	细胞质	细胞质

复制过程示意图

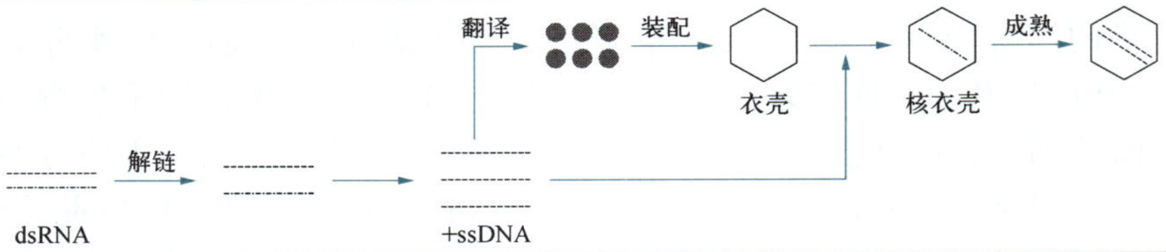

病毒核酸类型	病毒种类	复制中间体	基因组复制部位	蛋白质合成部位	衣壳装配部位	病毒成熟部位
6. 反转录病毒	HIV	−ssDNA， ±dsRNA	细胞核	细胞质	细胞质	细胞膜

复制过程示意图

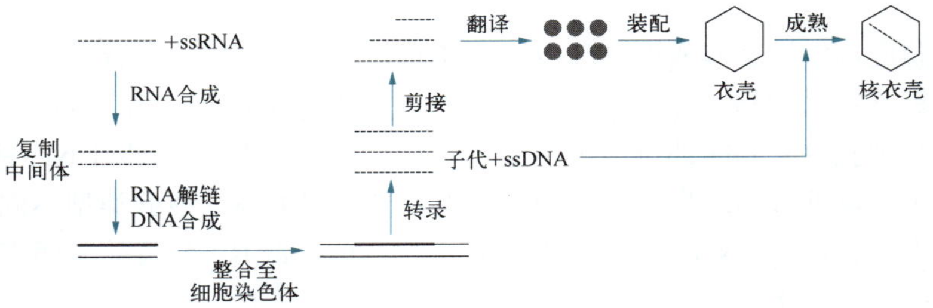

1. 双链 DNA(dsDNA) 人和动物 DNA 病毒大多数为 dsDNA，病毒在细胞核内合成 DNA，在细胞质内合成病毒蛋白质。dsDNA 病毒的生物合成可分为三个阶段：① 早期转录和翻译；病毒利用细胞核内的 RNA 聚合酶，转录早期 mRNA，由胞质内的核糖体转译成早期蛋白。早期蛋白主要是非结构蛋白，为核酸复制提供酶及调节蛋白。② dsDNA 复制；dsDNA 复制为半保留复制，即亲代 DNA 的双链在解链酶的作用下解开成单链，分别以这两条单链为模板，在 DNA 聚合酶的作用下，分别合成互补的 DNA 链，形成与亲代完全相同的子代 dsDNA 链。③ 晚期转录和翻译。以子代 DNA 分子为模板转录大量晚期 mRNA，继而在胞质核糖体上转译出病毒的晚期蛋白，晚期蛋白是结构蛋白，为病毒装配作准备。通过此复制过程，生成大量与亲代结构完全相同的子代 dsDNA 和结构蛋白(图 21-4，表 21-1)。

2. 单链 DNA(ssDNA) ssDNA 病毒的基因组可以是正链或负链，即(—)ssDNA 或(+)ssDNA。ssDNA 病毒种类较少，微小病毒 B_{19} 和人类输血传染病毒属于 ssDNA 病毒。病毒以亲代 DNA 为模板，在 DNA 聚合酶的作用下，产生互补链，并与亲代 DNA 链形成复制中间体±dsDNA，然后解链并以半保留方式进行复制，由新合成的互补链为模板复制出子代 ssDNA，转录 mRNA 并翻译合成病毒蛋白质。

3. 单正链 RNA(+ssRNA) 单正链 RNA 病毒包括小 RNA 病毒、黄病毒和某些出血热病毒。由于该病毒 RNA 具有 mRNA 功能，病毒进入细胞脱壳后，其 RNA 可直接与宿主细胞核糖体结合翻译功能蛋白和结构蛋白。并在功能蛋白(RNA 多聚酶)的作用下，复制与亲代正链 RNA 互补的负链 RNA，形成复制中间体双链 RNA(dsRNA)，再以负链 RNA 为模板作用，合成与其互补的子代病毒的基因组 RNA。

4. 单负链 RNA(—ssRNA) 大多数有包膜的 RNA 病毒(如流感病毒、腮腺炎病毒等)都属于此类。病毒进入细胞脱壳后，这些。病毒 RNA 在病毒自身含有的依赖 RNA 的 RNA 聚合酶的作用下，首先合成互补正链 RNA，形成复制中间体双链 RNA(dsRNA)，再以其正链 RNA 为模板复制出与其互补的子代负链 RNA，并作为 mRNA 指导病毒结构蛋白和功能蛋白的翻译。

5. 双链 RNA(dsRNA) 人类病毒中只有呼肠病毒科是 dsRNA 病毒，其基因组由 10～12 个 dsRNA 节段组成。病毒 RNA 解链后先由其负链 RNA 复制出新正链 RNA，再复制出新的负链 RNA。该 RNA 复制过程是非对称的，也不遵循半保留原则，子代核酸全部是新合成的 RNA 链。由正链 RNA 指导病毒结构蛋白和功能蛋白的翻译。

6. 反转录病毒(retroviruses) 此类病毒基因组独特，由两条相同的正链 RNA 构成，称为单正链双体 RNA，但这两条链都不具有 mRNA 功能，只能作为反转录的模板。病毒自身携带有反转录酶(依赖 RNA 的 DNA 聚合酶)，其生物合成过程与其他单链 RNA 病毒不同，较为复杂。首先以病毒 RNA 为模板，在反转录酶的作用下合成 cDNA，构成 RNA：DNA 中间体。中间体中的 RNA 链由 RNA 酶水解，DNA 链进入细胞核内，在 DNA 聚合酶作用下复制成双链 DNA。该双链 DNA 则整合至宿主细胞的染色体 DNA 上，形成前病毒(provirus)，并可随宿主细胞的分裂存在于子代细胞内。前病毒在细胞核内转录出子代病毒 RNA 和 mRNA。mRNA 在胞质核糖体上翻译出子代病毒的蛋白质。

另外，还有比较特殊的 DNA 嗜肝病毒科的病毒，如乙型肝炎病毒(HBV)。HBV 的核酸是有缺口的环状双链 DNA，但其复制依赖反转录过程。其反转录过程发生在转录之后，在装配好的病毒衣壳中，以前病毒 DNA 转录的 RNA 为模板进行反转录，形成 RNA：DNA 中间体，然后形成子代双链环状 DNA(参见第二十六章)。

(五) 装配、成熟和释放

病毒核酸与蛋白质合成之后，根据病毒的种类不同，在细胞内装配的部位和方式亦不同，这与病毒的复制部位和释放机制有关。大多数 DNA 病毒在细胞核内装配；大多数 RNA 病毒则在细胞质内组装。装配(assembly)一般经过核酸浓聚、壳粒集聚及装灌核酸等步骤，包膜病毒还需在核衣壳外加一层包膜。包膜中的蛋白质是由病毒基因编码合成的，脂质及糖类都来自宿主细胞的细胞膜，个别病毒如疱疹病毒则来自细胞核膜。

成熟的病毒体以不同方式离开宿主细胞的过程称为释放(release)。裸露病毒多通过溶解细胞释放出大量子代病毒，此过程导致宿主细胞溶解死亡，如腺病毒和脊髓灰质炎病毒。包膜病毒的核衣壳多通过出芽方式释放到细胞外，在此过程中从细胞的膜系统(细胞膜或核膜)获得包膜，宿主细胞通常不死亡。有些病毒如巨细胞病毒，很少释放到细胞外，而是通过细胞间桥或细胞融合，在细胞之间传播。另外，有致癌性的病毒，其基因组以整合方式，随细胞分裂而出现在子代细胞中。

二、病毒的异常增殖和干扰现象

病毒进入细胞并在细胞内复制的实质是病毒和细胞相互作用的过程，但并非所有的病毒均能完成复制，组装并释放出子代病毒体，可因病毒自身和宿主细胞两方面的原因导致病毒不能完成复制、产生子代病毒体。此外，若两种或两种以上病毒感染同一细胞时，病毒之间也会发生相互影响。

（一）病毒的异常增殖

1. 顿挫感染　病毒进入宿主细胞后，如细胞不能为病毒增殖提供所需要的酶类、能量及必要成分，则病毒在其中不能合成本身的成分；或者虽合成部分或全部病毒成分，但不能装配和释放，称为顿挫感染(abortive infection)。此类不能为病毒复制提供必要条件的细胞称为这种病毒的非容纳细胞(non-permissive cell)；反之，能支持病毒完成正常增殖的细胞称为该病毒的容纳细胞(permissive cell)。如人腺病毒感染人胚肾细胞能正常增殖，若感染猴肾细胞则发生顿挫感染，而脊髓灰质炎病毒能感染猴肾细胞增殖。猴肾细胞对人腺病毒而言是非容纳细胞，而对脊髓灰质炎病毒则是容纳细胞。

2. 缺陷病毒　因病毒基因组不完整或发生严重改变，不能进行正常增殖，复制不出子代病毒体，此病毒称为缺陷病毒(defective virus)。当与其他病毒共同感染细胞时，若其他病毒能为缺陷病毒提供所需要的条件，使缺陷病增殖出完整的病毒体，将这种有辅助作用的病毒称为辅助病毒(helper virus)。腺病毒伴随病毒(adeno-associated viruses，AAV)就是一种缺陷病毒，用任何细胞培养都不能增殖，只有和腺病毒共同感染细胞时才能产生子代病毒体，故腺病毒是其辅助病毒。丁型肝炎病毒(HDV)也是一种缺陷病毒，必须依赖于乙型肝炎病毒(HBV)才能复制。缺陷病毒虽然不能复制，但具有干扰同种病毒体进入细胞的作用，又称其为缺陷干扰颗粒(defective interfering particle，DIP)。DIP 具有正常病毒的衣壳和包膜，只是内含缺损的基因组。DIP 不仅能干扰非缺陷病毒的复制，还能影响细胞的代谢活动。

（二）病毒的干扰现象

当两种病毒感染同一细胞，可发生一种病毒抑制另一种病毒复制的现象，称为病毒的干扰现象(interference)。干扰现象可发生在异种病毒之间，也可在同种、同型及同株病毒之间发生。发生干扰的主要机制是：① 一种病毒诱导细胞产生干扰素，抑制另一种病毒增殖。② 病毒吸附时与宿主细胞表面受体结合，改变了宿主细胞代谢途径，阻止了另一种病毒的吸附和穿入等复制过程。③ DIP 所引起的干扰。病毒之间干扰现象能够阻止发病，也可以使感染中止，使宿主康复。但在预防病毒性疾病使用疫苗时，要避免由于干扰对疫苗的免疫效果产生影响。

第四节　病毒的遗传与变异

作为一种生命体，病毒也有遗传性和变异性。病毒体在外界因素的影响下，通过病毒与细胞、病毒与机体之间的相互作用以及病毒体之间的相互作用，在遗传学方面发生改变。最早发现的病毒变异是病毒性状的变异，如毒性、免疫原性、抵抗力、依赖性等。传统遗传学就是利用不同表型的病毒株之间遗传物质交换来分析病毒基因的生物学功能。随着分子遗传学的兴起，对病毒的遗传与变异有了更深入的认识。病毒基因组的差异决定了病毒的生物学性状不同，也决定了病毒遗传变异的机制。

通过遗传学分析可以了解病毒的基因信息、基因产物及其功能，从而了解病毒的遗传与变异。在遗传学中常用到下列术语：① 基因型(genotype)，是指一个生物体的遗传组成。② 表型(phenotype)，是指一个生物体的可观察到的特性，是基因型与环境联合作用的产物。③ 病毒株(virus strain)，是指同一种病毒的不同分离株。④ 野生型病毒株(wild-type virus，野毒株)，是在自然界中分离到的病毒株。⑤ 病毒变异体(virus variant)，是指表型发生改变，与野毒株表型不同，并能稳定在宿主细胞内存活和增殖。⑥ 病毒突变株(virus mutants)，是指病毒基因组发生突变的病毒体，通常需与野生型病毒株进行比较。

一、病毒基因组

基因组(genome)是一个生物体的基因的总和，病毒基因组是病毒体内携带了病毒全部遗传信息的核酸总和，决定了病毒的所有生命活动。感染人类的病毒大都已检测其基因组，通过现代分子生物学方法研究病毒的基因组，发现病毒的基因组具有下列特点：① 基因组大小差异大，如微小病毒基因组只有 3 kb 大小，所含信息量也较小，而痘病毒的基因组有 300 kb 之大，可以编码几百种蛋白质。② 具有多样性，可以为 DNA 或 RNA，单链或双链的，闭环或线性的，分片段或连续的。③ 大多数病毒基因组都是单倍体，目前仅发现反转录病毒基因组是两个拷贝(＋)ssRNA，其他病毒基因组都是单拷贝基因。④ 具有重叠基因，重叠基因是指由于起始部位或开放阅读框不同，一个基因可编码两个或两个以上蛋白质，可充分利用有限的核酸扩大其信息量。⑤ 病毒基因组中绝大多数是编码基因；编码序列可占全基因的 90％以上。⑥ 功能相关基因簇集排列现象；病毒基因组 DNA 序列中功能上相关蛋白质的基因或 rRNA 的基因往往丛集在基因组的一个或几个特定的部位，形成一个功能单位或转录单元。⑦ 较大的病毒基因组中可插入外源基因，外源基因可插入较大病毒基因组的中一些病毒生存非必需序列中，插入突变对病毒的生存和复制没有影响，而形成的含有外源遗传信息的重组体可获得新的遗传性状。⑧ 噬菌体的基因是连续的，而真核细胞病毒的基因是不连续的，具有内含子，除了正链 RNA 病毒之外，人类病毒的基因都是先转录成 mRNA 前体，再经加工才能切除内含子成为成熟的 mRNA。

由于病毒基因组小、相对简单，因此被选为基因组计划作为模式生物进行研究。主要的人类病毒基因组全部核苷酸序列已经测定完成，并且对所有病毒科的代表毒株进行了基因克隆和表达。我国学者也已完成天坛株痘苗病毒、中国甲、乙、丙、戊、庚型肝炎病毒的全基因组测序。对病毒基因组及其相关领域的研究加快了对病毒致病性、致病机制及防治方法的研究。

二、病毒遗传物质变异的类型

病毒基因组发生基因突变，或两种或两种以上病毒基因组之间发生重组和重配都会使病毒的遗传物质发生改变。

(一) 基因突变

病毒基因组中的碱基序列由于置换、缺失或插入而发生改变，称为基因突变(gene mutation)，产生突变株。病毒基因复制时可发生自发突变，其自发突变率为 10^{-4}～10^{-8}。DNA 病毒的 DNA 聚合酶忠实性不高，碱基错配可发生突变；RNA 病毒由于不存在复制后的校正机制，其突变率比 DNA 病毒更高。当用物理因素(如紫外线、X 线)、化学因素(如亚硝基胍、5-氟尿嘧啶、5-溴氧尿苷)处理病毒时，可诱发突变，提高突变率。突变株可表现出病毒多种性状的改变，如病毒空斑(或痘斑)的大小、病毒颗粒形态、免疫原性、宿主范围、营养要求、细胞病变以及致病性的改变等，但其中最常见的、在医学上有实际意义的是条件致死性突变株等。

1. 条件致死性突变株(conditional lethal mutant)　是指在某种条件下能够增殖，而在另一种条件下不能增殖的病毒株。如温度敏感突变株(temperaturesensitive mutant，ts mutant)，又称 ts 突变株，在 28～35℃ 条件下可在敏感细胞内增殖(称为容许性温度)，而在 37～40℃ 条件下不能增殖(称为非容许性温度)，这与野毒株能在 20～39.5℃ 下增殖的特性完全不同。这是因为引起 ts 变异的基因所编码的蛋白质或酶在较高温度下失去功能，故病毒不能增殖。ts 变异可来源于基因任何部位的改变，能产生各种各样的 ts 突变株。ts 突变株常具有毒力减低而保持其免疫原性的特点，是生产减毒活疫苗的理想毒株。但 ts 突变株容易回复突变(回复率为 10^{-4})，因此必须经多次诱变后，方可获得在一定宿主细胞内稳定传代的突变株，如脊髓灰质炎减毒活疫苗即为这种突变株。

2. 缺陷型干扰突变株(defective interference mutant，DIM)　是指因病毒基因组中碱基缺失突变引起，其所含核酸较正常病毒明显减少，并可发生各种结构重排。当病毒以高感染复制传代时可出现 DIM。其特点是由于基因的缺陷而不能单独复制，必须在辅助病毒(通常是野生株)存在时才能进行复制，并同时能干扰野生株的增殖。

3. 宿主范围突变株(host-range mutant,hr 突变株) 是指病毒基因组突变而影响了对宿主细胞的感染范围,能感染野生型病毒所不能感染的细胞,利用此特性可制备病毒疫苗(如狂犬病疫苗),也可以对分离的病毒株进行基因分析,及时发现是否带有其他动物来源的毒株(如流感病毒)。

4. 耐药突变株(drug resistant mutant) 是指因编码病毒酶的基因突变导致药物作用的靶酶特性改变,而对药物产生耐药性,并能继续增殖的突变株。

另外还有酶缺陷突变株、空斑大小突变株等。

(二) 基因重组与重配

当两种或者两种以上病毒感染同一宿主细胞时,它们之间可发生多种形式的相互作用,但常发生于有近缘关系的病毒或宿主敏感性相似的病毒之间。

1. 基因重组 两种病毒的基因组互换基因,产生具有两个亲代特征的子代病毒,并能继续增殖,该过程称为重组(recombination),产生的子代病毒体称为重组体(recombinant)。重组不仅能发生于两种活病毒之间,也可发生于一种活病毒与另一种灭活病毒之间,甚至发生于两种灭活病毒之间。

2. 基因重配 对于基因分节段的 RNA 病毒(如流感病毒、轮状病毒),通过交换 RNA 节段而进行基因重排称为基因重配(reassortment)。流感病毒不同亚型之间基因片段的重配,是引起该种病毒免疫原性改变的主要原因。

已灭活的病毒在基因重组中可成为具有感染性的病毒。如经紫外线灭活的病毒与另一近缘的活病毒感染同一宿主细胞时,经基因重组而使灭活病毒复活,称为交叉复活(crossing reactivation);两个或两个以上同种灭活病毒感染同一细胞时,经过基因重组而出现感染性的子代病毒,称为多重复活(multiplicity reactivation)。

(三) 基因整合

在病毒感染宿主细胞的过程中,某些病毒基因组或基因中的某些 DNA 片段可插入到宿主染色体 DNA 中,这种病毒基因组与细胞基因组的重组过程称为基因整合(gene integration)。反转录病毒、多种 DNA 病毒均有整合宿主细胞染色体的特性,整合既可引起病毒基因的变异,也可引起宿主细胞染色体基因的改变,导致细胞转化,甚至发生肿瘤。

三、病毒非遗传物质变异的类型

当两种病毒感染同一细胞时,也可发生病毒基因产物的相互作用,包括基因产物的互补、表型混合与核壳转移等,产生子代病毒的表型变异。

(一) 互补作用

某些一般情况下在细胞培养中产生子代病毒体的病毒与不同毒株混合感染时,通过两种病毒基因产物的相互作用,两种病毒都产生了子代病毒体,这种现象称为互补作用(complementation)。这种现象可发生于感染性病毒与缺陷病毒或灭活病毒之间,甚至发生于两种缺陷病毒之间。

(二) 表型混合与核壳转移

两株病毒共同感染同一细胞时,一种病毒复制的核酸被另一病毒所编码的蛋白质衣壳或包膜包裹,也会发生诸如耐药性或细胞嗜性等生物学特征的改变,这种改变不是遗传物质的交换,而是基因产物的交换,称表型混合(phenotypic mixing)。无包膜病毒发生的表型混合称核壳转移(transcapsidation),如脊髓灰质炎病毒与柯萨奇病毒感染同一细胞时,常发生衣壳的张冠李戴,甚至有两亲代编码的壳粒相互混合组成衣壳。因此,在获得新表型病毒株时,应通过传代来确定病毒新性状的稳定性,以区分是基因重组体还是表型混合。

四、准种现象

(一) 准种的概念

1971 年,Eigen 在对地球上早期生命进化过程进行研究时,建立了准种这一概念。所谓准种(quasispecies),是指一群复杂的、不相同的但又密切相关的呈动态平衡分布的复制体。病毒的准种是指同一种病毒间核酸突变造成的差异一般不超过 2%～5%，尚不能构成病原体不同基因型或血清型，但存在基因序列差异即基因异质性的病毒群体。RNA 病毒产生较多变异从而形成准种的主要原因，同时也是病毒的一种进化策略，即病毒通过其高变异率在宿主体内产生大量的变异株，这可能赋予病毒对生存环境更强的适应能力。

（二）研究准种的意义

在与宿主的相互作用过程中准种的所有成员对于维持种群的存在有积极作用。准种在宿主体内的演变过程是从侵染时的单一基因组开始，该基因的每一轮复制可发生变异，导致变异基因组的出现。当宿主内环境发生改变时（如免疫应答、药物治疗或预防接种等），在准种群中已存在的和复制过程中新产生的基因组中，最适应于新环境的基因组将被选择出来形成新的优势基因组。

因此，研究准种对于阐明病毒的进化、病毒性疾病的致病机制、诊断、预防治疗，以及机体的抗病毒免疫均具有重要意义。

五、研究病毒遗传变异的意义

病毒的遗传稳定性保证了病毒物种的稳定和病毒生命的延续；病毒的变异可使病毒适应环境的变化，逃避宿主的免疫力作用，病毒的遗传变异对于病毒具有重要的生物学意义。研究病毒遗传变异有以下几方面的实际医学意义。

（一）在研究病毒致病机制方面的应用

病毒的致病性与其致病基因有着直接关系，确定病毒的致病基因及其基因产物的功能对于研究病毒的致病机制具有重要意义。某些病毒的变异直接影响了病毒的致病作用和机制，如甲型流感病毒和 HIV 的变异容易造成感染的流行。

（二）在诊断病毒疾病方面的应用

病毒的变异率高，无论是基因型或表型发生变异都会影响病毒的诊断和流行情况的监测。只有切实掌握病毒遗传变异的基础资料，才能采用特异、敏感的新技术进行病毒性疾病的诊断。如当前用于病毒疾病诊断的生物芯片技术，无论基因芯片或蛋白芯片的设计与制造，都是在充分了解病毒的遗传变异资料的基础上进行的。

（三）在治疗病毒疾病方面的应用

目前，治疗病毒感染的药物疗效不甚理想，而且病毒易于发生的耐药性变异也影响了治疗效果。只有充分了解病毒遗传和变异，才能设计出针对病毒复制、致病过程中关键部位、关键酶的靶向药物，也才能根据变异改变设计方案以解决病毒耐药性问题。

（四）在预防病毒疾病方面的应用

疫苗接种是控制病毒性疾病最有效的方法。目前已应用的病毒减毒活疫苗、基因工程疫苗、多肽疫苗均是利用了病毒遗传与变异的相关原理制成的；而许多学者正致力研究的核酸疫苗，以及利用病毒作为载体制备预防多种疾病的多价疫苗，更是离不开遗传变异的原理。

（五）在基因工程方面的应用

病毒具有专一性细胞内寄生、宿主细胞的异嗜性、基因整合等特性，因此病毒成为基因工程中不可替代的载体。目前广泛应用的包括反转录病毒载体、痘病毒载体、腺病毒及腺伴病毒载体、疱疹病毒载体和甲病毒载体等。利用病毒载体容量大和增殖快等优点，可以把目的基因带入到靶细胞中去表达目的产物。

（六）在遗传学基础理论研究方面的应用

由于病毒体结构简单、基因组单一，因此最早成为遗传学的研究对象、工具和模式生物，如病毒重建实验证实了核酸是遗传物质，噬菌体感染实验确定了在噬菌体感染过程中蛋白质和 DNA 的功能。

对病毒遗传和变异的研究不但有助于揭示病毒的实质和致病分子机制，而且有利于人类控制病毒疾病的流行和发生，甚至利用病毒为人类造福。

第五节　病毒的抵抗力与耐药性

一、病毒的抵抗力

病毒受理化因素作用后失去感染性，称为病毒的灭活（inactivation）。灭活的病毒仍保留其免疫原性、红细胞吸附、血凝和细胞融合等特性。不同病毒对理化因素的敏感性不同，理化因素对病毒的灭活机制包括：① 破坏包膜病毒的包膜，如冻融、脂溶剂或去垢剂等；② 损伤病毒核酸，如高温、化学消毒剂和射线等；③ 使病毒蛋白变性，如酸、碱和高温等。了解理化因素对病毒的影响，不仅对采取正确的消毒措施有实用价值，而且在病毒分离、疫苗制备和预防病毒感染等方面具有重要的意义。

（一）物理因素

1. 温度　大多数病毒耐冷不耐热，在 0℃以下的温度，特别是在超低温（−70℃）和液氮（−196℃）中，可长期保持其感染性。大多数病毒于 50～60℃ 30 min 即被灭活。热对病毒的灭活作用，主要是使病毒衣壳蛋白变性和病毒包膜的糖蛋白刺突发生变化，阻止病毒吸附于宿主细胞。热也能破坏病毒复制所需的酶类，影响病毒的复制。包膜病毒比裸露病毒更不耐热，37℃以上即迅速灭活。

2. pH　多数病毒在 pH 5～9 范围内稳定，强碱或强酸条件下可被灭活。但有些病毒如肠道病毒在 pH 为 2 时感染性可保持 24 h，包膜病毒在 pH 为 8 时也可保持稳定，所以可利用对 pH 的稳定性来鉴别病毒。病毒实验室常用酸性或碱性消毒剂处理污染病毒的器材和用具。

3. 射线和紫外线　X 射线、γ 射线和紫外线都能破坏核酸而使病毒灭活。射线可以使病毒核酸链发生断裂；而紫外线则使病毒基因组中核苷酸结构形式变化或形成 T－T 二聚体，变性而影响核酸复制。有些病毒如脊髓灰质炎病毒经紫外线灭活后，再用可见光照射，可因除去二聚体而复活，称为光复活（photoreactivation），因此不能用紫外线来制备灭活病毒疫苗。

（二）化学因素

1. 脂溶剂　乙醚、氯仿、去氧胆酸盐等脂溶剂可使有包膜病毒的包膜脂质溶解而灭活病毒，失去吸附能力。但对无包膜的病毒几乎无作用。因此，可用乙醚灭活试验鉴别包膜病毒与裸露病毒。

2. 化学消毒剂　除强酸、强碱消毒剂外，酚类、氧化剂、醇类和卤素类等对病毒也有很强的灭活作用。但消毒剂灭活病毒的效果不如细菌，可能是由于病毒缺乏酶类。不同病毒对化学消毒剂的敏感性不同，无包膜的小病毒抵抗力较强。醛类消毒剂由于能破坏病毒感染性但可保持免疫原性，故常用来制备灭活病毒疫苗。

3. 其他化学因素　现有的抗生素对病毒无抑制作用，在待检标本中加抗生素的目的是抑制细菌，从而有利于分离病毒。近年来研究证明，有些中草药如大青叶、板蓝根、黄芪、大黄和七叶一枝花等对某些病毒有一定的抑制作用。有些病毒（如正黏病毒、疱疹病毒、小 RNA 病毒等）在 Mg^{2+}、Ca^{2+} 等盐类存在时，可提高对热的抵抗力。

二、病毒的耐药性

抗病毒药物是指作用于病毒复制周期的任一环节，抑制病毒复制，而对宿主细胞和机体没有损伤或损伤极低的药物。与抗菌药物相比，抗病毒药物的发展相对缓慢，疗效不理想。病毒寄生于细胞内，病毒的复制与宿主细胞代谢密切相关，对病毒复制具有抑制性的药物，通常也会对宿主细胞的正常代谢产生影响，如对正常细胞的毒性、致突变、致畸性和免疫抑制作用等，因此临床可选择的抗病毒药物种类较少。由于抗病毒药物的应用，以及病毒复制快、复制突变率高等原因，病毒易出现耐药性，使病毒性疾病的治疗更加困难。病毒耐药性的研究对于合理使用抗病毒药物、克服病毒耐药性和新药研制具有意义。

（一）抗病毒药物的主要种类和作用机制

1. 核苷类化合物 这类药物主要通过：① 模拟核苷酸成分掺入病毒基因组，阻止病毒核酸复制；② 竞争结合核酸聚合酶，干扰病毒核酸复制和转录，两方面机制抑制病毒复制。这类药物的代表有：碘苷、无环鸟苷、丙氧鸟苷、脱氧鸟苷、叠氮胸苷、双脱氧肌苷、双脱氧胞苷、拉夫米定等。

2. 蛋白酶抑制剂 某些病毒含有病毒自身编码的一些不同的蛋白酶，蛋白酶抑制剂与蛋白酶结合而抑制其活性。蛋白酶抑制剂是应用电脑模型对蛋白酶的空间活性部位进行分析后设计的能与该部位结合的特异化合物，从而抑制该酶的活性。蛋白酶抑制剂的代表有：沙奎那韦（saquinavir）、茚地那韦（indinavir）、利托那韦（ritonavir）、奈非那韦（nelfinavir）等。

3. 神经氨酸酶抑制剂 神经氨酸酶抑制剂主要是用于治疗流感，用于临床的主要有扎那米韦（zanamivir）和奥司他韦（oseltamivir），可抑制神经氨酸酶的活性，阻止流感病毒的释放与扩散。

4. M2 离子通道阻断剂 金刚烷胺（amantadine）和金刚乙胺（rimantadine）能与甲型流感病毒的 M2 蛋白结合，阻断 M2 离子通道，使流感病毒不能脱壳，从而抑制病毒复制。

5. 调控基因抑制剂 这类药物可作用于病毒调控因子，如新霉素 B（neomycin B）可抑制 *tat* 基因表达或与病毒基因上的重要功能区（TAR、RRE）结合，阻断病毒核酸与蛋白结合而干扰核酸复制。

6. 干扰素及其诱生剂 干扰素可诱导机体细胞产生抗病毒蛋白质，这些蛋白质的功能主要是抑制病毒 mRNA 的加工和蛋白质翻译，阻断病毒蛋白质合成，抑制病毒复制。

（二）病毒耐药性产生的机制

病毒产生耐药性的机制主要是基因突变。由于 DNA 或 RNA 聚合酶在复制核酸时会出错，DNA 病毒和 RNA 病毒都会发生基因突变。RNA 聚合酶没有纠错功能，其基因突变率更高，为 10^{-5}～10^{-4}。理论上，一个 10 kb 大小的 RNA 基因组，在新合成的 1～10 个基因组就会出现一个突变体，如果是 10^4 个基因组就是每个碱基都有突变发生，亦即每 10^4 个病毒就会产生对一种特定药物产生耐药性。

目前，能供临床应用的抗病毒药物主要针对人免疫缺陷病毒、流感病毒、肝炎病毒和人疱疹病毒，多数抗病毒药物是作用于一种病毒特殊的靶位点，因此病毒对于每种抗病毒药物产生耐药性的具体情况不同。以下介绍几种研究较清楚的病毒耐药性产生的具体机制。

1. 单纯疱疹病毒（HSV）对无环鸟苷产生耐药性的机制 无环鸟苷进入被 HSV 感染的细胞后，很快被磷酸化，磷酸化的无环鸟苷发挥核苷类似物活性，抑制病毒 DNA 合成。HSV 的某些突变体会对无环鸟苷产生耐药性，如病毒的胸苷激酶基因发生突变，使无环鸟苷不能磷酸化则不能发挥活性；或是病毒 DNA 聚合酶基因发生突变，可阻断三磷酸无环鸟苷植入病毒 DNA 链中。这两种突变体均是无环鸟苷的耐药突变体。

2. 甲型流感病毒（IAV）对 M2 离子通道阻断剂产生耐药性的机制 M2 离子通道阻断剂金刚烷胺与 IAV M2 蛋白结合，使 M2 离子通道堵塞，离子不能通过，发挥了物理阻断作用。IAV M2 中任一与金刚烷胺结合的氨基酸残基若是发生突变，则不能与金刚烷胺结合，离子通道不能被阻断。季节性流感中的 H3N2 亚型 IAV 正是这样的突变株，因此对金刚烷胺有 100％的耐药性。

3. 甲型流感病毒对神经氨酸抑制剂产生耐药性的机制 神经氨酸抑制剂扎那米韦和奥司他韦具有与唾液酸相似的结构，竞争性与神经氨酸酶结合，阻断神经氨酸酶与唾液酸结合，使 IAV 不能从细胞内释放。IAV 对神经氨酸抑制剂产生耐药性的机制主要是基因突变造成神经氨酸酶的氨基酸残基发生突变，不能与扎那米韦或奥司他韦结合。

4. 人免疫缺陷病毒（HIV）对叠氮胸苷（AZT）产生耐药性的机制 叠氮胸苷进入细胞后被磷酸化，作为核苷类似物掺入病毒核酸中，与 HIV 的反转录酶结合，使反转录终止，抑制 HIV 的复制。对 AZT 产生耐药性的突变株是其反转录酶的氨基酸残基发生了突变，变化了的酶不能与磷酸化的 AZT 结合，而使 AZT 不能发挥作用。

（三）病毒耐药性的防治

能用于临床治疗的抗病毒药物数量不多，耐药性的产生更造成病毒性疾病治疗的困难，因此防治病毒耐药性的产生至关重要，具体措施包括：

1. 合理使用抗病毒药物 规范使用抗病毒药物，制订适宜的治疗方案，用药过程中实时监控疗效，调整用药。一般对于疗程长的慢性感染，建议联合用药，如获得性免疫缺陷综合征患者目前推荐二重或三重联合疗法，一般选择不同作用机制、不同作用靶点的药物联合使用，以减少耐药性产生的概率。

2. 加强病毒耐药性监测与研究　加强病毒耐药性的监测，积极参加全球耐药性监测网，掌握本地区重要病毒对抗病毒药物耐药性变迁的趋势和耐药性产生机制，及时为临床提供信息，为减少耐药性产生率和研制新型抗病毒药物奠定基础。

3. 加快新型抗病毒药物的研制　随着各相关学科和技术的发展，病毒致病机制的逐步阐明，研发新型抗病毒药物的方法和策略越来越多，但亦有周期长、耗费高、得率低等特点。因此，要对抗病毒耐药性需要采取综合性措施。

第六节　病毒的分类

病毒分类的目的在于从整体上对病毒的起源、进化、共性和个性特点进行归纳和研究，以便更好地揭示病毒的本质、生物遗传特性以及控制病毒的感染。病毒分类的研究历史较短，一般采用的是非系统、多原则、分等级的分类法。国际病毒分类委员会(International Committee on Taxonomy of Viruses，ICTV)定期对病毒分类命名系统进行修订。在 2011 年 ICTV 公布的病毒分类命名第九次报告中，病毒被分为 87 个科、349 个属、19 个亚科，共计 2 284 种病毒。

病毒分类的原则是：① 宿主种类：动物病毒、植物病毒和细菌病毒(噬菌体)。② 核酸类型与结构：基因组是 DNA 或 RNA 分子；核酸是线状、环状；是否分节段；分子质量大小及 G+C 含量等。③ 病毒体的形态与大小：病毒体呈球形、砖型、杆状或多形性。④ 核衣壳的对称型：立体、螺旋或复合对称，以及壳粒数目。⑤ 有无包膜。⑥ 对理化因素的敏感性。⑦ 免疫原性。⑧ 人类病毒还考虑传播方式、媒介种类、流行病学特征及病理学特点等(表 21-2)。

表 21-2　病毒的分类

DNA 病毒	双链 DNA 病毒	有尾噬菌体目：肌尾噬菌体科、长尾噬菌体科、短尾噬菌体科 古噬菌体科、复层噬菌体科、覆盖噬菌体科、芽生噬菌体科、脂毛噬菌体科、微小纺锤形噬菌体科、痘病毒科、虹彩病毒科、藻类 DNA 病毒科、杆状病毒科、疱疹病毒科、腺病毒科、乳头瘤病毒科、多瘤病毒科、多 DNA 病毒科、囊泡病毒科、非洲猪瘟病毒科
	单链 DNA 病毒	丝杆噬菌体科、微小噬菌体科、联体病毒科、环病毒科、细小病毒科
	反转录病毒	花椰菜花叶病毒科、嗜肝 DNA 病毒科、反转录病毒科、假病毒科、转座病毒科
RNA 病毒	双链 RNA 病毒	囊状噬菌体科、呼肠孤病毒科、双 RNA 病毒科、单组分双链 RNA 球状真菌病毒科、双组分双链 RNA 球状真菌病毒科、减毒病毒科
	裸露 RNA 病毒	裸露 RNA 病毒科
	单负链 RNA 病毒	单分子负链 RNA 病毒目：副黏病毒科、弹状病毒科、丝状病毒科、博尔纳病毒科 正黏病毒科、布尼亚病毒科、沙拉病毒科 轻小噬菌体科
	单正链 RNA 病毒	套病毒目：动脉炎病毒科、冠状病毒科 小 RNA 病毒科、欧防风黄点病毒科、豇豆花叶病毒科、马铃薯 Y 病毒科、杯状病毒科、星状病毒科、野田村病毒科、四病毒科、番茄丛矮病毒科、黄病毒科、披膜病毒科、雀麦花叶病毒科、长线形病毒科、杆状 RNA 病毒科、黄病毒科
亚病毒	类病毒 卫星病毒 朊粒	

ICTV 现在规定病毒不再用拉丁双命名法命名。根据 ICTV 分类原则，将病毒分为科、亚科、属和种。病毒科的英文第一个字母大写，科、属英文为斜体字。种名不能大写也不用斜体。① 病毒科(Virus families)，由结构、性状相关和有亲缘关系的病毒属组成，科名后用后缀-*viridae* 表示，如 *Picornaviridae*(小 DNA 病

毒科)。② 病毒属(Virus genera),由结构、性状相关并亲缘关系相近的病毒成员组成,属名用后缀-*virus*,如小 RNA 病毒科中的肠道病毒属(*Enterovirus*)。③ 病毒种(Virus species),是在一定生存环境,结构、性状相似,亲缘关系很近并构成一个复制谱系的一组病毒。病毒种是病毒分类的基本单元,也是病毒性疾病的临床病原诊断目标。除了以科、属、种来归类病毒,临床上常以传播途径来划分病毒类型,有利于诊断、治疗和预防病毒性疾病(表 21－3)。

表 21－3　人类病毒种类(依据病毒传播方式和感染部位)

病毒组	特　征	举　例
1. 呼吸道病毒(respiratory viruses)	经呼吸道侵入人体,一般引起上呼吸道疾病,某些可引起肺部感染	正黏病毒,负黏病毒,鼻病毒,冠状病毒
2. 肠道病毒(entericviruses)	经胃肠道侵入人体,可引起或不引起胃肠道症状,亦可引起全身感染	小 RNA 病毒,杯状病毒,轮状病毒,星状病毒
3. 肝炎病毒(hepatitis viruses)	多种途径侵入机体,引起肝脏感染	甲、乙、丙、丁、戊型肝炎病毒,庚型肝炎相关病毒
4. 虫媒病毒(arboviruses)	借助吸血节肢动物叮咬传播	黄病毒,甲病毒,披盖病毒,布尼亚病毒
5. 性传播病毒(sexually transmitted viruses)	通过性接触传播,可引起局部或全身感染	HIV,HPV,某些疱疹病毒

亚病毒:自然界中还存在一类比病毒更小,结构更简单的微生物,称为亚病毒(subvirus)。它是一些非寻常病毒的致病因子,包括类病毒、卫星病毒和朊粒。

1. 类病毒(viroid)　是植物病毒,1971 年由美国科学家 Diener 最早发现,迄今已发现有 12 种植物病由类病毒引起。类病毒很小,是具有感染性的 RNA 分子。其特点是:① 仅由 250～400 个核苷酸组成,具有棒状二级结构的单链环状 RNA 分子。② 病毒 RNA 在细胞核内复制,不需要辅助病毒参与复制。③ 类病毒无包膜和衣壳,不含蛋白质,不编码蛋白质。④ 对核酸酶敏感,对热、有机溶剂有一定抵抗力。

2. 卫星病毒(satellite virus)　在研究类病毒过程中发现的又一种与植物病害有关的致病因子。卫星病毒多数与植物病毒有关,少数与噬菌体和动物病毒有关,如人类腺病毒卫星病毒。基因组是小 RNA 分子,其特点是:① 基因组为 500～2 000 核苷酸构成的单链 RNA 分子。② 复制必须依靠辅助病毒,复制地点与辅助病毒完全相同。③ 具有自己的蛋白质衣壳。④ 与辅助病毒基因组之间没有或很少有同源序列。⑤ 常干扰辅助病毒的增殖。

3. 朊粒(Prion)　1982 年,Prusiner 首先发现于羊瘙痒病(scrapie),是一种约 30 kDa、耐蛋白酶 K 的蛋白质,称为朊蛋白(PrP)或蛋白侵染子(proteinaceous infectious particle, prion)。也有人认为将朊粒列入病毒范畴不适宜,其生物学地位尚未明确(详见第三十三章)。

小　结

病毒属于非细胞型微生物,个体小、结构简单。病毒的大小范围为直径 20～300 nm,其结构包括位于中心主要由核酸(DNA 或 RNA)构成的核心和周围包绕的蛋白质衣壳,以及某些病毒具有的脂质双层膜。病毒只能在敏感活细胞内寄生,进行复制增殖。病毒进入宿主细胞后暴露出核酸,以其为模板合成大量核酸拷贝作为子代病毒的核心,并指导合成外壳蛋白质,大量蛋白质按一定规律聚集在一起形成子代病毒的衣壳,产生的子代病毒体从宿主细胞释放出来,又可感染新的细胞。这一过程即为一个复制周期。正常情况下,经过复制可产生子代病毒体,亦可因病毒自身或细胞的原因不能产生子代病毒体,是为病毒的异常增殖。病毒种类繁多,目前尚无统一的分类方法,常用病毒的生物学特性作为分类依据。

【复习思考题】

1. 根据病毒的结构不同可将病毒分为哪两类？简述各类病毒的结构组成及各结构的意义。
2. 病毒增殖的方式是什么？病毒的复制周期包括哪些阶段？
3. 何谓病毒的干扰现象？试述其原因和意义。
4. 病毒变异的现象及其机制包括哪些？

（江　滟）

第二十二章

病毒的感染与抗病毒免疫

学习要点

掌握: ① 病毒的致病机制;② 干扰素及其作用机制;③ 病毒感染的类型;④ 细胞病变作用、包涵体和前病毒等概念。

熟悉: ① 病毒的传播方式;② 机体的抗病毒免疫。

了解: 病毒感染与肿瘤的关系

病毒通过一定的途径侵入机体的易感细胞,并在细胞内增殖,引起不同程度病理损伤的过程称为病毒感染(viral infection)。病毒感染的实质是病毒与易感细胞、病毒与机体相互作用的过程。病毒感染的结果主要取决于病毒的毒力和机体免疫状态两个因素。二者的平衡关系被打破,则导致机体不同程度的病理损伤,甚至导致病毒性疾病(viral disease)。病毒致病是从病毒侵入宿主和感染细胞开始,病毒感染的发生和发展取决于病毒的毒力、数量及侵入途径和机体的免疫状态。

第一节 病毒的致病作用

病毒是严格细胞内寄生的微生物,其引起的感染从病毒侵入宿主开始,主要通过侵入易感细胞、损伤或改变细胞的功能而致病。病毒侵入机体后,大多数情况不发生感染或不表现出临床症状,少数情况下发生病毒性疾病,极少数情况下甚至导致患者死亡。病毒感染的结果是由宿主、病毒以及其他影响免疫应答的因素共同决定。宿主因素包括遗传背景、免疫状态、年龄、营养及健康状况等。病毒因素包括病毒毒力、侵入机体的病毒数量和感染途径等因素。

一、病毒感染的途径与传播方式

病毒必须通过一定方式和途径侵入机体才能产生感染。病毒的传播方式和途径与细菌基本相同,但在某些方面较为特殊。流行病学上将病毒在人群中的传播途径分为水平传播和垂直传播。

(一) 水平传播

水平传播(horizontal transmission)是病毒在人群不同个体之间,或动物和人之间的传播方式。病毒主要通过皮肤、黏膜(如呼吸道、消化道或泌尿生殖道)和血液等途径传播,还包括由昆虫媒介和动物参与的传播,导致水平感染(表 22-1)。

(二) 垂直传播

垂直传播(vertical transmission)指存在于母体的病毒经胎盘或产道由亲代传播给子代的方式。垂直传播主要发生在胎儿期和分娩过程，存在于母体的病毒可经胎盘或产道的途径造成子代的感染，另外哺乳也可造成病毒的传播。已知有10余种病毒可致垂直感染(表22-1)，其中以风疹病毒、HBV、CMV、HIV为多见。垂直传播造成垂直感染(vertical infection)，可引起死胎、流产、早产或先天畸形，子代也可没有任何症状而成为病毒的携带者。

表22-1 常见人类病毒的传播途径

进入途径	传播途径	常见病毒种类
呼吸道	空气、飞沫、气溶胶或皮屑	流感病毒、鼻病毒、麻疹病毒、风疹病毒、腮腺炎病毒、水痘病毒及部分EB病毒等
消化道	污染的水或食物	脊髓灰质炎病毒、其他肠道病毒、轮状病毒、HAV、HEV、部分腺病毒
血液	注射、输血、血制品、手术	HIV、HBV、HCV、CMV
眼及泌尿生殖道	接触、游泳、性接触	HIV、疱疹病毒、肠道病毒、腺病毒、HPV
破损皮肤	昆虫叮咬、动物咬伤	脑炎病毒、出血热病毒、狂犬病毒
胎盘、产道及哺乳	胎盘、产道、乳汁等	风疹病毒、HBV、CMV、HIV

二、病毒的致病作用

(一) 病毒对宿主细胞的直接作用

病毒侵入机体后，通过病毒吸附蛋白与易感细胞表面的受体发生特异性结合，然后进入细胞进行复制，引起宿主细胞一系列变化。

一般病毒的增殖，必须首先吸附在敏感细胞上，需要病毒表面的病毒吸附蛋白与细胞表面的受体发生特异性结合。病毒吸附蛋白与细胞受体的特异性就决定了病毒嗜组织性的特征。例如脊髓灰质炎病毒受体为免疫球蛋白超家族的细胞黏附分子CD155，HIV的受体为T细胞表面的CD4分子。

根据病毒与宿主细胞相互作用的结果不同，可分为以下几种方式。

1. 杀细胞感染　病毒在宿主细胞内的复制过程中，阻断细胞自身的合成代谢，使其胞膜功能衰退，病毒复制成熟后，可在短时间内一次大量释放子代病毒，导致细胞裂解死亡，称为杀细胞感染(cytocidal infection)。主要见于无包膜、杀伤性强的病毒，如脊髓灰质炎病毒、腺病毒、鼻病毒、柯萨奇病毒等。此类病毒多引起急性感染。

杀细胞感染的发生机制主要是病毒在增殖过程中，阻止细胞的核酸与蛋白质合成，使细胞新陈代谢功能紊乱，造成细胞病变或死亡；某些病毒可产生毒性蛋白质对细胞发挥毒性作用；病毒感染造成宿主细胞各种细胞器损伤，其中溶酶体结构改变和通透性的增高，释放大量水解酶于胞浆中，导致细胞裂解死亡。在体外实验中，培养的细胞被杀细胞性病毒感染后，可观察到受感染细胞变圆、脱落、裂解、坏死等现象，称为致细胞病变作用(cytopathic effect，CPE)(图22-1)。

2. 稳定状态感染　某些病毒侵入细胞后能够复制增殖，但不引起宿主细胞裂解、死亡，而以出芽方式从感染的细胞中释放子代病毒，称为稳定状态感染(steady state infection)。常见于有包膜的病毒，如流感病毒和疱疹病毒等。这类病毒的感染过程缓慢，对细胞的代谢和溶酶体膜影响不大，细胞短时间内不发生裂解，但因不断大量释放子代病毒以及机体的免疫细胞和抗体的作用最终仍会死亡。在发生稳定状态感染期间，细胞表面会出现病毒编码的抗原成分或出现细胞融合现象。

(1) 细胞融合：某些病毒感染细胞时，导致感染细胞膜发生改变，导致感染细胞与邻近细胞发生融合，形成多核巨细胞(polykaryocyte)。病毒借助于细胞融合可扩散到未感染的细胞，并具有病理学特征。例如麻疹病毒和副流感病毒感染的细胞易发生细胞融合，在感染组织中可出现多核巨细胞，具有诊断价值。

(2) 细胞表面出现病毒基因编码的抗原：病毒感染细胞后，细胞膜上常出现病毒基因编码的新抗原。如流感病毒、副黏病毒的血凝素表达在宿主细胞膜上，使细胞具有吸附红细胞的功能。胞膜表面表达的病毒特

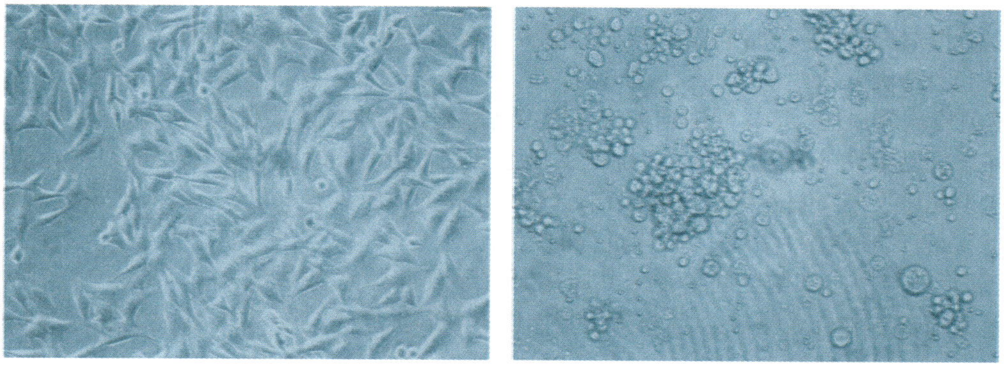

图 22-1　病毒感染的致细胞病变作用(陈志瑾提供)

异抗原，可被机体的特异性抗体或杀伤性 T 细胞(CTL)所识别，使宿主细胞成为靶细胞，受到细胞免疫的杀伤作用。

3. *形成包涵体*　某些病毒感染细胞后，在普通显微镜下可见胞质或胞核内出现嗜酸性或嗜碱性，大小和数量不同的圆形、椭圆形斑块结构，称为包涵体(inclusion body)。包涵体存在的细胞位置、染色性以及形态特征因病毒种类而异，因此可辅助鉴别病毒或诊断病毒疾病。如狂犬病病毒感染后，在脑细胞的胞质内出现嗜酸性包涵体，称内基小体(Negri body)，可作为狂犬病的辅助诊断依据。病毒包涵体由病毒颗粒或未装配的病毒成分组成，也可以是病毒增殖的场所或细胞对病毒作用的反应物。包涵体破坏细胞的正常结构和功能，有时引起宿主细胞死亡。

4. *细胞凋亡*　细胞凋亡(cell apoptosis)是一种由基因控制的细胞程序性死亡，属正常的生物学现象。某些病毒感染细胞后，可由病毒直接或由病毒编码的蛋白质间接作为诱导因子，启动宿主细胞的凋亡基因，逐步使细胞出现鼓泡、核浓缩、染色体降解等变化。这一过程可促进病毒从细胞中释放，但也会限制该细胞产生病毒的数量。能够引起细胞凋亡的病毒有流感病毒、副黏病毒、小 RNA 病毒、HPV 等。

5. *基因整合和细胞转化*　某些 DNA 病毒的基因组或 RNA 病毒经反转录产生的 cDNA，插入到宿主细胞染色体中称为整合(integration)。整合后的病毒核酸称为前病毒(provirus)。病毒基因组整合有两种方式：一种是全基因整合，如反转录病毒复制过程中以双链 DNA 整合入细胞 DNA 中；另一种称失常式整合，即病毒基因组中部分 DNA 片段随机整合入细胞 DNA 中，这多见于 DNA 病毒。

整合的病毒 DNA 片段，可造成细胞染色体整合处基因的失活或附近基因的激活等现象，导致细胞转化(cell transformation)。如 SV40 病毒可促进细胞增殖，并使细胞形态发生变化，失去细胞间接触性抑制，过度生长。部分转化细胞可以变成肿瘤细胞，因此与病毒的致瘤性密切相关。

(二) 病毒感染对机体的致病作用

1. *病毒对组织细胞的亲嗜性与组织器官的损伤*　病毒侵入机体感染细胞有一定选择性，即病毒对机体特定的细胞易感，并在一定种类细胞内寄生，称为病毒对组织器官的亲嗜性。病毒的亲嗜性主要取决于相应的组织细胞上是否表达该种病毒的受体和细胞是否具有病毒增殖的条件。如流感病毒、呼吸道合胞病毒对呼吸道黏膜上皮细胞具有亲嗜性，肝炎病毒对肝脏组织有亲嗜性等。病毒感染细胞并在细胞内复制造成细胞结构和功能损伤，进而影响整个组织器官的结构与功能，造成了病毒对特定组织器官的损伤，在临床上表现为不同系统的疾病。

2. *病毒感染的免疫病理损伤*　病毒诱导的免疫应答除引起免疫保护作用外，还可引起一定的免疫病理损伤。诱发免疫病理反应的抗原有病毒的抗原，以及被感染细胞暴露的自身抗原。免疫损伤的机制包括特异性体液免疫和特异性细胞免疫，主要病理反应表现为超敏反应和炎症反应。

(1) 体液免疫病理损伤：病毒的包膜和衣壳蛋白为良好的抗原，能刺激机体产生相应抗体，一方面抗体与病毒抗原结合可阻止病毒扩散导致病毒被清除，另一方面也可引起超敏反应。有些病毒能诱导细胞表面出现新抗原，抗体与这些抗原结合后，会激活补体，导致宿主细胞损伤、破坏，属Ⅱ型超敏反应。有些病毒抗原与抗体结合形成免疫复合物，随着血流免疫复合物可沉积在某些器官组织的膜表面，激活补体引起Ⅲ型超敏反应，造成局部损伤和炎症。如 HBV 感染后，免疫复合物沉积于肾小球基底膜，引起肾小球肾炎；沉积在关节滑膜上引起关节炎。

（2）细胞免疫病理损伤：特异性细胞免疫是宿主清除胞内病毒的重要机制，在病毒感染的恢复上起着关键作用。特异性细胞毒性 T 细胞（CTL）识别宿主细胞膜上的病毒抗原后引起的杀伤，可终止病毒复制，但同时也会通过Ⅳ型超敏反应对宿主细胞造成损伤。CTL 介导的效应具有双重性：既清除病毒也造成宿主细胞的损伤，其免疫应答的强弱常常决定了临床过程的转归。

此外，病毒蛋白与宿主细胞之间存在的共同抗原可导致自身免疫应答。有学者对 700 种病毒蛋白进行序列分析和单克隆抗体分析表明，约 4%与宿主蛋白质有共同抗原决定簇，如麻疹病毒引起的脑炎，就存在自身免疫造成的损伤。

（三）病毒对免疫系统的致病作用

某些病毒的感染可对机体的免疫系统产生直接影响，包括以下三个方面。

1. 免疫抑制作用　某些病毒感染致免疫抑制，甚至导致免疫缺陷。如麻疹病毒、风疹病毒和 EB 病毒感染可导致机体免疫抑制或免疫应答低下，这种免疫抑制使得病毒性疾病加重、持续。

2. 杀伤免疫活性细胞　HIV 感染可侵犯 $CD4^+$ T 细胞和巨噬细胞，可使辅助性 T 细胞数量减少，细胞免疫功能低下而发生 AIDS，最终因各种机会感染而死亡。

3. 自身免疫病　病毒感染免疫系统后可致免疫功能紊乱，主要变现为失去自身与非自身抗原的识别能力。病毒感染细胞后，除了病毒新抗原与细胞抗原结合，改变细胞膜表面结构成为非己物质外，也有可能使正常情况下隐蔽的抗原暴露或释放出来，导致机体对这些细胞产生免疫应答，免疫细胞和免疫因子对这些靶细胞发挥作用，从而发生自身免疫病。例如 HBV 感染肝细胞后，肝细胞表面自身抗原发生改变，暴露出肝特异性脂蛋白抗原，诱导机体产生自身免疫反应。

（四）病毒的免疫逃逸

病毒可通过逃避免疫监视、防止免疫激活或阻止免疫反应发生等方法实现免疫逃逸（immune escape）。

常见的病毒免疫逃逸机制包括：① 细胞内寄生，所有病毒都是严格细胞内寄生，可逃避抗体、补体等体液中的抗病毒物质，以及抗病毒药物的作用。② 抗原变异，许多病毒可通过高频率的抗原变异使得免疫应答滞后，如 HIV、流感病毒等。③ 抗原结构复杂，某些病毒型别多，其抗原多态性对机体的免疫应答不利，如柯萨奇病毒、鼻病毒等。④ 损伤免疫细胞，HIV、EB 病毒、麻疹病毒等病毒可在免疫细胞内寄生，导致免疫细胞死亡，免疫功能降低。⑤ 降低抗原表达，实验研究发现，腺病毒、巨细胞病毒可抑制 MHC－Ⅰ的转录和表达。⑥ 潜伏感染，某些病毒在潜伏感染期间是以其 DNA 整合在潜伏细胞内，可逃避免疫系统作用，如疱疹病毒。⑦ 准种的存在，在对 HBV 准种的研究中发现 HBV 的基因结构和准种特性导致 HBV 抗原的复杂性增加，影响机体对 HBV 的免疫识别，造成免疫逃逸，乃至慢性化。⑧ 损伤增强作用，某些病毒感染引起过强的免疫应答，导致机体严重损伤。如登革病毒再次感染或体内有来自母体的特异性抗体的幼儿感染时，血循环中的抗体可增强登革病毒感染单核细胞，病毒大量增殖，并引起大量细胞因子和血管活性因子释放，导致登革出血热或登革热休克综合征。

三、病毒的感染类型

病毒侵入机体后，由于病毒种类、毒力和机体免疫力的不同，决定了病毒感染的发生、发展和结局不同。从病毒进入机体到出现临床症状有一段间隔时间，称为潜伏期。不同病毒潜伏期长短不一，例如流感病毒潜伏期为 2～4 d，而 HBV 的潜伏期为几周到数月。根据病毒感染后有无明显临床表现，分为隐性病毒感染和显性病毒感染，显性病毒感染又可根据病程的长短，分为急性病毒感染与持续性病毒感染。

（一）隐性病毒感染

病毒进入机体后，在宿主细胞内增殖但不引起临床症状的感染，称为隐性病毒感染（inapparent viral infection）或亚临床感染（subclinical infection）。对于这种类型来说，入侵机体的病毒数量少、毒力弱及机体防御能力强，病毒在体内不能大量增殖，或不能到达靶细胞，因而对组织的损伤不明显，故不表现出明显症状。

隐性病毒感染者没有临床症状，但仍可获得免疫力，病原体被清除后终止感染。如脊髓灰质炎病毒和流行性乙型脑炎病毒多引起隐性感染，其隐性感染率为99.9%以上。部分隐性感染一直不产生免疫力，称为病毒携带者(viral carrier)。病毒携带者本身无症状，病毒在体内增殖并持续排出体外，是重要的传染源，在流行病学上具有十分重要的意义。

（二）显性病毒感染

病毒在宿主细胞内大量增殖引起细胞病变、死亡达到一定数量而产生组织损伤，或在毒性产物积累达到一定程度时，机体出现临床症状的感染类型，称为显性病毒感染(apparent virul infection)或临床感染(clinical infection)。显性感染按感染部位可分为局部感染和全身感染，按病程长短可分为急性病毒感染和持续性病毒感染（图22-2）。

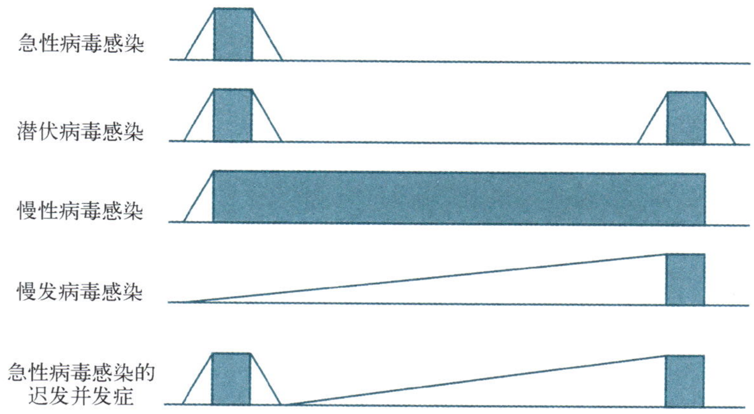

图22-2　不同类型显性感染的示意图

1. 急性病毒感染(acute viral infection)　病毒感染机体后，潜伏期短、发病急，病程数日或数周，恢复后机体内不再存在病毒，机体常常获得特异性免疫力，这样的感染类型称为急性病毒感染。如流行性感冒、甲型肝炎、乙型脑炎等。

2. 持续性病毒感染(persistent viral infection)　是病毒感染中的一种重要类型，病毒可在机体内持续存在数月、数年甚至数十年。患者可出现症状也可不出现症状。其发生机制包括机体和病毒两方面因素：① 机体免疫功能弱，不能完全清除病毒，病毒在体内长期存留；② 病毒存在于受保护的部位，或病毒抗原性弱，或抗原性发生变异，导致免疫逃逸；③ 某些病毒在感染过程中产生缺陷干扰颗粒(DIP)，干扰病毒增殖，改变了病毒的感染过程；④ 病毒侵犯免疫细胞导致机体不能形成有效的免疫应答；⑤ 病毒基因组整合于宿主细胞染色体上，与细胞长期共存。持续性病毒感染可根据致病机制的不同，分为潜伏病毒感染、慢性病毒感染、慢发病毒感染和急性病毒感染的迟发并发症。

(1) 潜伏病毒感染：某些病毒在显性或隐性感染后，病毒基因存在于某些组织或细胞中，但并不能产生感染性病毒，也不出现临床症状。在某些条件下病毒被激活又开始复制，感染急性发作而出现症状，这种病毒感染类型称为潜伏病毒感染(latent viral infection)。潜伏感染的急性发作期可以检测出病毒。例如，单纯疱疹病毒Ⅰ型感染后，潜伏于三叉神经节，此时机体既无临床症状也无病毒排出；机体免疫力低下或劳累、环境、内分泌和辐射等因素影响，潜伏的病毒被激活，沿感觉神经到达皮肤和黏膜，引起口唇单纯疱疹。水痘带状疱疹病毒初次感染儿童时引起水痘，临床症状消失后，病毒可长期潜伏在脊髓后根神经节或颅神经的感觉神经节，当局部神经受冷、热、压迫或X线照射以及肿瘤或使用免疫抑制剂等使机体免疫力降低时，潜伏的病毒可被激活，经神经扩散至皮肤，引起沿肋间神经分布的带状疱疹。

(2) 慢性病毒感染：某些病毒在显性或隐性感染后，病毒未能完全清除，患者可有症状，也可无症状而长期带毒，这种病毒感染类型称为慢性病毒感染(chronic viral infection)。如巨细胞病毒、EB病毒、乙型肝炎病毒等引起的感染。慢性感染病程长，症状长期迁延，病毒在体内持续存在，并不断排出体外。

(3) 慢发病毒感染：病毒感染后有很长的潜伏期，数年或数十年，其间无明显症状，一旦症状出现多为亚急性、进行性加重并导致死亡的病毒感染类型称为慢发病毒感染(slow viral infection)。慢发病毒感染如HIV引起AIDS，朊粒引起的羊瘙痒病、库鲁(Kuru)病、克-雅病等。至今还有一些病因未知的疾病如多发性硬化症(multiple sclerosis)也被认为可能是一种慢发病毒感染；此外动脉硬化症及糖尿病，因发现病变组织中存在巨细胞病毒及肠道病毒基因片段，也被认为可能是慢发病毒感染。

(4) 急性病毒感染的迟发并发症：指在病毒急性感染后1年或数年，发生致死性的病毒病称为急性病毒感染的迟发并发症(delayed complication after acute viral infection)，如儿童期感染麻疹病毒恢复后，经过10余年后可发生亚急性硬化性全脑炎(subacute sclerosing panencephalitis，SSPE)。

（三）病毒感染与肿瘤

目前已知至少有100种以上病毒能够引起动物肿瘤，人类肿瘤中约有20%是由病毒感染诱发形成。例如EB病毒感染可引起Burkitt淋巴瘤、鼻咽癌；HHV8可导致卡波西肉瘤（Kaposi's sarcoma）；HPV可导致宫颈癌；HBV和HCV引起原发性肝细胞癌；HTLV可导致人类T细胞白血病等。

病毒致癌的机制主要包括：① 病毒核酸整合感染导致插入突变；② 病毒癌基因导致细胞急性转化或细胞永生化；③ 病毒辅助基因作用导致细胞反式激活；④ 致癌性病毒蛋白质的作用。

第二节　人体的抗病毒免疫

机体抗病毒免疫由固有免疫和适应性免疫组成，二者共同作用阻止病毒的入侵及对机体的损伤。病毒初次感染机体，在适应性免疫力产生之前，主要依靠固有免疫阻止病毒迅速复制及扩散。固有免疫主要由屏障结构、单核吞噬细胞、自然杀伤细胞及干扰素等构成。适应性免疫在抗病毒感染免疫过程中发挥主要作用，由抗体介导的体液免疫应答和T细胞介导的细胞免疫应答组成。

一、固有免疫

（一）屏障结构

机体的屏障结构包括机械屏障、化学屏障和生物屏障。皮肤、黏膜是阻止病毒侵入的良好屏障，完整的皮肤黏膜可发挥机械阻挡作用。呼吸道黏膜细胞纤毛的反向运动可阻止病毒的吸附，表面黏液的某些化学成分可破坏病毒。消化道的胃酸、胆汁等对病毒有灭活作用，病毒包膜可被胆汁破坏，因此包膜病毒一般不能通过消化道感染。血脑屏障和胎盘屏障可阻止大多数病毒感染中枢神经系统和胎儿。

（二）细胞作用

参与抗病毒的固有免疫应答的细胞主要包括单核吞噬细胞和自然杀伤细胞，中性粒细胞在抗病毒感染中作用不大。

1. 单核吞噬细胞　固定或游走的巨噬细胞可吞噬并消化病毒颗粒。抗体或补体与病毒结合后能促进巨噬细胞的吞噬作用（调理吞噬），细胞因子IFN-γ可活化巨噬细胞，增强其杀灭病毒的能力。巨噬细胞还具有抗原提呈功能，激发特异性免疫应答，同时分泌IL-1和干扰素，发挥抗病毒作用。

2. 自然杀伤细胞（natural killer cell，NK细胞）　NK细胞来源于骨髓，是存在于人外周血及淋巴组织中的一类淋巴细胞亚群。病毒进入机体后，机体首先发生固有免疫应答，包括产生IFN-α、IFN-β和NK细胞。NK细胞即通过趋化作用聚集到感染部位，在上述细胞因子作用下，NK细胞被活化，通过释放穿孔素、颗粒酶等物质溶解病毒感染细胞。同时释放细胞毒性介质，通过干扰病毒复制和进一步活化吞噬细胞等固有免疫效应细胞，扩大和增强机体抗病毒免疫能力。NK细胞对靶细胞的识别是非特异性的，即对病毒感染的细胞均有杀伤作用，无病毒特异性，不受MHC限制，是机体抗病毒的重要防线。有一些细胞不表达MHC-Ⅰ类蛋白质，对NK细胞的杀伤作用较敏感；随着病毒入侵诱导产生IFN，IFN可诱导细胞表面的MHC-Ⅰ抗原表达，从而使靶细胞对NK细胞的杀伤敏感性降低。此外，NK细胞尚具有抗体依赖性细胞介导的细胞毒作用（ADCC）。

病毒感染早期以NK细胞杀伤作用为主，感染后3天达高峰，第7天左右杀伤性T细胞活性开始表现，NK细胞的作用渐降低。

（三）干扰素

干扰素（interferon，IFN）是病毒或其他干扰素诱生剂诱导人或动物细胞产生的一类具有多种生物学活性的糖蛋白。Isaac和Lindenmann于1957年在研究灭活病毒干扰活病毒增殖现象时发现，故称之为干扰素。病毒或其他干扰素诱生剂，如细菌内毒素、人工合成的双链RNA等可诱导细胞产生IFN，其中以病毒和人工合成的双链RNA的诱生能力最强。干扰素具有抗病毒、抗肿瘤和免疫调节等多种生物学活性。

1. IFN 的种类 根据 IFN 产生细胞和抗原性的不同，将人类细胞产生的干扰素分为 IFN-α、IFN-β 和 IFN-γ 三种。IFN-α 主要由人白细胞产生，IFN-β 主要由人成纤维细胞产生，这两种干扰素属于Ⅰ型 IFN，其抗病毒作用强于免疫调节作用。IFN-γ 由 T 细胞产生，属于Ⅱ型 IFN，又称免疫 IFN，其免疫调节作用比抗病毒作用强。

2. 理化特性 干扰素是小分子蛋白质，4℃可保存较长时间，－20℃可长期保存活性，蛋白酶或高温可将其破坏。

3. IFN 的抗病毒活性的特点 IFN 的抗病毒作用具有以下特点：① 高活性：约 1 mg 纯化的 IFN 就有约 2 亿个活性单位，1～10 个 IFN 分子即可使一个细胞产生抗病毒蛋白(antiviral protein, AVP)，进入抗病毒状态。② 广谱性：IFN 对大多数病毒均有抑制作用，作用无特异性。③ 间接性：不直接抑制或灭活病毒，其抗病毒作用是通过诱导细胞产生多种酶类作为效应蛋白而发挥作用。④ 相对种属特异性：IFN 一般在产生 IFN 的同种系细胞中活性最高。⑤ 不同的敏感性：同一个体的不同细胞对干扰素作用的敏感性不同；不同病毒对干扰素敏感性不同；同种病毒的不同株，甚至同株病毒的不同变种对干扰素的敏感性也不同。⑥ 作用时间早，持续时间短：IFN 在病毒感染机体数小时后即发挥作用，持续 1～3 周。

4. IFN 抗病毒作用的机制 IFN 不能直接杀伤病毒，是通过与宿主细胞上的干扰素受体结合，经信号转导等一系列生化反应，诱导基因转录并合成抗病毒蛋白(AVP)，由 AVP 发挥抗病毒效应。AVP 主要有 2′-5′ 腺苷合成酶(2′,5′-oligoadenylate synthetase，2′-5′A 合成酶)和蛋白激酶(protein kinase R，PKR)等，通过 2′-5′A 合成酶途径和 PKR 途径，前者可使 ATP 多聚化形成不定长度的寡聚腺苷酸 2′,5′-oligo(A)(2′,5′A)，进而激活 RNA 酶 L，活化的 RNA 酶 L 可切割病毒 mRNA；后者通过 PKR 使 eIF-2 磷酸化，磷酸化的 eIF-2 不能再用于蛋白质的翻译起始，二者最终都可抑制病毒蛋白质合成，使病毒终止复制(图 22-3)。AVP 主要只作用于病毒，对宿主细胞的蛋白质合成没有影响。

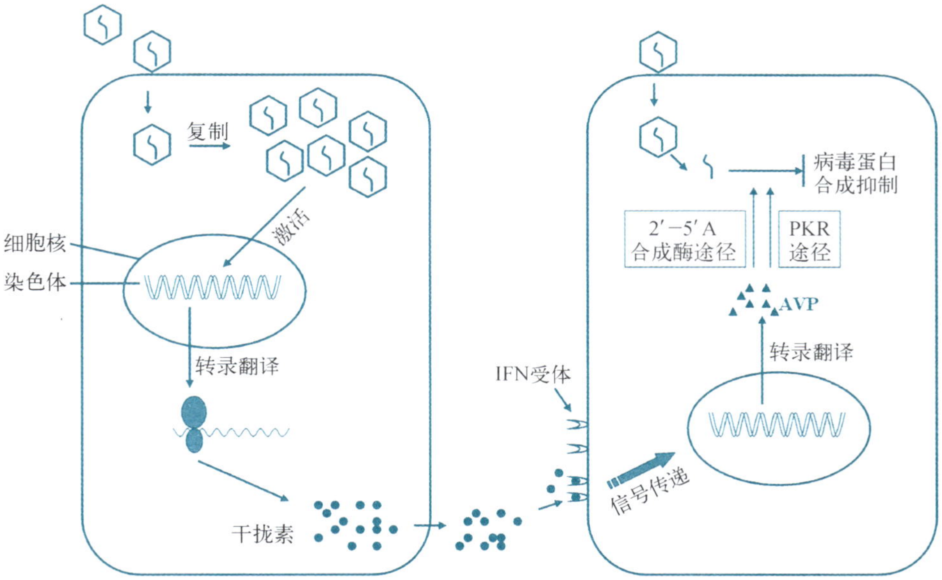

图 22-3 干扰素抗病毒作用机制示意图

IFN 除本身的抗病毒活性外，还可通过刺激巨噬细胞、NK 细胞等细胞或诱导产生 IL-2、IL-12 等免疫分子发挥抗病毒作用。

二、适应性免疫的抗病毒作用

病毒具有较强的免疫原性，能诱导机体产生特异性体液和细胞免疫应答。由于病毒严格细胞内寄生，因此，细胞免疫中的细胞毒性 T 细胞(CTL)通过杀伤病毒感染的靶细胞来清除病毒，是使机体康复的主要机制。不同来源的病毒抗原可通过不同方式进行加工和递呈，从而介导不同的适应性免疫应答机制。细胞外的游离病毒或抗原-抗体复合物被单核吞噬细胞系统吞噬处理后，通过 MHC－Ⅱ类分子限制性的抗原递呈方式，被 $CD4^+$ T 细胞识别，主要启动抗体的产生。病毒在细胞内复制后的增殖过程中，所合成的蛋白质经多次修剪后其特异性肽段与 MHC－Ⅰ类分子结合，由 $CD8^+$ T 细胞识别，为 MHC－Ⅰ类分子限制性递呈，主要启动 CTL 为主的细胞免疫应答。

（一）体液免疫

机体受病毒感染或接种疫苗后，体内出现针对病毒结构蛋白，如衣壳蛋白、基质蛋白或包膜蛋白等的特异性抗体，包括中和抗体和非中和抗体，对机体具有保护作用的主要是中和抗体，非中和抗体无直接抗病毒作用，有时可用于诊断。抗体可清除细胞外病毒，能有效中和病毒的感染性和抑制病毒通过病毒血症向靶组织扩散，也可通过调理作用增强吞噬细胞吞噬杀灭病毒的能力。

1. *中和抗体*　具有介导吸附穿入作用的病毒表面抗原诱生的抗体，与病毒结合后能消除病毒的感染能力，称为中和抗体（neutralizing antibody）。中和抗体的抗病毒作用主要包括：① 可与游离病毒结合，改变病毒表面构型以阻止病毒吸附和穿入易感细胞；② 病毒与中和抗体还可形成免疫复合物，使之易被巨噬细胞吞噬清除；③ 中和抗体对再次入侵的病毒体有预防作用，但对已进入细胞内的病毒不能发挥作用；④ 与受感染细胞表面抗原结合，通过补体依赖的细胞毒作用（complement dependent cytotoxicity，CDC）或抗体依赖的细胞介导的细胞毒作用（antibody dependent cell-mediated cytotoxicity，ADCC）来破坏受病毒感染的细胞。

IgM、IgG 和 IgA 三类免疫球蛋白都有中和抗体的活性，但特性有所不同：① IgM 是病毒感染或疫苗接种后最早出现的抗体，分子质量最大，可中和血循环中的病毒；IgM 具有强大的固定补体功能，可通过 CDC 效应破坏受感染宿主细胞和有胞膜的病毒体。IgM 不能通过胎盘，如新生儿血中出现特异的病毒 IgM 抗体可诊断为宫内感染。由于 IgM 抗体出现早、消失快，故患者血清中测出 IgM 抗体可诊断为近期感染。② IgG是重要的病毒中和抗体，体液中含量最高，出现较晚但持续时间长，中和作用强。IgG 类抗体不仅可以中和血循环中的病毒体，还可通过 ADCC 或 CDC 效应破坏感染细胞，也可通过与病毒形成免疫复合物使巨噬细胞更易于吞噬。母体血液中的 IgG 通过胎盘进入胎儿血循环，可使出生 6 个月内的新生儿获得先天被动特异性免疫。③ sIgA 主要存在黏膜分泌液中，在局部黏膜免疫中发挥重要作用，如存在于呼吸道和消化道黏膜的 sIgA，可有效地防御呼吸道和消化道病毒的侵入。

2. *补体结合抗体*　补体结合抗体（complement fixation antibody）是由病毒内部抗原或病毒表面非中和抗原诱导，不能中和病毒的感染性，但可通过调理作用增强巨噬细胞的吞噬作用。此外，检测补体结合抗体可协助诊断某些病毒性疾病。

3. *血凝抑制抗体*　某些病毒（例如流感病毒）颗粒表面含有血凝素，可以与红细胞表面的受体结合而引起红细胞凝集。病毒感染后，机体可产生针对血凝素的抗体，具有抑制血凝的作用，故称为血凝抑制抗体。乙型脑炎病毒、流感病毒的血凝抑制抗体具有中和病毒的特性，对宿主细胞有保护作用。

（二）细胞免疫

杀伤和破坏病毒感染的靶细胞主要依靠细胞免疫，即 $CD8^+$ CTL 细胞和 $CD4^+$ Th 细胞的作用，在抗病毒感染中起着重要作用。

1. *CTL 的作用*　CTL 是清除病毒感染的主要效应细胞。CTL 可通过其抗原受体识别病毒感染的靶细胞，通过细胞裂解和细胞凋亡两种机制，直接杀伤靶细胞。病毒抗原与宿主细胞 MHC－Ⅰ类抗原一起递呈给 CTL，CTL 才能增殖为活化的杀伤细胞，该杀伤作用受 MHC－Ⅰ类分子的限制。CTL 杀伤靶细胞的机制主要是释放胰蛋白酶样的丝氨酸蛋白酶和细胞毒性淋巴因子，如穿孔素等，使靶细胞出现很多小孔而致使细胞裂解，细胞被破坏后释放的病毒体和蛋白可在抗体作用下由巨噬细胞吞噬清除。

2. *Th 细胞的作用*　根据所分泌的细胞因子不同，分为不同亚型。Th1 细胞主要分泌 IL－2、IL－12 和 IFN－γ，与迟发型超敏反应性 T 细胞（TDTH）和 CTL 细胞的增殖、分化与成熟有关，因此可促进抗病毒细胞免疫应答。Th2 细胞主要分泌 IL－4、IL－5、IL－6、IL－10 等，与 B 细胞的增殖、成熟和产生抗体有关，故可促进抗体介导的体液免疫。

3. *细胞因子*　在特异性抗病毒细胞免疫应答中，被激活的 Th 细胞可分泌多种细胞因子，如 IL－2、IL－4、IL－5、IL－6、IL－10、IL－12、IFN－γ 和 TNF 等，以进一步活化 CTL、Th、Mφ、NK 细胞和 B 淋巴细胞，使之发挥抗病毒作用。

在抗病毒免疫中，机体的 IFN、NK 细胞，中和抗体和致敏的 T 细胞共同发挥作用。一般认为能引起全身感染、病毒性状稳定并有显著病毒血症者，病愈后可获得持久甚至终身免疫，如脊髓灰质炎、水痘、天花、腮腺炎、麻疹和流行性乙型脑炎病毒。而局部或黏膜表面的感染，病毒仅在细胞间扩散而不进入血流，或抗原性易发生变异的病毒，感染后只能获得短暂的免疫力，可反复多次感染，如流感病毒和鼻病毒等。

小　结

病毒侵入机体后，是否引起感染以及感染的发生、发展与结局，是由宿主、病毒以及其他影响免疫应答的因素共同决定。病毒因素包括病毒毒力、侵入机体数量和感染途径等因素；宿主因素包括遗传背景、免疫状态、年龄、营养及健康状况等。病毒的毒力(致病作用)包括：① 对宿主细胞的直接作用；② 对组织器官的损伤；③ 造成的免疫病理损伤；④ 病毒的免疫逃逸作用。抗病毒免疫由固有免疫和适应性免疫组成。病毒通过不同途径进入机体后，在不同作用机制以及各种因素的共同作用下，可导致不同的感染类型，包括隐性病毒感染与显性病毒感染，显性病毒感染包括急性病毒感染与持续性病毒感染，持续性病毒感染又包括潜伏病毒感染、慢性病毒感染、慢发病毒感染与急性病毒感染的迟发并发症。

【复习思考题】

1. 病毒的致病机制包括哪些？
2. 病毒的持续感染可分几类？有何意义？
3. 病毒的传播方式与感染途径有哪些？
4. 何谓干扰素？其抗病毒作用机制是什么？
5. 适应性免疫的体液免疫与细胞免疫分别具有哪些抗病毒作用？简述其机制。

(从延广)

第二十三章

病毒感染的检查与防治原则

学习要点

掌握：① 病毒标本的采集与送检原则；② 双份血清测定特异性抗体的临床意义。
熟悉：① 病毒感染的一般检查程序；② 血清学诊断方法；③ 病毒感染的特异性预防。
了解：① 病毒感染的快速诊断方法及药物防治；② 病毒的分离培养与鉴定。

病毒感染性疾病因传染性强、传播速度快，在人类疾病中占有越来越重要的位置。准确快速的病原学诊断、及时有效的防治措施为控制病毒感染性疾病起到重要作用。

第一节　病毒感染的检查

对病毒感染的进行检查，可以明确标本中是否有特定病毒存在，为临床诊疗提供有力支持。目前实验室常用的病毒感染的检查方法包括病毒的分离鉴定、形态学检查、病毒抗体检测、病毒病原体（抗原和核酸）检测。随着分子病毒学的发展，病毒的诊断已由传统方法扩展至新的快速诊断技术，极大地推动了病毒感染的诊疗水平。

一、标本的采集送检

（一）供分离培养和检测核酸、抗原的标本

1. 采集时间　采集发病初期或急性期的标本。

2. 标本类型　根据不同病毒感染采取不同部位的标本（如鼻咽分泌物、脑脊液、粪便、疱疹液或血液等）。

3. 标本运输　由于病毒在室温中极易被灭活，故标本应低温保存并尽快送检。如需长时间运输，应将标本置于低温条件下冷藏，病变组织应在含有抗生素的50%甘油缓冲盐水或二甲基亚砜（DSMO）中低温保存。

4. 标本的处理与储存　采集标本时需注意无菌操作，对本身带有微生物（如鼻咽分泌物、粪便）的标本，应使用抗生素抑制标本内的细菌或真菌，常用“双抗”（青、链霉素）或“三抗”（青、链霉素＋两性霉素 B）处理。标本须冷藏速送，病变组织宜用50%甘油保存。不能立即送检的标本，应置于－70℃保存。标本在处理、接种前切忌反复冻融。

（二）供血清学诊断的标本

采集急性期与恢复期（病后2～3周）双份血清，血清标本应保存于－20℃。

二、病毒感染标本的实验室检查

（一）病毒的分离与鉴定

病毒通过活细胞表面的特异性表位识别感染细胞，具有严格的细胞内寄生性，故应根据不同的病毒种类选用适合的细胞、鸡胚或敏感动物进行病毒的分离鉴定。病毒的分离鉴定方法要求严格、操作复杂且耗时较长（有时长达 2～3 个月），虽然是病毒病原学诊断的金标准，但不适合临床诊断，目前多用于：① 实验室研究或流行病学调查；② 发现新病毒或已被消灭的病毒再发生感染；③ 疾病需进行病原学的鉴别诊断或进行病毒分离对诊治有指导意义；④ 监测病毒活疫苗的毒力回复情况等。

1. 病毒的分离培养

（1）细胞培养（cell culture）：根据病毒的细胞嗜性选择适当的细胞，是最常用的病毒分离鉴定方法。根据细胞来源、染色体特征及传代次数可将细胞培养分为：① 原代细胞培养（primary cells culture），常用的有人胚肾、猴肾、鸡胚等，优点是对多种病毒敏感性高，缺点是不能持续传代，来源困难，可能携带潜伏病毒，不便用于诊断，也不能用于制备疫苗。② 二倍体细胞培养（diploid cell culture），二倍体细胞是体外分裂 50～100 代仍保持二倍染色体数目的单型细胞，常用二倍体细胞是人胚胎组织的成纤维细胞（WI－38、WI－26 等）。对多种病毒敏感，不带异种蛋白（人源性），不带病毒，无致瘤潜能，可用于实验室进行病毒分离或疫苗生产。③ 传代细胞培养（continuous cell culture），由肿瘤细胞或二倍体细胞突变而来，染色体为非整倍体，繁殖能力强，传代时间长，对病毒敏感性稳定，广泛应用于病毒的实验室研究。常用传代细胞有 HeLa 细胞（宫颈癌细胞）、HEp－2 细胞（喉癌细胞）、KB 细胞（口腔细胞）等。④ 淋巴细胞培养（lymphocyte culture），EBV 感染的 B 淋巴细胞能在体外持续传代，T 淋巴细胞在加入 T 细胞生长因子（IL－2）后可在体外培养，主要用于人类反转录病毒（人类免疫缺陷病毒/HIV、人 T 细胞淋巴瘤病毒/HTLV）培养。接种标本后，细胞可出现病变效应（溶细胞型病毒，如巨细胞病毒），即也可不出现明显病变（稳定感染病毒，如流感病毒）而需用血细胞吸附或免疫学方法来检测是否有病毒增殖。当无病毒增殖时，可能会因为标本中病毒含量较低而未被检出，需盲目传代 3 次后才可确定标本中是否存在病毒。

（2）动物接种（animal inoculation）：是最原始的病毒分离方法，目前已很少应用，但对狂犬病病毒及乙型脑炎病毒的分离与鉴定中还需应用动物（乳鼠脑内）接种。接种动物和途径需根据病毒对组织的亲嗜性而定。应注意有些动物对人类病毒不敏感或感染后症状不明显，且应防止将动物体内的潜在病毒误作真正的病原体。

（3）鸡胚培养（chick embryo inoculation）：鸡胚对多种病毒敏感，根据病毒种类使用不同胚龄的鸡胚并接种于不同部位（图 23－1），分为：① 卵黄囊接种（yolk sac inoculation），用于某些嗜神经病毒的培养。② 绒毛尿囊膜接种（allantocherion inoculation），用于培养天花病毒、单纯疱疹病毒和痘病毒等。③ 羊膜腔接种（amniotic cavity inoculation），用于流感病毒初次分离培养。④ 尿囊腔接种（allantoic cavity inoculation），用于腮腺炎病毒和流感病毒等的培养。鸡胚培养的优点是成本较低、易管理、一般不带其他微生物，缺点是很多病毒在鸡胚中不生长、操作程序比较复杂、制作疫苗的时候可能带入致敏原。目前除流感病毒的分离培养仍采用鸡胚接种外，其他病毒的分离培养基本已被细胞培养取代。

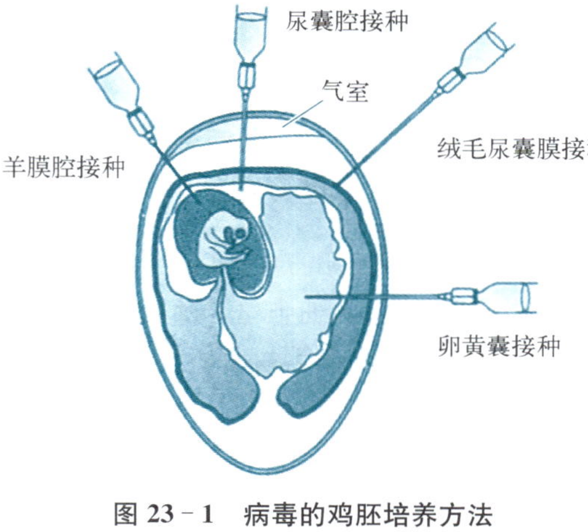

图 23－1　病毒的鸡胚培养方法

2. 病毒的鉴定

（1）病毒在细胞培养中的鉴定：

1）致细胞病变效应（cytopathic effect，CPE）：溶细胞型病毒在敏感细胞内增殖会出现 CPE，表现为细胞圆缩、聚集、融合、颗粒增多、形成包涵体、出现空泡、溶解死亡和脱落等（图 23－2）现象，是病毒增殖的指标，在普通显微镜下即可观察到。不同病毒的 CPE 具有不同的特征，如呼吸道合胞病毒、巨细胞病毒等引起细胞融合，形成多核巨细胞；腺病毒引起细胞圆缩、团聚，甚至呈葡萄串状等，结合临床症状可做出预测性诊断。

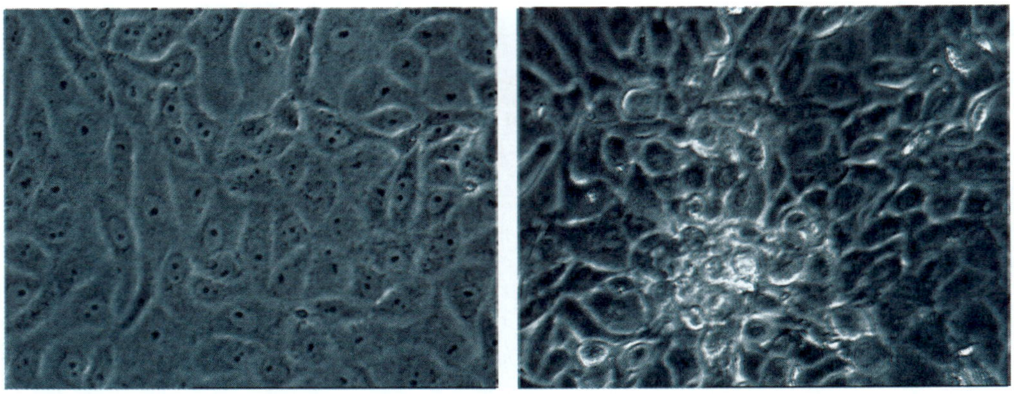

图 23-2 病毒感染所致的细胞病变

正常细胞(左)和发生 CPE 细胞(右)(×400)

2) 红细胞吸附(hemadsorption)：包膜上带有血凝素的病毒(流感病毒和某些副黏病毒)感染细胞后，细胞膜上会出现血凝素，能吸附脊椎动物(人、猴、豚鼠、鸡等)的红细胞。如加入相应的抗血清，能中和细胞膜上的血凝素，就可抑制红细胞吸附现象，称为红细胞吸附抑制试验。这一现象不仅是检测含血凝素的病毒增殖的指标，还可作为病毒的初步鉴定。

3) 细胞代谢的改变：病毒感染细胞后可使培养环境的 pH 改变，这种生化改变可作为病毒增殖的指标。

(2) 病毒感染性及数量测定：

1) 空斑形成试验(plaque formation test)：是比较准确检测病毒感染性和计数的一种方法。将适当稀释浓度的病毒液定量接种于生长敏感单层细胞的培养皿中，经一段时间培养后，将一层融化未凝固的琼脂覆盖于细胞上，待凝固后继续培养。病毒增殖使感染的单层细胞溶解脱落形成肉眼可见的空斑(图 23-3)，一个空斑即一个空斑形成单位(plaque formatting unit，PFU)由一个病毒增殖所致，计数平皿中 PFU 数可推算出标本中病毒的数量，通常以 PFU/mL 表示。

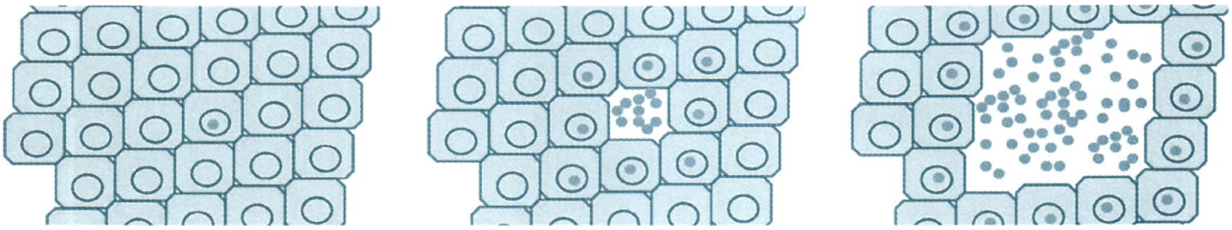

图 23-3 空斑形成试验示意图

2) 红细胞凝集试验(red cell agglutination test)：即血凝试验，将含有血凝素的病毒感染细胞或接种鸡胚后，将红细胞加入细胞培养液或鸡胚羊膜腔液/尿囊液中，可出现红细胞的凝集。以出现血凝反应的病毒悬液的最高稀释度作为血凝效价，可定量检测病毒数量。

3) 50%致死量(half lethal dose，LD_{50})或 50%组织细胞感染量(50% tissue culture infectious dose，TCID5)测定：将待测病毒悬液进行 10 倍连续稀释接种于易感动物或单层细胞，经培养后观察动物死亡情况或 CPE 等病毒增殖指标，以 50%的动物死亡或 50%的细胞感染的最高病毒稀释度为判定终点，经统计学方法处理后计算出 LD_{50} 或 TCID5。

4) 中和试验(neutralization test，NT)：在一定温度条件下，将已知的抗病毒血清与待测病毒液混合作用一定时间后接种敏感细胞，观察特异性抗体是否中和了相应病毒的感染性，即 CPE 或其他病毒增殖指标是否消失。如用不同浓度的抗病毒血清进行试验，还可根据抗体效价对病毒进行半定量检测。

（二）病毒感染的快速诊断

随着对病毒感染的生物学及分子生物学的研究进展，病毒的诊断技术已由传统的分离鉴定发展至新的快速诊断技术。快速诊断指不进行病毒的分离培养，直接观察镜下标本中的病毒颗粒，或直接检测病毒的特异性抗体和病毒成分（病毒核酸和蛋白抗原）等，以在数小时内做出诊断。

1．形态学检查

（1）光学显微镜检查：光学显微镜是病毒诊断的辅助方法之一，可在镜下观察到病毒在宿主细胞内增殖后在增殖部位（胞核和/或胞质）形成嗜酸性或嗜碱性包涵体。如从病犬大脑海马回发现胞质中嗜酸性包涵体（内基小体）即可确诊为狂犬病。麻疹感染细胞胞核和胞质内可找到一个或多个圆形、椭圆形或不规则形状的鲜红色包涵体即为麻疹病毒包涵体。有时可观察到大病毒，如痘病毒，但对一般病毒检测意义不大。

（2）电镜和免疫电镜检查：电镜（electron microscopy，EM）可直接观察病毒的大小、形态、结构及在细胞内增殖的动态过程。高浓度的病毒颗粒（$\geqslant 10^7$颗粒/mL）可直接用电镜进行观察。对病毒含量低的标本，可用免疫电镜（immune electron microscopy，IEM）检查，IEM 是将抗原抗体反应的特异性与 EM 的高分辨力结合，尤其可使标本与特异抗体结合后使病毒颗粒凝聚，提高检出率。IEM 可用于疱疹液（疱疹病毒、痘病毒）、疑似轮状病毒感染粪便的快速检测，帮助早期作出诊断。缺点是设备贵、操作复杂，应用受限，主要用于检测形态特殊的病毒。

2．病毒成分检测　病毒成分的快速检测具有明显优点：可用于检测常规培养系统不能培养的病毒；可用于检测少量标本或含少量病毒的标本；可用于抗体产生前或不能产生抗体的免疫缺陷患者检测；可对病毒进行定量检测，有助于疗效监测；可对病毒进行基因分型；灵敏度高、特异性好、快速、简捷。

（1）免疫标记法：除了酶联免疫吸附测定（enzyme-linked immuno sorbent assay，ELISA）外，还有放射免疫测定（radioimmunoassay，RIA）、荧光免疫测定（fluoroimmunoassay assay，FIA）、胶体金免疫技术（Immune colloidal gold technique，CGIA）、化学发光免疫技术（chemiluminescence immunoassay，CLIA）等。这些技术特异性强、敏感性高、操作简单且快速，尤其是标记的单克隆抗体可检测到 ng（10^{-9}）至 pg（10^{-12}）水平的抗原或半抗原，十分适合在临床病毒检测中应用。蛋白质免疫印迹技术（Western blot assay，WB）检测病毒抗原具有确诊价值。目前出现的高通量的病毒抗原抗体检测技术，如蛋白液相芯片技术，可一次完成十几甚至几十个病毒的检测，即将针对不同病毒的抗原或抗体共价结合到特定颜色的微球，加入到患者标本（抗体或抗原）中，通过荧光标记、激光扫描、数据处理后得出结果，其敏感性和检测速度均优于 ELISA。

（2）核酸扩增技术（nucleic acid amplification technique）：以聚合酶链反应（polymerase chain reaction，PCR）为基础的体外核酸扩增技术，可用于病毒的快速诊断，尤其是不易感或不能培养的病毒。即以病毒特异保守片段为靶基因，用特异引物扩增病毒特异序列。此方法特异性强、敏感性高、快速简便，已用于多种病毒的临床诊断。RNA 病毒则是采用反转录 PCR（reverse transcription PCR，RT－PCR）进行检测。也可以病毒易变区为靶基因，结合限制性片段长度多态性分析（restriction fragment length polymorphism，RFLP）、测序等技术进行病毒的分型和突变研究。目前 PCR 技术已发展出一系列新技术，如实时荧光定量 PCR（real time PCR）可对病毒进行实时动态定量检测，还能检测病毒的耐药突变，目前已广泛应用于临床疗效考核和病毒耐药监测中；巢式 PCR（nested PCR）可提高 PCR 的特异性；原位 PCR（*in situ* PCR）可定位检测细胞或组织中的病毒感染。

（3）核酸电泳技术：对核酸天然分节段的正黏病毒属（甲型和乙型流感病毒 8 个节段）、呼肠病毒（10 个节段）和轮状病毒（11 个节段）等提取核酸后直接经聚丙烯酰胺凝胶电泳（polyacrylamide gel electrophoresis，PAGE）和银染色进行诊断。

（4）核酸杂交技术（nucleic acid hybridization technique）：是将预先用放射性核素（P^{32}或I^{131}）、地高辛苷原、辣根过氧化物酶、生物素等标记的已知序列的核酸单链作为探针，按照碱基互补原则与标本中的靶序列结合，从而通过检测标记物来进行病毒的诊断，常用的核酸杂交技术包括 DNA 印迹杂交（Southern blot）、RNA 印迹杂交（Northern blot）、斑点杂交（dot blot hybridization）、原位杂交（in situ hybridization）等。

（5）基因芯片技术（gene chip technique）：是高通量的病毒核酸检测技术，可一次性完成大量样品 DNA 序列的检测和分析，解决了传统核酸杂交技术的不足，在病毒诊断和流行病学调查方面有着广阔的应用前景。最新研发的高密度病原体基因芯片能检测 1 700 多种人类病毒。

（6）基因测序：目前对已发现的病原性病毒的全基因测序已基本完成，通过生物信息学技术，对待测病毒特征性序列与基因库中标准序列进行比较，可作出诊断。

2016年2月，我国科学工作者完成寨卡病毒全基因组序列测定；而通过基因测序发现H7N9是一种新型重配禽流感病毒。HBV基因组具有多基因型和高度突变性，基因突变与HBV病毒的耐药性和其导致的慢性疾病的发生有着密切联系，对患者的HBV基因组进行基因分型和基因突变分析，进而阐述HBV基因组中突变类型的信息实质，破译基因组不同位点与耐药性和其他肝脏疾病的相关性，是进行相关疾病个体化诊断和个体化治疗的基本前提。根据HCV基因型可以决定治疗方案，HCV基因1型和4型感染或高病毒载量患者称难治性丙型肝炎（RHC，refractory hepatitis C）。

基因检测就技术平台而言包括PCR技术平台、生物芯片技术平台、电泳技术平台、液相芯片技术平台、基因测序平台。基因测序包括第一代基因测序、第二代基因测序和第三代基因测序。第一代测序技术主要是指Sanger链终止法。第二代测序技术大规模平行测序的出现令测序费用下降99%，让以前专属于大型测序中心的基因组测序能够被众多研究人员分享，有助于人们以低廉价格更全面、深入地分析基因组、转录组及蛋白质之间交互作用的各项数据。不同于第二代测序依赖于DNA模板与固体表面相结合然后边合成边测序，第三代分子测序不需要进行PCR扩增，称之为高通量单分子测序。

需要说明的是，病毒核酸检测虽然已在快速诊断病毒感染中发挥了重要作用，但它们也存在一定的缺点：如敏感性过高，易因操作不当产生污染；核酸阳性不等于检测标本中一定存在具有感染性的活病毒；此外对新病毒或未知基因序列的病毒，因不了解病毒核苷酸序列，以致不能采用病毒核酸检测的方法。

（三）病毒感染的血清学诊断

检测病毒感染者血清中的抗体是快速诊断病毒感染的重要手段，可以鉴定病毒的属、种、型、亚型。IgM抗体出现于病毒感染早期，可用于辅助诊断急性病毒感染和进行病毒早期诊断，取单份血清即可。IgG抗体用于临床诊断必须为双份血清，即早期和恢复期或随访血清，2次抗体效价需有4倍或以上升高或降低有诊断意义，在流行病学调查研究中检测IgG也有价值，一般多用ELISA检测。其他常用方法还有：

1. *免疫印迹试验*（Western blot，WB） 病毒蛋白PAGE后电转至硝酸纤维素膜上，用血清标本与之反应后染色，检测血清中针对某种病毒抗原亚单位的抗体。该方法是HIV患者抗体的确诊实验。

2. *中和试验*（neutralization test，NT） 是病毒被特异性中和抗体作用而失去感染性的试验，中和抗体（neutralizing antibody，NTAb）是病毒表面抗原（衣壳或包膜）抗体，特异性高，持续时间长，可检测血清中抗体的消长情况、鉴定未知病毒或了解抗原结构，对病毒进行半定量以及流行病学检查。中和抗体阳性也可因隐性感染所致，故不代表现症感染。

3. *补体结合试验*（complement fixation test，CFT） 通过已知病毒的可溶性补体抗原检测血清中的补体IgM抗体，常用于病毒早期感染的诊断，因有同种异型交叉反应，故特异性较中和试验低。

4. *血凝抑制试验* 具有血凝素的某些病毒能凝集人、鸡、豚鼠等的红细胞，称为血凝现象。通过相应的抗血凝素抗体与病毒结合后阻止病毒表面血凝素与红细胞的结合，即为血凝抑制试验。该试验快速简便，具有很高的特异性，常用于流感病毒、副黏病毒及乙型脑炎病毒等有血凝素病毒感染的辅助诊断和流行病学调查，同时也可用于病毒型和亚型的鉴定。

5. *凝胶免疫扩散试验*（gel immunodiffusion test） 用半固体的琼脂糖进行抗原抗体沉淀反应，方法简单且具有较高的特异性和敏感性，可用于多种病毒的鉴定。以此为基础的对流免疫电泳和火箭电泳则具有更高的敏感性。

第二节 病毒感染的预防原则

迄今为止，对大多数病毒感染尚无特效药物，对病毒感染的药物治疗效果远不如抗生素等对细菌感染的疗效，因此对病毒感染的预防显得尤为重要。病毒感染的预防原则主要是通过人工接种生物制剂（病毒抗原、抗病毒抗体、细胞因子）的方法，使机体主动产生或被动获得特异性免疫，以达到预防、控制和消灭病毒性传染病的目的。

一、人工主动免疫

将疫苗等抗原性物质接种于人体，从而使人体产生特异性免疫力的人工免疫称为人工主动免疫。常用的主要有以下几种疫苗。

1. *灭活疫苗*（inactivated vaccine）　通过理化方法（甲醛、β-丙酰内酯等）灭活有毒力的病毒制成的疫苗，灭活疫苗失去感染性但保持了原病毒的抗原性，稳定安全，但需注射较大剂量才能诱发有效免疫力，免疫力维持时间较减毒活疫苗短，不能诱导产生细胞免疫和黏膜免疫；在免疫过程中需多次注射，一定时间内还需加强注射。常用的灭活疫苗有狂犬疫苗、流行性乙型脑炎疫苗、Salk 脊髓灰质炎疫苗、注射用流感病毒灭活疫苗等。

2. *减毒活疫苗*（live attenuated vaccine）　通过人工选择培养或毒力变异选择独立下降的减毒株或无毒株作为疫苗株。常用的减毒活疫苗有麻疹疫苗、风疹疫苗、水痘疫苗、腮腺炎疫苗、Sabin 脊髓灰质炎疫苗、乙型脑炎疫苗、鼻喷雾型减毒佐剂流感病毒活疫苗等。减毒活疫苗是活病毒株，具有病毒的性质，可以自然感染方式接种，可在体内增殖，从体液免疫和细胞免疫两方面刺激机体产生类似自然感染获得的免疫力；免疫力保持时间长；接种量与接种次数较灭活疫苗少。但减毒活疫苗不稳定，在室温下易灭活，需在冷藏条件下保存和运输；此外减毒活疫苗还存在毒力恢复突变的遗传危险性，因此有免疫缺陷，尤其是使用免疫抑制剂或细胞免疫功能低下者应避免使用减毒活疫苗（如 Sabin 脊髓灰质炎疫苗可能引起疫苗相关性脊髓灰质炎，即 vaccine-associated paralytic poliomyelitis/ VAPP，发生率大约是 1/750 000），宜选用灭活疫苗或提纯的蛋白疫苗；使用减毒活疫苗预防病毒性疾病时，偶尔进入人体非寻常部位可能引起并发症、活化其他潜伏病毒和引起持续感染等。

3. *基因工程疫苗*（genetically engineering vaccine）　应用重组 DNA 技术，将编码病毒特异性保护抗原的基因插入载体后导入大肠埃希菌或酵母中表达相应的病毒抗原。基因工程疫苗表达的是病毒蛋白，在生产过程中也不需要活病毒的复制，可以避免活病毒感染；但大肠埃希菌和酵母的蛋白修饰不同于人类，使其免疫原性较差。据其结构可分为亚单位疫苗和多肽疫苗，目前广泛使用的是重组乙肝疫苗。

4. *亚单位疫苗*（subunit vaccine）　除了基因工程疫苗来源的亚单位疫苗外，还有通过化学提取或人工合成的亚单位疫苗，如流感病毒血凝素 18 个氨基酸、狂犬病毒刺突蛋白、Ⅰ型脊髓灰质炎病毒 VP1 结构蛋白等。主要用于病毒感染的预防，其优点是去除引起毒副反应的病毒成分，消除了疫苗病毒发生回复突变或恢复感染性的可能，此疫苗为蛋白疫苗，可消除 DNA 病毒或反转录 RNA 病毒的潜在致癌作用。

5. *核酸疫苗*（nucleic acid vaccine）　包括 DNA 疫苗和 RNA 疫苗，由载体（如质粒 DNA）和编码病原体抗原的 cDNA 或 mRNA 组成。目前研究较多的是 DNA 疫苗，疫苗接种后，核酸可进入机体细胞内表达充足 DNA 疫苗编码的病毒抗原蛋白，刺激机体产生细胞免疫（包括 Th 细胞及 CTL）和体液免疫。其优点为：便于制备、贮存与运输，易于联合免疫，可同时诱生体液和细胞免疫且免疫应答维持时间持久等。但核酸疫苗用于人体时需注射的核酸量较大，且存在潜在安全问题，如可能引起自身免疫应答，发生病毒核酸基因整合等。目前核酸疫苗还处于实验研究阶段，但由于其可诱生被认为是清除病毒的主要机制 CTL，因此是一种极具发展前景的疫苗。有核酸疫苗在动物模型中已证实核酸疫苗具有治疗效果，并已在人体作为预防性疫苗进行了临床研究。

二、人工被动免疫

通过注射丙种球蛋白、抗病毒血清、细胞因子、干扰素等使机体立即获得免疫力，可用于某些急性传染病的紧急性预防和治疗，特别是人体已受感染，采用人工主动免疫为时已晚时。但被动免疫持续时间较短，约一个月左右。

1. *免疫球蛋白*　因多数病毒可致隐性感染，在健康人群血清（或胎盘）中存在较高效价的多种病毒抗体，此类制剂分为两种：人血清丙种球蛋白（serum gammaglobulin）和胎盘丙种球蛋白（placental

gammaglobulin)。该类制剂不是针对某一特定病原体的特异抗体，主要用于紧急预防甲肝、麻疹、脊髓灰质炎病毒等。此外有专门针对某一特定病原微生物的高效价的特异性免疫球蛋白，是直接将该病毒接种实验动物，获得免疫后将含有抗体的血清制成的抗病毒血清。如含抗乙肝病毒表面抗体的高效价的人免疫球蛋白(Hepatitis B hyperimmune globulin，HBIg)具有被动保护作用，在预防乙型肝炎的母婴传播中效果显著。

2. *细胞免疫制剂* 主要是指一大类能增强、促进和调节免疫功能的生物制品，特异性较低，包含的免疫细胞及细胞因子种类繁多且相互作用和调控机制复杂，因此目前应用并不广泛，多用于某些病毒性疾病和肿瘤的治疗，常用的有白细胞介素(IL-2、IL-6、IL-12 等)，肿瘤坏死因子(TNF)，α、β、γ 干扰素(IFN-α、β、γ)，集落刺激因子(CSF)以及淋巴因子激活的杀伤细胞(lymphokine activated killer cell，LAK 细胞)等。

第三节 病毒感染的治疗原则

病毒是严格的专性细胞内寄生微生物，抗病毒疗法是对病毒感染的根本治疗，但因病毒在宿主细胞内寄生，并依赖宿主细胞代谢而复制，很难使抗病毒药物既有抗病毒活性又不影响宿主细胞的代谢，因而长期以来抗病毒药物研发非常困难。抗病毒药物可延缓病毒性疾病的进展，但不能清除病毒。随着生物信息学和分子病毒学的不断发展，病毒的分子模拟技术大大加快了抗病毒药物的筛选和研制，目前研究的热点是针对 HIV、流感病毒、肝炎病毒和人疱疹病毒(HHV)的抗病毒药物研究。甲型和戊型肝炎无须抗病毒治疗，HBV、HCV 常呈慢性感染，可发展为肝硬化和肝细胞癌(hepatocellular carcinoma，HCC)。

一、抗病毒化学药物

从理论上，抑制病毒复制周期(病毒的吸附、穿入及脱壳、核酸复制及生物合成、病毒的包装释放等)中任何一个环节的药物都可以作为抗病毒的药物。主要抗病毒化学药物的作用机制见表 23-1。

表 23-1 抗病毒化学药物的作用机制

作用机制	代表药物
抑制病毒核酸复制及 mRNA 合成的药物	5-碘 2-脱氧尿嘧啶核苷(IDU)、无环鸟苷(ACV)、拉米夫定(3TC)、阿糖腺苷(Ara-a)、叠氮脱氧胸苷(AZT)、3-氮唑核苷(ribavirin)
抑制病毒 DNA 聚合酶和 RNA 反转录酶的活性	奈韦拉平(nevirapine)、吡啶酮(pyridone)、地拉夫定(delavirdine)、甲酸磷霉素(PFA)
抑制病毒的蛋白酶活性	沙奎那韦(saquinavir)、茚地那韦(indinavir)，利托那韦(ritonavir)
抑制病毒脱壳	金刚烷胺(amantadine)和金刚乙胺(rimantadine)

病毒感染机体引起疾病是病毒与机体相互作用的结果，常见的抗病毒治疗主要为抑制病毒复制和提高机体免疫，即选用抑制病毒复制的药物或制剂，同时提高自身的免疫应答，促进机体消灭病毒感染细胞。

抗病毒化学药物一般分为三类。

(一) 抑制病毒核酸复制及 mRNA 合成的药物

1. *核苷类药物* 是临床应用最早和最广泛的抗病毒药物，其机制是干扰病毒核酸合成，从而影响病毒基因组的复制。药物常以前体形式存在故其发挥作用时需被磷酸化。核苷类药物半衰期很短(1～4 h)，不同的核苷类药物具有对聚合酶作用的特异性，其毒性差异极大，如阿昔洛韦几乎没有不良反应，而叠氮脱氧胸苷毒性则很高。

(1) 5-碘 2-脱氧尿嘧啶核苷(idoxuridine，IDU)：1959 年由 Prusoff 合成，被誉为抗病毒发展史上的里程碑，一直用于治疗眼部疱疹病毒感染。其策略是用合成的异常嘧啶取代病毒 DNA 前体的胸腺嘧啶，在病毒 DNA 分子合成时将异常嘧啶掺入子代 DNA，从而阻止子代病毒结构基因的合成与表达，最终达到抑制病毒复制或复制出无感染性病毒的目的。但是其具有一定的毒性，它不仅可作用于病毒 DNA，也可掺入自身细胞 DNA 并阻抑细胞 DNA 的合成。

(2) 阿昔洛韦(acyclovir,ACV)：能选择性作用于疱疹病毒而较少产生不良反应，是目前最有效抗疱疹病毒药物之一。其机制是：在病毒感染细胞中，ACV 使特异三磷酸激酶转化为具有抗病毒活性的三磷酸无环鸟苷，与 dGTP 竞争聚合酶，从而抑制疱疹病毒 DNA 复制。而在正常细胞中，则转化为一磷酸无环鸟苷，基本无作用，具有很强的特异性，对宿主细胞 DNA 的合成影响很少，提高疗效同时降低了副作用。既可局部使用，也可注射使用。主要用于治疗生殖系统、皮肤、眼和脑神经系统单纯疱疹病毒和带状疱疹病毒感染。

(3) 拉米夫定(lamivudine)：即 2′,3′-双脱氧 3 硫代胞嘧啶核苷(3TC)，该药早期用于 HIV 治疗，近年来开始用于乙型肝炎治疗。该药可迅速抑制慢性乙型肝炎患者体内 HBV 的复制，促进 HBeAg 发生血清学转换(HBeAg 消失且产生了 HBeAb)，血清丙氨酸氨基转移酶 ALT 正常，HBV DNA 转阴。但该药常引起病毒聚合酶突变，长期使用会出现病毒耐药，在停止使用后存在病毒载量反弹的可能。

(4) 阿糖腺苷(adenine arabinoside,Ara－a)：可选择性抑制病毒 DNA 聚合酶，且可在细胞内被磷酸化为 Ara－ATP 后与 d－TMP 竞争阻止 DNA 合成。主要治疗多种 DNA 病毒如嗜肝病毒、疱疹病毒等引起的感染。

(5) 叠氮脱氧胸苷(azidothymidine,AZT)：磷酸化的 3′-叠氮- 2′、3′二脱氧胸腺嘧啶核苷，通过抑制病毒反转录酶而发挥作用，其抑制作用比对 DNA 聚合酶抑制敏感 100 倍以上，且 AZT 在某些细胞类型，如 $CD4^+$ T 细胞中可更有效地被磷酸化，能有效降低 HIV 的发病率和死亡率。但此药常引起病毒反转录酶基因突变形成耐药，同时会抑制骨髓功能。

(6) 3 -氮唑核苷(ribavirin)：亦称为利巴韦林或病毒唑，其抗病毒机制是使细胞和病毒复制所必需的鸟嘌呤核苷减少，故可抑制多种 DNA 和 RNA 病毒，主要用于 RNA 病毒感染的治疗，临床上主要用于流感病毒和呼吸道合胞病毒感染。其主要的不良反应是对细胞的核酸也有抑制作用。

2. 非核苷类似药　该类药抑制病毒 DNA 聚合酶和 RNA 反转录酶的活性，是非竞争性抑制剂，不需经过磷酸化即可发挥作用。包括：① 非核苷类反转录酶抑制剂(non-nucleoside reverse transcriptase inhibitor,NNRTI)，该类药物结合于反转录酶非底物部位，导致酶蛋白构象改变从而使酶失活。主要有奈韦拉平(nevirapine)、吡啶酮(pyridone)、地拉夫定(delavirdine)等，已用于 HIV 的治疗。毒性小，缺点是易产生耐药性，故 NNRTI 须与核苷类药物联合使用效果较好。② 甲酸磷霉素(phosphonoformic acid, PFA)，无机焦磷酸盐的有机类似物，选择性抑制病毒 DNA 多聚酶和反转录酶，对宿主细胞无影响。主要用于多种疱疹病毒(CMV、HSV、VZV、EBV、HHV6 等)感染的治疗，对 HBV 和 HIV 也有作用。

(二) 病毒蛋白酶抑制剂

部分病毒除含有自身复制酶、反转录酶及剪接、剪接后加工酶外，还具有降解大分子病毒蛋白的酶。因此，根据病毒蛋白酶的结构进行设计并研制病毒蛋白酶的抑制剂，抑制或阻断这些酶功能的药物，是抗病毒药物研究的重要靶点。蛋白酶抑制剂(protease inhibitor)与病毒的各种蛋白酶结合而抑制其活性，从而阻止病毒复制，可增加药物的特异性和效力，减少不良反应。目前所用方法是对基因工程表达病毒蛋白酶的结晶通过 X 线衍射技术和电脑模拟技术来寻找酶的活性位点，技术要求极高，复杂费时且成本昂贵。蛋白酶抑制剂加核苷类或非核苷类逆转录酶抑制剂二联或三联联合应用治疗 HIV 感染，即高效抗反转录病毒治疗(HAART)，可有效减少 HIV 患者血液中病毒载量，较长期的抑制病毒复制，但对细胞内的病毒作用效果差。

(三) 抑制病毒脱壳

金刚烷胺(amantadine)和金刚乙胺(rimantadine)可影响甲型流感病毒脱衣壳，从而阻止病毒进入细胞，但不良反应较大，目前未在临床广泛使用。

为减少或避免不良反应，需掌握抗病毒药物的适应证、禁忌证，用药过程密切监测，并及时恰当处理不良反应。

二、免疫治疗剂

免疫治疗是抗病毒治疗的重要手段，抗病毒化学药物只能抑制病毒，彻底清除病毒只能依靠机体免疫功能。目前免疫治疗分为非特异性免疫治疗和特异性免疫治疗，特异性免疫治疗又可分为主动和被动两种。

1. *细胞因子及其诱生剂* 用于抗病毒的细胞因子主要有IFN、TNF、IL－2、IL－8、IL－10、IL－12等，可单独使用也可联合使用。IFN是连接天然免疫和获得性免疫的重要细胞因子，具有广谱抗病毒作用，毒性小。目前主要用IFN－α治疗肝炎、HSV、HPV等感染，对丙肝有效率达40%。IFN诱生剂目前制备和应用较多的主要有多聚肌苷酸和多聚胞啶酸(polyI：C)。

2. *抗体* 抗病毒血清和丙种球蛋白是传统的抗病毒治疗方法。近年来，单克隆抗体尤其是人源化单克隆抗体为病毒治疗提供了新的思路，如抗独特型抗体、嵌合抗体、双特异性抗体、双功能抗体等。这些抗体可通过封闭病毒感染所需受体或通过激活特异细胞发挥调节免疫杀伤病毒的作用。

3. *治疗性疫苗* 指将病毒抗原成分或相应结构(治疗性疫苗)接种机体，以激发、增强机体抗病毒的特异性免疫应答，并进行调控，从而达到抗病毒治疗的目的。治疗性疫苗(therapeutic vaccine)，是一种以治疗疾病为目的的新型疫苗，通过给感染的机体接种疫苗诱导机体产生特异性免疫应答，达到治疗疾病的免疫治疗方法。最早的治疗性疫苗是在感染后潜伏期内注射的狂犬病疫苗，目前已开展的有HIV、HBV及HSV等治疗性疫苗研究，包括DNA疫苗、病毒载体疫苗、乙肝表面抗原—抗体—编码基因复合型疫苗等。

4. *细胞免疫治疗* 输注特异性杀伤性T细胞(cytotoxic lymphocyte，CTL)能彻底清除HBV、EBV和CMV感染动物模型中的病毒；在体外反复用病毒抗原刺激T细胞，能诱导产生抗病毒的长期记忆反应T细胞，防止病毒再次攻击。

三、基因治疗剂

基因治疗(gene therapy)抗病毒感染是目前研究的热点，显示出良好的前景。基因治疗是通过各种基因转移手段将野生型或正常基因导入人体细胞，干扰病毒的复制与表达，对正常细胞代谢及功能无影响，具有特异性好、高效、无不良反应的特点。这类药物的主要问题是，合成所需成本费较高；制剂不稳定易被核酸酶降解；如何使制剂有效到达靶细胞内的病毒基因等。目前批准进入临床研究的只有抗巨细胞病毒的反义核酸，可局部用于巨细胞病毒感染的视网膜及脉络膜炎。主要的基因治疗剂有以下几种。

1. *反义寡核苷酸(antisense oligonucleotide，asON)* 是根据已知的病毒基因组序列设计合成与基因某段序列互补的寡核苷酸(反义寡核苷酸、反义核酸)，一般为15～30个聚寡核苷酸，将其导入病毒感染细胞，通过与病毒基因相应序列的特异结合来抑制病毒复制。分为反义DNA和反义RNA：反义DNA与病毒关键序列特异结合，阻止DNA复制和RNA转录；反义RNA与病毒靶基因mRNA互补结合，阻碍mRNA与核糖体结合来阻抑转译病毒蛋白。

2. *核酶(ribozyme)* 在反义RNA基础上发展的核酶是在设计序列时使其具有双重特性的RNA分子。一方面具有反义核酸的特性，通过互补序列识别靶RNA并与之结合；另一方面具有酶活性，通过特异位点切割和降解靶RNA，抑制病毒复制。因核酶的本质是RNA易被RNA酶降解，实际应用较为困难。

3. *干扰RNA(short interfering RNA，siRNA)* 双股短小RNA，通常小于为26个核苷酸，可使相同序列的病毒基因静止，同源mRNA降解。siRNA具有放大效应，其导致的基因静止不仅在注射部位的细胞内发生，还可转移到其他部位的组织和细胞，并能传代。

四、中草药

黄芪、板蓝根、苍术、大青叶和甘草等200多种中草药也具有抑制病毒作用，包括对肝炎病毒、肠道病毒、呼吸道病毒、虫媒病毒等均具有一定治疗作用。其作用机制复杂，有待进一步研究阐明。

五、新抗生素

在研究AIDS的治疗过程中，发现了不少能抑制和杀灭HIV的抗生素，包括真菌产物isochromophilone、放线菌产物chloropeptin、新霉素B等，并已用于临床。

小 结

病毒感染性传染病占人类传染病的75%以上，在呼吸道传染病中，由病毒引发的达到90%以上。世界范围流行的有HIV、H1N1甲型流感病毒、新肠道病毒EV71、SARS冠状病毒等；新出现的新病原体有发热伴血小板减少综合征布尼亚病毒(severe fever with thrombocytopenia syndrome virus，SFTSV)、埃博拉病毒(ebola virus)、中东呼吸综合征冠状病毒(middle east respiratory syndrome-coronavirus，MERS-CoV)、寨卡病毒(Zika virus)等，严重威胁着人类健康，对病毒感染的诊断和防治技术提出了新的挑战。

分子生物学和生物信息学的技术革新和快速进步，大大促进了病毒的快速诊断和防治技术的发展。除了传统的病毒分离培养鉴定外，病毒的快速诊断(形态学检查、免疫学技术和核酸检测等)为快速准确诊断病毒感染及鉴定新病毒提供了极大帮助。病毒感染的预防主要是使机体主动产生(注射疫苗)或被动获得(注射免疫球蛋白、细胞免疫制剂等)特异性免疫。抗病毒感染则是通过抑制病毒(抗病毒化学药物、基因治疗等)和提高机体免疫(非特异性和特异性的免疫治疗)来促进机体消灭病毒。传统的病毒治疗手段比较有限，不良反应明显且不能去除整合在宿主染色体上的病毒基因，新型疫苗、基因治疗、中草药、新抗生素的研究等为有限的病毒治疗技术提供了新的手段，给病毒性疾病的治疗展示了新的希望。

【复习思考题】

1. 对分离病毒的标本和作血清学诊断的标本各有何要求？
2. 常用的分离培养病毒的方法有哪些？各有何应用？
3. 病毒在组织细胞中增殖的指标是什么？
4. 病毒性感染的快速诊断方法有哪些？各有哪些特点？
5. 病毒感染的治疗方法有哪些？基因治疗在病毒治疗中的应用前景如何？

(杨 靖)

第二十四章

呼吸道病毒

学习要点

掌握：① 流感病毒的生物学性状和变异；② 人流感病毒和禽流感病毒的致病性。

熟悉：① SARS 冠状病毒的致病性和防治原则；② 腮腺炎病毒、腺病毒、腺病毒、风疹病毒的致病性；③ 冠状病毒的生物学性状。

了解：风疹病毒的致病性与防治原则。

呼吸道感染是常见的疾病，一年四季均可发病，每人每年可发病数次。呼吸道感染可以是细菌感染、真菌感染和病毒感染，其中病毒感染最为常见。病原体主要侵犯鼻、咽、扁桃体及喉部而引起炎症。呼吸道传播的病毒称为呼吸道病毒(respirovirus)，包括正黏病毒科、副黏病毒科、冠状病毒科、披膜病毒科、小 RNA 病毒科、腺病毒科等。近几年来又出现许多新变种，如可以感染人的禽流感病毒、SARS 冠状病毒。

主要呼吸道感染病毒及其所致疾病见表 24－1。

表 24－1　常见呼吸道病毒及其引起的主要疾病

病毒科	病毒种类	引起的主要疾病
正黏病毒	甲、乙、丙型流感病毒	流感
副黏病毒	麻疹病毒	麻疹
	腮腺炎病毒	流行性腮腺炎
	呼吸道合胞病毒	婴儿支气管炎、支气管肺炎
	副流感病毒 1～5 型	普通感冒、支气管炎等
冠状病毒	冠状病毒	普通感冒及上呼吸道感染
	SARS 冠状病毒	严重急性呼吸综合征(SARS)
披膜病毒	风疹病毒	风疹、先天性风疹综合征
小 RNA 病毒	鼻病毒	急性上呼吸道感染、普通感冒

此外，其他的一些病毒，例如柯萨奇病毒和疱疹病毒Ⅰ型等也可以导致上呼吸道感染。

第一节　正黏病毒

正黏病毒科(*Orthomyxoviridae*)是一类对人和某些动物细胞表面的黏蛋白有亲和性的病毒、这类病毒往往有包膜、基因组往往是分节段的 RNA。正黏病毒只有流行性感冒病毒(influenza virus，简称流感病毒)

这一个种，但流感病毒又可以按照宿主范围分为人流感病毒和动物流感病毒(如猪流感、马流感、禽流感等)。

按照流感病毒的免疫原性的不同，流感病毒分为甲(A)型、乙(B)型和丙(C)型三种，其中甲型流感病毒是最为常见的流感病毒。该病毒是1933年由Smith首先分离出的，其宿主范围非常广，可感染人、猪、马和禽类等，抗原的变异性非常高。乙型流感病毒和丙型流感病毒较为少见，致病力较弱，抗原变异少，通常只引起局部的流行。

一、生物学性状

流感病毒属于RNA病毒，但是流感病毒的RNA是分节段的，病毒的转录和复制在细胞核中进行，核蛋白在复制过程中发挥着重要的作用。

(一) 形态与结构

流感病毒一般呈圆形或者椭圆形，直径80～120 nm，为中等大小的病毒(图24-1)。但新分离的病毒株具有多形性，以丝状多见，长短不一，有时可长达2～4 μm。流感病毒的结构可以分为内外2层，第一层为外层，是双层脂质膜即包膜，第二层结构是核衣壳，也是流感病毒的基本结构，模式图见图24-2。

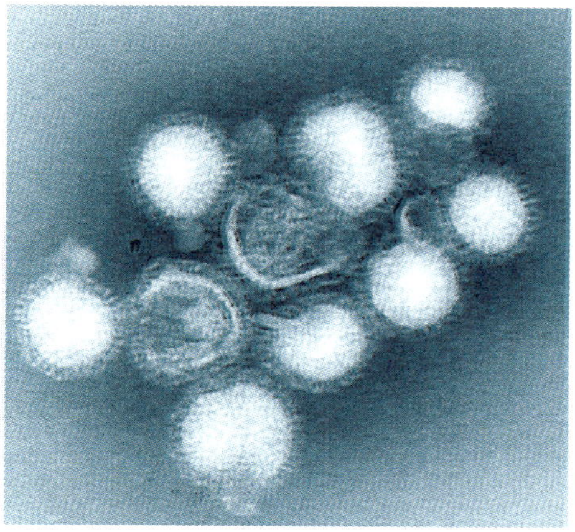

图24-1　流感病毒的电镜照片(×315 000)

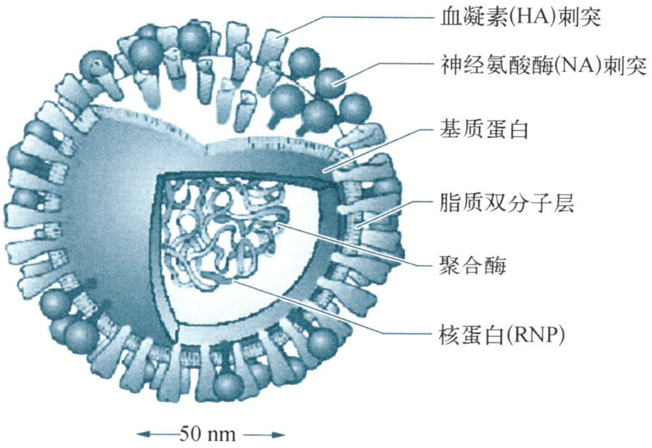

图24-2　甲型流感病毒的结构模式图

1. 包膜　流感病毒的包膜分为内外两层，外层包膜为来自宿主细胞的脂质双层膜，包膜上散布着形态不一的蛋白突起，一种是像三角形的柱状，能凝集红细胞，被称为血凝素(hemagglutinin，HA)；另一种是像蘑菇样的，能够使病毒颗粒从凝集的红细胞表面释放下来，称为神经氨酸酶(neuraminidase，NA)；外层包膜上还有基质蛋白2(M2)。内层包膜为病毒基因编码的基质蛋白1(matrix protein，M1)。

(1) 外层包膜：外层包膜表面镶嵌着病毒基因编码的两种糖蛋白刺突，即HA和NA，另外还镶嵌有少量M2。

1) HA：由3条糖蛋白链以非共价键形式连接成柱状的三聚体，均匀分布于包膜表面。每个病毒体约有500个HA分子，约占病毒总蛋白的25%。

HA的受体是易感细胞表面的唾液酸。HA除了能与易感细胞表面的唾液酸受体结合，并介导病毒包膜与细胞膜的融合，释放病毒核衣壳进入细胞外，还能与人及多种动物如鸡、兔、豚鼠等动物红细胞表面的唾液酸受体结合而导致红细胞凝集，故HA被称为“血凝素”。可以通过血凝实验来检测流感病毒的存在。HA具有亚型的特异性，极易发生变异，其诱生的HA抗体可以中和同亚型的流感病毒，具有保护作用。由于该抗体可以中和流感病毒表面的HA，所以能抑制流感病毒与红细胞的凝集。通过血凝抑制试验(HI)可检测机体产生的抗流感病毒HA抗体并可鉴定其流感病毒亚型。

2) NA：是由4条糖蛋白链组成蘑菇状的四聚体，镶嵌于流感病毒包膜之中。NA单体的头部含有神经氨酸酶活性中心和4个抗原位点。每个病毒体约有100分子NA，约占病毒蛋白的5%。

NA能水解宿主细胞表面的*N*-乙酰神经氨酸，有助于成熟病毒释放出宿主细胞，促进流感病毒的扩散。NA具有亚型特异性，可用抗NA抗体进行流感病毒亚型的鉴定。NA诱生的抗体也有一定的保护作用。

3) M2：起离子通道作用，可以降低包膜内 pH，有助于病毒脱壳和进入感染的宿主细胞。M2 蛋白的数量较少，每个病毒颗粒只有几十个 M2 蛋白。

(2) 内层包膜：内层包膜即 M1 蛋白，具有保护核心和维持病毒形态的作用。M1 蛋白的免疫原性很稳定，具有型的特异性，但其诱生的抗体没有中和流感病毒作用，不具保护效果。

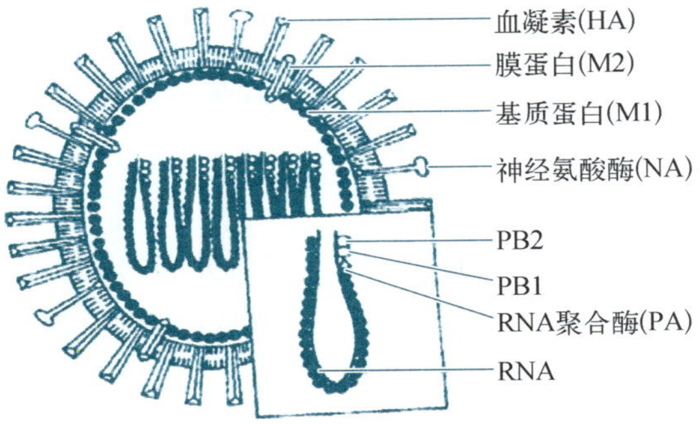

图 24-3 甲型流感病毒的结构模式图

2. 核衣壳 核衣壳是由流感病毒的核心和衣壳组成，主要成分是 RNA 和核蛋白(nucleoprotein，NP)。流感病毒的核酸是单负链并且分节段的 RNA(图 24-3)，甲型和乙型流感病毒的 RNA 有 8 个节段；而丙型流感病毒的 RNA 缺少编码神经氨酸酶的基因节段，只有 7 个节段。每一个节段都是一个基因，决定流感病毒的遗传学特性。基因组分节段使流感病毒具有高频率基因重配(gene reassortment)的性质，因此容易发生变异和产生新的亚型。核蛋白是包绕在流感病毒 RNA 外面的蛋白质，其中三种分子质量较大的蛋白质(PA、PB1、PB2)组成 RNA 多聚酶，与 RNA 的复制有关。核蛋白的免疫原性很保守，极少发生变异，具有型特异性，可以通过核蛋白鉴定甲型乙型和丙型流感病毒。

(二) 分型与变异

根据流感病毒 NP、M1 蛋白和 M2 蛋白免疫原性的不同，可将人流感病毒分甲(A)、乙(B)、丙(C)三型。甲型流感病毒又可以根据 HA 和 NA 的结构和免疫原性的不同分为很多亚型，目前已发现了 HA 有 16 个亚型(H1～H16)，NA 有 9 个亚型(N1～N9)。乙型和丙型流感病毒至今尚无亚型之分。甲型流感病毒的 HA 和 NA 都是非常容易发生结构变异，这些变异会产生新的毒株，引起流感大流行。迄今为止，在人群中流行的 HA 的亚型主要有 H1～H3，NA 的亚型主要有 N1～N2，当今最常见的是甲 1 型流感(H1N1)和甲 3 型流感(H3N2)。但 H5N1、H9N2、H7N9 等血清型的部分禽流感病毒也可能感染人类。乙型与丙型流感病毒的免疫原性较稳定，较少发生变异，一般也不引起流感的大流行。

流感病毒最容易发生免疫原性的变异和温度敏感性的变异。温度敏感性的变异株在 33～35℃培养时能很好地繁殖，但是在较高的温度，如 37～35℃时繁殖减弱，甚至不繁殖。免疫原性变异容易导致新亚型病毒株的形成，温度敏感性变异有利流感疫苗的制备。流感病毒的免疫原性的变异有两种形式：① 抗原漂移(antigenic drift)：这是由病毒基因的点突变引起，所以变异的幅度小，HA 和 NA 氨基酸的变异率一般小于 1%，是属于亚型内变异，属于量变，每 2～3 年可出现一个新的病毒变异株，一般不会引起流感的大流行，仅引起周期性的局部中、小流行。② 抗原转换(antigenic shift)：这是由点突变积累或基因重配引起的，变异的幅度非常大，HA 或 NA 中的氨基酸的变异率为 20%～50%，常导致新亚型的出现，属质变。如果变异是由基因点突变积累引起的，一般需要 30 年左右才会出现新的亚型；如果变异是由基因重配引起，则只需 10 年左右就会出现新的亚型。由于人群对免疫原性转换后出现的新亚型病毒缺乏免疫力，每次新亚型出现都曾引起世界性的流感大流行。

甲型流感病毒已在历史上引起过多次世界性大流行(表 24-2)，其中最著名的一次流感世界大流行发生于 1918～1919 年，全球只有澳洲未被波及，当时世界人口的 50%，约 20 亿人被感染，死亡人数至少有 2 000 万，比第一次世界大战死亡的总人数还多。2009 年甲型 H1N1 流感在墨西哥死亡率达 2%，持续了一年多的疫情造成约 1.85 万人死亡，出现疫情的国家和地区达到了 214 个。我国卫生部于 2009 年 4 月底宣布，将甲型 H1N1 流感纳入《中华人民共和国传染病防治法》规定的乙类传染病，但采取甲类传染病的预防和控制措施。

2013 年，在我国部分地区流行的 H7N9 型禽流感是一种新型禽流感，于 2013 年 3 月底在上海和安徽两地率先发现。经调查，H7N9 禽流感病毒基因来自东亚地区的野鸟和中国上海、浙江、江苏鸡群的基因重配。截至 2015 年 1 月 10 日，全国已确诊 134 人感染，37 人死亡。

表 24-2 甲型流感病毒在不同流行年代的表面抗原变化

亚型抗原类别	病毒代表株*	流行年代
H0N1#(原甲型)	A/PR/8/34	1918
H1N1(亚甲型)	A/FM/1/47	1947
H2N2(亚洲甲型)	A/Singapore/1/57	1957
H3N2(香港甲型)	A/Hongkong/1/68	1968
H1N1 与 H3N2(香港甲型与新甲型)	A/USSR/90/77	1977
H1N1(甲型 H1N1)	A/Mexico/08/09	2009

* 病毒代表株命名法：型别/分离地点/病毒株编号/分离年代(HA 和 NA 亚型)。
# 当时认为是 H0N1,后经血清学试验证实为 H1N1。

(三) 培养特性

鸡胚培养是培养流感病毒最常用的方法,初次分离最好以羊膜腔接种,传代培养则可以采用尿囊腔接种。病毒增殖后不引起鸡胚的病理改变,可以通过血凝试验(hemagglitination test)来测定鸡胚囊液中的流感病毒的效价,即血凝效价。流感病毒也可以使用细胞培养,常用的细胞为狗肾传代细胞(MDCK)和猴肾原代细胞(PMK),但病毒增殖后引起的 CPE 现象不明显,常需用红细胞吸附试验或免疫荧光方法来证实病毒的存在。流感病毒也可通过动物接种来培养,最敏感的动物是雪貂,也可接种小鼠,在小鼠体内连续传代后病毒毒力可增强。

(四) 抵抗力

流感病毒的抵抗力很弱,56℃加热 30 min 即被灭活,室温下病毒的传染性很快丧失,0~4℃下流感病毒能存活数周,-70℃以下可长期存活。流感病毒对干燥、日光、紫外线、乙醚、甲醛和乳酸等理化因素也比较敏感。

二、致病性与免疫性

1. 致病性　流感病毒的主要传染源是急性期患者及隐性感染者,儿童和老年人为易感人群。病毒主要通过飞沫和气溶胶发生人与人或者动物与人或者动物与动物之间的空气传播。流感病毒进入呼吸道黏膜后,HA 裂解为 HA1 和 HA2,流感病依靠其 HA1 吸附到宿主细胞的唾液酸糖蛋白受体上,然后通过受体介导的内吞作用进入细胞进行克隆和增殖。流感病毒传染性强,人群普遍易感,严重者可导致肺炎,但大约有 50%的感染者并无明显症状。流感的流行季节有较明显的地区性,北方以冬季为主,南方四季都可发生,但以夏季和冬季为高峰期。

患者感染流感后主要症状为畏寒高热,体温可达 39~40℃,常有咽喉疼痛、咳嗽咳痰,鼻塞、流涕等症状。另外可有头痛、全身肌肉关节酸痛乏力、食欲减退甚至出现呕吐、腹痛、腹泻等全身症状。如无并发症,多于一周左右全身症状好转。高致病性的流感病毒可并发流感病毒性肺炎,表现为高热持续不退,剧烈咳嗽、咳血痰或脓性痰、呼吸急促、发绀,肺部可闻及湿啰音。胸片提示两肺有散在的絮状阴影。痰培养可分离出流感病毒。可因呼吸循环衰竭而死亡。

家禽感染禽流感病毒之后往往出现少食消瘦、腹泻、就巢性增强、产蛋量下降。病禽往往出现张口喘气、流泪流涕(在水禽有时可见眼鼻流出脓样液体)、冠髯发绀、气管出血、鼻窦积聚分泌物、眼结膜出现水肿出血。部分病禽表现出共济失调、震颤、偏头、扭颈等神经症状。感染禽流感的家禽往往大量出现死亡,给家禽养殖户带来重大经济损失。

2. 免疫性　人体感染流感病毒后可产生针对 HA、NA、NP、PB2 和 M1 的病毒特异性体液免疫和细胞免疫。抗 HA 抗体包括 IgM、IgG 和 SIgA 三类,为中和抗体,具有重要的保护作用。SIgA 类抗 HA 抗体一般能维持 1~2 年,在预防流感发生中具有重要作用。血清抗 HA 抗体可持续几十年,对同型病毒有牢固免疫力,对亚型内变异株的交叉免疫可持续 4~7 年,但亚型间无交叉免疫保护作用。抗 NA 抗体虽对流感病毒无中和作用,但可减少病毒的释放和扩散,并降低流感病情的严重性,故也有一定保护作用。抗流感病毒其他蛋白的抗体对病毒感染无明显保护作用。

三、微生物学检查

流感暴发流行时，根据典型的临床症状即可作出初步诊断，但进行确诊、分型及流行病学监测，则有赖于实验室的检查。流感病毒感染的微生物学检查主要包括以下三方面。

1. *病毒的分离与鉴定* 取急性期患者咽漱液或咽拭子，经抗生素处理后接种鸡胚羊膜腔或尿囊腔中，35℃培养 3～4 d，取羊水或尿囊液做血凝试验检测流感病毒。如果获得阳性结果，需进一步用血凝抑制试验(hemoagglitination inhibition，HI)及神经氨酸酶抑制试验确定病毒亚型。也可用接种培养细胞的方法(如MDCK 或 PMK)分离扩增病毒，但由于流感病毒的致细胞病变效应(CPE)不明显，常需用红细胞吸附试验或免疫荧光技术测定有无流感病毒。

2. *血清学诊断* 采集患者急性期(发病 5 d 内)和恢复期(病程 2～4 周)双份血清，在相同条件下做血清学试验，凡恢复期抗体效价较急性期增高 4 倍或以上，即具有诊断意义。常用的血清学试验包括亚型和株特异的 HI 试验和中和试验、型特异的补体结合试验(CF)以及确定特异性抗原的 ELISA 试验。HI 试验在流感病毒的血清学诊断中作为常用，CF 试验可检测血清中出现早、消失快的 NP 和 M1 抗体，常用于新近感染的诊断。

3. *快速诊断* 流感的快速诊断主要是检测病毒抗原和病毒核酸，通常在感染 24～72 h 即可获得结果。免疫荧光法或 ELISA 法可直接检测呼吸道分泌物、脱落细胞中的流感病毒抗原，RT-PCR 和核酸杂交等方法可检测流感病毒核酸，核酸序列分析可进行流感病毒型和亚型的鉴定。

四、防治原则

1. *预防原则* 流感病毒的变异率较高，且传染性强，传播迅速，很容易造成大流行，故切实作好预防工作十分重要。在流感流行期间，应尽量减少人群聚集，及早发现并及时隔离流感患者，公共场所的空间可用10%乳酸水溶液加热熏蒸，以灭活空气中的流感病毒。

接种疫苗是预防流感最有效的方法，但必须与当前流行株的型别基本相同。1941 年，美国首先批准使用鸡胚培养的流感病毒灭活疫苗，其优点是皮下注射后可产生高滴度 IgG，维持时间较长，不良反应小；缺点是呼吸道局部产生的 SIgA 少，维持时间短，需多次接种。目前使用较多的是三价灭活疫苗(包括了当前流行的 H3N2 和 H1N1 两种甲型流感病毒株及一种乙型流感病毒株)。20 世纪 60 年代出现了流感病毒裂解疫苗，1980 年流感病毒亚单位疫苗在英国首次批准使用。近年还有了鼻腔喷雾接种的减毒活疫苗，这种三价疫苗为温度敏感变异株，最适温度为 25℃，可通过自然感染途径刺激机体产生细胞免疫和体液免疫应答。

2. *治疗原则* 目前尚无特效的治疗方法，一般可以进行对症治疗和抗病毒药物治疗。一般对症治疗为注意休息、多饮水、增加营养，给易于消化的饮食。主要补充维生素，进食后以温开水或温盐水漱口，保持口鼻清洁。

对于高致病性的流感病毒感染应该早期应用抗病毒治疗。要坚持预防隔离与药物治疗并重、对因治疗与对症治疗并重的原则。基本原则包括及早应用抗流感病毒药物，避免盲目或不恰当使用抗菌药物，加强支持治疗，预防和治疗并发症，以及合理应用对症治疗药物等。在发病 36 h 或 48 h 内尽早开始抗流感病毒药物治疗。

(1) 神经氨酸酶抑制剂：作用机制是阻止病毒由被感染细胞释放和入侵邻近细胞，减少病毒在体内的复制，对甲、乙型流感均具活性。在我国上市的有两种药物，即奥司他韦和扎那米韦。大量临床研究显示，神经氨酸酶抑制剂治疗能有效缓解流感患者的症状，缩短病程和住院时间，减少并发症，节省医疗费用，并能降低某些人群的病死率，特别是在发病 48 h 内早期使用。

(2) M2 离子通道阻滞剂：阻断流感病毒 M2 蛋白的离子通道，从而抑制病毒复制，但仅对甲型流感病毒有抑制作用。包括金刚烷胺和金刚乙胺两种药物。

第二节　副黏病毒

副黏病毒(paramyxovirus)也是与黏液蛋白有特殊亲和性的一类病毒。主要包括麻疹病毒、腮腺炎病毒、呼吸道合胞病毒、新城疫病毒、副流感病毒等，可经呼吸道感染，引起相关疾病。副黏病毒与正黏病毒的生物学性状类似，核酸为单负链 RNA，核衣壳呈螺旋对称，有包膜。副黏病毒的特征见表 24－3。

表 24－3　副黏病毒的重要特征

病毒体：球型或表现出多形态性，直径 150～300 nm，螺旋对称
组成：RNA(1%)，蛋白(73%)，脂类(20%)，碳(6%)
基因：单负链 RNA，不分节段，全长 16～20 kb
蛋白：基因组除编码 HN(或 H 或 G)、F 蛋白外，还编码 M、NP、P、L 蛋白
包膜：包膜上有 F 蛋白和 HN 蛋白两种糖蛋白刺突，前者具有融合活性和溶血活性，后者具有血凝素和神经氨酸酶活性
复制：细胞浆内复制，成熟病毒以出芽方式释放
突出特征：抗原相对稳定，但具有高传染性

一、麻疹病毒

麻疹病毒(measles virus)是导致麻疹的病原体。麻疹是儿童最常见的急性呼吸道传染病之一，其传染性很强，麻疹病毒通过呼吸道分泌物飞沫传播。在人口密集而未普种疫苗的地区易发生流行，每 2～3 年一次大流行。麻疹是一种以发热、呼吸道卡他症状及全身斑丘疹为特征的常见急性传染病。据 WHO 估计，疫苗前时代，全世界每年大约有 1.3 亿儿童患病，700～800 万儿童死亡。1959 年，我国麻疹病例高达 900 多万，死亡 26 万。20 世纪 60 年代以来，由于麻疹减毒活疫苗的普遍接种，国内外麻疹的发病率显著下降，但未实施计划免疫或计划免疫失败的青少年的发病增多，成人病例增加。目前在发展中国家麻疹仍是儿童死亡的主要原因之一。在天花灭绝后，WHO 已将麻疹列为计划消灭的传染病之一。

（一）生物学性状

1. 形态与结构　麻疹病毒属为单股负链 RNA 病毒。麻疹病毒为螺旋对称有包膜病毒，其形态为球形或丝形，直径为 100～250 nm，衣壳外有囊膜，囊膜有血凝素(HL)，有溶血作用。麻疹病毒有 6 种结构蛋白；病毒核心为单负链 RNA，不分节段，基因组全长约 16 kb，基因组有 6 个基因，从 3′端开始依次为 *N*、*P*、*M*、*F*、*H*、*L*，分别编码核蛋白(nucleoprotein，NP)、磷酸化蛋白(phosphoprotein，P)、M 蛋白(membrane protein，M)、融合蛋白(fusion protein，F)、血凝素蛋白(hemagglutinin，H)和依赖 RNA 的 RNA 聚合酶(large polymerase，L)。麻疹病毒只有一个血清型，免疫原性稳定。此病毒抵抗力不强，对干燥、日光、高温均敏感，紫外线、过氧乙酸、甲醛、乳酸和乙醚等对麻疹病毒均有杀灭作用，但在低温中能长期存活。

病毒包膜表面有两种刺突，即血凝素 HA 和血溶素(haemolyxin，HL)，成分均为糖蛋白。HA 只能凝集猴红细胞，并能与宿主细胞受体吸附。HL 具有溶血和使细胞发生融合形成多核巨细胞的作用。HA 和 HL 均为中和抗原，可诱导保护性抗体的产生。麻疹病毒包膜上无神经氨酸酶。

2. 培养和免疫原性　麻疹病毒可经细胞培养。病毒能在许多原代或传代细胞(如人胚肾、人羊膜、Vero、HeLa 细胞)中增殖，产生融合、多核巨细胞病变。在胞浆及胞核内均可见嗜酸性包涵体。麻疹病毒免疫原性较稳定，只有一个血清型，但近年也有麻疹病毒抗原发生变异的报道。根据核苷酸序列不同，世界上流行株可分为 15 个基因型。

3. 抵抗力　病毒对理化因素抵抗力较弱，56℃加热 30 min 可被灭活，对脂溶剂及一般消毒剂敏感，能使其灭活，对日光及紫外线也敏感。

（二）致病性与免疫性

1. 致病性　人是麻疹病毒唯一自然宿主。传染源是急性期患者，在出疹前、后 4～5 d 传染性最强，易感者接触后几乎全部发病。通过飞沫传播，也可经用具、玩具或密切接触传播。潜伏期为9～12 d。CD46是麻疹病毒受体，因此凡表面有CD46的组织细胞均成为麻疹病毒感染的靶细胞。病毒经呼吸道首先与呼吸道上皮细胞受体结合并在其中增殖，继之侵入淋巴结增殖后入血，形成第一次病毒血症。病毒随血流到达全身淋巴组织大量增殖，再次入血形成第二次病毒血症。此时由于眼结膜、鼻和口腔黏膜、呼吸道黏膜、小血管等均有病毒增殖，故临床上出现发热，继之出现畏光、流涕、咳嗽等结膜炎、鼻炎和上呼吸道卡他症状。口腔两颊内侧黏膜出现中心灰白、周围红色的Koplik斑，对临床早期诊断有一定意义。随后1～3 d出现特征性红色斑丘疹，先颈部，然后躯干，最后四肢。一般在皮疹出齐24 h后，体温开始下降，呼吸道症状逐渐消退，皮疹变暗，有色素沉着。最严重的并发症为脑炎，发病率为0.1%～0.5%，患者死亡率为5%～30%，由于病毒很难从脑组织中分离到，其发病机制现认为是自身免疫性疾病。最常见的并发症为肺炎，占麻疹死亡率的60%，若恢复期体温未恢复正常或再次上升则提示有并发症发生的可能。细胞免疫功能低下的患者，还会出现进行性麻疹脑炎和巨细胞性肺炎。

此外，有百万分之一麻疹患者在其恢复后多年（平均约7年），出现亚急性硬化性全脑炎（subacute sclerosing panencephalitis，SSPE）。SSPE属于麻疹病毒急性感染后的迟发并发症，表现为进行性大脑衰退。临床表现为反应迟钝、进行性智能降低、痴呆、癫痫等精神异常，肌阵挛、不自主运动等运动障碍，病程6～9个月，最终昏迷死亡。SSPE患者血液和脑脊液中有异常高水平的麻疹病毒抗体，感染的脑细胞包涵体中有大量的麻疹病毒抗原，但没有成熟的病毒颗粒，且病毒分离困难。现认为脑组织中的病毒为麻疹缺陷病毒，由于在脑细胞内病毒M基因变异而缺乏合成M蛋白的能力，从而影响病毒的装配、出芽及释放。SSPE的病毒分离株神经毒力比麻疹病毒强，与也不能产生病毒颗粒，不能合成M蛋白。

2. 免疫性　麻疹病后人体可获得持久免疫力，包括体液免疫和细胞免疫，细胞免疫起主要作用。感染后机体可产生HA抗体和HL抗体，二者均有中和病毒作用。HL抗体能阻止病毒在细胞间扩散，感染早期以IgM为主，随后以IgG为主。细胞免疫起主要保护作用，如细胞免疫缺陷的人患麻疹则症状极其严重，甚至导致死亡。麻疹多见于6个月至5岁的婴幼儿，这是由于6个月内的婴儿因从母体获得IgG抗体，故不易感染，但随着年龄增长，被动获得的抗体逐渐消失，自体免疫尚不健全，易感性随之增加。5岁后的儿童自身免疫建立则不易感。

（三）微生物学检查

典型麻疹病例根据临床症状即可诊断。对轻症和不典型病例则需进行微生物学检查。实验室诊断可采用病毒分离鉴定方法和血清学检查。

1. 病毒分离　取患者发病早期的血液、咽洗液或咽拭子经抗生素处理后，接种于人胚肾、猴肾或人羊膜细胞中培养。病毒增殖缓慢，经7～10 d可出现典型CPE，即有多核巨细胞、胞内和核内有嗜酸性包涵体，再以免疫荧光技术确认接种培养物中的麻疹病毒抗原。

2. 血清学检查　检测血清中的特异性抗体，常用HI试验，也可采用CF试验或中和试验。取患者急性期和恢复期双份血清，如果恢复期血清抗体效价比急性期增高4倍以上即有诊断意义。此外，也可用间接免疫荧光法或ELISA法检测特异性IgM抗体。

3. 快速诊断　取患者急性期和恢复期双份血清，常进行HI试验。检测特异性抗体，采用间接或直接免疫荧光技术，用特异性抗体检查患者卡他期咽漱液或尿沉渣中脱落细胞的麻疹病毒抗原。当抗体滴度增高4倍以上即可辅助临床诊断。除此之外，也可用间接荧光抗体法或ELISA检测IgM抗体。用核酸分子杂交或PCR技术检测细胞内病毒核酸也可辅助诊断。

（四）防治原则

麻疹传染力强，在流行期间，医疗防疫部门应组织医务人员对患者定期进行家庭访视，做到"患者不出门，医药送上门"，直到出疹后5 d。托儿所、幼儿园要设置临时隔离室对患者进行隔离。对接触者应进行隔离观察2～3周；如无症状，才能回班活动。麻疹患者停留过的房间应开门窗通风20～30 min。医护人员在接触患者后应脱去外衣洗手，或在户外活动20 min后再接近易感者。国内外预防麻疹的主要措施是实行麻疹减毒活疫苗接种对儿童进行人工主动免疫，提高机体免疫力。我国自1965年开始接种麻疹疫苗以来，麻疹发病率大幅度下降。我国免疫程序是8月龄为初次免疫，学龄前再加强免疫1次。疫苗接种后，抗体阳转率可达 90%以上，免疫力可持续 10 年左右。对接触麻疹的易感儿童，可紧急采用人工被动免疫，即在接触后的 5 d 内肌注麻疹患者恢复期血清或丙种球蛋白，可防止发病或减轻症状。

二、腮腺炎病毒

腮腺炎病毒(mumps virus)是流行性腮腺炎的病原体。腮腺炎病毒为球形，直径为 100～200 nm，核酸为单负链 RNA，编码 7 种蛋白质，即核壳蛋白(NP)、磷酸化蛋白(P)、基质蛋白(M)、融合蛋白(F)、膜相关蛋白(SH)、血凝素/神经氨酸酶(HN)和 L 蛋白(L)。核衣壳呈螺旋对称，有包膜。包膜上有 HA 和 NA 等突起，成分是糖蛋白。基因组为单负链 RNA. 腮腺炎病毒可在鸡胚羊膜腔或鸡胚细胞中增殖，可出现细胞融合，但细胞病变不明显。腮腺炎病毒仅有一个血清型。抵抗力较弱，56℃ 30 min 可被灭活，对紫外线及脂溶剂敏感。

流行性腮腺炎(epidemic parotitis，简称腮腺炎)多发于学龄期儿童，亦见于青少年，该病毒在唾液中通过飞沫传播(唾液及污染的衣服亦可传染)。最突出的临床表现为非化脓性唾液腺肿胀和触痛，大部分病例累及一侧或双侧腮腺。人是腮腺炎病毒感染的唯一宿主。传染源是患者和病毒携带者。好发于冬春季节。该病传染性强，潜伏期为 1～3 周，排毒期为发病前后 1 周。病毒主要通过飞沫传播。5～14 岁儿童易感。主要症状为一侧或双侧腮腺肿大，疼痛明显，颌下腺和舌下腺亦可累及。患者有发热、肌痛和乏力等。病程 1～2 周。病毒最初于鼻或呼吸道上皮细胞中增殖，随后发生病毒血症，扩散至唾液腺及其他器官，如胰腺、睾丸、卵巢和肾脏等，引起相应症状。也可累及中枢神经系统而并发脑炎。

病毒存在于患者唾液中的时间较长，腮肿前 6 天至腮肿后 9 d 均可自患者唾液中分离出病毒，因此在这两周内有高度传染性。约 30%腮腺炎病毒感染者无症状。青春期感染者，男性易合并睾丸炎(25%)，导致睾丸萎缩和不育；女性易合并卵巢炎。怀孕 3 个月以内的孕妇感染可导致胎儿畸形。腮腺炎病毒感染导致的病毒性脑炎在临床上常见，在脑膜炎中，10%～15%的病例是由腮腺炎病毒引起的，且男性病例多于女性。腮腺炎并发无菌性脑膜炎或脑膜脑炎死亡率约为 1%，通常预后较好，无后遗症。在大流行时约 30%～40%患者仅有上呼吸道感染的亚临床感染，是重要传染源。

流行性腮腺炎病后可获得持久免疫，婴儿可从母体获得被动免疫，故 6 个月以内婴儿很少患腮腺炎。

临床上对典型病例很容易做出诊断，但不典型病例则需参考实验室检查进行。可取患者唾液、尿液或脑脊液做病毒分离；取患者血清查特异性 IgM 或 IgG 进行血清学诊断；也可采用 RT－PCR 等方法检测病毒核酸。

对于腮腺炎患者应及时隔离，防止传播。疫苗接种是有效的预防措施。目前我国使用的为 S97 株减毒活疫苗，免疫效果良好，90%出现抗体。国外已研制出腮腺炎病毒—麻疹病毒—风疹病毒三联疫苗(MMR)，该疫苗已在世界范围内被普遍接种，且效果可靠。我国的三联疫苗也已研制出，并已加入国家预防免疫计划。目前尚无有效药物治疗，可试用中药进行对症治疗。

第三节　冠状病毒

冠状病毒(coronavirus)属于冠状病毒科(*Coronaviridae*)的冠状病毒属(*Coronavirus*)。由于该病毒在电镜下可见形成日冕或冠状的形态，1975 年国际病毒命名委员会正式命名该病毒为冠状病毒。1937 年，冠状病毒首先从鸡身上分离出来，1965 年分离出第一株人的冠状病毒，但人们目前对它们的认识相当有限。目前所知，冠状病毒科只感染脊椎动物，与人和动物的许多疾病有关。冠状病毒可感染包括禽类、哺乳类动物的大多数脊椎动物，主要引起禽类和人类的急性上呼吸道感染。已知有两种冠状病毒会感染人类，2/3 早产儿的普通感冒与呼吸道感染是由这两种病毒所引起。其中人冠状病毒(human coronaviruse)常见引起人类呼吸道与胃肠道疾病，SARS 冠状病毒(SARS coronaviruse)引起严重急性呼吸综合征；2012 年在中东地区出现了类似 SARS 冠状病毒的中东呼吸综合征冠状病毒(MERS coronaviruse)。

一、冠状病毒

普通的冠状病毒是一群多形态的单正链 RNA 包膜病毒，人冠状病毒常引起人类的普通感冒和胃肠炎。

（一）生物学性状

冠状病毒的形态具有多样性，直径为 60～220 nm。病毒核心是不分节段的单正链 RNA，核衣壳为螺旋对称型，直径 9～11 nm。核衣壳外有包膜，包膜表面有长度为 20 nm 的棒状或花瓣状突起物形成日冕样或冠状。冠状病毒可在人胚肾或肺原代细胞中生长，初期细胞病变效应不明显，但经传代后可增强病毒对细胞的致病作用。

根据免疫原性不同，可将冠状病毒分为 4 个抗原组，每个抗原组中又可划分亚型。人冠状病毒属于冠状病毒第 1 组，与该组的犬冠状病毒、猫肠道冠状病毒等成员有部分抗原交叉。

冠状病毒对理化因素的抵抗力较差，对乙醚、氯仿等脂溶剂及紫外线敏感。从人体分离到的冠状病毒，根据中和试验至少可被分为 3 个血清型，并与鼠肝炎病毒有共同抗原。冠状病毒对温度很敏感，33℃生长良好，35℃就受到抑制。由于这个特性，冠状病毒所引起的疾病流行多发生在冬季和早春季节。

（二）致病性及免疫性

冠状病毒具有广泛的宿主范围，可感染禽类、哺乳动物及人类，引起呼吸道、胃肠道、肝脏等器官的疾病冠状病毒对人的致病机制还不清楚，体外感染气管组织培养物可引起上皮细胞发生缓慢的不规则性斑状结构破坏以及浆细胞纤毛缺失。冠状病毒感染动物具有呼吸道或胃肠道上皮细胞的趋向性，感染人体通常只局限于宿主的上呼吸道，多属于自限性疾病。冠状病毒是成人普通感冒的主要病原之一，在儿童可以引起上呼吸道感染。冠状病毒还可以引起婴儿、新生儿急性肠胃炎，主要症状是水样大便、发热、呕吐，每天 10 余次，严重者可以出现血水样便。

人冠状病毒在人类常引起呼吸道和胃肠道疾病，病毒主要通过飞沫传播，感染人体后的潜伏期为 2～5 d，发病后主要表现为普通感冒、咽喉炎、成年人腹泻或胃肠炎。冠状病毒感染的流行期主要是冬、春季节，感染后的潜伏期一般为 2～5 d，发病后约 1 周可自愈。冠状病毒感染后，可刺激宿主产生特异性抗体。人群中冠状病毒特异性抗体的检出率随年龄增高而增加，成年人 90％以上可检测到冠状病毒特异性抗体。

（三）微生物学检查

分离病毒一般采集患者的鼻分泌物与咽漱液混合标本，接种人胚气管组织培养物以及鼻黏膜细胞培养物分离培养。肠道感染患者取粪便标本，可在电镜下观察病毒进行诊断。也可取患者的双份血清标本，以中和试验、补体结合试验和血凝抑制试验、ELISA 法进行血清学诊断。用聚合酶链反应（PCR）方法检测患者呼吸道分泌物和粪便标本内的病毒特异性核苷酸序列，有助于冠状病毒感染的快速诊断。

二、SARS 冠状病毒

在 2002 年 11 月至 2003 年 6 月期间出现了非典型性肺炎在人类流行，波及全世界 32 个国家和地区，引起 8 456 人发病和 919 人死亡，平均死亡率约 11％，该非典型性肺炎称为人类严重急性呼吸综合征（severe acute respiratory syndrome，SARS）。后来证实导致人类 SARS 流行的是一种冠状病毒，该病毒属于冠状病毒科（*Coronaviridae*）的冠状病毒属（*Coronavirus*）第 4 抗原组，简称 SARS 病毒。世界卫生组织在 2003 年 4 月 16 日正式公布，SARS 冠状病毒是冠状病毒的一个新种。

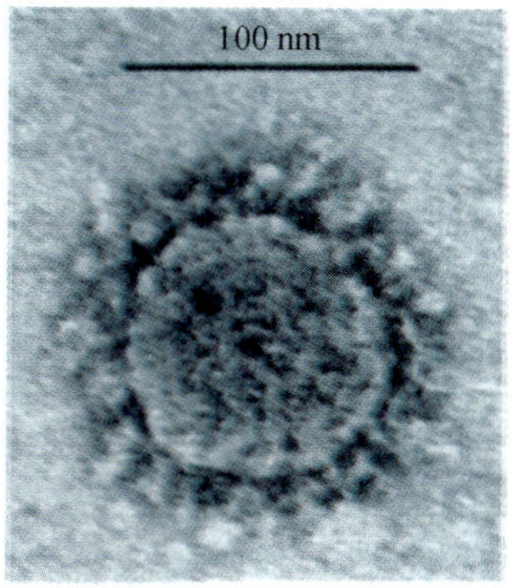

图 24-4 SARS 冠状病毒

（一）生物学性状

1. 形态与结构　SARS 冠状病毒形态类似于普通的冠状病毒，是直径为 60～220 nm 的不规则形态颗粒。SARS 冠状病毒的核衣壳是单正链 RNA 与螺旋状排列的衣壳（N 蛋白）组成的螺旋对称型，其外面的包膜表面有花瓣样突起物。2002 年首次在中国发现的 SARS 冠状病毒电镜照片如图 24-4。

病毒核酸的碱基数约 29.7 kb，可编码 20 多种蛋白质。其中除编码 RNA 聚合酶外，还可编码 N、S、M、E 等蛋白质。N 蛋白（nucleocapsid protein）是 SARS

冠状病毒的重要结构蛋白，其与病毒RNA结合，在病毒转录、复制和成熟过程中发挥作用。包膜表面有三种糖蛋白：S蛋白(S，spike protein)，是受体结合位点、溶细胞作用和主要抗原位点，是SARS冠状病毒感染细胞的关键蛋白质；小包膜糖蛋白(E，envelope protein)，较小，与包膜结合的蛋白；膜糖蛋白(M，membrane protein)，负责营养物质的跨膜运输、新生病毒出芽释放与病毒外包膜的形成。少数种类还有血凝素糖蛋白(HE蛋白，Haemaglutinin-esterase)。

2. *培养* SARS冠状病毒可在Vero E6细胞中增殖并且引起细胞病变，病毒的复制可被SARS患者恢复期的血清抑制。

3. *抵抗力* SARS冠状病毒对乙醚等脂溶剂、酸等消毒剂敏感，病毒污染物可用0.2%～0.5%过氧乙酸或氯制剂(如液氯、次氯酸钠等)消毒，75%乙醇可在5 min内杀死SARS冠状病毒。SARS冠状病毒经56℃加热30 min可被灭活。

(二) 致病性与免疫性

SARS的传染源主要是SARS患者和病毒携带者，以飞沫媒介通过空气传播，也可通过污染的手经口、鼻、眼接触传播；能否通过粪—口等途径传播尚不明确。密闭的环境更有利于SARS的传播，因此SARS的感染在家庭、医院等地方多见。各年龄组人群均可被SARS冠状病毒感染，患者的亲友、医护人员等密切接触者是高危人群。

SARS冠状病毒感染后的潜伏期为2～10 d，一般为4～5 d。病毒可侵犯下呼吸道，引起严重的急性呼吸综合征。患者通常以发热为首发症状，体温高于38℃。发病初期的表现主要是头痛、乏力、关节痛等，随后出现干咳、胸闷、气短等症状。半数以上患者可在发病48 h内形成明显的肺部病变，肺部X线检查可见明显的双侧或单侧肺部阴影病理改变。严重患者的肺部病理改变很快发展和形成多叶病变，同时产生呼吸困难和低氧血症。由于严重的肺渗出性病变，患者可发生呼吸窘迫等症状。呼吸窘迫症状的患者具有极强的传染性，并且治疗困难以致死亡率很高。

SARS冠状病毒感染者可产生特异性血清抗体，对SARS冠状病毒具有中和作用。用患者恢复期的血清治疗SARS患者，可获得一定疗效。SARS冠状病毒也可刺激机体产生细胞免疫应答，形成特异性T淋巴细胞亚群和产生细胞因子。但细胞免疫应答也可产生免疫病理损伤，引起细胞凋亡和组织的炎症反应。

(三) 微生物学检查

1. *病毒分离培养* SARS冠状病毒具有极强的毒力和传染性，因此分离培养必须在三级生物安全(BSL-3)实验室内进行。可采集SARS患者的咽拭子、痰液等标本，接种Vero E6细胞分离培养病毒。培养物产生细胞病变效应后，可通过电镜观察形态、标记抗体检测病毒抗原和核酸序列分析等方法鉴定病毒。

2. *核酸检测* 采集患者的血、便、呼吸道分泌物或组织切片等标本，用特异性核苷酸引物以RT-PCR或巢式PCR方法检测SARS冠状病毒的RNA。用定时定量PCR，可对病毒RNA进行拷贝数的检测。

3. *血清学检查* SARS冠状病毒感染10 d后，患者血清中可出现特异性IgM抗体，15 d后可产生特异性IgG抗体。因此可用免疫荧光法、ELISA法等方法，检测患者血清中SARS冠状病毒的特异性抗体。

(四) 防治原则

SARS的防治原则主要包括早期发现和严格隔离患者与疑似病例，及时治疗患者以消除传染源；流行期间避免人群聚集，保持室内通风，对公共场所以及患者分泌物与排泄物等消毒以切断传播途径；目前尚缺乏有效的SARS预防疫苗，因此需要加强对易感人群的预防与卫生知识教育，提高机体免疫力，保持良好的个人卫生习惯，在公共场所需戴口罩，接触患者还需要戴眼罩、手套并穿隔离服。

SARS患者的治疗以对症和支持疗法为主，包括早期氧疗、适量激素治疗、抗生素治疗继发细菌感染等。抗病毒治疗可用干扰素以及其他抑制病毒增殖的药物，具有防止病情发展和减少并发症的效果。

三、中东呼吸综合征冠状病毒

2012年9月1日至2013年6月15日，沙特阿拉伯出现了类似于SARS症状的患者。世界卫生组织于2013年5月28日将新型的冠状病毒名定名为“中东呼吸综合征冠状病毒”(Middle East respiratory syndrome coronavirus，MERS-CoV)。

世界卫生组织的数据显示：截至 2015 年 5 月 25 日，全球累计确诊感染 MERS 病例共有 1 139 例，其中 431 例死亡(病死率高达 37.8%)。这些病例来源于 24 个国家和地区，沙特阿拉伯该病例最多，病例多见于约旦、卡塔尔、沙特和阿联酋等中东地区，该地区以外国家的确诊病例发病前多有中东地区工作或旅游史。该病毒首现于沙特，继而在中东其他国家及欧洲等地区蔓延，后来韩国也报确诊了有 MERS 病例，并在医院内引起进一步传播，在韩国引起了巨大的恐慌。广东出现首例输入性中东呼吸综合征确诊病例，患者为韩国男性，系韩国 MERS 病例的密切接触者。他于 2015 年 5 月 26 日乘坐航班抵达香港，经深圳的沙头角口岸入境惠州。

目前很多专家认为：该病毒类似于 SARS 冠状病毒，可能就是由 SARS 冠状病毒变异而来。MERS 冠状病毒与 SARS 冠状病毒在临床以及实验室有很多相似之处，这两种冠状病毒都能引起急性呼吸窘迫综合征。目前的研究结果表明，这种病毒的源头宿主可能来源于中东地区的单峰骆驼。曾有沙特人为其饲养的患病骆驼的鼻孔抹药治疗后染病该病毒而死亡。该患者所感染病毒与患病骆驼和骆驼棚内空气样本中发现的新型冠状病毒，在基因片段是完全一致的。但确切的感染来源尚不能确定。

(一) 生物学性状

MERS 冠状病毒的生物学性状类似于 SARS 病毒，核衣壳是单正链 RNA 与螺旋状排列的衣壳蛋白组成的螺旋对称型，其外面的包膜表面有花瓣样突起物，见图 24 - 5。

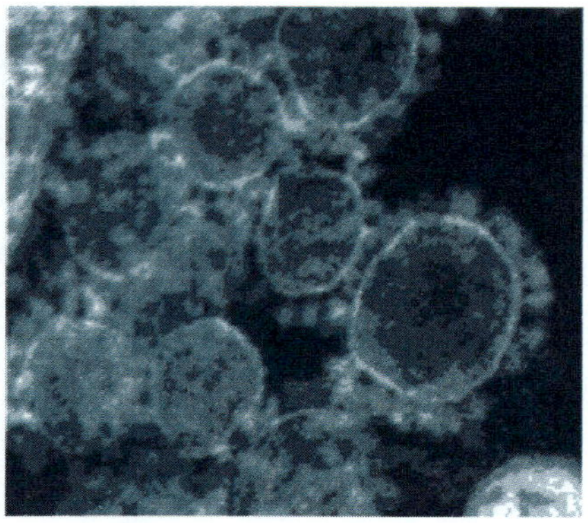

图 24 - 5 MERS -冠状病毒

(二) 致病性

MERS 冠状病毒的传播方式类似于 SARS 冠状病毒，都是以飞沫为媒介通过空气传播，也可通过污染的手经口、鼻、眼接触传播。该病的临床表现也类似于 SARS。最常见的临床表现是发热、发热伴畏寒寒战、咳嗽、气短、肌肉酸痛；另外腹泻、恶心呕吐、腹痛等胃肠道表现也较为常见。严重的患者有呼吸急促和呼吸困难等急性重症呼吸道感染症状，部分病例会出现肾功能衰竭和心力衰竭而死亡，少数病例仅表现为轻微呼吸道症状或无症状。

(三) 微生物学检查

MERS 冠状病毒传染性极强，因此分离培养该病毒必须在三级生物安全(BSL - 3)实验室。可收集患者的咽拭子、痰液或者鼻腔分泌物等标本，接种 Vero E6 细胞分离培养。接种的细胞产生 CPE 现象后，可通过血清学检测、RT - PCR 核酸检测和序列分析或电镜观察形态观察等方法鉴定该病毒。

(四) 防治原则

预赴中东地区或其他疫区的民众，应注意个人卫生，尽量避免在该疾病流行期进入人员密集的环境。避免密切接触有呼吸道感染症状的人员，避免接触一些疫区的动物及其排泄物。自疫区入境的民众，如出现发热伴随流涕、咳嗽、咽痛等呼吸道症状，应主动通报边检防疫人员，配合接受检疫及隔离就诊。如在回国 2 周内出现疑似该疾病者，应尽快就医，并避免乘坐公共交通工具前往医院。

第四节 其他呼吸道感染病毒

其他呼吸道感染病毒主要包括风疹病毒(rubella virus)、鼻病毒(rhinovirus)和呼肠病毒(reovirus)等，它们分别属于不同病毒科，生物学性状差别很大。本章以风疹病毒为例进行讲解。

风疹病毒

风疹病毒属披膜病毒科(*Togaviridae*)，是风疹(rubella)的病原体。Parkman 等用猴肾细胞在 1962 年由首先分离到风疹病毒。风疹病毒主要能导致成人出现风疹外，还可以导致孕妇出现胎儿流产、死胎，以及胎儿先天性风疹综合征(congenital rubella syndrome,CRS)。

(一) 生物学性状

风疹病毒在电镜下多呈不规则球形,直径60～70 nm,有包膜,包膜表面有5～6 nm的微小刺突。核衣壳呈二十面体立体对称,基因组为单正链RNA,全长9.7 kb,含2个开放阅读框(ORF)。5′端的ORF编码了4个非结构蛋白,3′端的ORF编码一条含1 063个氨基酸的结构蛋白前体,经酶的消化可形成衣壳蛋白C(300个氨基酸)、包膜糖蛋白E1(481个氨基酸)和E2(282个氨基酸)这3种结构蛋白。包膜蛋白E1具有血凝活性和溶血活性,所以可以通过血凝抑制试验(HI)可检测抗风疹病毒的特异性抗体。

风疹病毒只有一个血清型,与其他披膜病毒无交叉抗原。风疹病毒可在非洲绿猴肾细胞(Vero细胞)和兔肾细胞(RK-13细胞)中复制,但只在RK-13细胞中出现明显的CPE,所以常用RK-13细胞分离和培养风疹病毒。风疹病毒不耐热,56℃加热30 min即被灭活。病毒在体外的生活力弱,对紫外线、乙醚、氯化铯、去氧胆酸等均敏感。

(二) 致病性与免疫性

人是该病毒唯一的自然宿主,易感者是儿童。风疹病毒主要经呼吸道传播,风疹从接触感染到症状出现,一般要经过14～21 d。病毒在呼吸道局部淋巴结增殖后,经病毒血症播散到全身。病初1～2 d症状很轻,一般有低热,通常于发热1～2 d后出现皮疹,皮疹先从面颈部开始,在24 h蔓延到全身。出疹第2 d开始,面部及四肢皮疹可变成针尖样红点,如猩红热样皮疹。儿童感染主要表现为发热、斑点状皮疹、伴耳后和枕骨下淋巴结的肿大等症状。成人感染一般症状较重,除出疹外,还有关节炎和关节疼痛、血小板减少、出疹后脑炎等。本病大多预后良好。

风疹病毒易发生垂直感染,孕妇妊娠早期初次感染风疹病毒后,病毒可通过胎盘屏障进入胎儿,常可造成流产或死胎,还可导致胎儿发生先天性风疹综合征,引起胎儿畸形。畸形胎儿出生后表现为先天性的心脏病、耳聋、白内障等畸形,以及黄疸性肝炎、肺炎、脑膜脑炎等疾患。

风疹病毒显性感染或隐性感染后,机体可获得持久免疫力。95%以上的正常人血清中具有抗风疹病毒的保护性抗体,孕妇血清中的保护性IgG抗体可保护胎儿免受风疹病毒感染。抗-E1抗体和抗-E2抗体具有中和病毒感染的作用,在抗风疹病毒的过程中起着主要保护作用。

(三) 微生物学检查

风疹的诊断,一般是根据流行病史、临床症状和体征。风疹病毒感染的早期诊断很重要,特别是孕妇风疹病毒感染的早期诊断对优生优育具有重要意义。常用的检查方法有:① 可以用ELISA法或HI等血清学方法,检测孕妇血清中抗风疹病毒的特异性IgM抗体,阳性可认为是近期感染;也可通过双份血清中特异性抗体的检测,若抗体滴度呈4倍及以上升高也可辅助诊断。② 可以取胎儿羊水或绒毛膜,检测其中的风疹病毒抗原,或用RT-PCR等方法检测风疹病毒核酸,均可对风疹病毒感染做出早期诊断。③ 取胎儿羊水或绒毛膜进行风疹病毒的分离培养与鉴定,也可准确诊断风疹,但该法较烦琐,一般不采用。

(四) 防治原则

风疹是一种自限性病毒病,目前无特效治疗方法,一般可以对症处理,在发热期间,要注意卧床休息。疫苗接种是预防风疹的有效措施,风疹疫苗属于减毒活病毒株,该疫苗于1969年开始使用,目前常与麻疹、腮腺炎组合成三联疫苗(MMR)使用,一般于出生后12～15个月和4～6岁时分别接种一次。单剂接种可获得95%以上的长效免疫力,与自然感染诱发的免疫力接近。疫苗的保护效果一般可维持7～10年以上,甚至可以维持终生免疫。

小　结

呼吸道病毒一词并非是病毒分类学上的名称,而是指主要以呼吸道为侵入门户,首先在呼吸道黏膜上皮细胞中增殖引起呼吸道以及全身感染,造成呼吸道及其他器官损害的病毒的总称。临床上的急性呼吸感染中有90%～95%是由这群毒引起的。常见的呼吸道病毒有鼻病毒、流感病毒、副流感病毒、呼吸道合胞病毒、冠状病毒、腺病毒等。传染源是患者和带病毒者，由空气飞沫经呼吸道传播，所以往往传染性非常强，传播迅速，很难控制疫情。

呼吸道感染病毒往往容易发生变异，产生出新的病毒，引起大面积的流行，甚至是全球的流行。呼吸道病毒的危害往往比较严重，不少病毒具有高致病性，如SARS冠状病毒和MERS冠状病毒感染的死亡率非常高。由于呼吸道病毒变异很快，往往很难制造有效的疫苗来防治呼吸道病毒感染。对于大多数呼吸道病毒感染，目前也缺少有效的药物来治疗。

【复习思考题】

1. 请分析流感病毒为何能出现大的流行?
2. 请分析人流感、猪流感和禽流感的关系。
3. 孕妇患风疹病毒有什么风险?

（曹　康）

第二十五章

胃肠道病毒

学习要点

掌握： ① 人类肠道病毒的共同特征；② 脊髓灰质炎病毒的致病特点及特异性预防方法。

熟悉： ① 脊髓灰质炎病毒、轮状病毒的生物学性状及微生物学检查法；② 肠道病毒的种类；③ 柯萨奇病毒、埃可病毒和新型肠道病毒的致病性。

了解： 杯状病毒、星状病毒和肠道腺病毒的生物学特点、致病性。

胃肠道病毒(gastrointestinal virus)是一类通过胃肠道感染与传播的病毒，主要包括肠道病毒(enterovirus)、轮状病毒(rotavirus)、肠道腺病毒(enteric adenovirus)、杯状病毒(calicivirus)和星状病毒(astrovirus)等。其中，肠道病毒包括脊髓灰质炎病毒、柯萨奇病毒、埃可病毒和新型肠道病毒等，主要引起脊髓灰质炎、心肌炎等多种肠道外感染性疾病；而肠道病毒之外的胃肠道感染病毒包括轮状病毒、腺病毒 40 和 41 型、杯状病毒和星状病毒等，主要引起病毒性胃肠炎(viral gastroenteritis)等肠道内感染性疾病，表现为腹泻、呕吐等临床症状，又称急性胃肠炎病毒(acute gastroenteritis virus)。

主要的胃肠道感染病毒及其所致人类疾病如表 25 - 1。

表 25 - 1 主要的胃肠道感染病毒及其所致人类疾病

病毒科	核酸类型	主要种类	引起的人类疾病
小 RNA 病毒科	线形、单正链 RNA	脊髓灰质炎病毒	脊髓灰质炎
		柯萨奇病毒	神经、呼吸消化道、心脏感染
		埃可病毒	神经、呼吸消化道感染
		肠道病毒 70 型	急性出血性结膜炎，神经感染
		肠道病毒 71 型	神经系统感染，手足口病
轮状病毒科	分节段、线形、双链 RNA	轮状病毒	婴幼儿腹泻、成人腹泻
杯状病毒科	线形、单正链 RNA	诺瓦克病毒	腹泻
星状病毒科	线形、单正链 RNA	星形病毒	腹泻
腺病毒科	线形、双链 DNA	腺病毒 40、41 型	腹泻

第一节 肠 道 病 毒

肠道病毒属于小 RNA 病毒科(*Picornaviridae*)，是一类形态最小、具有相同的形态结构和生物学特点的单股正链 RNA 病毒。主要包括脊髓灰质炎病毒(poliovirus)、柯萨奇病毒(coxsackievirus)、埃可病毒

(echovirus)。1969 年以来,分离并鉴定的肠道病毒为新型肠道病毒(new enterovirus),包括 68、69、70 和 71 血清型等。

另外,在小 RNA 病毒科中,除了肠道病毒以外,还包括引起人类疾病的鼻病毒及甲型肝炎病毒。鼻病毒至少有 100 多个血清型,是引起普通感冒的主要病原体。甲型肝炎病毒以往归类为新肠道病毒 72 型,目前已归属为小 RNA 病毒科中的嗜肝病毒属(*Hepatovirus*)。

肠道病毒的共同特征:

(1) 为无包膜的小 RNA 病毒,直径 24~30 nm,衣壳为二十面体立体对称。基因组为单正链 RNA,是感染性核酸。

(2) 在易感细胞中增殖,迅速产生细胞病变(但柯萨奇病毒 A 组的某些型别: A1、A19 和 A22,只能在新生乳鼠中生长)。

(3) 对理化因素的抵抗力较强,耐酸、乙醚和去垢剂。

(4) 主要经粪-口途径传播。隐性感染多见。病毒在肠道中增殖,却引起多种肠道外感染性疾病,如脊髓灰质炎、心肌炎、急性出血性结膜炎、无菌性脑膜炎以及手足口病等。

一、脊髓灰质炎病毒

脊髓灰质炎病毒仅感染人类,引起脊髓灰质炎(poliomyelitis),包括 1、2、3 三个血清型,各血清型之间没有交叉免疫。病毒在肠道黏膜细胞感染后入血引起病毒血症,进而侵犯脊髓前角运动神经细胞,引起急性弛缓性肢体麻痹(acute flaccid paralysis, AFP),多见于儿童,亦称小儿麻痹症(infantile paralysis)。通过接种脊髓灰质炎疫苗可以特异性预防脊髓灰质炎的发生。因此,脊髓灰质炎成为 WHO 选定的全球根除的第二个病毒感染性疾病。

(一) 生物学性状

1. *形态结构* 脊髓灰质炎病毒具有典型的肠道病毒形态。病毒体呈球形,直径 28 nm,无包膜,衣壳呈 20 面体立体对称(图 25-1)。病毒的核衣壳主要由 4 种多肽(VP1~VP4)构成,内含单股正链、非分节段的 RNA 基因组。

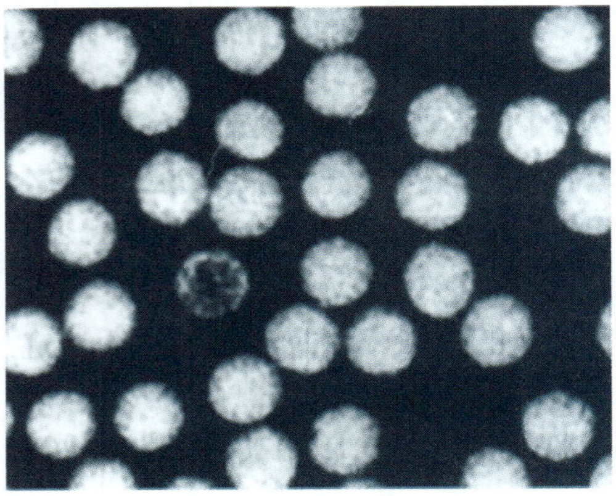

图 25-1 Ⅰ型脊髓灰质炎病毒形态图(×594 000)

2. *基因组与编码蛋白* 脊髓灰质炎病毒基因组为单正链 RNA,长约 7.4 kb,两端为保守的非编码区,与其他肠道病毒的同源性很高,中间为连续的开放读码框架;在病毒基因组的 5′端共价结合一个小分子蛋白质 VPg(genome-linked protein),参与启动病毒 RNA 的合成;在病毒基因组的 3′端带有 polyA 尾,加强了病毒的感染性。脊髓灰质炎病毒 RNA 为感染性核酸,进入细胞后,可直接作为 mRNA,翻译合成一个约 2 200 个氨基酸的大分子多聚蛋白(polyprotein)前体;该多聚蛋白前体经病毒蛋白酶逐级酶切后,形成病毒结构蛋白 VP1~VP4 和功能性蛋白,后者至少包括 2 个蛋白酶和一个依赖 RNA 的 RNA 聚合酶。脊髓灰质炎病毒还产生一种蛋白,其可降解真核细胞核糖体 200 kDa 帽结合蛋白,以此封闭细胞 mRNA 的翻译。

病毒结构蛋白 VP1、VP2 和 VP3 均分布于病毒衣壳的表面,带有可诱生中和抗体产生的抗原表位,VP1 与病毒吸附有关;VP4 位于衣壳内部,当病毒 VPl 与敏感细胞表面的病毒受体结合后,VP4 即被释出,衣壳松动,脱壳,病毒基因组进入细胞。病毒在细胞质中进行生物合成,装配成完整病毒体,并通过细胞裂解的方式释放。

3. *抵抗力* 与其他肠道病毒一样,脊髓灰质炎病毒对理化因素的抵抗力较强,在污水和粪便中可存活数月;在胃肠道能耐受胃酸、蛋白酶和胆汁的作用;在 pH3~9 时稳定,在室温下可存活数日,但此病毒对热、干燥较敏感,紫外线和 55℃ 湿热条件下可迅速灭活病毒。含氯消毒剂如次氯酸钠、二氧化氯等对脊髓灰质炎病毒有较好的灭活效果,有机物对病毒有保护作用,在有机物中灭活病毒需要提高消毒剂的浓度。

（二）致病性与免疫性

1. 传染源与传播途径 脊髓灰质炎病毒的传染源是患者或无症状携带者。主要通过粪-口途径传播，夏秋季是主要流行季节，1～5 岁儿童为主要易感者，潜伏期一般为 1～2 周。

2. 致病性 病毒以上呼吸道、口咽和肠道为侵入门户，首先在局部黏膜和咽、扁桃体等淋巴组织和肠道集合淋巴结中增殖，如有局部抗体产生，形成隐性感染；如病毒释放入血形成第一次病毒血症，扩散至带有受体的靶组织，在淋巴结、肝、脾的网状内皮细胞再次增殖后入血，引起第二次病毒血症，如有血清中和抗体，形成顿挫感染，仅出现发热、头疼、乏力、咽痛和呕吐等非特异性症状，并迅速痊愈；如果病毒毒力强或者中和抗体产生少，病毒可以突破血-脑屏障侵犯中枢神经系统，感染脊髓前角运动神经元、脑干、脑膜组织等。脊髓灰质炎病毒识别的受体为免疫球蛋白超家族的细胞黏附分子（ICAM）——CD155，人体内只有很少的细胞表达这种受体，如脊髓前角细胞、背根节细胞、运动神经元、骨骼肌细胞和淋巴细胞等，因而限制了它的感染范围。脊髓灰质炎病毒为杀细胞性病毒，细胞的损伤由病毒的直接作用所造成，由于损伤运动神经元而导致肌肉瘫痪。

脊髓灰质炎病毒感染后，机体免疫力的强弱显著影响其结局。90％以上的感染者表现为隐性感染，约5％的感染者发生顿挫感染，有 1％～2％的感染者，病毒侵入中枢神经系统和脑膜，产生非麻痹型脊髓灰质炎或无菌性脑膜炎（aseptic meningitis），出现颈背强直、肌痉挛等症状。只有 0.1％～2.0％的感染者产生最严重的结局，包括暂时性肢体麻痹或永久性弛缓性肢体麻痹，以四肢尤其是下肢麻痹多见，极少数患者发展为延髓麻痹，导致呼吸、心脏衰竭死亡。脊髓灰质炎流行期间，进行扁桃体摘除，拔牙等手术或其他各种疫苗接种可增加麻痹病例的发生。另外，成人感染脊髓灰质炎病毒的病情往往比儿童感染者严重。

由于有效的疫苗预防，脊髓灰质炎病毒的野毒株感染病例在世界范围内显著减少，仅见于尼日利亚等少数国家；但疫苗相关麻痹型脊髓灰质炎（vaccine associated paralytic poliomyelitis, VAPP）病例在全世界每年都有发生，主要见于免疫功能低下的人群，应引起足够的重视。疫苗相关麻痹型脊髓灰质炎可由疫苗中毒力回复的 2 型和 3 型病毒引起。此外，还需要警惕疫苗衍生脊髓灰质炎病毒（vaccine derived poliovirus, VDPV）的局部暴发流行。

3. 免疫性 病毒感染后，患者可获得长期而牢固的型特异性免疫，起主要作用的是血清中和抗体。中和抗体在感染早期，常在临床症状出现前就已产生。黏膜局部的 sIgA 可阻止病毒在咽喉部、肠道内的吸附和初步增殖，阻断病毒经粪便排出播散。血清中和抗体 IgG、IgM 可阻止病毒侵入中枢神经系统。血液中 IgG 抗体可经胎盘由母亲传给胎儿，故出生后 6 个月以内的婴儿较少发病。

（三）微生物学检查

1. 病毒分离与鉴定 粪便标本加抗生素处理后，接种原代猴肾细胞或人源性传代细胞，置 37℃培养 7～10 d，病毒在细胞质中增殖，产生典型的细胞病变，再用中和试验进一步鉴定病毒的血清型别。

2. 血清学试验 取患者发病早期和恢复期双份血清进行中和试验，若恢复期血清特异性抗体效价有 4 倍或 4 倍以上增长，则有诊断意义。亦可检测血清中特异性 IgM 抗体。

3. 快速诊断 核酸杂交、PCR 等分子生物学方法可检测患者咽拭子、粪便等标本中的病毒基因组的存在而进行快速诊断。同时可根据病毒株核苷酸组成或序列的差异，以及酶切位点的不同来区别脊髓灰质炎病毒的疫苗株与野毒株。

（四）防治原则

自从 20 世纪 50 年代中期和 60 年代初期灭活脊髓灰质炎疫苗（inactivated polio vaccine, IPV, Salk vaciccine）和口服脊髓灰质炎减毒活疫苗（attenuated poliomyelitis vaccine, OPV, Sabin vaciccine）相继问世并广泛应用以来，脊髓灰质炎发病率急剧下降，绝大多数发达国家已消灭了脊髓灰质炎野毒株。但疫苗相关麻痹型脊髓灰质炎病例尚需重视。1998 年后，我国没有再发现野毒株；2001 年 10 月，世界卫生组织宣布我国为亚太地区消灭脊髓灰质炎的第二批国家之一。但在非洲、中东和亚洲部分发展中国家仍有野毒株的存在，因此疫苗主动免疫仍需继续加强，尽早实现 WHO 提出的在全球消灭脊髓灰质炎的目标。

目前，IPV 和 OPV 都是三型病毒混合疫苗（TIPV 或 TOPV），免疫后都可获得针对三个血清型脊髓灰质炎病毒的保护性抗体。

OPV 口服免疫类似自然感染，既可诱发血清抗体，预防麻痹型脊髓灰质炎的产生，又可刺激肠道局部产生 sIgA，阻止野毒株在肠道的增殖和人群中的流行。此外，服疫苗后 OPV 在咽部存留 1～2 周，从粪便中排出达几周，因而疫苗病毒的传播可使接触者形成间接免疫。我国自 1986 年实行卫生部颁布的 2 个月龄开始连服 3 次 OPV，每次间隔 1 个月，4 岁时加强 1 次的免疫程序，可形成和保持持久免疫力。

IPV 经过肌内注射接种，具有不能产生肠道免疫，接种剂量大，使用不方便等缺点，使其曾一度被 OPV 所代替。但目前改进的增效 IPV 可使 99%～100%的接种者产生针对三型病毒的抗体，也能诱导低水平的黏膜免疫。芬兰、法国、荷兰、挪威、瑞典使用 IPV 后已控制并消灭了脊髓灰质炎，证明了 IPV 的效果。

由于 OPV 热稳定性差，保存、运输、使用要求高，有毒力回复的可能，特别是近年部分国家发生了疫苗相关麻痹型脊髓灰质炎(VAPP)，因此新的免疫程序建议首先使用 IPV 免疫 2 次，然后再口服 OPV 进行全程免疫，以消或降低 VAPP 发生的危险。

2015 年，世界卫生组织宣布Ⅱ型脊髓灰质炎野病毒已经在全球范围内被消灭，接种含Ⅱ型毒株的减毒活疫苗已经没有必要。我国自 2016 年 5 月 1 日起实施新的脊髓灰质炎疫苗免疫策略，停用三价脊髓灰质炎减毒活疫苗(TOPV)，用二价脊髓灰质炎减毒活疫苗(BOPV)替代 TOPV，并将脊髓灰质炎灭活疫苗(IPV)纳入国家免疫规划。

二、柯萨奇病毒、埃可病毒

柯萨奇病毒(coxsackievirus)包括 A、B 两组，其中 A 组有 23 个血清型，即 1～22 和 24 血清型，B 组有 1～6 血清型。埃可病毒即人肠道致细胞病变孤儿病毒(enteric cytopathogenic human orphan virus, ECHO)，因分离该病毒时其致病性尚不清楚而得名，包括 1～9、11～27 和 29～33 型，其中第 10 型、第 28 型和第 34 型被重新分类为呼肠孤病毒 1 型(reovirus 1)、鼻病毒 1 型(rhinovirus 1)和柯萨奇病毒 A 组 24 型。

(一) 生物学性状

柯萨奇病毒、埃可病毒的形态、结构和基因组及其理化性状等与脊髓灰质炎病毒相似。但是不同类型肠道病毒在致细胞病变以及对乳鼠或猴的致病性等方面各具特点。柯萨奇病毒和埃可病毒与脊髓灰质炎病毒的区别在于对乳鼠和猴的致病性。柯萨奇 A 组病毒感染乳鼠可以引起广泛性骨骼肌炎，导致迟缓性麻痹(flaccid paralysis)；而柯萨奇 B 组病毒感染乳鼠可以引起局灶性肌炎，导致痉挛性麻痹(spastic paralysis)，并常伴有心肌炎、脑炎和棕色脂肪坏死等。

(二) 致病性与免疫性

柯萨奇病毒和埃可病毒型别多，分布广泛，感染人的机会多。患者与无症状携带者是传染源，主要通过粪-口途径传播，也可以通过呼吸道或眼部黏膜感染。由于病毒受体广泛分布于包括中枢神经系统、心、肺、胰、皮肤、黏膜等多种组织，因而柯萨奇病毒和埃可病毒可引起多种类型的疾病。

柯萨奇病毒和埃可病毒显著的致病特点是：① 病毒主要在肠道中增殖感染，却很少引起肠道疾病；② 不同型别的病毒可引起相同的临床综合征，如散发性类脊髓灰质炎麻痹症、爆发性的脑膜炎、脑炎、发热、皮疹和轻型上呼吸道感染；③ 同一型病毒亦可引起几种不同的临床疾病(表 25－2)。

表 25－2 肠道病毒感染及其所致人类疾病

所致疾病	脊髓灰质炎病毒	柯萨奇病毒	埃可病毒	新型肠道病毒
神经系统疾病				
麻痹症	1～3	A7,9;B2～5	2,4,6,9,11	70,71
无菌性脑膜炎	1～3	A2,4,7,9,10;B1～6	1～11,13～23,25 27,28,30,31	70,71
无菌性脑炎		B1～5	2,6,9,19	70,71
心脏与肌肉疾病				
病毒性心肌炎		A4,16;B1～5	1,6,9,19	
流行性胸痛		A9;B1～5	1,6,9	
呼吸与消化系统疾病				

续表

所致疾病	脊髓灰质炎病毒	柯萨奇病毒	埃可病毒	新型肠道病毒
普通感冒		A21,24;B1～5	4,9,11,20,25	
病毒性肺炎		B4,5		68
病毒性肝炎		A4,9;B5	4,9	72
病毒性腹泻		A18,20～22,24	18,20	
皮肤与黏膜疾病				
急性出血性结膜炎		A24		70
手足口病		A5,9,10,16		71
疱疹性咽峡炎		A2～6,8,10		71
皮疹		A4,5,6,9,16;B5	2,4,6,9,11,16,18	
全身感染与综合征				
发热	1～3	B1～6		
新生儿全身感染		B1～5	3,4,6,9,17,19	
糖尿病		B3～5		
病毒感染后疲劳综合征		B组		

1. 无菌性脑膜炎(aseptic meningitis) 几乎所有的肠道病毒都与无菌性脑膜炎、脑炎和轻瘫有关。无菌性脑膜炎表现为发热，头疼和脑膜刺激等症状。肠道病毒性脑膜炎几乎每年夏秋季均有发生。其中有些型别，如埃可病毒 3、11、18、19，新肠道病毒 71 型所致的病毒性脑膜炎曾引起爆发性流行。

2. 疱疹性咽峡炎(herpangina) 主要由柯萨奇 A 组病毒某些血清型引起，夏秋季多见，主要为 1～7 岁儿童。典型症状是发热、咽痛，在软腭、悬雍垂周围出现水疱性溃疡损伤。

3. 手足口病(hand-foot-mouth disease, HFMD) 主要由柯萨奇病毒 A16 引起，新肠道病毒 71 型也引起过多次流行。主要表现为手足皮肤和口腔黏膜出现水疱疹，可伴有发热。多发生于 5 岁以下小儿，夏秋季易流行。

4. 流行性胸痛(pleurodynia) 常由柯萨奇 B 组病毒引起，症状为突发性发热和单侧胸痛，胸部 X 线多无异常。散发性胸痛也可由其他肠道病毒引起。

5. 心肌炎(myocarditis)和心包炎(pericarditis) 主要由柯萨奇 B 组病毒引起，散发流行于成人和儿童，新生儿患病毒性心肌炎死亡率高。一般多先有短暂的发热、感冒，继而出现心脏症状。病毒通过直接作用和免疫病理机制引起心肌细胞的损伤。

6. 眼病 多见于由柯萨奇病毒 A24 型引起的急性结膜炎(acute conjunctivitis)和新肠道病 70 型引起的急性出血性结膜炎(acute hemorrhage conjunctivitis)。

此外，肠道病毒感染还可能与病毒感染后疲劳综合征、Ⅰ型糖尿病相关。

免疫性 柯萨奇病毒和埃可病毒感染人体后，可以刺激机体产生特异性的保护性抗体，形成针对同型病毒的免疫力。

(三) 微生物学检查与预防原则

由于柯萨奇病毒和埃可病毒型别多，临床表现多样，所以微生物学检查对确定病因尤为重要。标本可采集患者的咽拭、粪便、脑脊液、心包液等，通过接种猴肾细胞或乳鼠进行病毒分离；再用病毒特异性组合和单价血清做中和试验进行病毒型别鉴定，或者根据乳鼠病理学损伤和免疫学分析进行病毒型别鉴定。另外，用 ELISA 法检测病毒抗体或 RT－PCR 法检测病毒核酸等可以辅助诊断病毒感染。目前尚无有效的治疗药物和预防疫苗。

三、新型肠道病毒

新型肠道病毒是指 1969 年以来新分离并鉴定的肠道病毒，主要包括新型肠道病毒 68、69、70 和 71 型。这些病毒具有与其他肠道病毒相似的形态、结构、基因组与理化特性，并可以在猴肾细胞上增殖。但是，新型肠道病毒的抗原性与脊髓灰质炎病毒、柯萨奇病毒和埃可病毒不同。主要经粪-口途径传播，引起多种神经系统疾病以及其他疾病。

肠道病毒68型是从呼吸道感染患儿的标本中分离获得，主要与儿童毛细支气管炎和肺炎的发生有关。肠道病毒69型从健康儿童的直肠标本分离获得，其致病性目前尚不清楚。

肠道病毒70型可以直接感染眼结膜，但不能感染肠道黏膜细胞，是人类急性出血性结膜炎(acute hemorrhagic conjunctivitis)最主要的病原体。病毒复制的最适温度是33～35℃，容易在疾病早期从结膜中分离获得。急性出血性结膜炎俗称"红眼病"，最早在非洲和东南亚等地发生流行，现在世界各地均有报道。该病以点状或片状的突发性结膜下出血为特征，主要通过接触传播，传染性强，成人患者多见。潜伏期为1～2 d，临床病程1～2周。治疗以对症处理为主，外用干扰素滴眼液有良好效果。

肠道病毒71型是引起人类中枢神经系统感染的重要病原体，呈世界性流行，隐性感染多见，主要引起疱疹性咽峡炎、无菌性脑炎、脑膜炎以及类脊髓灰质炎等多种疾病，严重感染可引起死亡。该病毒对脊髓前角神经元有组织亲嗜性，是最常见的可以引起急性迟缓性麻痹的非脊髓灰质炎病毒。根据病毒衣壳蛋白VP1核苷酸序列的差异，新型肠道病毒71型可分为A、B、C三个基因型，A型多流行于美国，B型和C型在世界范围内广泛传播，是我国近年来手足口病的主要病原之一，并呈持续流行状态，已经成为我国严重的公共卫生问题之一，被列入丙类传染病。病毒感染后可以形成针对VP1特异性的中和抗体。另外，该病毒还可引起手足口病的流行与传播。手足口病是一种急性传染病，传染源为患者和隐性感染者，通过消化道、呼吸道和密切接触等途径传播。突然发病，患儿多有不同程度的发热、出皮疹、食欲减退、疲乏、肌肉关节酸痛等症状，继而出现口腔、手、足炎症病征。表现为咽喉疼痛、局部充血、水肿，扁桃体充血、肿大，口腔黏膜可有散在的疱疹，疼痛明显，部分患儿可伴有咳嗽、流涕、食欲缺乏、恶心、呕吐和头疼等症状。手掌、脚掌和臀部皮肤出现斑丘疹和疱疹。大多数病例为1～4岁婴幼儿，大部分患者症状较轻。

第二节 急性胃肠炎病毒

肠道病毒以外的急性胃肠炎病毒(acute gastroenteritis viruses)主要包括轮状病毒(rotavirus)、杯状病毒(human calicivirus)、星状病毒(astrovirus)和肠道腺病毒(enteric adenovirus)。它们主要引起病毒性胃肠炎(viral gastroenteritis)等肠道内感染性疾病，所致临床表现相似，主要引起腹泻、呕吐等消化道症状，不同的急性胃肠炎病毒感染的流行方式明显不同，大致分为两类：一类是引起5岁以内的小儿腹泻，另一类是引起与年龄无关的爆发流行。

一、轮状病毒

轮状病毒(rotavirus)属于呼肠病毒科(*Reoviridae*)轮状病毒属(*Rotavirus*)，1973年，澳大利亚学者Bishop等在急性非细菌性胃肠炎儿童十二指肠黏膜超薄切片中首次发现，因病毒颗粒呈"车轮状"，故名。轮状病毒是人类、哺乳动物和鸟类腹泻的重要病原体。1983年我国学者发现了成人腹泻轮状病毒(adult diarrhea rotavirus)。轮状病毒分为A、B、C、D、E、F与G共7组。A、B与C组轮状病毒可以感染人类，A组轮状病毒感染最为常见，是世界范围内婴幼儿重症腹泻最重要的病原体，是婴幼儿死亡的主要原因之一；B组轮状病毒引起成人腹泻；而各组轮状病毒均可引起动物感染。

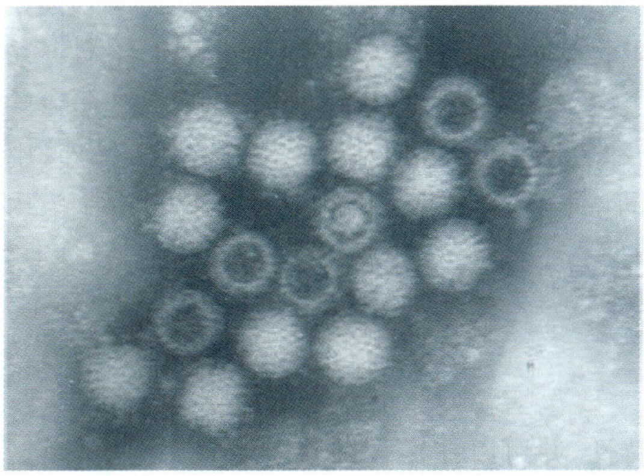

图25-2 轮状病毒形态图(×219 000)

(一) 生物学性状

1. 形态 病毒颗粒为球形，直径60～80 nm，具有二十面体立体对称排列的内、外双层衣壳结构，无包膜。负染后在电镜下观察，病毒外形呈"车轮状"(图25-2)。

2. 基因组及其编码的蛋白质 病毒核心含有病毒核酸和 RNA 合成酶。病毒基因组为双链 RNA，约 18 550 bp，由 11 个基因片段组成。每个片段含一个开放读码框架(ORF)，分别编码 6 个结构蛋白(VP1～VP4、VP6、Vrp7)和 6 个非结构蛋白(NSP1～NSP6)。其中，VP1、VP2 和 VP3 为病毒核心蛋白，VP1 为核糖核酸依赖的核糖核酸聚合酶(RNA replicase 或 RNA-dependent RNA polymerase，RdRp)，VP2 位于内衣壳，可刺激病毒核糖核酸的复制，VP3 为鸟苷酸转移酶，指导病毒基因组的复制与转录；VP4 是位于病毒表面的刺突，决定轮状病毒的血清型与感染性，并且 VP4 蛋白在一种内脏型蛋白酶作用下形成 VP5 和 VP8 之后，轮状病毒感染性增强；VP6 为病毒内衣壳蛋白，是病毒分组的特异性抗原；VP7 为病毒外衣壳蛋白，可促进病毒进入细胞；而且 VP4 和 VP7 作为中和抗原，可诱导中和抗体和辅助鉴定病毒血清型。病毒基因组中 5、7、8、10 和 11 片段，可分别编码 NSP1、NSP2、NSP3、NSP4、NSP5 和 NSP6 共 6 种非结构蛋白(nonstructural protein)，参与病毒的复制过程与致病性。其中 NSP1、NSP2 是核糖核酸结合蛋白质(RNA-binding protein)，NSP3 参与阻断细胞蛋白质合成，NSP4 是病毒性肠毒素，可引起腹泻症状，NSP5 和 NSP6 参与调控病毒的复制与装配。

3. 分型 根据轮状病毒内衣壳蛋白 VP6 的抗原性，可以把轮状病毒分为 A～G 7 个组。A 组轮状病毒根据 VP6 又分为 4 个亚组(Ⅰ、Ⅱ、Ⅰ＋Ⅱ、非Ⅰ非Ⅱ)。另外，根据 A 组轮状病毒 VP7 抗原的不同，可将其分为 14 个 G 血清型(亦称 VP7 血清型)；根据其 VP4 抗原的不同，将其分为 19 个 P 血清型(亦称 VP4 血清型)。

4. 培养特性 轮状病毒可以在非洲绿猴肾细胞 MA－104 株中增殖与培养，但需要用胰蛋白酶的预处理过程，使病毒 VP4 蛋白裂解成 VP5 和 VP8 蛋白后，才能保证病毒的感染性。轮状病毒借助细胞膜内吞形式进入细胞，被溶酶体酶处理脱去 VP4 刺突和 Vp7 外衣壳蛋白后，暴露出 VP2 和 VP6 内衣壳蛋白，在保护病毒基因组的同时，参与诱导病毒复制过程；病毒在细胞质内通过转录 mRNA 指导病毒核糖核酸复制与蛋白质合成，并在病毒感染细胞核周边形成由大量病毒蛋白质组成的病毒包涵体，可能是病毒复制与装配的场所；最后病毒以裂解细胞的形式释放出来。由于轮状病毒基因组是分节段的双股 RNA，所以在复制过程中可能出现基因重组。

5. 抵抗力 病毒对理化因素有较强的抵抗力，耐酸、耐碱，能在 pH3.5～10 的环境中存活。耐乙醚、氯仿和反复冻融。55℃ 30 min 可被灭活。但在室温下相对稳定，在粪便中可存活数天到数周。经胰酶作用后，感染性增强。

(二)致病性与免疫性

轮状病毒感染呈世界性分布，A～C 组轮状病毒能引起人类和动物腹泻，而 D～G 组只引起动物腹泻。其中 A 组轮状病毒感染最为常见，是引起 6 个月～2 岁婴幼儿严重胃肠炎的主要病原体，占病毒性胃肠炎的 80%以上，是导致婴幼儿死亡的主要原因之一。年长儿童和成人常呈无症状感染。

传染源是患者和无症状携带者，主要通过粪-口途径传播，也可通过呼吸道传播。多发于深秋初冬季节，在我国常称为"秋季腹泻"，但在热带地区的季节性不明显。轮状病毒导致腹泻的发生机制是：① 病毒侵入人体后，在小肠黏膜绒毛细胞内增殖，10～12 h 内即可产生大量子代病毒并释放到肠腔内感染其他的细胞。感染造成微绒毛萎缩、脱落和细胞溶解死亡，使肠道吸收功能受损；② 病毒非结构 P4 蛋白(NSP4)有肠毒素样的作用，刺激细胞内钙离子升高引发肠液过度分泌；水和电解质分泌增加，重吸收减少，出现严重腹泻。临床上潜伏期为 24～48 h，表现为突然发病，呕吐和水样腹泻，每日可达 5～10 次以上，持续 3～8 d 左右，并伴有发热、腹痛和脱水等症状，免疫力健全的患者一般为自限性感染，持续数天即可痊愈。但免疫缺陷的儿童则出现严重腹泻、脱水和酸中毒或转为慢性腹泻等，若不及时治疗，是导致婴儿死亡的主要原因。儿童营养不良，会使疾病更加严重。据估计，在发展中国家，每年约有 100 万儿童因轮状病毒感染引起的腹泻而死亡。

B 组轮状病毒引起成人腹泻，在中国首先发现，以 15～45 岁青壮年为主，多为自限性感染，病死率低，可产生爆发流行，但至今仅在我国有过报道。1982～1983 年，该组病毒在我国东北、西北矿区青壮年工人中引发了大规模霍乱样腹泻流行，患者达数十万人。

C 组病毒对人的致病性类似 A 组，但发病率很低，多散发，偶见爆发流行。

感染后机体可获持久免疫力。主要由病毒型特异性血清抗体 IgM、IgG 和肠道局部 sIgA 对同型病毒有保护作用，其中肠道 sIgA 最为重要。抗体对异型病毒只有部分保护作用，加上婴幼儿免疫系统发育尚不完善，sIgA 含量低，所以病愈后还可重复感染。抗轮状病毒的细胞免疫具有交叉保护作用。

（三）微生物学检查

1. *检测病毒或病毒抗原* 由于在腹泻高峰时，患者粪便中存在大量病毒颗粒（每克粪便中的病毒颗粒可达 10^{10}），取粪便作直接电镜或免疫电镜检查易检出轮状病毒颗粒。采用直接或间接 ELISA 法检测粪便上清液中的轮状病毒抗原，具有较高的敏感性和特异性，还可对病毒进行分型。

2. *病毒核酸检测* 从粪便标本中提取病毒 RNA，使用聚丙烯酰胺凝胶电泳法，根据轮状病毒 11 个基因片段特殊分布图形进行分析判断，在临床诊断和流行病学调查中有重要意义。RT－PCR 方法检测病毒核酸不仅灵敏度高，还可设计不同引物进行 G、P 血清型别的鉴定。

3. *细胞培养分离病毒* 轮状病毒可在原代猴肾细胞，传代 MA104 猴肾上皮细胞等中增殖，胰酶预处理病毒或标本后可加强病毒对细胞的感染性，但因病毒培养程序较复杂，费时以及某些病毒无明显细胞病变等原因，较少用于轮状病毒感染的临床诊断。

（四）防治原则

预防以控制传染源和切断传播途径为主。口服减毒活疫苗目前已在临床试用，可刺激机体产生抗体，预防感染和减轻再感染的症状。但由于轮状病毒活疫苗的使用可能与接种后 1～2 周内儿童出现肠套叠（肠梗阻）等有关，疫苗的使用受到限制。最近，WHO 推荐一种新的轮状病毒疫苗已经在美洲和非洲完成了临床试验，对 2～3 岁儿童有较好的预防作用，将用在世界范围内控制轮状病毒腹泻。目前尚无特异性治疗手段，以对症治疗为主。通过及时输液，补充血容量，纠正电解质紊乱等支持疗法，有助于减少婴幼儿的病死率。

二、杯状病毒

杯状病毒（calicivirus）是一类有典型杯状形态的圆形、无包膜的 RNA 病毒。杯状病毒科（*Caliciviridae*）主要包括诺如病毒属（Norovirus，Norwalk-like virus）和札幌病毒属（Sapoviruss Sapporo-1ike virus）等。常见的引起人类疾病的杯状病毒（human Calicivirus）主要是诺如病毒（Norovirus）和札幌病毒（Sapovirus）。其中，诺如病毒（以往也称为小圆结构病毒）的原型病毒株诺瓦克病毒（Norwalk Viruses）是 1969 年用免疫电镜技术在美国 Norwalk 市流行的急性胃肠炎患者的粪便中发现的病原体，故名；1993 年被归类于杯状病毒。札幌病毒以往也称为典型杯状病毒，其形态特点是表面有典型的杯状凹陷。1977 年日本学者 Chiba 等从札幌某托儿所腹泻的研究中证实此病毒为引起腹泻暴发的病原，故称之为"札幌病毒"。

常见的人类杯状病毒为诺罗病毒和札如病毒，主要引起成人和儿童的流行性、自限性急性胃肠炎，是除轮状病毒外造成腹泻的最主要的病毒病原。

1. *生物学特点* 杯状病毒无包膜、呈直径 27～38 nm 的球形结构，电镜观察可见病毒颗粒表面存在 32 个特征性的杯状凹陷。病毒基因组是单股正链 RNA，具有 3 个开放读码框，5′端和 3′端各有一个小的非编码区。ORF1 编码病毒非结构蛋白的前体聚蛋白，其中包括 RNA 多聚酶；ORF2 编码病毒的单个衣壳蛋白；最小的 ORF3 编码一个功能未知的蛋白。杯状病毒主要依据病毒形态、大小、蛋白质与核酸组成进行分类。诺如病毒与其他杯状病毒具有显著的基因同源性，但不具有杯状病毒的典型结构。札幌病毒在电镜下可见杯状病毒的典型形态。由于该病毒不能在体外细胞中培养，无合适的动物模型，且患者粪便标本中的病毒浓度较低，所以研究比较困难。

2. *致病性与免疫性* 诺如病毒和札幌病毒感染呈世界性流行，与食物、水源等的污染造成的急性胃肠炎爆发密切相关，常见于学龄儿童和成人发病。其中，诺如病毒主要引起成人和学龄儿童以及幼儿的散发或暴发流行的非细菌性腹泻，札幌病毒主要引起婴儿、幼儿和老人的急性胃肠炎。杯状病毒主要经粪-口途径传播，也可以经飞沫传播，进入体内后侵入小肠黏膜细胞内增殖，主要引起腹泻、呕吐、腹痛、头痛、恶心和低热等急性胃肠炎症状，并可随粪便排出体外。血清抗体和肠道黏膜 sIgA 抗体有一定的辅助诊断意义，但无保护性作用。

3. *微生物学检查与防治原则* 发病急性期（48～72 h）采集标本。免疫电镜可用于从粪便中浓缩和鉴定病毒。诺如病毒的 ELISA 检测方法已经建立，既可检测标本中的病毒和病毒抗原，也可检测患者血清中特异性抗体。杯状病毒核酸可采用核酸杂交技术和RT-PCR方法。目前以对症治疗为主，尚无有效的治疗药物与预防疫苗。

三、星状病毒

星状病毒科(*Astroviridae*)包括哺乳动物星状病毒属(*Mamastrovirus*)和禽星状病毒属(*Avastrovirus*)，主要引起哺乳类及鸟类腹泻。

1. 生物学特点　星状病毒(astrovirus)呈小圆结构病毒。电镜下可见直径28～30 nm的球形病毒颗粒，呈特征性的星状结构，具有光滑和略微内凹的外壳和5、6个星状结构突起，无包膜。病毒基因组为单正链RNA，长约7.0 kb，两端为非编码区，中间有3个重叠的开放读码框架，编码6种衣壳蛋白。人类星状病毒(Human astrovirus)于1975年从腹泻婴儿粪便中分离得到，属于人类星状病毒哺乳动物星状病毒，在有胰酶存在下可在某些培养细胞(如大肠癌细胞)中生长并产生CPE。人星状病毒至少有7个血清型。

2. 致病性与免疫性　星状病毒感染呈世界性分布，全年散发。主要借助水及饮食，通过粪-口途径传播。由于在健康成人、儿童及婴幼儿粪便均可查见此种病毒，推测当星状病毒在肠道内大量繁殖时引起胃肠炎。主要引起儿童和老年人腹泻，占人类腹泻疾病的3%～5%。潜伏期为24～36 h，病程1～4 d。病毒侵犯十二指肠黏膜细胞，并在其中大量增殖，造成细胞死亡，释放病毒于肠腔中。在急性期，每克粪便中病毒可达10^{10}病毒体，是医院感染的主要病原体。临床表现为非特异性、持续性的呕吐、腹泻、发热和腹痛，类似于轮状病毒胃肠炎，但症状较轻。感染后可产生有保护作用的抗体，免疫力较牢固。

3. 微生物学检查与防治原则　用电镜和酶免疫实验直接检查粪便标本中的病毒，可以辅助诊断星状病毒引起的急性胃肠炎。尚无有效的治疗药物与预防疫苗。

四、肠道腺病毒

肠道腺病毒(enteric adenovirus, EAD)是指主要引起急性胃肠炎的腺病毒40、41、42型，以区别于主要引起呼吸道感染性疾病的大多数腺病毒(adenovirus)。已证实肠道腺病毒是引起婴儿病毒性腹泻的第2位病原体。因腹泻而住院治疗的患儿中，约有15%是由肠道腺病毒引起。

1. 生物学特点　肠道腺病毒归属于人类腺病毒F组，其形态结构、基因组成、复制特点与其他腺病毒基本一致。基因组为双链DNA、中等大小(70～80 nm)、衣壳二十面体立体对称，无包膜。对化学、物理因素有抵抗力，在体外可以长期存活。肠道腺病毒在通常用于分离腺病毒的细胞中不能增殖，但可以在用腺病毒5型DNA转染的人胚肾细胞Graham株中增殖，所以该细胞常用于肠道腺病毒的分离。我国学者应用A549细胞分离肠道腺病毒40型亦获得成功。

2. 致病性与免疫性　世界各地均有小儿腺病毒急性胃肠炎的报告。该病毒主要经粪-口途径传播，也可经呼吸道传播。四季均可发病，以夏季多见，并可引起爆发流行。主要侵犯5岁以下小儿，引起水样腹泻，可伴有咽炎、咳嗽等呼吸道症状，发热及呕吐较轻。

3. 微生物学检查与防治原则　通过检查病毒抗原、核酸以及血清学检查可以辅助诊断肠道腺病毒感染。目前尚无有效的预防疫苗和治疗药物，主要采取对症治疗。

小　　结

经消化道传播引起人类疾病的病毒很多，最常见的是人类肠道病毒及急性胃肠炎病毒。肠道病毒在肠道中增殖，却引起多种肠道外感染性疾病。急性胃肠炎病毒主要引起病毒性胃肠炎等肠道内感染性疾病，所致临床表现相似，主要引起腹泻、呕吐等消化道症状，但各自的流行方式不同。

自从1988年WHO提出并通过了在2000年全球根除脊髓灰质炎行动计划以来，脊髓灰质炎减毒活疫苗(live oral polio vaccine, OPV)和灭活疫苗(inactivated polio vaccine, IPV)的普及接种，使脊髓灰质炎的发生明显下降。

然而，到2000年全世界仍有近3 000人发生脊髓灰质炎，WHO确定的最初目标未能实现。2003年，WHO改变了消灭脊髓灰质炎的策略，对印度、尼日利亚、巴基斯坦、埃及、阿富汗、尼日尔和索马里等7个仍有脊髓灰质炎流行的国家进行重点的免疫接种；并继续关注例如刚果民主共和国等脊髓灰质炎“高风险”的地区。WHO全球消灭脊髓灰质炎最后阶段战略计划(2013～2018)目标是消灭脊髓灰质炎野病毒和消灭疫苗衍生脊髓灰质炎病毒。到2012年底，世界范围内的脊髓灰质炎病例总数为223例，在目前仍有脊髓灰质炎病毒流行的最后三个国家是阿富汗、尼日利亚和巴基斯坦。

目前，根除脊髓灰质炎的免疫计划是在联合应用OPV和IPV的基础上，对流行地区以及“高风险”地区的每一个儿童进行覆盖接种，控制脊髓灰质炎野生株感染病例的发生，预防疫苗相关麻痹型脊髓灰质炎病例的出现，预期在一定的时间内可以实现根除脊髓灰质炎的目标。

【思考题】

1. 简述脊髓灰质炎病毒的致病机制及防治原则。
2. 简述柯萨奇病毒、埃可病毒及新型肠道病毒感染所致的人类疾病。
3. 简述轮状病毒的形态特点及其致病性。

(胡晓艳)

第二十六章

肝炎病毒

学习要点

掌握：① 各型肝炎病毒的生物学性状特点及致病性；② 乙型肝炎病毒的抗原组成及各项抗原、抗体指标检测的临床意义；③ 甲型及乙型肝炎病毒的微生物学检查法及防治措施。

熟悉：① 肝炎病毒的分类；② 乙型肝炎病毒的复制方式；③ 各型肝炎病毒的免疫性。

了解：庚型肝炎病毒及 TT 病毒的生物学特性及致病性。

肝炎病毒(hepatitis virus)是一组主要侵犯肝脏并引起病毒性肝类的病毒，发生于儿童和成人的大多数急性病毒性肝炎是由甲型肝炎病毒、乙型肝炎病毒、丙型肝炎病毒或戊型肝炎病毒所引起。肝炎病毒感染可能会导致肝脏的急性炎症，从而引起一系列的临床症状，如：发热、恶心、呕吐等胃肠道症状以及黄疸。本章的学习重点在各种肝炎病毒的生物学性状、致病性及防治原则。

几种常见的肝炎病毒特性见表 26－1。

表 26－1　各型肝炎病毒的特征

病毒	HAV	HBV	HCV	HDV	HEV
科	小 RNA 病毒科	肝 DNA 病毒科	黄病毒科	未分类	肝炎病毒科
属	嗜肝病毒属	正嗜肝 DNA 病毒属	丙型肝炎病毒属	δ 病毒属	肝炎病毒属
病毒体	27 nm，二十面体	42 nm，球形	60 nm，球形	35 nm，球形	30～32 nm，二十面体
包膜	无	有(HBsAg)	有	有(HBsAg)	无
核酸类型	ssRNA	dsDNA	ssRNA	ssRNA	ssRNA
基因组大小(kb)	7.5	3.2	9.4	1.7	7.2
稳定性	对热和酸稳定	对酸敏感	对酸敏感	对酸敏感	对热稳定
传播途径	粪口途径	肠外途径	肠外途径	肠外途径	粪口途径
流行性	高	高	中等	低，有地区性	地区性
爆发性疾病	罕见	罕见	罕见	常见	多见于妊娠期妇女
慢性疾病	无	常见	常见	常见	无
致癌性	无	有	有	不清	无

第一节　甲型肝炎病毒

1973 年，Feinstone 首先用免疫电镜技术在急性期患者的粪便中发现甲型肝炎病毒(Hepatitis A virus，HAV)。

一、生物学性状

（一）形态与结构

HAV病毒颗粒直径为27～32 nm，无包膜，由60个相同成分的衣壳蛋白组成20面体立体对称结构，其基因组为一条7.5 kb大小的单股正链RNA，不同分离株核酸序列高度同源（图26-1）。

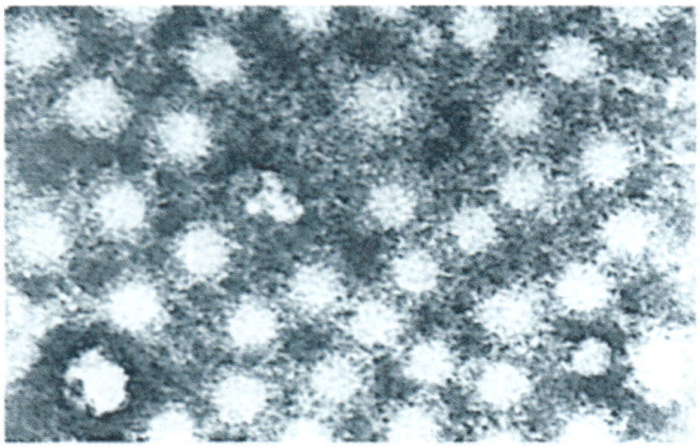

图26-1 甲型肝炎病毒(×222 000)

(Brooks et al, 2005)

HAV基因结构主要分为4个部分，即5′端非编码区(5′-NTR)、编码区、3′端非编码区(3′-NTR)和poly A尾。其中，5′-NTR为基因组最上游区，是病毒mRNA的起始，约占基因全长10%，是HAV基因组中最保守的区域。HAV的3′-NTR不同株间变化较大，可达20%，其功能不明，可能参与RNA合成调控。

HAV最初被归类为小RNA病毒科的肠道病毒72型，但其基因组核苷酸序列及氨基酸序列与肠道病毒明显不同，且与HBV或其他肝炎病毒无抗原交叉反应，仅有一种血清型，因而将其归为小RNA病毒科的肝病毒属(*Hepatovirus*)。

（二）培养特性

黑猩猩、绒猴、红面猴等对HAV易感，经口或静脉注射可使动物发生肝炎。感染后可在粪便中检出病毒颗粒，血清中会出现HAV的相应抗体。上述灵长类动物感染HAV的自然反应过程与人类相似，但临床表现较轻，多呈亚临床感染或隐性感染。动物模型的主要用于研究HAV的发病及免疫机制、疫苗研制和药物筛选等。

来源于灵长类的多种传代、原代细胞均可支持HAV的生长，如原代绒猴肝细胞、传代恒河猴胚肾细胞(Frhk4,Frhk6)、非洲绿猴肾细胞(Vero)、人胚肺二倍体细胞及人肝癌细胞株(PLC/PRF/S)等是通常作为病毒培养的良好细胞系。传代的人二倍体肺细胞(MRC5和KMB17)不仅可用于培养HAV，也可作为疫苗基质供生产使用。HAV在组织细胞中增殖缓慢且不引起细胞病变，也不导致宿主细胞的溶解与死亡。自标本中分离HAV常需数周甚至数月，并很难获得大量病毒。应用免疫荧光染色法和放射免疫法可检测出培养细胞中的HAV抗原成分。

（三）抵抗力

强，对有机消毒剂，如乙醚、氯仿、70%乙醇等有较强的抵抗力。HAV对酸耐受，可在pH1.0的酸性条件下存放2～8 h而保持感染性。对环境中的温度变化有较强的耐受性，能在60℃条件下存活4 h以上，在淡水、海水、泥沙和毛蚶中可存活数天至数月，但100℃ 5 min或高压蒸汽灭菌法(121℃，20 min)可使之灭活，对紫外线、甲醛和氯敏感。

二、致病性与免疫性

（一）致病性

1. 传染源与传播途径　HAV的传染源为甲肝患者和病毒携带者，其中无黄疸型肝炎患者容易漏诊或误诊，是重要的传染源，具有重要的流行病学意义。主要通过粪-口途径传播，HAV随患者粪便排出体外，通过污染水源、食物、海产品（如毛蚶等）、食具等而造成散发性流行或爆发流行。1988年上海曾发生因食用HAV污染的毛蚶而致的甲型肝炎爆发流行，患者高达30余万，危害十分严重。

2. 致病机制　HAV多侵犯儿童和青年，发病率随年龄增长而递减。甲型肝炎的潜伏期为15～50 d，病毒常在患者转氨酶升高前5～6 d就存在于患者的血液和粪便中，在潜伏期末病毒随粪便大量排出，传染性强。HAV经口侵入人体，首先在口咽部或唾液腺中早期增殖，然后到达肠黏膜与局部淋巴结中大量增殖，并侵入血流形成病毒血症，约1周后到达并定居于最终的靶器官肝脏，在肝脏增殖后通过胆汁排入肠道并随粪便排出，粪便排毒一般可持续1～2周。感染早期在唾液及扁桃体中可检出HAV-RNA。由于病毒血症持续时间较短，为1～2周，而且血中病毒滴度较低，因而临床上经血传播的甲型肝炎罕见。甲型肝炎患者有明显的肝脏炎症，肝细胞肿胀、变性、溶解，临床上表现为疲乏、食欲减退、恶心、呕吐、黄疸、肝脾肿大、血清转氨酶升高等。HAV 引起肝细胞损伤的机制尚不十分清楚，由于 HAV 本身不引起肝细胞病变，在感染过程中 HAV 大量复制并从机体排出后，肝细胞损伤才出现，提示 HAV 所引起的肝细胞损害主要与病毒免疫损伤机制有关。在感染早期，主要是自然杀伤细胞（NK 细胞）对病毒感染的肝细胞进行攻击，引起受感染的肝细胞溶解，然后机体特异性细胞免疫被激活，杀伤性 T 淋巴细胞（CTL）在 HLA 及 TCR 的介导下可通过直接杀伤及穿孔作用使细胞凋亡或坏死。γ-干扰素在 HAV 的感染和免疫损伤机制中也起重要作用，在感染的过程中，NK 及 CTL 产生的高水平 γ-干扰素可促进肝细胞表达 HLA，从而增强了 HLA 介导的 CTL 对肝细胞的细胞毒作用。甲型肝炎一般为自限性疾病，预后良好，一般不发展成慢性肝炎和慢性携带者。

（二）免疫性

在甲型肝炎的显性感染或隐性感染中，机体都可产生抗-HAV 的 IgM 和 IgG 抗体。抗-HAV IgM 在急性期和恢复期早期出现，抗-HAV IgG 在恢复期后期出现，并可维持多年，对 HAV 的再感染有免疫力（图 26-2）。

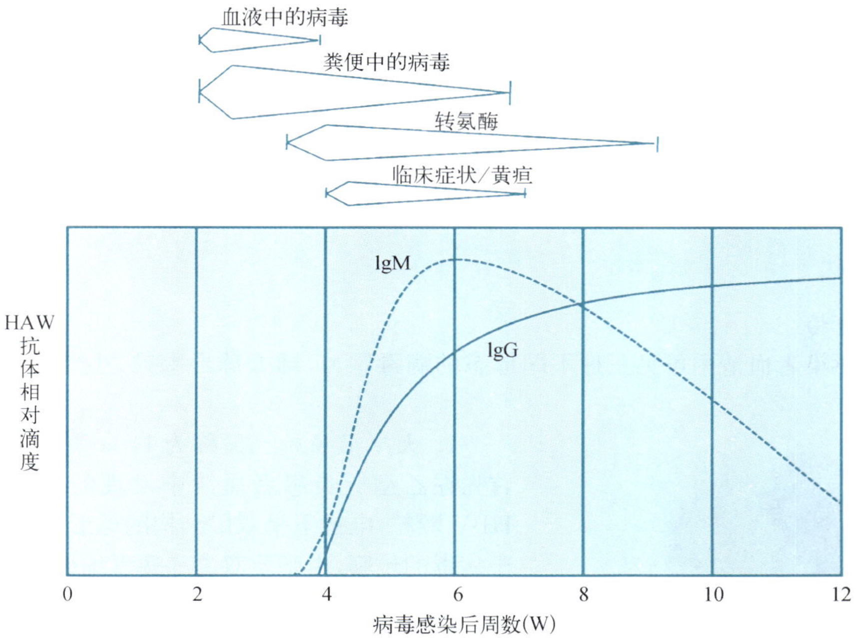

图 26-2　HAV 感染后的临床表现与血清学反应

三、微生物学检查

1. *病原学检查*　HAV 的微生物学诊断一般不作病原体的分离培养。

2. *免疫学检查*　以血清学方法检测病毒的抗原或抗体，是 HAV 临床检测诊断的主要方法。主要包括用 RIA 或 ELISA 法检测患者血清中的抗-HAV IgM 和 IgG。抗-HAV IgM 出现早，消失快，是 HAV 新近感染的重要血清学指标；抗-HAV IgG 检测主要用于了解既往感染史或进行流行病学调查。

3. *分子学检查*　主要包括用 RT-PCR 法检测粪便标本中的 HAV RNA，或用免疫电镜法检测病毒颗粒等。

四、防治原则

（一）预防原则

HAV 主要通过粪便污染食品和水源后经口传播，因此做好卫生宣教工作，加强食物、水源和粪便管理是预防甲型肝炎的主要环节。患者排泄物、食具、物品和床单衣物等，要认真消毒处理。

接种疫苗是预防甲型肝炎最有效的方法，目前已有减毒活疫苗和灭活疫苗用于甲型肝炎的特异性预防。

我国研制成功的甲型肝炎病毒减毒活疫苗是将从患者粪便中分离到的 HAV 经人胚肺二倍体细胞株连续传代减毒而成，免疫效果良好，接种后可获得持久的免疫力。甲型肝炎病毒灭活疫苗是将 HAV 接种人二倍体细胞 2BS 株，经培养、收获、病毒纯化、灭活和铝吸附等步骤而制成，接种后抗体滴度高，免疫保护期长，且安全性高。注射丙种球蛋白及胎盘球蛋白，对于应急预防甲型肝炎有一定效果。

（二）治疗原则

甲型肝炎是自限性疾病，治疗一般以支持治疗为主，辅以适当药物，避免饮酒、疲劳和使用损肝药物。强调早期卧床休息，至症状明显减退，可逐步增加活动，以不感到疲劳为原则，急性黄疸型肝炎需住院隔离治疗。

第二节 乙型肝炎病毒

乙型肝炎病毒（hepatitis B virus，HBV）属于嗜肝 DNA 病毒科（*Hepadnaviridae*）正嗜肝 DNA 病毒属（*Orthohepadnavirus*），是乙型肝炎的病原体。1970 年，Dane 在患者血清中证实了乙型肝炎病毒颗粒的存在，但真正对 HBV 特性的了解是建立在分子克隆技术及分子病毒学发展的基础之上的。HBV 的感染呈世界性分布，感染后的表现与感染者的年龄密切相关，在婴幼儿时期受感染者大多会发展为慢性感染，而在成人期受感染者其发生肝细胞癌的概率较高。全球每年约有 100 万人死于 HBV 相关的肝脏疾病及肝细胞癌。我国是乙肝的高发区，HBV 携带者有 1.2 亿之多，约占全球的 1/3。HBV 相关性疾病仍然是当今威胁人类健康的主要疾病之一。

一、生物学性状

（一）形态与结构

电镜下 HBV 感染者血清中可见三种不同形态的病毒颗粒，即大球形颗粒、小球形颗粒和管形颗粒（图 26－3）。

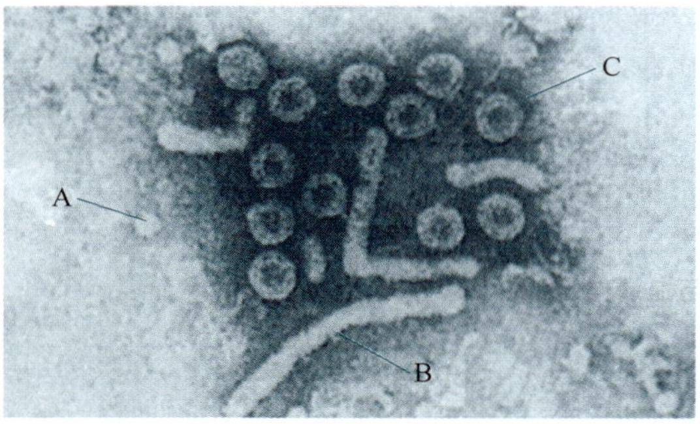

图 26－3 乙型肝炎病毒及其亚病毒形式
（Brooks et al，2012）
A. 多形性小球形颗粒；B. 管形颗粒；
C. 大球形颗粒（Dane 颗粒）

1. *大球形颗粒* 又称为 Dane 颗粒，是 Dane 于 1970 年首先在乙型肝炎患者血清中发现的，是有感染性的完整的 HBV 颗粒，电镜下呈双层结构的球形，直径 42 nm。外层相当于病毒的包膜，由脂质双层和病毒编码的包膜蛋白组成，包膜蛋白包括 HBV 表面抗原（hepatitis B surface antigen，HBsAg）、前 S1 抗原（Pre S1）和前 S2 抗原（Pre S2）。内层为病毒的核心，相当于病毒的核衣壳，呈 20 面体立体对称，直径约 27 nm。核心表面的衣壳蛋白为 HBV 核心抗原（hepatitis B core antigen，HBcAg），病毒核心内部含病毒的双链 DNA 分子、DNA 多聚酶等。

2. *小球形颗粒* 直径为 22 nm，成分为 HBsAg，为一种中空颗粒，是由 HBV 在肝细胞内复制时产生过剩的 HBsAg 装配而成，不含病毒 DNA 及 DNA 多聚酶，因此无感染性。这种小球形颗粒大量存在于血液中。

3. *管形颗粒* 颗粒长 100～500 nm，直径 22 nm，存在于血液中。由小球形颗粒聚合而成，成分与小球形颗粒相同，因此具有与 HBsAg 相同的免疫原性。

（二）基因结构与功能

HBV DNA 为一条双链不完全环形 DNA 分子。HBV DNA 全长 3 200 bp，由长短不一的正负链组成（图 26－4）。长链（负链）具有固定长度 3 200 bp，短链（正链）长度可变，为 50%～99%长链的长度。正、负链的 5′端位置固定，短链的 3′端则可变化。正、负链 5′端开始约 250 个核苷酸可相互配对，构成黏性末端，使

DNA 分子保持环状结构。在黏性末端两侧各有 11 个顺式重复序列（direct repeat，DR）：5′TTCACCTCTGC，称为 DR 区。DR1 和 DR2 分别自 1 824 位与 1 590 位核苷酸开始，黏性末端区为 DNA 成环和病毒复制的关键区。负链 DNA 的 3′端存在于 DR1 区，正链的 5′端存在于 DR2 区。

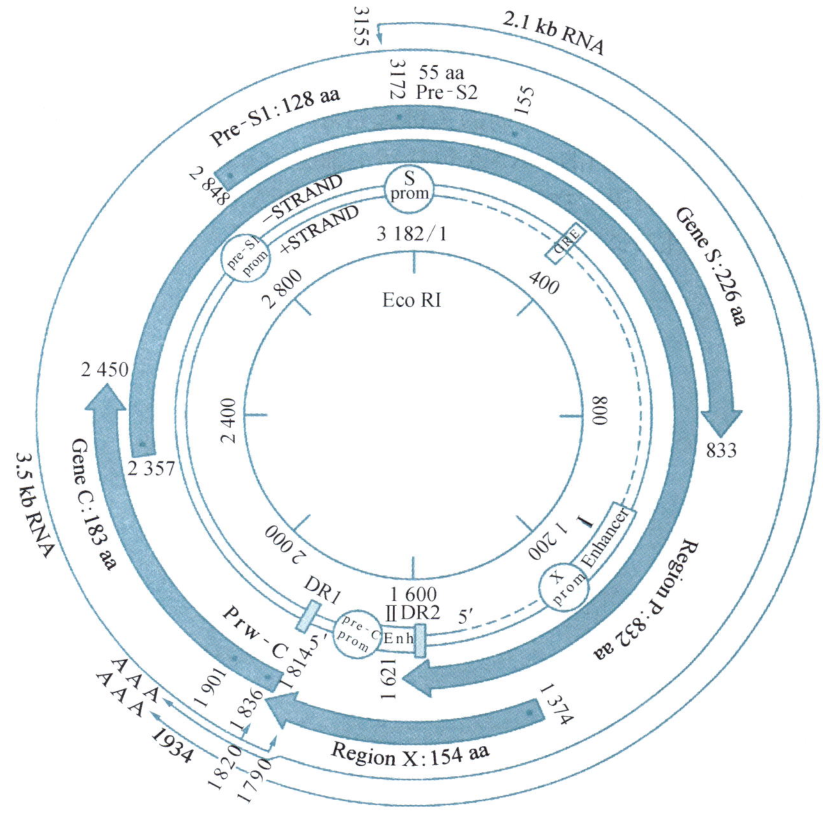

图 26－4　乙型肝炎病毒基因结构模式图

（Brooks et al.，2012）

HBV 基因组至少含有 4 个开放阅读框（ORF），其位置与黏性末端位置相应或相似。4 个 ORF 分别编码 S、C、P 和 X 蛋白，由长链分子编码完成。各 ORF 互相重叠，使基因组的利用率大大增高。S 区基因有 3 个不同起始密码区，分别为编码长短不同的 HBsAg、Pre S1 及 Pre S2 表面抗原多肽。C 区基因编码病毒的核心抗原（HBcAg）及 e 抗原（HBeAg），后者包含一短链 PreC 区。Pre－C 蛋白是 HBeAg 的前体蛋白，经切割加工后形成 HBeAg 并分泌到血循环中。HBeAg 为非结构蛋白，一般不出现在 HBV 颗粒中。HBcAg 是病毒衣壳的主要成分，也存在于感染的肝细胞核内、胞质内或包膜上。P 区基因很长并与其他区基因有重叠，负责编码病毒的 DNA 聚合酶，该酶既具有 DNA 多聚酶的功能亦具有反转录酶和 RNA 酶 H 的活性，故成为目前研究抑制病毒复制药物的靶位。X 区基因则编码约为 154 个氨基酸的 X 蛋白 HBxAg，可反式激活细胞内的原癌基因及 HBV 基因，与肝癌的发生发展有关。

（三）HBV 的复制

1. HBV 受体　现有研究发现 Na^+ 依赖牛磺胆酸钠协同转运蛋白（sodium taurocholate cotransporting polypeptide，NTCP）是 HBV 感染的受体分子，NTCP 是含有 349 个氨基酸的糖蛋白，其第 157～165 氨基酸直接决定了病毒的进入。

2. 复制过程　HBV 通过受体与肝细胞吸附、结合并侵入肝细胞内，首先在胞质内脱去核衣壳，其基因组 DNA 进入细胞核，在 DNA 聚合酶的作用下，填补环状 DNA 的缺口，形成病毒转录模板形式 cccDNA——共价闭合双链 DNA，以此为模板，合成两种主要的病毒特异的转录体：基因组转录体及亚基因组转录体。基因组转录体长 3.5 kb，为全长 mRNA 或前基因组 RNA（Pregenomic RNA，pgRNA），它既是自带病毒 DNA

合成模板，又是编码合成 P 蛋白及 Pre C、C 蛋白的转录体，3.5 kb RNA 转录受 Cp 调控，自 Pre C 区 5′端 AUG 开始转录、转译的蛋白编码信号肽，导入细胞内质网后，经断裂去除信号肽，同时在细胞内转移过程中除去蛋白的 C 端部分氨基酸，经过此过程，形成可分泌的 HBeAg。亚基因组转录体以 2.1 kb 为主，还有 2.4 kb及 0.8 kb 两种转录体。2.1 kb 转录体编码 Pre S2 和 HBsAg，2.4 kb 转录体编码 Pre S_1＋Pre S_2＋HBsAg，0.8 kb 转录体编码 X 蛋白(HBx)。

PgRNA 在细胞质内被包装入核心颗粒，经反转录自 DR1 区开始合成负链 DNA，再以负链 DNA 为模板合成正链 DNA。这一过程是整个病毒复制周期的关键起始环节。现已证明，只有 HBV 的 PgRNA 可被包装入核心颗粒，其他编码 P 蛋白、C 蛋白的 mRNA 包括宿主细胞的 mRNA 均不被包装入核衣壳。这一包装过程需有核心蛋白的存在，P 基因编码产物与之有关。当病毒 DNA 链合成时，核心颗粒进入内质网中的高尔基体获得糖蛋白包膜后，经芽生方式向胞外释放(图 26－5)。

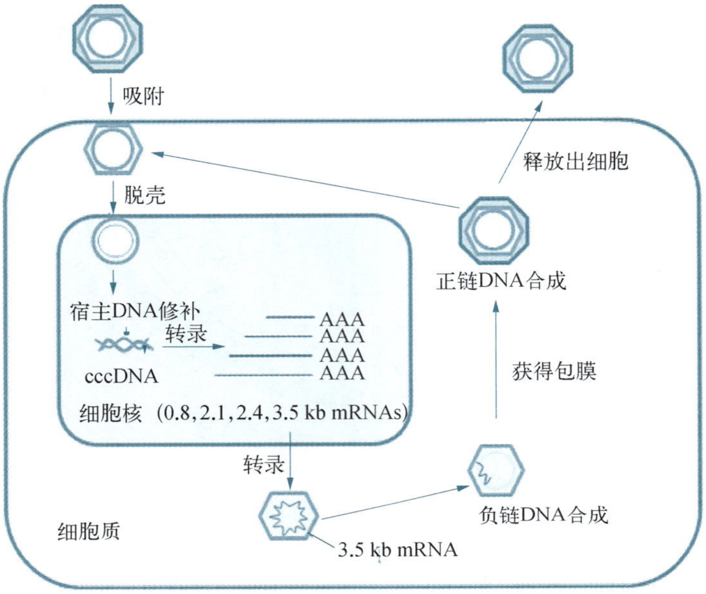

图 26－5 乙型肝炎病毒复制周期示意图

（四）抗原组成

1. *表面抗原(HBsAg)* S 基因编码的包膜(衣壳)蛋白即 HBsAg。HBsAg 主要为糖基化的病毒蛋白 gp27，每一个 HBsAg 单体分子通过分子间二硫键相连，大约 100 个单体分子聚集即可形成 22 nm 的球形颗粒。HBsAg 与病毒吸附到肝细胞表面受体有关，其含量在血清中最高，是 HBV 感染的主要标志，可刺激机体产生保护性中和抗体(抗- HBs)和细胞免疫反应，HBsAg 是制备疫苗的最主要成分。早在 20 世纪 70 年代人们根据 HBsAg 抗原性分析结果将其明确分为 adr、adw、ayr、ayw 四个亚型。HBsAg 亚型的分布有明显的地区差异，我国汉族以 adr、adw 多见，在新疆、西藏及内蒙古地区多见 ayw 亚型的感染。因有共同的 a 抗原，故制备疫苗时各亚型间有交叉保护作用。

Pre S1 及 Pre S2 抗原具有与肝细胞表面受体结合的表位，故抗- Pre S2 及抗- Pre S1 能通过阻断 HBV 与肝细胞结合而起抗病毒作用。

2. *核心抗原(HBcAg)和 e 抗原(HBeAg)* HBV 核心区基因编码两种蛋白抗原。自核心区 C 基因第 2 个起始密码子 AUG 转录、翻译的 183 个氨基酸多肽，可聚集形成 27 nm 的核心颗粒即核心蛋白 HBcAg，它为衣壳蛋白，存在于 Dane 颗粒的核衣壳表面，其外被 HBsAg 所覆盖，一般不游离于血循环中，故不易从感染者的血中检出；HBcAg 免疫原性强，刺激机体产生抗- HBc，但这种抗体为非保护性抗体；自 C 基因第 1 个起始密码子 AUG 转录、翻译成的前 C 即 PreC 蛋白，经后加工切除其 N 端 19 个氨基酸信号肽及 C 端的 34 个氨基酸后，成为可分泌的 e 抗原 HBeAg，为可溶性蛋白质，游离存在于血循环中，其消长与病毒颗粒及病毒 DNA 多聚酶的消长基本一致，故可作为 HBV 复制及具有强传染性的指标之一。

尽管这两个蛋白抗原大部分氨基酸序列相同，但各有其特异的抗原表位，可分别诱导机体产生抗-HBc和抗-HBe，但两者的细胞免疫CTL表位相同。HBeAg经PreC而来，可由感染肝细胞分泌至血循环中，曾被认为是HBV易形成免疫耐受的重要因素之一。HBeAg也可定位于受染肝细胞膜上而成为机体免疫细胞攻击的靶抗原。HBcAg可单独表达并定位于胞核、胞质及胞膜，成为CTL应答最重要的靶抗原，其免疫原性强，在细胞杀伤与清除病毒两方面发挥重要作用。

3. X蛋白　HBV X基因编码抗原多肽由145～154个氨基酸残基组成即HBxAg。HBxAg定位于感染细胞的胞质或胞核中，研究证明它与HBV的致病机制有一定关系。在慢性肝病中晚期患者，HBxAg可有较高的阳性检出率（如70%），与我国原发性肝癌的发生密切相关。HBx蛋白的反式激活作用有重要意义，这一作用既可影响细胞周期推进，又可影响细胞生长因子基因表达及原癌基因的表达，且HBV本身的基因包括增强子、启动子基因也受到HBxAg反式激活作用的调控。

（五）动物模型与细胞培养

黑猩猩是对HBV最敏感的动物，常用来进行HBV的致病机制研究和疫苗效果及安全性评价。近年来，我国学者发现树鼩也可作为HBV感染研究的动物模型。此外，嗜肝DNA病毒科的其他成员如鸭乙型肝炎病毒、土拨鼠肝炎病毒及地松鼠肝炎病毒等可在其相应的天然宿主中引起类似人类乙型肝炎的感染，因此可用这些动物作为实验动物模型，其中鸭乙型肝炎病毒因动物宿主来源方便，已被国内外广泛用于筛选抗病毒药物及免疫耐受机制的研究。随着生物技术的发展，现已有用HBV转基因小鼠开展相关的研究。

HBV的体外培养尚未成功，目前采用的是病毒DNA转染的细胞培养系统，即将病毒DNA导入肝癌细胞株后，HBV基因组与细胞DNA整合并长期稳定复制，在细胞中表达HBsAg、HBcAg并分泌HBeAg，有些细胞株还可持续地产生Dane颗粒。这些细胞培养系统主要用于筛选抗HBV药物。用S基因转染一些细胞系，如中国地鼠卵巢细胞（CHO细胞），可以分泌HBsAg而不含病毒其他蛋白，已用于制备疫苗。

（六）抵抗力

HBV对外界环境的抵抗力较强，对低温、干燥、紫外线均有耐受性。不被70%乙醇灭活，因此乙醇消毒这一常用的方法并不能用于HBV的消毒。高压蒸汽灭菌法、100℃加热10 min和环氧乙烷等均可灭活HBV，0.5%过氧乙酸、5%次氯酸钠（84消毒液）和环氧乙烷等常用于HBV的消毒。然而，HBV的传染性和HBsAg的免疫原性并不一致，上述消毒手段仅能使HBV失去传染性，但仍可保留HBsAg的免疫原性。

二、致病性与免疫性

（一）传染源

主要传染源为患者和无症状HBsAg携带者。乙型肝炎的潜伏期为30～160 d，不论在潜伏期、急性期或慢性活动初期，患者血清都有传染性。HBsAg携带者因无症状，不易被察觉，其作为传染源的危害性比患者更大。

（二）传播途径

1. 血液和血制品传播　HBV在血循环中大量存在，而人又对其极敏感，故只需极微量的污染血经微小伤口进入人体即可导致感染。所以，血液和血制品、注射、外科或牙科手术、针刺（纹身）、共用剃刀、皮肤黏膜的微小损伤等均可传播。唾液中曾检出过HBV DNA，认为来自血液，通过牙龈浆液而进入口腔，其含量仅为血清的百分之一至万分之一。医院内污染的器械（如内镜、牙科或妇产科器械等）亦可致医院内传播。其他如修足、纹身、扎耳环孔、医务人员工作中的意外暴露、共用牙刷等也可传播。

2. 母婴垂直传播　多发生于胎儿期和围产期。围产期感染即分娩时新生儿经产道时被感染或通过哺乳传播，该类型的传播在我国发生率较高。约有10%的婴儿在母体子宫内已被感染，表现为出生时已呈HBsAg阳性。婴儿出生时立即注射疫苗能很好地阻断大部分的母婴传播。

3. 性传播及密切接触传播　从HBV感染者的精液和阴道分泌物中可检出HBV，HBsAg阳性的配偶较其他家庭成员更易感染HBV，表明HBV可以经性途径传播。在我国等HBV高流行区，性传播不是HBV的主要传播方式，但在低流行区，HBV感染主要发生在性乱者和静脉药瘾者中，所以西方国家将乙型肝炎列为性传播疾病。

（三）致病与免疫机制

HBV 感染的临床表现呈多样性，可表现为无症状 HBV 携带者、急性肝炎、慢性肝炎及重症肝炎。HBV 的致病机制迄今尚未完全清楚，大量的研究结果表明，免疫病理反应以及病毒与宿主细胞间的相互作用是肝细胞损伤的主要原因。HBV 侵入机体后，首先感染以肝细胞为主的多种细胞，在细胞内复制产生完整的病毒颗粒并分泌 HBsAg、HBeAg 和 HBcAg 等抗原成分。在血液或肝细胞膜上的病毒抗原成分可诱导机体产生特异性的体液免疫和细胞免疫应答。

HBV 感染的临床多种表现形式和转归主要取决于各个感染机体所产生的抗病毒免疫的强弱及活跃程度。病毒抗原在肝细胞表达和在抗原呈递细胞的处理和呈递的不同，T 细胞和 B 细胞对病毒抗原的识别和应答的差异，都将影响抗病毒免疫的效果，从而最终决定是彻底清除病毒，还是病毒感染持续并发生肝细胞损害。

1. *细胞免疫及其介导的免疫病理反应*　免疫应答有几种途径可以被活化，并足以彻底清除病毒，而在清除病毒的过程中，可能杀伤感染细胞，使之遭破坏并发生病理损害，或清除感染细胞内病毒而不杀伤细胞本身。病毒抗原致敏的杀伤性 T 细胞（CTL）是彻底清除 HBV 的最重要的环节。细胞免疫清除 HBV 的途径有三：第一是特异性 CTL 的直接杀伤作用，活化的 CTL 通过识别肝细胞膜上的 HLA－Ⅰ类分子和病毒抗原而与之结合，继而分泌穿孔素（perforin）、淋巴毒素（lymphotoxin）等直接杀伤靶细胞；第二是特异性 T 细胞产生和分泌多种细胞因子而发挥抗病毒效应，其中有些细胞因子可活化非特异性淋巴细胞和单核-巨噬细胞，从而扩大了细胞毒效应，另一些细胞因子如 IL－2、TNF－α、IFN－γ 等，通过抑制 HBV 基因表达和病毒复制等非靶细胞损伤性抗病毒效应来清除病毒；第三是 CTL 诱导的肝细胞凋亡作用，HBV 感染的肝细胞表面可表达高水平的 Fas 抗原，CTL 通过其膜上的 Fas－L 配体识别肝细胞膜上的 Fas 抗原并与之结合而诱导肝细胞凋亡。然而，特异性 CTL 介导的细胞免疫效应在清除病毒的同时又可导致肝细胞损伤，过度的细胞免疫反应可引起大面积的肝细胞破坏，导致重症肝炎。若特异性细胞免疫功能低下则不能有效清除病毒，病毒在体内持续存在而形成慢性肝炎。

2. *体液免疫及其介导的免疫病理反应*　HBV 感染可诱导机体产生抗- HBs、抗- Pre S1 和抗- Pre S2 等特异性抗体，这些保护性中和抗体可直接清除血循环中游离的病毒，并可阻断病毒对肝细胞的黏附作用，因此在抗病毒免疫和清除病毒过程中具有重要作用。然而，HBsAg 及抗- HBs 可形成免疫复合物，并随血循环沉积于肾小球基底膜、关节滑液囊等处，激活补体，导致Ⅲ型超敏反应，故乙型肝炎患者可伴有肾小球肾炎、关节炎等肝外损害。如果免疫复合物大量沉积于肝内，可使肝毛细管栓塞，导致急性肝坏死，临床上表现为重症肝炎。

另外，HBV 感染肝细胞后，会引起肝细胞表面自身抗原的改变，出现肝特异性脂蛋白（LSP）和肝细胞膜抗原（LMAg），引起自身免疫应答而损害肝细胞。

3. *免疫耐受与慢性肝炎*　在母婴垂直传播过程中，子宫内感染所导致的病毒特异性 T 细胞克隆丢失是造成机体对 HBV 特异性免疫耐受，使病毒感染持续化的重要原因。出生后的感染，由于新生儿免疫系统发育不成熟，同样可诱导微弱的有缺陷的病毒特异性免疫应答，极易形成免疫耐受。

在转基因小鼠模型研究中发现，HBeAg 阳性的母代转基因小鼠，其非转基因子代小鼠对于 HBeAg 和 HBcAg 都是耐受的，这可能是由于在宫内感染过程中，由于暴露 HBeAg 而造成 MHC－Ⅱ类限制的 HBV 核衣壳抗原蛋白特异性 Th 细胞在胸腺内丢失所致。这种在胚胎发育过程中所形成的免疫应答细胞的克隆阴性不仅引起机体对 HBV 核衣壳蛋白的耐受，而且可引起对其他病毒抗原的特异性免疫耐受的形成，这是导致病毒持续性感染的重要原因。但是机体对 HBsAg 的免疫耐受形成机制则是不同的。HBeAg 阳性的母亲所生的婴儿，尽管在妊娠过程中有可能已经接触各种病毒抗原成分，但出生后用 HBsAg 疫苗进行免疫应答仍是有效的，说明 T 细胞和 B 细胞（HBsAg 特异性）仍存在并可发挥其功能。

成人 HBV 感染后，当大剂量病毒感染使抗病毒 T 细胞被耗竭时，或在极其活跃的免疫细胞被诱导而形成凋亡时，因细胞大量凋亡而使抗病毒特异性 T 细胞消耗过多时，机体也可形成的免疫耐受。现认为，这种抗病毒特异性 T 细胞的耗竭不仅仅受由于病毒量和细胞分化反应过程的影响，往往感染者的 HLA 的背景和特殊病毒毒力状态也是决定 HBV 感染转归的重要因素。成人感染 HBV 后形成特异性免疫耐受机制特别复杂，许多问题也有待于进一步经实验证实和阐明，除病毒诱导机体免疫应答异常及免疫调节紊乱等因素外，病毒本身的分子生物学特性及其行为也是重要的原因。

机体对 HBV 的免疫效应具有双重性，既可清除病毒，也可造成肝细胞的损伤。当病毒感染波及的肝细胞数量不多、免疫应答处于正常范围时，特异的 CTL 可摧毁病毒感染的细胞，释放至细胞外的 HBV 则可被抗体中和而清除，临床表现为急性肝炎，并可较快恢复痊愈；相反，若受染的肝细胞为数众多，机体的免疫应答超过正常范围，引起迅速大量的肝细胞坏死、肝功能衰竭时，可表现为重症肝炎；当机体免疫功能低下，或由于病毒变异而发生免疫逃逸或产生免疫耐受时，特异性 CTL 不能有效地清除感染细胞内的 HBV，又无有效的抗体中和病毒时，病毒则持续存在并再感染其他肝细胞，造成慢性肝炎。慢性肝炎造成的肝细胞病变又可促进成纤维细胞增生，引起肝硬化。

4. *病毒变异与免疫逃逸*　HBV DNA 的 4 个 ORF 区均可发生变异，其中最重要的免疫逃逸突变形式有 S 区的"a"抗原决定簇突变、C 区的 CTL 识别位点的突变及前 C 区的终止密码突变等。S 基因编码的"a"抗原表位基因可发生点突变或插入突变，使其免疫原性改变或抗原位点丢失。"a"抗原变异导致抗-HBs 不能与之结合或亲和力降低，从而使 HBV 逃避体液免疫的监视与中和作用。此外，"a"抗原变异导致现有的诊断方法不能检出 HBsAg，临床上虽有 HBV 感染，但却出现 HBsAg 阴性结果，出现所谓的"诊断逃逸"，临床上称为"隐匿性乙肝病毒感染(Occult HBV infections，OHBI)"。Pre C 基因的变异常发生在 1 896 位核苷酸，使之由鸟嘌呤(G)变为腺嘌呤(A)，导致 Pre C 区的第 28 位密码子由 TGG 变为终止密码子 TAG，使 Pre C 基因不能与 C 基因共同转译出完整的 HBeAg，导致病毒逃避机体对病毒的免疫清除作用。C 基因编码的 HBcAg 是特异性 CTL 的靶抗原，C 基因的突变导致 HBcAg 抗原位点的改变，从而影响 CTL 对 HBcAg 的识别，形成所谓"CTL 逃逸突变株"。病毒基因突变导致的免疫逃避作用在 HBV 感染慢性化过程中具有重要意义。

准种(quasispecies)是指同种遗传差异性的概念，2005 年《慢性乙型肝炎防治指南》将 HBV 感染者体内形成的以一个优势株为主的相关突变株病毒群称为 HBV 准种，它是由一种母序列和来自该系列的大量相关突变体所组成的病毒基因组。研究发现 HBV 准种的产生与抗病毒治疗的耐药相关。

5. *HBV 与原发性肝癌*　人群流行病学显示，我国 90% 以上的原发性肝细胞癌(hepatocellular carcinoma，HCC)患者感染过 HBV，HBsAg 携带者发生原发性肝癌的危险性比正常人高 217 倍。肝癌细胞染色体中有 HBV DNA 的整合，整合的 HBV 基因片段有 50%左右为负链 DNA 5′末端片段，即 X 基因片段。X 基因编码的 X 蛋白有反式激活作用，可反式激活细胞内原癌基因或生长因子基因等，从而影响细胞周期，促进细胞转化，最后发展成原发性肝细胞癌。

三、微生物学检查

HBV 感染的实验室诊断方法主要是检测血清标志物。HBV 的血清标志物主要包括抗原抗体系统和病毒核酸等。

(一) HBV 抗原、抗体检测

过去用 ELISA 法检测患者血清中 HBV 抗原和抗体是临床上诊断乙型肝炎最常用的检测方法，但随着检测技术的进一步提高及完善，现在临床上多采用化学发光法进行检测。

主要检测 HBsAg、抗-HBs、HBeAg、抗-HBe 及抗-HBc(俗称"两对半")，必要时也可检测 Pre S1 和 Pre S2 的抗原和抗体。HBV 抗原、抗体的血清学标志与临床关系较为复杂，必须对几项指标同时分析，方能做出正确的诊断(表 26-2，图 26-6)。

表 26-2　HBV 抗原、抗体检测结果的临床分析

HBsAg	HBeAg	抗-HBs	抗-HBe	抗-HBc IgM	抗-HBc IgG	结果分析
+	−	−	−	−	−	HBV 感染者或无症状携带者
+	+	−	−	+	−	急性乙型肝炎(传染性强，俗称"大三阳")
+	−	−	+	−	+	急性乙型肝炎趋向恢复(俗称"小三阳")
+	+	−	−	+	+	急性或慢性乙型肝炎，或无症状携带者
−	−	+	+	−	+	乙型肝炎恢复期
−	−	−	−	−	+	既往感染
−	−	+	−	−	−	既往感染或接种过疫苗

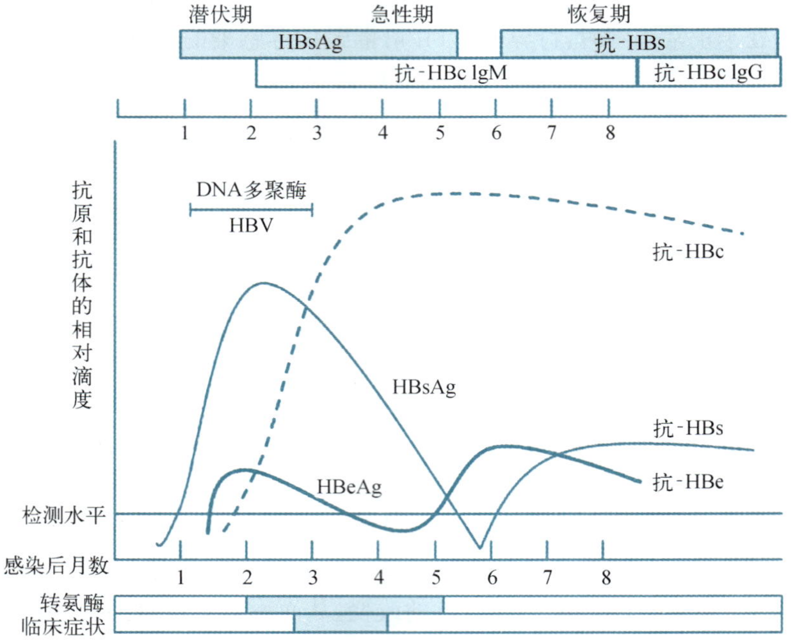

图 26－6　急性乙型肝炎病毒感染的临床表现及血清学反应

1. HBsAg 与抗- HBs　HBsAg 是机体感染 HBV 后最先出现的血清学指标，HBsAg 阳性见于急性肝炎、慢性肝炎或无症状携带者，是 HBV 感染的指标之一。急性肝炎恢复后，一般在 1～4 个月内 HBsAg 消失，若持续 6 个月以上则认为已向慢性肝炎转化。无症状 HBsAg 携带者是指肝功能正常，肝穿刺病理组织切片已有病变，但无临床症状者。携带者可长期为 HBsAg 阳性，也可伴有 HBeAg 阳性及病毒血症，具有很强的传染性，少部分可发展为肝硬化或肝癌。HBsAg 是病毒感染后产生最多的病毒抗原，对其检测能有效地阻断 HBV 的输血传播。HBsAg 阴性并不能完全排除 HBV 感染，因为 S 基因突变或低水平的表达可使常规检查方法难于检出。

抗- HBs 是 HBV 的特异性中和抗体，其阳性见于乙型肝炎恢复期、既往 HBV 感染者或接种 HBV 疫苗后。抗- HBs 的出现表示机体对乙型肝炎有免疫力。在 S 基因变异株感染的病例中可出现 HBsAg 和抗- HBs 同时阴性的情况。

Pre S1 抗原和 Pre S2 抗原均与病毒的活动性复制有关，且含量的变化与血中 HBV DNA 的含量成正比，因此这些抗原的检出可作为病毒复制的指标。抗- Pre S1 及抗- Pre S2 常见于急性乙型肝炎恢复期的早期，其检出提示病毒正在或已经被清除，预后良好。

2. HBeAg 与抗- HBe　HBeAg 与 HBV DNA 多聚酶的消长基本一致，因此 HBeAg 阳性提示 HBV 在体内活跃复制，患者病情严重及血液有较强的传染性，如转为阴性，表示病毒复制受到抑制。若持续阳性则提示有发展成慢性肝炎的可能。抗- HBe 阳性表示 HBV 复制能力减弱，血液传染性降低，但并不表示病毒一定被清除。但在 Pre C 基因发生变异时，由于变异株的免疫逃逸作用，即使抗- HBe 阳性，病毒仍大量增殖，因此，对抗- HBe 阳性的患者也应注意检测其血中 HBV DNA，以全面了解病毒的复制情况。

3. HBcAg 与抗- HBc　HBcAg 阳性表示病毒颗粒存在，具有传染性，但它被包裹在 HBsAg 内部，不易在血清中检出，故不用于常规检测，作特殊处理将 HBsAg 去除后可被检测。抗- HBc 产生早，滴度高，持续时间长，几乎所有急性期病例均可检出。抗- HBc IgM 阳性提示 HBV 处于复制状态，具有强的传染性。抗- HBc IgG 在血中持续时间较长，是感染过 HBV 的标志，检出低滴度的抗- HBc IgG 提示既往感染，滴度高提示急性感染。

（二）血清中 HBV DNA 的检测

应用核酸杂交技术、常规 PCR 技术或荧光定量 PCR 技术等可以直接检测血清中的 HBV DNA，这些方法特异性强，敏感性高，可测出极微量的病毒。检出 HBV DNA 是病毒存在和复制的最可靠的指标，因此已被广泛应用于临床诊断和药物效果评价，目前临床最常用的方法是荧光定量 PCR 技术。

四、防治原则

（一）预防

1. 一般措施　加强对供血员的筛选，以降低输血后乙型肝炎的发生率。患者的血液、分泌物和排泄物，用过的食具、药杯、衣物、注射器和针头等均须严格消毒。提倡使用一次性注射器具。对高危人群应采取特异性预防措施。

2. 特异性预防　接种乙型肝炎疫苗是最好的预防乙型肝炎的措施。

（1）主动免疫：乙型肝炎疫苗有血源疫苗和基因工程疫苗两种。血源疫苗为第一代乙型肝炎疫苗，是从 HBsAg 携带者血液中提纯的 HBsAg 经甲醛灭活而成，具有良好的免疫保护效果，曾被广泛应用，但由于来源及安全性问题，现已停止使用。基因工程疫苗为第二代乙型肝炎疫苗，是将编码 HBsAg 的基因克隆到酵母菌、哺乳动物细胞或牛痘苗病毒中高效表达，产生 HBsAg 经纯化而制成疫苗。基因工程疫苗的优点是可以大量制备且排除了血源疫苗中可能存在的未知病毒感染。

乙型肝炎疫苗的接种对象主要是新生儿，其次为婴幼儿，15 岁以下未免疫人群和高危人群（如医务人员、经常接触血液的人员、托幼机构工作人员、器官移植患者、经常接受输血或血液制品者、免疫功能低下者、易发生外伤者、HBsAg 阳性者的家庭成员、男性同性恋或有多个性伴侣和静脉内注射毒品者等）。乙型肝炎疫苗全程需接种 3 针，按照 0、1、6 个月程序，即接种第 1 针疫苗后，间隔 1 个月及 6 个月注射第 2 及第 3 针疫苗。新生儿接种乙型肝炎疫苗要求在出生后 24 h 内接种，越早越好。

新型的乙型肝炎疫苗如 HBsAg 多肽疫苗及 HBV DNA 核酸疫苗等目前尚在研究中。

（2）被动免疫：含高效价抗-HBs 的人血清免疫球蛋白（HBIg）可用于紧急预防。对 HBsAg 阳性母亲的新生儿，应在出生后 24 h 内尽早（最好在出生后 12 h）注射 HBIG，同时在不同部位接种乙型肝炎疫苗，在 1 个月和 6 个月时分别接种第 2 和第 3 针乙型肝炎疫苗，可显著提高阻断母婴传播的效果。也可在出生后 12 h 内先注射 1 针 HBIG，1 个月后再注射第 2 针 HBIG，并同时在不同部位接种一针乙型肝炎疫苗，间隔 1 和 6 个月分别接种第 2 和第 3 针乙型肝炎疫苗 。新生儿在出生 12 h 内注射 HBIg 和乙型肝炎疫苗后，可接受 HBsAg 阳性母亲的哺乳。在紧急情况下，立刻注射 HBIg 0.08 mg/kg，在 8 d 之内具有预防效果，2 个月后需再重复注射一次。

（二）治疗

慢性乙型肝炎治疗的总体目标是：最大限度地长期抑制 HBV，减轻肝细胞炎症、坏死及肝纤维化，延缓和减少肝脏失代偿、肝硬化、HCC 及其并发症的发生，从而改善生活质量和延长存活时间。慢性乙型肝炎治疗主要包括抗病毒、免疫调节、抗炎和抗氧化、抗纤维化和对症治疗，其中抗病毒治疗是关键，只要有适应证，且条件允许，就应进行规范的抗病毒治疗。

治疗用药包括干扰素及核苷类似物，如拉米夫定（lamivudine，LAM）、恩替卡韦（entecavir，ETV）和替比夫定（telbivudine，LdT）等，一些清热解毒、活血化瘀的中草药等对 HBV 感染也有一定的疗效。

第三节　丙型肝炎病毒

1989 年，美国学者 Choo 等从感染输血后非甲非乙型肝炎（PT-NonA、NonB，PT-NANB）病毒的黑猩猩肝组织中首次运用分子克隆技术获得了病毒的全基因克隆，并利用这些基因表达的蛋白质为抗原，对 PT-NANB 感染患者血清进行检测，结果发现 60%～80%的患者血清中存在着针对该抗原的特异性抗体，由此确定病毒的基因克隆及其产物与引起 PT-NANB 的病毒的特异性，认为它是引起 PT-NANB 型肝炎的病原体，随后称其为丙型肝炎病毒（hepatitis C virus，HCV）。1991 年，国际病毒命名委员会将其归类于黄病毒科（Flaviviridae）丙型肝炎病毒属（*Hepacivirus*）。

HCV感染面广，呈全球性分布，发展中国家高于发达国家，主要经血或血制品传播。HCV感染的重要特征是感染极易慢性化，并可发展为肝硬化，与原发性肝癌有密切关系。

一、生物学特性

HCV呈球形，有包膜。在血清中的病毒颗粒直径约60 nm，在肝组织内因脱去包膜，大约为40 nm，主要在肝细胞内复制。人类是HCV的天然宿主，HCV的易感细胞株有：T细胞株HPBMa10－2和B细胞株Nandi，黑猩猩为敏感动物。与黄病毒相似，HCV对乙醚、氯仿等脂溶剂敏感，煮沸、紫外线、甲醛等可使之灭活。

HCV基因组为线状单股正链RNA，全长约9.5 kb，仅有一个长开放阅读框架（ORF）。基因组由9个基因区组成：自5′端开始，依次为5′端非编码区（322 bp）、结构蛋白编码区，包括核心蛋白区（C区）和包膜蛋白区（E区），及非结构蛋白编码区，包括NS1～NS5区（9 030 bp）和3′端非编码区（54 bp）。其中5′端非编码区是HCV基因组中最保守的序列，由319～341个核苷酸组成，该区还存在一个内部核糖体进入位点，对HCV基因的表达起调控作用。由于5′端非编码区的保守性，在设计用于诊断的PCR引物时为首选部位；C区基因长约537 bp，属相对保守区域，编码191个氨基酸基组成的HCV核心蛋白，与RNA结合构成病毒的核衣壳，富含精氨酸、核氨酸及脯氨酸，亲水性强，免疫原性强，含有多个CTL识别位点，可诱导细胞免疫反应；E1区和E2/NS1区编码病毒的两种高度糖基化的包膜蛋白E1和E2，这两个区的基因具有高度变异性，导致包膜蛋白的抗原性快速变异，这种变异引起的免疫逃逸作用是病毒在体内持续存在，感染易于慢性化的主要原因，也是HCV疫苗研制的一大障碍；NS2～NS5区编码非结构蛋白NS2～NS5，其中NS3和NS5的功能较明确，NS3具有解旋酶和精氨酸蛋白酶活性，NS5具有依赖RNA的RNA多聚酶活性，这两种非结构蛋白在病毒的复制过程中起重要作用；3′末端非编码区的功能尚不清楚，可能与病毒复制有一定关系（图26－7）。

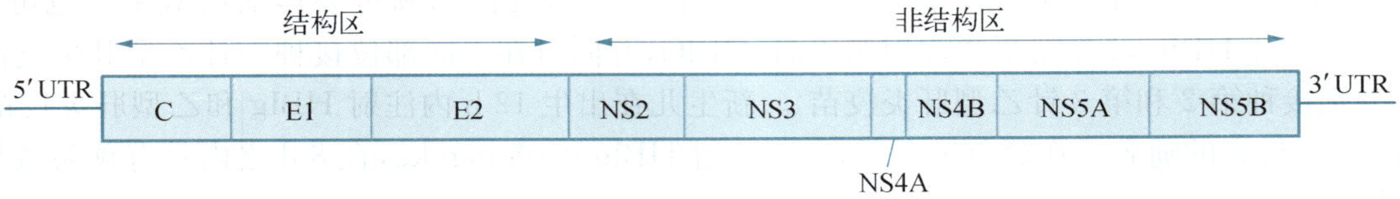

图26－7 丙型肝炎病毒基因组结构示意图

HCV准种分布在整个基因组范围，包括5′端非编码区、E2、NS2、NS3及NS5A等区都存在。通常在感染个体内，准种是由一个数量占优势的主要序列和众多代表总群变异大小的次要序列构成。这种基因变异与HCV的致病性、免疫性及疫苗研究有直接关系。

美国Simmods与Chiron公司合作，建立了一整套基于全世界76个HCV NS5区基因序列分析的分类和命名方法，现已为国际间广泛接受，并为种系发生学方法所证实。该法按照HCV基因序列的同源性，将其分为6大型、11个亚型。其中欧洲、美洲和亚洲流行株多为HCV1和HCV2；HCV3在欧洲、美国、泰国及印度有过报道；HCV4主要流行于中东地区；南非和我国香港地区以HCV5和HCV6为主；我国内地以HCV1和HCV2分离株多见。

二、致病性与免疫性

HCV感染机体后，既可表现为急性肝炎，也可表现为慢性携带状态或慢性活动性肝炎，甚至重型肝炎。丙型肝炎的临床表现复杂，有慢性化趋势，可增加HBV感染的重型肝炎的发病率；HCV感染与原发性肝癌的发生有密切关系。在意大利、希腊、日本等国肝癌患者血中，50%～70%抗-HCV阳性，我国肝癌患者血中约10%存在抗-HCV。用RT－PCR技术可从约10%的肝癌组织中检出HCV RNA。目前认为，丙型肝炎的发病机制除病毒的直接致病作用以外，免疫病理损伤也起着重要作用。

（一）HCV的直接致病作用

实验证明，HCV可能直接破坏肝细胞。丙型肝炎患者血清HCV－RNA的含量和HCAg的出现与血清肝损害指标丙氨酸转移酶的水平呈正相关，提示 HCV 复制与肝细胞损伤有关，病毒在复制过程中可能直接损伤肝细胞。HCV 的直接致病作用表现为病毒在肝细胞内复制，引起肝细胞结构和功能改变，甚至干扰肝细胞蛋白质的合成，从而造成肝细胞变性、坏死。这种病毒的直接致病作用尚可解释急性丙型肝炎肝细胞的损伤过程，但慢性 HCV 感染所致的肝细胞的损伤，主要原因在于免疫病理损伤机制。

（二）HCV 的免疫损伤机制

免疫病理作用尤以细胞免疫反应异常是丙型肝炎发病的重要机制。实验发现，以丙型肝炎患者的肝组织为靶抗原，观察到 T 细胞克隆的细胞毒作用显著增强，丙型肝炎患者淋巴细胞和肝细胞的 HLA－Ⅰ类、Ⅱ类抗原的表达均增强，$CD8^{+}$ T 细胞在肝细胞坏死区占明显优势。这些均提示，CTL 在慢性丙型肝炎的肝坏死中起重要作用，这与 HBV 感染致病有相同之处。丙型肝炎组织病理学观察也支持免疫机制参与肝细胞的损害，而且 HCV 感染可有外周血淋巴细胞功能和细胞因子水平的变化，其中以 TNF－α 及 sIL－2R 水平的明显增高最有意义。

（三）HCV 感染慢性化的机制

HCV 感染慢性化的机制可能主要与下述因素有关：HCV 基因易于发生变异，从而逃避免疫清除作用，使感染持续化；HCV 在体内呈低水平复制，病毒血症水平较低，不易诱导高水平的免疫应答；HCV 亦可存在于肝外组织如外周血单核细胞中，使病毒感染不易清除。此外 HCV 持续感染与机体免疫功能紊乱也有一定的关系。

三、微生物学检查法

（一）检测病毒 RNA

目前用于检测 HCV－RNA 的方法主要有两类：一类是常规 RT－PCR 或套式 RT－PCR 法，后者比前者敏感，可检出患者血清中极微量的 HCV－RNA；另一类为定量 PCR 技术，如荧光定量 PCR 技术等，此法不但可以定性，还可对 HCV－DNA 进行定量检测。

（二）检测抗体

HCV 感染后机体可产生针对其结构蛋白和非结构蛋白抗体，用基因重组 HCV 蛋白或合成肽，如核心蛋白 C22 及 NS3、NS4、NS5 等非结构蛋白为抗原，用 ELISA 法和 Western blot 法检测感染者血中特异性 HCV 抗体是一种简便、快速、可靠的检测手段，可用于丙型肝炎的诊断、筛选献血员和流行病学调查（图 26－8）。

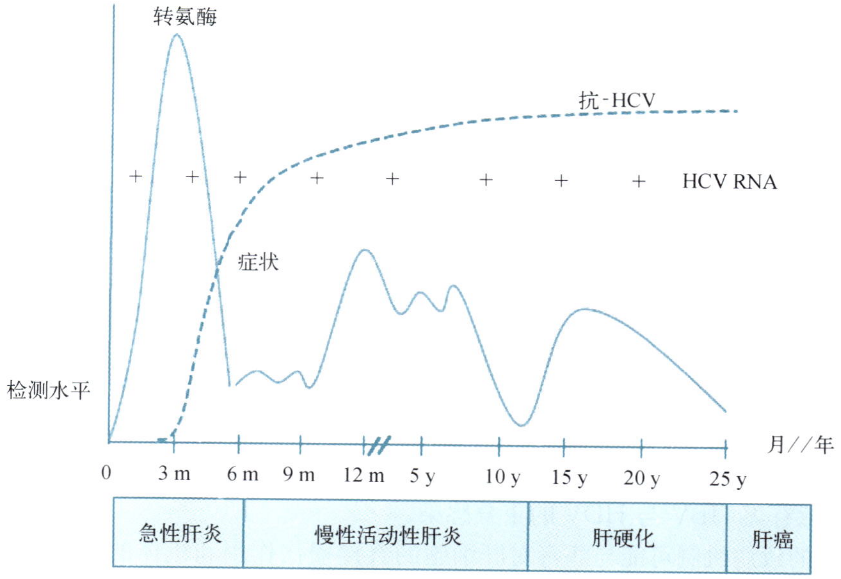

图 26－8　丙型肝炎病毒感染后的临床表现及血清学反应

四、防治原则

丙型肝炎的预防原则基本与乙型肝炎的相同。目前，我国预防丙型肝炎的重点应放在对献血人员的筛选管理上，对血制品亦需进行 HCV 检测以防污染，同时加强消毒、隔离制度，防止医源性传播。

对丙型肝炎的有效预防仍然依赖疫苗。但由于 HCV 容易发生变异，其包膜蛋白的免疫原性也不强，因此 HCV 疫苗的研制较为困难。

治疗上，目前 WHO 指南、美国及欧洲丙肝治疗指南均推荐将直接抗病毒药物（direct-acting antiviral agent，DAA）作为标准治疗方案用于丙型肝炎患者，它能够使大多数的患者实现临床治愈。然而我国 HCV 感染者 IL－28B 基因型以对干扰素高应答的 rs12979860 CC 亚型为主，通过聚乙二醇干扰素联合利巴韦林（PR）方案治疗持续病毒学应答（sustained virological response，SVR）率高达 80%左右，因此大多数丙型肝炎患者能够通过 PR 治疗实现丙型肝炎治愈。再加上目前 DAAs 尚未在中国大陆上市，受药物可及性影响，PR 的治疗方案对我国丙型肝炎患者抗病毒治疗仍然具有现实意义。

第四节 丁型肝炎病毒

1977 年，意大利学者 Rizzetto 在用免疫荧光法检测乙型肝炎患者的肝组织切片时，发现肝细胞内除 HBcAg 外，还有一种新的抗原，当时称其为 δ 抗原。通过黑猩猩实验发现，自肝组织提取的这种因子可引起实验动物感染。以后证实这是一种缺陷病毒，必须在 HBV 或其他嗜肝 DNA 病毒辅助下才能复制，现已正式命名为丁型肝炎病毒（hepatitis D virus，HDV）。HDV 与 HBV 感染呈同时感染（coinfection）或重叠感染（superinfection），使原有乙型肝炎慢性化，并与肝硬化及肝癌有关。HDV 的分类学地位目前尚未确定。

一、生物学特性

HDV 为单股环形负链 RNA，直径 35～37 nm 的球形颗粒，有包膜，但包膜蛋白由 HBV 编码，是 HBV 的 HBsAg；病毒颗粒内部由 HDV RNA 和与之结合的丁型肝炎病毒抗原（HDAg）组成。HDV 的 RNA 长度约 1.7 kb，是已知动物病毒中最小的基因组。单独 HDAg 被 HBsAg 包装后可形成不含 HDV RNA 的“空壳颗粒”。

HDV RNA 的第一功能区具有核酶功能，这是目前知晓的唯一具有核酶功能的动物病毒。HDV RNA 的第二功能区为编码 HDAg 的 ORF。HDV RNA 在胞核内复制，无复制中间体，以一种双滚动环机制进行复制。在 HDV 复制前首先需要合成部分 HDAg，它与 HDV RNA 结合后对 HDV 的复制起包装调控作用。

HDAg 有 P24 和 P27 两种多肽形式，在病毒复制过程中起重要作用。主要存在于肝细胞内，在血清中出现早，维持时间短，故不易检测到。HDAg 可刺激机体产生抗体，故可自感染者血清中检出抗－HD。应用抗－HD 还可检测肝组织中的 HDAg。

黑猩猩、土拨鼠和北京鸭对 HDV 敏感，可作为 HDV 研究的动物模型。

二、致病性与免疫性

HDV 感染后可表现为急性肝炎、慢性肝炎或无症状携带者。其感染方式有两种：一是联合感染，即从未感染过 HBV 的正常人同时发生 HBV 和 HDV 的感染；二是重叠感染，即已受 HBV 感染的乙型肝炎患者或无症状的 HBsAg 携带者再发生 HDV 感染。重叠感染常可导致原有的乙型肝炎病情加重与恶化，故在发现重症肝炎时，应注意有无 HBV 与 HDV 的重叠感染。

目前认为 HDV 的致病机制可能与病毒对肝细胞的直接损伤作用和机体的免疫病理反应有关。HDAg 可刺激机体产生特异性 IgM 和 IgG 型抗体，但这些抗体不是中和抗体，不能清除病毒。异常的自身免疫反应也可参与 HDV 的免疫发病机制。

三、微生物学检查

HDAg 主要存在于肝细胞核内，在血清中持续时间短，平均仅 21 d 左右，因此标本采集时间是决定检出率的主要因素。肝细胞内 HDAg 的检出是 HDV 感染的可靠证据，并且是 HDV 感染活动的指标，但活检标本不易获得，故不常用。用 RIA 或 ELISA 法检测血清中 HDV 抗体是目前诊断 HDV 感染的常规方法，抗-HD IgM 在感染后 2 周出现，4～5 周达高峰，随之迅速下降，因此，检出抗-HD IgM 有早期诊断价值。抗-HD IgG 产生较迟，在恢复期才出现。如 HDV 抗体持续高效价，可作为慢性 HDV 感染的指标。此外，斑点杂交或 RT-PCR 等技术检测患者血清中或肝组织内的 HDV RNA 也是诊断 HDV 感染的可靠方法。

四、防治原则

丁型肝炎的防治同乙型肝炎，由于 HDV 是缺陷病毒，如果抑制了 HBV 的增殖，则 HDV 亦不能复制。对住院患者中的丁型肝炎患者应进行隔离，以防止 HDV 在 HBV 阳性者中传播。

第五节　戊型肝炎病毒

戊型肝炎过去曾被称为经消化道传播的非甲非乙型肝炎，其病原体即为戊型肝炎病毒(hepatitis E virus，HEV)。早在 1955 年就记载了印度新德里因粪便污染饮水而爆发流行的戊型肝炎。1983 年，前苏联学者 Balayan 等首次用一名经肠道传染的非甲非乙型肝炎患者的粪便经口感染一名志愿者获得成功，在患者大便中用免疫电镜技术发现了病毒颗粒，并用急性期患者的大便感染绒猴获得成功。1986 年，我国新疆南部发生戊型肝炎大流行，约 12 万人发病，死亡 707 人，是迄今世界上最大的一次流行。1989 年，美国学者 Reyes 等成功地克隆了戊型肝炎病毒基因组，并将这种经消化道传播的非甲非乙型肝炎病毒正式命名为戊型肝炎病毒。

一、生物学特性

HEV 病毒体呈球形，无包膜，直径为 27～34 nm，平均 32 nm。有两种颗粒存在形式：实心颗粒和空心颗粒。前者为完整的病毒颗粒，后者是一种缺陷的不含完整 HEV 基因组的病毒颗粒，是蛋白质和核酸异常装配的结果。HEV 病毒表面有锯齿状缺刻和突起，形似杯状，曾归类于杯状病毒科(*Caliciviridae*)，目前 HEV 的分类学地位尚未最后确定。

HEV 在氯化铯中的浮力密度为 1.30 g/mL，病毒颗粒性质极不稳定，对高盐、氯仿等敏感；在－70～＋8℃条件下易裂解，但在液氮中保存稳定，在 pH 中性偏碱的环境中较稳定，在镁和锰离子存在下可保持其完整性。

HEV 基因组为单股正链 RNA，全长为 7.2～7.6 kb，编码 2 400～2 533 个氨基酸残基，由 5′端非结构区(简称 NS)和 3′端结构区(简称 S)组成。整个基因组有 3 个 ORF，ORF1 编码病毒复制所需的依赖 RNA 的 RNA 多聚酶等非结构蛋白，ORF2 编码病毒的衣壳蛋白，ORF3 与 ORF1 和 ORF2 有部分重叠，其编码的多肽可能具有型特异性抗原表位。

目前认为 HEV 至少存在 8 个基因型，基因型Ⅰ和基因型Ⅱ分别以缅甸株(HEV-B)和墨西哥株(HEV-M)为代表。在我国流行的 HEV 为基因型Ⅰ和基因型Ⅳ。

用实验感染 HEV 的食蟹猴原代肾细胞与 FRhK4 细胞共培养，HEV 可在 FRhK4 细胞中复制。1992 年，我国黄如统等学者用 HEV 体外感染人胚肺二倍体细胞(2BS)，从细胞培养液中提取病毒，在免疫电子显微镜下找到呈 27 nm 和 32 nm 的两种颗粒，而且用该病毒感染猕猴，动物的肝组织出现急性肝炎的病理改变。然而，迄今用上述细胞系尚不能大量培养 HEV 以供生产戊型肝炎诊断试剂及疫苗所需抗原之用。

HEV 实验感染的动物模型有食蟹猴、非洲绿猴、猕猴、黑猩猩及乳猪等多种动物，也有羊羔等非灵长类动物感染 HEV 的报道，然而此类动物感染 HEV 后，常表现为无症状，肝组织病理学改变轻微。因此，非灵长类动物能否作为 HEV 感染的动物模型尚需进一步证实。

二、致病性

自从 1997 年 Meng 等从美国猪分离出 HEV 后，近年来越来越多的证据表明，HEV 感染引起的戊型肝炎是一种人兽共患病。自然界存在着 HEV 的动物宿主，在猪、野猪、鹿、猫鼬、鼠类、犬、猫、山羊、绵羊、马和牛等动物中检出抗- HEV 或 HEV RNA，说明这些动物曾被 HEV 感染过。其中，与人关系最密切的猪可能是潜在的最重要的 HEV 动物宿主。

HEV 主要经粪-口途径传播，潜伏期为 10～60 d，平均为 40 d。病毒经胃肠道进入血流，在肝细胞内复制，然后释放到血液和胆汁中，经粪便排出体外。人感染后可表现为临床型和亚临床型，成人中以临床型多见。随粪便排出的病毒污染水源、食物和周围环境而造成传播。潜伏期末和急性期初的患者粪便排毒量最大，传染性最强，是本病的主要传染源。除消化道途径以外，HEV 还可通过血液传播和母婴垂直传播。

HEV 通过对肝细胞的直接损伤和免疫病理作用引起肝细胞的炎症或坏死。临床上表现为急性戊型肝炎(包括急性黄疸型和无黄疸型)、重症肝炎以及胆汁瘀滞性肝炎。多数患者于发病后 6 周左右即好转并痊愈，不发展为慢性肝炎。在一般人群中，HEV 感染的病死率介于 0.2%～1.0%之间，但研究表明，其对某些特殊人群的致病性可能更强，主要包括孕妇、有其他肝病的患者及器官移植者。孕妇感染 HEV 后病情常较重，尤以怀孕 6～9 个月最为严重，常发生流产或死胎，病死率达 10%～20%。

三、微生物学检查

目前，临床上常用的方法是用 ELISA 法检查血清中的抗- HEV IgM 或 IgG，抗- HEV IgM 出现早，消失快，可作为早期现症患者的诊断依据。抗- HEV IgG 在血中存在时间可达数月至数年，抗- HEV IgG 阳性则不能排除既往感染。

HEV 感染的微生物学诊断应注意与 HAV 感染相鉴别，可用电镜或免疫电镜技术检测患者粪便中的 HEV 颗粒，也可用 RT - PCR 法检测粪便或胆汁中的 HEV RNA，但因检出率低，不作为常规诊断试验。

四、防治原则

HEV 的传播途径与 HAV 相似，主要经粪-口途径传播，因此其一般性预防原则与甲型肝炎相同，主要是保护水源，做好粪便管理，加强食品卫生管理，注意个人和环境卫生等。

治疗上要注意孕妇(特别是妊娠晚期)易发展成重症肝炎，治疗时要特别注意，必要时按重症肝炎处理。

目前尚无有效疫苗和特异性抗病毒药物可供防治。

第六节　庚型肝炎病毒和 TT 病毒

20 世纪 90 年代以来，随着分子生物学和免疫学技术的发展，病毒性肝炎的特异性诊断技术和方法得到不断提高，从而可以对部分原因不明的肝炎患者进行明确的病原学诊断，但临床上仍有 10%～20%的肝炎患者无法做到病原确诊，既不是已知的甲～戊型肝炎病毒感染，也不是其他已知病原体的感染，从而提示存在其他未明的肝炎致病因子的可能性。近年来不断有新型肝炎病毒的报道，如庚型肝炎病毒(HGV)和 TT 病毒(TTV)等。

一、庚型肝炎病毒

20 世纪 60 年代，美国一名 34 岁的外科医生(姓名的开头字母为 GB)患急性肝炎，病情较轻，但有黄疸。Deinhardt 等将其黄疸出现后第 3 d 的血清感染绒猴(marmoset)，获得成功，并传递 11 代。此后多位学者将保存的绒猴血浆感染狷毛猴(tamarin)获得成功,因此根据患者名字的首字母将这种致病因子称为GB因子。

1995年,Abbott实验室的Simonds等采用典型差异分析技术(representational difference analysis, RDA),在感染有GB病原的狷毛猴血浆中成功克隆了两种新的核酸序列,它们同人基因组以及狷毛猴、酿酒酵母和大肠杆菌基因都没有同源性,但在未感染GB病原的狷毛猴血浆中未克隆出此序列。通过序列分析,发现含有GB的血浆含有两种明显不同的黄热病病毒样RNA基因组。进一步的研究显示,存在于GB接种物的两个RNA株能被过滤、稀释、并能单独地在狷毛猴传代,因此证实了两个单独的病毒存在,即GBV-A和GBV-B,均被证实为正链RNA病毒。随后,Simons等在含有能识别GBV-A和/或GBV-B的重组蛋白抗体的肝炎患者血清中克隆出了一个新的病毒核酸序列,即GBV-C。Linen等利用噬菌体cDNA文库技术从一例丙肝抗体阳性患者和一例转氨酶异常的供血员体内获得两种非甲非戊型肝炎的新型肝炎病毒基因组,称为庚型肝炎病毒(hepatitis G virus, HGV)。进一步的研究表明,HGV和GBV-C核酸同源性为85%,氨基酸同源性为95%,认为二者是同种病毒的不同分离株,现统称为GB病毒C/庚型肝炎病毒(GBV-C/HGV)。

HGV为有包膜的单股正链RNA病毒,其基因结构与HCV非常相似,同属于黄病毒科成员。HGV的核酸全长9.4 kb,基因组中含有2个非编码基因区及多个编码基因区。从5′端到3′端的基因组顺序为5′端非编码区、核心C区、包膜蛋白E_1区、包膜蛋白E_2区、非结构蛋白NS_2区、NS_3区、NS_{4a}、NS_{4b}区、NS_{5a}、NS_{5b}区及3′端非编码区。

基因组含一个开放读码框架ORF,编码长约2 900个氨基酸的多聚蛋白前体,该多聚蛋白前体经宿主细胞基因及病毒基因编码的蛋白酶切割,水解形成成熟的病毒结构蛋白和非结构蛋白。

根据基因序列的差异,一般将HGV分为5个基因亚型,目前发现至少有3种主要基因型,其中多数为Ⅲ亚型,在亚洲人群中多见。

HGV的传播途径与HBV和HCV相似,主要经输血等非消化道途径传播,也存在母-婴传播和医源性传播等。HGV感染可表现为病毒携带状态、亚临床型和不同临床类型,HGV RNA可在肝炎患者体内存在达9年之久。HGV单独感染时临床症状不明显,一般不损害肝脏。HGV常与HBV或HCV发生联合感染,故有学者认为HGV可能是一种辅助病毒。在某些HCV合并HGV感染的病例,可表现为HCV感染消失,ALT恢复正常,而HGV感染持续存在,提示HGV可干扰HCV复制或协同机体清除HCV。用HGV RNA阳性者的血清接种黑猩猩,发现血清中HGV RNA持续阳性,但血清ALT及肝组织病理学检查无明显异常。但有学者用类似的方法感染猕猴,1周后出现血清HGV RNA阳转、ALT升高、抗-HGV阳性等改变,且感染的原代猕猴血清可在猕猴中传代感染。因此,HGV的致病性还不清楚,尚需进一步研究。

目前在我国HGV可能有较严重的传播流行,输血是传播的重要途径,这种病毒在致慢性肝炎及肝癌中起重要作用,是继HBV和HCV之后我国第三大致慢性肝病的病毒。

对于HGV的检测,目前已用真核表达系统表达了HGV包膜蛋白E2,并建立了检测E2抗体的ELISA法,但该法的特异性和敏感性还不高,只适合用于一般筛查。RT-PCR法检测标本中的HGV-RNA是目前诊断HGV感染最常用的方法,其敏感性达到pg水平,多用于庚型肝炎筛查后的验证试验,以提高结果的特异性和敏感性。

二、TT病毒

1997年,日本学者Nishizawa首次发现并报告了输血传播病毒(transfusion transmitted virus, TTV)。它是一种引起人类输血后肝炎的新的DNA病毒,是继甲、乙、丙、丁、戊及庚型肝炎病毒之后新近发现的一种可经血源传播的病毒,在各型肝炎患者的血液中广泛分布。由于是从患者T.T(患者姓名的缩写)的血清中发现的,故命名为TT病毒。

TTV为无包膜单负链环状DNA病毒,氯化铯浮力密度为1.31～1.32 g/mL,病毒体呈球形,直径为30～50 nm。

TTV基因组长约3.8 kb,其基因结构类似于圆环病毒中的鸡贫血病毒,由编码区和非编码区组成,编码区至少含有4个ORF,ORF1编码病毒的衣壳蛋白,ORF2、ORF3和ORF4的功能目前尚不清楚。TTV基因组呈多样性，根据 ORF1 核苷酸序列的差异，可将 TTV 分为 5 大基因群和至少 39 种基因型。

目前 TTV 的分类学地位尚未确定。

TTV 可通过多种途径传播，输血可引起 TTV 传播已得到充分证实，暴露血液的人群(如职业供血员、静脉药瘾者、血液透析和输血患者等)TTV 的 DNA 阳性率明显高于一般人群。除此之外，母婴垂直传播、唾液传播、精液和乳汁传播以及粪-口传播和日常生活接触都极有可能是 TTV 传播的重要途径，是造成人群高比例携带的原因。

TTV 可在黑猩猩体内传代，但不引起明显的血清 ALT 升高或肝脏病理学改变。目前，由于 TTV 尚处于初始研究阶段，对其确切的致病性、致病机制以及是否致命尚不清楚，有待进一步研究。

TTV 的实验室诊断主要是采用 PCR 法检测血中 TTV DNA，但 PCR 的特异性稍差。黄呈辉等学者将 PCR 与斑点杂交相结合检测血清中 TTV DNA 取得了理想结果。在将来，可以通过引物设计、优化核酸提取和巢式 PCR 等技术提高检测的特异性和敏感性。

本章小结

在我国，病毒性肝炎是一个严重的公共卫生问题，根据卫生部发布的卫生统计资料，在法定报告的传染病中，病毒性肝炎的发病率和死亡率均占首位。我国病毒性肝炎的平均发病率约为 100/10 万，即每年新发生的急性病毒性肝炎约 120 万例，其中 50%为甲型，25%为乙型，5%为丙型，10%为戊型，另 10%为其他型。乙型肝炎由于流行面广，而且易导致慢性病毒携带，部分演变为慢性肝炎、肝硬化、肝腹水甚至癌变，是影响我国国民经济和社会发展的重点疾病，国家国务院和卫计委已将其作为重点疾病加以控制。

预防乙肝最为有效的办法就是对新生儿及时接种乙肝疫苗。出生后越早接种乙肝疫苗，保护效果越好。关于乙肝的治疗，目前临床上常用的是拉米夫定、阿德福韦酯、恩替卡韦(ETV)等核苷类似物，但也存在停药后反弹以及耐药性增加等不良反应。随着最近 HBV 受体 NTCP 的发现，我们相信会有更好的能有效抑制 HBV 复制的抗 HBV 药物问世。

【思考题】

1. 目前发现的肝炎病毒有哪些？分别从何种途径传播？
2. 简述 HBV 血清学主要抗原抗体标志物，并说明其在疾病诊断中的意义。
3. 简要说明对乙型肝炎及丙型肝炎的预防策略和措施。

(王　欢)

第二十七章

虫媒病毒

学习要点

掌握: ① 虫媒病毒的共同特点;② 流行性乙型脑炎病毒、登革病毒的流行病学特征、致病特点。

熟悉: ① 流行性乙型脑炎病毒、登革病毒的生物学性状、微生物学检查及防治原则。

了解: 森林脑炎病毒、西尼罗病毒、发热伴血小板减少综合征布尼亚病毒的流行病学特征、致病特点及防治原则。

虫媒病毒(arbovirus)是指通过吸血的节肢动物(蚊、蜱、白蛉和蠓等)叮咬易感的脊椎动物而传播疾病的病毒。病毒能在节肢动物体内增殖,并可经卵传代,因此节肢动物既是病毒的传播媒介,又是储存宿主。带毒的节肢动物通过叮咬人或自然界的脊椎动物而传播疾病,并维持病毒在自然界的循环,因此,大多数虫媒病毒病是自然疫源性疾病,也是人兽共患病。由于节肢动物的分布、消长和活动与自然环境和季节密切相关,所以虫媒病毒病具有明显的地方性和季节性。

虫媒病毒是一个生态学名称,是根据其传播方式归纳在一起的一大类病毒,在病毒学分类上虫媒病毒隶属于不同病毒科的不同病毒属。目前,在国际虫媒中心登记的虫媒病毒包括 6 个病毒科的至少 557 种病毒,其中 130 余种可对人畜致病。20 世纪 80 年代以来,在我国已发现的虫媒病毒有 14 种,其中引起疾病流行的主要有乙型脑炎病毒、森林脑炎病毒、登革病毒和克里米亚-刚果出血热病毒(新疆出血热病毒)。此外,我国新疆、云南、贵州和海南等地还存在辛德毕斯病毒、东方马脑炎病毒、西方马脑炎病毒、罗斯河病毒和基孔肯雅病毒,以及新近发现的发热伴血小板减少综合征布尼亚病毒、版纳病毒、Kadipiro 病毒、辽宁病毒和 Colti 病毒等。重要的虫媒病毒及其所致疾病见表 27 - 1。

表 27 - 1 重要的虫媒病毒及其所致疾病

病 毒	传播媒介	储存宿主	疾 病	主要分布
黄病毒属				
登革病毒	蚊	猴	登革热、登革出血热	热带、亚热带
乙型脑炎病毒	蚊	猪、鸟类	乙型脑炎	亚洲
黄热病病毒	蚊	猴	肝炎、出血热	非洲、中美、南美
Kyasanur 森林热毒	蜱	猴	科萨努尔森林热	印度
森林脑炎病毒	蜱	鸟类、啮齿动物	蜱传脑炎	俄国、中国
墨累西谷脑炎病毒	蚊	鸟类	墨累西谷脑炎	澳大利亚、新几内亚
西尼罗病毒	蚊	鸟类	西尼罗热	非洲、欧洲、中亚、北美
圣路易脑炎病毒	蚊	鸟类	圣路易炎	北美、加勒比地区
寨卡病毒	蚊	人、非灵长类动物	发热、斑丘疹、小头症	非洲、亚洲、美洲

续表

病　毒	传播媒介	储存宿主	疾　病	主要分布
甲病毒属				
东方马脑炎病毒	蚊	马、鸟类	东方马脑炎	北美、南美、加勒比地区
西方马脑炎病毒	蚊		西方马脑炎	北美、南美
委内瑞拉马脑炎病毒	蚊	马、驴	委内瑞拉马脑炎	美洲
辛德毕斯病毒	蚊	鸟类	亚临床感染	非洲、澳大利亚、亚洲
基孔肯亚病毒	蚊	人、猴	发热、关节炎	非洲、亚洲
克里米亚-刚果出血热病毒	蜱	啮齿动物、家畜	克里米亚-刚果	非洲、中亚、中国新疆

虫媒病毒感染的临床表现呈多样性，大致可分为以下五种类型：

(1) 脑炎或脑脊髓炎，如乙型脑炎、森林脑炎、东方马脑炎。

(2) 无特殊部位的全身性感染，如登革热、辛德毕斯热。

(3) 主要表现为肝炎的全身性感染，如黄热病。

(4) 主要表现为出血热的全身性感染，如登革出血热、克里米亚-刚果出血热(新疆出血热)。

(5) 主要表现为关节炎的全身性感染，如基孔肯雅热、罗斯河热。

第一节　流行性乙型脑炎病毒

流行性乙型脑炎病毒(Encephalitis B virus)经蚊虫叮咬传播，引起流行性乙型脑炎(乙脑)，故简称乙脑病毒。1935年日本学者首先从脑炎死亡患者脑组织中分离到该病毒，故又称日本脑炎病毒(Japanese encephalitis virus)。乙脑是严重威胁人畜健康的急性传染病，病毒主要侵犯中枢神经系统，临床表现轻重不一，严重者死亡率高，幸存者常留下神经系统后遗症。

一、生物学性状

流行性乙型脑炎病毒为黄病毒科(*Flaviviridae*)黄病毒属(*Flavivirus*)。病毒颗粒呈球形，直径30～40 nm，有包膜，衣壳呈二十面体立体对称型(图27-1)。病毒核酸为单正链RNA，基因组全长10 976 bp，5′末端有Ⅰ型帽子结构，3′末端无多聚腺苷酸[poly(A)]尾，为非编码区，中间是一个含10 296个核苷酸的开放阅读框(ORF)，其基因排列次序为：5′-C-PrM-E-NSl-NS2a-NS2b-NS3-NS4a-NS4b-NS5-3′。在病毒复制过程中，ORF先转译一个由3 432个氨基酸组成的多聚蛋白前体，然后再经蛋白酶切割加工成3种结构蛋白和至少7种非结构蛋白。

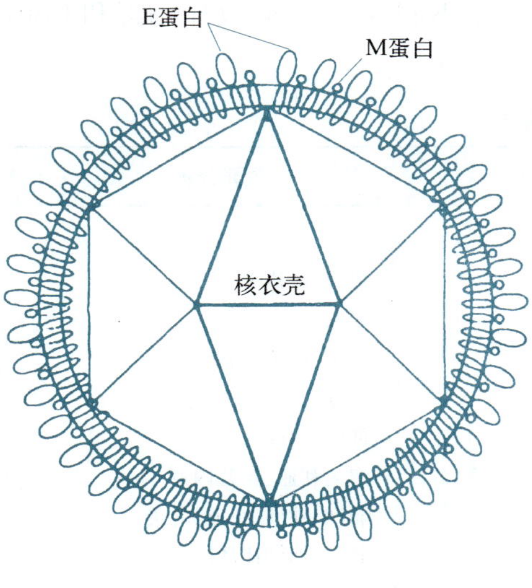

图27-1　乙脑病毒结构示意图

病毒的结构蛋白包括衣壳蛋白C(capsid protein，C蛋白)、膜蛋白M(membrane protein，M蛋白)以及包膜蛋白E(envelope protein，E蛋白)。C蛋白和M蛋白在病毒的包装和成熟过程中起重要作用。E蛋白是镶嵌在病毒包膜上的糖基化蛋白，是病毒表面的重要成分，决定病毒的细胞嗜性与毒力，与病毒的吸附、穿入、致病等作用密切相关。E蛋白与其他黄病毒成员，如圣路易脑炎病毒(St. Louis encephalitis virus)和西尼罗病毒(West NileVirus)的抗原性有交叉。

非结构蛋白包括NS1、NS2a、NS2b、NS3、NS4a、NS4b和NS5等，与病毒的复制、生物合成及病毒颗粒的装配与释放密切相关。NS1存在于感染细胞表面，并可分泌到细胞外，有很强的抗原性，能诱导机体产生细胞免疫，其诱生的抗体虽然没有中和病毒的作用，但具有免疫保护性。NS3 和 NS5 在病毒复制过程中均起重要作用。

乙脑病毒抗原性稳定，较少变异，迄今只发现一种血清型，故疫苗预防效果良好。主要抗原成分为 E 蛋白，含中和抗原表位和型特异性抗原表位，并具有血凝活性，可诱导机体产生保护性中和抗体和血凝抑制抗体，能凝集雏鸡、鸽、鹅和绵羊的红细胞。不完全裂解的 PreM、NS1 和 NS5 蛋白亦可诱导机体产生保护性免疫反应，M 蛋白和 C 蛋白也具有抗原性，但在病毒的致病和免疫上不起重要作用。

乙脑病毒对多种细胞敏感，能在白纹伊蚊 C6/36 细胞、Vero 细胞及 BHK21 细胞等传代细胞或猴肾、地鼠肾、猪肾、鸡胚纤维母细胞原代细胞中增殖，并引起明显的细胞病变。其中 C6/36 细胞是乙脑病毒最敏感的细胞，广泛用于乙脑病毒的分离培养；乳鼠是最易感的动物，脑内接种 3～5 d 后表现为典型的神经系统症状，如兴奋性增高、肢体痉挛和尾强直等，最后因麻痹而死亡。病毒在培养细胞和鼠脑内连续传代，可使毒力下降，我国研制成功的 SA14－14－2 减毒活疫苗株就是将强毒株在体外连续传代后选育而来的。

乙脑病毒对酸、乙醚和氯仿等脂溶剂敏感，不耐热，56℃ 30 min、100℃ 2 min 均可使之灭活。对化学消毒剂也较敏感，多种消毒剂可使之灭活。

二、流行病学特征

1. 传染源　乙脑病毒的传染源是带毒的蚊子和猪、牛、马、驴、羊等家畜和某些鸟类。动物感染后不出现明显的症状和体征，但有持续数天的病毒血症，成为传染源。在我国，幼猪是最重要的传染源和中间宿主，因为猪的生活周期短，新生的幼猪缺乏免疫力，具有高的感染率和高滴度的病毒血症，经过流行季节的幼猪，感染率可达 100%。通常猪的感染高峰期比人群的发病高峰期早 3 周左右，因此可通过检查猪的感染率预测当年乙脑的流行趋势。人感染乙脑病毒后仅发生短暂的病毒血症，且血中病毒滴度不高，所以患者不是主要的传染源。此外，研究发现蝙蝠亦可作为乙脑病毒的传染源和长期宿主。

2. 传播媒介　乙脑病毒的主要传播媒介是蚊子。受感染的蚊子可带毒越冬并可经卵传代，因此蚊子不仅是传播媒介又是重要的储存宿主。迄今，已从库蚊、按蚊、伊蚊、曼蚊和阿蚊等 5 属 30 多种蚊子中分离到乙脑病毒。主要带毒蚊种有三带喙库蚊、致乏库蚊、白纹伊蚊、雪被库蚊、中华按蚊等。我国有 20 多种蚊虫可传播乙脑病毒，其中三带喙库蚊为最重要的带毒蚊种，是乙脑病毒的主要传播媒介。除蚊子外，在蠛蠓、尖蠓及库蠓中也分离到乙脑病毒，因此，这些昆虫也可能是乙脑病毒的传播媒介。

3. 流行环节　病毒先在蚊子的中肠上皮细胞中增殖，然后进入血腔并移行至唾液腺，经叮咬猪、牛、羊、马等家畜或禽类而传播。动物感染病毒后，一般只有短暂的病毒血症，不出现明显的症状及体征，但在病毒血症期间的动物则可成为传染源。病毒通过蚊子作为传播媒介而在蚊—动物—蚊中不断循环，其间带毒蚊子若叮咬人类，则可引起人类感染。

4. 流行特征　乙脑主要在亚洲的热带和亚热带国家和地区流行，过去流行的国家主要有中国、日本、韩国、印尼、泰国、越南、缅甸、印度等。我国曾是乙脑的主要流行区，除青海、新疆及西藏外均有乙脑流行。随着疫苗的广泛接种以及社会的发展，乙脑发病率已逐年下降，在中国、韩国等地区，乙脑已被有效控制，日本已基本消灭了乙脑。但是近年来出现了一些新的乙脑流行区，澳大利亚本土和美国的关岛（Saipan 岛）地区也首次出现乙脑病例，提示乙脑的流行区域不断扩大。

乙脑的流行与媒介蚊虫的密度有关。在热带地区，蚊虫一年四季均可繁殖，故乙脑的流行没有明显的季节性，全年均可发生流行或散发流行。在亚热带和温带地区则有明显的季节性，流行季节与蚊子密度的高峰期一致，以夏、秋季流行为主。易感人群主要是 10 岁以下的儿童，尤以 2～9 岁年龄组发病率较高。近年来由于在儿童中普遍接种疫苗，故成年人和老年人的发病率相对增高。

三、致病性与免疫性

病毒经带毒蚊子叮咬进入人体后，先在皮肤毛细血管内皮细胞和局部淋巴结等处增殖，经毛细血管和淋巴管进入血流，引起第一次病毒血症。病毒随血流播散到肝、脾等处的单核巨噬细胞中继续大量增殖后，再次入血，引起第二次病毒血症，临床上表现为发热、头痛、寒战、全身不适等流感样症状。绝大多数感染者病情不再继续发展，成为顿挫感染。少数免疫力不强的患者，病毒可突破血脑屏障侵犯中枢神经系统，在脑组织神经细胞内增殖，引起脑实质和脑膜炎症，出现严重的中枢神经系统症状，表现为高热、头痛、呕吐、惊厥、抽搐、脑膜刺激征等，并可进一步发展为昏迷、中枢性呼吸衰竭或脑疝，病死率可高达10%左右，5%～20%的幸存者可留下不同程度的后遗症，表现为痴呆、失语、瘫痪等。

乙脑病毒的致病机制目前尚未完全清楚，近年来的研究表明，免疫病理反应可能起重要作用。在感染早期，病毒可诱导单核巨噬细胞分泌某些细胞因子，如MDF（macrophage derived neutrophilchemotactic factor）、IL-6等，导致血脑屏障的通透性增加，使病毒易于侵入中枢神经系统感染神经细胞。病毒感染还可使脑组织巨噬细胞、神经胶质细胞和T淋巴细胞释放多种炎症细胞因子，如TNF-a、IL-8、IFN-α和趋化因子RANTES等，从而引起炎症反应和细胞损伤；急性期患者循环免疫复合物检出率高，补体含量降低，提示免疫复合物可能参与病毒的致病过程。此外，病毒感染诱导的细胞凋亡也可能在病毒的致病过程中起一定的作用。

乙脑病后免疫力稳定而持久，隐性感染也可获得牢固的免疫力。机体对乙脑病毒的免疫包括体液免疫、细胞免疫和完整的血脑屏障。其中体液免疫起主要作用，感染后一周左右即产生IgM中和抗体，感染后2周IgM抗体达高峰，并出现IgG中和抗体及血凝抑制抗体。IgG抗体维持时间长，可达数年之久。感染后3～4周可出现补体结合抗体，但这类抗体无免疫保护作用，半年后逐渐消失。

四、微生物学检查

1. *病毒的分离* 乙脑病毒的分离培养可用细胞培养法或乳鼠脑内接种法。细胞培养法常用的传代细胞有C6/36白纹伊蚊细胞、BHK-21细胞或Vero细胞等，将发病初期患者的脑脊液或尸检脑组织悬液接种于上述细胞后，可出现细胞病变，病毒的鉴定可用红细胞吸附试验或单克隆抗体免疫荧光试验等。乳鼠脑内接种法分离病毒的敏感性低于细胞分离培养法。

2. *病毒抗原检测* 采用乙脑病毒单克隆抗体免疫荧光或ELISA技术，可检测发病初期患者血液或脑脊液中的乙脑病毒抗原，阳性结果有早期诊断意义。

3. *血清学试验* 目前常用的血清学试验主要有ELISA法、血凝抑制试验、胶乳凝集试验和中和试验等。用ELISA法检测乙脑病毒特异性IgG抗体，通常需检测急性期和恢复期双份血清，当恢复期血清抗体效价比急性期升高4倍或4倍以上时，才有诊断价值。特异性IgM抗体一般在感染后4 d开始出现，2～3周达高峰，可用于早期快速诊断。血凝抑制抗体一般于病后第5 d出现，2周时达高峰，维持时间达1年以上，可用于临床诊断和流行病学调查。血凝抑制抗体与某些黄病毒成员有弱的交叉反应，因此血凝抑制试验特异性较差，有时会出现假阳性结果。中和试验一般仅用于流行病学调查或新分离病毒的鉴定。

4. *病毒核酸检测* RT-PCR技术检测乙脑病毒特异性核酸片段是一种特异而敏感的诊断方法，近年来已广泛用于乙脑的早期快速诊断。

五、防治原则

目前对乙型脑炎尚无特效的治疗方法，目前对乙型脑炎尚无特效的治疗方法，所以预防显得尤为重要。预防乙型脑炎的关键措施包括防蚊灭蚊、疫苗接种和动物宿主的管理。

目前国际上使用的乙脑疫苗有灭活疫苗和减毒活疫苗两大类。灭活疫苗有鼠脑来源的灭活疫苗和细胞培养的灭活疫苗两种。鼠脑灭活疫苗已在日本、朝鲜等国家使用多年，免疫效果佳，安全性好。我国自1968年以来使用地鼠肾细胞培养的灭活疫苗进行计划免疫，接种后免疫保护率达60%～90%。此外，我国在减毒活疫苗的研究方面也已取得了显著成就，1988年研制成功并生产了地鼠肾细胞减毒活疫苗，安全、价廉，可诱导良好的体液免疫和细胞免疫反应，已在国内广泛应用。

猪是乙脑病毒的主要传染源和中间宿主，在我国农村地区，人和猪接触较多，因此必须做好猪的管理工作，有条件时可给幼猪接种疫苗，减少幼猪感染乙脑病毒，从而降低乙脑的发病率。

第二节 登革病毒

登革病毒(dengue virus)是登革热(dengue fever,DF)、登革出血热/登革休克综合征(dengue hemorrhagic fever/dengue shock syndrome,DHF /DSS)的病原体。埃及伊蚊和白纹伊蚊是登革病毒主要的传播媒介,人类和灵长类动物是登革病毒的自然宿主。登革热广泛存在于全球热带、亚热带的100多个国家和地区,其中以东南亚和西太平洋地区的流行最为严重。在我国,登革热在中国台湾、广东、海南、广西、福建、浙江、云南、河南等地区都有流行,广东省是主要流行区。近年来,由于全球气候变暖和国际人口大量流动等原因,蚊媒和登革病毒分布区域不断扩大,加剧了登革病毒在全球的传播和流行。目前,登革热已成为世界上分布最广、发病最多的虫媒病毒病。

一、生物学性状

1. *形态与结构* 登革病毒属于黄病毒科黄病毒属,其形态和结构与乙脑病毒相似,为一种球形颗粒,直径45～55 nm。核衣壳为20面体立体对称,具有双层脂质包膜,包膜上镶嵌着包膜糖蛋白E和小分子非糖基化膜蛋白M(M蛋白)。根据抗原性不同,可将登革病毒分为四个血清型(DENV1～DENV4),各型病毒间的抗原性有交叉。

2. *基因结构与功能* 登革病毒的基因组为单正链RNA,基因组全长约11 000 bp,基因组RNA分子的5′端有一个I型帽子结构,3′端不含poly(A)尾。基因组排列顺序为:5′-C-PreM-E-NSl-NS2a-NS2b-NS3-NS4a-NS4b-NS5-3′。在病毒复制过程中,基因组先合成一个分子质量约为380 kDa的多聚蛋白前体,然后再加工切割成为单个成熟的结构蛋白和非结构蛋白。

结构蛋白是组成病毒颗粒的主要成分,包括C蛋白、M蛋白和E蛋白。C蛋白为病毒的衣壳蛋白,是翻译过程中首先合成的病毒多肽,为一种非糖基化蛋白。C蛋白中赖氨酸与精氨酸残基的含量约为25%,这些碱性氨基酸在病毒装配过程中起重要作用,能与基因组RNA相互作用,包裹病毒RNA,形成核衣壳。C蛋白上具有特异的抗原表位,但一般不诱导中和性抗体的产生。

M蛋白是一种小分子非糖基化膜蛋白,位于包膜内侧,分子质量约为8 kDa,由75个氨基酸组成。M蛋白由PrM蛋白裂解而来,PreM蛋白相对分子质量约为$22\times l0^3$,含165～166个氨基酸,存在于登革病毒感染细胞内。在多聚蛋白前体分子加工的晚期,PrM在两个碱性氨基酸处裂解成为成熟的M蛋白。PrM裂解为M蛋白的过程导致了病毒表面结构的重新构建,结果不仅促进了病毒从细胞中释放,而且增加了病毒的感染性。

E蛋白是病毒主要的包膜糖蛋白,在病毒的致病和免疫过程中起十分重要的作用。E蛋白能与易感细胞表面的特异性受体结合,从而影响病毒的细胞嗜性。其第98～111位氨基酸有一个与融合相关的结构域,因此,E蛋白与病毒的吸附、穿入和细胞融合有关;E蛋白分子上含有4～5类抗原表位,即型特异性、亚群特异性、群特异性、黄病毒亚组特异性、黄病毒组特异性抗原表位,是登革病毒分型的依据;E蛋白还具有中和性抗原表位,能诱导机体产生中和抗体;E蛋白具有血凝素活性,能凝集鹅或鸽红细胞;此外,E蛋白可能与抗体依赖的感染增强作用(antibody-dependent enhancement,ADE)有关,因此,E蛋白可能还具有ADE表位。

非结构蛋白至少有7种,包括NS1、NS2a、NS2b、NS3、NS4a、NS4b、NS5。非结构蛋白存在于病毒感染的细胞中,是登革病毒的酶或调节蛋白,与病毒的复制、蛋白加工及病毒装配密切相关。

NS1蛋白是登革病毒非结构蛋白中唯一的糖基化蛋白,具有登革病毒群和型的特异性。NS1蛋白存在于感染细胞的表面和感染的鼠脑组织中。由于感染细胞表面存在NS1蛋白,因而使之成为免疫细胞攻击和裂解的靶细胞。NS1诱导产生的抗体不是中和抗体,无中和病毒的作用,但是研究发现,应用登革病毒NS1主动免疫或用抗NS1单克隆抗体被动免疫,均可保护小鼠或猴子免受致死剂量登革病毒的攻击,证明在无登革病毒中和抗体存在的情况下，NS1 也能诱导保护性免疫。由于 NS1 抗体不与病毒颗粒结合，因此不引起抗体依赖的感染增强作用，因此，NS1 蛋白是一种颇有前途的保护性蛋白，可作为登革病毒新型疫苗研制的候选蛋白。

NS2 蛋白有 NS2a 和 NS2b 两种，均为疏水性蛋白质。NS2a 是一种顺式作用的蛋白酶，以自身催化方式将其与 NS1 裂解开来。NS2b 的作用是协同 NS3 对 NS2a/NS2b、NS2b/NS3 与 NS4b/NS5 的蛋白酶裂解起作用。

NS3 蛋白是一种亲水性蛋白质，具有蛋白酶、RNA 解旋酶和 RNA 聚合酶活性，在病毒的复制和成熟过程中起作用；NS4a 与 NS4b 蛋白的功能目前尚未清楚；NS5 蛋白具有 RNA 聚合酶和甲基转移酶的活性，可能参与 RNA 帽的形成。

3. *培养特性* 乳鼠是对登革病毒最敏感的实验动物，可用脑内接种分离培养病毒。猩猩、猕猴和长臂猿等灵长类动物对登革病毒易感，并可诱导特异性免疫反应，可以作为疫苗研究的动物模型。

登革病毒可在白纹伊蚊 C6/36 细胞、巨蚊 TRA－284 细胞、假鳞斑伊蚊 AP－61、Hela、KB 等多种传代细胞中增殖，并产生明显的细胞病变，其中白纹伊蚊 C6/36 细胞是最敏感、最常用的细胞。登革病毒亦可在人单核细胞以及人血管内皮细胞中增殖，但不引起明显的细胞病变。

二、流行病学特征

1. *传染源* 在自然界，人和灵长类动物是登革病毒的主要储存宿主。在热带和亚热带丛林地区，猴类和猩猩等灵长类动物对登革病毒易感，是丛林型登革热的主要传染源。动物感染后不出现明显的症状及体征，但有病毒血症，蚊子通过叮咬带毒动物而形成自然界中的原始循环，人类若进入疫源地，可被带毒蚊子叮咬而感染。在城市和乡村地区，患者和隐性感染者是主要传染源，感染者在发病前 24 h 到发病后 5 d 内出现病毒血症，血液中含有大量的病毒，在此期间通过蚊虫叮咬而传播，形成人—蚊—人循环。

2. *传播媒介* 登革病毒的主要传播媒介是埃及伊蚊和白纹伊蚊。在东南亚和我国的台湾地区、海南省、广西北部湾沿海地区及广东省雷州半岛，埃及伊蚊是主要传播媒介；在太平洋岛屿和我国的广东省及其他江南地区，主要传播媒介则是白纹伊蚊。在这些蚊子中，只有雌蚊才吸血。蚊子吸血感染后，病毒在唾液腺中增殖，经 8～10 d 的潜伏期，病毒广泛分布于蚊子的中肠、前肠、唾液腺及神经系统等部位，当蚊子再次吸血时，病毒随唾液进入易感者体内而传播疾病。蚊子可以多次吸血，因而感染后可以传播多人。蚊子感染后可终身带毒，并可经卵传代，因此它们不仅是登革病毒的传播媒介，也是储存宿主。

3. *流行特征* 登革病毒广泛分布于热带和亚热带有蚊虫媒介存在的地方，有时可以侵入温带地区。主要流行于东南亚、太平洋岛屿、中南美洲和非洲等 100 多个国家和地区，大部分地区同时存在登革病毒 3～4 个血清型的流行。东南亚是世界上最重要的登革病毒疫源地。我国南方地区在 20 世纪 20～40 年代曾发生过登革热流行，但此后数十年一直未见登革热疫情。1978 年登革热又在我国重新出现，并在广东、海南、福建、台湾、广西及浙江等地频频发生流行或暴发流行。流行季节主要在 5～11 月，但因地区不同而有差别。人群对登革病毒普遍易感，但在地方性流行区，儿童发病率较高，绝大多数 DSS/DHF 病例发生于儿童。

三、致病性与免疫性

登革病毒经蚊虫叮咬进入人体后，先在毛细血管内皮细胞和单核细胞系统中增殖，然后经血流播散，引起疾病。潜伏期约 4～8 d。登革病毒感染可表现为两种不同的临床类型：登革热(DF)和登革出血热/登革休克综合征(DHF/DSS)，前者为自限性疾病，病情较轻，临床上表现为发热、头痛、全身肌肉和关节酸痛、淋巴结肿大及皮疹等典型登革热的症状和体征。后者病情较重，以毛细血管内皮细胞损伤、渗透性增加和广泛出血为主要病理特征，发病初期有典型登革热的临床表现，随后病情迅速发展，出现严重出血，表现为皮肤大片紫癜及瘀斑、消化道出血等，并进一步发展为出血性休克，死亡率高。

DSS/DHF 的致病机制至今尚未完全清楚。

四、微生物学检查

1. *病毒的分离培养* 病毒分离是登革热的确诊依据。在发病的第 1～3 d，患者出现病毒血症，血中病毒滴度较高，故可采取早期患者血清，用白纹伊蚊C6/36细胞培养法、乳鼠脑内接种法、伊蚊胸腔接种法分离培养登革病毒，其中C6/36细胞培养法是目前最常用的方法。用登革病毒型特异性单克隆抗体可对登革病毒进行鉴定和分型。

2. *血清学检查* 应用抗体捕获ELISA法、斑点免疫测定法检测登革热患者血清中特异性IgM抗体，是最常用登革热的早期快速诊断技术。特异性IgG抗体检测需取急性期和恢复期双份血清，恢复期血清IgG抗体水平比急性期呈4倍或4倍以上升高有诊断意义。

3. *登革病毒NS1抗原检测* 登革病毒NS1抗原在各型登革病毒间呈高度保守性，在登革病毒感染早期，在感染细胞的胞浆膜中尚不能检出E蛋白和prM蛋白时，NS1即可大量表达在感染细胞表面。在感染者的血循环中也存在高滴度NS1抗原，在发病1～9 d内可在血清中检出，因此，用ELISA法检测患者血清中NS1抗原可对登革热进行早期快速诊断。

4. *病毒核酸检测* 应用RT-PCR技术检测登革病毒核酸，可用于病毒的快速诊断及分型。

五、防治原则

目前登革病毒疫苗尚未研制成功，减毒活疫苗、灭活全病毒疫苗及基因工程疫苗正在研制中，也缺乏对登革热的特效治疗方法。防蚊灭蚊是预防登革热的根本措施。

第三节 森林脑炎病毒

森林脑炎病毒(forest encephalitis virus)为森林脑炎的病原体。首先在俄罗斯东部发现，以春夏季发病为主，由该病毒引起的疾病又称为俄罗斯春夏脑炎(Russian spring-summer encephalitis)，蜱为该病的传播媒介，故又称为蜱传脑炎病毒(Tick-borne encephalitis virus)。森林脑炎在世界范围内广泛分布，我国东北和西北林区有本病流行，西南地区可能存在自然疫源地。

森林脑炎病毒归属于黄病毒科黄病毒属。其形态结构和其他生物学特性与其他黄病毒相似。病毒颗粒呈球形，直径为40～50 nm，核衣壳20面体对称，有包膜，含血凝素糖蛋白。核酸为单正链RNA，长约11 kb，含单一ORF，编码衣壳蛋白(C蛋白)、膜蛋白(M蛋白)和包膜蛋白(E蛋白)这三种结构蛋白和7种非结构蛋白，即NS1、NS2a、NS2b、NS3、NS4a、NS4b、NS5。E蛋白是最重要的病毒蛋白，与病毒的毒力、受体结合、融合活性和血凝活性有关，并可诱导宿主产生保护性免疫应答。NS1蛋白参与病毒RNA的起始合成，NS3和NS5为RNA聚合酶，与病毒RNA的复制有关。根据系统发生学，森林脑炎病毒可分为三个亚型，即欧洲亚型、远东亚型、西伯利亚亚型。不同来源的毒株毒力差异较大，但抗原性较一致。森林脑炎患者的血清与乙型脑炎和圣路易脑炎患者血清在血凝抑制试验中有交叉反应。森林脑炎病毒动物感染范围广，以小鼠的敏感性最高，多种接种途径均能使之感染。

森林脑炎是一种中枢神经系统的急性传染病，多种野生动物均可作为传染源，蜱是传播媒介。病毒不仅能在蜱体内增殖，还能经卵传代，并能在蜱体越冬，因此，蜱既是传播媒介又是储存宿主。在自然疫源地，病毒通过蜱叮咬兽类和野鸟而在动物间增殖和循环。易感人群进入自然疫源地被叮咬而受感染。病毒亦可通过胃肠道传播，感染病毒的山羊可通过乳汁排出病毒，饮用生羊奶可引起感染。此外，实验室工作者和与受感染动物密切接触者还可通过吸入汽溶胶感染。

人感染病毒后，大多数表现为隐性感染，少数感染者经7～14 d的潜伏期后突然发病，出现高热、头痛、呕吐，颈项强直、昏睡、肢体弛缓性瘫痪等症状。重症患者可出现发音困难、吞咽困难、呼吸及循环衰竭等延髓麻痹症状，死亡率可高达30%。显性感染和隐性感染均可获得持久的免疫力。

实验室检查可见病毒性脑炎改变。病原学诊断主要有病毒的分离培养和血清学试验。但由于病毒血症时间短，发病初期血中病毒含量已很低，故病毒分离的阳性率不高。血清学试验有ELISA法、血凝抑制试验、中和试验及补体结合试验等，若恢复期血清抗体水平呈4倍或4倍以上升高则有诊断价值。

目前，对森林脑炎没有特效的治疗方法，在感染早期，大剂量丙种球蛋白或免疫血清可能有一定的疗效。特异性预防方法是对有关人员接种鸡胚或地鼠肾细胞制备的灭活疫苗，经多次接种后可获得可靠的免疫保护作用，减毒活疫苗正在研制中。

第四节 西尼罗病毒

西尼罗病毒(West Nile virus，WNV)因 1937 年首次从乌干达西尼罗地区的发热患者体内分离成功而得名。西尼罗病毒属黄病毒科黄病毒属，其生物学特征与其他黄病毒相似。WNV 有两个基因型，其中基因型 1 致病性强，基因型 2 无明显的致病性。西尼罗病毒可在鸡胚、人、猴、啮齿类动物和昆虫来源的细胞系中生长，并出现细胞病变。小鼠和豚鼠对病毒脑内接种高度敏感。

人类及多种动物，如鸟类、马、猪、鸡等对西尼罗病毒易感。患者、隐性感染者和带毒动物为主要传染源。其中鸟类是最重要的传染源，病毒可在鸟的体内大量繁殖，形成高水平的病毒血症。伊蚊和库蚊是主要传播媒介。病毒可在蚊子的唾液腺及神经细胞中大量增殖，1 周左右受感染的蚊子即具有传染性，并可终年带毒。此外，病鸟的口腔和泄殖腔分泌物中均含有大量病毒，因此，病毒亦可通过直接接触在鸟与鸟之间传播。

西尼罗病毒感染引起西尼罗热和西尼罗脑炎两种临床类型。前者以急性发热、头痛、乏力、皮疹为主要特征，可伴有肌肉、关节疼痛及全身淋巴结肿大等，预后良好。后者起病急骤，体温 39℃以上，出现头痛、恶心、呕吐、嗜睡，伴颈项强直、深浅反射异常等神经系统症状和体征，重症患者出观惊厥、昏迷及呼吸衰竭，死亡率高。

西尼罗病毒作为一种外来传染病病毒，主要流行地区集中在非洲、北美洲和欧洲，亚洲也有报告病例。目前我国并未发现西尼罗感染病例，但我国具备西尼罗病传播的气候条件和传播媒介，故存在该病毒传入风险。因此，必须重视对该病毒的监测和研究。

病毒分离和鉴定是经典的病毒检测技术，是病毒检测的金标方法。将脑髓液、血液或组织器官等样品的上清液接种到 Vero、R K－13 或 A P61 等细胞中，可出现细胞病变；利用包被特异性抗体的可检测 WNV 抗原；抗原捕获 E LISA 用以检测感染 WNV 的非结构蛋 NS1。

第五节 发热伴血小板减少综合征布尼亚病毒

发热伴血小板减少综合征布尼亚病毒(severe fever with thrombocytopenia syndrome bunyavirus，SFTSV)是我国在 2009 年首次从发热伴血小板减少综合征的患者体内分离到的一种新型布尼亚病毒，引起发热伴血小板减少综合征(severe fever with thrombocytopenia syndrome，SFTS)。目前已在河南、湖北、山东、安徽、辽宁、江苏等省发现该病病例。

SFTSV 属于布尼亚病毒科(*Bunyaviridae*)白蛉病毒属(*Phlebovirus*)，病毒颗粒呈球形，直径 80～100 nm，外有脂质包膜，表面有棘突。基因组包含三个单股负链 RNA 片段(L、M 和 S)。病毒抵抗力弱，不耐酸、易被热、乙醚、去氧胆酸钠和常用消毒剂及紫外线照射等迅速灭活。

SFTSV 流行于 4～10 月份，人群普遍易感，以青壮年居多。多呈散发流行，也有少数为聚集性病例。在丘陵、山地、森林等地区生活、生产的居民和劳动者以及赴该类地区户外活动的旅游者感染风险较高。

SFTS 是一种经蜱传播的疾病，尤其是长角血蜱和 SFTSV 的传播关系密切，通过叮咬人导致感染。急性起病，临床主要表现为发热(体温多在 38℃以上)、白细胞减少、血小板减少和多器官功能损害等，严重者可因多脏器功能衰竭而死亡。查体常有颈部及腹股沟等浅表淋巴结肿大伴压痛、上腹部压痛及相对缓脉。

SFTSV 感染的微生物学检查主要包括用 Vero 或 VeroE6 等敏感细胞分离培养病毒、用实时定量 PCR 检测病毒核酸、用 ELISA 法检测血清中的 SFTSV 特异性 IgM 或 IgG 抗体等。

本病目前尚无特异性治疗手段，主要为对症支持治疗。绝大多数患者预后良好，但既往有基础疾病者、老年患者、出现精神神经症状、出血倾向明显、低钠血症等提示病重，预后较差。继发细菌、真菌感染者，应当选敏感抗生素治疗。同时注意基础疾病的治疗。

第六节　基孔肯雅病毒

基孔肯雅病毒(chikungunya virus，CHIKV)是基孔肯雅热(chikungunya fever)的病原体，伊蚊是基孔肯雅病毒主要的传播媒介，基孔肯雅热是以发热、皮疹及关节疼痛为主要特征的急性传染病。1952 年首次在坦桑尼亚证实了基孔肯雅热流行，1956 年分离到基孔肯雅病毒。基孔肯雅热主要流行于非洲和东南亚地区，近年在印度洋地区造成了大规模流行。

基孔肯雅病毒属于披膜病毒科甲病毒属。病毒直径约 70 nm，有包膜，含有 3 个结构蛋白(衣壳蛋白 C、包膜蛋白 E1 和 E2)和 4 个非结构蛋白(nsP1、nsP2、nsP3 和 nsP4)。基因组为不分节段的单正链 RNA，长度为 11～12 kb。病毒基因组编码顺序为 5′- NS1 - NS2 - NS3 - NS4 - C - E3 - E2 - E1 - 3′。通过病毒部分 E1 基因的系统发生分析可将基孔肯雅病毒分为 3 个组：第 1 组包含了全部西非的分离株，第 2 组是亚洲分离株，东、中、南部非洲的分离株构成了第 3 组。

基孔肯雅病毒可在 Vero、C6/36、BHK - 21 和 HeLa 等细胞中繁殖并产生细胞病变。对血细胞如原代淋巴细胞、T 淋巴细胞、B 淋巴细胞及单核细胞等不敏感。基孔肯雅病毒可感染灵长类、乳鼠等动物。基孔肯雅病毒对理化因素的抵抗力较弱，对酸、热、脂溶剂、去污剂、漂白粉、酚、70%酒精和甲醛敏感。

人和灵长类动物是基孔肯雅病毒的主要储存宿主。急性期患者、隐性感染者和感染病毒的灵长类动物是主要传染源。人患病时，在发病后 2～5 d 内可产生高滴度病毒血症，有较强的传染性。埃及伊蚊和白纹伊蚊是主要传播媒介，主要通过感染病毒的伊蚊叮咬而传播。主要流行季节为夏、秋季，热带地区一年四季均可流行。人对基孔肯雅病毒普遍易感，感染后可表现为显性感染或隐性感染。潜伏期为 2～12 d。突然发病，寒战、发热，伴有头痛、恶心、呕吐、食欲减退，淋巴结肿大。有些患者可有结膜充血和轻度畏光的结膜炎表现。80%的患者在发病后 2～5 d，躯干、四肢的伸展侧、手掌和足底出现皮疹，为斑疹、丘疹或紫癜。数天后消退，可伴有轻微脱屑。发热同时，多个关节和脊椎出现疼痛、关节肿胀，可伴有全身性肌痛。病情发展迅速，往往在数分钟或数小时内关节功能丧失，不能活动。主要累及小关节，如手、腕、踝和趾关节等，也可能涉及膝和肩等大关节，腕关节受压引起的剧烈疼痛是本病的特点。急性期后，绝大多数患者的关节疼痛及僵硬状态可完全恢复。部分患者持续性关节疼痛和僵硬可达数周至数月，甚至 3 年以上。个别患者留有关节功能受损等后遗症。

基孔肯雅热主要分布于非洲、南亚和东南亚地区。在非洲主要流行的国家为坦桑尼亚、南非、津巴布韦、扎伊尔等国家和地区。在亚洲有印度、斯里兰卡、缅甸、越南、泰国、老挝、柬埔寨、菲律宾和马来西亚等。2005～2007 年本病在印度洋岛屿、印度和东南亚地区广泛流行，导致数百万人患病。凡有伊蚊存在地区，当伊蚊达到一定密度且自然条件适合时，如有基孔肯雅病毒传入，就可能引起流行或爆发。

病原学诊断主要有病毒的分离培养和血清学试验。采集发病 2 d 内患者血清标本，用 Vero、C6/36、BHK - 21 和 HeLa 等敏感细胞进行病毒分离。采用 RT - PCR 和 Real - timePCR 等核酸扩增方法检测病毒核酸。采用 ELISA 法、IFA、免疫层析等方法检测血清特异性 IgM、IgG 抗体，是最常用的早期快速诊断技术。

目前尚无可供使用的疫苗，对基孔肯雅热也没有特效的治疗方法，防蚊灭蚊是预防基孔肯雅热的主要措施。我国西南地区具备基孔肯雅热传播的气候条件和传播媒介，因此，必须加强对该病毒的监测和研究。

小 结

近年来，由于生态改变和人类活动等因素的影响，虫媒病毒病的流行范围日益扩大，已不再局限在热带、亚热带和发展中国家流行，寨卡病毒在2016年就引起了全球的流行。因此，虫媒病毒病已成为全球性的严重的公共卫生问题。

我国地域辽阔，媒介昆虫种类繁多，具有大多数虫媒病毒生存的自然条件。目前我国公共卫生的重要任务之一是尽快阐明我国虫媒病毒的确切种类、分布、传播媒介、储存宿主以及与人类疾病的关系，提高我国对新发虫媒病毒病的预警、预报和防治能力。

目前对虫媒病毒病尚无特效的治疗方法，因此预防疾病的发生尤为重要。预防的策略是控制传播媒介和疫苗接种。在媒介控制方面，关键是要找出虫媒病毒主要的传播媒介及其控制手段。在特异性预防方面，疫苗接种是有效的预防手段。但由于虫媒病毒种类繁多，目前发热伴血小板减少综合征布尼亚病毒和寨卡病毒等引起的疾病尚没有有效的疫苗可供预防。因此，疫苗研究是该领域的重要课题。迄今，研制成功并广泛应用的虫媒病毒疫苗有黄病毒减毒活疫苗、乙型脑炎病毒灭活疫苗、乙型脑炎病毒活疫苗、森林脑炎病毒灭活疫苗和委内瑞拉马脑炎病毒减毒活疫苗等。近年来，乙脑病毒、登革病毒、西尼罗病毒和基孔肯亚病毒等多种虫媒病毒的基因工程疫苗、亚单位疫苗、核酸疫苗等新型疫苗的研究也取得了较大的进展。此外，由于虫媒病毒具有组内共同抗原，可诱导交叉免疫反应，因此具有组内免疫保护作用疫苗的研究也受到重视。

【复习思考题】

1. 简述流行性乙型脑炎病毒的流行病学特征及其致病特点。
2. 简述流行性乙型脑炎病毒的防治原则。
3. 简述登革病毒的流行病学特征和致病特点。

（王红英）

第二十八章

出血热病毒

学习要点

掌握： 汉坦病毒的主要生物学性状、致病性及流行特点。
熟悉： 克里米亚-刚果出血热病毒的主要生物学性状、致病性及流行特点。
了解： 出血热病毒的传播媒介。

出血热(hemorrhagic fever)是一组综合征的统称而不是一个疾病，这些疾病的主要共同特征是“3H”症状：发热(hyperpyrexia)、出血(hemorrhage)、低血压(hypotension)休克，其他伴随症状有皮肤及黏膜的瘀点或瘀斑、多器官损害等。引起出血热的病毒称为出血热病毒(hemorrhagic fever virus)，其种类较多，它们分属于不同的病毒科(表 28－1)由节肢动物或啮齿类动物传播。

表 28－1　人类出血热病毒及所致疾病

病毒科	病　毒	主要媒介	所致疾病	分布地区
披膜病毒科	基孔肯雅病毒(Chikungunya virus, CHIKV)	蚊	基孔肯雅热	亚洲、非洲
黄病毒科	黄热病病毒(Yellow fever virus)	蚊	黄热病	非洲、南美洲
	登革病毒(Dengue virus)	蚊	登革热	亚洲、加勒比海地区
	西尼罗河病毒(The west Nile virus)	蚊	西尼罗河热	亚洲、非洲、欧洲、北美洲、大洋洲
	Kyasanur 森林病病毒 (Kyasanur forest diseae virus)	蜱	Kyasanur 森林病	印度
	鄂目斯克出血热病毒(Omsk hemorrhagic fever virus)	蜱	鄂目斯克出血热	俄罗斯
布尼亚病毒科	汉坦病毒(Hantaan virus, HTNV)	啮齿动物	肾综合征出血热 (HFRS)	亚洲、非洲、欧洲、美洲
	辛诺柏病毒(Sin Nombre virus, SNV)	啮齿动物	汉坦病毒肺综合征 (HPS)	欧洲、美洲
	Rift 山谷热病毒(Rift valley fever virus, RVF)	蚊	Rift 山谷热	非洲
	克里米亚-刚果出血热病毒(Crimean-Congo hemorrhagic fever virus)	蜱	克里米亚-刚果出血热	非洲、中亚、中国新疆
沙拉病毒科	Junin virus, JUNV	啮齿动物	阿根廷出血热	南美洲
	马丘波病毒(Machupo virus, MACV)	啮齿动物	玻利维亚出血热	南美洲
	拉沙热病毒(Lassa fever virus, LASV)	啮齿动物	拉沙热	非洲
	塞比欧病毒(Sabia virus, SABV)	啮齿动物	巴西出血热	南美洲
	Guanarito virus	啮齿动物	委内瑞拉出血热	南美洲
丝状病毒科	马堡病毒(Marburg virus)	未确定	马堡出血热	非洲、德国
	埃博拉病毒(Ebola virus)	果蝠	埃博拉出血热	非洲

部分出血热病毒引起的疾病是烈性传染病，具有潜伏期短，传播快，传播方式多样，病程进展快，死亡率高的特点，加上没有有效的预防疫苗和治疗措施，所以这类病毒对人类健康威胁较大，如埃博拉病毒（Ebola virus）、马尔堡病毒（Marburg virus）、马秋波病毒（Machupo virus，MACV）、拉沙热病毒（Lassa fever virus，LASV）等。

部分出血热病毒与节肢动物关系密切，故也可归类于虫媒病毒，如分布于欧、亚、非三大洲、包括我国新疆的通过蜱虫传播的克里米亚-刚果出血热病毒（Crimean-Congo hemorrhagic fever virus），分布于亚洲和加勒比海等地区的通过蚊虫传播的登革病毒（Dengue virus）。肾综合征出血热病毒（hemorrhagic fever with renal syndrome virus，HFRSV）分布于世界五大洲，对我国危害最为严重。

第一节 汉坦病毒

汉坦病毒属（*Hantavirus*）归属于布尼亚病毒科（*Bunyaviridae*），最先由韩国李镐汪在1978年从汉滩河附近疫区捕获的黑线姬鼠中分离出病毒而得名，汉坦病毒主要引起以高热、出血、肾脏损害和免疫功能紊乱为突出表现的肾综合征出血热（Hemorrhagic fever with renal syndrome，HFRS）和以双侧肺弥漫性浸润、间质水肿并迅速发展为呼吸窘迫、衰竭为特征的汉坦病毒肺综合征（hantavirus pulmonary syndrome，HPS）。不同型别的汉坦病毒有着不同的啮齿动物宿主，引起不同的多宿主自然疫源性疾病。其中肾综合征出血热的病原是汉滩病毒（HTNV）、多布拉伐病毒（DOBV）、汉城病毒（SEOV）和普马拉病毒（PUUV）等；汉坦病毒肺综合征的病原是辛诺柏病毒（Sin Nombre virus）（图 28－1）、黑港渠病毒（BCCV）及纽约病毒（NYV）等。

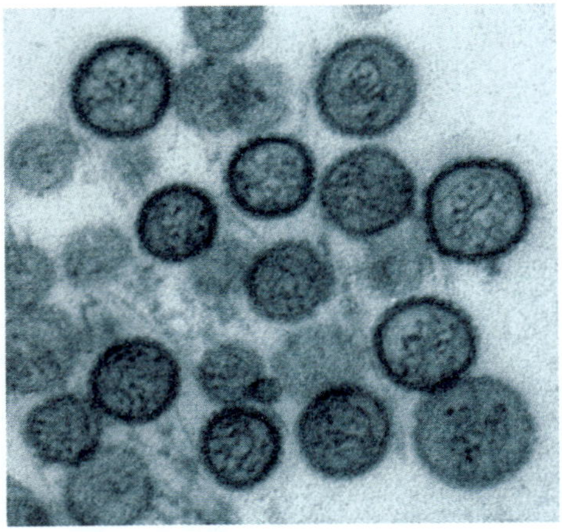

图 28－1 辛诺柏病毒（透射电镜，×15 000）

一、生物学性状

1. 形态结构　病毒体呈圆形或卵圆形，直径75～210 nm，平均122 nm。有包膜，包膜上有突起，长约6 nm，方格状。病毒的核酸为单股负链RNA，分为L、M、S三个片段。分子质量分别为2.7×10^6 Da、1.4×10^6 Da和0.6×10^6 Da。三个片段的碱基序列互不相同，但都具有同样的3′末端，为“3′AUCAUCAUCUG”，这一序列不同于布尼亚病毒科的其他属病毒。编码四种蛋白，即N、G1、G2和L。N为核蛋白，由S片段编码，其主要功能是包裹病毒RNA的三个片段，该蛋白免疫原性强。G1和G2均为糖蛋白，由M片段编码，有独立存在的中和抗原位点和血凝活性位点，但也可部分重叠。L为依赖RNA的RNA多聚酶，由L片段编码，在病毒复制中起重要作用。HFRS病毒的成熟方式为芽生成熟，其成熟过程与细胞的高尔基氏体和内质网有关。病毒在pH5.6～6.4时可凝集鹅红细胞。

2. 培养特性　多种传代、原代及二倍体细胞均对HFRS病毒敏感，实验室常用非洲绿猴肾细胞（Vero－E6）、人胚肺二倍体细胞（2BS）等来分离培养该病毒。病毒在细胞内生长缓慢，一般需7～14 d病毒滴度才达高峰，一般不引起可见的细胞病变，通常需采用免疫学方法进行鉴定。由于不同病毒在不同细胞上的适应性差异，决定其生长速度，与致病性强弱可能也有一定的关系。易感动物有多种，如黑线姬鼠、长爪沙鼠、小白鼠、大白鼠等，但除了小白鼠乳鼠感染后可发病及致死外，其余均无明显症状。

3. 病毒型别　已证实HFRS病毒与其他出血热病毒无关，与布尼亚病毒科其他4个属的病毒也无血清学关系。采用血清学方法（主要是空斑减少中和试验）以及RT－PCR技术和酶切分析方法，可将HFRS病毒分为不同型别。从我国不同疫区、不同动物及患者分离出的HFRS病毒，分属于Ⅰ型和Ⅱ型，两型病毒的抗原性有交叉。

4. 抵抗力 病毒抵抗力不强。对酸(pH3.0)和丙酮、氯仿、乙醚等脂溶剂敏感。一般消毒剂如来苏尔、新洁尔灭等也能灭活病毒。病毒对热的抵抗力较弱，56～60℃ 30 min 可灭活病毒。紫外线照射(50 cm、30 min)也可灭活病毒。

二、致病性与免疫性

目前世界上已发现能携带本病毒的鼠类等动物百余种，疫源地遍及世界五大洲。在亚洲、欧洲、非洲和美洲 28 个国家有病例报告。我国是 HFRS 疫情最严重的国家，自 20 世纪 30 年代首先在黑龙江省孙吴县发现此病后，疫区逐渐扩大，现已波及 28 个省、市、自治区。自 20 世纪 80 年代中期以来，年发病人数超过 10 万，病死率为 3%～5%，有的地区高达 10%。

黑线姬鼠和褐家鼠是我国各疫区 HFRS 病毒的主要宿主动物和传染源。此病有明显的地区性和季节性，与鼠类的分布与活动有关。Ⅰ型 HFRS 发病多集于秋冬之间，Ⅱ型则多集中于春夏之间。HFRS 的传播途径尚未完全肯定，认为可能的途径有 3 类 5 种，即动物源性传播(包括通过呼吸道、消化道和伤口 3 种途径)、虫媒传播和垂直传播。其中动物源性传播是主要的传播途径，即携带病毒的动物通过唾液、尿、粪便排出病毒污染环境，人或动物通过呼吸道、消化道摄入或直接接触感染动物受到传染。螨类也可能是该病的传播媒介。

1. 致病性 潜伏期一般为 2 周左右，起病急，发展快。典型病例具有三大主症(发热、出血和肾脏损害)及 5 期经过(发热期、低血压期、少尿期、多尿期和恢复期)。早期症状和体征为起病急，发冷，发热(38℃以上)；全身酸痛，乏力，呈衰竭状；头痛，眼眶痛，腰痛(三痛)；面、颈、上胸部充血潮红(三红)，呈酒醉貌；眼睑浮肿、结膜充血，水肿，有点状或片状出血；上腭黏膜呈网状充血，点状出血；腋下皮肤有线状或簇状排列的出血点；束臂试验阳性。病毒侵入人体后直接作用于全身毛细血管和小血管，引起广泛的血管壁损伤，使血管壁的通透性增高，导致组织或器官的水肿，从而出现全身皮肤黏膜的充血或出血，如患者的面颊、鼻、颈部、前胸、上臂等处发红或有出血点，并危及心、肺、脾、胃、肾、脑垂体、肾上腺等多处脏器；有些患者还有广泛的微血栓形成，极易出现严重的水电解质酸碱平衡紊乱。最为严重的是损害人的肾脏，重者往往死于尿毒症肾功能衰竭。病毒还会作用于神经系统，引起严重的头痛、眼眶痛、腰痛及全身疼痛，患者普遍出现高热。重症或未能及时治疗的患者，后期往往出现心力衰竭、肺肿、自发性肾破裂等严重并发症。该病病情凶险、病程多会迁延月余，即使治愈也需要严格休息至少 1～3 个月，是一种严重危害人类健康的疾病。

HFRS 的发病机制很复杂，目前一般认为病毒直接作用是发病的始动环节，而免疫病理损伤也起重要作用。病程早期血液中 IgE 水平增高，提示Ⅰ型超敏反应可能通过血管活性物质的作用，使小血管扩张，渗出增加。另外在早期患者体内即可出现大量循环免疫复合物，在血管壁、血小板、肾小球及肾小管上有免疫复合物沉积，血清补体水平下降；血清中也可检出抗基底膜和抗心肌抗体，这些现象表明Ⅲ型和Ⅱ型超敏反应造成的免疫病理损伤也参与了 HFRS 的致病。

2. 免疫性 人对 HFRS 病毒普遍易感，但仅少数人发病，大部分人呈现隐性感染状态，特别是Ⅱ型疫区的人群隐性感染率更高。感染后抗体出现早，发热 1～2 d 即可检测出 IgM 抗体，第 7～10 d 达高峰；第 2～3 d 可检测出 IgG 抗体，第 14～20 d 达高峰，IgG 抗体在体内可持续存在 30 余年。近年来的研究结果表明，在不同的抗体成分中，对机体起免疫保护作用的主要是由 G1 和 G2 糖蛋白刺激产生的中和抗体和血凝抑制抗体，而由 N 蛋白刺激产生的特异性抗体在免疫保护中也起一定作用。

细胞免疫在对 HFRS 病毒感染的免疫保护中起同样起重要作用，HFRS 患者的抑制性 T 细胞功能低下，Tc 细胞和 B 细胞功能相对增强，一些细胞因子(如白细胞介素 1、干扰素、肿瘤坏死因子、白细胞介素 2 受体、前列腺素 E2 等)的水平在 HFRS 的不同病期也有明显变化。值得指出的是，上述细胞免疫(包括一些细胞因子)与特异性抗体一样，除参与抗感染免疫，具有抵御和清除病毒的作用以外，也参与超敏反应，即也可能是造成本病免疫病理损伤的原因之一。

HFRS 病后可获持久免疫力，一般不发生再次感染，但隐性感染产生的免疫力多不能持久。

三、微生物学检查

1. 病毒分离 患者急性期血液、尸检组织或感染动物的肺、肾等组织均可用于病毒分离，组织需研磨成悬液。常用 Vero－E6 细胞分离培养，培养 7～14 d 后，用免疫荧光染色法检查细胞内是否有病毒抗原，胞质内出现黄绿色颗粒荧光为阳性。也可取检材接种易感动物来分离病毒，常用者为小白鼠乳鼠，通过腹腔或脑内接种，接种后逐日观察动物有无发病或死亡，并定期取动物脑、肺等组织，冰冻切片或将组织研磨成悬液后分别用免疫荧光法或 ELISA 检查是否有病毒抗原。用细胞或动物分离培养阴性者继续盲传，连续三代阴性者方能肯定为阴性。此外在进行动物实验时采取严格的隔离及防护措施，以防止发生实验室感染。

2. 血清学检查　检测特异性 IgM 具有早期诊断价值。根据情况可选用间接免疫荧光法和 ELISA，后者又可分为 IgM 捕获法和间接法，其中以 IgM 捕捉法的敏感性和特异性为最好。IgG 抗体出现也较早，维持时间很长，因此需检测双份血清（间隔至少一周），恢复期血清抗体滴度比急性期升高 4 倍以上可确诊。常用检测方法为间接免疫荧光法和 ELISA。此两种方法还可用于血清流行病学调查。检测血凝抑制抗体采用血凝抑制试验进行检测，在辅助诊断和流行病学调查中也较常用。

四、防治原则

1. 一般性预防　主要采取灭鼠、防鼠、灭虫、消毒和个人防护等措施。灭鼠应与防鼠紧密结合。搞好环境卫生及卫生整顿，清除鼠类栖息活动的隐蔽场所，开展以药物杀灭为主，居民区及其周围地区为主的灭鼠措施，在流行高峰期半个月前开展一次突击性灭鼠活动。根据疫区不同类型（家鼠型、姬鼠型、混合型）确定灭鼠重点，一般春季重点在居民区灭鼠，秋季重点在居民区周围及野外灭鼠。

2. 特异性预防　目前国内外已初步研制出三类 HFRS 疫苗，即纯化鼠脑灭活疫苗（分别由朝鲜、韩国及我国研制）、细胞培养灭活疫苗（包括Ⅰ型疫苗和Ⅱ型疫苗，均由我国研制）和基因工程疫苗（由美国研制）。我国研制的前二类疫苗在不同疫区进行大量人群接种，显示抗体阳性率高达 92%，保护率达 93%～97%。

3. 治疗原则　目前尚无特效疗法，主要是采取以“液体疗法”为基础的综合治疗措施，抓好“三早一就”（早发现、早休息、早治疗、就近治疗）措施及发热期的治疗，包括抗病毒治疗、预防性治疗（预防低血压、少尿期出现）。通过综合性抢救治疗措施预防和控制低血压休克、肾功能衰竭、大出血（三关），做好抢救治疗中的护理工作。

第二节　克里米亚-刚果出血热病毒

克里米亚-刚果出血热病毒（Crimean-Congo hemorrhagic fever virus）属于布尼亚病毒科（Bunyaviridae）的内罗病毒属（*Nairovirus*）。分布于欧、亚、非三大洲的草原、热带草原、半荒漠，蜱类的宿主动物，如家畜和野生哺乳动物的活动与迁移，以及鸟类的远距离飞迁等都对病毒散播产生影响。新疆出血热病毒（Xinjiang hemorrhagic fever virus，XHFV）是从我国新疆塔里木地区出血热患者的血液，尸体的肝、脾、肾、淋巴结以及在疫区捕获的硬蜱中分离到的，现已将该病毒归属于克里米亚-刚果出血热病毒组，即克里米亚-刚果出血热病毒中国株。新疆出血热病毒传播媒介为亚洲璃眼蜱（hyalommaasiaticum），实验观察到蜱可经卵传递此病毒，因此蜱又是此病毒的储存宿主。新疆出血热的发生有明显的季节性，每年 4～5 月为流行高峰，与蜱在自然界的消长情况及牧区活动的繁忙季节相符合。

一、生物学性状

克里米亚-刚果出血热病毒颗粒呈圆形和椭圆形，有包膜，直径为 85～120 nm，成熟的病毒颗粒是从病毒细胞核周围的高尔基体囊泡壁上芽生出来的。光镜下在鼠脑的感染组织中可见到吉姆萨染色呈嗜碱性的有如红细胞大小的胞质包涵体，而在电镜下的超薄切片中可辨认包涵体所集聚的核糖体样致密颗粒，这些可能是抗原或病毒亚单位结构。该病毒对脂溶剂、乙醚、氯仿，去氧胆酸钠等敏感。在 pH3.0 以下作用 90 min，56℃ 30 min 均可灭活。低浓度甲醛可使其灭活而保持其抗原性。置于普通冰箱中 4℃ 24 h，感染滴度显著下降。但在冰盒内 50% 中性甘油盐水中，则可保存半年以上，利用冷冻真空干燥法能保存病毒长达数年之久。

二、致病性与免疫性

1. 致病性 人被带毒蜱叮咬而感染。潜伏期 7 d 左右，起病急骤，有发热、头痛、困倦乏力、呕吐等症状。患者早期面部、胸部皮肤潮红，继而在口腔黏膜及其他部位皮肤有出血点，严重患者有鼻出血、呕血、血尿、蛋白尿甚至休克等。无少尿期和多尿期，但病死率达 20%～70%。

2. 免疫性 病后第 6 d 血清中可出现中和抗体，第 14 d 达高峰，并可维持 5 年以上；补体结合抗体至第 2 周才出现，且上升缓慢，滴度也低。病后免疫力持久。

三、微生物学检查

用患者血液早期进行乳鼠接种分离病原体，补体结合试验、间接血凝试验或间接荧光抗体试验为阳性者，即可确诊。实验室检查对诊断有一定价值，如本病血常规检查白细胞明显减少，有时可减少至 1×10^9/L，血小板减少。尿常规检查多有蛋白尿和血尿，患者近期的活动地点、蜱咬史以及可疑的接触史等，有助于临床诊断。根据表面黏膜和皮肤出现的出血点、淤血斑以及大出血的急性发作症状，在疫区和流行季节，本病诊断不难。鼻出血不止及易出血均属早期常见症状，利于早期诊断。

四、防治原则

本病目前尚无特效治疗，原则应采取综合治疗措施，而以控制出血和抗休克为主。

1. 对症治疗 可输入血小板、血浆，并用止血剂防止出血。对那些易于引起继发感染的处理措施要加强监控，尽量避免采取静脉内途径、导管及类似的损害性措施。注意保护心、肺，预防并发症，需要时给输氧。对脱水、低血压和休克应采取得力措施。适当的补充液体和电解质，以免因心肌损害和肺血管通透性增高而发生水肿。多巴胺是抗休克有效药物，但应慎重使用。应恰当地使用洋地黄、毒毛花苷 K（毒毛旋花子甙）等强心剂。

2. 一般治疗 患者应及时就近住院，作好思想工作和妥善处理，以期缓解病情，加快恢复。

防蜱、灭蜱是预防本病的主要措施。已知蜱可携带 83 种病毒、14 种细菌、17 种回归热螺旋体、32 种原虫，其中大多数是重要的自然疫源性疾病和人兽共患病的病原体。尽量避免在蜱类主要栖息地如草地、树林等环境中长时间坐卧。蜱常附着在人体的头皮、腰部、腋窝、腹股沟及脚踝下方等部位，一旦发现有蜱已叮咬、钻入皮肤，可用酒精涂在蜱身上，使蜱头部放松或死亡，再用尖头镊子取出蜱。不要生拉硬拽，以免拽伤皮肤或将蜱的头部留在皮肤内。取出后，再用碘酒或乙醇做局部消毒处理，并随时观察身体状况，如出现发热、叮咬部位发炎破溃及红斑等症状，要及时就诊。我国已研制成功新疆出血热疫苗，系采用感染乳鼠脑组织后精制而成，在牧区试用的初步结果表明安全有效。

第三节 埃博拉病毒

埃博拉病毒（Ebola virus）目前只在非洲部分地区流行，于 1976 年在扎伊尔（现非洲刚果民主共和国）北部的埃博拉河附近一个小村庄首次发现而得名。引起的埃博拉出血热（Ebola hemorrhagic fever，EBHF）是当今世界上最致命的病毒性出血热之一，具有 50%～90%的高致死率。2014 年开始暴发的西非埃博拉疫情，不仅给当地人民造成严重危害，也对世界公共卫生安全构成现实威胁。截至 2015 年 5 月 18 日，世界卫生组织（WHO）发布的数据显示，埃博拉主要疫区国几内亚、利比里亚和塞拉利昂累计发现疑似及确诊埃博拉病例 26 885 例，其中 11 117 人死亡。

一、生物学性状

埃博拉病毒属于丝状病毒科，有分支形、U 形、6 形或环形等，典型的分支形形似中国古代的“如意”（图

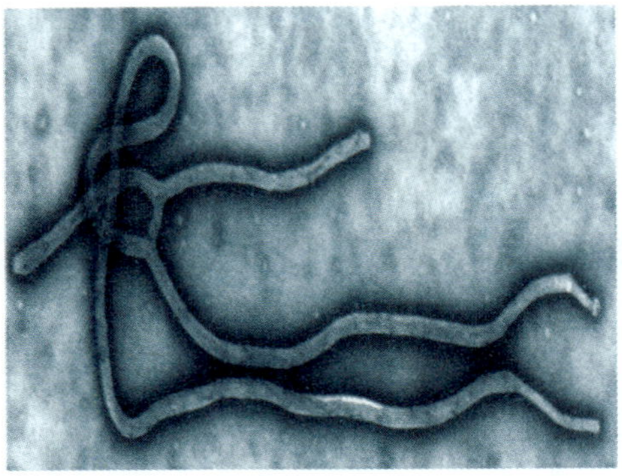
图 28－2 埃博拉病毒(扫描电镜，×20 000)

28－2)。埃博拉病毒是单股负链不分节段的 RNA 病毒，大小为 18.9 kb，编码 7 个结构蛋白和 1 个非结构蛋白。病毒有脂质包膜，包膜上有呈刷状排列的突起，主要由病毒糖蛋白组成。在套膜与核壳蛋白之间的区域，称为基质空间，由病毒蛋白 VP40 和 VP24 组成。埃博拉病毒粒子一般直径约 80 nm，典型的埃博拉病毒粒子平均长度则接近 1 000 nm。埃博拉病毒在室温及 4℃存放 1 个月后，感染性无明显变化，56℃不能完全灭活，60℃ 1 h 能破坏其感染性，100℃ 5 min 即可灭活。在血液样本或病尸中可存活数周。该病毒对紫外线、γ 射线、甲醛、次氯酸、酚类等消毒剂和脂溶剂敏感。敏感细胞绿猴肾细胞(Vero)、地鼠肾细胞(BHK)等均可用以培养埃博拉病毒。

二、致病性与免疫性

感染埃博拉病毒的患者和灵长类动物为本病传染源。目前认为埃博拉病毒的自然宿主为狐蝠科的果蝠，尤其是锤头果蝠、富氏前肩头果蝠和小领果蝠，但其在自然界的循环方式尚不清楚。

接触传播是本病最主要的传播途径。可以通过接触患者和被感染动物的血液、体液、分泌物、排泄物及其污染物感染。病例感染场所主要为医疗机构和家庭，在一般商务活动、旅行、社会交往和普通工作场所感染风险低。患者感染后血液中可维持很高的病毒含量。医护人员、患者家属或其他密切接触者在治疗、护理患者或处理患者尸体过程中，如果没有严格的防护措施，容易受到感染。随着疾病的进展，患者因腹泻、呕吐和出血所排出的体液将具有高度的生物危险性。埃博拉出血热患者的精液中可分离到病毒，故存在性传播的可能性。有动物实验表明，埃博拉病毒可通过气溶胶传播。

埃博拉出血热的潜伏期 2～21 d，但通常只有 8～10 d。医学观察期为 21 d，即与病例或污染物品等最后一次接触之日起至第 21 d 结束。在潜伏期内没有传染性，对密切接触者实施医学观察，不需采取隔离医学观察或集中医学观察。

目前已确定埃博拉病毒分为扎伊尔型、苏丹型、塔伊森林型、莱斯顿型和本迪布焦型 5 个亚型。除莱斯顿型对人不致病外，其余四种亚型感染后均可导致人发病。不同亚型病毒基因组核苷酸构成差异较大，但同一亚型的病毒基因组相对稳定。扎伊尔型、苏丹型对人类和非人类灵长类动物的致病性和致死率很高。

埃博拉病毒致病机制不明，可能的致病过程：在感染初期，病毒在血管中大量复制，产生大量糖性蛋白质黏附在嗜中性粒细胞上，继而攻击红细胞和血管壁细胞，产生大量凝血块，同时破坏胶原使血管壁破裂。推测可能与免疫病理反应有关。患者急性起病，发热并快速进展至高热，伴乏力、头痛、肌痛、咽痛等；并可出现恶心、呕吐、腹痛、腹泻、皮疹等。病程第 3～4 d 后可进入极期，出现持续高热，感染中毒症状及消化道症状加重，有不同程度的出血，包括皮肤黏膜出血、呕血、咯血、便血、血尿等；严重者可出现意识障碍、休克及多脏器受累，多在发病后 2 周内死于出血、多脏器功能障碍等。

三、微生物学检查

埃博拉病毒是高度危险的病原体，必须在专门的实验设施内进行病毒的分离与鉴定。密切接触者是指直接接触埃博拉出血热病例或者疑似病例的血液、体液、分泌物、排泄物的人员，如共同居住、陪护、诊治、转运患者及处理尸体的人员。对密切接触者进行追踪和医学观察。医学观察期间一旦出现发热等症状时，要立即进行隔离，并采集标本进行检测。目前在非洲疫区主要通过检测埃博拉病毒的特异性 IgM 和 IgG 抗体以及检查病毒抗原或核酸等进行诊断。实验室病原学和血清学检测相关活动严格按照《人间传染的病原微生物名录》的要求，在相应的生物安全级别实验室开展。病毒培养在 BSL－4 实验室、动物感染实验在 ABSL－4 实验室、未经培养的感染材料的操作在 BSL－3 实验室、灭活材料的操作在 BSL－2 实验室、无感染性材料的操作在 BSL－1 实验室中进行。

1. *病毒特异性抗体的检查*　患者血液中的病毒特异性 IgM 抗体在发病后 2～9 d 出现，持续存在到发病后 1～6 个月；IgG 抗体在发病后 6～18 d 出现，持续存在到发病后 2 年以上。用基因工程方法制备出的病毒核心蛋白羧基端多肽为抗原，建立的检测埃博拉病毒 IgG 抗体的 ELISA 法，特异性和敏感性较高。但对于部分急性期血清中特异性抗体滴度很低的患者，应同时进行病毒抗原或核酸的检测。

2. 病毒特异性抗原和核酸的检查　已经证实检测埃博拉病毒抗原与检测病毒核酸的一致性几乎达到 100%，敏感度很高。并且用 γ 射线照射标本并灭活病毒后，再检测病毒抗原或 RNA 时，实验安全性增高，且实验结果也不受影响。

四、防治原则

目前尚无预防埃博拉出血热的疫苗，严格隔离控制传染源、密切接触者追踪、管理和加强个人防护是防控埃博拉出血热的关键措施。各级医疗机构和出入境检验检疫机构发现符合埃博拉出血热留观、疑似或确诊病例时，应当及时报告相关信息。留观病例、疑似病例和确诊病例应当在 2 h 之内通过传染病报告信息管理系统进行网络直报。患者死亡后，应当尽量减少尸体的搬运和转运。尸体应消毒后用密封防渗漏物品双层包裹，及时焚烧。一些抗病毒药如干扰素和利巴韦林无效，主要是支持和对症治疗，包括注意水、电解质平衡，控制出血；肾衰竭时进行透析治疗等。

小　结

本章讲述了引起以发热、出血、低血压休克等“3H”为主要症状的分属于不同病毒科的出血热病毒，其中分布于欧、亚、非三大洲包括我国新疆的有克里米亚-刚果出血热病毒；广泛分布于全世界且在我国广泛流行的有汉坦病毒；在非洲局部流行的有埃博拉病毒；登革病毒也分布于我国。

汉坦病毒有包膜，包膜上有血凝素刺突，核酸为负单链 RNA，有 L、M、S 三个片段。汉坦病毒主要引起肾综合征出血热和汉坦病毒肺综合征。汉坦病毒所致疾病有明显地区性和季节性。传染源为鼠类。人经皮肤伤口接触、呼吸道和消化道感染。汉坦病毒的隐性感染率较低，肾综合征出血热患者感染后可检测到血清抗体。IgG 可持续多年，免疫力持久。

克里米亚-刚果出血热病毒主要分布于有硬蜱活动的荒漠和牧场，有明显的地区性和季节性。传播媒介为亚洲璃眼蜱，蜱也是此病毒的储存宿主。病后免疫力持久。预防主要是防蜱叮咬。

埃博拉出血热是由埃博拉病毒引起的一种急性出血性传染病。主要通过接触患者或感染动物的血液、体液、分泌物和排泄物等而感染，临床表现主要为突起发热、出血和多脏器损害。埃博拉病毒是高致病性的病毒，所致疾病的死亡率高，必须在专门的生物安全实验设施内进行病毒的分离与鉴定。主要通过检测埃博拉病毒的特异性 IgM 和 IgG 抗体以及检查病毒抗原或核酸等进行诊断。尚无针对埃博拉出血热的可靠疫苗、药物等预防治疗措施。

出血热病毒种类繁多，不断出现新病毒，有效控制这类传染源和传播宿主多样且危害严重的自然疫源性疾病的关键还是疫苗，必须加强出血热病毒及其所致疾病的监控、预警和疫苗研究。

【复习思考题】

1. 肾综合征出血热病毒是怎样传播给人类的？致病性如何？
2. 克里米亚-刚果出血热病毒的传染源和传播途径是什么？

（杨　靖）

第二十九章

疱疹病毒

学习要点

掌握： ① 疱疹病毒共有的重要生物学特性；② 单纯疱疹病毒、人巨细胞病毒和 EB 病毒的致病性。

熟悉： 主要人类疱疹病毒的微生物学检查原则。

了解： 主要人类疱疹病毒的防治原则。

人类疱疹病毒（human herpes virus，HHV）是引起人类疾病的重要病原体，属于疱疹病毒科（*Herpesviridae*），是一群有多种共同特征的中等大小有包膜的双链 DNA 病毒，有 100 多个成员，分 α、β、γ 三个亚科。其主要种类及所致疾病见表 29－1。

许多疱疹病毒的宿主范围广泛，可感染人类和其他脊椎动物的多种细胞，也有一些疱疹病毒宿主细胞范围较窄。引起人类疾病的常见疱疹病毒见表 29－1。疱疹病毒主要侵犯外胚层来源的组织，包括皮肤、黏膜和神经组织，感染部位和引起的疾病多种多样，其显著特点是多通过潜伏感染伴随宿主的整个生命过程并在一些条件下反复再发，严重威胁人类健康。

表 29－1　人类疱疹病毒的种类及其所致主要疾病

命　名	常用名	所属亚科	潜伏部位	所致疾病
人类疱疹病毒 1 型（HHV－1）	单纯疱疹病毒 1 型（HSV－1）	α	三叉神经节、颈上神经节	唇疱疹、口龈炎、角结膜炎等
人类疱疹病毒 2 型（HHV－2）	单纯疱疹病毒 2 型（HSV－2）	α	腰骶神经节	生殖器疱疹、新生儿疱疹
人类疱疹病毒 3 型（HHV－3）	水痘-带状疱疹病毒（VZV）	α	脊髓后根及感觉神经节	水痘、带状疱疹、肺炎、脑炎
人类疱疹病毒 4 型（HHV－4）	EB 病毒（EBV）	γ	淋巴组织	传染性单核细胞增多症、Burkitt 淋巴瘤、鼻咽癌
人类疱疹病毒 5 型（HHV－5）	巨细胞病毒（CMV）	β	腺体、肾、白细胞	巨细胞包涵体病、肝炎、肺炎及先天性畸形
人类疱疹病毒 6 型（HHV－6）	人类疱疹病毒 6 型	β	同 CMV	婴儿急疹、间质性肺炎等
人类疱疹病毒 7 型（HHV－7）	人类疱疹病毒 7 型	β	同 CMV	未确定
人类疱疹病毒 8 型（HHV－8）	人类疱疹病毒 8 型	γ	同 EBV	Kaposi 肉瘤
B 病毒	猴疱疹病毒		同 HSV	脊髓炎、出血性脑炎

HHV 的主要共同特征除表 29－2 中所描述的外，还具有以下特征。

1．*病毒颗粒呈球形*　病毒颗粒呈球形，有包膜的成熟病毒颗粒直径为 150～300 nm，“裸”病毒直径约 125 nm；核心由线状双链 dsDNA（125～240 kb）构成，衣壳为二十面体立体对称，有包膜，其表面有刺突（图 29－1）。

2. *为 DNA 病毒*　疱疹病毒 DNA 的显著特征是有末端和内部重复序列，核酸组成中 G + C 含量为 31 mol％～75 mol％。HSV1 和 HSV2 的基因有 50％的同源性，HHV6 和 HHV7 基因则只有 30％～50％同源性。限制性核酸内切酶酶切病毒 DNA 后可在不同类别甚至不同的疱疹病毒株之间产生特征性片段，可用于流行病学中追踪病毒突变株。

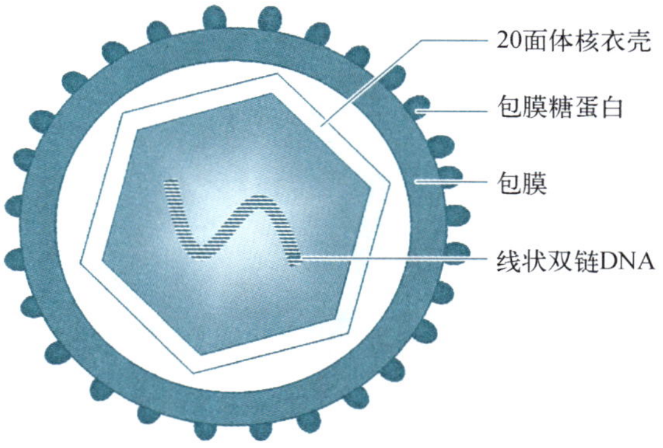

图 29－1　疱疹病毒结构示意图

3. *病毒释放方式多样性*　病毒通过刺突与宿主细胞表面受体结合而进入细胞，核衣壳从胞质通过核膜孔进入核内，在宿主细胞核内复制及装配，新合成的病毒通过胞吐或细胞溶解方式释放，并可通过细胞间桥感染邻近细胞，感染细胞融合可形成多核巨细胞。疱疹病毒的复制周期从 18 h(HSV)到 72 h(CMV)不等。

4. *感染类型多*　人类疱疹病毒通过感染不同细胞而引起不同的临床表现，并引起多种类型的感染：① 显性感染：病毒大量增殖导致细胞破坏并出现临床症状；② 潜伏感染：病毒感染机体细胞后可建立潜伏感染状态，感染细胞内能检测到病毒的基因组，但检测不到病毒的颗粒。当机体受到各种因素影响时，病毒可从潜伏状态被激活(reactivation)，表现为无症状的排出病毒。若被激活的病毒大量复制则使机体产生明显的临床症状，呈疾病状态，称其为复发(recurrence)。α 疱疹病毒亚科主要感染上皮细胞，潜伏于神经细胞，β 疱疹病毒亚科能感染和潜伏在多种组织中，γ 疱疹病毒亚科主要感染和潜伏在淋巴细胞；③ 整合感染：部分病毒基因组可与宿主细胞 DNA 整合，导致细胞转化，如 EB 病毒，该状态使某些疱疹病毒感染与肿瘤的发生密切相关；④ 先天感染：病毒经胎盘感染胎儿，可引起先天畸形，如巨细胞病毒。

5. *细胞免疫为主*　机体抗 HHV 感染主要以细胞免疫为主，中和抗体可阻止病毒在体内扩散。

表 29－2　HHV 的主要共同特征

病 毒 体：	球形、直径 150～200 nm、20 面体对称
基 因 组：	线状双链 DNA、125～240 kb、重复序列、编码多个 miRNA
蛋 白 质：	病毒体有超过 35 种以上的蛋白质构成
包　　膜：	镶嵌有病毒糖蛋白，有些病毒有 Fc 受体
复　　制：	在细胞核中复制，出芽释放
典型特征：	编码产生多种酶
	容易潜伏感染
	在宿主体内持续存在
	常在免疫抑制宿主体内再发
	多种病毒与肿瘤的发生有关

6. *基因表达的 miRNA 调控*　miRNA 为内源性非编码 RNA 小分子，长度为 18～25 个核苷酸，通过与基因或 mRNA 结合调控基因的表达。疱疹病毒可编码 474 个 miRNA，其数量占病毒编码的 miRNA 总数的 90％以上。疱疹病毒 miRNA 不仅调控病毒潜伏到裂解复制的关键基因，也调节多个宿主基因。目前的研究数据表明，疱疹病毒编码的 miRNA 调控病毒的潜伏感染与裂解复制、免疫识别、细胞凋亡及肿瘤生成等生物学过程。

第一节　单纯疱疹病毒

单纯疱疹病毒(herpes simplex virus，HSV)是疱疹病毒科的典型代表，因人体感染后急性期可发生水疱性皮疹即单纯疱疹(herpes simplex)而得名，HSV 的宿主细胞范围广泛，可感染多种动物并在多种细胞中复

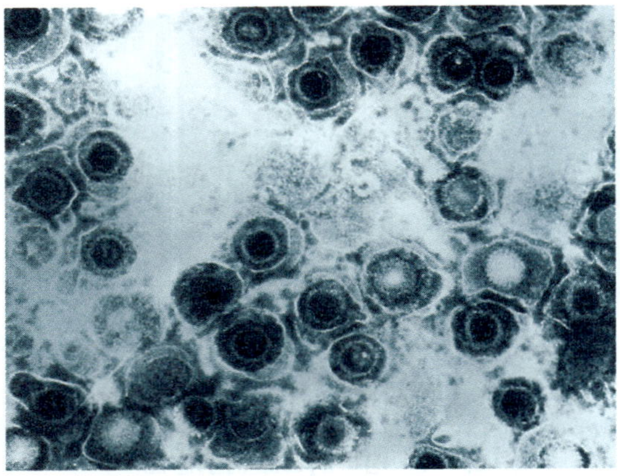

图 29-2 HSV 电镜图
(Dr. Erskine Palmer, 1981)

制,增殖迅速而具有高细胞毒性,在人群中有着极高的传播率。

一、生物学性状

HSV 具有典型疱疹病毒的形态结构,直径为 150~200 nm(图 29-2)。HSV 分为两种血清型,HSV-1 和 HSV-2。两型病毒基因组同源性达 50%以上,型间有共同抗原,也有特异性抗原,可用型特异性单克隆抗体进行 ELISA 法、DNA 限制性酶切图谱分析及 DNA 杂交试验等方法来区分型别。HSV-1 常通过感染者的唾液传播,而 HSV-2 常通过性传播或母婴传播。HSV-1 与 HSV-2 的主要特性比较见表 29-3。

表 29-3 HSV-1 与 HSV-2 的主要特征比较

特征	HSV-1	HSV-2
生化特征		
病毒 DNA(G+C)组成	67%	69%
DNA 的浮力密度(g/cm^3)	1.726	1.728
病毒颗粒的浮力密度(g/cm^3)	1.271	1.267
病毒 DNA 同源性	约为 50%	约为 50%
生物特性		
动物宿主	无	无
潜伏位置	三叉神经节	骶神经节
流行病学特性		
原发感染好发年龄	幼儿	青壮年
传播	接触(唾液)	性传播
临床特性		
原发感染:龈口炎	+	−
咽扁桃体炎	+	−
角结膜炎	+	−
新生儿感染	±	+
复发感染:唇疱疹	+	−
角膜炎	+	−
原发或复发感染:腰以上皮肤疱疹	+	±
腰以下皮肤疱疹	±	+
手臂皮肤疱疹	+	+
疱疹性甲沟炎	+	+
疱疹性湿疹	+	−
生殖器疱疹	±	+
疱疹性脑炎	+	−
疱疹性脑炎	±	+

HSV 基因组为约 150 kb 的线性 DNA 分子,由两个长片段(L)与两个短片段(S)相互连接而成。HSV 基因组至少编码 70 种蛋白,许多蛋白在病毒复制及潜伏感染中的作用还不清楚,至少有 10 种包膜表面糖蛋白在病毒感染及复制中发挥着作用,并参与病毒 DNA 合成、包装及核苷酸的代谢等,分别是 gB、gC、gD、gE、gH、gI、gJ、gL 和 gM。其中,gB 和 gD 与病毒的吸附及穿入有关,gH 与病毒的释放有关。gD 是 HSV-1 和 HSV-2 的共同抗原,具有较强的诱导机体产生综合抗体的能力,是亚单位疫苗的主要成分,gC、gE、gI 为结构糖蛋白,与病毒逃避机体的免疫清除作用有关,此外,gC 也是补体 C3b 受体,gE/gI 复合物是 IgGFc 的受体,均与对抗机体的抗病毒免疫作用有关。gG 为型特异性糖蛋白,分 gG-1 和 gG-2,分别代表 HSV-1 和

HSV-2 两种血清型。HSV 的 miRNAs 能关闭裂解基因和神经毒力因子的表达，同时极大地降低病毒立即早期反式激活因子的表达，有助于 HSV 在宿主细胞内建立和维持潜伏感染；HSV 的 miRNAs 还能调控宿主的细胞凋亡基因，发挥抗凋亡作用。

HSV 宿主范围较广，可在多种细胞中生长，可实验性感染家兔、豚鼠、小鼠等多种动物以及兔肾、人胚肺、人胚肾、人成纤维细胞、地鼠肾等细胞。感染后 HSV 可迅速增殖，细胞表现为肿胀、变圆等，并在核内出现嗜酸性包涵体。

二、致病性与免疫性

人群中 HSV 感染非常普遍。传染源主要是单纯疱疹患者和 HSV 无症状携带者。主要通过密切接触和性接触传播。病毒经口腔、呼吸道、生殖道黏膜和破损皮肤等多种途径进入人体。HSV-1 主要感染口腔、皮肤黏膜、眼结膜及中枢神经系统，HSV-2 主要侵犯生殖器及生殖道黏膜。感染后，常见的临床表现是黏膜或皮肤局部集聚的疱疹(图 29-3)，偶有感染者可发生严重甚至致死的全身感染。典型的组织病理学变化是受感染细胞呈气球样变、核内包涵体和多核巨细胞的形成等。

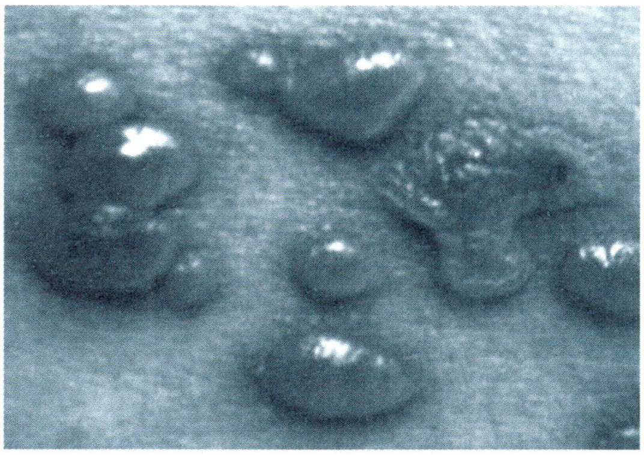

图 29-3　皮肤疱疹

(一) 所致疾病及主要感染类型

1. 原发感染　HSV-1 原发感染多发生于 1～15 岁，常引起龈口炎、唇疱疹、湿疹样疱疹、疱疹性角膜炎、疱疹性脑炎等，6 个月以内婴儿多因从母体通过胎盘获得的抗体，初次感染约有 90%无临床症状。HSV-2 的原发感染主要引起生殖器疱疹，男性表现为阴茎的水泡性溃疡损伤，女性为宫颈、外阴、阴道的水泡性溃疡损伤。原发性生殖器疱疹约 80 %由 HSV-2 引起，少数也可由 HSV-1 所致。胎儿可通过胎盘感染，诱发流产、早产、死胎或先天性畸形。

2. 潜伏感染及复发性感染　原发感染后，机体可通过特异性免疫清除大部分病毒，部分病毒可沿神经髓鞘到达三叉神经节(HSV-1)和骶神经节(HSV-2)细胞中或周围星形神经胶质细胞内，以潜伏状态持续存在，潜伏于神经细胞的 HSV 对抗病毒药物不敏感。当机体受到某些非特异性因素刺激，如发热、寒冷、紫外线、情绪剧烈变化、女性生理周期，或其他感染及免疫抑制剂的使用等，可激活病毒进入复制，病毒沿感觉神经纤维下行到临近的皮肤黏膜上皮细胞而引起症状。与原发感染症状相比，复发感染更为局限化，且病程较短，组织损伤较轻。其特点是每次复发病变往往发生于同一部位，最常见在唇鼻间皮肤与黏膜交界处出现成群的小疱疹。疱疹性角膜炎、疱疹性宫颈炎等亦可反复发作。

3. 先天性感染及新生儿感染　胎儿可通过胎盘感染胎儿，影响胚胎细胞的有丝分裂，导致死胎、流产、早产或先天性畸形。患生殖器疱疹的孕妇可在分娩时将病毒传给新生儿，引起新生儿疱疹。新生儿疱疹常发生于头皮等暴露部位，严重时可累计内脏，发生肺炎、脑炎、肝衰竭等而导致较高的死亡率。

4. 与肿瘤的关系　研究显示 HSV-1 和 HSV-2 可能分别与唇癌、外阴癌及子宫颈癌有关，虽然人乳头瘤病毒(HPV)感染与子宫颈癌有着直接关系，但 HSV-1 也与宫颈癌的发生有一定关系。

(二) 免疫性

在抗 HSV 感染中，细胞免疫发挥着重要作用。干扰素与 NK 细胞具有早期抗病毒作用，可限制 HSV 原发感染的发展；CTL 和 $CD4^+$ 细胞可阻止病毒的复制并清除病毒；HSV 在原发感染后 1 周左右机体可出现中和抗体，3～4 周达高峰，可持续多年，这些抗体可中和病毒，阻止病毒在体内的扩散。对于潜伏的病毒，机体的抗感染免疫几乎不能发挥作用。长期使用免疫抑制剂或细胞免疫功能缺陷的患者，HSV 感染可加重。

三、微生物学检查

(一) 病毒的分离培养

采集感染标本，包括水疱液、脑脊液、唾液、角膜拭子、阴道拭子等，接种于人羊膜、人胚肾或兔肾等易感细胞，一般于 2～3 d 后即可观察到细胞肿胀、变圆、细胞融合等 CPE 表现。之后可用免疫荧光法、酶免疫实验、DNA 酶切电泳及 HSV-1 和 HSV-2 的单克隆抗体等进一步进行鉴定及分型。

（二）快速诊断

对于疱疹性脑炎和疱疹性角膜炎等患者而言，HSV 的快速诊断对及时治疗尤为重要。

1. 电镜检查　直接以电镜检查水疱液及组织标本中的 HSV 病毒颗粒，可见典型的疱疹病毒形态。

2. HSV 抗原检测　以免疫荧光技术、免疫酶技术等检查疱疹病损基底部或脑组织活检细胞内的 HSV 特异性抗原。

3. 核酸检测　应用原位杂交或 PCR 检测标本中 HSV-DNA，具有快速、敏感、特异的特点，特别是脑脊液 PCR 被认为是诊断疱疹性脑炎较好的手段，但要注意遵守实验室无菌操作，防治标本被污染。亦可用 HSV-1、HSV-2 型特异性探针或引物及 DNA 内切酶谱分析等进行型别鉴定。

4. 寻找包涵体　采集标本后，可用 Wright-Giemsa 染色镜检，寻找细胞核内包涵体及多核巨细胞，对病毒感染的诊断也较有帮助。

（三）血清学诊断

可检测患者血清中 HSV 特异性的 IgM 与 IgG 抗体。HSV-IgM 阳性有助于 HSV 近期感染的诊断，但不能作为终止妊娠的依据。HSV-IgG 抗体在体内持续时间长，不宜作为临床诊断指标，仅用于流行病学调查以了解 HSV 在人群中的感染情况。

四、防治原则

目前尚缺乏 HSV 感染的特异性预防方法。避免与单纯疱疹患者及 HSV 无症状携带者的密切接触可减少感染机会。目前正在研究 HSV 包膜糖蛋白亚单位疫苗，其中，以 gD 包膜糖蛋白制成的亚单位疫苗可有效降低女性人群中由 HSV-1 型病毒所致的生殖器疱疹感染率，但对 HSV-2 型感染未见明显保护作用，安全有效的疫苗还在进一步研究中。与 HSV 感染者密切接触者及易感人群可注射 HSV 特异性抗血清进行被动免疫。患生殖器疱疹的孕产妇。可进行剖宫产以避免新生儿感染。

治疗方面，碘苷、阿糖腺苷、无环鸟苷等抗病毒药用于治疗 HSV 感染均有良好疗效，与干扰素合用可提高效力，但不能清除潜伏状态的病毒或预防潜伏感染的复发。

第二节　水痘-带状疱疹病毒

水痘-带状疱疹病毒（varicella-zoster virus，VZV）即 HHV-3，可引起两种不同的疾病。儿童初次感染后，引起水痘（varicella，chickenpox）；潜伏后的病毒受某些因素诱发后，在成人复发表现为带状疱疹（zoster），故该病毒称水痘-带状疱疹病毒。

一、生物学性状

VZV 生物学特性与 HSV 相似，该病毒基因组相对保守，病毒株间的差异小于 0.2%，只有一个血清型，根据点突变的不同，可分为 M、E 和 J 三个基因型。J 型主要分布于日本、朝鲜、蒙古等亚洲国家，M 型主要分布在热带和亚热带地区，E 型主要分布于温带的欧美等地区的国家。VZV 宿主范围较窄，一般实验动物及鸡胚对 VZV 均不敏感，人是其唯一宿主。病毒只在人胚成纤维细胞中缓慢增殖产生局灶性细胞病变，受染细胞可出现嗜酸性核内包涵体和多核巨细胞。

二、致病性与免疫性

VZV 是水痘及带状疱疹的病原体，水痘为原发感染，潜伏后再发时则表现为带状疱疹。

1. 原发感染　水痘是具有高度传染性的儿童常见病，好发于 2～6 岁，主要传染源是患者。儿童初次感染后，VZV 经呼吸道黏膜侵入人体，通过血液和淋巴系统，进入肝脏和脾脏增殖，约 2 周后，经第二次病毒血症 VZV 播散至全身皮肤，出现斑丘疹、水疱疹，可发展为脓疱疹并伴有发热等全身症状。皮疹呈向心性分布，躯干比四肢和面部要多，数天后结痂，无继发感染者脱痂后可不留痕迹。偶有并发病毒性脑炎或肺炎。正在接受免疫抑制剂治疗或细胞免疫缺陷的患儿，易发生重症水痘。成人首次感染 VZV 者，常发生病毒性肺炎，一般病情较重，病死率较高。孕妇感染症状亦较重，并可发生胎儿畸形、流产或死胎。

2. 潜伏和复发感染　VZV 原发感染后，病毒长期潜伏于脊髓后根神经节或颅神经的感觉神经节中。成年后，当机体受到某些因素的刺激，如发热、受冷、机械压迫或细胞免疫低下时，潜伏的 VZV 被激活，沿感觉神经轴突到达胸、腹、脸部皮肤，在细胞内增殖引起水疱，疱疹沿感觉神经支配的皮肤分布，串联成带状，故称带状疱疹。

3. 免疫性　患水痘后机体产生特异性体液免疫和细胞免疫，终生免疫。细胞免疫发挥主要作用，不仅限制疾病的发展，亦能促进机体康复，抗体主要在限制病毒经血流播散中发挥作用。

三、微生物学检查

VZV 感染临床表现较典型，多不需要微生物学检查进行辅助诊断，必要时可取疱疹基底部、皮肤刮取物、水疱液、活检组织等标本涂片，HE 染色后检查嗜酸性核内包涵体及多核巨细胞，或用特异性荧光抗体染色检测 VZV 抗原，也可用 PCR 检测病毒基因 DNA 片段，有助于快速诊断。

若进行病毒的分离培养，可用人二倍体成纤维细胞培养，但应注意若带状疱疹已形成 5 d 以上，病毒分离的阳性率很低。

四、防治原则

VZV 减毒活疫苗的接种可有效预防水痘的感染和流行，主要接种对象为 VZV 易感者即 1 岁以上未患过水痘的儿童和成人。在接触传染源 72～96 h 内，含高效价 VZV 抗体的免疫球蛋白制剂对预防感染及减轻临床症状有一定效果。无环鸟苷、阿糖腺苷及大剂量干扰素均能限制疾病的发展和缓解局部症状。

第三节　人巨细胞病毒

人巨细胞病毒（human cytomegalovirus，HCMV）是常见的人类疱疹病毒，即 HHV－5 型，在人群中感染率很高，因其感染细胞常表现为体积增大而得名，HCMV 感染也称为巨细胞包涵体病，多见于免疫抑制的成年人。人群中以隐性感染多见，其危害主要在于因胚胎期感染而导致的先天畸形。

一、生物学性状

HCMV 形态结构与 HSV 相似，其核酸约为 240 kb，是人类疱疹病毒中分子最大的 DNA。HCMV 感染宿主和细胞有较高特异性，HCMV 只感染人类，且只在人成纤维细胞中增殖，在上皮细胞和淋巴细胞中仅呈低水平增殖。体外培养时，病毒增殖缓慢，复制周期长，常需 2～6 周才出现细胞病变，其特点是细胞肿胀、核变大，形成巨大细胞，核内可见致密的嗜碱性包涵体，周围有晕轮环绕，如猫头鹰眼状，称为“猫眼细胞”（owl eye cell）。

HCMV 对各种理化因素，如酸、热、紫外线等均较敏感，亦对脂溶剂敏感。

二、致病性与免疫性

人群中 HCMV 感染率很高，60%以上成年人血清中可检测出 HCMV 抗体，初次感染大多在 2 岁以下，少数有临床症状，常呈隐性感染且长期带毒成为潜伏感染。病毒潜伏在唾液腺、乳腺、肾脏、白细胞及其他腺体，长期或间歇从尿、唾液、泪液、乳汁、精液、宫颈及阴道分泌物排出病毒。

HCMV 的传染源为患者及隐性感染者，传播途径主要是密切接触和垂直传播，输血和器官移植也可造成 HCMV 的传播。

1. 先天感染及围产期感染 感染 HCMV 的孕妇，尤其是妊娠 3 个月内感染，病毒可通过胎盘侵袭胎儿，其发生率为 0.5%～2.5%，其中有 5%～10%出现临床症状。先天感染患儿表现为黄疸、肝脾肿大、血小板减少性紫癜、溶血性贫血和不同程度的神经系统损害，包括小脑畸形、脉络膜视网膜炎、视神经萎缩等，称为巨细胞包涵体病(cytomegalic inclusion disease，CID)，严重者可致流产或死胎，部分患儿可于出生后数月至数年出现耳聋和智力发育低下等症状。感染 HCMV 的产妇，新生儿可通过产道、母乳而感染，因体内有来自母体的特异性 IgG，绝大多数表现为隐性感染。感染的新生儿约在 8 周后开始排出病毒，持续多年。

2. 接触及输血感染 唾液、乳汁、尿液、精液、宫颈及阴道分泌物中均有 HCMV 排出，可通过密切接触及性接触而传染。输入含 HCMV 的血液，可发生输血后单核细胞增多和肝炎等症状。

3. 免疫功能低下者的感染 艾滋病、白血病、淋巴瘤及免疫抑制剂使用者，由于机体免疫功能低下，可引起严重的 HCMV 感染，可以是原发感染，也可是潜伏病毒的激活，常表现为肺炎、结肠炎和脑膜炎等严重感染。

4. 细胞转化与致癌潜能 灭活 HCMV 可转化啮齿类动物胚胎成纤维细胞。在宫颈癌、结肠癌、前列腺癌、Kaposi 肉瘤中 HCMV DNA 检出率及 HCMV 抗体效价均高于正常人群，在上述肿瘤细胞建立的细胞株中还发现病毒颗粒，提示 HCMV 与其他疱疹病毒一样，具有潜在的致癌性。

5. 免疫性 机体的抗 HCMV 免疫主要靠细胞免疫功能，尤其是 CTL 的细胞毒作用，对限制 HCMV 感染的发生和发展有十分重要的作用，NK 细胞亦发挥一定作用。HCMV 利用自身编码的 miRNA，调控宿主的抗病毒基因以使被感染的细胞逃避宿主的免疫反应，同时抑制病毒的复制相关基因表达，促进潜伏感染的发生和稳定。HCMV 感染后，机体虽可产生特异性 IgG、IgM、IgA 抗体，但不能阻止病毒的潜伏和潜伏病毒的激活。

三、微生物学检查

1. 细胞学检查 取唾液、咽喉洗液、尿液、子宫颈分泌物等标本离心后取沉渣涂片，或病变组织标本直接涂片，行 Giemsa 染色，显微镜下观察到“猫眼细胞”有助于诊断。

2. 病毒的分离 将咽喉洗液、尿液、生殖道分泌物或病变组织标本等接种于人胚肺成纤维细胞分离病毒，培养 4～6 周后观察细胞病变。

3. 检测病毒 DNA 以 PCR、核酸杂交等方法检测标本内 HCMV 的特异性基因。

4. 病毒抗原检测 可用特异性抗体以 ELISA 法、RIA 等方法检查标本中的病毒抗原。

5. 血清学检测 用 ELISA 法等方法，以病毒抗原检测患者血清中的相应抗体。HCMV - IgM 可用以 HCMV 近期感染的辅助诊断，新生儿血清中查出 HCMV - IgM，提示宫内感染。

四、防治原则

HCMV 减毒活疫苗及亚单位疫苗还在研究中，预防主要是避免与传染源的密切接触，同时防止病毒通过胎盘与产道传播。

药物治疗 HCMV 感染效果不佳，但对于严重感染，更昔洛韦有一定疗效，也可用高滴度抗 HCMV 免疫球蛋白进行治疗。

第四节 EB 病毒

EB 病毒(Epstein-Barr rivus，EBV)是 Epstein 和 Barr 在 1964 年研究非洲儿童恶性淋巴瘤时，从肿瘤细胞培养中发现的一种形态结构与 HSV 类似但抗原特性不同的病毒，即 HHV - 4。EBV 感染中常见的是传染性单核细胞增多症，但也与鼻咽癌及非洲儿童恶性淋巴瘤等疾病有关。

一、生物学性状

EBV形态结构与其他疱疹病毒相似。成熟病毒颗粒呈圆形，直径约180 nm，衣壳呈20面体对称，包膜表面有糖蛋白刺突。其基因组为dsDNA，全长172 kb，G+C含量为59 mol%，包含约100个基因，编码多个miRNA。EBV编码的miRNA可降低宿主肿瘤抑制基因的表达，抑制EBV致瘤基因LMP-1表达水平下调，促进细胞转化和癌症发生；下调LMP-1等病毒抗原表达水平，帮助感染EBV的细胞逃避免疫监督。根据潜伏的核抗原(EBNA、EBER)不同，EBV分为两个型别，即EBV-1和EBV-2。

EBV的主要靶细胞是B淋巴细胞(B细胞)，可通过与B细胞表面的C3d受体(CR2或CD21)结合而感染B细胞。EBV进入细胞后，可不形成复制周期而直接进入潜伏状态。在多种因素刺激下，如化学物质及免疫球蛋白与细胞的结合等，病毒可由潜伏状态进入复制周期。

EBV在体外感染人类B细胞可使细胞永生化(immortalization)，从而建立细胞系(cell line)，永生化后的B细胞可分泌免疫球蛋白，表达CD23等。只有极少受染细胞产生具有传染性的病毒，目前缺乏有效的供病毒增殖的容纳细胞系也使EBV的实验研究受到限制。在体内，EBV可在鼻咽部、腮腺、宫颈等上皮细胞中增殖，在许多鼻咽癌上皮细胞中可发现EBV。EBV通过与上皮细胞表面受体结合而感染，但在体外培养的上皮细胞因失去该受体而不被EBV感染。

根据在病毒增殖周期中表达的不同时间，EBV抗原可分为三类。

1. *潜伏抗原* 由EBV潜伏感染的细胞产生，包括EBV核抗原(EB nuclear antigen，EBNA)和潜伏膜蛋白(latent membrane protein，LMP)。此类抗原的表达揭示细胞内EBV基因的存在，但EBNA-1的持续表达依赖于EBV基因组以环状附加体(episome)的形式存在，EBNA-2与诱导LMP和CD23合成有关；LMP-1是诱导B细胞转化的主要因子；LMP-2是细胞酪氨酸激酶的底物，具有阻止潜伏病毒激活的作用。

2. *早期抗原* 早期抗原(early antigen)即病毒的非结构蛋白，具有DNA聚合酶活性，是病毒增殖周期的开始，其合成不依赖于病毒的复制。

3. *衣壳抗原和膜抗原* 衣壳抗原(viral capsid antigen，VCA)和膜抗原(membrane antigen，MA)衣壳蛋白是病毒增殖晚期合成的结构蛋白，存在于胞质和胞核内，与病毒DNA组成EBV的核衣壳。膜抗原存在于受染细胞表面，及病毒的包膜糖蛋白。衣壳抗原和膜抗原均可诱导机体产生特异性抗体，IgM可有助于早期诊断，IgG可持续存在。

二、致病性与免疫性

(一) 致病性

EBV在人群中的感染非常普遍，主要通过唾液传播，与许多淋巴细胞增生性疾病有关。

幼儿的原发感染多数无明显症状，或引起轻度咽炎和上呼吸道感染。若原发感染发生在青春期，则有约50%感染者可发生传染性单核细胞增多症。EBV可通过唾液感染口咽部，病毒在咽部及唾液腺上皮细胞或黏膜淋巴组织中的B细胞中增殖，许多人在感染后的数周至数月内可持续从口咽部排出病毒。B细胞可将病毒从口咽部黏膜播散至全身。在正常个体，绝大多数感染细胞都会被机体的特异性免疫清除，少量EBV在口咽部持续低水平增殖，血循环及淋巴组织中仅有少量感染的B细胞，这种潜伏感染状态可伴随宿主终生。

EBV潜伏感染的激活可表现为唾液里病毒含量的增多及血细胞中EBV的DNA水平升高。潜伏感染常常在机体免疫抑制时被激活，通常无明显临床症状，但有时也会对机体造成严重影响，并与多种肿瘤的发生有关。

与EBV感染有关的疾病主要有几种。

1. *传染性单核细胞增多症* 在青春期发生大量EBV的原发感染可引起传染性单核细胞增多症(infectious mononucleosis)，是一种急性全身性淋巴细胞增生性疾病。经约40 d的潜伏期后，可出现发热、咽炎、淋巴结炎、脾肿大、肝功能紊乱及外周血单核细胞和异型淋巴细胞增多等表现。若无并发症，病程可持续数周，预后较好。严重免疫缺陷者病死率较高。

2. *非洲儿童恶性淋巴瘤* 即Burkitt淋巴瘤。在中非、新几内亚、南美洲等某些温热带地区呈地方性流行，多见于6～7岁儿童，颜面及腭部好发。所有Burkitt淋巴瘤患儿血清均可检出EBV抗体，且80%以上患儿的抗体效价均高于正常儿童，从活检组织及由其建立的淋巴瘤细胞中，可检出EBV的DNA和EBNA。故认为EBV与非洲儿童恶性淋巴瘤密切相关。一般认为，在Burkitt淋巴瘤高发区的婴幼儿受EBV感染后，病毒可使B细胞发生转化，少数可发生染色体易位使某些细胞癌基因表达增多，细胞进一步发生恶性转化，不断克隆扩增而发展为Burkitt淋巴瘤，同时，高发区内其他传染病如疟疾的感染所引起的免疫抑制，也是Burkitt淋巴瘤发生的一个重要因素。

3. *鼻咽癌* 鼻咽癌(nasopharynegeal carcinoma，NPC)在东南亚和我国南方多见，多发生于40岁以上中老年人，男性多见。世界各地的所有鼻咽癌活检组织中，均可检出EBV的DNA和EBNA，患者血清中可检出高效价的EBV抗体，鼻咽癌经治疗病情好转后，血清EBV抗体效价亦逐渐下降。故EBV感染与鼻咽癌发生相关。

4. *口腔毛状白斑* 口腔毛状白斑(Oral Hairy Leukoplakia)是在一些HIV感染者和接受器官移植者舌上形成的疣状赘生物，是EBV增殖所致的一种上皮病变。

5. *免疫缺陷宿主的淋巴组织增生性疾病* 免疫缺陷患者容易发生致命的由EBV诱导的淋巴组织增生性疾病。1%～10%的组织器官移植者可发生淋巴组织增生性疾病，且多为原发性感染，常可进展为侵袭性单克隆B细胞淋巴瘤，瘤细胞中可检出EBV的DNA、EBNA和LMP。

此外，几乎所有的中枢神经系统非霍奇金淋巴瘤(non-Hodgin's lymphomas)均与EBV感染有关，尽管只有不到50%的瘤组织呈EBV阳性。EBV感染与典型霍奇金淋巴瘤(Hodgin's lymphoma)也呈现出相关性，约50%的恶性RS细胞(Reed-Stemberg cell)中可检出EBV基因组。

(二) 免疫性

机体在原发感染后可产生针对EBV的特异性抗体和细胞免疫。细胞免疫可控制活动性疾病，抗体在防御外源性EBV感染中发挥作用，但均不能清除细胞内潜伏的EBV。

三、微生物学检查

1. *病毒的分离鉴定* 唾液、咽漱液、外周血细胞和肿瘤组织等标本接种于新鲜人B细胞或脐血淋巴细胞培养中，4周后以荧光抗体染色检测EBV抗原鉴定病毒。

2. *EBV特异性抗体的检测* 多用免疫荧光或免疫酶法检测EBV抗体，有助于EBV感染的诊断。若VCA-IgA或EA-IgA效价为1∶5～1∶10或持续上升者，对鼻咽癌的辅助诊断有意义。VCA-IgM阳性提示EBV原发感染，非洲儿童恶性淋巴瘤患儿常表现为抗EA-R阳性。

3. *异嗜性凝集试验* 主要用于辅助诊断传染性单核细胞增多症。EBV感染后，B细胞表现为非特异性活化，感染早期即可分泌IgM，该抗体可非特异凝集牛和绵羊红细胞，不凝集豚鼠肾细胞。抗体效价>(1∶224)有诊断意义。发病3～4周内抗体效价达高峰，恢复期逐渐下降直至消失。

4. *DNA检测* 原位杂交、PCR等均可用于检测标本中EBV的DNA，以检测有无EBV感染。

四、防治原则

目前尚无有效的疫苗。及时检测EBV抗体对于鼻咽癌的早期诊断、早期治疗，提高患者生存率有重要作用。

治疗可选用阿昔洛韦(无环鸟苷)，主要作用是抑制EBV的DNA多聚酶活性，减少病毒的复制。输注EBV活化的T细胞在EBV所致的淋巴细胞增生性疾病的治疗中有一定效果。

第五节 新型人疱疹病毒

除了前述的对人体健康影响较大的四种疱疹病毒外，还有下述人疱疹病毒。

一、人疱疹病毒 6 型

1986 年从淋巴细胞增生性疾病的外周血单个核细胞中分离到的一株新病毒，其形态结构与其他人疱疹病毒类似，故命名人疱疹病毒 6 型(HHV－6)。HHV－6 可在淋巴组织中复制，包括 T 细胞、B 细胞和单核细胞等，对 $CD4^+$ T 细胞更易感，其 DNA 为 160～170 kb。根据 HHV－6 DNA 的限制性核酸内切酶分析、核苷酸序列分析、对细胞易感性及抗原性的差异，将 HHV－6 分为 HHV－6A 和 HHV－6B，两型病毒在流行病学和临床特征等方面亦有差异。

HHV－6 在人群感染普遍，经唾液传播，感染 $CD4^+$ 细胞。原发感染多见于 6 月至 2 岁婴儿，多无明显临床症状，或仅表现为急性发热，少数可发生婴儿玫瑰疹或幼儿丘疹，偶有脑炎、重症肝炎、惊厥等合并症。在免疫缺陷人群(如器官移植患者等)可引发严重的病毒血症。我国人群中超过 80%的健康成年人可在外周血单个核细胞中检测到 HHV－6 病毒 DNA，大约 5%的健康成年人体内含有抗 HHV－6 的 IgM 抗体，提示病毒处于被激活状态。

感染早期收集患儿唾液或外周血单核细胞可分离病毒，但需 10～30 d。可检测血清 IgM 以确定近期感染，也可收集血液、唾液、脑脊液等标本，以 PCR 检测细胞中的 HHV－6 DNA。HHV－6 *U94/rep* 基因产物可以通过对病毒 DNA 复制的负性调控建立和维持 HHV－6 在宿主细胞中的潜伏感染。HHV－6 *U94/rep* 基因的 mRNA 及蛋白亦可作为检测 HHV－6 是否发生潜伏感染的分子标志。

目前尚无特异性预防措施。

二、人疱疹病毒 7 型

人疱疹病毒 7 型(HHV－7)是一株嗜 T 细胞的人疱疹病毒，1990 年从健康人外周血中激活 T 细胞后分离得到。HHV－7 的免疫学特性与 HHV－6 有显著不同，尽管它们的 DNA 有约 50%的同源性。HHV－7 亦通过唾液传播，可持续感染唾液腺，也可潜伏于外周血单个核细胞中，与某些幼儿玫瑰疹的发生有关，但 HHV－7 与疾病的关系还在进一步研究中。

三、人类疱疹病毒 8 型

人类疱疹病毒 8 型(HHV－8)也称卡波西肉瘤相关疱疹病毒(Kaposi's sarcoma-associated herpesvirus, KSHV)，主要存在于卡波西肉瘤组织及 AIDS 患者淋巴瘤组织中。HHV－8 基因组是 145 kb 的线性双链 DNA 分子，其两端具有末端重复序列，特征是 G+C 含量高(84.5%)，重复序列单位长度为 801 bp。在病毒复制周期中，HHV－8 基因组可分为潜伏期基因、立即早期基因、早期基因和晚期基因。HHV－8 至少含有 87 个开放阅读框，除了编码病毒自身结构蛋白和代谢相关蛋白外，还可以编码产生一系列细胞因子和受体类似物，这与病毒的致癌机制有关。普通人群 HHV－8 感染情况具有明显的地区差异，全球范围内 HHV－8 感染率差异很大。非洲是高度流行区，普通人群中 HHV－8 感染率高达 30%～50%；中东和地中海区域包括以色列、土耳其及意大利、希腊等为中流行区；普通人群的感染率为 5%～20%，北美、欧洲和大部分亚洲国家为低流行区，普通人群的感染率介于 0～3%。

HHV－8 以性接触为主要传播途径，与卡波西肉瘤、原发性渗出性淋巴瘤、多中心性 Castleman 病等高度相关。

四、B 病毒

B 病毒(Monkey B virus, MBV)也称猴疱疹病毒，2008 年更名为 Macacine herpesvirus 1 (McHV1)，在分类学上属疱疹病毒科、α－疱疹病毒亚科、单纯疱疹病毒属。B 病毒在猴群中广泛存在，猴感染后无症状或出现轻微的疱疹。B 病毒对人致病力极高，人体感染后主要引起脑脊髓膜炎，死亡率约为 60%。B 病毒主要存在于亚洲尤其是印度系猕猴属，如恒河猴、食蟹猴等，染病动物黏液、皮肤、口腔、生殖道分泌物均可传染给其他动物，母猴垂直传播给仔猴的概率极低。B 病毒缺乏宿主限制性，可在原代大鼠、小鼠、豚鼠、金黄地鼠、猴、兔、猪和猫肾细胞、鸡胚绒毛尿囊膜细胞、Vero 细胞、HeLa 细胞、KB 细胞和 Hep－2 细胞上良好增殖，细胞病变与单纯疱疹病毒增殖产生的细胞病变相似。

与其他疱疹病毒一样，B病毒可在感染宿主体内形成潜伏感染。B病毒感染恒河猴后极少导致疾病，病毒可传播至其他猴、兔、豚鼠、鼠等，人体通过被猴咬伤而感染，人与人之间的传播较少见，但亦可通过密切接触传播。人体感染后典型的临床经过是约2 d后在暴露点长出小泡状皮疹，并伴有发痒、疼痛、麻痹的症状，此后10～20 d，出现发烧、肌痛、暴露处感觉异常、腹痛等，末期出现脑膜炎、视网膜炎、结膜炎症状，引起严重的神经系统的损伤，幸存者留下不同程度的神经系统的不可逆损伤。

目前无有效的特异性预防及治疗措施。预防主要是从事动物工作的人需加强防护，与其密切接触的人也有着较高的感染风险。治疗方面，阿昔洛韦、更昔洛韦和无环鸟苷是推荐的针对B病毒的抗病毒制剂，对于外周神经系统或CNS症状确定的患者，建议用比无环鸟苷更有效的二羟丙氧甲基鸟苷(DHPG)治疗。但是这些药物都不能完全消灭B病毒，患者需终身用药。

小　结

人类疱疹病毒是一群有包膜的双链DNA病毒，多表现为潜伏性感染和复发性感染，部分病毒还具有整合感染作用、与细胞转化和肿瘤的发生相关，分α、β、γ三个亚科。与人类疾病关系密切的主要有单纯疱疹病毒(HSV)、水痘-带状疱疹病毒(VZV)、人巨细胞病毒(HCMV)、EB病毒(EBV)等。其中，HSV包括HSV-1和HSV-2，HSV-1多引起口唇疱疹和疱疹性角膜炎等，原发感染后常潜伏于三叉神经节中，HSV-2多引起生殖器疱疹，潜伏于骶神经节中，激活后引起再发感染；水痘-带状疱疹病毒在儿童原发感染引起水痘的发生，之后潜伏于脊神经节，成年后受某些因素激发或免疫功能低下时，病毒大量增殖导致带状疱疹病毒的发生；巨细胞病毒和EB病毒均可致单核细胞增多症，巨细胞病毒常可垂直传播引起先天感染，EB病毒与非洲儿童恶性淋巴瘤、鼻咽癌等疾病的发生有关。此外，人类疱疹病毒6型、7型、8型亦可引起疾病。

利用疱疹病毒的靶向性细胞毒性可以治疗肿瘤，2015年10月27日美国FDA批准了第一个溶瘤病毒，用于治疗没能通过手术完全清除的黑色素瘤。该病毒是经过基因改造的单纯疱疹病毒1型。主要的基因改造为减轻病毒对正常细胞的毒性和提高病毒刺激机体免疫的能力。

【复习思考题】

1. 试述人类疱疹病毒的主要特点。
2. 试述人疱疹病毒的类型及所致疾病。

（潘　渠）

第三十章

腺病毒

学习要点

掌握：① 腺病毒的生物学特性；② 腺病毒的致病性。
熟悉：腺病毒的微生物学检查。
了解：腺病毒防治原则及在基因治疗中的应用。

腺病毒(adenovirus)属腺病毒科(*Adenoviridae*)，有哺乳动物腺病毒属(*Mastadenovirus*)和禽腺病毒属(*Aviadenovirus*)两个属，约有100多个血清型，其中有57个血清型能感染人类，引起5%～10%儿童及大多数成年人的上呼吸道感染。腺病毒是一群分布十分广泛的DNA病毒，能引起人类呼吸道、胃肠道、泌尿系及眼的疾病。少数腺病毒对动物有致癌作用。腺病毒于1953年首先从人类的腺样组织中分离出来，对淋巴腺有亲和力，可以长期潜伏在淋巴腺中。

腺病毒因宿主范围广、感染率高、病毒相对容易制备且不会与受染细胞发生整合等诸多优点，成为应用最为广泛的载体系统。可作为抗原载体，用以构建新型疫苗；也可作为基因载体用在基因治疗，如将正常基因导入遗传缺陷的个体，治疗遗传性疾病，如地中海贫血的治疗；还可作为肿瘤杀伤性基因载体，研制肿瘤基因治疗药物，用于治疗各种肿瘤。

一、生物学性状

1. 形态结构　腺病毒为双链DNA病毒，病毒体呈球形，直径70～90 nm，无包膜。核衣壳呈典型的20面体立体对称(图30－1)。衣壳由252个壳粒组成，二十面体上12个顶角的壳粒称五邻体(penton)，五邻体

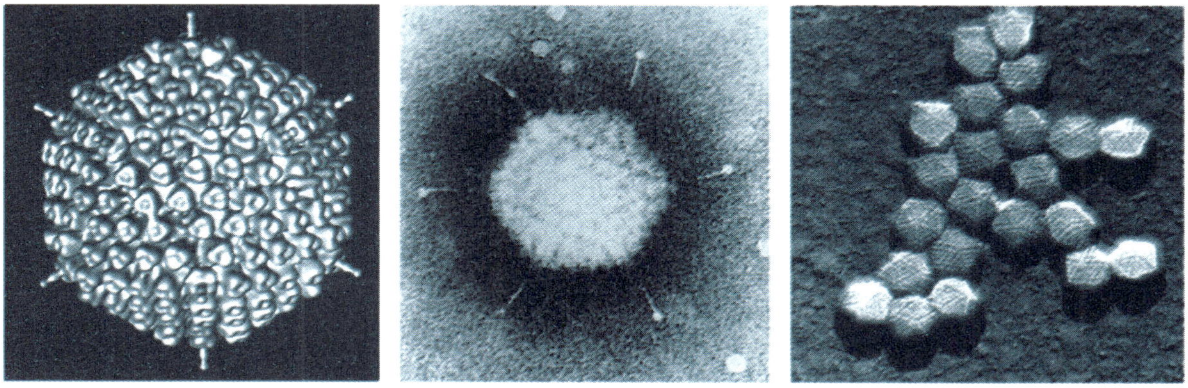

a　　b　　c

图30－1　腺病毒的形态与结构

(a) 腺病毒结构模式图；(b) 腺病毒电镜形态；(c) 腺病毒扫描电镜形态

上各有一条纤突(fiber),长度为9～33 nm,其末端膨大呈小球状(图30-1b)。纤突是病毒吸附蛋白,具有凝集动物红细胞的活性。纤突有四个环状结构,其中Loop1结构包括6个高变区,Loop2上有1个高变区,7个高变区含有血清型特异的抗原决定簇。根据其抗原性,可以将腺病毒分为不同的血清型。其余240个壳粒为六邻体(hexon),除带有种特异性抗原外,还与五邻体和纤突组成了病毒分型和病毒检测的主要抗原。

病毒基因组为线状双链DNA,全长33～45 kb,其两端各有一个长约100 bp的反向末端重复区,内侧为病毒包装信号,主要介导腺病毒基因组装配进入病毒衣壳。病毒基因组含有两个相同的复制起始子,分别位于基因组结构两端的反向末端重复区。腺病毒有11种结构蛋白(PⅠ-PⅩ和TP)。结构蛋白PⅤ、PⅦ、末端蛋白TP和酶蛋白μ与病毒基因组一起构成病毒核心,衣壳由主要衣壳蛋白和小衣壳蛋白组成,多肽PⅡ、PⅢ和PⅣ是主要衣壳蛋白,小衣壳蛋白包括PⅢa、PⅥ、PⅧ、PⅨ等。多肽PⅡ是病毒衣壳中最丰富和最主要成分,六邻体是由3个PⅡ分子紧密相连组成。多肽PⅥ、PⅧ在六邻体与病毒核心之间形成连接桥,并与多肽PⅨ一起稳定着六邻体分子的晶格排列。5个分子多肽PⅢ相连构成五邻体的基座蛋白,PⅢa为五邻体的周围蛋白,也参与衣壳的组成,五邻体通过PⅤ与病毒核心相连。多肽PⅣ主要构成病毒三聚体纤突,纤突与病毒血凝活性相关,因血凝素(纤突)具有型特异性,常用血凝抑制试验(HI)对临床分离株进行分型。

2. *病毒复制* 腺病毒的细胞受体为柯萨奇-腺病毒受体(CAR,柯萨奇和腺病毒共用受体),该受体是Ⅰ型跨膜糖蛋白,两个CAR分子可以通过其D1区相互结合形成二聚体,腺病毒也是通过D1区结合CAR,CAR的主要功能是参与细胞间的紧密连接。

腺病毒通过纤突与CAR吸附,以胞吞的方式进入黏膜组织的上皮细胞。脱壳后,其基因组的转录分为早期转录和晚期转录。早期转录翻译的6种非结构蛋白与病毒复制有关,其中E1A和E1B蛋白还与受染细胞的转化有关。其中E3蛋白为病毒复制非必需蛋白,其编码区的缺失或者丢失,不影响腺病毒在其敏感细胞中增殖。晚期转录翻译的2种非结构蛋白(52K和Ⅳa2)与结构蛋白的装配和DNA的包装有关。晚期转录起始于主要晚期启动子(Major Late Promoter,MLP),晚期转录基因主要编码病毒衣壳结构蛋白。晚期转录区域有一个共同的三联前导序列,由5′端200个核苷酸构成。转录产物约29 kb,通过各种方式的剪切加工,产生18种不同的mRNA,这些mRNA再翻译成不同的病毒蛋白。装配好的病毒主要通过细胞裂解的方式释放。

3. *病毒的分型* 依据腺病毒的凝血性和核酸序列的同源性,可将哺乳动物腺病毒属中对人致病的67型腺病毒分为A～G共7组,其分组与血清型的对应关系见表30-1。不同型别具有不同组织嗜性和感染相关的临床表现。不同的国家或地区,不同时期主要流行的型别也会发生变化。其中A组和B组对动物具有致癌性,常作为肿瘤研究的模型病毒。

表30-1 腺病毒分组与血清型

腺病毒组	血清型
A	12, 18, 31
B	3, 7, 11, 14, 16, 21, 34, 35, 50, 55
C	1, 2, 5, 6, 57
D	8, 9, 10, 13, 15, 17, 19, 20, 22, 23, 24, 25, 26, 27, 28, 29, 30, 32, 33, 36, 37, 38, 39, 42, 43, 44, 45, 46, 47, 48, 49, 51, 53, 54, 56, 58-67
E	4
F	40,41
G	52

4. *培养特性* 多种人体来源的细胞都适合培养腺病毒,对原代人胚肾细胞及Hep-2、HeLa等传代细胞培养敏感,能引起细胞肿胀、变圆、聚集成葡萄串状等典型的CPE现象。

5. *抵抗力* 耐酸、耐温、耐脂溶剂和胰酶的能力较强,室温中可存活10 d。紫外线照射30 min、56℃ 30 min均可灭活腺病毒。

二、致病性与免疫性

1. *致病性* 腺病毒感染的传染源为患者或无症状的病毒携带者,可通过呼吸道、胃肠道和眼结膜等途径传播，易在密闭社区（如寄宿学校、日托中心和军队新兵中）暴发流行。腺病毒易感者为婴幼儿、儿童和免疫力低下的人群，可引起多种疾病。

腺病毒通过纤突吸附细胞表面的柯萨奇-腺病毒受体（CAR，柯萨奇和腺病毒共用受体），侵入黏膜组织的上皮细胞，在细胞中增殖并造成组织损伤，但很少播散到淋巴结以外。在免疫缺陷的感染者，腺病毒可通过血液和淋巴液，把病毒播散到肺、肝、脾、肾以及中枢神经系统，引起多器官的多种疾病。引起人类感染的人腺病毒有 57 个血清型，所致疾病与血清型的型别密切相关，同一种型别的腺病毒可引起不同的临床疾病，不同型别的腺病毒也可引起相同的临床疾病。

2. *所致疾病*　腺病毒所致的疾病按临床表现的部位可分为以下 4 大类。

（1）呼吸道疾病：包括急性发热性咽炎、咽结膜热、急性呼吸道感染和肺炎等。5%～10%的儿童和 1%～7%成人呼吸道感染是腺病毒引起的，主要是 7 型、14 型和 55 型腺病毒，大多病例伴随胃肠道症状。腺病毒咽结膜热常有爆发流行倾向，但预后尚好；腺病毒肺炎占病毒性肺炎的 20%～30%，我国北方多见于春季，南方多见于秋季。80%的腺病毒肺炎发生在 6 月到 2 岁的婴幼儿，潜伏期 3～8 d，表现为急骤发热（39℃以上）、咳嗽、咽部充血明显、呼吸困难及发绀等主要症状，并伴有嗜睡、惊厥、结膜炎、腹泻，甚至心力衰竭等。

（2）眼部疾病：主要包括流行性角膜结膜炎和滤泡性结膜炎，流行性角膜结膜炎主要由 8、53、54、56 和 64 型腺病毒引起，具有高度传染性，可引起眼部其他疾病和导致视力丧失。滤泡性结膜炎多为自限性疾病。

（3）胃肠道疾病：主要指小儿胃肠炎与腹泻，主要症状为腹泻，水样便或稀便，大多患者有呕吐，持续 1～2 d，少数有发热，约 20%患者伴有呼吸道症状。主要由 41 型和 40 型腺病毒引起，可占到小儿病毒性胃肠炎的 5%～15%，已被 WHO 确定为儿童腹泻的第二位病原体。C 组腺病毒还可引起婴幼儿肠套叠和肝移植后儿童肝炎。

（4）其他疾病：包括儿童急性出血性膀胱炎、女性宫颈炎和男性尿道炎。多种腺病毒可引起免疫抑制患者的严重机会性感染，如艾滋病患者病毒性腹泻的 1/3 是由 35 型腺病毒引起的，1～7 型腺病毒可引起移植患者的严重肺炎甚至死亡。

3. *免疫性*　腺病毒感染后机体可产生中和抗体，对同型腺病毒有持久的免疫力。健康成人血清中一般都有抗多型腺病毒的保护性抗体。

三、微生物学检查

腺病毒感染的微生物学检查常需进行病毒的分离鉴定。取急性期患者的咽拭子、眼结膜分泌物、粪便和尿液等，接种于原代人胚肾细胞后传代 HeLa 细胞等上皮样细胞，37℃孵育后，观察细胞病变情况。再用荧光或酶标记的抗体鉴定培养细胞中的腺病毒，并用血凝抑制试验、补体结合试验和中和试验等对分离到的腺病毒进行型别鉴定。对于腺病毒性腹泻患者，可用电子显微镜（EM）或免疫电镜（IEM）检查粪便标本中的腺病毒颗粒，以及用 PCR 和 DNA 杂交等方法检测腺病毒核酸。也常用 ELISA 法和免疫荧光等方法检测腺病毒感染患者血清中的特异性抗体，若恢复期血清抗体效价比急性期血清抗体效价增长 4 倍或以上，则有诊断价值。

四、防治原则

针对腺病毒感染，目前尚无理想的疫苗预防，治疗上可用抗病毒或免疫调节药物治疗。利巴韦林、更昔洛韦和西多福韦等药物在体外具有强弱不等的抗腺病毒活性，因此可能对治疗有效，临床应用仍存在争议。胸腺肽、干扰素、丙种球蛋白等能提高机体抵抗力，加速清除呼吸道中腺病毒，促进疾病恢复，可酌情使用。

小　　结

腺病毒是一群分布十分广泛的 DNA 病毒。能引起人类呼吸道、胃肠道、泌尿系统及眼的疾病，少数对动物有致癌作用。腺病毒因宿主范围广、感染率高、不会与受染细胞发生整合等诸多优点，成为应用最为广泛的载体系统。

腺病毒为双链 DNA 病毒，无包膜，核衣壳呈典型的 20 面体立体对称。纤突是病毒吸附蛋白，具有凝集动物红细胞的活性。根据其抗原性，可以将腺病毒分为不同的血清型。腺病毒通过吸附 CAR，以胞吞的方式进入黏膜组织的上皮细胞。脱壳后，其基因组的转录分为早期转录和晚期转录。装配好的病毒主要通过细胞裂解的方式释放。依据腺病毒的凝血性和核酸序列的同源性，可将哺乳动物腺病毒属中对人致病的 67 型腺病毒分为 A～G 共 7 组，不同型别具有不同组织嗜性和感染相关的临床表现。腺病毒抵抗力较强，耐酸、耐温、耐脂溶剂，室温中可存活 10 d。

腺病毒感染的传染源为患者或无症状的病毒携带者，可通过呼吸道、胃肠道和眼结膜等途径传播，腺病毒所致疾病主要有急性发热性咽炎、咽结膜热、急性呼吸道感染、肺炎、流行性角膜结膜炎、滤泡性结膜炎、小儿胃肠炎与腹泻等。机体对腺病毒可产生持久的免疫力。腺病毒的检查包括病毒分离鉴定、血清学诊断和分子生物学方法检查。针对腺病毒感染，目前尚无理想的疫苗预防，治疗上可用抗病毒或免疫调节药物治疗。

【复习思考题】

1. 试述腺病毒的主要特点。
2. 试述腺病毒的类型及所致疾病。

（潘　渠）

第三十一章

反转录病毒

学习要点

掌握： ① HIV 的形态结构、细胞亲嗜性与病毒受体；② HIV 的传播途径及损伤 $CD4^+$ 细胞的机制。

熟悉： ① HIV 的培养特性及病毒的复制、变异等；② HIV 的原发感染、慢性感染及激发、常见机会感染与肿瘤；③ HIV 感染的微生物学检查原则及抗病毒治疗；④ 人类嗜 T 细胞病毒 1、2 型的生物学特性和所致疾病。

了解： ① HIV 的疫苗研究；② 人类嗜 T 细胞病毒 1、2 型感染的诊断与防治。

反转录病毒科(*Retroviridae*)是一类含反转录酶(reverse transcriptase，RT)的 RNA 病毒。共分为 7 个属(genera)：α 反转录病毒属(*Alpharetrovirus*)、β 反转录病毒属(*Betaretrovirus*)、γ 反转录病毒属(*Gammaretrovirus*)、δ 反转录病毒属(*Deltaretrovirus*)、ε 反转录病毒属(*Epsilonretrovirus*)、慢病毒属(*Lentivirus*)和泡沫病毒属(Spumavirus)。

对人致病的主要有慢病毒属的人类免疫缺陷病毒(human immunodeficiency virus，HIV)和 δ 反转录病毒属的人类嗜 T 细胞病毒(human T lymphotropic virus，HTLV)，分别是人类艾滋病及成人 T 淋巴细胞白血病的病原体。

反转录病毒具有以下主要生物学特性：

(1) 病毒呈球形，直径为 80～120 nm，有圆柱状核心，有包膜，表面有刺突。

(2) 病毒基因组为两条相同的单股正链 RNA，9～10 kb，在 5′端通过部分碱基互补配对形成线性二聚体，含有序列及功能相似的 gag、pol 和 env 等 3 个结构基因及多个调节基因。

(3) 病毒核心中含有反转录酶、整合酶和 RNA 酶 H(RNaseH)，病毒复制时，形成 DNA 中间体且能整合于宿主细胞的染色体上。

(4) 包膜糖蛋白易发生抗原性变异。

(5) 宿主细胞表面受体决定病毒的组织亲嗜性，主要感染免疫细胞；成熟病毒以出芽方式释放并获得包膜。

(6) 感染后引起慢发病毒感染和肿瘤发生。

第一节　人类免疫缺陷病毒

人类免疫缺陷病毒(HIV)是获得性免疫缺陷综合征(acquired immunodeficiency syndrome，AIDS)的病原体。1981 年，AIDS 艾滋病被首次报道；1983 年由法国巴斯德研究所 Montagnier 等和美国人类病毒学研究所 Gallo 等分离鉴定出 HIV－1,并确定其是 AIDS 的病原体。1986 年,国际病毒分类委员会将其命名为人类免疫缺陷病毒。HIV 主要有两型：HIV－1 和 HIV－2,两型病毒核苷酸序列差异超过 40%。HIV－1 通常引起全球范围的感染，HIV－2 在西非呈地区性流行。

自 1983 年首次分离 HIV 以来,AIDS 在不同种族和不同地域流行,成为世界性的感染性疾病,为 21 世纪早期最严重的世界性公共卫生问题。我国自 1985 年发现首例 AIDS 以来,感染人数逐年快速增长并遍布全国,局部地区和特定人群疫情较为严重。

一、生物学性状

（一）形态结构

病毒体呈球形,直径 80～120 nm,电镜下可见一致密的圆锥状核心,内含病毒 RNA、反转录酶、整合酶、蛋白酶和核衣壳蛋白 P7,其外衣是 p24 构成的衣壳和 p17 组成的内膜(matrix),核心和 p24 衣壳共同构成病毒核衣壳了。最外层为病毒包膜,包括脂质双层膜和镶嵌其中的病毒糖蛋白 gp120 和 gp41(图 31－1)。gp120 为包膜表面的刺突,与易感细胞表面受体结合而决定病毒的亲嗜性,易发生抗原变异,使病毒逃避机体的免疫清除;gp41 为跨膜糖结合,可介导病毒包膜与宿主细胞膜的融合。

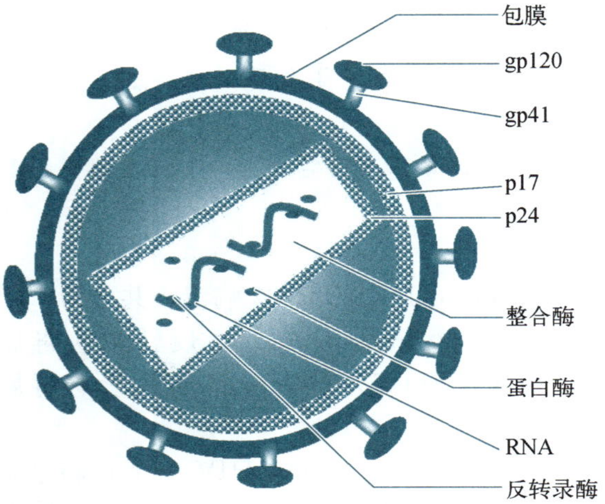

图 31－1　HIV 结构示意图

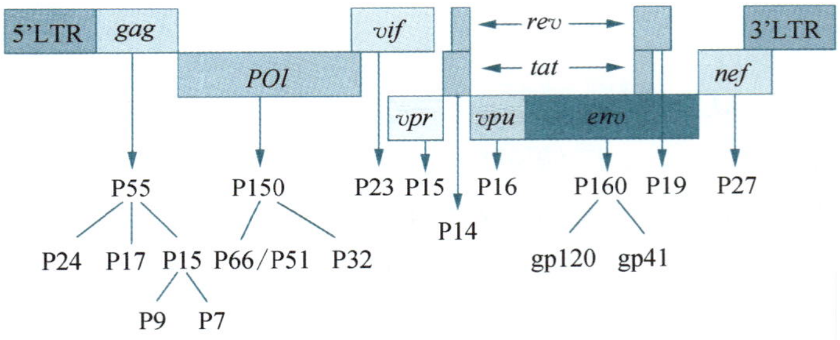

图 31－2　HIV 的基因结构及编码蛋白

（二）病毒基因组及其编码产物

HIV 的基因组是 2 条相同的单股正链 RNA,在 5′端通过氢键互相连接形成二聚体,全长 9.2 kp,含有 *gag*、*pol*、*env* 3 个结构基因以及 *tat*、*rev*、*nef*、*vif*、*vpr*、*vpu*/*vpx* 等 6 个调节基因,HIV－2 没有 2pu 基因,取而代之的是 vpx 基因。在病毒基因组的 5′端和 3′端各有一段相同的核苷酸序列,称长末端重复序列(long terminal repeat, LTR),包含启动子、增强子及其他与转录调控因子结合的序列(图 31－2,表 31－1)。

表 31－1　HIV 的主要基因及其编码蛋白

	基　因	编码蛋白
结构基因	*gag*	P24、P7、P17
	Pol	反转录酶、RNA 酶 H、蛋白酶、整合酶
	Env	gp120、gp41、
调节基因	*tat*	Tat(激活 HIV 基因的转录)
	rev	Rev(促进 mRNA 转运)
	nef	Nef(增强 HIV 的复制及感染性)
	vif	Vif(促进病毒装配和成熟)
	vpr	Vpr(转运病毒 DNA 至细胞核)
	vpu	Vpu(促进病毒释放)

1. *gag* 基因　*gag*(group specific antigen)基因是编码病毒衣壳、基质等结构蛋白的基因。其表达产物p55在HIV蛋白酶作用下成为衣壳蛋白P24、内膜蛋白P17和核衣壳蛋白P7。p24特异性较强，除HIV-1和HIV-2之间存在轻度交叉反应外，与其他反转录病毒无交叉抗原成分。

2. *env* 基因　*env*(envelope glycoprotein)基因编码包膜刺突糖蛋白前体gp160，随后gp160在蛋白酶的作用下被裂解为包膜糖蛋白gp120和跨膜蛋白gp41。gp120是病毒体与宿主细胞表面CD4分子结合的部位。gp41的疏水性氨基末端具有介导病毒包膜与宿主胞膜融合的作用。

3. *pol* 基因　*pol*(polymerase)基因编码反转录酶P51、蛋白酶P11、整合酶P32和RNA酶H(P15)。部分反转录酶与RNA酶H结合在一起形成P66，具有聚合酶和核酸内切酶(RNase H)的活性，与病毒复制有密切关系。

4. *tat* 基因　tat(transcriptional activator)基因在病毒复制早期表达，其编码产物TAT蛋白是一种反式激活的转录因子，与LTR上的应答元件(transactivation-responsive region, TAR)结合后能启动并促进病毒基因的转录合成mRNA，可促进病毒所有基因的转录。

5. *rev* 基因　rev(regulator of viral gene expression)基因编码的产物REV蛋白是一种转录后的反式激活因子，其作用是促进未经剪切的mRNA从细胞核向胞质转运，在病毒复制晚期促进结构蛋白的翻译。REV在结构蛋白的表达中是必需的成分，缺乏 *rev* 基因的HIV不能表达晚期蛋白。

6. *nef* 基因　nef(negative effector)基因编码的产物NEF蛋白具有负调节作用，可下调病毒蛋白表达，还可诱导趋化因子产生，促进静止T细胞活化，下调CD4和MHC-Ⅰ类分子表达。

此外，HIV基因组还有*vif*、*vpu*和*vpr*三个调节基因。其编码产物均与病毒的复制、装配、成熟和释放等有关。

7. LTR　即长末端重复系列，是病毒基因组两端重复的一段核苷酸序列，含起始子、增强子、TATA序列及细胞调节蛋白反应的区域，在病毒基因组的转录调控中发挥重要作用。

（三）病毒的复制

1. HIV的受体　HIV的主要靶细胞是$CD4^+$的T淋巴细胞和单核-巨噬细胞，皮肤Langerhans细胞、淋巴结滤泡树突状细胞和神经小胶质细胞等也可被感染。HIV的主要受体为CD4分子，此外还需辅助受体介导病毒包膜与靶细胞膜发生融合，HIV的辅助受体主要包括趋化因子受体CCR5和CXCR4，CCR5是嗜巨噬细胞HIV-1的辅助受体，CXCR4则为嗜淋巴细胞HIV-1的辅助受体。CCR5缺失的个体可不被HIV-1感染，而在其基因启动子区发生突变的个体其表现为疾病进展非常缓慢。

2. 病毒的复制过程　HIV的包膜糖蛋白gp120与宿主细胞膜上的CD4分子及辅助受体CCR5或CXCR4结合，变构的gp120活化病毒糖蛋白gp41，其中的融合肽使病毒包膜与细胞膜发生融合，之后病毒核衣壳进入细胞质并脱壳，释放病毒RNA；在病毒反转录酶的作用下，以病毒RNA为模板，反转录生成互补链DNA(负链DNA)，形成RNA：DNA复制中间体，其中的亲代RNA链被RNase H水解去除，负链DNA复制成双链DNA且两端形成LTR序列，进入胞核并在病毒整合酶的作用下整合到细胞染色体中，整合的病毒双链DNA称前病毒(provirus)，其两端的LTR有启动和增强病毒转录的作用。当前病毒活化进行转录时，在宿主细胞RNA聚合酶的作用下，病毒DNA转录形成RNA，部分RNA经拼接成为mRNA，部分RNA经加帽加尾则可作为病毒的子代RNA；mRNA在细胞核糖体中翻译成大分子多肽，在病毒蛋白酶的作用下，多肽被裂解形成病毒的结构蛋白和调节蛋白；病毒子代RNA与结构蛋白装配成核衣壳后从宿主细胞膜获得包膜并以出芽方式释放到细胞外。HIV的复制过程见图31-3，其生物合成过程见图31-4。

（四）病毒的变异

因HIV的反转录酶无校正功能、错配率高，其基因组极易发生变异，从而使分离到的HIV株具有不同的生物学特性。HIV变异在基因组内的分布不均匀，以编码包膜糖蛋白的 *env* 基因和调节基因*nef*变异性最大。根据 *env* 基因序列的差异可将目前全球流行的HIV-1分为M(main)、O(outlier)和N(new)三组；其中M组又分A～J、CRF等十余个亚型和重组型；HIV-2分A～F等六个亚型。各亚型在不同地区、不同流行时间及不同传播途径的分布不同。

env 基因的频繁变异导致其编码的包膜糖蛋白gp120抗原变异，使HIV得以逃避机体的免疫清除，也给

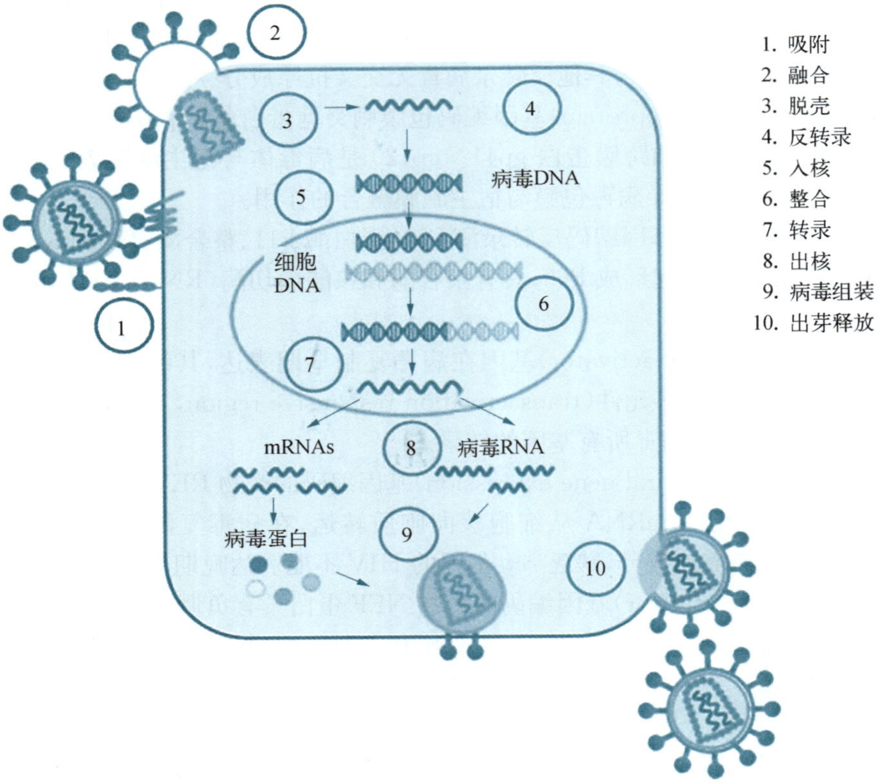

图 31-3 HIV 复制周期模式图

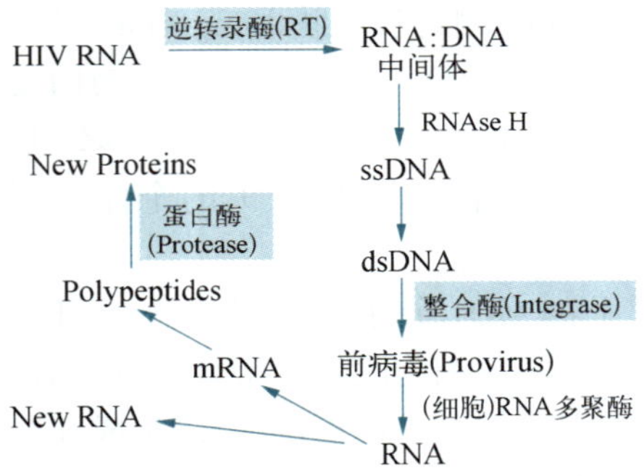

图 31-4 HIV 生物合成过程简图

HIV 疫苗研究带来困难。

(五) 培养特性

HIV 感染的宿主范围和细胞范围均较窄，在体外只感染 $CD4^+$ 的 T 细胞和巨噬细胞，常用新鲜分离的正常人 T 细胞或用患者自身分离的 T 细胞进行培养，某些 T 细胞株，如 H9、CEM 等也可用于 HIV 培养。细胞感染后出现不同程度的病变，培养液中可测到反转录酶活性，培养细胞中可查到病毒的抗原。恒河猴与黑猩猩均可作为 HIV 感染的动物模型，但感染过程与产生的症状均与人类不同。

(六) 抵抗力

HIV 对理化因素的抵抗力较弱。0.5%次氯酸钠、70%乙醇、2% 戊二醛、5%甲醛等处理 10～30 min 均能灭活病毒。56℃加热 10 min 可灭活液体或血清中的病毒，但病毒在室温中可存活 7 d。冻干血制品则须在 68℃加热 72 h 以确保其中的病毒被彻底灭活。

二、致病性与免疫性

(一) 传染源与传播途径

AIDS 的传染源是 HIV 无症状携带者和 AIDS 患者。从感染者的血液、精液、前列腺液、阴道分泌物、乳汁、唾液、脑脊髓液、骨髓、皮肤及中枢神经组织等标本中，均可分离到病毒。

AIDS 的主要传播方式有以下三种。

1. 性传播　通过同性或异性间的性行为传播，是目前 HIV 的主要传播方式，AIDS 是重要的性传播疾病(sexually transmitred disease, STD)。

2. 血液传播　即通过输入含 HIV 的血液或血制品、器官或组织移植物等，用含 HIV 的精液进行人工授精、静脉药瘾者共用污染的注射器及针头等方式进行传播。

3. 母婴传播 包括经胎盘、产道或经哺乳等方式引起的传播。

（二）致病机制

HIV 选择性地侵犯 $CD4^+$ 细胞，主要为 $CD4^+$ T 细胞，引起以 $CD4^+$ 细胞缺损和功能障碍为中心的严重免疫缺陷。HIV 引起免疫损伤的可能机制主要有以下几个方面。

1. $CD4^+$ 细胞的损伤 $CD4^+$ 细胞是 HIV 感染的主要靶细胞，其损伤机制较复杂，主要有：① HIV 包膜糖蛋白对细胞膜的破坏及病毒从胞膜的出芽释放，导致胞膜通透性增加而损伤细胞；② HIV 增殖时产生大量未整合病毒 DNA，对细胞的正常生物合成活性有干扰作用；③ 受染细胞膜上有 HIV 糖蛋白表达，与周围未受病毒感染的 $CD4^+$ 细胞融合，形成多核巨细胞而导致细胞死亡；④ 受染细胞胞膜上表达的 HIV 糖蛋白抗原，能被特异性细胞毒性 T 细胞所识别而被杀伤，或与特异性抗体结合后，通过 ADCC 而被破坏；⑤ HIV 诱导自身免疫使 T 淋巴细胞损伤或功能障碍，HIV 的 gp120 与细胞膜上的 MHCⅡ类分子有一同源区，故抗 gp120 的抗体能与这类 T 细胞发生交叉反应，造成免疫病理损害。此外，HIV 感染后通过对$CD4^+$ T细胞的凋亡信号激活而导致细胞凋亡，亦是 $CD4^+$ 细胞损伤的机制之一。

2. 其他免疫细胞损伤 ① 单核吞噬细胞表达 CD4 分子和趋化受体 CCR5，也是 HIV 的重要靶细胞。在感染早期，体内以巨噬细胞亲嗜性 HIV 增殖为主，并由这些细胞将病毒播散至其他器官，侵犯中枢神经系统、肺、肠等器官而致病。HIV 感染可损伤巨噬细胞的趋化、黏附、杀菌及分泌功能，并可降低巨噬细胞表面 MHC 分子的表达水平，使其提呈抗原功能下降，感染的巨噬细胞可持续性释放病毒，且 HIV 可在单核吞噬细胞内长期存在。② HIV 感染亦可使 B 细胞功能异常。感染早期，B 细胞呈多克隆活化，患者血清 Ig 水平可增高，外周血免疫复合物及自身抗体含量增高；随着感染的发展，B 细胞产生抗体的功能亦受到影响。

3. 神经系统损伤 AIDS 患者常表现不同程度的神经系统异常，包括 HIV 脑病、外周神经病变、AIDS 痴呆综合征等。脑内最易感的细胞为单核吞噬细胞，病毒可能通过感染的单核细胞进入脑内，或释放细胞因子导致炎症性神经细胞毒性。HIV 非常少见于神经细胞、少突胶质细胞和星型细胞中。

（三）所致疾病

HIV 侵入人体后，主要侵犯 $CD4^+$ 细胞，引起以 $CD4^+$ 细胞缺损和功能障碍为中心的严重免疫缺陷。典型 HIV 感染包括原发感染（primary infection）、临床潜伏（clinical latency）、AIDS 相关综合征（AIDS-related complex，ARC）及典型 AIDS 等阶段，未经治疗的 HIV 感染持续约 10 年，进入 AIDS 后大多于 2 年内死亡。

1. 原发感染(primary infection) 初次感染人体后，HIV 经 4～11 d 的潜伏期引起病毒血症，病毒在 $CD4^+$ T 细胞和单核-巨噬细胞群中大量复制，感染个体可无症状，50%～70%的患者可在感染后 2～6 周发生急性单核细胞增多症样表现，出现发热、咽炎、淋巴结肿大、皮肤斑丘疹、黏膜溃疡、腹泻等急性期症状，一般持续 1～2 周，可自行消退。在感染的急性期，通常难以检测到 HIV 抗体。特异性免疫会在感染后 1 周至 3 个月间出现，此时血液中病毒含量下降，但并不能清除感染，病毒常以前病毒的形式整合于宿主细胞染色体内，进入长期的无症状潜伏感染。

2. 临床潜伏(clinical latency) 此期可持续较长时间，通常为 5～15 年，一般无临床症状，有些患者可出现无痛性淋巴结肿大，感染者血液中 HIV 抗体检测显示阳性。外周血中病毒 RNA 拷贝数较低，但 HIV 在体内持续存在并活跃增殖，$CD4^+$ T 细胞持续减少，患者的血液及体液均具有传染性。

3. AIDS 相关综合征 随着感染时间延长，病毒在体内大量增殖，$CD4^+$ T 细胞数不断减少，机体免疫系统受到进行性损伤，慢性感染可发展为 AIDS 相关综合征，临床上出现发热、盗汗、倦怠、慢性腹泻、体重减轻、皮疹及持续性淋巴肿大等艾滋病相关症候群，并逐渐加重，最终造成免疫系统的完全破坏，进入 AIDS 期。

4. AIDS 期 当 $CD4^+$ T 细胞数低于 200 个细胞/μl，$CD4^+$/$CD8^+$ T 细胞数倒置时，感染者出现严重的免疫缺陷、各种严重机会感染、恶性肿瘤和中枢神经系统损害，感染者即进入 AIDS 期。此期是 HIV 感染的终末阶段，如不加干预，患者常于出现临床症状后 2 年内死亡。

严重的机会感染是AIDS患者的首要致死原因。AIDS者常见的机会感染病原体有鸟胞内分枝杆菌、卡氏肺孢菌、弓形虫、隐孢子虫、白假丝酵母菌、巨细胞病毒、人类疱疹病毒-8型、EB病毒、乙型肝炎病毒和丙型肝炎病毒等。AIDS相关的恶性肿瘤包括Kaposi肉瘤(Kaposi's sarcoma)、非霍奇金淋巴瘤、宫颈癌及霍奇金淋巴瘤(Hodgkin's lymphoma)等。40%～90%的患者会出现不同程度的中枢神经系统疾病，包括HIV脑病、外周神经病变、AIDS痴呆综合征等。AIDS痴呆综合征出现于25%～65%的患者，严重痴呆者通常于6个月内死亡。

(四) 免疫性

HIV感染后，机体可产生抗HIV多种蛋白的抗体，其中针对病毒包膜蛋白的抗体具有一定保护作用(中和抗体)，但中和抗体滴度通常较低，由于病毒包膜抗原的高度变异性，变异的病毒不能被已经存在的中和抗体所清除，中和抗体亦不能作用于细胞内的病毒。机体也可产生细胞免疫应答，包括针对*env*、*gag*和*pol*基因产物的CTL，对杀伤HIV感染细胞和阻止病毒经细胞融合扩散具有重要作用，但CTL不能彻底清除体内潜伏感染的细胞，HIV仍能不断在体内增殖，造成持续感染。

三、微生物学检查

(一) 抗体检测

检测抗-HIV抗体分初筛试验和确证试验，主要的方法有酶联免疫吸附实验(ELISA)、免疫荧光实验(IFA)和免疫印迹(Western blot)。ELISA和IFA敏感性虽高，但由于HIV的全病毒抗原与其他反转录病毒(HTLV)有交叉反应，HIV感染的淋巴细胞抗原与一些人血清中的抗HLA抗体亦有交叉反应，故有一定的假阳性反应。因此，这两类试验适用于HIV抗体的初筛，阳性者必须再用免疫印迹试验检测针对HIV不同结构蛋白的抗体进行确证试验。

(二) 病毒及其组分的检测

1. *病毒分离及鉴定* 常用T淋巴细胞株或经PHA活化的正常人外周血淋巴细胞或脐血淋巴细胞，接种患者的血液单个核细胞、骨髓细胞、血浆或脑脊液等标本，经2～4周后观察病毒生长情况，细胞病变现象(最明显的是多核巨细胞)出现后，可用间接免疫荧光法检测培养细胞中的病毒抗原，或用生化方法检测培养液中的反转录酶活性，以确定HIV的存在。若并无明显细胞病变，则可采用免疫学方法测定培养液中的HIV特异性p24抗原。病毒分离因耗时且需特殊生物安全实验室，故一般不用于临床检测。

2. *病毒抗原检测* 常以ELISA检测HIV的核心蛋白p24，用于HIV感染早期的辅助诊断。p24常出现于急性感染期，在潜伏期中常为阴性；待感染发展，AIDS症状出现时，p24抗原含量又可重新上升。常用于HIV感染诊断的蛋白见表31-2。

表31-2 HIV感染诊断的常用蛋白

蛋白	描述
gp160	包膜糖蛋白前体
gp120	包膜外糖蛋白、刺突
p66	多聚酶基因编码的反转录酶和RNA酶H
p55	核心蛋白前体，*gag*基因编码的多肽
p51	反转录酶
gp41	跨膜糖蛋白
p32	整合酶
p24	病毒体核心衣壳蛋白
p17	病毒体基质蛋白

3. *病毒核酸检测* 多用反转录-聚合酶链反应(RT-PCR)定量检测患者血浆中HIV RNA的拷贝数，亦称病毒载量(viral load)，用于监测HIV慢性感染者的病情发展，以及作为评价抗HIV药物治疗效果的指标。应用核酸杂交法或PCR法检测HIV前病毒DNA可确定细胞中HIV潜伏感染的情况。

四、防治原则

（一）综合措施

由于艾滋病的高度致死性与蔓延速度，药物不能完全控制，且目前尚无有效的疫苗使用，许多国家都采取预防 HIV 感染的综合措施，包括：① 预防教育宣传；② 安全性行为；③ 取缔娼妓、打击吸毒行为；④ 志愿献血制度，采集血液应做 HIV 抗体检测，确保输血和血液制品的安全，禁止进口血液制品；⑤ 全球和地区性 HIV 感染的监测网络，及时掌握疫情蔓延趋势。

（二）疫苗研究

预防性疫苗是最有前景的控制 HIV 感染的策略，同时，为增强感染者抗 HIV 的特异性免疫并能够延缓艾滋病进程的治疗性疫苗也是研究的一个方面，但迄今尚无一种疫苗可以较理想地控制 HIV 感染。众多研究结果已经表明，HIV 的弱免疫原性是限制重组疫苗效果的瓶颈因素，且 HIV 基因的快速变异及由此导致的病毒抗原性变异也是疫苗研究的一大难题，此外，对于 HIV 免疫保护相关背景知识还缺乏完全了解，缺乏合适的动物模型来测定和评价疫苗的效果等也制约了 HIV 疫苗的研究。

（三）抗病毒治疗

1. *核苷类反转录酶抑制剂*　如齐多夫定（Zidovudine, AZT）、双脱氧胸苷（dideoxycytosine, DDC）、双脱氧肌苷（didanosine, DDI）和拉米夫定（lamivudine, 3TC）等。AZT 能干扰 HIV 的 DNA 合成，从而抑制 HIV 在体内增殖，缓解患者症状，延长生存期。DDC 是最有效的 HIV 抑制剂，能明显减少 HIV 的复制并改善患者的免疫功能。DDI 抗病毒范围较窄，但毒性较低，半衰期较长。

2. *非核苷类反转录酶抑制剂*　如地拉韦啶（delavirdine）和奈韦拉平（nevirapine），通过抑制反转录酶活性，干扰 HIV 的 DNA 合成。

3. *蛋白酶抑制剂*　如沙奎那韦、利托那韦、茚地那韦和奈非那韦等，可抑制 HIV 蛋白水解酶，使病毒的大分子多肽不能被切割裂解而影响病毒的成熟与装配。

4. *病毒包膜融合抑制剂*　如恩夫韦地（enfuvirtide, T-20），以病毒包膜糖蛋白 gp41 的 N 末端重复序列（N-HR）作为药物靶点，可阻断 HIV 包膜与细胞膜融合，从而抑制病毒进入靶细胞。

5. *整合酶抑制剂*　如拉替拉韦（raltegravir），作用于 HIV 的整合酶，抑制病毒基因组整合至宿主细胞染色体。

6. HAART　高效抗反转录病毒治疗（highly active anti-retroviral therapy, HAART）。通常使用核苷类和（或）非核苷类反转录酶抑制剂与蛋白酶抑制剂组合成二联或三联疗法。HAART 针对 HIV 复制周期的两个关键环节，能有效抑制 HIV 复制，使血中病毒水平快速下降至难以检出的水平；也能降低淋巴器官中病毒含量，使机体针对机会致病病原体的免疫反应得以恢复并延长病人的存活期。然而，HAART 亦不能将病人体内的 HIV 彻底清除，一旦中断治疗或治疗失效，潜伏的病毒又会大量增殖。

7. *细胞治疗*　2007 年，Brown 因罹患白血病接受 2 次造血干细胞移植（植入的干细胞携带对 HIV 入侵具有抵抗力的 CCR5 突变的纯合子基因- CCR5△32/△32）而实现 AIDS 治愈。这一事件使细胞治疗在控制病毒复制中的作用受到密切关注，并开展了广泛探索。已有学者报道采用 CCR5△32/△32 脐血干细胞移植治疗 HIV 感染，并有望成为目前治疗 HIV 感染最可行的方法。除造血干细胞和脐血干细胞外，脐带间充质干细胞亦被用于 HIV 感染的治疗。另外，鉴于 CCR5△32/△32 突变体的稀缺，通过基因改造技术制造 CCR5 表达缺陷的免疫细胞，从而使 HIV 无法侵入免疫系统，也成为当前治疗 AIDS 的研究热点。

第二节　人类嗜 T 细胞病毒

人类嗜 T 细胞病毒（human T lymphotropic viruses, HTLV），是 20 世纪 80 年代初分别从 T 淋巴细胞白血病和毛细胞白血病患者外周血淋巴细胞培养分离出的人类反转录病毒，分为Ⅰ型（HTLV-Ⅰ）和Ⅱ型

(HTLV-Ⅱ),两型间的基因组约有65%的同源性。其中,HTLV-1是成人T淋巴细胞白血病(adult T cell leukemia, ATL)的病原体。

一、生物学特性

属于δ反转录病毒属,电镜下,HTLV呈球形,直径约100 nm。核心含病毒RNA、反转录酶和gag基因编码的蛋白,衣壳呈二十面体立体对称,病毒包膜嵌有病毒特异性糖蛋白gp46,能与靶细胞表面的CD4结合,gp21为跨膜蛋白。

病毒基因组为两条相同的单正链RNA,全长9.0 kp,由5′端至3′端依次为*gag*、*pol*、*env* 3个结构基因和*tax*、*rex*2个调节基因组成,其两端均为LTR,参与病毒基因的调控。*gag*、*pol*和*env* 3个基因的功能与HIV基本一致。*tax*基因编码的蛋白是一种反式激活因子,除有激活LTR、增加病毒基因的转录外,尚能激活细胞的IL-2基因和IL-2受体基因,使它们异常表达而促进细胞大量增长。*rex*基因编码的两种蛋白对病毒的结构蛋白和调节蛋白的表达有调节作用。

二、致病性与免疫性

HTLV-Ⅰ可通过输血、共用注射器或性交等方式传播,亦可经胎盘、产道、哺乳等途径将病毒传给婴儿。该病毒除引起成人T细胞白血病外,尚能引起热带下肢痉挛性瘫痪和B细胞淋巴瘤。HTLV-Ⅱ则引起毛细胞白血病和慢性$CD4^+$细胞淋巴瘤。

HTLV-Ⅰ和HTLV-Ⅱ仅感染$CD4^+$ T淋巴细胞并在其中生长,使受染的T细胞转化,除引起细胞增生、转化及癌变外,其正常免疫功能亦受影响,主要引起免疫缺陷和多克隆性B细胞激活。

由HTLV-Ⅰ引起的成人T细胞白血病在日本西南部、加勒比海地区、南美洲东北部和非洲一些地区呈地方性流行。我国亦发现福建省的沿海县市有少数成人T细胞白血病病例,当地人群血清HTLV-Ⅰ抗体阳性率约为2%,是我国HTLV-Ⅰ的流行区。

三、微生物学检查与防治原则

主要依靠病毒特异性抗体的检测,其方法与检查HIV相似。应用免疫印迹法检测抗体可将HTLV-Ⅰ、HTLV-Ⅱ和HIV三种病毒的抗体相区别。目前尚未研制出有效的HTLV疫苗。抗病毒药物中,可选用反转录酶抑制剂等进行治疗。

小　　结

反转录病毒(retrovirus)属于反转录病毒科(Retroviridae),包括一大类含有反转录酶(reverse transcriptase)的RNA病毒,对人致病的主要有慢病毒属的人类免疫缺陷病毒(human immunodeficiency virus, HIV)和δ反转录病毒属的人类嗜T细胞病毒(human T lymphotropic virus, HTLV),分别是人类AIDS及成人T淋巴细胞白血病的病原体。AIDS自发现三十年来,造成了全球的流行,其病原体HIV分两型,HIV-1引起世界范围的艾滋病,HIV-2在西非呈地区性流行。HIV主要感染$CD4^+$细胞,除主要受体CD4分子外,还需CCR5、CXCR4等辅助受体,其包膜表面糖蛋白gp120与受体结合而感染细胞,经漫长的潜伏期,造成以$CD4^+$细胞受损为中心的免疫功能缺陷,患者出现各种机会感染和肿瘤,即HIV感染的终末阶段-AIDS。HIV的传染源是无症状携带者和AIDS患者,传播途径主要是性传播、血液传播和母婴传播。因HIV的高度变异等原因,目前尚无有效的疫苗使用,防治主要靠综合防治措施,HAART治疗可有效控制病毒的增殖,但不能完全清除病毒。

【复习思考题】

1. 简述反转录病毒的共同特征。

2. 简述 HIV 的形态结构特点和复制过程。
3. 试从 HIV 的复制周期阐述 AIDS 的治疗策略。
4. 简述 AIDS 的综合防治措施。

（杨海波）

第三十二章

其他重要病毒

学习要点

掌握: ① 狂犬病病毒的主要生物学特性、致病性和防治原则;② 人乳头瘤病毒的致病性。

熟悉: ① 狂犬病病毒的微生物学检查;② 人乳头瘤病毒主要生物学特点。

了解: ① 人类细小病毒 B19 和人类博卡病毒的致病性;② 痘病毒的生物学特性和致病性;③ 博尔纳病病毒的致病性。

其他重要病毒包括了狂犬病病毒、人乳头瘤病毒、痘病毒、人类细小病毒和博尔纳病病毒。这些病毒在生物学特性及致病性上存在较大差异,并且各具特色。在这些病毒中,狂犬病病毒和人乳头瘤病毒对人类健康造成了一定的威胁,而痘病毒科中的天花病毒曾给人类健康造成了深重的灾难。

第一节 狂犬病病毒

狂犬病(rabies)又称为恐水症(hydrophobia),是由狂犬病病毒(rabies virus, RV)引起的一类人兽共患的传染病,是我国目前死亡率最高的传染病。狂犬病病毒是一种嗜神经病毒,绝大多数温血动物对狂犬病病毒敏感,并且可在野生动物(狼、狐狸、蝙蝠、鼬鼠)及家养动物(狗、猫)之间传播。人主要是被携带病毒的动物咬伤、抓伤而被感染;一旦受感染,如不及时采取措施,可导致严重的中枢神经系统损害,至今尚无有效的治疗方法,病死率几乎达 100%。

一、生物学性状

1. 形态结构　狂犬病病毒属于弹状病毒科(*Rhabdoviridae*)狂犬病病毒属(*Lyssavirus*)。病毒形态似子弹状,一端钝圆,另一端扁平,直径约为 75 nm,长度约为 180 nm,有包膜(图 32－1)。病毒核心是核蛋白(N)缠绕病毒 RNA 组成的核糖核蛋白(RNP),其表面有转录大蛋白(L)和磷蛋白(P)共同组成螺旋对称的核衣壳复合体;核衣壳的外面是脂蛋白包膜,表面镶嵌有三聚体糖蛋白(G)刺突,长约 10 nm;在核衣壳和包膜之间是基质蛋白(M)。病毒基因组为非分节段单股负链 RNA(-ssRNA),总长约 12 kb,从功能上分为先导区、编码区、间隔区、非编码区。编码区依次排列着 N、P、M、G 和 L 等 5 个结构基因,分别编码相应的蛋白。N 蛋白为具有保护病毒 RNA 功能的核蛋白;P 蛋白是一种磷酸化蛋白,与 L 蛋白形成复合体,共同参与病毒的转录和复制;M 蛋白是构成病毒衣壳和包膜的基质成分,起连接衣壳和包膜的作用;G 蛋白是一种糖基化蛋白,构成病毒包膜表面的刺突,参与病毒的吸附,也是病毒的主要表面抗原,能刺激机体产生中和抗体、血凝抑制抗体和细胞免疫应答,因此是病毒的主要保护性抗原,与病毒的致病和免疫密切相关;L 蛋白是分子量最大的蛋白，是一种依赖 RNA 的 RNA 聚合酶，在病毒基因的转录和复制过程中发挥关键作用。

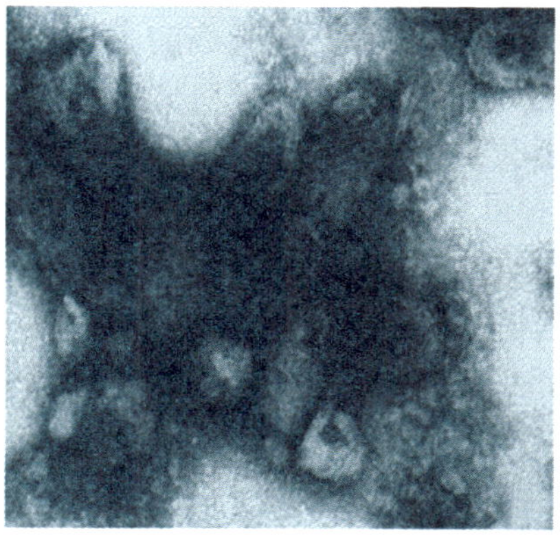

A

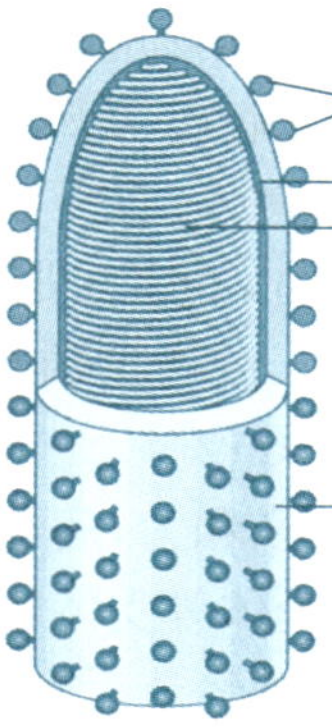

B

图 32-1　人狂犬病病毒的形态与结构

A. 病毒电镜照片(×100 000)；B. 病毒结构模式图

2. *培养特性*　狂犬病病毒能在多种细胞增殖，如地鼠肾细胞(BHK21)、非洲绿猴肾细胞(Vero)和人胚肺二倍体成纤维细胞(2BS)。在 Vero 细胞和 2BS 细胞中复制周期短，病毒产量高，国内已用于灭活疫苗的生产。在易感动物或人的中枢神经细胞(主要是大脑海马回的锥体细胞)中增殖时，可以在细胞质中形成一个或多个、圆形或椭圆形、直径为 20～30 nm 的嗜酸性包涵体，称内基小体(Negri body)(图 32-2)。通过检测动物或人脑组织标本中内基小体，可以辅助诊断狂犬病。

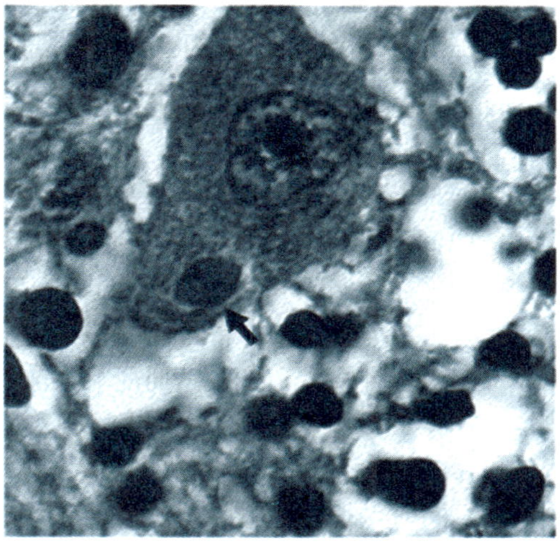

图 32-2　狂犬病病毒感染神经细胞胞质中的内基氏小体(HE 染色，×1 000)

3. *免疫原性及遗传变异*　G 蛋白和 N 蛋白是狂犬病病毒的重要抗原。G 蛋白可以刺激机体产生中和抗体、血凝抑制抗体和细胞免疫应答，是重要的保护性抗原；N 蛋白具有病毒属特异性，可用抗 N 蛋白单克隆抗体进行狂犬病病毒分子流行病学调查，N 蛋白能够以 RNP 的形式诱导机体保护性细胞免疫应答，但不能产生保护性抗体。另外，不同来源的狂犬病病毒分离株的免疫原性不同，多为病毒 G 蛋白的差异引起。

狂犬病病毒可以发生毒力变异，从自然感染动物体内分离到的病毒毒力强，接种动物发病所需的潜伏期长，脑外接种后容易侵入脑组织和唾液腺内，称为野毒株(wild strain)或街毒株(street strain)；将野毒株在家兔脑内连续传代后，病毒对家兔致病的潜伏期随传代次数的增加而逐渐缩短，至 50 代左右潜伏期由原来的 4 周左右缩短为 4～6 d，但继续传代，潜伏期不再缩短，并表现为对家兔的致病性增强，对人或犬的致病性明显减弱，以及不能通过脑外途径接种引起犬的脑神经组织感染而发生狂犬病，这种变异的狂犬病病毒被称为固定毒株(fixed strain)。巴斯德首先用固定毒株制成减毒活疫苗用于预防狂犬病，出于安全考虑，现在主要运用固定毒株生产灭活疫苗。

4. *抵抗力*　狂犬病病毒对热、紫外线、日光、干燥的抵抗力弱，病毒经加热 50℃ 60 min 即失去活力，但病毒 4℃条件下可保持传染性数周，在－70℃可保持数年，病毒易被 CO_2 灭活，因此在用干冰运输时必须装在密封的玻璃容器中，酸、碱、脂溶剂、去垢剂、胰蛋白酶等皆有灭活病毒的作用。

二、致病性与免疫性

1. *致病性*　狂犬病病毒能引起多种家畜和野生动物(如犬、猫、牛、羊、猪、狼、狐狸、鹿、臭鼬、野鼠、松鼠等)的自然感染。吸血蝙蝠及食虫蝙蝠等可以携带病毒而不表现症状，可能是病毒在自然界的重要储存宿主。病犬是发展中国家狂犬病的主要传染源，80%～90%的狂犬病病例是由病犬传播的，其次是由家猫和狼传播的。但在发达国家，病犬已不是狂犬病的主要传染源，野生动物如狐狸、食血蝙蝠、臭鼬和浣熊等逐渐成为发达国家狂犬病的重要传染源。患病动物唾液中含有大量的病毒，于发病前 5 d 即具有传染性。隐性感染的犬、猫等动物亦有传染性。人对狂犬病病毒普遍易感，主要通过被患病动物咬伤、抓伤或密切接触而感染和引起狂犬病。黏膜也是病毒的重要侵入门户，如患病动物的唾液污染眼结合膜等，也可引起发病。

感染后的潜伏期通常为 1～3 个月，短者 1 周，长者可达数月或数年。咬伤部位距头部愈近、伤口愈深，伤者年龄愈小，则潜伏期越短；此外，入侵病毒的数量、毒力以及宿主的免疫力等因素也与狂犬病的发生有关。狂犬病一旦发生，病死率几乎达 100%。

狂犬病病毒对神经组织有很强的亲和力，病毒通过 G 蛋白与肌细胞和神经细胞膜上的乙酰胆碱受体、神经细胞黏附分子、神经营养因子 p75 受体等受体结合，介导病毒侵入细胞内增殖，4～6 d 后侵入周围神经，进而沿周围传入神经迅速上行到达背根神经节后大量增殖，并侵入脊髓和中枢神经系统，侵犯脑干及小脑等处的神经元，使神经细胞肿胀、变性，形成以神经症状为主的临床表现，如痉挛、麻痹和昏迷等；最后，病毒沿传出神经侵入各组织与器官，如舌、唾液腺和心脏等，引起迷走神经核、舌咽神经核和舌下神经核受损，导致患者容易发生呼吸肌、吞咽肌痉挛，在临床上出现恐水、呼吸困难和吞咽困难等症状，其中，特殊的恐水症状表现在饮水、听到流水声时，均可引起严重的咽喉肌痉挛，故亦称狂犬病为恐水症。另外，当交感神经受刺激时，可出现唾液和汗腺分泌增多，当迷走神经节、交感神经节和心脏神经节受损时可引起心血管功能紊乱或猝死。

2. *免疫性* 机体感染狂犬病病毒后，病毒 G 蛋白和 N 蛋白可刺激机体产生体液免疫和细胞免疫。通过中和抗体、血凝抑制抗体和抗体依赖的细胞毒作用等可发挥抗病毒作用，包括中和游离状态的病毒、阻断病毒进入神经细胞，以及调节或加强 T 淋巴细胞对表达有病毒糖蛋白的靶细胞的杀伤作用等；杀伤性 T 淋巴细胞可以特异性地作用于病毒 G 蛋白和 N 蛋白引起病毒溶解或靶细胞溶解，单核细胞产生 IFN 和 IL-2 具有抑制病毒复制和抵抗病毒攻击的作用。

三、微生物学检查

根据动物咬伤史和典型的临床表现容易对狂犬病做出临床诊断，但对于发病早期或是病史不明确的患者，需及时进行微生物学检查以有助于辅助诊断。狂犬病的微生物学检查法主要包括检测组织细胞中的病毒抗原、病毒 RNA 以及病毒分离培养鉴定。

1. *传染源隔离及观察* 捕获病犬并处死病犬，取神经组织进行实验室检查，对可疑动物，隔离观察 10 d，如动物出现狂犬病症状，处死动物取脑组织制成切片或印片后进行实验室检查。

2. *病毒抗原检测* 对感染狂犬病病毒的组织当前最快的检测方法是快速酶免疫诊断法和直接免疫荧光技术，同时，可以取脑组织中海马沟回处组织作病理切片检测内基小体。

3. *病毒核酸检测* 应用反转录 PCR 方法检测标本中病毒的 RNA，可用于狂犬病的早期诊断，对扩增产物测序可以进一步鉴定感染的病毒株。

4. *病毒分离培养* 小鼠对狂犬病病毒非常敏感，是理想的动物模型。取可疑患者的唾液、脑脊液或死后脑组织混悬液等材料，小鼠颅内接种进行狂犬病病毒的分离，通过观察小鼠发病与否、病毒抗原检测以及内基氏小体的检测进行鉴定和确诊。

四、防治原则

在我国，狂犬病主要是通过携带病毒的病犬、病猫的咬伤或抓伤而感染。因此，除对人群的免疫接种以外，对于传染源的管理、传播途径的切断也是预防狂犬病的关键环节，被可疑动物咬伤后及时处理伤口、及时使用抗病毒血清对疾病的预防起着极其关键的作用。

1. *传染源的管理* 通过对家犬等动物进行预防接种、严格管理以及捕杀野犬等措施可有效地降低狂犬病的发病率。

2. *切断传播途径* 避免被病犬或病猫咬伤或抓伤。

3. *暴露前预防接种* 对于长期接触家畜、野生动物或者进行狂犬病病毒研究的高危人群，可分别于第

0、7、21 或 28 d 接种狂犬病疫苗 3 次，进行暴露前预防接种(pre exposure prophylaxis)，并定期检查血清抗体水平，及时进行加强免疫，加强免疫通常是在第 0、3 d 接种疫苗两次。

4. 可疑动物咬伤后伤口处理　人被可疑动物咬伤后，应立即对伤口进行处理。可用 3%～5%的肥皂水或 0.1%的苯扎溴铵和清水充分清洗伤口，对于严重咬伤者较深的伤口，应该对伤口深部进行灌流清洗，再用 75%乙醇或碘酊涂擦消毒。

5. 咬伤后的特殊处理

(1) 暴露后预防接种　人被狂犬病病毒感染后发生狂犬病的潜伏期相对较长，及时接种狂犬病疫苗进行暴露后预防接种(post exposure prophylaxis)也可以有效控制狂犬病的发生。常用人二倍体细胞培养制备的狂犬病病毒灭活疫苗进行全程免疫。即分别于第 0、3、7、14 和 28 d 进行肌肉(三角肌或大腿前侧肌肉)注射，全程免疫后可以在 7～10 d 获得中和抗体，并保持免疫力 1 年左右。

(2)人工被动免疫　被可疑病犬咬伤后，除使用疫苗外应联合使用抗狂犬病人免疫球蛋白(human anti-rabies immuneglobulin, RIG)或抗狂犬病马血清进行人工被动免疫以中和病毒，必要时需联合使用干扰素抗病毒以增强保护效果。注意在使用抗狂犬病马血清时需要预先进行血清过敏实验。

第二节　人乳头瘤病毒

人乳头瘤病毒(human papillomavirus, HPV)属于乳多空病毒科(*Papovaviridae*)，是一类无包膜的小 DNA 病毒，病毒体呈球形，基因组为一双链环状 DNA，衣壳二十面立体对称，无包膜。HPV 主要侵犯人的皮肤和黏膜，导致不同程度的增生性改变。传播途径主要是通过直接接触感染者的病损部位或者是间接接触被病毒污染的物品，生殖道感染主要是性接触传播。1978 年，德国科学家 Hausen 发现 HPV 与宫颈癌发生有关，此后，科学家深入研究了 HPV 诱发宫颈癌的机制，并研发了第一个用于预防肿瘤的疫苗，Hausen 因此获得了 2008 年度诺贝尔生理学或医学奖。

一、生物学特性

1. 形态结构　HPV 病毒体呈球形，直径 52～55 nm，二十面体立体对称，无包膜。病毒基因组是超螺旋双链环状 DNA，约 8 kp，含有 3 个基因区，分别是① 早期区(early region, ER)：编码几个早期蛋白分别参与病毒 DNA 复制(E1)、转录调节(E2)以及诱导宿主细胞发生转化(E5、E6 和 E7)；② 晚期区(late region, LR)：编码病毒主要衣壳蛋白(L1)和次要衣壳蛋白(L2)，L1 单独或与 L2 一起皆具有自我组装的特性。用基因工程技术单独表达 L1 或是表达 L1 和 L2，蛋白皆可在细胞中组装成病毒样颗粒(virus-like particke, VLP)，VLP 不含病毒核酸，但其空间构象和免疫原性与天然病毒颗粒相似，可以诱导机体产生保护性免疫应答产物；③ 上游调节区(URR)：也称长控制区(long control region, LCR)：含有 HPV DNA 的复制起始点和基因表达所需的调控元件。

2. 病毒分型　根据 HPV 的 L1 基因进行分型，现已发现 HPV 有 100 余型，如果一种 HPV 的 L1 基因序列与已知型别相比其 DNA 变异度大于 10%，就可以定义为一个新的型别，如果只有 2%～10%的 DNA 变异，则被认为是同一型病毒的两个亚型。

3. 培养特性　由于 HPV 复制需要依赖与细胞分化阶段密切相关的上皮细胞因子等，迄今尚不能在常规的组织细胞中培养。HPV 的复制增殖与上皮细胞分化阶段相关，上皮细胞分化过程为：基底细胞层→棘细胞层→颗粒细胞层→角质层。在基底层细胞内仅发现低拷贝的病毒核酸，早期基因产物在棘细胞层开始表达，晚期基因表达产物(衣壳蛋白)只存在于颗粒层细胞中，成熟的病毒仅存在于终末分化的上皮细胞中。病毒 DNA 复制主要发生在皮肤棘层和颗粒层，并诱导上皮增殖，表皮增厚，伴有棘层增生和表皮角化，上皮的增殖形成乳头状瘤，也称为疣(图 32-3)。病毒 DNA 的一段游离基因常能插入宿主染色体的任意位置，从而导致细胞转化。

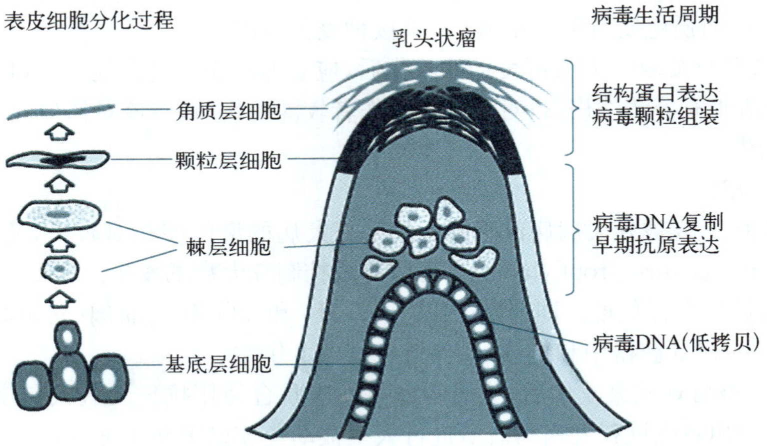

图 32-3 HPV 复制增殖与表皮细胞分化

二、致病性和免疫性

1. *致病性* 人是 HPV 唯一的自然宿主，且具严格的组织特异性，只感染皮肤和黏膜上皮细胞。理化因素(包括紫外线、X 射线等的照射)造成的皮肤、黏膜损伤均可为 HPV 感染创造条件。传播主要通过直接接触感染者的病变部位或间接接触被病毒污染的物品，生殖道感染与性行为关系密切，HPV 阳性率与性伙伴数量呈正相关，故 HPV 引起的生殖道感染是性传播疾病之一。垂直传播见于生殖道感染的母亲在分娩过程中感染新生儿。

HPV 由于型别及感染部位不同，所致疾病不尽相同(表 32-1)。

表 32-1 HPV 型别与人类疾病的关系

相关人类疾病		HPV 型别
皮肤		
	跖疣	1、4
	寻常疣	2、4、7、29、54
	扁平疣	3、10、28、41
	屠夫寻常疣	7、40
	疣状表皮增生异常	5、8、9、12、14、15、17、19～25、36
黏膜		
	尖锐湿疣	6、11
	喉乳头瘤、口腔乳头瘤	6、11
	宫颈上皮内瘤、宫颈癌	16、18、31、33、35、45、51、52、56、58

(1) 皮肤疣：包括寻常疣、跖疣和扁平疣，多属于自限性和一过性损害，而且病毒仅停留于局部皮肤和黏膜中，不产生病毒血症。1、2、3 和 4 型常见手和足部角化上皮细胞感染，引起寻常疣，多见于少年和青春期；7 型常感染屠夫手部皮肤，引起屠夫寻常疣(Butcher warts)；扁平疣由 3、10 型引起，多发于青少年颜面及手背、前臂等处。

(2) 尖锐湿疣：尖锐湿疣(condylomata acuminate)主要由 6、11 型感染泌尿生殖道引起，称为生殖器疣，也称为尖锐湿疣。该病是性传播疾病，近年发病率有逐年增高趋势，女性感染部位主要是阴道、阴唇和宫颈，男性多见于外生殖器及肛周等部位。尖锐湿疣很少癌变，故属于低危险性 HPV。此外 HPV 6、11 型常引起儿童咽喉乳头瘤，虽然属良性瘤，但严重者可因阻塞气道而危及生命。

(3) 宫颈癌等生殖道恶性肿瘤：主要与多型别高危型 HPV 感染有关，病毒感染引起的宫颈、外阴及阴茎等生殖道上皮内瘤样变，可发展成为恶性肿瘤，最常见为宫颈癌。与子宫颈癌发生最相关的是 HPV 16、18 型，称为高危型 HPV，其次是 31、45、33、35、39、51、52 和 56 型，分子流行病学调查结果显示 90%宫颈癌可以检测出 HPV DNA，其中 HPV 16 型 DNA 检出率高达 40%～60%。

目前认为 HPV 感染正常宫颈鳞状上皮是引发子宫颈癌的始动因素，经过一段潜伏期后，E6、E7 基因表达增加，E6 和 E7 蛋白分别与 p53 和 pRB 蛋白结合，促使后二者的降解，并阻断诱 p53、pRB 对细胞周期的负调控作用，导细胞永生化，使被感染细胞发生转化；另一个可能原因是 HPV 感染后病毒基因整合于宿主细胞染色体，特别是插入到一些原癌基因（如 *c-myc*）附近时，可能激活癌基因的表达，诱发细胞恶性改变。

2. 免疫性　在器官移植和 HIV 感染者中，HPV 感染往往严重，复发性尖锐湿疣患者常伴有细胞免疫功能低下，表明细胞免疫在控制 HPV 感染中起重要作用。近年研究发现：HPV 抗血清的产生可以降低再次感染 HPV 的风险，故体液免疫也参与 HPV 感染免疫。用基因工程产生的 HPV VLP 可刺激机体产生特异性中和性抗体，被认为是最有希望的预防 HPV 感染的疫苗。

三、微生物学检查

HPV 感染有典型临床损害时可根据临床表现迅速做出诊断，但亚临床感染时则需进行组织细胞学、免疫学、免疫组化和分子生物学等实验室检测。

1. 组织学检测　收集脱落细胞，进行涂片，HE 染色后镜检，观察是否有 HPV 感染的组织学改变。

2. 免疫学检测　采用免疫组织化学法检测病毒抗原，运用免疫电镜检查 HPV 病毒颗粒可提高检出率。

3. 核酸检测　HPV 分型和实验室诊断可采用 DNA 分子杂交，一般使用共有序列或型特异性探针，可检测到组织中约 50 个 HPV 基因组拷贝；在组织切片上原位杂交可检测每个细胞至少 10～15 个病毒基因拷贝，以 HPV DNA 特异性的保守区分别设计各型引物进行 PCR 扩增，再用特异性探针杂交方法检测扩增产物，是 HPV 感染的快速诊断、特异、敏感方法。

四、防治原则

HPV 可通过性接触传播，加强性安全教育和社会管理，对控制 HPV 感染、减少生殖器疣及宫颈癌的发生有很重要的意义。HPV VLP 是预防 HPV 感染的重要预防性疫苗，对宫颈癌的预防有一定的效果，现在西方国家已有两种疫苗上市用于预防 HPV 感染，一种是针对 HPV 16 和 HPV 18 的两价疫苗，另一种是针对 HPV 6、11、16、18 的四价疫苗。

对寻常疣和尖锐湿疣可用冷冻、电灼、激光或手术等疗法去除疣体，再辅以局部药物治疗：如 5%的咪喹莫特或 5-氟尿嘧啶，这些方法可以去除局部病灶，但很难根除周围组织中的病毒，因此常复发，对于复发者可以采用连续治疗的方案。

第三节　细小 DNA 病毒

细小 DNA 病毒（parvovirus）属于细小病毒科（*Parvoviridae*），基因组为单股 DNA，是目前已知最小的 DNA 病毒。细小病毒科分为感染脊椎动物的细小病毒亚科（*Parvovirinae*）和感染节肢动物的浓核病毒亚科（*Densovirinae*），细小病毒亚科包括 5 个属，分别是细小病毒属（*Parvovirus*）、红病毒属（*Erythrovirus*）、依赖病毒属（*Dependovirus*）、阿留申貂病毒属（*Amdovirus*）和博卡病毒属（*Bocavirus*）。对人致病的细小 DNA 病毒有人类细小病毒 B19（human parvovirus B19，B19）和人类博卡病毒（human bocavirus，HBoV），分别属于红病毒属和博卡病毒属。

一、生物学特性

细小 DNA 病毒无包膜，病毒直径为 18～26 nm，衣壳呈二十面体对称，病毒基因组为单股线状 DNA（ssDNA），大小约 5.6 kb，编码 VP1 和 VP2 两种衣壳蛋白和一种非结构蛋白（NS）。病毒主要在细胞核中复制，根据病毒在细胞中独立复制的能力，可以分为自主复制型（如 B19 病毒）和复制缺陷型（如腺相关病毒

adeno-associated virus，AAV)两个类型。其中，自主复制型病毒必须在分裂旺盛的细胞中进行复制，复制缺陷型病毒则需要腺病毒的辅助才能复制。

细小病毒对外界理化因素具有很强的抵抗力，能耐受 pH 3～9 的环境，加热 56℃ 1 h 不被破坏，对乙醚、氯仿、酯溶剂不敏感。

二、感染人类的主要细小病毒

1. *人类细小病毒 B19*　属于红病毒属，是目前已知的两个对人类致病的细小病毒之一，由 Crossart 于 1975 年筛查无症状乙型肝炎患者血清时在 B 组 19 号样品发现，故命名为 B19。B19 病毒主要通过呼吸道以及血液和胎盘感染与传播。B19 病毒对骨髓中分裂旺盛的红系前体细胞具有高度亲嗜性，病毒受体是红细胞表面的糖脂抗原(血型 P 抗原)，通过直接杀细胞作用和免疫病理损伤而致病。主要与人类的传染性红斑(erythema infectiosum)、镰状细胞贫血患者的一过性再生障碍危象(transit aplastic crisis)以及先天感染造成的自发性流产(spontaneous abortion)等有关。传染性红斑常见于 4～12 岁的儿童，病毒经飞沫进入呼吸道，在局部增值后，大量病毒侵入血流形成病毒血症，此时患者出现流感样症候群，并且有大量病毒随呼吸道分泌物排出体外，一周后特异性抗体生成，病毒血症终止，但抗体与病毒抗原形成免疫复合物，通过超敏反应引起组织损伤，引起面颊部出现水肿性蝶形红斑，四肢皮肤也可出现对称性边界清楚的花边状或网状斑丘疹，为本病的特征。B19 病毒感染血清抗体阴性的孕妇后可以通过胎盘侵袭胎儿，杀伤红细胞前体细胞，并引起胎儿严重贫血，流产或死亡，尚无证据表明 B19 病毒可引起先天性畸形。慢性溶血性贫血患者若发生 B19 病毒感染，可因红系前体细胞大量破坏和网状红细胞减少而促发严重的再生障碍性贫血危象。

2. *人类博卡病毒*　该病毒是 2005 年由瑞典学者 Allander 等首次在儿童呼吸道分泌物中发现的一种新型对人类致病的细小病毒，该病毒与牛细小病毒(bovine parvovirus，BPV)和犬类微小病毒(minure virus of canines，MVC)有很高的同源性，由于这两类病毒同属于细小病毒科细小病毒亚科 Boca 病毒属，因此把这一新发现的病毒称为人 Boca 病毒。该病基因组为 5.2～5.3 kb，除编码 VP1、VP2 和 NS1 以外，还有第三个开放读码框编码一个高度磷酸化、功能未知的非结构蛋白 NP1，该病毒是婴幼儿急性下呼吸道感染的重要病原之一。人博卡病毒感染主要流行在冬、春季节，感染者几乎全部是 6 个月到 3 岁的婴幼儿，感染率约 5.6%，人博卡病毒感染与呼吸道合胞病毒感染相似，主要引起肺炎或支气管肺炎等。

机体感染 B19 病毒后，可产生特异性的 IgM 和 IgG 抗体。部分型别 AAV 可以引起人群的自然感染，并产生抗体，但确切的临床表现不明。由于 AAV 具有整合于人类第 19 号染色体长臂的特点，AAV 载体可应用于基因治疗。细小 DNA 病毒感染通常可以根据临床表现进行诊断，确定诊断可以通过检测 B19 病毒 DNA 或特异性抗体进行。尚无有效的疫苗和特异性治疗方法。

第四节　痘病毒

痘病毒(poxvirus)属于痘病毒科(*Poxviridae*)，是所有已知病毒中体积最大、结构最复杂的一类 DNA 病毒。痘病毒据宿主范围分为脊椎动物痘病毒亚科(*Chordopoxvirinae*)和昆虫痘病毒亚科(*Entomopoxvirinae*)，脊椎动物痘病毒亚科可以引起人类和多种脊椎动物的自然感染，根据宿主又分为 8 个属，其中对人类致病的主要为正痘病毒属(*Orthopoxvirus*)、副痘病毒属(*Parapoxvirus*)、雅塔痘病毒属(*Yatapoxvirus*)和软疣都病毒属(*Molluscipovirus*)。引起人类疾病的痘病毒大多数通过直接接触和呼吸道传播，引起皮肤痘疱样皮疹，损害相对比较温和，但少数可以引起致死性的全身感染，比如天花病毒，曾经引起多次全球性的大流行，对人类造成了深重的灾难，由于牛痘苗和痘苗病毒的广泛使用，世界卫生组织(WHO)于 1980 年宣布在全球根除了天花。尽管天花被根除，但其他一些痘病毒，比如传染性软疣病毒(Molluscum Contagiosum virus，MCV)、猴痘病毒(Monkeypox virus)、牛痘病毒(CowpoX virus)也能引起人类疾病，甚至是引起天花样疾病的流行。2003 年，美国有 6 个州报道了猴痘病毒感染的暴发流行。

一、生物学特性

正痘病毒呈砖型或卵型，大小(300～400)nm×230 nm，光学显微镜下勉强可见，有包膜，衣壳呈复合对称形式；副痘病毒较正痘病毒小，大小约 260 nm×160 nm，特征结构是病毒表面有大量交叉排列的微管。痘病毒核心由双股线状 DNA(130～375 kb)组成，病毒核心两侧存在有 1～2 个侧体(latelral body，图 32－4)。痘病毒在感染细胞质内增殖。病毒基因组含有约 185 个开放读框，可指导合成 200 种以上的病毒蛋白质，成熟的病毒以出芽形式释放。

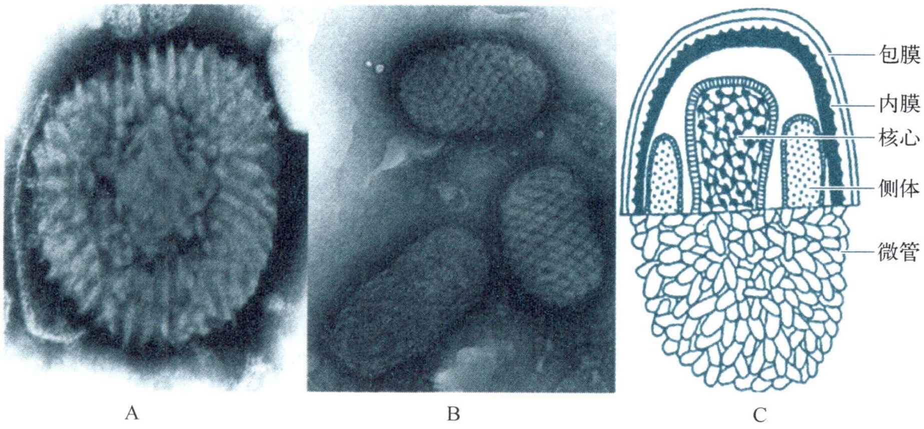

图 32－4　痘病毒形态与结构

A. 正痘病毒负染色电镜(×228 000)；B. 副痘病毒负染电镜(×200 000)；C. 痘病毒结构模式图

二、感染人类的主要痘病毒

痘病毒感染主要通过呼吸道、直接接触等途径进行传播。除天花病毒和传染性软疣病毒是人类特有的病毒以外，其他的痘病毒皆是人兽共患病原体。

1. *天花病毒*　天花是危害人类数千年的烈性传染病，其病原体是天花病毒(smallpox virus)。天花病毒只有一个血清型，免疫原性稳定，人是天花病毒感染的唯一宿主，主要通过呼吸道和直接接触传播，传染性极强。病毒通过受体感染上皮细胞和皮下结缔组织细胞，在细胞内增值后释放入血，引起病毒血症，引起高热、高热、乏力、四肢酸疼等临床表现，接着皮肤成批出现皮疹，并发展为疱疹、脓疱疹，最后结痂，痂皮脱落形成瘢痕，因颜面部大量的皮脂腺损害，可出现明显的凹陷性瘢痕。天花病情发展迅猛，未免疫人群感染重型天花后 1 月内病死率高达 30%。人类在和天花做斗争的过程中，逐步掌握了控制和预防天花的方法，其中我国古达发明的人痘接种技术以及 18 世纪英国医师 Jenner 发明的牛痘苗为人类消灭天花做出了不可磨灭的贡献。WHO 于 1980 年宣布天花在全球范围内已经根除，但是目前因终止计划免疫而形成的人群无免疫状态，导致天花病毒成为潜在的生物武器而受到各国重视。

2. *猴痘病毒*　猴痘病毒(monkeypox virus)是猴痘的病原体，猴痘是一种人畜共患的传染病，与天花的临床表现相似，但症状较轻，不同的是可以引起淋巴结肿大(淋巴结病)，病死率在 1%～10%。人主要是由于直接接触了被病毒感染的野生动物(如草原土拨鼠等)所致。1958 年首次在绿猴中发现该病，称之为猴痘，1970 年首次报道了猴痘病毒感染人类的病例，2003 年在美国数个州发生了人类猴痘的爆发。接种牛痘疫苗对猴痘病毒感染有预防作用，注射痘苗免疫球蛋白(vaccinia immunoglobulin)可以获得良好的被动免疫效果。

3. *牛痘病毒*　牛痘是由牛痘病毒(cowpox virus)感染牛后引起的一种良性疾病，一般只侵犯母牛乳头和乳房皮肤，主要通过挤奶工人的手或者是挤奶工具而传播，病毒也可感染挤奶工人，在其手、臂以及脸部出现疱疹，但不引起严重的全身感染。牛痘痊愈后可获得牢固的免疫力，由于免疫原性上与天花病毒有高度交叉，故感染牛痘后可以预防天花。

4. *痘苗病毒* 痘苗病毒(vaccinia virus)与天花病毒在外形、大小及抗原性上都极为相似，但毒力低，与天花病毒具有交叉免疫原性，主要用于天花的计划免疫，对于预防天花发挥了极为重要的作用。预防接种后通常仅于接种部位引起轻微的皮肤反应，但是在免疫缺陷的易感人群中可以引起严重的并发症，如进行性牛痘、种痘后脑炎和扩散性种痘疹等疾患。目前，痘苗病毒主要作为研究基因调控的模型或表达外源蛋白质的载体广泛应用。

5. *传染性软疣病毒* 传染性软疣是由传染性软疣病毒(molluscum contagiosum virus)感染后引起的皮肤疣状物，儿童和青少年多见，主要通过皮肤直接接触传播，也可以自体传播，成人也可以通过性接触传播，引起生殖器传染性软疣。人是其唯一的感染宿主，典型损害为感染局部表皮细胞增生形成软疣结节，直径为2～8 mm，单发或者是多发，圆形或者是半球形，有蜡样光泽，中心呈脐凹状，并含有干酪样栓塞物。目前尚无有效的预防方法。

第五节 博尔纳病病毒

博尔纳病病毒(Borna disease virus，BDV)是一种高度嗜神经病毒，属于单负链病毒目博尔纳病毒科(*Bornaviridae*)。病毒颗粒呈球形，有包膜，包膜表面有刺突，病毒直径约为 100 nm，核衣壳为螺旋对称。病毒基因组为单股负链 RNA(-ssRNA)，长约 8.9 kp，共有 6 个读码框，分别指导 6 种病毒蛋白的合成。其中，核蛋白(N)、非糖基化特殊蛋白(X)、磷蛋白(P)与病毒 RNA 共同组成核糖核蛋白(RNP)，基质蛋白(M)、糖蛋白(G)是病毒包膜的主要成分，大蛋白(L)是病毒 RNA 聚合酶。BDV 在细胞核中转录与复制，通过 RNA 拼接(splicing)和通读(readthrough)等方式调控病毒基因表达，在细胞中复制水平低，产生的病毒量少，为非溶细胞性感染，临床上表现为持续性感染过程。BDV 至今只发现一个血清型，对脂溶剂、去污剂和紫外线敏感，56℃加热 30 min 可以灭活病毒，但能耐受 pH5～12 的环境。

BDV 是博尔纳病(Borna disease，BD)的病原体，该病是 18 世纪末在德国 Borna 镇等地动物中流行的一种中枢神经系统疾病，主要表现为马、羊等家畜的行为、运动异常以及渐进性死亡，后来以该镇名字来命名，BDV 由此而得名。由于感染动物后可引起行为异常，提示该病毒感染人类也可能引起神经精神疾病。近年有研究发现：部分抑郁症、精神分裂症、帕金森病、病毒性脑炎等患者的血清中可检测出 BDV 抗体，外周血淋巴细胞中可以检测出病毒 RNA 或 BDV 特异性抗原，提示 BDV 感染可能与人类的某些精神神经疾病有关。但 BDV 感染人类的方式、致病机制仍不清楚。

小 结

本章主要介绍了狂犬病病毒、人乳头瘤病毒、痘病毒、人类细小病毒和博尔纳病病毒。狂犬病毒属于弹状病毒科病毒，病毒形态似子弹状，有包膜，病毒基因组为非分节段单股负链 RNA(-ssRNA)，总长约 12 kb，编码核蛋白 N、磷蛋白 P、基质蛋白 M、糖蛋白 G 和大蛋白 L 等 5 个蛋白，其中 G 蛋白和 N 蛋白是重要的保护性抗原。狂犬病毒在细胞中增殖时可以在细胞质中形成内基小体，通过检测动物或人脑组织标本中内基小体，可以辅助诊断狂犬病。狂犬病毒主要通过病犬咬伤或是抓伤进行传播，病毒对神经组织有极强的亲和力，感染后表现为神经兴奋性增高的临床表现，病死率极高。通过病史以及典型的临床表现易于诊断狂犬病，对标本中病毒抗原、病毒 RNA 和病毒的分离培养可辅助诊断狂犬病。预防主要靠切断病毒的传播途径以及预防接种，感染后对伤口的及时处理、及时预防接种和注射高效价免疫球蛋白对预防疾病发作具有重要的价值。人乳头瘤病毒具有严格的组织特异性，只感染皮肤和黏膜上皮细胞，主要通过直接接触病损部位感染，也可以通过性接触传播，HPV 16、18 与子宫颈癌高度相关，属于高危型 HPV，而 HPV 6、11 感染主要引起尖锐湿疣，属于低危型 HPV。对人致病的细小病毒到现在为止只有 B19 病毒和人类博卡病毒，B19 主要破坏红系前体细胞，而人类博卡病毒主要引起肺炎或支气管肺炎。现目前对人类致病的痘病毒主要有猴痘病毒和传染性软疣病毒。博尔纳病病毒也是一种高度嗜神经病毒，推测与人类的一些精神疾病相关。

【复习思考题】

1. 何为内基小体？
2. 被病犬咬伤后，如何预防狂犬病？
3. HPV 感染人类可以引起哪些疾病？哪些属于高危型 HPV？哪些属于低危型 HPV？

（杨　健）

第三十三章

朊　粒

学习要点

掌握： ① 朊粒、PrP^{sc}和 PrP^{c}的概念；② 朊粒的生物学性状。

熟悉： 朊粒的致病性和防治原则。

了解： 朊粒的微生物检查法。

朊粒(prion)是一种特殊的传染性蛋白粒子，其化学本质是正常宿主细胞基因编码的构象异常的蛋白质，也被称为朊蛋白(prion protein，PrP)。朊粒的主要成分是蛋白酶抗性蛋白，至今尚未发现有核酸成分存在，在人和哺乳动物中可引起以传染性海绵状脑病(transmissible spongiform encephalopathy，TSE)为特征的致死性中枢神经系统慢性进行性疾病，其本身有别于传统意义上的病毒。Prion 一词来源于 proteinaceous infectious particle，全称“传染性蛋白粒子”或“蛋白侵染颗粒”，简称朊粒。1982 年，美国旧金山加利福尼亚大学神经科学与生物化学家 Prusiner 通过大量研究首次证实了 Prion 与 TSE 高度相关；1997 年，Prusiner 因发现这一新致病因子以及在 Prion 研究中的杰出贡献而获得了诺贝尔生理学或医学奖。

一、生物学性状

(一) 形态与结构

构象正常的 PrP 蛋白是由正常宿主细胞基因编码的一种不含核酸和脂类化合物的疏水性糖蛋白，相对分子质量为 33 000～35 000，被称为细胞朊蛋白(celluar prion protein，PrP^{c})或 $PrP^{33\sim35}$。PrP 基因编码的 PrP^{c}前体蛋白含有 253 个氨基酸，包括 22 个氨基酸残基组成的 N-末端信号肽序列、5 个富含脯氨酸-甘氨酸的八肽重复序列区、高度保守的疏水中间区和 23 个氨基酸残基组成的 C-末端糖基化磷脂酰肌醇(glycosylphosphatidylinositol，GPI)锚定区(图 33-1)。PrP^{c}在核糖体合成后被转运到粗面内质网和高尔基体内进行翻译加工，包括切除信号肽、N-段糖基化、形成二硫键和糖脂锚等，最终成为含有 142 个氨基酸的成熟 PrP^{c}，并通过 GPI 锚定在相应细胞的细胞膜上。PrP^{c}的分子构型以 α 螺旋为主，对蛋白酶 K 敏感，在中枢神经系统的神经细胞及星状胶质细胞、外周神经组织、淋巴组织、白细胞和血小板中均有表达，以淋巴细胞

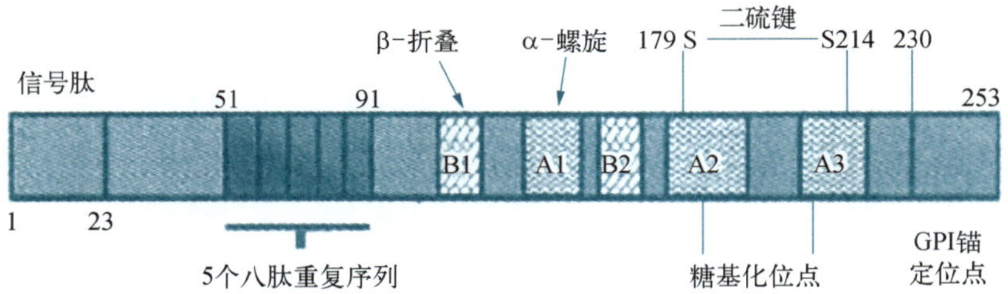

图 33-1　PrP^{c}前体蛋白的一级结构

和滤泡树突状细胞(FDC)中的表达水平较高。作为正常的细胞蛋白质,PrP^c没有致病性,具有一定的生理功能,但其确切功能目前尚不清楚。由于其定位于细胞表面,推测 PrP^c参与细胞跨膜信号的传导,或者与细胞黏附和识别等有关。

Prion 不含核酸,不具备病毒体结构,是由正常宿主细胞基因编码的构象异常的朊蛋白。它在正常组织中不表达,仅特异性地出现在感染动物的组织中,相对分子质量为 27 000~30 000,被称为羊疫朊蛋白(scrapie prion protein, PrP^{sc})或 $PrP^{27\sim30}$。PrP^{sc}是 PrP^c的同分异构体,二者的一级结构完全一样,但空间构型存在明显差异(图 33-2)。PrP^c含有约 42%的 α 螺旋结构和 3%的 β-折叠结构,而 PrP^{sc}的则含有约 30%的 α 螺旋结构和 43%的 β-折叠结构。磁共振(MR)技术对重组 PrP^c分子的三维结构研究结果显示,PrP^c中有 3 个 α 螺旋和 2 个短的 β-折叠,α 螺旋分别位于 144~157、172~193 和 200~227 位氨基酸,β-折叠分别位于 129~131 和 161~163 位氨基酸。PrP^c的蛋白质主链大多缠绕形成双螺旋状,当其大多数蛋白质主链伸展形成β折叠时,PrP^c就转变为 PrP^{sc},并获得致病性。

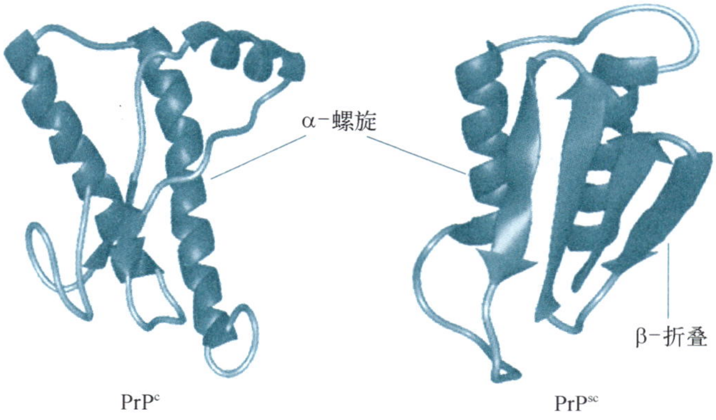

图 33-2 PrP^c和 PrP^{sc}的三维结构模式图

作为同一染色体基因编码的同分异构体,PrP^c与 PrP^{sc}的主要区别见表 33-1。

表 33-1 PrP^c与 PrP^{sc}的主要区别

	PrP^c	PrP^{sc}
二级结构特征	α-螺旋结构为主	β-折叠片为主
存在部位	正常及感染动物的细胞膜表面	感染动物的细胞质内或细胞外
物质属性	天然糖蛋白质	大型聚合物或淀粉样纤维
蛋白酶敏感性	对蛋白酶 K 敏感	对蛋白酶 K 有抗性
耐受性	可溶于温和清洁剂	对理化因素抵抗力强
生理意义	与正常机体的动态平衡相关	具有神经毒性
致病性和传染性	无	有

(二)基因组特征

编码 PrP 蛋白的基因广泛存在于人类和多种哺乳动物、鸟、鱼等生物的染色体中。人类 *PrP* 基因位于 20 号染色体短臂,小鼠 *PrP* 基因位于 2 号染色体,二者的同源性高达 90%。人类 *PrP* 基因全长约 759 kb,含有两个外显子和一个内含子(图 33-3)。第一个外显子位于 5′端,52~82 bp,为非编码外显子,可能与 PrP 表达的起始有关;第二个外显子位于 3′端,长约 2 kb,含有编码 PrP 蛋白的开放读码框;内含子约 10 kb,位于两个外显子之间。

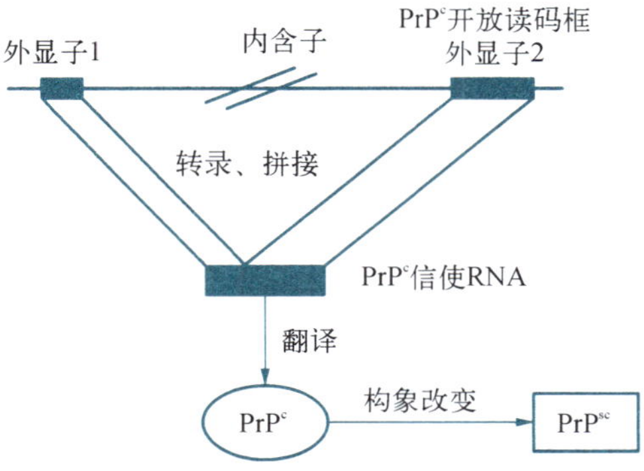

图 33-3 PrP 基因的结构模式图

目前已证实,*PrP* 基因突变可能导致遗传性 prion 病的发生。研究表明,人类 *PrP* 基因中至少有 20 多个位点的插入或点突变与遗传性 prion 病有关,如 *PrP* 基因第 51~91 位密码子的插入突变和第 102、105、117、129、178、180、198、200、213、217 位密码子的突变等。另外,*PrP* 基因还存在多态性,如 *PrP* 基因第 129 位密码子就具有甲硫氨酸(M)和缬氨酸(V)的多态性,第 129 位密码子为 M 或 V 纯合子的个体比 M/V 杂合体更易患家族性 prion 病。

(三)PrP^{sc}的增殖

PrP^c向 PrP^{sc}转变是 Prion 病发生、发展的关键,这一过程的确切机制目前尚未明了,受到广泛关注的是

“模板学说”和“核聚集学说”这两个假说(图 33-4)。

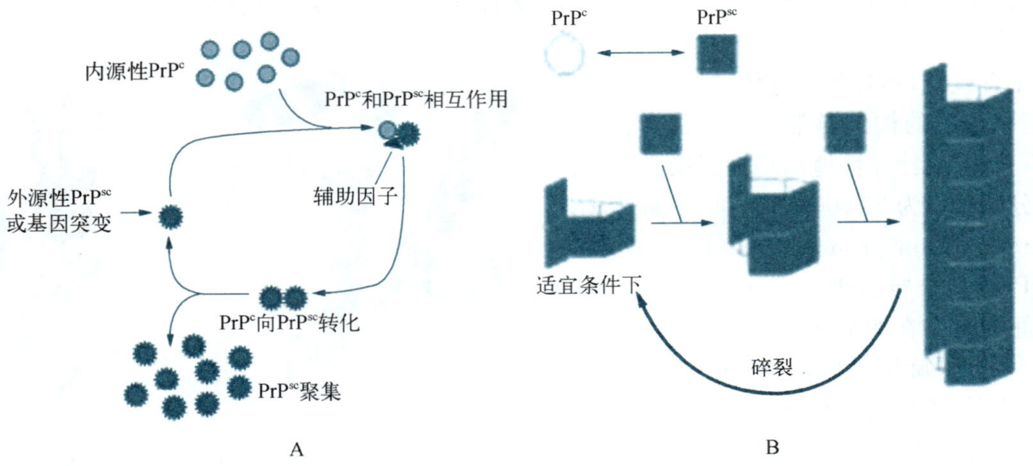

图 33-4 PrPsc 增值机制示意图

A.“模板学说”示意图;B.“核聚集学说”示意图

“模板学说”认为正常细胞编码的 PrP^c 分子在随机摆动过程中可发生部分构象变化形成新的 PrP^* 分子,PrP^* 作为一种中间分子,既能形成 PrP^{sc},也能回复到 PrP^c。正常情况下,PrP^c 通过 PrP^* 最终形成的 PrP^{sc} 量极少,不会引起疾病。但在某些特殊情况下,如有外源 PrP^{sc} 分子存在或 *PrP* 基因发生突变,过量的 PrP^{sc} 可以结合 PrP^c 分子形成 PrP^{sc}-PrP^c 异源二聚体复合物,PrP^{sc} 分子发挥模板作用,自动催化异源二聚体中以 α 螺旋为主的 PrP^c 转变成以 β 折叠为主的 PrP^{sc},形成 PrP^{sc} 同源二聚体。PrP^{sc} 同源二聚体还可以解离,产生的 PrP^{sc} 单体重新参与循环,以指数方式增殖。PrP^{sc} 是不溶性的,一旦形成则不可逆转,最终使 PrP^{sc} 大量聚集并沉积于神经元中,引起神经细胞空泡变性等,造成海绵状脑病。不过,研究也发现,体外直接将 PrP^c 和 PrP^{sc} 混合在一起并不能产生新的 PrP^{sc} 分子,提示 PrP^c 向 PrP^{sc} 转化并不是一个简单的催化过程,这一过程可能需要其他的“分子伴侣”参与才能完成。目前,对这些分子伴侣的本质尚不清楚,而将其称为 X 蛋白(protein X,PrX)或 Y 蛋白(protein Y,PrY)。

“核聚集学说”也称“种子学说”。该学说认为,犹如物质的结晶需要已经形成的细小晶体作为核心一样,PrP^{sc} 的聚集也需要一个已经形成的核心充当晶体形成的“种子”。正常机体内只有少量 PrP^c 分子可自发转变为 PrP^{sc} 分子,二者之间存在可逆的构象变化,使 PrP^c 和 PrP^{sc} 处于一种动态平衡。因此,正常细胞内自发形成 PrP^{sc} 聚合物并不容易。但在某些适宜条件下,PrP^{sc} 单体可以互相聚集形成低级聚合物,使自身构象变得稳定。这种 PrP^{sc} 聚合物可以充当“种子”,通过黏附其他 PrP^{sc} 单体分子,形成更大的聚合物。这些聚合物碎裂后又变成新的“种子”,重复聚合过程,产生更多的 PrP^{sc} 聚合物,在局部组织中形成淀粉样蛋白沉淀。

(四) 培养特性

目前尚缺乏理想的 Prion 体外细胞培养模型。研究证实,一些起源于神经组织的细胞系,如鼠神经母细胞瘤细胞 Neuro2a、鼠嗜铬细胞瘤细胞 PG12 等,可支持 Prion 的增殖,感染可通过蛋白酶抵抗试验或动物传递试验被检测出。仓鼠、小鼠、大鼠和转基因鼠对 Prion 敏感,可用于实验动物模型的制备。

(五) 抵抗力

Prion 对外界理化因素有强大的抵抗力,传统的消毒剂和消毒方法不能使之灭活。能抵抗蛋白酶 K 的消化作用,用蛋白酶 K 处理后可形成电镜下可见的管状淀粉样沉淀,对核酸酶、紫外线、补骨脂素等降解核酸的处理方法不敏感。对干、湿热有很强的抗性,标准的高压蒸汽灭菌 (121.3℃,20 min)不能使之灭活。对 18%甲醛、戊二醛、甲醇、乙醇、碘、过氧乙烯、非离子型或弱离子型去污剂不敏感。对乙醚、丙酮、环氧乙烷等中度敏感。但对 90%的苯酚、5.25%次氯酸钠溶液、10%十二烷基硫酸钠溶液、2 mol/L NaOH 溶液高度敏感。

目前,灭活 Prion 的方法主要是 134℃高压蒸汽处理至少 2 h 以上,也可用 5.25%次氯酸钠、2 mol/L NaOH、6～8 mol/L 尿素或 0.01 mol/L 过氧酸钾浸泡处理 Prion 污染的医用材料和器械 2 h。

二、致病性与免疫性

(一) 致病性

Prion 引起的 Prion 病是一种人和动物致死性中枢神经系统慢性退行性疾病，目前已知的人和动物 Prion 病有十多种(表 33-2)。这类疾病的共同特点是潜伏期长，可达数年甚至数十年之久，一旦发病即呈慢性、进行性发展，最终死亡。患者以痴呆、共济失调、震颤和精神异常等中枢神经系统症状为主要临床表现。病理学特征表现为脑皮质神经元空泡变性，弥漫性神经元缺失，星形胶质细胞增生，脑皮质疏松呈海绵状改变并有淀粉样斑块形成，脑组织中无炎症反应。

表 33-2 人和动物 Prion 病

人 Prion 病	动物 Prion 病
库鲁病(Kuru disease)	羊瘙痒病(scrapie of sheep and goats)
克-雅病(Creuzfeldt-Jacob Disease，CJD)	鹿慢性消瘦症(chronic wasting disease of deer，CWD)
克-雅病变种(variant CJD，v-CJD)	牛海绵状脑病(bovine spongiform encephalopathy，BSE)
格斯特曼-斯召斯列综合征(Gerstmann-Straussler syndrome，GSS)	猫海绵状脑病(feline spongiform encephalopathy，FSE)
致死性家族失眠病(fatal familial insomnia，FFI)	传染性雪貂白质脑病(transmissible mink encephalopathy，TME)

根据感染的来源不同，人类 Prion 病可分为传染性、遗传性和散发性三种类型。传染性 Prion 病患者的 *PrP* 基因并无异常，是由于外源性 Prion 感染所致，主要感染途径包括消化道、血液、医源性等，所致疾病包括库鲁病、医源性克-雅病、与疯牛病相关的克-雅病变种；遗传性 Prion 病与机体本身的 *PrP* 基因突变有关，突变基因产生的 PrP^{c} 可以自发变构为 PrP^{sc}，从而导致疾病的发生，所致疾病包括家族性克-雅病、GSS、FFI；散发性 Prion 病无遗传特征，也无明显的传播现象，可能与 PrP^{c} 过度表达或自发性异常折叠有关，如散发性克-雅病。

主要的人和动物 Prion 病：

1. *羊瘙痒病*(scrapie of sheep and goat) 是第一个被发现的动物 Prion 病，在绵羊和山羊中流行，1732 年在英国首次报道，后在亚洲、欧洲和美洲均有该类病例的报道。该病潜伏期一般 1～3 年，病羊表现为消瘦、步态不稳、脱毛、麻痹、依靠围栏反复摩擦身体等瘙痒症状，具有极高的病死率。病理特征为中枢神经细胞空泡变性，大量神经元丢失，神经胶质增多，淀粉样斑块形成。

2. *牛海绵状脑病*(bovine spongiform encephalopathy，BSE) 是一种新现的动物 Prion 病，1986 年在英国首次报道，此后迅速蔓延，在欧洲一度广为流行。该病潜伏期长，一般为 4～5 年，发病后期病牛出现明显的运动失调、震颤、恐惧、狂躁等神经系统症状，故俗称为“疯牛病”(Mad cow disease)。目前已证实，疯牛病病原体源于羊瘙痒病病羊肉骨粉、内脏制作的饲料，致病因子借助此途径进入牛的食物链而导致牛感染发病，并在牛群中流行。1988 年 7 月英国明确规定疯牛病为疫情报告的病种，对病牛和疑似病牛予以屠杀，并立法禁止用反刍动物来源的蛋白质物质喂养牛等反刍动物，显著降低了疯牛病的发病率。

3. *库鲁病*(Kuru disease) 是一种发生于大洋洲巴布亚新几内亚高原 Fore 部落里土著人中的中枢神经系统进行性、退化性疾病，由美国学者 Gajdusek 和 Zigas 于 1957 年首先报道。该病潜伏期长，一般为数年，最长可达 30 年。早期临床表现以共济失调、颤抖等神经系统症状为主，因当地土语 kuru 为颤抖之意，故称 kuru 病。疾病晚期患者主要表现为痴呆、四肢瘫痪，最后多继发感染死亡。病理特征为弥漫性神经元退行性变，大脑皮层或神经节海绵样变。Gajdusek 等研究表明，该病的发生与原始宗教祭礼仪式食尸有关，病原因子可通过破损的皮肤、黏膜和胃肠道而传染。20 世纪 50 年代末，随着宗教食尸恶习的纠正，库鲁病随之逐渐消失。1976 年，Gajdusek 等也因证实了 kuru 病与羊瘙痒病、人克-雅病属同种病原因子而荣获诺贝尔生理学或医学奖。

4. *克-雅病*(Creutzfeld-Jakob disease，CJD) 是人类最常见的 Prion 病，由 Creutzfeld 和 Jakob 两位神经病理学家分别于 1920 年和 1921 年相继报道，故名为克-雅病。该病潜伏期 1.5～10 年，也可长达 40 年以上。典型临床表现为进行性发展的痴呆、肌痉挛、小脑共济失调、运动性失语，并迅速发展为半瘫、癫痫，甚至昏迷。90%患者于发病后 1 年内死亡，大多死于感染或中枢神经系统功能衰竭。其病理学改变与库鲁病相似。

CJD 呈世界性分布，好发年龄多在 50～75 岁之间，发病率约为百万分之一。根据病因不同可将 CJD 分为散发性、家族性和医源性三种类型。① 散发性 CJD 较常见，约占 CJD 的 85%。其病因不明，可能与 PrP^c 过度表达或自发性异常折叠有关；② 家族性 CJD 约占 CJD 的 15%，具有家族性常染色体的显性遗传。研究表明，这类患者家族中均存在 *PrP* 基因的突变，包括多个点突变和重复片段的插入，最常见的是第 102 位密码子(Pro→Leu)突变、第 178 位密码子(Asp→Asn)突变、第 200 位密码子(Glu→Lys)突变以及第 48 位和第 56 位密码子处有重复片段插入，并通常有第 129 位缬氨酸纯合子；③ 医源性 CJD 为传染性 Prion 病，与 Prion 污染临床诊疗过程有关，可通过神经外科手术、硬脑膜移植、角膜移植、注射尸源性生长激素与促性腺激素、输血、消化道等途径传播。

5. 克-雅病变种(variant CJD，v-CJD) 是一种新发现的人类 Prion 病，1996 年由英国 CJD 监视中心首次报道，法国、德国、爱尔兰、俄罗斯等国也有个别病例报道。该病多发生于 18～40 岁的年轻人，潜伏期可长达 10～30 年，主要症状为进行性精神异常的行为改变、运动失调、痴呆等。病理特征表现为全脑有大量 PrP^{sc} 样物质沉积，并形成被海绵样病变组织包绕的多发性淀粉样斑块。因 v-CJD 在易感年龄、临床症状、脑电图、影像学及病理学改变等方面与典型 CJD 有明显差异，故将该病称为 CJD 的新变种。研究发现，绝大多数 v-CJD 患者出现在疯牛病高发区的英国，接触病牛或进食病牛肉是其最主要的病因，自患者病变组织中提取的 PrP^{sc} 与源于疯牛病的 PrP^{sc} 性质相同，患者脑组织的病理学改变亦与疯牛病相似，这些结果表明人 v-CJD 的发生与疯牛病密切相关。目前普遍认为 v-CJD 的发生与人类食物链中含有疯牛病致病因子有关，但确切致病机制尚不清楚。

6. 格斯特曼-斯召斯列综合征(Gerstmann-Straussler syndrome，GSS) 是一种罕见的传染性海绵状脑病，发病率约 1/1 亿，为常染色体显性遗传病，主要与 *PrP* 基因第 102 位密码子(Pro→Leu)突变、第 105 位密码子(Pro→Leu)突变、第 117 位密码子(Ala→Val)突变或第 198 位密码子(Phe→Ser)突变有关，并通常有第 129 位缬氨酸纯合子。该病发病年龄通常在 30～60 岁，病程为 4～10 年，病理特征为脊髓小脑束和皮质脊髓束变性、广泛淀粉样沉积和海绵样变，临床主要表现为脊髓小脑共济失调和痴呆。

7. 致死性家族性失眠症(fatal familial insomnia，FFI) 是另一种遗传性的传染性海绵状脑病，也属于常染色体显性遗传病，主要与 *PrP* 基因第 178 位密码子(Asp→Asn)突变有关，并通常有第 129 位甲硫氨酸纯合子。该病于 1992 年被确认，到目前为止，全球大约 100 个病例报道。FFI 的病理特征为丘脑前核和背内侧核神经元丧失，神经胶质细胞增生，但较少有海绵状病变出现。临床主要表现为失眠进行性加重、肌肉阵挛、共济失调、发音及吞咽困难、精神异常和内分泌紊乱等。

(二) 免疫性

Prion 分子量小，免疫原性低，免疫系统不能识别氨基酸序列几乎一致但构象不同的 PrP^c 分子和 PrP^{sc} 分子，因此，被感染的人或动物不能产生特异性抗体和细胞免疫应答。

三、微生物学检查

目前，Prion 病的诊断主要依据流行病学资料、临床表现、脑组织神经病理学检查和病原学检查等综合判断。其病原学检查包括免疫学方法检测标本中的感染性 PrP^{sc} 或脑脊液中 Prion 病的生物标记物 14-3-3 蛋白以及基因分析等，其中从标本中检测到感染性 PrP^{sc} 是 Prion 病确诊的主要指标。

1. 免疫组化法 是目前确诊 Prion 病的最可靠方法。由于目前尚无可区分 PrP^c 和 PrP^{sc} 的特异性抗体，通常先用蛋白酶 K 处理将经福尔马林固定及石蜡包埋后的脑组织或淋巴组织切片，以破坏其中的 PrP^c，然后再用 PrP 单克隆抗体或多克隆抗体检测对蛋白酶 K 有抗性的 PrP^{sc}。本法不仅能检出脑组织中的 PrP^{sc}，还能观察 PrP^{sc} 在脑组织中的分布特点。

2. 免疫印迹法(Western blotting) 是目前国际上确诊 Prion 病最常用的方法。该法仍需用蛋白酶 K 处理匀浆后的脑组织或淋巴组织标本以破坏其中的 PrP^c，电泳后转印至硝酸纤维膜，再用 PrP 单克隆抗体检测标本中对蛋白酶 K 有抗性的 PrP^{sc}。

3. ELISA 法　是目前国际上筛查 Prion 病最常用的方法。目前一般采用可识别 PrP^{sc}不同位点的夹心 ELISA 或化学发光 ELISA 检测脑组织悬液或脑脊液中的 PrP^{sc}。

4. 蛋白质错误折叠循环放大(protein misfolding amplification,PMCA)技术　该技术是根据 PrP^{sc}增殖的“模板学说”而设计的,是一种类似 PCR 的体外扩增 PrP^{sc}的检测方法。将大量的 PrP^{c}与感染组织共孵育,若感染组织中存在微量的 PrP^{sc},这些微量 PrP^{sc}便可以作为模板,促使 PrP^{c}转变为 PrP^{sc},PrP^{sc}二聚体经超声处理后形成单体,然后再孵育,经重复孵育和超声处理,标本中 PrP^{sc}的含量便可大幅度增加,显著提高检测的灵敏度。

5. 基因分析法　常用于辅助诊断家族性 Prion 病。从疑似患者的外周血或感染组织中提取 DNA,PCR 扩增 *PrP* 基因,限制性酶切分析,再行等位特异性杂交或核苷酸序列分析,以确定其 *PrP* 基因型,并寻找特定区域或位点的突变基因。

四、防治原则

目前,尚无有效的疫苗用于预防 Prion 病,也缺乏有效的疾病治疗方法,主要针对疾病的可能传播途径采取相应的预防措施。

1. 医源性 Prion 病的预防　对患者的血液、体液以及手术器械等污染物进行彻底消毒,彻底销毁含有致病因子的动物尸体、组织块或注射器;严禁 Prion 病患者和任何退行性神经系统疾病患者的组织和器官用于器官移植;使用重组人生长因子取代源于人脑垂体的生长因子,减少医源性感染的发生;医护人员在诊疗过程中应严格遵守安全规程,加强防范意识,注意自我保护。

2. BSE 和 v-CJD 的预防　禁止用动物的骨肉粉作为饲料喂养牛羊等反刍动物,以防止致病因子进入食物链;对从有 BSE 的国家进口的牛(包括胚胎)和牛相关制品,必须进行严格的检疫,防治输入性感染,并加强监测工作。

小　结

Prion 是正常宿主细胞基因编码的一种构象异常的蛋白质,它与正常朊蛋白 PrP^{c}的区别主要在于:结构上以β折叠为主,对蛋白酶 K 有抗性,仅存在于感染的人和动物组织中,具有致病性与传染性。Prion 抵抗力强,对常规消毒灭菌方法不敏感,134℃高压蒸汽处理至少 2 h 方可灭活。Prion 可在人和动物中引起以传染性海绵状脑病为特征的致死性中枢神经系统慢性进行性疾病,包括羊瘙痒病、牛海绵状脑病、库鲁病、克-雅病、克-雅病变种、格林特曼综合征、致死性家族性失眠症等。该病的病原学确诊需要通过免疫学和分子遗传学方法检查其致病因子 PrP^{sc}。目前尚无特异性疫苗,主要是针对疾病的可能传播途径采取措施进行预防。

【复习思考题】

1. 什么是朊粒?它与传统的病毒有何区别?
2. 简述 PrP^{sc}与 PrP^{c}的异同。
3. Prion 主要与哪些临床疾病相关?它们有何特点?
4. 请就朊粒感染的防控提出你的观点。

（李婉宜）

第三篇

真菌学

第三十四章

真菌学概述

学习要点

掌握：① 真菌的基本概念，真菌形态和结构；② 真菌的培养条件和菌落特征。

熟悉：① 真菌致病性的五个主要方面；② 真菌感染的微生物学检查原则；③ 真菌孢子与细菌芽胞的区别。

了解：真菌感染的防治原则。

真菌(fungus)是不含叶绿体，没有根、茎、叶的分化，由单细胞或多细胞组成具有典型细胞核和细胞壁的一类真核细胞型微生物。真菌的细胞核有由DNA和组蛋白组成的线状染色体，有核膜和核仁。细胞质有多种细胞器，如线粒体、内质网和高尔基体等。细胞壁含几丁质和纤维素。大多数真菌为多细胞结构，少数真菌为单细胞结构，其繁殖方式除无性繁殖外，还有有性繁殖方式。真菌营化能异养生活，多数腐生，少数寄生或共生，并含有丰富的淀粉酶和蛋白酶，在自然界的物质循环中起着重要作用，与人类的关系非常密切。

许多真菌对人类有益，已广泛应用于医药工业、食品、化工和农业生产，具有重要的经济价值。但也有些真菌可使食品、衣物、药材、药物制剂及农副产品霉变，少数真菌还可导致人类真菌感染性疾病，甚至与肿瘤发生有关。近年来真菌感染所致的疾病和致死的患者数量都呈明显的上升趋势，这可能与抗生素的滥用所致的菌群失调有关，还与免疫抑制剂、抗肿瘤药物的广泛使用，器官移植和干细胞移植、介入性治疗技术的不断推广应用，恶性肿瘤、糖尿病、艾滋病等患者增多有密切关系，已经引起医学界的高度重视。

真菌在自然界分布极广、种类繁多，已经发现上万个菌属，10余万种，与医学有关的大致有400余种，而常见的致病性真菌仅几十种。真菌界分为真菌门(Eumycota)和黏菌门(Myxomycota)，与医学有关的真菌主要在真菌门。真菌门通常被分为5个亚门，即鞭毛菌亚门、接合菌亚门、子囊菌亚门、担子菌亚门和半知菌亚门，在医学上具有重要意义的是后面4个亚门。① 接合菌亚门(Zygomycotina)：菌丝无隔，无性孢子为孢囊孢子，有性孢子为接合孢子。如毛霉菌属、根霉菌属，属机会性致病真菌。② 子囊菌亚门(Ascomycotina)：具有子囊和子囊孢子。大多为腐生性真菌，少数为机会致病真菌。如酵母菌属、毛癣菌属、芽生菌属和组织胞质菌属。③ 担子菌亚门(Basidiomycotina)：菌丝分隔，有性孢子为担孢子。这类真菌包括食用菌和药用真菌，如银耳、木耳、香菇、灵芝、猪苓、马勃等，以及隐球菌属等机会致病菌。④ 半知菌亚门(Deuteromycotina)：由于对此类真菌生活史了解不完全，未发现其有性繁殖阶段，故称为半知菌。菌丝有隔，无性孢子为分生孢子，曲霉医学上有重要意义的真菌大多属于此亚门，可引起人类的感染性、中毒性及超敏反应性疾病。如球孢子菌属、假丝酵母属、青霉属、曲霉属及镰刀菌属。最新的真菌分类是把真菌界分为4个门，即接合菌门(Zygomycota)、担子菌门(Basidomycota)、子囊菌门(Ascomycota)及壶菌门(Chytridiomycota)，而把属于半知菌亚门中的真菌划分到前3个门中，并取消了黏菌门。

第一节　真菌的生物学性状

真菌属于真核细胞型微生物，是微生物中分化程度最高的一类微生物，所以无论其形态结构、还是培养特性等都与其他的微生物不同，而且这些特性是真菌感染微生物学检查的主要依据。另外，真菌的真核细胞结构与人类的细胞结构很类似，其抵抗力也比较强，所以真菌病的治疗比较困难。

一、真菌的形态与结构

真菌形态多样，小到用普通光学显微镜放大数百倍才能观察到的白假丝酵母(*Candida albicans*)、新生隐球菌(*Cryptococcus neoformans*)，大到肉眼可见的木耳、蘑菇等。可分为单细胞真菌和多细胞真菌。单细胞真菌呈圆形或卵圆形，称酵母菌(yeast)。多细胞真菌又被称为霉菌(mold)，由菌丝和孢子组成，并交织成团，故亦称丝状菌(filamentous fungus)。少数真菌在不同的环境条件(如营养、温度和氧气等)下，可以产生两种形态的互变，被称为双相型真菌(dimorphic fungus)，如球形孢子菌、组织胞质菌等，它们在宿主体内时呈酵母菌，但在普通培养基、25℃条件下培养时则呈丝状菌，这种相的转换与其致病性有着密切关系。

(一) 真菌的形态

1. *酵母型真菌*　为单细胞真菌，一般都呈圆形、卵圆形或圆柱形，长 5～30 μm，宽 3～6 μm，以芽生方式繁殖，不产生菌丝。

2. *类酵母型真菌*　也属单细胞真菌，与酵母型真菌的区别主要在于其延长的芽体不与母细胞脱落而形成假菌丝(pseudohypha)。

3. *多细胞真菌*　多细胞真菌又称霉菌，形态复杂，由菌丝(hypha)和孢子(spore)组成。

(1) 菌丝：菌丝是一种管状结构，其横径一般为 5～6 μm。由成熟的孢子在基质上萌发产生芽管，芽管进一步伸长并产生分支而且不断生长形成，或由一段菌丝细胞增长而形成。菌丝长出的许多分枝交织在一起，被称为菌丝体。各种丝状菌长出的菌丝形态不同，是鉴别真菌的重要标志。

菌丝按结构分为有隔菌丝和无隔菌丝两类(图 34－1)。① 有隔菌丝(septate hypha)：菌丝间隔一定距离由横隔或隔膜(septum)将其分隔成多个细胞，每一个细胞含有一个至数个核。横隔中有小孔，可允许细胞质和核互相流通，如皮肤癣菌、曲霉菌等。② 无隔菌丝(nonseptate hypha)：菌丝中无横隔将其分段，内有许多核，整条菌丝就是一个多核单细胞，如毛霉菌和根霉菌。

菌丝按功能分为：① 营养菌丝(vegetative mycelium)：指伸入到培养基或被寄生的组织中吸取营养物质的那部分菌丝。② 气生菌丝(aerial mycelium)：指向空气中生长的那部分菌丝。③ 生殖菌丝(reproductive mycelium)：指气生菌丝体中发育到一定阶段可产生孢子的那部分菌丝。

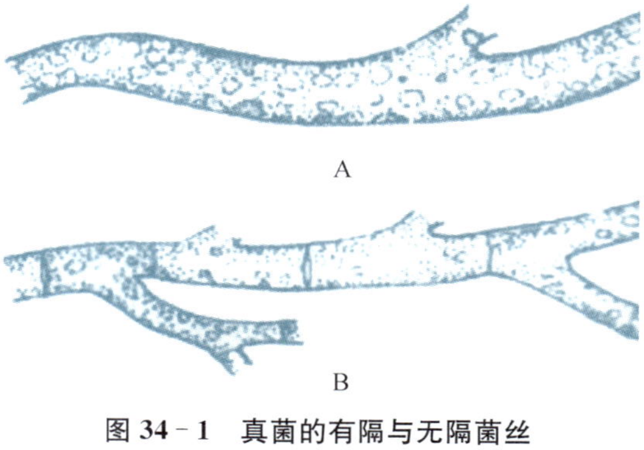

图 34－1　真菌的有隔与无隔菌丝

A. 无隔菌丝；B. 有隔菌丝

此外，菌丝还可按其形态进行分类，如球拍状、螺旋状、结节状、梳状和鹿角状菌丝等(图 34－2)。不同种类的真菌其菌丝形态也不同，有助于鉴别真菌；但相似形态的菌丝也可出现在不同的真菌中，这是在真菌的形态学鉴定中必须加以注意的。

(2) 孢子：孢子是真菌的繁殖结构，是由生殖菌丝产生的一种繁殖体。孢子也是真菌鉴定和分类的主要依据。一条菌丝可形成多个孢子，在环境条件适宜生长时，孢子又发芽长出芽管，发育成菌丝体。真菌的孢子与细菌的芽胞不同，两者的主要区别点见表 34－1。

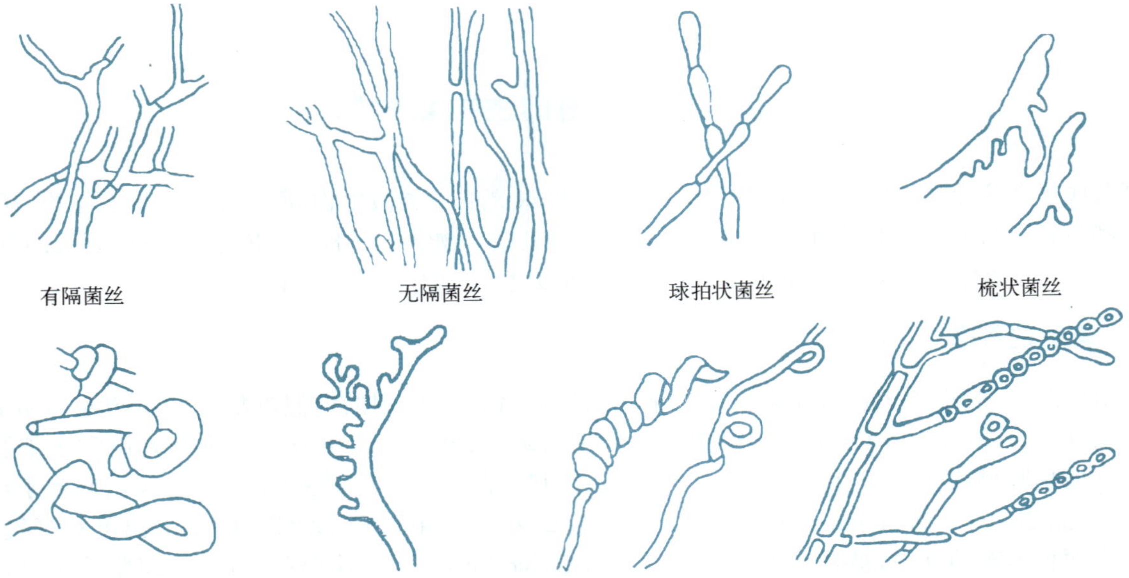

图 34-2 真菌的各种菌丝形态

表 34-1 真菌孢子与细菌芽胞的区别

	真菌孢子	细菌芽胞
抵抗力	抵抗力不强，60～70℃短时即死	抵抗力强，短时间煮沸不死
产孢子或芽胞数	一条菌丝可形成多个孢子	一个细菌只形成一个芽胞
与繁殖的关系	是一种繁殖方式	细菌休眠状态，不是繁殖方式

真菌的孢子分为有性孢子和无性孢子两大类。有性孢子(sexual spore)是经过不同的性细胞或性器官配合后产生的孢子，而无性孢子(asexual spore)则是由菌丝上的细胞直接分化形成的，不发生细胞融合。大部分真菌既能形成有性孢子，又能形成无性孢子，但半知菌亚门的真菌一般只能产生无性孢子。由于与医学关系密切的真菌大都属于半知菌亚门，所以这里主要介绍无性孢子。无性孢子主要有分生孢子、叶状孢子和孢子囊孢子，其形态见图 34-3。

1) 分生孢子：分生孢子(conidium)是指在生殖菌丝末端或侧缘形成的单个、成簇或链状的孢子，为霉菌中最常见的无性孢子。根据分生孢子的大小、组成和细胞的多少，分生孢子又分为大分生孢子和小分生孢子。① 大分生孢子(macroconidium)：体积较大，由多个细胞组成，常呈纺笔垂形、梭形或梨形。大分生孢子的大小、细胞数和颜色是鉴定半知菌类真菌的重要依据。② 小分生孢子(microconidium)：孢子较小，一个孢子即为一个细胞。壁薄，有不同形状。大多数霉菌都能产生小分生孢子，故小分生孢子对真菌的鉴别意义不大。

2) 叶状孢子：叶状孢子(thallospore)是由菌丝内直接形成的孢子。叶状孢子又分为：① 芽生孢子(blastospore)：是由生殖菌丝体以细胞发芽方式形成的圆形或卵形的孢子。当芽生孢子长到一定大小即与母细胞体脱离，若不脱离而相互连接形成链状，被称为假菌丝。酵母菌和白假丝酵母菌都以芽生孢子的方式繁殖，但白假丝酵母菌易形成假菌丝。② 厚膜孢子(chlamydospore)：由菌丝顶端或中间部分变圆，细胞质浓缩，细胞壁加厚所形成的孢子称为厚膜孢子。大多数真菌能在不利生长的环境中形成厚膜孢子，并使其代谢降低和抵抗力增强；当环境有利其生长时，厚膜孢子又可出芽繁殖。③ 关节孢子(arthrospore)：由生殖菌丝细胞分化形成隔膜且断裂成长方形的几个节段，胞壁稍增厚，常见于真菌陈旧培养物中。

3) 孢子囊孢子：由菌丝末端形成一种囊状结构即孢子囊，内有许多孢子称为孢子囊孢子(sporangiospore)，孢子成熟后破囊散出。如毛霉菌、根霉菌等均形成孢子囊孢子。

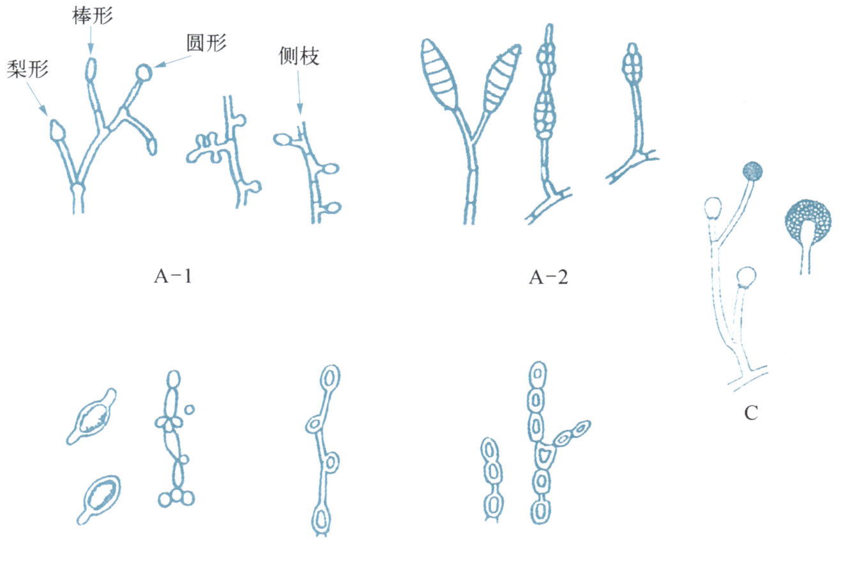

图 34-3　真菌的无性孢子形态

A. 分生孢子(A1-小分生,A2-大分生)
B. 叶状孢子(B1-芽生孢子,B2-厚膜孢子,B3-关节孢子)
C. 孢子囊孢子

(二) 真菌的结构

真菌的细胞结构比细菌复杂,具有典型的真核细胞结构。但真菌也有一些有别于其他真核细胞的特征性结构,如含有特殊成分的细胞壁以及结构特殊的隔膜等。

1. 细胞壁　位于细胞膜外层,具有保持真菌营养,使气体及酶能通透而不被代谢,维持真菌形态和保护真菌细胞免受外界渗透压的影响,组成真菌重要的抗原成分等多种功能。

(1) 化学组成:真菌细胞壁不同于细菌细胞壁,因为它不含肽聚糖。真菌细胞壁的主要成分是多糖(占干重的 80%~90%),也有少量蛋白质、脂质及无机盐类。真菌细胞壁多糖有组成细胞壁骨架的微细纤维和填入骨架缝隙的基质两种存在形式,微细纤维的骨架以几丁质(chitin)和葡聚糖为主。几丁质的基本成分是 N-乙酰葡糖胺残基的直链多聚体,不同的真菌几丁质含量差别很大,其中以丝状真菌的含量最高,其作用与菌丝生长和芽管形成有关。葡聚糖广泛存在于各类真菌的细胞壁内,但以类酵母菌中的含量最高,是真菌细胞外形坚硬性的分子基础。基质由很多种多糖组成,大多与蛋白质形成复合物,其中以甘露聚糖蛋白复合物含量最高,其作用可能与维持真菌的形态有关。

(2) 结构:真菌细胞壁一般可分为四层结构,最外层是不定形的葡聚糖层,厚度为 87 nm。第二层为糖蛋白形成的粗糙网,厚度为 49 nm。第三层是蛋白质层,厚 9 nm。最内层为几丁质微纤维层,厚 18 nm 。虽然不同真菌的细胞壁结构不完全相同,但均可用蜗牛酶消化脱壁制成真菌原生质体。

2. 隔膜　隔膜(septa)位于菌丝或细胞间,是真菌进化过程中适应陆地环境的异种进化表现。低等真菌的隔膜完整,但随着真菌的进化,其隔膜出现不同大小的小孔,可调节两侧细胞质的流动;而担子菌纲真菌的隔膜还形成特殊的桶状结构。不同结构的隔膜也是真菌分类的依据之一。

3. 其他　与其他真核细胞相比,真菌的细胞核小(仅 1~5 nm)而圆,一个细胞或菌丝节段可含有 1~2 个,甚至 20~30 个细胞核。核仁位于中心,核仁与核膜在细胞分裂期仍然存在。真菌的核蛋白体由 60S 和 40S 两个亚基组成,真菌细胞内还有线粒体和内质网系统等多种细胞器。

二、真菌的培养特性与菌落特征

(一) 真菌的培养条件

真菌对营养的要求较低,故容易培养。一般来说,单糖、双糖、糊精和淀粉等都可作碳源,多数真菌都能利用无机氮源或有机氮源。实验室培养真菌常用沙氏琼脂培养基(Sabouraud's agar),其成分简单,主要由葡萄糖或麦芽糖、蛋白胨、琼脂等组成。由于真菌在不同的培养基上形成的菌落形态差别很大,故鉴定真菌时均以沙氏琼脂培养基上形成的菌落形态为准。多数病原性真菌生长缓慢,培养1～4周才出现典型菌落,故常在培养基内加入抗生素,抑制细菌的生长。如果要观察真菌自然状态下的形态和结构,则宜做玻片小培养,染色后可在显微镜下观察到菌丝和孢子的结构与排列情况。

大多数真菌在pH2～9范围内均可生长,但培养真菌的最适pH为4～6。真菌生长的最适温度为22～28℃,但有的病原性真菌在37℃时才生长良好,还有的真菌可在0℃以下生长,从而引起冷藏物品的腐败。另外,培养真菌需要较高的湿度与氧气。

(二)真菌的繁殖方式

真菌的繁殖方式多样,可归纳为无性繁殖和有性繁殖两种。

1. 无性繁殖　无性繁殖(asexual reproduction)是指不经过两个异性细胞融合便能形成新个体的繁殖方式,是真菌的主要繁殖方式。无性繁殖有以下几种具体方式:① 芽生(budding):是指由真菌细胞或菌丝出芽,然后逐渐长大到一定大小即与母体脱离的繁殖方式。芽生是真菌较常见的繁殖方式,如酵母菌和类酵母菌多以此方式繁殖。② 裂殖(binary fission):即真菌细胞以二分裂法直接形成两个子细胞。这种裂殖方式在真菌不多见,仅少数双相型真菌在宿主机体内才以此方式繁殖。③ 隔殖(septa):指真菌繁殖时先在分生孢子梗某一段落形成一隔膜,然后原生质浓缩形成一个新的孢子。④ 菌丝断裂:指真菌的菌丝断裂成许多小片段,每一个片段即为一个真菌细胞,所以在适宜的环境条件下又会发育成新的菌丝体。

2. 有性繁殖　有性繁殖(sexual reproduction)是指经过两个性别不同的细胞融合而产生新个体的繁殖过程。真菌的有性繁殖分为三个不同的阶段,即两个细胞的原生质接合的质配阶段、两个细胞核融合在一起的核配阶段和二倍体的核通过减数分裂成单倍体的减数分裂阶段。大多数致病性真菌没有有性繁殖方式。

(三)真菌的菌落特征

真菌的繁殖能力强,但生长速度比细菌的生长速度慢,常需1～4周才能形成典型菌落。真菌菌落可分为以下三种类型。

1. 酵母型菌落　酵母型菌落(yeast type colony)的特征类似细菌菌落,但较细菌菌落大而厚、不透明、表面光滑、湿润,多为乳白色,少数呈红色。长时间培养后,菌落表面呈皱纹状,颜色变暗。多数单细胞真菌培养后都形成酵母型菌落,如隐球菌菌落。

2. 类酵母型菌落　类酵母型菌落(yeast－like type colony)的外观性状与酵母型菌落相似,但由于有芽生孢子与母细胞连接形成的假菌丝伸入到培养基中,故称类酵母菌落,如白假丝酵母的菌落。

3. 丝状菌落　丝状菌落(filamentous colony)比细菌和放线菌菌落大,有气生菌丝伸入空气,交织呈绒毛状、毡状和棉絮状等;有营养菌丝伸入培养基中。菌落中心的气生菌丝因其形成最早,所以生理年龄较大,分化成熟较早,颜色一般也较深,故菌落中心与边缘的颜色常不一致,这些均可作为鉴别真菌的依据。大多数丝状真菌均形成该类菌落。

三、真菌的抵抗力与变异性

真菌对热的抵抗力不强,加热60～70℃ 1 h均可被杀死,对2.5%碘酒、2%结晶紫和10%甲醛也较敏感,但对干燥、阳光、紫外线和一些化学消毒剂有一定抵抗力。真菌对常用的抗生素如青霉素、链霉素及磺胺类药物不敏感,但制霉菌素、两性霉素B、5-氟胞嘧啶和酮康唑等药物对多种真菌有抑制作用。

真菌容易发生变异,培养时间过长或在培养基上传代次数较多,或用不同成分的培养基,或不同培养温度等,其形态、菌落特征、孢子数目及色素、甚至毒力都可能发生改变。

第二节　真菌的致病性与免疫性

一般而言真菌的致病力比细菌弱,其详细的致病机制目前尚不完全清楚。由致病性真菌和机会致病性真菌所引起的疾病统称为真菌病(mycosis)。根据感染部位可把真菌病分为浅部真菌感染和深部真菌感染,前者多与病原性真菌感染有关,后者多与机会致病性真菌感染有关。此外,由真菌引起的超敏反应和中毒,以及真菌毒素引起的肿瘤也是值得注意的。在抗真菌免疫中,机体的固有免疫具有重要作用,而适应性免疫也具有一定的保护作用。

一、真菌的致病性

1. 致病性真菌感染　致病性真菌感染多属于外源性感染,是由真菌侵入机体而致病的。根据感染部位可分为深部和浅部的致病性真菌感染。深部的致病性真菌感染后症状多不明显,并有自愈倾向,如荚膜组织胞质菌(*H. capsulatum*)、厌酷球孢子菌(*C. immites*)所致的感染。浅部的致病性真菌感染多有传染性,如皮肤癣菌(dermatophytes)。致病性真菌可引起皮肤、皮下和全身性真菌感染,其致病机制尚不完全明了。皮肤及角层癣菌感染是由于这些真菌有嗜角质性,其中部分菌可产生脂酶(lipase)和角蛋白酶,分别分解细胞的脂质和角蛋白,并通过其局部的刺激作用,从而引起局部的炎症和病变。深部感染的真菌可在吞噬细胞内繁殖,抑制机体的免疫反应,引起组织慢性肉芽肿和形成组织坏死溃疡。

2. 机会致病性真菌感染　机会致病性真菌多属于非致病的腐生性真菌和寄居在人体的正常菌群,其感染多发生在机体免疫力降低时,常见于接受放疗或化疗的肿瘤患者、免疫抑制剂使用者、艾滋病患者、免疫缺陷患者及糖尿病患者等,其预后一般都较差。机会致病性真菌在我国最常见的是白假丝酵母(*S. albicans*),其次是新生隐球菌(*C. neoformans*),以及肺孢子菌(*Pneumocystis*)、曲霉(*Aspergillus*)和毛霉(*Mucor*)等。

3. 真菌超敏反应性疾病　是由真菌引起的超敏反应,为临床上超敏反应性疾病的重要组成之一。这些真菌本身可能不具有致病性,但由于它们污染空气环境,从而导致超敏反应的发生,所以呼吸道是其主要的侵入门户。常引起哮喘、超敏性鼻炎、荨麻疹及接触性皮炎等疾病。

4. 真菌性中毒　是由于某些真菌污染粮食和油料作物后产生真菌毒素(mycotoxin),人食入后导致急性或慢性中毒,称为真菌中毒症(mycotoxicosis)。根据真菌毒素作用的靶器官,可将其主要分为肝脏毒、肾脏毒、神经毒、造血器官毒及过敏性皮炎毒等。如长江流域等地因产毒的镰刀菌引起赤霉病麦,人食入后可引起肝、肾、心肌、脑等重要器官的病变。

真菌中毒是因为真菌在污染粮食或食品中产生毒素,容易受到环境因素的影响,所以有明显的地区性和季节性,但不具传染性,一般也不引起流行。通过反复搓洗污染的粮食可以减少或消除毒素,从而减低其毒性作用,具有一定的预防作用。

5. 真菌毒素与肿瘤　近年不断发现有些真菌毒素与肿瘤的发生有关,其中研究最多的是黄曲霉毒素(aflatoxin)。目前研究已经表明黄曲霉毒素 B_1 的致癌作用最强,如果饲料中含 0.015 ppm 黄曲霉毒素 B_1,喂养大鼠后即可诱发原发性肝癌。此外,赭曲霉(*A. ochraceus*)产生的黄褐毒素也可诱发肝脏肿瘤,镰刀菌产生的 T－2 毒素可使试验大鼠产生胃癌、胰腺癌、垂体和脑肿瘤,青霉菌产生的灰黄霉素可诱发试验小鼠的肝脏和甲状腺瘤,展青霉素可引起肉瘤等。

二、抗真菌免疫

在抗真菌感染的免疫中,机体的固有免疫在阻止真菌病的发生上起重要作用,而适应性免疫与真菌病的恢复密切相关。在固有免疫方面,皮肤黏膜屏障发挥着重要作用。如儿童易患头癣,是因为其皮肤的皮脂腺发育不完善,具有杀真菌作用的不饱和脂肪酸分泌量不足,故影响其抗真菌作用。成人易患手足癣,是因为成人手足的汗较多,有利真菌生长所致。其次,人体中还发现了一些天然具有抗真菌作用的物质。如促癣吞噬肽(tuftsin)可结合到中性粒细胞膜上,提高其吞噬和杀灭真菌的活性,并具有趋化作用。血浆中还有一种由淋巴细胞合成的转铁蛋白,可扩散至皮肤角质层,具有抑制真菌和细菌的作用。此外,由于长期应用广谱抗生素后导致菌群失调,或因患肿瘤、服用免疫抑制剂、HIV 感染等多种原因导致机体免疫力低下均可引起机会致病性真菌感染,这也说明人体固有免疫在抗真菌免疫中起着重要作用。

真菌感染机体后也可诱发产生特异的细胞免疫和体液免疫,但以细胞免疫为主。真菌感染也常引起迟发型超敏反应,临床上真菌感染所致的癣菌疹可能与此有关,也是真菌感染者皮肤试验阳性的原因所在。真菌感染诱生的特异性抗体可以提高吞噬细胞对真菌的吞噬率，并阻止真菌与宿主细胞或组织的黏附，从而降低其致病作用。

第三节　真菌感染的微生物学检查

真菌病的微生物学检查原则与细菌感染的检查大致相同，但更强调真菌的分离和鉴定。虽然也可通过血清学试验检查真菌感染，但由于皮肤癣菌与腐生性真菌之间在抗原性上有交叉，故浅部真菌感染一般不做血清学检查。

一、真菌感染的微生物学检查

（一）标本的采集

浅部真菌感染一般取病变部位的皮屑、毛发、指（趾）甲屑等，皮肤癣病宜取病变区与健康皮肤交界部位的材料。深部真菌感染则应根据病情取痰液、血液或脑脊液等。

（二）病原性真菌的检查和鉴定

1. 显微镜直接镜检　皮肤、毛发等标本先经 10% KOH 微加温处理，使标本软化和透明，然后加盖玻片在低倍或高倍镜下观察，如果看到菌丝和成串的孢子即可初步诊断为真菌病。若为液状标本，一般须离心后取沉渣直接镜检或染色后镜检。如疑为新生隐球菌感染，则取脑脊液沉淀物做墨汁负性染色后镜检。

2. 分离培养　常用于直接镜检不能确定真菌感染时。皮肤和毛发标本先经 70%乙醇或 2%石炭酸处理 2～3 min，再接种于含抗生素的沙氏琼脂培养基。先经 37℃培养 2 d 后转至 25℃继续培养 2～4 周，观察菌落特点后再做真菌小培养，根据显微镜下观察菌丝和孢子的特征进行鉴定，必要时可加做动物试验。如果标本为血液，则需先进行增菌后再分离；如果标本为脑脊液，则应离心取沉淀物进行分离培养。

3. 血清学检查　多用于深部真菌感染的辅助检查。方法上可选用免疫学的凝集试验、沉淀试验、免疫标记技术等。既可检测真菌的抗原，也可检测机体感染后所产生的抗体。

4. 核酸检查　在真菌感染的微生物学检查中，目前也引用了不少新技术，包括真菌核酸检查中的 DNA G+C mol% 测定、随机扩增多态性 DNA（RAPD）、PCR 限制性酶切片段长度多态性分析（PCR - RFLP）、DNA 片段测序等，这些新技术的应用对提高真菌病的诊断水平和速度均有积极作用。

（三）真菌毒素的检测

一些真菌毒素可引起人类中毒以及多种肿瘤的发生，因此快速检测真菌毒素，尤其是对食品中真菌毒素的检测是非常重要的。可用薄层层析法、高效液相色谱等检测真菌毒素，这些方法虽然灵敏快速，但需贵重的仪器和复杂的提取方法，因而难以被推广应用；而间接竞争 ELISA 法和 RIA 具有操作简便、快速敏感等优点，易于在各级医院推广应用。

第四节　真菌感染的防治原则

对于真菌病目前尚无特异性预防方法，故强调一般性预防。皮肤癣菌感染的预防主要是注意皮肤卫生，避免与患者污染的物品直接接触，保持鞋袜干燥，消除皮肤癣菌增殖的条件。深部真菌感染的预防，首先要去除各种诱发因素，提高机体正常防御能力，增强细胞免疫功能，对免疫抑制剂使用者、肿瘤及糖尿病患者、艾滋病患者、年老体弱者更应注意防止真菌感染。预防真菌性食物中毒，应严禁销售和食用发霉的食品，加强市场管理及卫生宣传。

目前对浅部真菌感染的治疗多选用硝酸咪康唑、复方硫酸铜溶液及克霉唑等。对深部真菌感染的治疗，常用的药物有两性霉素 B(amphotericin B)、制霉菌素(nystain)、5－氟胞嘧啶(flucytosine)、咪康唑(miconazole)及酮康唑(ketoconazole)等。这些抗真菌药物的有效剂量与中毒剂量极为接近，所以其毒副反应较大。因此，迫切需寻找疗效好、副反应小的新型抗真菌药物。

小　　结

真菌归属于真核细胞型微生物，多数为多细胞结构，少数为单细胞结构。单细胞真菌包括酵母型真菌和具有假菌丝类酵母型真菌，多细胞真菌有菌丝和孢子两大基本结构。培养真菌常用沙氏琼脂培养基，形成酵母型、类酵母型和丝状型菌落。真菌的致病力比细菌致病力弱，真菌感染多发生于机体免疫功能低下时，但还可引起真菌性超敏和真菌毒素性中毒。机体的固有免疫在抵抗真菌感染中具有重要作用，细胞免疫也具有保护作用。真菌感染的微生物学检查进展较快，也包括血清学检查和核酸检查。真菌感染的预防上目前尚无特异性办法，目前治疗真菌感染的药物仍然比较有限，尚需大力研究和开发。

【复习思考题】

1. 真菌的概念，真菌有哪些形态学特点和培养特性？
2. 真菌的致病机制与细菌的致病机制有哪些区别？
3. 真菌感染的微生物学检查有何特点？

(李明远　王红仁)

第三十五章

主要的病原性真菌

学习要点

掌握：① 浅部感染真菌的种类，致病特性及其可能的致病机制；② 深部感染真菌的种类，致病特性及其可能的致病机制。

熟悉：① 浅部感染真菌的微生物学检查原则；② 深部真菌感染的微生物学检查原则。

了解：主要致病性真菌感染的防治原则。

在自然界中已经发现了10多万种真菌，但对人具有致病性或机会致病性的真菌只有少数几百种，其中人类真菌病的90%都是由50～100种真菌引起。在临床工作中需要注意的是同一部位的病变可以由不同种类的真菌引起，但同一种真菌也可以引起不同部位的病变。按病原性真菌侵犯的部位和临床表现，可将其分为浅部感染真菌和深部感染真菌，前者包括皮肤感染真菌和皮下组织感染真菌两大部分，后者包括地方流行性真菌和机会致病性真菌。近年来，真菌毒素及其所致的肿瘤也引起了大家的普遍广泛关注。

第一节 浅部感染真菌

浅部真菌是指寄生或腐生于皮肤角质层、毛发和指趾甲板角蛋白，以及皮下组织的真菌，所以浅部感染真菌分为皮肤感染真菌和皮下组织感染真菌。皮肤感染真菌是指引起浅部感染的一群真菌，主要引起各种癣(tinea)，但一般不侵犯皮下等深部组织和内脏器官，也不引起全身性感染。皮下组织感染真菌多为自然界中的腐生真菌，一般存在于土壤和植物中，经机体的创伤部位侵入人体皮下组织。皮下组织的真菌感染可蔓延至周围组织，但一般也不累及内脏器官。

一、皮肤感染真菌

目前比较公认的皮肤感染性真菌有40多种，可分为表面感染真菌和皮肤癣真菌两大类。人类感染这类真菌多数是因为接触患者或患畜，也可因为接触皮肤感染性真菌的污染物而被感染。

（一）皮肤表面感染真菌

皮肤表面感染真菌亦被称为角层癣菌，这类真菌腐生于表皮角质或毛干表面，主要侵犯皮肤或毛干很浅表层，不引起组织炎症反应。引起表面感染的病原性真菌主要有糠秕马拉色菌(*Malassezia furfur*)、何德毛结节菌(*Piedraia hortae*)和白吉利毛孢子菌(*Trichosporon beigelii*)三种，目前我国最常见的是糠秕马拉色菌。

1. 糠秕马拉色菌　糠秕马拉色菌是马拉色菌属的代表菌种，属于双相型真菌，多寄居于机体富有皮脂腺的部位，是人体的正常菌群。糠秕马拉色菌易侵犯人体颈、胸、腹、背等部位的皮肤，在潮湿、多汗、长期应用皮质类固醇激素和罹患慢性消耗性疾病的情况下更易发生，多发于夏秋季。所致的皮损为粟粒到蚕豆大小，圆形或不规则、颜色深浅不一的斑疹，故称花斑癣(Tinea versicolor)，俗称为"汗斑"。一般只影响皮肤美观而不造成宿主身体不适，近年认为本菌可能与脂溢性皮炎有关。微生物学检查时取病变皮屑经10%KOH处理；也可用透明胶带贴于病变皮肤，数分钟后揭下贴于载玻片上，然后在光学显微镜下观察，可见成簇的厚壁孢子和粗短分支的有隔菌丝。分离培养时宜在培养基中加入少许脂质，如芝麻油或橄榄油等，37℃培养后通常形成酵母型菌落。

2. 何德毛结节菌和白吉利毛孢子菌　何德毛结节菌和白吉利毛孢子菌主要侵犯头发，在毛干上形成坚硬的砂粒状结节，黏着于发干上，引起黑毛结节病和白毛结节病。微生物学检查时取病变毛发在光学显微镜下观察，可见到分支的菌丝、厚膜孢子及子囊孢子等。

对皮肤表面真菌感染的预防主要强调个人卫生。对皮肤表面真菌感染的治疗主要以外用药物为主，如使用1%克霉唑霜、20%～30%硫代硫酸钠液、益康唑乳液或1%米康唑乳液等等涂擦即可，一般无需内服抗真菌药。

（二）皮肤癣真菌

皮肤癣真菌常简称为皮肤癣菌(Dermatophytes)，指的是一些主要引起皮肤和指(趾)甲浅部感染的真菌。由于皮肤菌癣嗜角质蛋白的特性，决定了它侵犯的部位局限在角化的表皮、毛发和指(趾)甲，引起多种皮肤癣症。在各种真菌癣症中以手足癣最常见，这也是人类最多见的真菌病。皮肤癣菌分为三个属，即表皮癣菌属(*Epidermophyton*)、毛癣菌属(*Trichophyton*)和小孢子癣菌属(*Microsporum*)，包含大约40个菌种。

1. 生物学特性　皮肤癣菌可在沙氏琼脂培养基上生长，形成丝状菌落；但不能在37℃及有血清的条件下生存。根据菌落的形态、颜色和显微镜下观察到的菌丝和分生孢子，可对皮肤癣菌感染做出初步诊断和鉴定。皮肤癣菌的孢子和菌丝形态见图35-1。

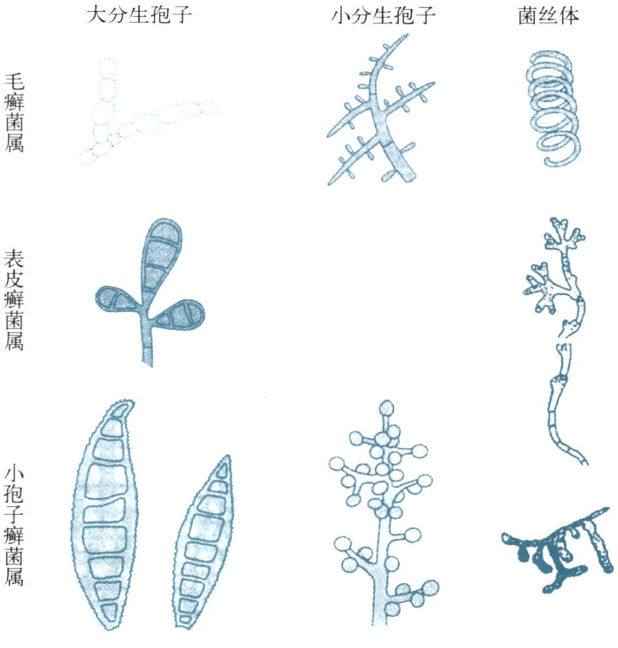

图35-1　皮肤癣菌的孢子和菌丝形态

表皮癣菌属中只有絮状表皮癣菌(*E. floccosum*)一种对人致病，本菌在28℃或室温下生长较快，其菌落初为白色鹅毛状，然后变成黄绿色。显微镜下可见典型的杆状大分生孢子，无小分生孢子。菌丝较细、有隔，呈结节状或球拍状。

毛癣菌属包含了20余种，其中有13种对人有致病性，主要菌种有红色毛癣菌(*T. rubrum*)、石膏样毛癣菌(*T. gypseum*，异名：须毛癣菌*T. mentagrophytes*)、断发毛癣菌(*T. tonsurans*)和紫色毛癣菌(*T. violaceum*)等，前两种为常见的皮肤癣菌。在沙氏琼脂培养基上，菌落形态及色泽因菌种而异，外观可呈颗粒状、粉末状、绒毛状及脑回状等；颜色可为白色、奶油色、黄色、红色、橙黄色或紫色等。显微镜下可见细长、棒状、薄壁的大分生孢子以及侧生、散在或葡萄状的小分生孢子；菌丝呈螺旋状或鹿角状等。

小孢子癣菌属有15种真菌，多数对人具有致病作用，我国以奥杜盎小孢子菌(*M. audouinii*)、犬小孢子菌(*M. canis*)和石膏样小孢子菌(*M. gypseum*)常见。在沙氏琼脂培养基上，菌落呈绒毛状或粉末状，表面粗糙。菌落颜色呈灰色、橘红色或棕黄色。显微镜检查可见梭形壁厚的大分生孢子，菌丝有隔，呈梳状或球拍状。

2. 致病性　皮肤癣菌的增殖及其代谢产物可刺激机体产生病理反应，从而引起感染部位的病变；近年报道皮肤癣菌所产生的脂酶(lipase)在致病机制中也具有一定作用。三个癣菌属均可侵犯皮肤，引起手癣、足癣、体癣和股癣等。毛癣菌属和表皮癣菌属可侵犯指(趾)甲，引起甲癣(tinea unguium)，俗称"灰指(趾)

甲”。患病的指甲增厚变形，失去光泽。毛癣菌属和小孢子菌属可侵犯毛发，引起头癣、发癣及须癣。头癣分为黄癣、黑点癣和白癣三种，在我国已经得到很好的控制，但近年来儿童头癣有所抬头，男性多于女性。在头癣病例中以黄癣最多见，主要由许兰毛癣菌（*T. schoenleinii*）引起；黑点癣多由紫色毛癣菌和断发毛癣菌引起，白癣主要由铁锈色小孢子癣菌引起。

将皮肤癣菌的种类、感染部位和传染来源总结如表 35－1。

表 35－1 皮肤癣菌的种类、感染部位和传染来源

菌属	感染部位			传染来源	
	皮肤	毛发	指(趾)甲	人	动物
表皮癣菌属	+	−	+	絮状表皮癣菌	无
毛癣菌属	+	+	+	石膏样毛癣菌 红色毛癣菌	石膏样毛癣菌
小孢子菌属	+	+	−	奥杜盎小孢子菌	犬小孢子菌 石膏样小孢子菌

3. 微生物学检查　一般取病变的皮肤、指(趾)甲或病发，经 10% KOH 微加热消化透明后直接镜检，在皮屑与甲屑中可见到菌丝，病发内或外见到菌丝和孢子，即可初步诊断为皮肤癣菌感染。也可将标本接种到沙氏琼脂培养基上培养或作真菌玻片小培养，根据菌落特征、菌丝和孢子特点进行菌种鉴定。

4. 防治原则　对皮肤癣菌感染的尚无特异性预防方法，主要注意个人卫生，避免与患者接触，足癣的预防是要保持鞋袜干燥。治疗时，甲癣可选用灰黄霉素和伊曲康唑，体癣和股癣可选用伊曲康唑，头癣宜选用灰黄霉素和伊曲康唑等。

二、皮下组织感染真菌

皮下组织感染真菌主要有孢子丝菌和着色真菌。孢子丝菌中可引起皮下组织感染的是申克孢子丝菌（*Sporotrichum schenckii*），而着色真菌则是指引起病损部位皮肤颜色改变的一组真菌。皮下组织感染真菌经外伤侵入皮下，感染一般限于局部组织，但也可经淋巴管或血液扩散，孢子丝菌经淋巴管扩散，着色真菌经血液或淋巴管扩散。

（一）申克孢子丝菌

1. 生物学性状　申克孢子丝菌是双相型真菌。标本在显微镜下直接镜检，可见有长圆到雪茄烟样或梭形的小体(3～7)×(1～2)μm，偶见菌丝及星状体。在沙氏琼脂培养基上、25～28℃培养 3～5 d，可长出灰白色黏稠小点，后逐渐扩大形成黑褐色皱褶薄膜菌落。玻片小培养时可见细长的分生孢子柄从菌丝两侧成直角伸出，柄端长有成群的梨状小分生孢子。在含有胱氨酸的血平板上 37℃培养，则以芽生方式形成酵母型菌落。

2. 致病性　申克孢子丝菌是孢子丝菌中主要的病原菌，广泛存在于土壤、尘埃、植物表面等。该菌经皮肤微小的伤口侵入机体，然后沿淋巴管扩散，引起亚急性或慢性肉芽肿，使淋巴管形成链状硬结，成为孢子丝菌性下疳(sporotrichotic chancre)。本菌也可经口进入肠道或经呼吸道进入肺，随后经血液播散至其他器官。孢子丝菌病多发生于从事农业劳动的人群，以农艺师最多见。孢子丝菌病在我国大部分地区皆有报道，尤以东北地区为多见。

3. 微生物学检查　除对患者脓液、痰和血标本可作培养和直接镜检外，还可取患者血清与申克孢子丝菌抗原作凝集试验，若其效价在 1∶320 以上则有诊断意义。也可用申克孢子丝菌苗对患者作皮肤试验，24～48 h 在皮试局部出现结节者为阳性，有辅助临床诊断的意义。

4. 防治原则　一般性的预防措施是在进行农业劳动时注意不要受到外伤，治疗可口服伊曲康唑或饱和碘化钾，若深部感染则选用两性霉素 B。

（二）着色真菌

着色真菌是指在分类学上相近、引起疾病的临床症状相似的一组真菌的总称。着色真菌多为腐生菌，广泛分布在土壤、木片和木浆中，一般由外伤侵入人体，感染多发于颜面、肢体等暴露部位的皮肤。病损部位皮肤变成暗红色或黑，故称为着色真菌病（chromomycosis）。代表菌种有卡氏枝孢霉（*Cladosporium carrionii*）、裴氏丰萨卡菌（*Fonsecaea pedrosoi*）和疣状瓶霉（*Phialophora verrucosa*）等。我国的着色真菌中以卡氏枝孢霉为最多见，其次为裴氏丰萨卡菌。

1. *生物学性状*　三种主要的着色真菌的分生孢子形态见表 35－2。这类真菌在沙氏琼脂培养基上生长缓慢，常需培养数周。形成丝状型菌落，但气生菌丝较短。菌落多呈棕褐色，少数呈灰黑色。

表 35－2　主要的着色真菌及其孢子形态

病原菌名称	孢子形态
卡氏枝孢霉	长的分生孢子柄末端分叉长出孢子
裴氏丰萨卡菌	大部分的分生孢子形成短链状，末端细胞发芽成新的分生孢子，亦可直接形成于分生孢子柄的两侧
疣状瓶霉	花瓶状的瓶囊上形成成丛的圆形小分生孢子

2. *致病性*　一般经外伤侵入人体，主要侵犯人体的颜面和肢体皮肤，以下肢多见。潜伏期长短不定，从一个多月至一年，病程长的可达数十年。早期皮肤感染处发生丘疹，然后增大形成结节，结节融合成疣状或菜花状，呈暗红色或黑色。随病情发展和病程推移，老病灶结瘢愈合，新病灶又在周围产生，久而久之则影响淋巴回流，形成肢体象皮肿。免疫功能低下的患者亦可侵犯中枢神经系统，引起脑内及中枢神经系统其他部位的感染。

3. *微生物学检查*　取皮屑或脓液经 10% KOH 溶液加微热处理后镜检，脑脊液标本则取沉淀直接镜检。显微镜检查可见单个或成群的厚壁圆形孢子（6～12 μm）。镜检结果结合临床表现即可作出初步诊断，必要时才作病原菌的分离培养和鉴定。着色真菌生长缓慢，菌落呈暗棕色；镜检可见有隔菌丝，在分生孢子梗上产生棕色的分生孢子，呈花瓶形和树枝形等（图 35－2）。

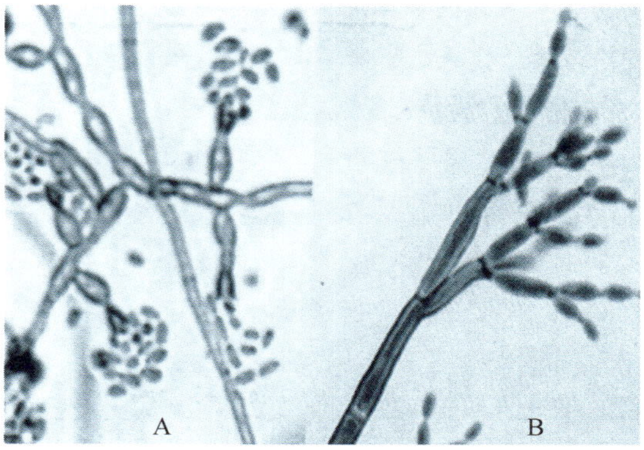

图 35－2　常见着色真菌的分生孢子形态

4. *防治原则*　着色真菌病是外源性感染，多不具有传染性，所以没有特殊的预防方法。治疗时对病变皮肤较小的可手术切除，对病变皮肤面积较大的患者可服用伊曲康唑或 5－氟胞嘧啶进行治疗。

第二节　深部感染真菌

深部感染真菌分为地方流行性真菌（endemic fungi）和机会致病性真菌（opportunistic pathogenetic fungi）两大类。地方流行性真菌主要有组织胞质菌（*Histoplasma*）、球孢子菌（*Coccidioides*）、芽生菌（*Blastomyces*）、副球孢子菌（*Paracoccidioides*）和马尔尼菲青霉菌（*Penicillium marneffei*），属于外源性感染，有明显的地方流行的特点。机会致病性真菌主要有假丝酵母属（*Candida*）、隐球菌属（*Cryptococcus*）、曲霉属（*Aspergillus*）、毛霉属（*Mucor*）和肺孢子菌属（*Pneumocystis*）等。深部真菌感染对人体健康的危害远比浅部真菌感染严重，尤其近年来深部真菌感染的发病率日益增加，必须引起足够重视。

一、地方流行性真菌

地方流行性真菌主要存在于土壤，通常经呼吸道吸入或伤口侵入机体而发生感染，属外源性感染。这类真菌均为双相型真菌，对环境温度敏感，在人体内寄生或 37℃ 培养时呈酵母型，在 25℃ 培养时转变成菌丝型。感染所引起的症状多不明显，有自愈倾向。虽然这类感染有特定组织或器官的倾向，但感染的扩散可遍及全身任何器官,严重者可引起死亡。治疗上常选用酮康唑和两性霉素 B。由于这几种致病性真菌的感染在我国较少见,将其简单整理如表 35－3。

表 35－3 主要的地方流行性真菌及其重要生物学特性

菌 名	形 态	培 养
厌酷球孢子菌(*C. immites*)	较大的厚壁孢子,内含许多内生性孢子。培养后形成关节孢子	生长迅速,很快由白色菌落转变为黄色棉絮状菌落
荚膜组织胞质菌(*H. capsulatum*)	圆形或卵圆形、有荚膜的孢子。培养后形成大分生孢子,壁厚,四周有排列如齿轮的棘突	生长缓慢、形成白色棉絮状菌落,然后变黄转至褐色
皮炎芽生菌(*B. dermatitides*)	圆形的单芽生孢子,培养后成小分生孢子	初为酵母样薄膜,后为乳白色菌丝覆盖
巴西副球孢子菌(*P. brasiliensis*)	圆形的单或多芽生孢子,培养后形成分生孢子	菌落初呈膜状,有皱褶,其后为呈绒毛状的白色或棕色的气生菌丝

马尔尼菲青霉菌系东南亚部分地区常见的机会致病真菌之一,但近年来我国亦有由马尔尼菲青霉菌引起感染的报道,西南地区也有报道。该菌的感染多见于与艾滋病相关的患者,可引起广泛性、播散性感染。马尔尼菲青霉菌在 25℃培养时,生长较快。菌落最初为淡黄白绒毛状,然后变为棕红色,有皱褶。显微镜下可见菌丝分隔,分生孢子梗光滑,帚状枝分散,双轮生,稍不对称。分生孢子呈球形,链状排列(图 35－3)。37℃培养时呈酵母相,可见圆形或长方形的关节孢子。

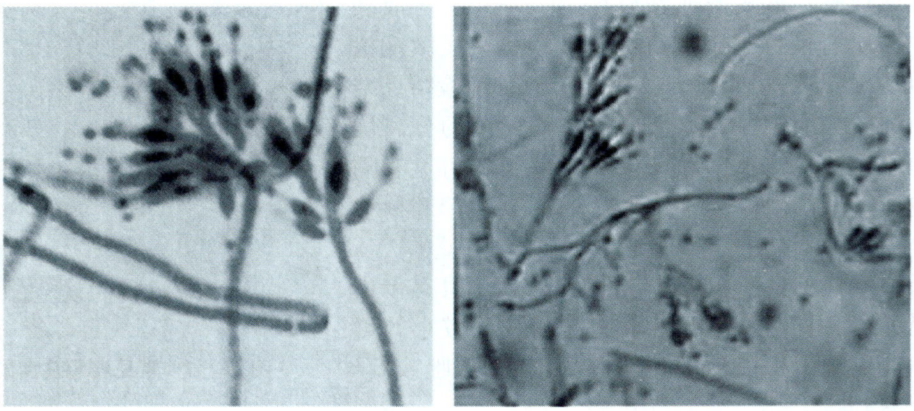

图 35－3 马尔尼菲青霉菌菌丝和孢子(帚状分枝)

二、机会致病性真菌

机会致病性真菌的致病条件常常为机体免疫力下降,主要包括假丝酵母属(*Candida*)、隐球菌属(*Cryptococcus*)、曲霉属(*Aspergillus*)和肺孢子菌属(*Pneumocystis*)等,它们大多是人体正常菌群。近年来临床真菌病逐渐增多,其中机会致病性真菌病占了很大部分。机会致病性真菌感染可引起的疾病有心内膜炎、肺炎、尿布疹、鹅口疮、阴道炎、脑膜炎及败血症等,若不及时治疗可危及生命。

(一)白假丝酵母

假丝酵母属包含了 81 种酵母菌,其中有白假丝酵母(*C. albicans*)、热带假丝酵母菌(*C. tropicalis*)和近平滑假丝酵母菌(*C. parapsilokis*)等 10 种对人致病,但最常见、病力最强的是白假丝酵母(俗称白色白假丝酵母)。自 1995 年分离出都白林假丝酵母菌(*C. dubliniensis*)以及氟康唑的临床应用后,出现了白假丝酵母感染比例的下降,而都白林假丝酵母菌等其他假丝酵母菌感染逐渐增多的现象。白假丝酵母可引起人体皮肤、黏膜及内脏和中枢神经系统的疾患,统称为白假丝酵母病(candidiasis),是目前临床上最常见的深部真菌感染性疾病。

1. 生物学性状 白假丝酵母的菌体呈圆形或卵圆形,直径 3～6 μm。革兰染色呈阳性,但着色不均匀。以出芽方式繁殖,在组织内易形成芽生孢子及假菌丝,在含 1%吐温－80 的玉米粉琼脂培养基上可形成丰富的假菌丝，在假菌丝间或其末端形成厚膜孢子(图 35－4)，这是本菌的形态特征之一，具有诊断价值。

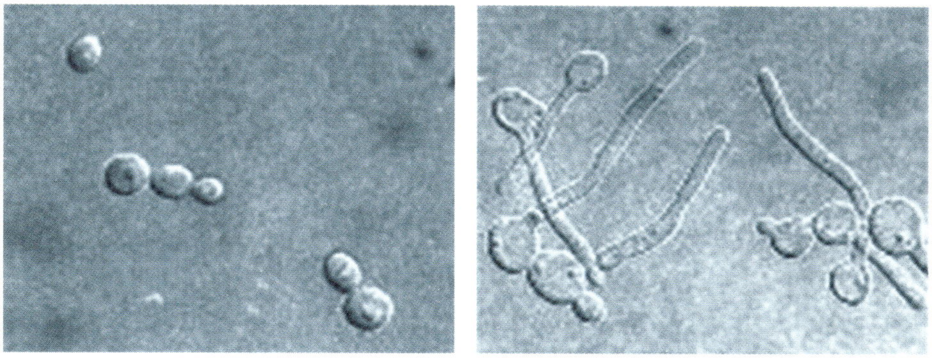

A　　B

图 35－4　白假丝酵母

A. 芽生孢子；B. 假菌丝和厚膜孢子

白假丝酵母在普通琼脂、血琼脂及沙氏琼脂培养基上均生长良好。需氧，37℃培养 2～3 d 后长出菌落，菌落为类酵母型菌落，灰色或奶油色，表面光滑，带有浓厚的酵母气味。培养稍久则菌落增大，颜色变深，质地变硬或有皱褶。血琼脂 37℃培养 10 d，形成中等大小暗灰色菌落。

2. 致病性与免疫性　白假丝酵母通常存在于人的皮肤及口腔、上呼吸道、肠道和阴道黏膜，当机体免疫力下降或发生菌群失调时，可引起各种白假丝酵母病。近年来由于临床上大量使用广谱抗生素、激素和免疫抑制剂，以及糖尿病和艾滋病患者的增多，白假丝酵母引发的机会感染也随之上升。其致病机制可能与白假丝酵母细胞壁糖蛋白具有黏附作用，芽管或假菌丝可直接插入表皮细胞膜，其代谢产物可抑制免疫活性细胞的趋化作用，以及产生的有毒性的各种酶类(如脂酶)等因素有关。

(1) 皮肤和黏膜感染：皮肤白假丝酵母感染好发于皮肤潮湿与皱褶部位，如腋窝、腹股沟、乳房下、肛门周围、会阴部及指(趾)间等，可引起湿疹样皮肤白假丝酵母病、肛门周围瘙痒症及湿疹、指(趾)间糜烂症等，容易与湿疹混淆。黏膜白假丝酵母感染可引起鹅口疮(thrush)、口角糜烂、外阴与阴道炎等，其中以鹅口疮最多见。鹅口疮易误诊为白喉，应注意区别。鹅口疮多发生于体质虚弱的初生婴儿，尤以人工喂养婴儿较多，在口腔正常菌群建立后就很少见到此病。成年人由于各种疾病引起机体免疫力下降(如艾滋病)、营养失调或各种维生素缺乏时也可发生皮肤及黏膜白假丝酵母感染。

(2) 内脏感染：可引起支气管炎、肺炎、肠炎、膀胱炎及肾盂肾炎等，也可引起败血症，已成为临床上常见的败血症病原体之一。

(3) 中枢神经系统感染：中枢神经系统白假丝酵母感染多由其他原发病灶转移而来，可引起脑膜炎、脑膜脑炎和脑脓肿等。

白假丝酵母是机体的正常菌群，对它的免疫主要靠机体的固有免疫力。机体感染白假丝酵母后也可诱生特异性免疫，所产生的抗体可导致部分感染者出现超敏性白假丝酵母疹或哮喘等。

3. 微生物学检查　可采取以下方法进行微生物学检查。

(1)直接镜检：标本为脓、痰时可直接涂片，经革兰染色后镜检。若标本为皮屑或甲屑，应置玻片上先经 10% KOH 消化后镜检。镜下可见到圆形或卵圆形的菌体及芽生孢子，同时可观察到假菌丝。镜检时必须同时看到出芽的孢子和假菌丝，才能确认为白假丝酵母感染；如有大量假菌丝出现，表明该菌处于活跃增殖期。

(2) 分离培养：将标本接种于沙氏琼脂培养基中进行分离，经 25℃培养 1～4 d，形成乳白色(偶见淡黄色)的类酵母型菌落。镜检可见到假菌丝及成群的卵圆形芽生孢子。

(3) 鉴别和鉴定：假丝酵母菌种类较多，一般可根据形态、培养特性进行鉴别，也可通过以下两个实验进一步鉴定。① 芽管形成实验，将分离的菌种接种在 0.5～1 mL 正常人血清或羊血清中，37℃培养 2～4 h 后镜检，可见到芽生孢子及芽管形成。② 厚膜孢子形成实验，将菌种接种在含 1%吐温－80 的玉米粉培养基中，25℃培养 1～2 d 后，可在菌丝顶端、侧缘或中间见到厚膜孢子。

对于白假丝酵母感染的诊断，实验室的真菌检查结果必须结合临床才能确诊，特别要注意防止把腐生性白假丝酵母误认为病原菌，以免造成临床误诊。

4. 防治原则　目前对白假丝酵母病尚没有特别有效的预防措施。对鹅口疮和皮肤黏膜的白假丝酵母病的治疗可局部涂敷制霉菌素、龙胆紫、酮康唑和氟康唑等；对深部白假丝酵母病的治疗可选用两性霉素 B 和 5-氟胞嘧啶。

（二）新生隐球菌

新生隐球菌（*C. neoformans*）属于隐球菌属，包括 17 个种和 8 个变种。新生隐球菌在自然界中广泛分布，在人体的体表、口腔和粪便中也可分离到新生隐球菌。鸟粪和鸽粪中有大量隐球菌存在，是隐球菌病（cryptococcosis）的重要传染源，故新生隐球菌感染多为外源性感染。新生隐球菌是隐球菌属中主要的致病菌，容易侵犯中枢神经系统，引起亚急性或慢性脑膜炎，也可侵袭皮肤、黏膜、淋巴结、骨骼和内脏等，引起慢性炎症和脓肿。

1. 生物学性状　新生隐球菌菌体为圆形酵母型真菌，菌体直径为 4～12 μm，外周有一层肥厚的胶质样荚膜，比菌体大 1～3 倍；墨汁负性染色后镜检，在黑色背景中可见到圆形的透亮菌体（图 35-5）。本菌以芽生方式繁殖，常呈单芽，偶尔出现多芽，芽颈较细，但不形成假菌丝，这是本菌的形态学特点。

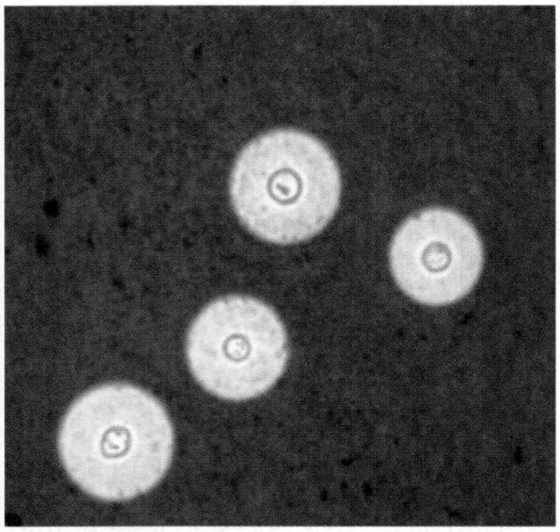

图 35-5　新生隐球菌形态

新生隐球菌在沙保或血琼脂培养基上，25℃或 37℃条件下均能生长，培养 3～5 d 后形成酵母型菌落。菌落表面黏稠，初为乳白色的小菌落，菌落增大后逐渐转变为橘黄色，最后成棕褐色。新生隐球菌的尿素酶实验结果呈阳性，可作为与白假丝酵母区别的依据之一。

新生隐球菌荚膜由多糖组成，根据其抗原性可分为 A、B、C、D 和 AD 5 个血清型，临床分离的菌株多属 A 型，约占 70%。

2. 致病性　土壤、鸟粪，尤其是鸽粪中存在大量新生隐球菌，人由呼吸道吸入而受染，因而鸽是重要的传染源。本菌也属于人体正常菌群，在机体免疫力降低时也可发生内源性感染，导致隐球菌病。近年来由于抗生素、激素和免疫抑制剂的广泛使用，是新生隐球菌感染病例增多的原因之一；恶性肿瘤、血液系统疾病和艾滋病等患者，均易继发严重的隐球菌感染。新生隐球菌的荚膜聚糖是重要的致病物质，具有抗吞噬、诱使机体免疫无反应性或降低机体免疫力等作用。由于新生隐球菌主要的感染方式是呼吸道吸入，故初发病灶多为肺部；患者一般无症状或仅有流感样症状。肺部感染一般预后良好，但免疫力低下的患者，病原菌可从肺部播散至全身其他部位，最易侵犯的部位是中枢神经系统，引起慢性脑膜炎。脑及脑膜的隐球菌病常呈亚临床状态，患者一旦出现临床症状而又未能及时治疗常导致患者死亡，故早期诊断极为重要。感染也可播散至皮肤、黏膜、淋巴结、骨骼、内脏器官等。

3. 微生物学检查

（1）直接镜检：采集的标本包括脑脊液、痰液和脓液等。痰液和脓液等标本可直接涂片，脑脊液标本则离心后取沉渣作涂片，然后做墨汁负性染色。显微镜检若见到 4～12 μm 的圆形菌体，其外有一圈肥厚的荚膜即可作出诊断。

（2）分离培养：将标本接种于沙氏琼脂培养基，37℃培养 2～5 d，可形成典型的隐球菌菌落。挑取菌落染色后镜检，可见到圆形或卵圆形菌体、芽生孢子等，但无假菌丝。

（3）其他检查方法：可用 ELISA、乳胶凝集试验等方法检测患者血清或脑脊液标本中的隐球菌荚膜聚糖抗原，隐球菌脑膜炎患者的阳性率可达 90%；若抗原效价持续升高，提示体内新生隐球菌繁殖活跃，患者预后不良。也可通过尿素酶实验鉴定此菌。

4. 防治原则　预防上主要是控制传染源，如减少鸽子数量或用碱处理鸽粪等，均可减少隐球菌病的发生。治疗肺部或皮肤隐球菌感染，可用 5-氟胞嘧啶、酮康唑、伊曲康唑等；治疗中枢神经系统的隐球菌病，可口服两性霉素 B、氟康唑等，必要时加鞘内注射用药。

（三）曲霉属

曲霉属的真菌在自然界中广泛分布，迄今已发现 300 多种曲霉，其中仅少数属于机会致病真菌，主要的有烟曲霉（*A. fumigatus*）、黄曲霉（*A. flavus*）、黑曲霉（*A. niger*）等，其中以烟曲霉最为常见。

1. 生物学性状　曲霉菌丝有隔，分枝呈 V 形，属多细胞真菌。菌丝在接触培养基的部分可分化出厚壁而膨大的足细胞，并从此处向上生长出直立的分生孢子梗。孢子梗顶端膨大成半球形或椭圆形的顶囊，在顶囊上以辐射方式长出一层或二层杆状小梗，小梗顶端形成一串分生孢子，可呈黄色、蓝色或棕黑色等不同颜色。分生孢子形成一个菊花样的头状结构，称分生孢子头。

在沙氏琼脂培养基上生长良好，室温及 37～45℃条件下均能生长，形成絮状或绒毛状菌落，可呈现不同颜色，是曲霉分类的主要特征之一。曲霉中少数菌种有有性繁殖阶段，多数菌种仍只发现了无性繁殖阶段。

2. 致病性　曲霉能侵犯机体的很多部位而致病，统称为曲霉病（aspergillosis）。近年来，由于临床抗肿瘤、器官移植、造血干细胞移植等治疗方法的不断实施，以及艾滋病患者的增多，侵袭性曲霉病（Invasive aspergillosis）已成为各种严重免疫受损机体中最常见的机会性感染。曲霉孢子主要经呼吸道侵入，故以肺部曲霉病多见。曲霉病的发生机制尚不完全清楚，目前认为可能与直接感染、超敏反应和曲霉毒素中毒等有关。

（1）肺曲霉病：肺曲霉病分三种类型：① 真菌球型肺曲霉病（aspergilloma or fungus ball），是在呼吸器官已有空腔存在（如结核空洞、支气管扩张）的基础上发生，一般不扩散和侵犯其他肺组织，故又称局限性肺曲霉病。② 肺炎型曲霉病，曲霉在肺内播散，引起坏死性肺炎或咯血，并可播散到其他器官，常见于免疫缺陷或免疫功能低下的患者。③ 超敏性支气管肺曲霉病，是一种由曲霉引起的超敏反应疾病。

（2）全身性曲霉病：多发生在某些重症疾病的晚期，原发病灶主要在肺部，偶见于消化道。多数时由败血症引起的全身性感染，预后一般都很差。

（3）毒素中毒与致癌：部分曲霉能产生毒素，可引起人或动物的急性或慢性中毒，主要损伤肝、肾和神经等器官和组织，特别是黄曲霉毒素与肝癌的发生有密切关系。

3. 曲霉病的防治　目前无有效预防曲霉病的措施。治疗上多选用两性霉素 B、5-氟胞嘧啶等药物，采取雾化吸入的方式治疗。对于超敏性支气管肺曲霉病，可用皮质类固醇和色甘酸二钠治疗。

（四）毛霉属

毛霉属（*Mucor*）归属于接合菌亚门，在自然界中广泛分布，常引起食物霉变。毛霉是人体的机会致病性真菌，所致的疾病称为毛霉病（mucormycosis）。毛霉病多发生在机体免疫力极度降低情况下，常见于在糖尿病、白血病、淋巴瘤、免疫缺陷的患者和皮质类固醇激素的使用者。

毛霉的菌丝体由无隔的菌丝组成，为无隔的多细胞真菌，菌丝分枝呈直角；无性孢子为孢子囊孢子，有性孢子为接合孢子。在沙氏琼脂培养基上生长迅速，形成丝状菌落。

毛霉感染人体主要通过空气中的无性孢子传播，感染部位多发生在鼻或耳部，然后经口腔唾液流入上颌窦和眼眶，引起坏死性炎症和形成肉芽肿，再经血流入脑部，引起脑膜炎；亦可扩散至肺、胃肠道等全身各器官，引起播散性毛霉感染，病亡率很高。

微生物学检查主要取痰液、活检或尸检标本，经 10% KOH 透明后直接镜检；也可在 H. E. 染色的病理片中找菌丝；或经沙氏琼脂培养基培养后镜检。对毛霉病尚无特殊的预防办法，治疗上可早期使用两性霉素 B，以及试用手术切除病灶。

（五）肺孢子菌属

肺孢子菌属广泛分布于自然界及人和多种哺乳动物肺内，常见的肺孢子菌有卡氏肺孢子菌（*P. carinii*）和伊氏肺孢子菌（*P. jiroveci*）。肺孢子菌可引起健康人的亚临床感染，但在免疫缺陷或使用免疫抑制的患者中可引起机会性感染，常见的是肺孢子菌肺炎（pneumocystis pneumonia，PCP）。当艾滋病患者的 CD4 阳性 T 细胞数下降至 200/mm^3 以下时，80%以上患者可受到此菌感染，是国外艾滋病患者最主要的致死原因，也是我国西南地区必须高度警惕的。由于肺孢子菌具有原生动物的生活史和虫体形态，过去曾一度划归原虫，被称为肺孢子虫。近年根据其形态、超微结构和遗传学特征等，已将其归属于真菌。

1. 生物学特性　肺孢子菌为兼有原虫和酵母菌特点的单细胞真菌，其发育过程为小滋养体、大滋养体、囊前期、孢子囊和脱包囊等阶段(图 35-6)。小滋养体由孢子囊释放的孢子形成，直径为 1.2～2.0 μm，内含一个核。大滋养体由小滋养体逐渐增大形成，为 1.2～5.0 μm 大小，内含一个核。大滋养体经二分裂、出芽和接合等方式繁殖，而接合生殖后的大滋养体细胞膜增厚并形成囊壁，进入囊前期，其大小为 3.0～5.0 μm。随后囊壁继续增厚形成孢子囊，大小为 4.0～6.0 μm，囊内染色体进行减数分裂，细胞质包围核质形成孢子，成熟的孢子囊内含有 8 个孢子。当囊内小体逸出后，残留的空囊折叠成不规则或月牙形小体，即脱包囊(excystment)。

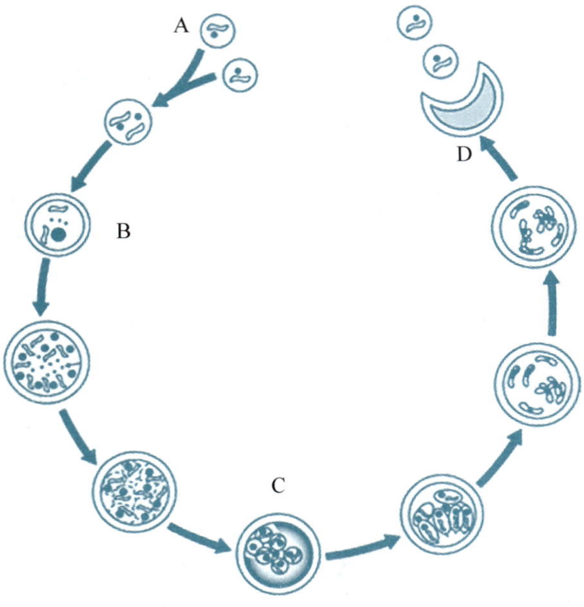

图 35-6　肺孢子菌发育周期

A. 小滋养体；B. 囊前期；C. 孢子囊；D. 脱包囊

2. 致病性　肺孢子菌经呼吸道吸入肺内，多数为隐性感染。当机体免疫力低下时，肺孢子菌得以大量繁殖并引起肺孢子菌肺炎。本病多见于营养不良和身体虚弱的儿童，各种原因导致的免疫低下或缺陷的患者，如美国的艾滋病患者约有 90%的合并本病。肺孢子菌肺炎发病初期为间质性肺炎，病情发展迅速，重症患者可在 2～6 周内因窒息死亡。肺孢子菌还可引起中耳炎、肝炎和结肠炎等。

3. 微生物学检查　取患者的痰液或支气管灌洗液，经革兰或美篮染色后镜检，若发现滋养体或孢子囊可确诊。也可用 ELISA、免疫荧光等技术检测患者血清中的特异性抗体，但因多数人都曾有过肺孢子菌的隐性感染，所以血清学检查结果只可作为辅助诊断。近年已将 PCR 和 DNA 探针技术试用于肺孢子菌感染的实验室诊断，但尚未广泛应用。

4. 防治原则　对肺孢子菌感染目前尚无有效的预防方法，对患者应进行隔离并及时治疗，可降低其传播及病死率。肺孢子菌对多种抗真菌药物不敏感，治疗时首选复方新诺明和戊烷脒等药物，通过气雾吸入治疗，可以收到较好的治疗效果；若与克林霉素等联合使用，可增强其治疗效果。

第三节　真菌毒素与肿瘤

真菌除了能引起多种人类感染性疾病以外，由真菌产生的多种毒素还可引起人类食物中毒，其中一些毒素还具有致癌、致畸及致突变的作用，严重危害着人类健康，已经引起医务工作者和广大群众的广泛关注。

一、真菌毒素的分类

最初人们是根据真菌毒素(mycotoxin)的化学结构将其分类，可分为二呋喃环类、内酯环类、琨类等。由于后来的研究发现毒素的化学结构与其毒性之间联系并不密切，因此按化学结构的分类方法已很少使用。目前人们主要根据毒素作用的靶器官将真菌毒素分为肝脏毒素、肾脏毒素、神经毒素等。另外，也可根据毒素的产生菌进行分类，如黄曲霉毒素、展青霉毒素、赭霉毒素等。表 35-4 简要介绍了部分可引起实验动物恶性肿瘤的真菌毒素，其中研究较深入的是黄曲霉毒素，也是我们将要主要介绍的一类真菌毒素。

表 35-4 致恶性肿瘤的主要真菌毒素

毒素	主要产毒真菌	存在基质	敏感动物	所致肿瘤
黄曲霉毒素	黄曲霉、寄生曲霉等	花生、粮食	大鼠	肝癌、肾癌、肺癌
展青霉素	棒曲霉、扩展青霉等	水果	大鼠	皮下组织肉瘤
赭霉毒素	赭曲霉、纯绿青霉等	粮食、花生	小鼠	肝癌、肾癌
杂色曲霉毒素	构巢曲霉、杂色曲霉等	坚果类、粮食	大鼠	肝癌、皮下组织肉瘤
镰刀菌 T-2 毒素	三线镰刀菌	粮食	大鼠	胃肠腺癌
灰黄霉素	灰棕青霉、黑青霉等	粮食、水果	小鼠	肝癌
麦角生物碱	麦角菌	黑麦面包	大鼠	耳神经纤维瘤

二、真菌毒素的产生

真菌毒素是某些真菌在生长过程中产生的，容易引起人和动物机体发生病理变化，属于真菌的次级代谢产物。产毒素的真菌种类不多，如黄曲霉属、青霉菌属及镰刀菌属等。目前已经发现 300 多种真菌毒素，但对人类健康危害严重的主要有十多种，包括黄曲霉毒素、展青霉素、赭霉毒素、镰刀菌 T-2 毒素、杂色曲霉毒素、黄绿青霉素、橘青霉素等。

真菌毒素的产生受到多种因素的影响，除菌种和菌株的差异外，真菌生存的天然基质是影响其产生的主要因素。黄曲霉和黄曲霉毒素多见于花生和玉米中，青霉素及其毒素多见于大米中，镰刀菌及其毒素多见于小麦和玉米中。此外，天然基质的水分含量、外界湿度和温度以及通气状况等，也都影响真菌毒素的产生。

真菌毒素与其产毒菌株之间缺乏严格的专一性，即一种真菌可产生多种毒素，一种毒素也可由多种不同真菌产生。另外，真菌的产毒能力容易发生变异，强毒株经传代培养后，其产毒能力通常会明显降低。这些不利因素给真菌毒素的研究带来一定困难，还需要深入研究才能解决其预防问题。

三、黄曲霉毒素

黄曲霉毒素（aflatoxin，AF）是黄曲霉菌（*A. flavus*）和寄生霉菌（*A. parasiticus*）的次级代谢产物，具有极强的毒性及致癌性。其化学结构中含有二呋喃环和香豆素，目前已鉴定出 20 多种衍生物。根据 AF 在长波紫外线照射下发出的荧光颜色，将黄曲霉毒素分为 AFB 和 AFG 两大类，其中 AFB1 和 AFB2 发蓝紫色荧光，AFG1 和 SFG2 发黄绿色荧光。在已知的真菌毒素中，AFB1 的毒性和致癌性最强（图 35-7），且在天然污染的食品中最常见，故已将其作为食品污染检测的主要指标之一。

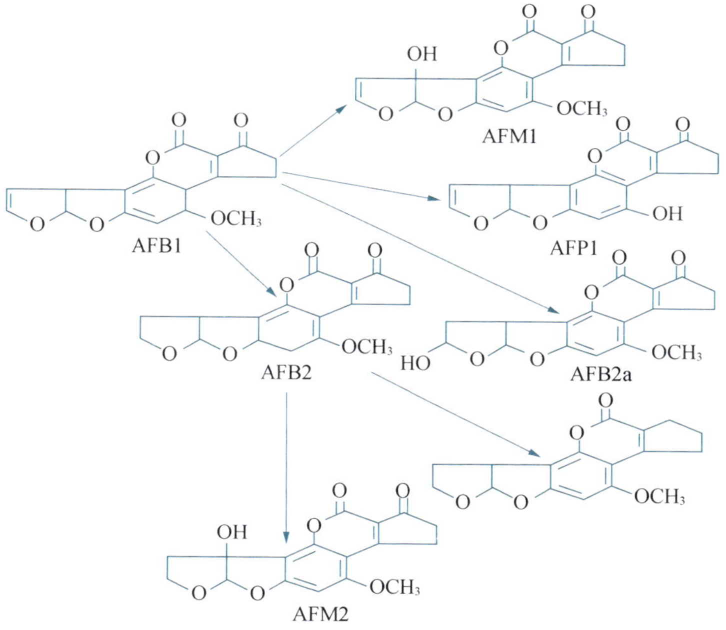

图 35-7 AFB1 及其衍生物结构式

（一）产毒菌株及自然分布

黄曲霉是一种广泛分布的腐生菌，常被用于食品发酵工业。在天然情况下，黄曲霉主要污染粮油及其制品，如花生、玉米、大豆、高粱等，也可存在于干果类、豆类及其发酵制品中，其中花生及其制品中 AF 含量最高。50%的黄曲霉株可产生 AFB，不同菌株产毒量差别较大，从 10 μg/kg 到 10^6 μg/kg 不等，如黄曲霉 NO. 宣 546 菌株在大米粉培养基上，其 AFB1 的产生量可达 2×10^6 μg/kg。生长基质及外界环境因素对 AF 的产生量也有着重要影响，一般情况下而言，同一菌株在天然基质上 AF 的产生量高于在人工培养基上的产生量，在培养基上的最佳产生条件为：相对湿度 80%～90%，氧含量 1%以上，温度 25～30℃，培养时间 7 d 左右。

（二）AF的毒性作用及其机制

AF是具有强毒性的天然物质，毒性约为氰化钾的10倍左右，对肝、肾、肺等器官均具有毒性，以肝毒性最为显著。它能强烈抑制肝细胞内RNA的合成，破坏DNA的模板作用，影响线粒体的代谢，抑制蛋白质、脂肪等的合成，导致肝细胞坏死，肝功能受损。AF毒性稳定，耐热性强，280℃以上才被破坏。

不同动物对AF的敏感性不同，雏鸭是最敏感的实验动物，其LD_{50}为0.24mg/kg(AFB1)。AF有急性毒性和慢性毒性之分，依据是不同实验动物和毒素摄入和病变情况。急性毒性是由敏感动物一次性摄入较多毒素引起，主要引起肝细胞实质性坏死、肝管增生和肝出血等。慢性毒性则是由持续摄入小量AF所致，主要引起肝脏慢性损伤，表现为肝功能变化甚至肝硬化。雏鸭急性中毒病变具有一定特征性，可作为AF生物鉴定的指标之一。

（三）AF的致癌作用及其机制

AF致癌作用很强，约为二甲基硝胺的75倍。AF可在多种动物体内诱发肝癌，包括鱼类、鸟类、哺乳动物及灵长类动物，但以大鼠最为敏感。已有的实验结果显示，用含有15 μg/kg AFB1的饲料喂养大鼠60周左右，实验动物发生率为100%。国内外不少流行病学资料表明肝癌高发区的花生、玉米等粮油作物中，黄曲霉的污染率很高，提示AFB1是人类肝癌的主要诱发因素。

在AFB1致癌机制方面，目前已有的研究认为AFB1主要经肝微粒体酶活化为亲电子的AFB1-2,3-环氧化物，该环氧化物能与DNA的鸟嘌呤酮基结合形成AFB1-DNA复合物，该复合物再经去鸟嘌呤反应造成DNA损伤，进一步发生癌变。此外，也有学者认为AFB1可使细胞DNA水解，导致开环复合物不断蓄积，使细胞DNA发生改变，进而引起肿瘤的发生。

（四）AF的限量及检测

AF分布广泛，毒性稳定，耐热性强，280℃以上才被破坏，严重危害人类健康，所以需要进行严格的检测。全球大多数国家均制定了食品中的AF的最高限量，如欧盟规定用作食品原料或直接用于食用的花生中AF的最高限量是4 μg/kg，其中AFB1最高限量是2 μg/kg；日本规定花生中AFB1最高限量是10 μg/kg。我国则将花生、玉米及其制品中AF最高限量定为20 μg/kg，食用油中AF最高限量定为10 μg/kg。

关于检测AF的具体方法，目前多采用薄层层析法和高效液相色谱法推测粮油作物及食品中的AF含量；随着ELISA、RIA和化学发光等高敏感方法的应用，将极大地提高AF检测的敏感性。

小结

真菌感染引起的疾病统称真菌病。依据真菌感染侵犯的部位，分为浅部感染真菌和深部感染真菌。浅部感染真菌主要侵犯毛发、指(趾)甲，可分为皮肤感染真菌和皮下组织感染真菌。皮肤感染真菌主要包括糠秕孢子马拉色菌、絮状表皮癣菌、红色毛癣菌、须癣毛癣菌和奥杜盎小孢子菌等，而皮下组织感染真菌主要包括申克孢子丝菌、卡氏枝孢霉和裴氏丰萨卡菌。深部感染真菌主要侵犯深部组织和器官，甚至引起全身性感染，其对健康的危害性远大于浅部感染真菌。深部感染真菌分为地方流行性真菌和机会致病性真菌，其中地方流行性真菌中对我国影响较大的是马尔尼菲青霉菌，而机会致病性真菌中最常见的是白假丝酵母，可引起机体皮肤、内脏器官和中枢神经系统感染。另外，还需注意的是真菌毒素对人体的危害。

【复习思考题】

1. 浅部感染真菌的主要种类和形态学特点?
2. 地方流行性真菌的致病机制及其流行特点?
3. 深部感染真菌的主要种类和微生物学检查特点?

（王红仁　李明远）

索　引

A

B

C

D

E

F

G

H

J

K

L

M

N

P

Q

R

S

T

W

X

Y

Z

主要参考文献

1. Brooks GF, Carroll KC, Butel JS, et al. Jawetz, Melnick, & Adelberg's Medical Microbiology. 26th ed. New York: McGraw-Hill, 2013.
2. 谷鸿喜,陈锦英. 医学微生物学. 第 2 版. 北京：北京大学医学出版社,2009.
3. 黄汉菊. 医学微生物学. 第 3 版. 北京：高等教育出版社,2015.
4. 黄文林. 分子病毒学. 北京：人民卫生出版社,2002.
5. 黄孝天,彭宜红. 医学微生物学. 西安：世界图书出版公司,2011.
6. 贾文祥. 医学微生物学. 第 2 版. 成都：四川大学出版社,2009.
7. 贾文祥. 医学微生物学. 第 2 版. 北京：人民卫生出版社,2010.
8. Carroll KC, Butel J. Jawetz. Melnick & Adelberg's Medical Microbiology. 27th ed. New York: McGraw-Hill Medical Press, 2015.
9. Kenneth J. Ryan C. George Ray. Sherris Medical Microbiology. 6th ed. New York: McGraw-Hill, 2014.
10. 李凡. 医学微生物学. 第 7 版. 北京：人民卫生出版社, 2008.
11. 李凡,徐志凯. 医学微生物学. 第 8 版. 北京：人民卫生出版社,2013.
12. 李兰娟,王宇明. 感染病学. 第 3 版. 北京：人民卫生出版社,2015.
13. 李明远,徐志凯. 医学微生物学. 第 3 版. 北京：人民卫生出版社,2015.
14. 李明远. 医学微生物学. 北京：科学出版社,2013.
15. 刘克洲,陈智. 人类病毒性疾病. 第 2 版. 北京：人民卫生出版社,2010.
16. John Bennet, Raphael Dolin, Martin. Blaser. Mandell, Douglas, and Bennett's Principles and Practice of Infectious Diseases. 7th ed. Saunders: Elsevier, 2010.
17. Murray PR,Baron EJ, Jorgensen JH, et al. Manual of Clinical Microbiology. 9th ed. Washington: ASM Press, 2007.
18. 倪语星,尚红. 临床微生物学与检验. 第 5 版. 北京：人民卫生出版社,2012.
19. 戚中田. 医学微生物学. 第 3 版. 北京：科学出版社,2014.
20. Ryan KJ, Ray CG. Ahmad N, et al. Sherris Medical Microbiology. 6th ed. New York: McGraw-Hill, 2014.
21. Plotkin SA, Orenstein WA, Offit PA. 疫苗学. 第 5 版. 梁晓峰,罗凤基,封多佳,译. 北京：人民卫生出版社,2011.
22. 尚红,王毓三,申子瑜. 全国临床检验操作规程. 第 4 版. 北京：人民卫生出版社,2014.
23. 汪正清. 医学微生物学. 第 2 版. 北京：人民卫生出版社,2013.
24. 闻玉梅,袁正宏. 微生物与感染研究荟萃. 上海：复旦大学出版社,2014.
25. 徐志凯,郭晓奎. 医学微生物学. 北京：人民卫生出版社,2014.
26. 严杰. 医学微生物学. 第 2 版. 北京：高等教育出版社,2012.
27. 俞树荣,陈香蕊. 立克次体与立克次体病. 北京：军事医学科学出版社, 1999.
28. 中华人民共和国卫生行业标准,中华人民共和国卫生部. WS/T 367－2012 医疗机构消毒技术规范. 2012.
29. 中华人民共和国国务院令 424 号. 病原微生物实验室生物安全管理条例. 2004.
30. 中华人民共和国卫生部. 人间传染的病原微生物名录. 2006.
31. 中国国家标准化管理委员会,中华人民共和国国家质量监督检验防疫总局. GB 19489—2008 实验室生物安全通用要求. 2008
32. 中华人民共和国农业部令第 53 号. 动物病原微生物名录. 2005.
33. 周庭银. 临床微生物学诊断与图解. 上海：上海科技出版社,2007.
34. 朱万孚,庄辉. 医学微生物学. 北京：北京大学医学出版社,2007.
35. WHO. Laboratory biosafety manual. Atlanta: CDC, 2004.